理性、自然与伦理形而上学

黑格尔法哲学思想探源

罗久 著

商务印书馆
The Commercial Press

目 录

引 言 / 1
    第一节　黑格尔法哲学作为一种形而上学 / 3
    第二节　黑格尔法哲学的研究现状 / 45
    第三节　探究青年黑格尔思想历程的意义与路径 / 71

第一章　理性立法的悖论 / 87
    第一节　青年时代的理想 / 94
    第二节　理性信仰的矛盾 / 131
    第三节　生命的源初统一 / 159
    小结 / 199

第二章　批判主观理性 / 203
    第一节　主体性反思哲学的困境 / 209
    第二节　批判反思哲学 / 233
    第三节　客观理性的原则 / 286
    小结 / 324

第三章　作为伦理自然的理性之法 / 327

　　第一节　近代自然法学说的局限 / 336

　　第二节　"伦理自然"的理念 / 365

　　第三节　自然法的科学与"伦理自然"的构建 / 400

　　小结 / 476

结　语 / 479

附　录　黑格尔法哲学中的理性与现实 / 503

　　第一节　诠释镜像中的黑格尔法哲学 / 505

　　第二节　理性与现实 / 518

　　第三节　理性的诉求与理性的异化 / 536

　　第四节　黑格尔的理性一元论 / 549

　　第五节　黑格尔法哲学的基本问题 / 561

参考文献 / 585

引　言

凡是你从父辈们那里继承的遗产，
必须重新赢得它，为的是真正占有它！

　　　　歌德：《浮士德》，第一部第 682—683 行

第一节　黑格尔法哲学作为一种形而上学

虽然正统的黑格尔主义,即作为体系的黑格尔哲学早已经不再活跃于当代哲学论争的核心论域了——除了少数专门从事哲学史研究的专家学者之外,几乎没有人会认为,对于今天的哲学探究来说,我们还有必要认真地对待黑格尔的哲学体系,尤其是它的形而上学、自然哲学和思辨逻辑;但是,人们对于黑格尔的实践哲学(即黑格尔的法哲学)的兴趣却在这最近三五十年里有了明显的增长,而且这种关注并不完全是出于哲学史的兴趣。相反,随着当代社群主义者在道德哲学、政治哲学领域对传统自由主义学说展开的批判,[1]黑格尔的实践哲学日益成为建构当代道德哲学和政治哲学理论的重要资源。这一哲学上的兴趣反过来也影响到当代学者对黑格尔思想本身的理解和诠释。我们很自然地接受了关于黑格尔哲学中"死的东西"与"活的东西"的区分,[2]这种区分的正当性似乎是不容置疑的。但并不是黑格尔,而是我们自己为我们提供这一判断标准,仿佛对今天的哲学探究来说,甚至对那些关于黑格尔思想的严肃的学术研究来说,按照黑格尔本人所期望的方式来理解黑格尔,已经成为某种不必要的或者没有多少"当代意义"的事情了。

我们更愿意接受一个非形而上学视野下的(non-metaphysical view)黑格尔,[3]一个对于解决我们今天的难题和困境还有意义的黑格尔。于是,

---

[1] Cf. Amy Gutmann, "Communitarian Critics of Liberalism", *Debates in Contemporary Political Philosophy: An Anthology*, ed. Derek Matravers and Jonathan Pike (London and New York: Routledge, 2003), pp. 182–194.

[2] Cf. Benedetto Croce, *What is Living and What is Dead of the Philosophy of Hegel* (London: Macmillan and Co., 1915).

[3] Cf. Klaus Hartmann, "Hegel: A Non-Metaphysical View", *Hegel: A Collection of Critical Essays*, ed. Alasdair MacIntyre (New York: Doubleday, 1972), pp. 101–124.

黑格尔被塑造成一位社群主义的先驱、传统自由主义的批评者,同时又是现代自由民主的同路人。黑格尔对历史与传统的强调,对主体间性、相互承认和伦理生活的阐发,使得我们在规范性的来源、共同生活的基础和政治正当性的证成等问题上,有了新的可以凭借的思想资源。而黑格尔哲学中具有鲜明形而上学色彩,甚至有着神学特征的绝对、精神、理念、上帝和天意等概念,要么被当作过时的、反动的或不值一提的东西抛弃掉,要么被一些试图维护黑格尔正面形象的学者改造成某种能够与现代自然科学的世界观和自由民主制度相一致的主张。他们用黑格尔哲学中活的东西来解释通常被认为是黑格尔哲学中死的东西,以此使得我们对于黑格尔的当代解读变得更加融贯一致。① 但是,对于这种区分我们不得不问:这在哲学上是如何可能的? 换言之,对于一个如此强调整体性和相互关联的学说来讲,如何能够刻意地突出其中的某一部分而将整个体系的其他部分掩盖起来,却不丧失这个学说的本真意义呢? 黑格尔如此煞费苦心地要将自己的社会政治理论置于一个复杂而晦涩的形而上学体系中加以论述,使自己与主流的政治哲学区分开来,难道这是仅仅用一个历史局限性和政治不正确的标签就可以打发的吗? 如果一种非形而上学的立场或者形而上学的立场取决于我们自己认为我们今天应当如何或者不应当如何去思考,那么哲学就有可能被意见所取代,哲学探究变成了意见主导而不是服从真理。

不过,对黑格尔的实践哲学进行去形而上学化的处理其来有自,因为对宗教世界观和形而上学真理的拒斥本身就构成了当代哲学和科学论争的基本立场和语境。伴随着自然的袪魅(disenchantment)和宗教世俗化

---

① Andrew Buchwalter, "A Critique of Non-Metaphysical Readings of Hegel's Practical Philosophy", *Hegel and Metaphysics: On Logic and Ontology in the System*, ed. Allegra de Laurentiis (Berlin: Walter de Gruyter, 2016), p.71.

(secularization)的进程,我们关于规范性和正当性问题的讨论似乎只能从人的有限性、人自身的经验条件等等出发,而不必要也不能够再像古代和中世纪那样诉诸一个更高的神学的、宇宙论的或者形而上学的根据。按照里拉(Mark Lilla)的说法,基督教世界观的瓦解是一次"大分离",[①]天人相分对于重新寻找人类的共同生活的根据来说是一次前所未有的挑战,也是一次新的契机。霍布斯、洛克和休谟等人利用知性分离的技艺,发明了一种基于人性来讨论政治正当性问题的政治哲学,以取代主导西方一千多年的政治神学传统。在霍布斯看来,畏惧、无知和渴欲是所有人类活动的基本动机,无论是政治的还是宗教的。通过对自然状态的设想和对宗教意象的心理学分析,霍布斯首先把宗教去神圣化,将宗教还原为人的无知和恐惧之心的产物,一旦人们了解了宗教产生的原因,宗教就不再对我们有任何神圣的或终极的约束力了。但是,恐惧、无知和欲望是最根深蒂固的人性,它使人与人处在一种相互对抗的自然状态,只有通过所有人服从于一位"世俗的神",即专制君主的担保,人们才有可能走出自然状态,达到彼此共同生活的和平状态。霍布斯用世俗的专制君主来接管原本属于神和教会的权力,而把神和教会以及一切超越性的视角摒弃在政治之外。从此,政治变成了以人为本位的事情。在政治生活中,只需要发挥人的知性,而不再需要诉诸神迹和天启。

而且,新的自然科学的发现同样引起了对我们从自然中、从一个整体性的世界中汲取道德教训和行为规范之能力的质疑,无论人们是怎样设想这个自然和世界的。这个复杂的宇宙,并不像是一本仅仅为人类共同生活而构思的伦理生活指南。恰恰相反,它似乎对人类的意图无动于衷,在运转中保持着价值上的中立。在经过近代自然科学的经验观察和理性

[①] 里拉:《夭折的上帝——宗教、政治与现代西方》,萧易译,新星出版社 2010 年版,第 33 页。

分析之后,人类似乎已经不再拥有对这个复杂的宇宙以及人在其中的位置做出一种整体性解释的可能了。近代科学家宣称,对付这个充满奥秘的宇宙的唯一办法是通过假设和试验,而不是形而上学的或神学的建构。这个碎片化的宇宙对于我们来说太复杂了,在任何时候我们都无法为其绘制一幅最终的图景,更不用说从中汲取道德教训或以此为根据来建构价值规范了。通过对自然世界的学习,我们能够了解人性、了解关于我们和动物王国共有的那些需求和冲动。然而,物理学并不意味着伦理学,①我们所面对和生活于其中的这个世界是一个只能用机械因果性来解释的物理事实与心理事实的集合,不具有任何价值意义和规范意义。因此,在这个世俗化和祛魅的时代,我们所能做的或者我们所应当去做的,不是回到大分离之前的世界,或者通过诉诸一个超越的上帝、天启和整体的宇宙观来寻求正当性的根据,通过这些神圣的超绝者来奠定我们人类共同生活的基础;相反,我们应当限制自己对于超越者和整全性的渴望,我们所能做的只是从人类自身的基本条件和状况来寻求正当性的根据,一切道德的、政治的规范性建构都必须建立在人的经验性事实基础上。在这个基础上,人们通过相互的斗争、妥协、承认和承诺而达成一致,从而在一种有限的意义上促进有普遍约束效力的规范的形成。而政治神学重新诉诸上帝的超越性权威只会重新将人类引入幻相、蒙昧和狂热。在这个后形而上学时代和世俗化时代,人们应当学会限制自己对超验根据、形而上学实体、大写真理以及至善的诉求,满足于一种效用性的、小写的真理。②

其实,作为黑格尔最重要的批评者之一,海姆(Rudolf Haym)很早就从黑格尔关于理性与现实同一的著名论断中看出了黑格尔实践哲学的形

---

① 里拉:《天折的上帝》,第 35 页。
② Cf. Jürgen Habermas, *Nachmetaphysisches Denken* (Frankfurt am Main: Suhrkamp Verlag, 1988), S. 28–34.

而上学特征。不过在他看来,黑格尔哲学错就错在他试图将形而上学理论用于讨论社会和国家问题。① 就像海姆在他那部颇具影响的《黑格尔及其时代》一书中所说的那样,基于技术和科学的市民社会的崛起已经是当时社会发展的趋势,它代表了一种新的原则和一个新的时代。在这个新的时代,由于伟大的技术发现,"我们的物理生命和精神生命最深层的基础都被撕裂和重构了(neugestaltet)"②。作为这一重构的结果,神学和形而上学变得陈旧并失去了它们对真理的统治:"信仰的星辰堕入尘世"③,思辨哲学业已"被世界的进步和活生生的历史抛在脑后了"④,那些曾经被人们视为"客观理想"和"永恒不变的东西"都已经被化约为"某种纯粹历史性的"(rein Historischen)和"实用化的"(pragmatisiert)主观构造。⑤ 因此,对海姆而言,黑格尔的存在、神圣性、绝对等概念业已随着现代社会的出现而失去了它们全部的积极内容和真理,对这些形而上学概念的运用只能被理解为一项反动的工作。

启蒙通过科学和世俗化宣告了形而上学和神学的终结,在这样一个现代性的思想语境中,今天的学者们为了重新发掘黑格尔实践哲学中那些"有益"的思想资源,将黑格尔哲学简化成一个没有上帝、绝对和精神的世俗人本主义哲学,似乎也就理所当然,甚至可以说是势在必行了。可是我们不禁要问,在一个世俗化和经验主义的时代,为什么还要讨论形而上学? 为什么在经历了大分离之后,在经历了霍布斯、洛克、休谟、狄德罗、伏尔泰等人对宗教和形而上学的猛烈批判、对人性之恶的赤裸裸的揭示

---

① Cf. Joachim Ritter, "Hegel und die französische Revolution", *Metaphysik und Politik: Studien zu Aristoteles und Hegel* (Frankfurt a. M.: Suhrkamp, 2003), S. 187.
② Rudolf Haym, *Hegel und seine Zeit* (Darmstadt: Wissenschaftliche Buchgesellschaft, 1962), S. 5.
③ Rudolf Haym, *Hegel und seine Zeit*, S. 9.
④ Rudolf Haym, *Hegel und seine Zeit*, S. 6.
⑤ Rudolf Haym, *Hegel und seine Zeit*, S. 9.

之后,还会有卢梭、莱辛、门德尔松、康德等等同样被视为启蒙思想家的一群人仍然坚持一种形而上学和道德神学的必要性呢?为什么像费希特、谢林和黑格尔这些作为启蒙精神继承者的德国观念论哲学家们还会认为形而上学和关于神性的讨论对于人类来说仍然具有其独特的、不可消解的重要意义呢?他们为什么要将绝对的自由与绝对的理性,而不是与相对的理性或者有限的知性技艺统一起来呢?他们并不是经验主义者所批评的那些被愚昧、恐惧和无知占据的心灵,他们也并非正统基督教和神权政治的捍卫者,那么形而上学和神学问题对于他们而言到底意味着什么呢?他们所代表的难道真的仅仅像伯林(Isaiah Berlin)所说的那样,是一种对人类的自由持肯定态度,但却由于对自由的独特理解而导致了反自由的历史后果的"自由及其背叛"吗?[1]

一、形而上学与规范性问题

张颐先生在他的《黑格尔的伦理学说——其发展、意义与局限》一文中就曾明确指出形而上学对于人的道德实践和伦理生活所具有的一般意义:

> 如果一种伦理理论要成为完全恰当的理论,它必须要有一种形而上学基础,这是不言自明的。其理由很清楚,要获得一种伦理生活,首先需要的应该是一种正确的人生观,对生活采取恰当的态度,并选择正确的方式来生活。如果这种最起码的要求不能满足,那么为获得理想的伦理生活所作的一切努力都将付诸东流。但是,问题马上就出现了:什么是正确的人生观?什么是恰当的生活态度?什

---

[1] 参考伯林:《自由及其背叛:人类自由的六个敌人》,赵国新译,译林出版社2005年版。

么是过伦理生活的正确方式？为什么应该采用某一种而不是其他的生活呢？为什么应该采取这种而不是其他的生活态度？为什么应该选择这种而不是其他的生活方式？这些问题只能根据人的真实本性，根据作为一个整体的宇宙的构造，根据人在宇宙构造中所处的地位，根据人的天职及其履行的可能性来回答。换言之，一种正确的伦理理想必须在一种形而上学体系中找到其正当理由，得到解释。关于这一点的经典表述可以在格令克斯(Geulincx)的著作中找到。他的格言是："认识你自己，从你所是的东西中认识你与世界的真实关系，从而认识你在世界中的命运。"①

按照我们今天所熟悉的关于哲学的各个部门的划分，涉及规范性问题的讨论应当属于实践哲学(道德哲学、政治哲学、法哲学等)的领域，而非形而上学的论题。尽管我们都知道，黑格尔的法哲学作为对"客观精神"(Objektiver Geist)的研究，属于他的《哲学科学百科全书》(*Enzyklopädie der philosophischen Wissenschaften*)的第三部分，即"精神哲学"(这个部分与逻辑学和自然哲学一道，构成了一个有机的整体)，是其整个"体系"构想的重要组成部分；可是，当人们将黑格尔哲学中活的东西与死的东西这一区分当作毋庸置疑的前提并加以接受时，就大可以不再费心考虑黑格尔的体系构想及其自身的问题意识和对法哲学的独特定位。在当前的语境中，黑格尔法哲学对共同体中的交往、对历史和传统的强调，为建立在原子化个体和抽象权利基础上的现代社会提供了必要的补充，这一切似乎与黑格尔那已经"死去了的"形而上学没有任何关联。

在今天中国占据主流的马克思主义哲学话语中，"形而上学"这个词

---

① 张颐：《张颐论黑格尔》，侯成亚等编译，四川大学出版社2000年版，第121页。

被专门用来指涉一种片面的、静止的和孤立的思维方式,与所谓的"辩证法"相对立。可是,这个天生带有贬义的"形而上学"概念却与它的本义相去甚远。我们知道,一般认为,"形而上学"这个词最初是被罗德岛的安德罗尼科(Andronicus of Rhodes)在公元1世纪用作亚里士多德一部作品的标题的。他之所以用 τὰ μετὰ τὰ φυσικά(直译为"在物理学之后")这一标题,是因为在他对亚里士多德作品的分类中,这些作品被摆在了关于物理学的作品之后(μετὰ)。不过,这样一个位置上的安排在主题上有其哲学根据,因为亚里士多德在这些作品中研究的乃是那先于或者高于物理学对象的事物,也就是为我们在直观上所相信的一切给出理由。亚里士多德自己把这类研究称作"第一哲学",即关于终极原因和原则的科学。有时他也称之为研究事物"是其所是"(τὸ τί ἦν εἶναι)的科学;有时他又将之等同于神学,因为神是万物的终极根据,关于神的研究是形而上学的一种特殊形式。中世纪哲学家们则把形而上学的这些不同方面分别叫作"一般形而上学"(metaphysica generalis,即本体论)和"特殊形而上学"(metaphysica specialis,包括宇宙论、神学、灵魂论或心理学)。[1] 那么,这种关乎"是"(Is)的形而上学与讨论"应当"(Ought)的实践哲学之间又有什么关联呢?

形而上学所关心的是事物就其自身而言必然如此存在(是其所是)的充足理由,是事情本身的内在必然性,因此,形而上学探究必定不以经验为依据,也不能为经验所证成。这一点既是形而上学为人所诟病之处,同时却也是其可贵之处。与形而上学所关注的这种内在必然性相比,经验事实以及我们从事物的外在关系中所得出的必然性只不过是一种偶然性而已。因为经验性的对象是有条件的,其存在依赖于它自身之外的各种

---

[1] 布宁、余纪元编著:《西方哲学英汉对照词典》,人民出版社2001年版,第614—615页。

条件,而一物如果是由他物决定的,那么它的存在就不能说具有必然性。真正的必然性应当是以自身为根据的无条件者,它不为任何外在于自身的东西所决定,而是自己构成自己存在的根据。世界真正之所是,亦即斯宾诺莎意义上的实体(substantia),它是"在自身内并通过自身而被认识的东西。换言之,形成实体的概念,可以无须借助于他物的概念"①。这个以自身为根据的存在,也就是,其本质(essentia)即包含着存在(existentia)的那个"自因"(causa sui)②构成了合理性的标准,更构成了赋予我们的信念与行动以正当性的终极权威。当我们在谈及行动规范的时候,当然要求这一规范本身具有某种就其自身而言的、不容置疑的普遍的约束性和绝对的有效性,而这一点是仅仅诉诸人的有限经验无法达到的。

被誉为"现代政治科学之父"的霍布斯在谈及他的国家理论时也坦承,从他关于国家起源的构想出发,当一个公民在交战时被敌国俘虏,而他的祖国无法再保障他的生命安全时,背叛自己的国家才是合理的选择,因为国家的目的及其权威的正当性基础就在于满足公民的生存权,使其免于对暴死的恐惧和死亡的威胁。③ 可是,如果爱国或效忠自己的祖国作为一条规范,其有效性是相对于行动者的得失,而非行动者就其自身而言值得的欲求,那么,它就不可能对行动者具有普遍的约束力。问题恰恰在于,爱国作为一项政治义务或道德原则,它在很大程度上是与个人的生死得失相对立的无条件者,这一点是将规范与权宜区分开来的关键;而当我们真的必须去履行爱国这项义务的时候,我们却可以基于它与我们的基本欲求相悖而拒绝履行,这一困境会使霍布斯的国家理论在逻辑上变得无法自洽,他在现代国家的起源之中埋下了国家自我消解的种子。相反,

---

① 斯宾诺莎:《伦理学》,贺麟译,商务印书馆1997年版,第3页。
② 斯宾诺莎:《伦理学》,第3页。
③ 霍布斯:《利维坦》,黎思复、黎廷弼译,商务印书馆1997年版,第172页。

当亚里士多德从人作为城邦动物的所"是"(οὐσία)或"自然"(φύσις)的目的论观点来谈论公民的勇敢和爱国这些美德时,他要比霍布斯更加融贯。在亚里士多德那里,事情自身之"是"这一无条件的形而上学规定构成了规范性的终极根据;并非由于任何外在的理由,而仅仅因为一个人"是"城邦的公民,所以就应当这样朝向其自身的完善(ἀρετή)来生活。是这种基于存在论(目的论)的内在因果性,而非基于外在关系的机械因果性,才能够证成义务的绝对性与必然性。

人们有理由质疑,亚里士多德关于人的规定也在一定程度上受制于古希腊特殊的社会历史经验,人之"是"未必就先天包含着古希腊城邦公民所秉赋的那些德性和规范,古代埃及人与古代中国人关于人之"是"的看法,以及实现这一先天规定的途径可能就是不一样的。况且,在这个对无限性和多样性保持开放的现代世界中,关于事物本质的先天规定已经变得不再可能。但是,这种关于规范问题的形而上学(目的论)视角并不因为实际上存在的这些差异和多样性就可以被轻易放弃。因为在这里被放弃的并不是一种妄图去统一那些无法调和的多元文化的努力,也不是一种关于本质和善的独断论主张,而是使无条件的、自身就是目的的规范与有条件的经验事实区分开来,就规范之为规范来加以把握的重要途径。对形而上学的放弃同时也是对超越于有限经验之外的绝对无条件者和内在必然性的取消。如果我们将道德和政治的规范建立在自我保存这一偶然的生物学特征之上,那么,在道德与非道德、正义与非正义之间就不存在严格的界限:既然无非为了追求自我的保存和生命的延续,那么为什么精忠报国就必然是善,而杀人越货就必然是恶呢?从自然主义的眼光看来,二者之间似乎只是在效果方面有着某种量的差异,而不存在质的分别。可是,规范的有效性(Gültigkeit)恰恰是以这一严格的质的分别为前提的。理性和规范作为"绝对",只能就理之本然,即就其自身内在固有的规定和内在的必然性来谈,而不能将它还原为经验事实、实践生活的需要或者统计学上的概率这样一些外在的必然性。换言之,一种正当的论理(reason-giving)方式应该是按照理之本然或者存在之不得不如是存在(being as it has to be)来讲理,而不是按照偶然的实存或者我们人主观上(不管是一个人还是大多数人,甚或所有人)所认为的合理的东西来确定行动的规范。①

不论是从单纯的有效性,还是从对不断重复出现的物理事实和心理事实的描述出发,我们都不能推出事情"应当"如此或者我们"应当"如何去行动才是正当的这样一种具有规范性意义的结论。经验主义如果想作为一种内在融贯的理论,就应该严守自身的界限,而不提出任何规范性的主张。换句话说,如果经验论者坚持自身的规范性要求是有效的,那么他们就不能再片面地坚持经验主义的立场或观点;相反,倘若规范性或理性法则不是以自身为根据的、自在的真理,那么经验主义和历史主义的规范性主张就会是一种自败的(self-defeating)理论,因为它是以一种反对"绝对"的或者相对化的方式去提出一种具有绝对性和规范效力的主张。建立在一致同意和有用性基础上的有限的、小写的真理本身就包含着一种真理理论,为了使自身不至于陷入自相矛盾的困境,小写的真理必须或隐或显地设定绝对的、大写的真理作为其自身内在的目的和诉求。实用主义哲学家试图采取一种讨巧的方式来规避在实践哲学的讨论中引入形而上学问题的风险。他们用一种最低限度的道德-政治纲领来取代古典政治哲学-政治神学关于至善的构想:对至善和至真的追求超出了人类作为有限的理性存在者的能力范围,我们应该满足于通过理性的去蔽过程来不断达到更好的状态,对"更好"的追求比对"最好"的追求更为现实也更

---

① Cf. Joachim Ritter, "Hegel und die französische Revolution", *Metaphysik und Politik*, S. 186-187.

为合理。然而,我们不妨想一想,倘若没有至善或善本身,又何来"更好"或"更坏"呢?在一个没有至善的世界中,我们根本没有理由和标准来对事情进行比较和判断;相反,我们只能像"智者"一样声称,事情只是不同而已,并无好坏之分。可在现实生活中,我们确实能够对事情的善恶好坏做出判断,至善(summum bonum)作为形而上学的对象正是以这种未出场或者隐藏在现成事物之后(μετά)的方式,支撑着我们关于善恶好坏的基本信念。所以霍克海默(Max Horkheimer)才会语重心长地说道:"就伦理真理而论,一个人无法泰然地在拥抱洛克的知识理论的同时与莱布尼茨站在一边。人们不可能在持久地攻击对诸神灵的敬畏的同时却还仍然保持着对普遍道德的诸范畴与原则的崇敬。然而,现代社会的哲学奠基者们,包括洛克本人,遵循的恰恰就是这条道路。"[1]

从哲学诞生之日起,对规范和秩序的寻求就与我们对于事情之本然的理解和认识息息相关:一件事情之所以是善的或者是应当去做的,其充足理由并不在于我们大多数人认为它是善的,或有一个外在的权威要求我们必须这样行动,而是由于这事情出于它的本性即它之所"是"就是好的。[2] 可以说,形而上学或者关于存在和真理的研究,一直是规范性理论的题中应有之意,黑格尔的法哲学无疑是这个传统的直接延续。巴门尼德赋予"存在"(ὄν)、柏拉图赋予"理念"(ἰδέα/εἶδος)和黑格尔赋予"绝对"(Absolute)的核心意义之一,就是担当具有客观规范性的终极实在,这些以自身为根据的客观概念、原则和实在的总体又被黑格尔称为"理性"

---

[1] Max Horkheimer, "Reason Against Itself: Some Remarks on Enlightenment", *What Is Enlightenment? Eighteenth-Century Answers and Twentieth-Century Questions*, ed. James Schmidt (Oakland: University of California Press, 1996), p. 362.
[2] Cf. Leo Strauss, *Natural Right and History* (Chicago: The University of Chicago Press, 1953), p. 91.

(Vernunft),据此我们才得以衡量我们自己的行动和信念。①

因此,超越有限经验的形而上学探究对于实践哲学来说是不可避免的,我们对自己应当如何行动、应当如何对待他人以及应当过一种怎样的生活的规定,都仰赖于我们对于世界或者真实存在本身是什么的一种认识,而形而上学正是研究"是之为是"或者"存在者之存在"的学问;它专注于这个纷繁复杂、变化多端的世界中某些不变的东西,那是万物的本质(οὐσία)、始基(ἀρχή)和根据(λόγον),是"存在"(Sein)本身。当我们说世界"是"怎么样的,这本身就带有一种指向性和规范性,"是"(Sein)意味着事情不能不是,意味着事情应当如是(sein soll),它先于和超越于我们人或者主体的反思性的自我立法而具有绝对的权威性。因此,形而上学指明了事情的方向(Orientation)和目标(τέλος),因此也为我们的行动指明了某种具有规范性的"应当"。

当我们认识到某物是什么的时候,却不按照事情之"是"去行动,那么这在逻辑上和事实上都是一种自相矛盾,这就等于说事情"是"同时又"不是",这是违背理性的,因为合理性意味着合乎事情本身之所是的规定。在黑格尔看来,不能按照事情本身之"是"去行动,这首先不是意志上软弱的问题,而是由于思维没有把握到真实的存在。因此,黑格尔才会在《法哲学原理》的"导论"中特别强调,思维和意志的区别只不过是理论态度和实践态度的区别,它们不是两种根本不同的官能,意志不过是特殊的思维方式,即把自己转变为定在的思维,作为达到定在的冲动的那种思维(Werke 7:47)。也就是说,不去按照事情的本性或者本然之理去行动,这不仅仅是主观意愿上的问题,它在根本上是一种理智上的自相矛盾,是对

---

① Cf. Herbert Marcuse, *Reason and Revolution* (London: Routledge & Kegan Paul Ltd., 1955), pp. 5-7.

事物之本性及其内在合理性(λόγος)的否定。"恶"之为恶或者一种现成的规范之所以缺乏正当性,并不是因为它与大多人所认同和秉承的生活方式、行为准则、法律制度等等相违背,而是因为它是一种存在论的意义上的不真。①

一种超越我们的主观意见(不论它是个人意见还是群体的一致主张)、以自身为根据的形而上学实体(实质理性),是合理性的终极标准和我们人的认识与行动得以可能的根据。如果否认这一超越性根据的存在,那么我们人类通过交往和实践达成的一致就只能停留在一种程序的合理性上,任何内容都可以填充进这个合理性的形式,因为理性自身的内在目的和合理性的内容被当作无法认识的形而上学实体抛弃掉之后,内容合理性被结果有效性所取代,对于我们人类来说也就不存在什么就自身而言是善或者就自身而言是恶的东西了。② 以启蒙理性主义为代表的现代文化依照个人的习惯或者大多数人的共识来塑造自己判断的标准和行为的准则,用行之有效或者局部共同体的协同性(solidarity)③来取代客观真理本身的标准。所以今天,我们有着各式各样的成文与不成文的法则,有着各种教我们如何变得精明干练的技巧,可在这一有条不紊、井然有序的景象背后唯独缺少了真理;在各种看似理性的思维方式和生活方式背后,隐藏着被某种无目的的、没有实质规定的非理性力量所驱使的危险。

当手段的合理性取代了目的合理性、程序性的理性概念取代实质的

---

① Cf. Johann Hoffmeister hrsg., *Briefe von und an Hegel, Band 1: 1785-1812*(Hamburg: Felix Meiner Verlag, 1952), S. 328.
② Cf. Jürgen Habermas, *Nachmetaphysisches Denken*, S. 41-42.
③ Cf. Richard Rorty, "Solidarity or Objectivity", *Objectivity, Relativism, and Truth: Philosophical Papers, Volume 1* (Cambridge: Cambridge University Press, 1991), pp. 21-34; see also Richard Rorty, "Solidarity", *Contingency, Irony, and Solidarity* (New York: Cambridge University Press, 1989), pp. 189ff.

理性概念成为我们现代人判断认识和行为合理与否的唯一标准,虚无主义就成了现代人挥之不去的梦魇。按照曼弗雷德·弗兰克(Manfred Frank)的说法:"'虚无主义'(Nihilismus)指的是启蒙进程的内在目标,在现代(Neuzeit)这一目标的曙光会渐渐展露。当上帝作为超感官根据和所有现实事物的目的死去之后,当超感官的世界丧失了它的约束力尤其是它的庇护力之后,那么就没有什么足以让人类依凭并且以之为自己确定方向了。这一虚无蔓延开来。'虚无'(Nichts)这一词意味着一种超感官根据的缺失。"①由此可见,人类对于认识超越性实体的渴望,有着比出自动物性本能的恐惧和无知更为深刻的理由。对上帝的意识实际上是人作为理性存在者对于自身之有限性与绝对真理之无限性的一种意识。

正如马克斯(Werner Marx)所言:"自柏拉图以降,形而上学就不曾满足于证明,自然与人类精神的关系,或者存在与思维的关系,是一种同一(identity)关系,一种特殊的统一(unity)。人们要求,这种统一又建基于一种最高的、其本身没有任何别的基础的存在者之中。对如其本然的存在者的规定——存在论——必须被建基于神学。"②古代哲人已经洞见到,从人出发来谈论作为绝对的法则,以人性作为规范的根据,这必然会导致对形而上学和终极真理的拒斥,同时导致自然从一个无限的意义整体变成一个碎片化的、无规定的物质世界,最终将不可避免地滑向相对主义和虚无主义。相反,形而上学是以天讲人,从事理之本然而不是从有效和有利来谈规范。合理性和善本身不能被还原为主观的程序合理性,相

---

① Manfred Frank, *Der kommende Gott: Vorlesungen über die Neue Mythologie* (Frankfurt am Main: Suhrkamp Verlag, 1982), S. 12-13.
② Werner Marx, *The Philosophy of F. W. J. Schelling: History, System, and Freedom*, translated by Thomas Nenon (Bloomington: Indiana University Press, 1984), pp. 59-60.

反,它是自身目的(Selbstzweck),①因此必须以理性自我认识、自我解释的方式来展开。同样地,对于黑格尔法哲学的研究也应作如是观。黑格尔在其早年的一篇论文《论哲学批判的本质》(*Ueber das Wesen der philosophischen Kritik*, 1802)中就曾经这样写道:"哲学现在必须认识到,民众具有提升到哲学的可能性,但它绝不能够降低自身以迎合民众。"(GW 4: 125)这个理念贯穿黑格尔哲学生涯的始终,对他来说,存在本身之不得不如是存在的必然性构成了我们行动规范的终极根据。这种决定不是那种受制于机械因果必然性的外在规定,而毋宁说是绝对的理性通过人类的思维和生存活动来实现它的自我规定,这才是真正的自律和自由。黑格尔在他的法哲学中特别是谈到他的伦理(Sittlichkeit)学说时,不断提及实体、绝对、上帝、天意这样一些对今天的实践哲学讨论来说看似反动的和过时的神学-形而上学概念,可这些概念对黑格尔自己来说却绝非无关紧要、可有可无的。在黑格尔看来,尤其是在这样一个祛魅的时代,更不能脱离那超越的客观之道来理解实践哲学和实践活动本身,就像我们中国古人不能离开天理天道来谈论礼法、道德与政治一样。

二、 黑格尔与形而上学问题

如果形而上学对于人类的安身立命来说具有如此重要的意义,而实践哲学本身应该是一种形而上学,那么,为什么从古代怀疑主义者到中世纪的唯名论者,再到休谟和现代逻辑实证主义者,对形而上学的挑战和质疑却从来没有停息过,以至于"拒斥形而上学"到今天已不再是一句革命的口号,而早已成为哲学和科学研究的前提。因此,我们要证明黑格尔法

---

① Joachim Ritter, "Die Lehre vom Ursprung und Sinn der Theorie bei Aristoteles", *Metaphysik und Politik*, S. 11.

哲学本身就是一种形而上学理论,或者说直到今天仍然必须被当成一种形而上学来阐释,而这种作为形而上学的法哲学依旧有其不容忽视的现实性,其困难之处不仅在于表明形而上学之于规范性问题的不可避免性,更在于弄清楚这到底是一种什么样的形而上学以及这种形而上学何以可能。形而上学固然重要,可要想将它从人们对形而上学固有的那种消极印象中解放出来也绝非易事。我们必须透过对形而上学的各种批判来揭示传统形而上学的意义与限度,并在此基础上理解黑格尔自己独特的形而上学构想,即他的"绝对观念论"(Absolute Idealismus)的必然性,才能够在这个后形而上学时代重新开启一种从超越性维度来思考规范性问题的可能性。

对于那些延续了霍布斯、洛克和休谟等人开启的那场"大分离"的哲学家们来说,之所以要拒斥形而上学,并不仅仅是因为形而上学研究的对象超出了感觉和经验的范围而无法被有意义地言说,更是由于在他们看来,形而上学采取的是一种自上而下的奠基方式,它试图从某种超验的存在或实体出发,通过对天赋观念系统的演绎来为知识和道德的普遍必然性提供根据。但这种奠基方式在面对复杂的、特殊的经验时,无法为人的本质和人类关于善的多样化的理解找到一个统一的理性共识,却在对无条件者和绝对同一的执拗坚持中走向了独断论。而另一种奠基方式则是从具体的事物和我们的日常经验出发,通过一步步合乎逻辑、具有自明性的探究,自下而上地达到某些具有普遍有效性的形式。就像霍布斯通过他的"分解-重组"法向我们表明,求生和畏死的激情而非天赋的理性才是最具有普遍性的要素;只有建立在人类最直接、最强烈也最普遍的情感和感觉之上,通过人与人之间共同的经验、相互的斗争和理性的计算,以及相互的妥协、承认和承诺,我们才有可能达到具有普遍有效性的、统一的规范,避免再次陷入对上帝和神意的臆想、独断与狂热而导致的悲惨的人类冲突中去。① 不过,这一转折表面上是两种不同哲学立场之间的此消彼长所致,实际上却根源于传统形而上学自身内在的问题,所以,仅仅强调形而上学的重要性并不足以从根本上回应这种反形而上学的倾向。

从笛卡尔的二元论到莱布尼茨-沃尔夫的体系,整个近代的理性主义形而上学实际上都有着共同的目标:通过重申理性与现实、思维与存在、本质与实存的同一性,将世界作为一个具有理性必然性的整体来加以把握,而不满足于在一个碎片化和充斥着偶然性的世界中随遇而安。就像霍克海默指出的那样,"源自同一性原理的范畴构成了真正的现实与纯属'偶然'的实存的区分标准","抹去了同一性,也就无法坚持认为存在着哲学所表现的实实在在的世界秩序"。② 在传统形而上学家看来,天行有常,任何事物与流变都有其不得不如是存在的普遍的充足理由(Rationis Sufficientis),绝非偶然的生灭。有限的经验不足以形成具有确定性的知识,唯有超越时间和流变的天赋观念才是必然真理和充足理由的来源。因此,只有证明了在已被认识的事物(谓词)与事物的本质或观念(主词)之间存在着不可分离的性质,才能证成理性的普遍必然性。莱布尼茨把唯一能够满足不可怀疑要求的真理称为"同一性的真理",并且指出:"任何其他命题只有在可以分解为或者转化成同一性真理的情况下才是真的。各种同一性关系为真的条件是,命题的谓词蕴含于同一命题的主词之中,而且经过分析是源出于这个主词。"③换言之,只有证明了现实存在的一切都先天地包含在合乎理性秩序的天赋观念之中,世界才能够作为

---

① 参见施特劳斯:《霍布斯的政治哲学》,申彤译,译林出版社 2001 年版,第 164—170、181—186 页。
② 霍克海默:《黑格尔与形而上学问题》,《霍克海默集》,曹卫东编选、渠东等译,上海远东出版社 2004 年版,第 34—35 页。
③ Gottfried Wilhelm Leibniz, "First Truth", *Leibniz: Philosophical Papers and Letters* (Vol. 1), ed. Leroy E. Loemker (Chicago: Chicago University Press, 1956), p. 412.

一个理性的和统一的整体被我们所把握。然而,根据理性的原则来对经验实存进行阐释并不容易。我们都知道,莱布尼茨区分了具有必然性的推理真理和具有偶然性的事实真理。像数学和逻辑的命题,以及诸如"石头是有质量的"这样的命题,谓词先天地包含在主词当中,其反命题是不可能的,所以推理的真理是本身不存在矛盾的真理,因而具有普遍、恒久的正确性。而诸如"凯撒跨过卢比孔河"这样的事实真理却是以历史事实和感觉经验为基础的,我们无法从主词(凯撒)本身中必然推导出谓词(跨过卢比孔河)。也就是说,事实真理中的谓词并不先天地包含在主词之中,而是对后天经验进行归纳的结果,这类命题的反命题是可能的;事实的真理存在着无限的可能性,它之所以如此这般存在完全是出于偶然,并不具备推理真理的那种内在必然性。这样一来,本质与实存就属于两个完全不同的领域,本质不能用来解释一切存在之物,结果就会出现一个不是统一体普遍原则延伸形式或变化形式的事物,会使世界失去其系统的、可为理性认识的特征,也会使人面对着一个个离散的、经验的事物。①说得直白一些,如果现实世界中存在和发生的一切不是先天地蕴含在固有的观念之中,而完全是后天的、偶然的、不受先在的观念的约束,那么,事情就没有非如此不可的理由,更不可能符合所谓的必然的天意和终极的目的。这是一个理性主义者必须面对的困难,而传统形而上学为人所诟病的地方,也恰恰体现在他们为证明世界的合乎理性的统一性以对抗相对主义和怀疑论所做的努力当中。

尽管莱布尼茨在两种真理之间做出了区分,但是他绝不能将这一区分坐实。相反,他必须去完成一个不可能完成的任务,那就是证明事实真理中的谓词如同在推理真理中一样,已然先天地包含在主词之中;只具有

---

① 维塞尔:《启蒙运动的内在问题》,贺志刚译,华夏出版社2007年版,第96—102页。

或然性的事实真理在某种更根本的意义上同样是具有普遍必然性的推理真理。跟笛卡尔一样，为了弥合本质与实存、思维与存在之间的断裂，莱布尼茨也不得不求助于上帝的权威。他指出，事实真理具有多样性和偶然性的外表，人只是由于认识能力的有限性无法洞察事物自身隐秘的必然性。倘若人站在上帝全知的立场来看问题，一切事实真理其实都具有合乎理性的普遍必然性，表面上并无定准的事情，却有其不得不如是存在的充足理由——上帝在无限的可能世界中选择了一个最好的世界。这个世界尽管充满了荒诞和残酷，但也并非全无道理可言，归根结底，一切都存在于上帝的永恒正义和必然真理之中（前定和谐）。然而，这样一种机械降神式的证明太过于薄弱。即便我们能够在逻辑上证明一个全知全能全善的至上大有（summum ens/Supreme Being）必然现实地存在于世间，使得谓词所代表的现实内容（偶性）必然先天地包含在自身同一的主词（实体）之中，使得有条件的现实与无条件的理念相符合；可是，逻辑的必然性并不等于现实性。如果我们只能够以这种反思的方式来要求合理的东西同时也应当是现实的，将上帝的终极权威作为世界变化发展的内在动力和法则，那么，这种要求以及它所保证的那个从自明的天赋观念中演证出来的合乎理性必然性的世界秩序就将成为一种非理性的独断主张，而整个理性主义的形而上学也将因为这种独断论在人类的认识中所造成的种种矛盾，而成为康德笔下那位遭到驱赶和遗弃的女王和那无休无止的争吵的战场（KGS 4: 7-8；KrV A: VIII-IX）。

面对新的经验和新的科学，旧世界的观念体系和它的确定性以及它的整个存在都被动摇了。人们无法再通过对自明的天赋观念的演绎，把世界作为一个合乎理性的整体来把握。关于超验实体的形而上学探究，不仅无法为我们提供现实生活的指南，反而会造成更多的混乱和无序。概念与实存、思想与存在之间的同一关系被撕裂和颠倒。经验主义者继承了唯名论者的衣钵,他们否认观念的先在性和实在性。在他们看来,根本不存在一种超越性的、普遍永恒的实体理性(substantive reason),理性只是感觉和激情的奴隶。那些曾经被视为实在和普遍自明的天赋观念实际上只不过是有限的人类经验的结果而已,它们存在于时间和流变之中,而非之外,所以只是偶然和相对的东西。后天的感觉和效用取代天赋观念成为知识与行动规范的来源,有限的和主观的感觉、欲望经验似乎变得比基于天赋观念的理性演绎具有更多的真实性与普遍性。然而,不得不指出的是,形而上学本身并不等于康德所说的独断论(Dogmatismus),我们不应该将黑格尔的绝对观念论简单地等同于海姆所批评的那种旧形而上学。理性主义形而上学的独断论败坏了形而上学的声誉,但是这并不意味着形而上学本身应该被视作无意义的探究而被取消。尤其是经过康德对传统形而上学的批判与重建之后,形而上学已经对经验主义和怀疑主义的挑战做出了回应,并在一定程度上化解了之前的危机。黑格尔的绝对观念论作为后康德哲学的重要一支,是对康德所开辟的这条新道路的发展,同时也着眼于康德哲学自身的困境,而绝不是倒退回前康德的独断论形而上学的立场。①

康德的先验观念论实际上延续了理性主义形而上学的基本问题,他对旧形而上学的批判并不是为了迎合经验主义的反形而上学倾向,而是想通过对形而上学自身的起源、范围和界限加以规定,来为作为科学出现的未来形而上学奠定基础(KGS 4: 9; KrV A: XII)。从消极的方面来说,康德的理性批判的确向我们表明,试图通过理性来认识超越于经验界限之外的东西将是徒劳;但康德特别提醒我们注意这项工作的积极意义,在

---

① Giacomo Rinaldi, "The Metaphysical Presuppositions of Hegel's Philosophy of Self-Consciousness", *Hegel and Metaphysics: On Logic and Ontology in the System*, ed. Allegra de Laurentiis, p. 98.

于通过将知识限定在经验的界限之内,防止用有限的感觉经验和自然界的因果必然性来消解无条件的实践法则,从而捍卫理性与自由的实在性(KGS 3:16; KrV B: XXIV-XXV)。

因为旧形而上学未能从根本上阐明本质与实存、思维与存在之间的同一关系,而只能诉诸天赋观念和上帝存在这样的独断主张,这反而为经验主义和怀疑论留下可趁之机。对于康德而言,旧形而上学的失败实际上并不在于它的探究超越了经验的界限而变成了无意义的言说,而在于它为自己提出了一个过高的目标,那就是:通过对自明的观念的演绎,将纷繁复杂的现象世界归摄到一个理性的体系之中,使先在的观念成为事物本身的规定;反过来说,就是要证明形而上学实体的客观性和真实性。可是,这样一个目标却建立在与之相悖的前提之上:形而上学实体是在时间之外、不依赖于有限经验的自身同一,而实存却在时间中有毁有成、有生有灭,二者其实从一开始就是异质的。从这个前提出发,理性主义者要让偶然的现实去符合普遍必然的理念,最终也只能借助上帝的担保这一独断的主张。一旦对上帝(绝对的"是")的信仰不再坚实和统一,观念与实在的同一关系也将随之瓦解,观念不仅无法统摄现实,就连其自身的实在性也被经验所消解;人们只能安于暂时有效的相对真理,而不应也不能再觊觎永恒的真理与法则。经验主义从最朴素的感觉出发,反而能够比众说纷纭的理性主义形而上学更融贯地解释观念与实在的关系,也更能够满足人们对普遍有效性的诉求,旧形而上学的衰落也就不可避免了。因此,康德才不得不另辟蹊径来重新为形而上学奠基。

既然旧形而上学的困境根源在于它为自身提出了一个无法完成的过高目标,那么,如果把这个目标稍作调整,是不是能够在证成理性的实在性的同时又避免怀疑主义的攻击呢?康德的"哥白尼革命"其实正是希望通过目标的调整来为形而上学寻找新的出路。他的这一天才式构想的核心实际上在于,通过将旧形而上学那里思维与存在之间绝对的、客观的主体-客体(objektives Subjektobjekt)同一关系转化为一种主观的主体-客体(subjektives Subjektobjekt)同一关系,降低了形而上学追求"绝对"的这个目标,从而为关于超经验的、无条件者的思考留出地盘。按照康德的想法,如果我们所能够认识的世界是经由我们自身的表象方式(先天的感性直观形式和知性范畴)而向我们呈现出来的显象(Erscheinung),而不是事物本身(Ding an sich selbst),换言之,作为认识对象的现象世界(Phaenomena)的存在自身就是我们按照理性的先天形式构造出来的,那么,之前出现在旧形而上学那里的本质与实存的断裂就不存在了。至于事物本身或者本体世界(Noumena)是怎么样的,我们可以存而不论。也正是这种存而不论,使得形而上学能够在经验主义的冲击下得以保全。一方面,我们的表象方式无法把握物自身;当范畴用于描述经验之外的形而上学实体时,必然导致我们在认知上的矛盾和混乱,所以形而上学不能成为知识。另一方面,恰恰是由于作为形而上学研究对象的无条件者(上帝、自由、灵魂)不在因果关系的条件序列之中,故绝不能用说明自然现象的范畴来解释(解构)这些无条件者;经验主义对上帝和无条件的道德法则的消解,在康德看来同样是一种越界的使用(KGS 3: 12-14; KrV B: XVI-XXII)。[①]

由此我们不难看出,康德表面上是在批判传统形而上学,实际上却重在对经验研究方式进行限制和为形而上学本身寻找新的基础。在康德看来,对逻辑的必然性与事物的现实性这两者的混淆,是导致传统形而上学陷入谬误的根源,因而他放弃了旧形而上学追求绝对同一的目标,不再致力于证明形而上学实体的客观实在性,因为只有这样才能够更好地完成

---

① 关于这个问题的讨论还可参阅拙文:《范畴是主观的吗?——康德先验演绎的目的与限度》,《云南大学学报》(社会科学版)2013 年第 2 期,第 34—42 页。

理性主义形而上学统一理性与现实的根本任务。按照康德的构想,这样一个一元论的目标必须以彻底的二元论为前提。只有首先承认现实世界是一个遵循机械因果必然性的条件序列,在其中没有理性的无条件者,这样才能使形而上学实体免遭经验主义的解构,或者由于陷入二律背反而成为无意义的探究。理性的无条件者存在于与现象世界完全隔离的本体世界,它的实在性是由人的道德意识和道德实践来证明的。在康德看来,人与其他存在者不同,他生活在这个受制于机械因果必然性的世界当中,却并不是完全按照这种外在的必然性来思考和行动。人并不只是一味地趋利避害,饿了就吃,困了就睡,而是会区分什么是应当的、什么是不应当的,这其中包含着一个超越了机械因果必然性的、更高的理由。正是这种规范性的意识作为一种"纯粹理性的事实"(Faktum der Vernunft, KGS 5: 31)证明了理性的无条件法则的实在性。

不过,在康德的二元论架构中,证明存在着理性的无条件者,并不等于证明了现实世界就是一个合乎理性法则的统一体,而如果不能证明这一点,康德就始终无法从根本上解决怀疑主义和相对主义的问题。因为对康德来说,一个在遵循自然规律意义上的合乎理性的世界,之于道德意义上的合理性而言,恰恰是偶然的和非理性的:既然现实的世界是一个按照机械因果必然性运作的世界,有德的人未必是有福的,而精于算计、掌握规律的人才能立于不败之地,那么,人们为什么要去遵守理性的无条件法则,而不是去做对自己最有利的事情呢?为了证明理性具有现实性(Wirklichkeit)而不仅仅是实在性(Realität),康德不得不借助一个跟他的理性主义前辈一样独断和薄弱的论证:因为我们都必须承认,做道德的事情比做不道德的事情更加合理,所以,我们有理由设想,在一个受制于机械因果必然性的现象世界之外,仿佛(als ob)还存在着一个上帝作为终极的立法者并由上帝来担保的按照道德的因果性来运作的、德福一致的道德世界,只有这样才能保证在现实的世界中做理性的无条件命令所要求的道德的事情是合理的;更重要的是,在这种理性信仰的激励甚至强制下,作为理性行动者的人可以通过自己的实践来改造现实,使这个现象世界逐渐朝着遵循道德律(自由的因果性)来运转的至善的本体世界前进,最终实现理性与现实的统一(无限)。在传统形而上学那里作为真理的客观的同一性,到康德以及后来的费希特那里则被改造为只具有主观根据的悬拟(Postulieren)和通过实践不断奋进(Streben)的对象。这样一来,康德就通过对主观理性自身的分析完成了对一个合乎理性必然性的世界图景的构造,即通过理性主体自我立法的"应当"(Sollen)来要求和改造"存在"(Sein),作为理性主体的人由此取代了上帝,成为终极的立法者和担保者。

对康德而言,建立在人的理性能力之上的世界,比建立在超验实体和上帝的权威之上的世界更加地稳固。所以,"哥白尼革命"与其说是一种思维方式的变革,不如说是康德在这里开创了一种被黑格尔称为"主观观念论"或者"主体性形而上学"的新的形而上学。这条道路固然有其独到的创发,可更多的实际上是妥协。在规避了旧形而上学的困难的同时,理性的主观化所导致的彻底的二元论主张也堵塞了通向客观理性的道路。

就像黑格尔在他的《逻辑学》的序言中所说的那样,现代教化的一个基本特征就是形而上学的缺失,如同一座富丽堂皇的神庙缺少了神像那样(GW 21:6)。而康德的观念论恰恰构成了这一现代教化的哲学基础。一方面,我们看到,康德以巨大的综合能力,将自然、道德、历史、宗教、艺术等方方面面纳入一个理性的统一体之中,为现代人的生活奠定了一个共同的理性基础。但另一方面,在这个理性的世界图景当中,我们已经无法像古人那样从事物自身的逻各斯当中获得我们存在的尺度与意义。知识和道德的根据只能在主体自身的理性中去寻找,可是,主体何以具有而且恰好具有了这些根据(范畴、道德律等等),使得世界必然如此这般地存在,却是一个主体自身无法回答却又必须回答的问题。如果说形而上学是对事物"是其所是"的充足理由(无条件者)的认识,那么,康德的形而上学从这个意义上来看恰恰是反形而上学的,尽管他的多部重要著作都被冠以"形而上学"的名称。批判哲学重新为形而上学奠基的工作,实际上从根本上改变了"形而上学"的含义,对康德而言,形而上学不再是对真理和事物本身的认识,它只能作为一种调节性的理念才是合乎理性的,才能避免因经验证据的缺乏而陷入亦真亦幻的先验幻相。而且,通过排斥种种有差异的和不确定的经验性因素,以便为知识与道德的普遍必然性提供根据,康德的形而上学在确保了形式的纯粹性时,却由于形式与内容的割裂而在内容方面让偶然的和现成的经验性因素溜进了这座宏伟的理性大厦之中,为现代教化的非理性本质披上了理性的外衣。恰如黑格尔所言,批判哲学专注于知识与道德何以可能的形式问题,而忽视了对真理的内容本身的探究(GW 21: 30)。

可以说,黑格尔的法哲学,甚至他的整个哲学都起源于对以主体性形而上学为基础的现代教化的反思。黑格尔将自己的哲学称为客观观念论或绝对观念论,以区别于康德、费希特的主观观念论。所谓"绝对观念论"的核心观点就在于强调,理性是某种客观的或内在于世界的实体,它是事情本身的规定,而不仅仅是某种主观的或者经由先验主体的活动而强加于自然的主体的思维和意志能力(Werke 8: 80-91)。对于那些习惯了事实与价值、实然与应然二分的康德主义者来说,黑格尔的这一主张明显带有旧的、独断论形而上学的痕迹。按照哈贝马斯的说法,康德的三大"批判"是对不同的理性区域彼此独立所做出的一种反应。针对客观知识、道德实践以及审美判断的论证形式,在 18 世纪就已经分道扬镳,并且在能够自行确定其有效性标准的范围内各行其是。所以,康德之后,不可能还有什么"终极性"和"整合性"的形而上学思想。① 在经过了康德的理性批判之后,试图去证明现实世界自身具有某种内在目的、被无条件的理性必然性所支配,已经变得跟神话一样了。这种内在于世界的理性最多只是由反思所设定的调节性的理念(regulative Idee),而不是一种具有现实性的建构性原则(konstitutives Prinzip)。所谓"无限"(Unendlichkeit),是信仰的对象,是努力通过实践来达到的目标,但绝不是具有真理性的、可被理性所认识的现实。正是以康德的理性批判所划定的界线作为参照,黑格尔的哲学才会被当作一种前康德的、独断论的形而上学主张。

然而,康德哲学的二元论构想本身并非不刊之论,如果我们从这种二元论出发当然不可能理解黑格尔。对于黑格尔而言,康德为理性所设下的界限,造成了理想与现实、自由与自然、有限与无限之间的分裂和理性自身的异化,使哲学再次陷入了独断论与怀疑论的循环,而这一切问题必须通过重新建构一种理性一元论的形而上学才能得到化解。换言之,黑格尔必须重提一种不以一与多、主体与客体、应然与实然的二分为前提的非主体性的形而上学,证明现实是合乎无条件的理性必然性的;反过来说,就是赋予"绝对"或无条件者以建构性的现实性,才能真正完成康德及其理性主义的先驱者们孜孜以求的目标。这种绝对观念论或客观观念论的形而上学并不是单纯地回到前康德的旧形而上学立场。在这个意义上,黑格尔是一个后康德哲学家,他完全认同康德对旧形而上学的批判,反对以独断论的方式来证明理性的现实性,因为这种方式没有就理性规定自身的必然性来加以思考,而是满足于将它作为某种现成的东西来预设。但是,与康德不同的地方在于,黑格尔并不因为关于无条件者的认识可能导致矛盾而放弃对它的认识,相反,他认同旧形而上学的目标(Werke

---

① Cf. Jürgen Habermas, *Nachmetaphysisches Denken*, S. 24-25.

8: 93ff），即理性与事物本身(而非事物的显象)是一且同一的。是理性的必然性、绝对无条件者，而不是外在的、偶然的因果作用，构成了事物存在的尺度和法则，因为"只有绝对是真的，或只有真的东西是绝对的"（das Absolute allein wahr, oder das Wahre allein absolut ist. GW 9: 54），而这一目标实际上也是康德哲学自身内在的精神。

　　黑格尔不满于康德将至善(绝对或无限)仅仅视为一种调节性的理念，置于现实世界的彼岸。因为在这样一种有限与无限的对立中，无限只不过被理解为"非有限"，被理解为有限的界限。黑格尔将其称为"有限化了的无限"或者"坏的无限性"（schlechte Unendlichkeit, Werke 5: 149-152）。一方面，康德寄希望于通过理性行动者的实践，使有条件的经验事实统一于无条件的实践理性法则；但另一方面，康德的关于绝对无条件者的理念又依赖于此岸与彼岸、应然与实然的对立二分，因为对他来说，一旦应然成为实然，无条件的理性法则成为现实世界的法则，世界成为一个理性的统一体，理性法则的道德性也就消弭于经验现象之中了。康德的理性概念中所包含的这一内在矛盾，使其无法真正实现自己重新建立一种科学的形而上学的目标。

　　黑格尔的哲学正是对这种宣称理性自身不具有现实性的主张的坚定斗争。如果人们将"观念论"（Idealismus）理解为一种乌托邦式的梦想，那么，黑格尔哲学无疑不是这种意义上的观念论，而更应该说是一种理性的实在论（Realismus der Vernunft）。① 根据黑格尔的基本构想，真正的无限(绝对或者理性)是全体（Ganze），也就是说，没有什么东西外在于它或者与它相对立，所有的变化、差异和多样性都是一个自组织的、自身同一的整体的有机组成部分。这一后康德的观念论哲学的基本观念受到了斯宾

---

① Cf. Thomas Sören Hoffman, *Georg Wilhelm Friedrich Hegel: Eine Propädeutik* (Wiesbaden: Marix Verlag, 2004), S. 21.

诺莎泛神论思想的启发:一即一切,一切即一(ἕν καὶ πᾶν)。而黑格尔的同窗好友谢林在其早年所提出的"自然哲学"(Naturphilosophie)构想中,进一步充实了这样一种一元论主张。跟随赫尔德(Johann Gottfried Herder)的脚步,谢林将实体理解为一种源初的动力,而自然作为源初统一的"客观的主体-客体"是这一源初动力在不同层级上的自我实现。他借用了一个数学术语 Potenz[幂]来表示自然与精神、主体与客体的有差异的同一性。从一般物质到磁电现象和化学反应再到植物、动物的生存以及人类的理智活动,整条存在之链由本源性的实在通过极性力的相互作用在不同层级的差异化表现所构成。因此,在康德那里表现为彻底的二元对立的精神与自然、本体与现象,到了谢林和黑格尔那里则成为同一个实体在不同层次的表现,而绝非两种完全异质的实体;自由意识和精神并不是主观理性的产物,而是作为一种"隐德莱希"(ἐντελέχεια)意义上的"第二自然"(zweite Natur),与这一自我实现的能动的自然(natura naturans)本身保持着同一关系。①

在这个意义上,自然或事物本身既不是一个价值无涉的、中立性的物理事实或心理事实的集合,也不是我们通过自己主观的理性能力将我们的理性原则施加于其上的一个外在于我们的实在,而就是作为客观的主体-客体同一的理性本身。世界并非如机械论自然观所主张的那样,作为一个纯然无意义的、有待于人去为之立法的物质集合被放置在我们的面前,而是先于我们对它的分析就已经先在地自身组织成一个规范性的意义整体,并且以概念的方式表现出来。

对于这样一个具有内在规定的世界来说,我们可以并不矛盾地主张,存在着一种关于实在(reality)的规范性维度,它不能够简单地被化约为物

---

① 关于谢林早期自然哲学的研究可参见拙文:《自然中的精神——谢林早期思想中的'自然'观念探析》,《科学技术哲学研究》2012 年第 4 期,第 77—82 页。

理的、生理的和心理的事实。① 也就是说,价值的最终来源是一种以自身为根据、自我释义的规范性事实(normative facts),而不是由心灵这块白板所接受的、毫无内在规定的描述性事实(descriptive facts)。恰如当代哲学家赫兹勒(Vittorio Hösle)所言,作为客观观念论(objective idealism)的黑格尔法哲学表达了这样一种伦理实在论,它相信确实存在着综合性的先天的规范性真理,这种伦理的知识或真理揭示了超越我们主观认识并使得我们的信念与行动得以可能的终极根据:尽管伦理法则既不是物理的也不是心理的或者社会的事实,但是这种更为源初的事实性却更为根本地规定着我们的常识思维所理解的经验实在的结构。②

问题在于,这种客观观念论或绝对观念论到底是如何可能的? 它何以区别于康德所批评的旧形而上学的独断论主张和赫尔德的物活论(Vitalism)思想呢? 它又如何能够突破康德在知识与道德、应然与实然、本体与现象之间设下的界限呢? 对于康德和之前的理性主义形而上学来说,处在多样性和流变之中的现象世界不具有确定性,知识和道德的根据必然要追溯到主体或"我思"的无矛盾的同一性当中。而当我们将规定直观表象的诸范畴用于无条件者,或者说,用无条件者来解释经验世界的运动和变化时,我们的理性就必然会因为这种越界的使用而陷入矛盾之中,不管这种矛盾表现为理性的谬误推理还是二律背反。在黑格尔看来,正是由于害怕客体所带来的矛盾和可能具有的不确定性,包括康德在内的传统理性主义者们只能以"知性"(Verstand)或者"反思"(Reflexion)的方式,使理性彻底主观化为人的一种思维或意志能力,与作为客体的自然对

---

① Charles Larmore, *The Morals of Modernity* (New York: Cambridge University Press, 1996), p. 61.
② Vittorio Hösle, "Preface", *Objective Idealism, Ethics and Politics* (Notre Dame: University of Notre Dame Press, 1998), p. vii.

立起来:通过排除可疑的经验性因素来达到一个确定的起点(主体或"我思"),并在这种二元对立的前提下来寻求一种主观理性的统一性,即自身同一的理性(主体)以一种外在的方式来统摄(强制)非同一的杂多(客体),却又同时受制于它所规定的客体(GW 21: 36),在一与多、常与变、普遍与特殊、本质与实存、理性与现实之间始终存在着一个无法跨越的鸿沟,甚至这种分裂本身就被当作预设存在,它们应当统一却又不得统一。而根据黑格尔的想法,真正的绝对是"全体",是"同一与非同一的同一"(die Identität der Identität und der Nichtidentität, GW 4: 64),换言之,只有承认矛盾的真实性与合理性,并将矛盾扬弃在自身之内(A 是非 A),才能真正实现同一与差异、主体与客体、理性与现实的同一(A 是 A),黑格尔则将这种思维方式和存在方式称为"理性"(Vernunft)或者"思辨"(Spekulation, GW 21: 7-8)。[1]

所以,黑格尔指出,科学的开端不应当是通过反思和怀疑所达到的那个与特殊、杂多和流变相对立的主观理性或者"自我",倘若如此,向无限的进展就会成为一条无限延伸、永无止境的直线,理性与现实之间永远不可能获得统一。相反,真正的无限性,它的形象是一个圆(Kreis),也就是说,它从自身出发、最终回到自身,是一个完全以自身为根据、出于自身内在必然性的自我实现的进程(GW 21: 136)。在《逻辑学》当中,黑格尔对此有一个非常重要的表述,他说,理性自我实现的进程"就是回溯到根据,回溯到源初的和真正的东西;被用作开端的东西就依靠这种根据,并且实际上是由根据产生的。——这样,意识在它的前进道路上,便从直接性出

---

[1] 知性和理性在黑格尔那里并不只是两种不同的思维方式,更是两种不同的存在方式,它们同时具有方法论和存在论的双重含义。See Rolf-Peter Horstmann, "What is Hegel's legacy and what should we do with it?", *European Journal of Philosophy*, vol. 7: no. 2, 1999, pp. 275-287.

发,以直接性开始,回溯到绝对的知,作为它的最内在的真理。这一真理,即根据,也就是使最初的开端得以形成的那个本原,它首先作为直接的东西出现。——这样,绝对精神,它显现为所有存在者的具体的、最高的真理,将更加被认识到它在发展的终点时,自由地使自己外化,并使自己消失于一个直接的存在形态(Gestalt eines unmittelbaren Seyns)——决意于一个世界的创造,这个世界包含在结果以前的发展中的全部事物,而这全部事物,由于这种倒转过来的地位,将和它的开端一起转变为一个依赖作为本原(Principe)的结果的东西"(GW 21: 57)。

在黑格尔以"是"(Sein)为开端并最终回到它自身的过程中,形式与内容的统一始终保持在当前(gegenwärtige)而不是彼岸(GW 21: 58)。后起的东西构成了先前规定的内在根据,而这一根据是从理性自身中发展出来的。具体而言,只有当"是"同时是"不是"(Nicht,即内在地否定自身或与自身相矛盾)时,"是"才是有意义的肯定;而只有当"不是"同时是"生成"(Werden)时,"不是"才构成了有意义的否定。黑格尔将理性自我中介的这个基本原则称为"否定"(Negation)或者"扬弃"(Aufheben)。黑格尔正是通过理性的自我否定和自我中介的过程,揭示了知性反思所排除的那些所谓的非理性的、杂多的、特殊的因素(矛盾、非同一)本身就是那自身同一的绝对理性的内在规定,将普遍与特殊、形式与质料、理性与现实的外在对立转化为理性自身的内在关系。在这整个过程中,没有任何外在的或者独断的设定,而完全是理性自身的必然性的体现。在这里,理性的进展作为一个回到自身的圆圈,以自我否定或自身差异化的方式,表现为对自身得以可能的源初根据的回溯,而不是通过主体对外在于自身的客体加以规定或统摄的结果。换言之,"是"作为科学的开端是直接的、空洞的,但它又是"绝对",因为"是之为是"的最终根据又在作为终点或目的(现实性)的源初的"是"本身(绝对精神),而非与客体相对立的主体。正是通过揭示"绝对者乃自身差异的同一"这一基本原则,黑格尔提出了一种不同于近代主体主义(知性反思)的形而上学观念:纯然理性的哲学知识所寻求的那种超历史的永恒真理,并不是通过与历史变化的经验抽象对立来获得的,相反,哲学必须充分意识到这些变化,将永恒的真理与普遍的法则把握为世界中的和历史中的理性。①

由此我们才能够理解,为什么把握"绝对"的科学作为一种"存在-神-逻辑学"(Onto-theo-logie)就是黑格尔版本的关于上帝存在的本体论证明,是对康德反本体论证明的反驳,是对上帝作为本质与实存相统一的"自因"的证明。正是基于这样的洞见,黑格尔才敢冒天下之大不韪,提出"唯有科学才是神正论"。② 而他的整个努力的目标就是"上帝之国的召临"(Herbeiführung des Reiches Gottes),③是对绝对的"是"、对理性与现实的同一的证成。当黑格尔说,逻辑学的内容是"上帝的展示(die Darstellung Gottes),展示出永恒本质中的上帝在创造自然和一个有限的精神以前是怎样的"(GW 21:34),其意义并不是我们通常所理解的,好像黑格尔主张有一个人格神按照事先设定的一套固有的观念或形式来创造自然和精神,整个自然和精神可以与这个先验的逻辑结构形成严格的对应。相反,在黑格尔那里,逻辑-自然-精神三者具有一种从"潜能-现实"来理解的目的论式的同一关系,这里涉及一种与笛卡尔、康德和费希特的主观主义传统不同的对"思有同一"的阐释。所谓理念的"外化"(Entäusserung)指的是,自然和精神进一步构成了"是之为是,而不能不是"的源初根据,

---

① Rüdiger Bubner, "Hegel's *Science of Logic*: The Completion or Sublation of Metaphysics?", *The Innovation of Idealism*, translated by Nicholas Walker (New York: Cambridge University Press, 2003), p. 65.
② Johann Hoffmeister hrsg., *Briefe von und an Hegel, Band 1: 1785–1812*, S. 137.
③ Karl Löwith, *Der Mensch inmitten der Geschichte* (Stuttgart: Metzlersche Verlag und Carl Ernst Poeschel Verlag, 1990), S. 144.

这种外化或实现正是黑格尔所说的"向根据的回溯"(ein Rückgang in den Grund),通过揭示具体现象所包含的合乎理性的必然性而让事情本身呈现出来,这种"外化"同时也就是消除理性与现实、形式与质料的对立,将知性反思所设置的对立"内化"为实体理性自身的同一性的过程(Erinnerung)。①

因此我们可以说,"是"其实已经包含了黑格尔整个哲学体系的内容,而法哲学中所涉及的"客观精神"的领域正是客观理性或绝对理性自我实现和自我证成过程中的重要环节,其根本旨趣不外是整理和理解隐含在这个作为本原(ἀρχή)的开端(Anfang)中的种种条件和根据。② 或者换句话说,规范性建基于真理,也证成了真理:人类的法律、道德、家庭、经济与政治活动,甚至作为整体的世界历史,都是作为"绝对"的"是"本身以展现为相互内在关联的万事万物的方式,来进行回溯性的自我证成的必要环节。而人类生活的规范性维度又反过来在这一绝对之"是"的自我证成中获得其内在的必然性。这一内在必然性既非主观理性的设定,亦非偶然和现成的经验事实,但它却不排斥那些从知性反思看来是偶然和相对的经验性因素,而是通过理性的自我否定将这些非同一者把握为理性的自我同一,不管它们被称作"欲望""情感""自然",还是"历史"。

所以,与传统意义上以建构理想的道德原则和政治制度为目标、关心我们"应当"如何行动的规范性的实践哲学不同,黑格尔的法哲学表面上看起来更接近我们今天所说的描述性的社会科学。③ 他对犯罪、财产、良

---

① Cf. Michael Rosen, *Hegel's Dialectic and its Criticism* (Cambridge: Cambridge University Press, 1982), pp. 122-142.
② 可参考刘创馥:《黑格尔新释》,台湾大学出版中心 2014 年版,第 85—90 页。
③ Michael Wolff, "Hegel's Organicist Theory of the State: On the Concept and Method of Hegel's 'Science of the State'", *Hegel on Ethics and Politics*, ed. Robert Pippin and Otfried Höffe (Cambridge: Cambridge University Press, 2004), p. 292.

心、伪善、婚姻、劳动、需要、警察、战争等等各种社会、政治和道德现象的考察,为我们揭示了现代社会的运作方式以及不同领域之间的相互关联。以至于有不少学者都将黑格尔视为现代社会理论的开创者和18、19世纪最伟大的社会学家与历史学家之一。[①] 可是,尽管如此关注人类的现实经验,黑格尔的法哲学却并不是一种经验主义或实证主义的研究,相反,整个法哲学都贯彻了他的形而上学主张。因为在黑格尔看来,经验性的研究在其特殊原则中被完全与理念分离开来,因而放弃了担当真正的科学的要求,并满足于收集经验的认识,最终只能达到或然的认识。而真正的科学必须获得一种完全内在的必然性,因为哲学赖以成为真正的科学的东西乃是"绝对"(GW 4: 417)。要真正理解和严肃地对待这种既涉及经验内容但其本身又是非经验性的实践哲学研究,就不能脱离黑格尔关于"绝对",关于一与多、普遍与特殊、同一与差异的形而上学洞见。对黑格尔而言,相对于理性的自身同一的普遍形式,特殊的人类经验表现为一种非同一的杂多(他者),而黑格尔的工作正是要阐明真正普遍永恒的理性是通过"将自己设定为他者"(setzen sich als ein Anderes)并"在他者中在其自身地存在"(in Anderen bei sich selbst Sein, Werke 7: 57),而不是与现实经验和特殊事物相对立的单纯的、空洞的自身同一。一方面,黑格尔通过揭示人类现实经验中所蕴含的理性的必然性与自明性,扬弃和克服了经验主义与相对主义;另一方面,他通过将理性把握为自身差异化的过程性实在,扬弃了传统形而上学在思维与存在、形式与内容、理性与现实之间设下的障碍。作为一种形而上学的黑格尔法哲学虽然延续了形而上学自上而下的奠基道路,但是,黑格尔却能够将自上而下与自下而上的这两条表面上看起来完全对立的道路统一起来,为实践哲学,也为形而上学本

[①] 霍克海默:《黑格尔与形而上学问题》,《霍克海默集》,第35页。Herbert Marcuse, *Reason and Revolution: Hegel and the Rise of Social Theory*.

身开辟了一条全新的道路。①

由此,我们也不难看出,黑格尔法哲学在本质上是一种"伦理形而上学"(Metaphysik der Sitten),②或者借用卢卡奇(Georg Lukács)的概念则可将其称为"社会存在的本体论"(Ontologie des gesellschaftlichen Seins)。更确切地说,伦理和法的问题在黑格尔那里根本上是表现为对自然、历史和人类精神生活,亦即存在本身的规范性维度(充足理由)进行揭示的形而上学问题,法哲学构成了黑格尔整个存在论(Ontologie)构想的一个重要阶段。对黑格尔而言,"存在"证成了"应当",实然始终统摄着应然,因为与主观观念论将存在问题转化为对关于客体之认识的可能性条件或对先验自我的逻辑统一性的研究不同,关于存在者之存在的讨论对黑格尔来说必然要表现为对内在于自然和人类社会历史实践中的理性之必然性的阐明,这种阐明不是一种对现成的、偶然事物的描述性的(descriptive)或经验性的说明,而是对内在于事物的理性必然性的规范性的(prescriptive)或先验的阐明。在对事情本身如何存在的"描述"中,黑格尔向我们揭示了事情为什么必然如此存在的充足理由,而这一存在论意义的"描述"则提供了比主观理性的设定更为根本的行动规范。所以,在黑格尔的实践哲学中,问题的关键并不在于:是我们的身份独立于我们的普遍本性和目的,让我们彻底自由地选择我们生活的规划,还是它们被社会所构成,让我们整个地被社会、历史和传统给定的目的所约束;是正义取得了置于善之上的绝对优先权,还是善代替了正义;是正义必须独立于所有的社会和历史的特殊性,还是美德必须完全依赖于每一个社会的特

---

① Cf. Andrew Buchwalter, "A Critique of Non-Metaphysical Readings of Hegel's Practical Philosophy", *Hegel and Metaphysics: On Logic and Ontology in the System*, ed. Allegra de Laurentiis, pp. 73-75.
② Cf. Herbert Schnädelbach, *Hegels praktische Philosophie* (Frankfurt a. M.: Suhrkamp, 2000), S. 348.

殊的社会惯例;等等。① 黑格尔真正关心的是,如何通过证成理性的必然性来恢复理性自身和人作为理性存在者的尊严,让人类学会认识与尊重那自持的真理(self-subsistent truth)对我们的指引和要求,这种关于法和规范的真理是作为实体的理性的自我规定和自我实现。②

三、"伦理"作为绝对理性的自我实现

今天大部分关于黑格尔的研究都侧重于从一种整体主义(holism)和对人类生存的历史性维度的揭示这个角度出发来理解黑格尔实践哲学的根本旨趣和动机。可实际上,与今天的美德伦理学和社群主义理论非常不同,不管是苏格拉底、柏拉图、亚里士多德还是黑格尔,他们都不是简单地强调共同体中的生活实践、历史传统和风俗习惯等等对于构成规范与权威的优先性;一种规范或习俗并不因为它是共同体的伦常(ἦθος)就具有无可置疑的正当性。每一个实践者存在于一个具有历史传统的共同体中,由风俗习惯提供了一种实践的可能性或行动规范的有效性,但这并不意味着由于这种习俗是历史地形成的或者被普遍奉行的,它在内容上就必然是正当的或者合理的,由此才出现了 φύσις[自然、本然] 与 νόμος[习俗]之争。③ 所以,仅仅强调共同体或者传统的优先性并不足以从根本上克服现代生活中的相对主义和虚无主义。

按照拉莫尔的说法,是传统理论自身的局限凸显了黑格尔实践哲学的当代意义:在这个祛魅和世俗化的世界,我们已经不可能无视行动的效果而单从对世界之存在的真理性的信仰来回归到一种具有普遍的权威性

---

① Cf. Amy Gutmann, "Communitarian Critics of Liberalism", *Debates in Contemporary Political Philosophy: An Anthology*, ed. Derek Matravers and Jonathan Pike, p. 187.
② Cf. Leo Strauss, *Natural Right and History*, pp. 123-124.
③ Cf. Vittorio Hösle, *Morals and Politics*, translated by Steven Rendall(Notre Dame: University of Notre Dame Press, 2004), p. 73; Leo Strauss, *Natural Right and History*, pp. 90-91.

的宗教伦理;亚里士多德以目的论为基础的德性伦理依赖于对人的本质以及何为"好的生活"的单一化理解,而现代思想所面临的问题恰恰在于,无法就好的生活达成普遍的理性共识,所以新亚里士多德主义难以回应今日社会的多元主义的挑战;而功利主义诉诸效用的最大化原则仍然没能回答一个基础性的问题,即到底何种善好才是值得被最大化的;康德的理性自律虽然以理性的先天立法为善好的内容作出了普遍的规定,证成了法和义务的普遍必然性,但这种普遍性实际上只能在一个既定的道德系统中才能得到有效的辩护,其形式化的特征和对特殊性的排斥,使得这种论证也难免失于独断。正是在这样的背景之下,黑格尔的法哲学,尤其是他的"伦理"(Sittlichkeit)学说才得以复兴。① 当代的社群主义者和交往理论的支持者们都不约而同地将黑格尔的"伦理"思想奉为圭臬,他们都看到了黑格尔法哲学中的一个核心问题是通过"伦理"来批判和克服康德、费希特的"道德"(Moralität)观点所暴露出来的原子化的个体主义和立法的形式主义问题。黑格尔的这些当代诠释者将"伦理"理解为一种具有权威性的生活形式(form of life),② 它通过对理性主体自身的社会性与历史性构成的反思,补充和完善了康德式的理性自律,有效地弥补了由于启蒙的理性反思所造成的规范性权威的缺失。

不可否认,黑格尔的确认为社会生活的形式和民族的历史与传统塑造了人们的行动规范和价值取向,但是,从他在《法哲学原理》的序言中对历史法学派的批判我们就能够看出,黑格尔并没有止步于将这种生活形式作为某种现成的东西接受下来,并以此作为规范性的最终来源,因为这样一来就等于又重新将规范奠基于偶然性之上。而真正的科学应该建立

---

① Cf. Charles Larmore, *The Morals of Modernity*, pp. 44-54.
② Cf. Charles Larmore, *Patterns of Moral Complexity* (New York: Cambridge University Press, 1987), pp. 99-107; Charles Larmore, *The Morals of Modernity*, pp. 58ff.

在概念的内在发展上,只有这样才能建立并产生内容自身的必然规定(GW 21:7-8)。所以,贝瑟尔(Fredrick Beiser)说得对,黑格尔的历史主义与柏克(Edmund Burke)对历史和传统的看法不同,他并不是通过强调历史来反对理性的建构,相反,历史对黑格尔来说恰恰是永恒理性的表现,他的工作是要在这种看似充满偶然的历史和社会生活形式中证成理性的统一性和必然性。①

在黑格尔看来,近代实践哲学中的个体主义和形式主义是某种更深层次的形而上学机制的产物。"道德"的片面性不仅仅体现在它所导致的人的原子化和立法的形式化,更体现在它所构造的整个世界图景(Weltbild),②也就是黑格尔在《精神现象学》中所批评的"道德世界观"(die moralische Weltanschauung, GW 9: 324ff)。③ 道德的观点从主体思维的确定性出发来进行自我立法,用这种反思性的自我立法来规定"存在",将主观理性的统一性当作绝对;在理性的旗号下,人的立法取代了客观的、神圣的绝对理性之法(λόγος),这种主观理性所导致的二元论使得以定言命令的形式出现的理性法则只能停留在一种抽象的形式立法,而它在内容上则受制于外在的、偶然的经验事实。与此相反,作为对道德观点的扬弃,"伦理"是存在于自然和人类文明中的客观理性,它最能够体现黑格尔所说的有差异的同一或具体的普遍;作为一种本质与实存相同一的具有内在规范性的实体,伦理的"存在"本身就规定了"应当",思维与存在、主体与客体的二元对立在绝对理性将差异和矛盾包含在自身之内的这一自

---

① Fredrick Beiser, "Hegel's Historicism", *The Cambridge Companion to Hegel*, ed. Fredrick Beiser (Cambridge: Cambridge University Press, 1993), p. 297.
② Cf. Rolf-Peter Horstmann, "Kant und der Standpunkt der Sittlichkeit. Zur Destruktion der Kantischen Philosophie durch Hegel", *Sonderheft der Revue Internationale de Philosophie*, 4 (1999), Paris, S. 557-572.
③ Cf. Ingtraud Görland, *Die Kantkritik des jungen Hegel* (Frankfurt a. M.: Vittorio Klostermann, 1966), S. 52-53.

我指涉(self-reference)①中得到和解,只有在作为客观理性的"伦理"而不是从主观道德出发所构造的道德世界观中,理性才真正成为一种得其自身(οἰκείωσις)②和依其自身存在(Beisichsein)的自足的理性,成为"绝对",这构成了一切主观自由得以可能的前提。

所以,黑格尔提出"伦理"概念,并不是要用一种外在的、客观的制度和权威来压制个体的自我意识,限制个人进行判断和追求幸福的权利,也不仅仅是希望通过强调人的社会性和与他人的相互关系对于自我意识的构成所具有的重要意义,来弥补原子化个体和自由主义的不足。相反,黑格尔法哲学更深层的动机在于通过对客观理性和永恒实体的重新认识和再现实化,从根本上克服近代以来理性的主观化和人本主义政治所造成的虚无主义后果。对黑格尔的去形而上学解读侧重于从人的社会历史性来理解"伦理",依然局限于对人的认识;而黑格尔强调的则是"伦理"超越主观理性的形而上学特征,是从对超绝者的认识来确定意志的规定根据。也就是说,存在于"伦理"与"道德"之间的不是群体与个体之争,而是古今之争和天人之争:如果说古代人是根据自然(nature)来思考自己应当如何生活,而现代人则根据自我决定的自由(freedom)来确立行动的规范,那么,黑格尔实践哲学中所揭示的那种历史性和精神性的第二自然,正体现了黑格尔试图立足于"存在"和"绝对"来统合古今,重新调和自然与自由、天道与人道的努力。③ 但是,这个在黑格尔自己看来最为重要的面向却被他的许多当代诠释者忽视了。当超越性的维度被我们所遗忘,"伦理"的神圣性被还原为一种人类学特征的时候,对共同体和人的社会

---

① Cf. Dieter Henrich, *Between Kant and Hegel: Lectures on German Idealism* (Cambridge, MA: Harvard University Press, 2003), pp. 327ff.
② Dieter Henrich, *Between Kant and Hegel*, pp. 96ff.
③ Cf. Walter Jaeschke, "Early German Idealist Reinterpretation of the Quarrel of the Acients and Moderns", *Clio*, 12: 4 (1983: Summer), pp. 317ff.

历史性的强调不但不能克服近代主体主义和理性主义的困境,反而会像海德格尔敏锐洞察到的那样,变成对人的主观性的自我维护和对主体主义的真正完成。① 所以,正如齐普(Ludwig Siep)指出的那样,作为一种实践性的真理(praktische Wahrheit),"伦理"的重要性首先体现在它的存在论意义而不是社会功能上。② 简单地通过一种自然主义的或者社会科学的方法来对黑格尔的实践哲学进行去形而上学的再现实化,不仅无法准确地把握黑格尔哲学自身内部存在着的深刻张力,而且很有可能会将黑格尔正好塑造成他自己想要反对的那个形象。

由此可见,对于理解黑格尔的法哲学来说,重要的不是伦理与道德、正当与善、共同体与个人、国家与市民社会之间的对立,而是那种存在于人类行为中的绝对理性之必然性的展现。每一个具体规范和法律可能是偶然的,受制于不同群体特殊的自然、历史和社会条件,但是法之为法、正当之为正当的理念却是自在自为和普遍必然的。法的理念绝不能根据任何外在的、偶然的条件来规定,而必须是概念的内在发展,成为概念的自我规定(GW 21: 8)。就此而言,黑格尔的法哲学作为"绝对"和真理的自我构成与自我实现的环节,它本身就是一种形而上学,是黑格尔整个存在论学说的有机组成部分,而不是一种通俗意义上的实践哲学或者理论哲学的实践应用。③ 科耶夫(Alexandre Kojève)、哈贝马斯和霍耐特(Axel Honneth)等人从交往理性和主体间的承认斗争来解读黑格尔实践哲学,将它阐释为康德式理性自律的补充和完成,这本是为了解决后形而上学

---

① Cf. Martin Heidegger, "Brief über den Humanismus (1946)", *Wegmarken*, GA 9 (Frankfurt am Main: Vittorio Klostermann, 1976), S. 541–542.
② Ludwig Siep, "Was heißt ‚Aufhebung der Moralität in Sittlichkeit' in Hegels Rechtphilosophie?", *Praktische Philosophie im Deutschen Idealismus* (Frankfurt a. M.: Suhrkamp, 1992), S. 238.
③ Cf. Andrew Buchwalter, *Dialectics, Politics, and the Contemporary Value of Hegel's Pratical Philosophy* (NewYork and London: Routledge, 2012), p. 10.

时代或者祛魅化的时代对规范性和正当性的诉求问题,但是他们通过社会学和人类学的进路,将先验的、绝对的、具有存在论意义的"自我意识"曲解为一种经验自我意识的发生过程,以这种非黑格尔的方式来解读黑格尔,势必将他的实践哲学的基本问题和基本洞见遮蔽起来。实际上,自我意识问题在学理上有其特殊的背景,关系到思维与存在的关系问题,它在康德、费希特和黑格尔那里都不能解读为人的现实的经验自我意识的发生和形成问题。对黑格尔来说,承认关系是作为实体的绝对精神的自身关系,而不是将我与一个现实的他者的交往整合进一个主体的结构中去。① 因此,德国哲学家托伊尼森(Michael Theunissen)对这一理论的批评是中肯的,主体间性理论纵然有其合理之处,但是,真理和行动规范本身绝不能化约为一种合理的可接受性,即不能从人出发来消解实体理性的规范性力量,他准确地指出了黑格尔法哲学不可还原的形而上学特征:"要求事情必须是本然地合乎理性的(Sache in sich vernünftig),或者要求理性必须能在事情本身中被揭示出来,这样就避免了人们仅仅想通过将主体性扩展为主体间性来寻找真理而使真理陷入主观化的危险。"②

因此,与我们今天所习以为常的那种将黑格尔法哲学简单地理解为一种现代社会政治理论的主张不同,黑格尔在他的法哲学中关心的是一种更为根本的奠基性的工作,一切规范性的基础必须通过对本然的客观实在的思考与探究来实现,而非通过人的主体(menschliche Subjekte)来设定;进而在对绝对者的认识中,在绝对者自身的展现中,超越近代以来那种存在于人的自由(die Freiheit des Menschen)与神的超越性(die Tran-

---

① Cf. Michael Theunissen, *Hegels Lehre vom absoluten Geist als theologisch-politischer Traktat* (Berlin: Walter de Gruyter, 1970), S. 57.
② Michael Theunissen, *Selbstverwirklichung und Allgemeinheit* (Berlin: Walter de Gruyter, 1982), S. 27.

szendenz Gottes)之间的不真实的对立。① 作为启蒙的儿子,黑格尔看到,一方面,在经过启蒙的洗礼之后,人类不可能再通过信仰一种神学世界观、服从于一种神权政治的权威来满足自己对行动规范的根据、对人生目的和存在意义的诉求,理性与自由的精神始终为黑格尔所秉持;但另一方面,人类的共同生存又依赖于一个超越于人的总根据,而"绝对"或者客观理性的这种超越性必须是与人作为有限理性存在者的本性和使命相一致的,证明这一点是作为一种形而上学的黑格尔法哲学的最终目的。如果黑格尔是正确的话,我们就有理由认为,存在着独立于我们的任意和主观偏好的、自在的价值、规范和法则,它们是实在或真理自身的必然要求。如果是这样的话,那么我们的生活就不可能是无限度的、主观的自我立法和为世界立法。不是我们规定了存在应当如何存在,相反,我们必须让存在本身来掌握,就我们人与作为总体的世界在本性上的内在一致来阐明我们存在的规范、尺度和意义。② 回到黑格尔源初的问题意识,尝试去理解作为一种形而上学的黑格尔法哲学,不仅会为我们更好地研究黑格尔本人的学说提供一个更为真实的视角,而且对认识我们今天的存在境况也将具有重要的意义。

第二节　黑格尔法哲学的研究现状

　　黑格尔法哲学一直是德国古典哲学研究领域中的显学,关于它的研究成果非常之多,涉及黑格尔哲学的方方面面,同时也涉及不少历史和当代问题。德国学者利特曾经在他的著名论文《黑格尔与法国大革命》的附

---

① Michael Theunissen, *Hegels Lehre vom absoluten Geist als theologisch-politischer Traktat*, S. 11.
② Cf. Ludwig Siep, "Hegels politische Philosophie", *Praktische Philosophie im Deutschen Idealismus*, S. 307-328.

录中为我们提供了一份非常全面、详尽的文献综述,①基本上涵盖了20世纪60年代之前的主要观点和研究成果,对于一般的研究者来说是非常有用的参考材料,这里就不赘述。我们在此主要是对一些与本书主旨紧密相关且时间上较新的论著进行一个概要性的梳理和评价,难免挂一漏万。除此之外,在本书的"附录"部分中,我们还将就关于黑格尔法哲学的几种主要的诠释进路做一个批判性的考察,在这一论述过程中也会提及一些相关的有代表性的研究性著作,可以作为对此文献综述的一个有益的补充。

一、 国外研究现状与文献综述

当黑格尔还在世时,他的法哲学就已经成为德语思想界争论的一个焦点,而它的影响更在黑格尔去世后被推到了一个新的高度。尤其是通过黑格尔左派这样一批著名的思想家和行动家(如鲍威尔兄弟、卢格、赫斯、费尔巴哈、马克思和恩格斯等人),使得黑格尔法哲学的诠释史同时成为它的影响史,使黑格尔的法哲学思想直接而深刻地影响了19世纪至20世纪的人类历史进程。不过,关于黑格尔政治思想的真正系统而专门的学术研究,可能还要从著名的德国犹太裔哲学家罗森茨威格的两卷本巨著《黑格尔与国家》开始算起。罗森茨威格于1920年出版了他关于黑格尔政治哲学的研究著作《黑格尔与国家》,②这部著作是他在受著名历史学家迈内克(Friedrich Meinecke)指导下完成的博士论文的基础上扩充而成的,它是第一部对黑格尔的政治哲学进行批判性分析的著作,可惜直到今天还没有引起国内学者的充分重视。在这部著作中,罗森茨威格将黑

---

① Cf. Joachim Ritter, "Exkurse", *Metaphysik und Politik*, S. 234−256.
② Franz Rosenzweig, *Hegel und der Staat*, hrsg. Frank Lachmann (Berlin: Suhrkamp Verlag, 2010).

格尔的政治思想追溯到他早年关于人与世界之关系的个人的和哲学的思考。通过对黑格尔早期手稿的仔细阅读，罗森茨威格试图表明，18世纪90年代中期的黑格尔正处在一种希望调和个体自由的主观性与世界的客观性之间的矛盾的努力中。而使青年黑格尔走出这一困境的道路就是，我们必须将自由本身理解为绝对理性的一种自我实现，在时间中才能完成自我与世界的和解。在这个基础上，黑格尔进一步在历史中来理解个人与国家的关系。

只可惜罗森茨威格对黑格尔法哲学追根寻源式的考察，在现实政治的风云变幻和人们的种种偏见中湮没不彰。人们所熟悉的比较传统的解读是对黑格尔法哲学采取消极的批判态度，将它视为复辟哲学、普鲁士官方哲学和法西斯主义的源头，从海姆的《黑格尔及其时代》[1]到波普尔的《开放社会及其敌人》[2]和胡克的《从黑格尔到马克思》[3]等等，他们都极力从一种自由主义的立场出发，不遗余力地抨击黑格尔法哲学尤其是其国家学说中的保守主义和极权主义特征，但这一曾经颇具影响的观点随着新的诠释进路的兴起而逐渐式微。

最近三五十年较为流行的诠释进路（尤以英美学界为代表）转而从正面来评价和阐发黑格尔法哲学的积极意义，将其纳入到近代政治哲学传统中，努力将黑格尔塑造成现代自由民主国家的理论先驱，关于黑格尔实践哲学的讨论在当今的英语学界也已成为政治哲学领域中颇具影响的话题。但是囿于盎格鲁-撒克逊的经验主义和自然主义传统，他们对于黑格尔实践哲学的解读多具有一种明显的反形而上学倾向，所以英美学界对

---

[1] Rudolf Haym, *Hegel und seine Zeit*.
[2] Karl Popper, *The Open Society and Its Enemies, vol. 2: The High Tide of Prophecy: Hegel, Marx, and the Aftermath* (London: Routledge, 1945).
[3] Sydney Hook, *From Hegel to Marx: Studies in the Intellectual Development of Karl Marx* (Michigan: University of Michigan Press, 1962).

黑格尔的解读颇有些"六经注我"的味道,对于他们来说,活用黑格尔似乎比理解黑格尔更加重要,也更有意义。比如佩尔钦斯基选编的两本论文集《黑格尔的政治哲学:问题与视角》①和《国家与市民社会:黑格尔的政治哲学研究》②就极具代表性;从这一理解黑格尔法哲学的新视角出发,阿维内里的《黑格尔的现代国家理论》③和魏尔的《黑格尔与国家》④都试图通过证明黑格尔政治哲学与近代自由主义的兼容性来为黑格尔的国家学说辩护。

如今在黑格尔的祖国风头正健的霍耐特可以说是这种非形而上学解读的集大成者。在他看来,今天任何试图重新确立黑格尔法哲学的现实相关性的努力,都有可能招致政治上和方法论上的反对。政治上的反对涉及的是一种"反民主的结果",因为在黑格尔的法哲学中,"个人追求自由的权利屈从于国家的伦理权威"。⑤ 方法论上的反对则主要是针对黑格尔著作中那种基于逻辑学和辩证法的论证结构,而且霍耐特进一步指出,由于以"精神"(Geist)这个存在论概念为基础,黑格尔的逻辑学现在对于我们来说是完全无法理解的。⑥ 鉴于这些反对意见,霍耐特为我们展现出解读黑格尔法哲学的两条道路:一条是直接在黑格尔的体系中,按照黑格尔逻辑学的方法来理解黑格尔,这条道路被证明为会复活黑格尔的

---

① Z. A. Pelczynski ed., *Hegel's Political Philosophy: Problems and Perspectives* (Cambridge: Cambridge University Press, 1971).
② Z. A. Pelczynski ed., *The State and Civil Society: Studies in Hegel's Political Philosophy* (Cambridge: Cambridge University Press, 1984).
③ Shlomo Avineri, *Hegel's Theory of the Modern State* (Cambridge: Cambridge University Press, 1974).
④ Eric Weil, *Hegel and the State*, translated by Mark A. Cohen (Baltimore: The Johns Hopkins University Press, 1998).
⑤ Axel Honneth, *Leiden an Unbestimmtheit: Eine Reaktualisierung der Hegelschen Rechtsphilosophie* (Stuttgart: Philipp Reclam jun. 2001), S. 11.
⑥ Axel Honneth, *Leiden an Unbestimmtheit: Eine Reaktualisierung der Hegelschen Rechtsphilosophie*, S. 12.

国家概念,并将黑格尔法哲学引向一种用主体性压制主体间性、用权威压迫个人自由的结果,正如历史上所发生的那样;而我们今天应当选择的则是另一条更为间接的道路,就是不使用逻辑学的方法论和存在论,从黑格尔那些强调交往行为和承认关系的论述出发,将法哲学再现实化为一种关于相互承认领域的规范理论,不要为了恢复黑格尔法哲学的本意而牺牲我们后形而上学的合理性标准。遵循这条间接的道路,霍耐特认为,在黑格尔法哲学中,"抽象法"和"道德"是个人自由的不充分的模式,这在生活世界中表现为"遭受无规定之苦"(Leiden an Unbestimmtheit)的状态。而在"伦理实体"中,伦理道德规范表现为一种主体间的交往行为和相互承认,只有以此为基础,个人自由才能得到充分的实现。

霍耐特试图将黑格尔法哲学"再现实化"(Reaktualisierung)的这一努力,在《自由之法——民主伦理概论》一书中得到了更为充分和系统的论述。不可否认,霍耐特的确看到了,在黑格尔的体系中作为客观精神出现的法哲学与以康德先验观念论为基础的当代政治哲学非常不同,黑格尔不是通过对法和权利的先验演绎来建构自己的规范性理论,相反,他专注于考察具体的社会关系中业已存在的合理性因素。霍耐特希望效仿黑格尔在法哲学中所做的工作,通过分析现实的社会生活和社会建制中不同人格之间的关系、市场中介里的经济行为和政治领域中个体自由的产生等等,来考察规范性和正义的构成,从而建构起一种作为社会分析的正义理论(Gerechtigkeitstheorie als Gesellschaftsanalyse)。①

然而,霍耐特对黑格尔法哲学的重构至少存在两方面的问题:其一,

---

① Cf. Axel Honneth, *Das Recht der Freiheit. Grundrißeiner demokratischen Sittlichkeit* (Berlin: Suhrkamp, 2011), S. 12–18.

霍耐特关于法哲学的理解实际上并没有超出他早年的《为承认而斗争》[1]一书在对黑格尔耶拿时期实践哲学进行解读时所使用的分析框架。他的思考基本上延续了他从米德(Herbert Mead)那里借鉴的自然主义的方法,用一种社会交往理论来重构黑格尔以思辨哲学的方式来阐明的意志的规定性问题,将黑格尔那里作为一个逻辑-形而上学概念的辩证法转化为一个颇具社会-人类学意义的对话和交往概念。主体间性和相互承认在霍耐特眼中似乎成了理解黑格尔和解决一切实践难题的万能灵药,因此,凡是《法哲学原理》中无法用相互承认的框架加以解释的形而上学观念,霍耐特在一开始就挥舞起他的奥卡姆剃刀将它们作为不具有现实性的东西统统剔除掉了。更为重要的是,黑格尔的"承认"(Anerkennung)概念在不同的文本中和涉及不同的问题时具有多种不同的涵义,并不仅仅是一种关乎个人权利与自由如何通过"斗争"(Kampf)和相互交往得到实现的社会政治范畴。[2] 即便作为一个与所有权和人格相关的概念,黑格尔也曾经在其为纽伦堡文科中学开设的关于法、义务与宗教学说的课程中特别指出:"承认并没有交互性的根据(Grund der Gegenseitigkeit)。我承认它不是因为你承认它,反之亦然。这种相互承认的根据在于事情自身的本性。我承认他人的意志,因为它是自在自为地得到承认的。"(GW 10: 393)换言之,"承认"概念在黑格尔的实践哲学中并没有霍耐特赋予它的决定性作用,而且黑格尔本人也不是从霍耐特所谓的主体间性或交往关系来理解"承认"概念的。其二,霍耐特的分析或者所谓"再现实化"忽视了黑格尔哲学中的一个重要维度,即对黑格尔来说,法哲学作为客观精神的展开

---

[1] Axel Honneth, *Kampf um Anerkennung. Zur moralischen Grammatik sozialer Konflikte* (Frankfurt am Main: Suhrkamp, 1992).
[2] Cf. Wolfgang Bonsiepen, "Phänomenologie des Geistes", *Hegel*, hrsg. Otto Pöggeler (Freiburg und Munich: Verlag Karl Alber, 1977), S. 63–64.

并不是一种纯粹经验性的或者描述性的社会科学,相反,黑格尔对人类社会生活中的诸要素和诸现象(权利、道德、家庭、市民社会、国家以及世界历史等等)的分析是客观理性自身的一种规范性的重构,在客观精神的展开过程中体现了超越主观性和有限性的理性或存在本身的内在必然性,如果忽视了黑格尔法哲学的这个形而上学维度和它的存在论意义,主体间的承认关系和对社会中的合理性因素的分析就仍然停留在主体主义和相对主义的框架之内,而无法从根本上回应现代人在规范性问题上所面临的危机,甚至无法认清这一危机的实质和深层原因。所以,霍耐特的解读或"再现实化"无论从对黑格尔文本的理解来看,还是就规范性问题本身而言都是缺乏说服力的。倘若真如霍耐特所言,黑格尔哲学中的那些核心要素对于现代人来说是无法理解的,那么他为什么不干脆完全脱离黑格尔来发展一种新的关于社会生活的理论呢? 倘若我们不能根据黑格尔的那些逻辑学与存在论观念来理解黑格尔的法哲学,那么霍耐特又凭什么说他对黑格尔实践哲学的再现实化是对黑格尔本人的法哲学思想的一种诠释呢?[1]

如果说我们不能够像霍耐特那样轻易忽视黑格尔法哲学的形而上学特征,那么,如何能够以一种非教条主义的方式来理解黑格尔的形而上学,就成了当代诠释者们必须要面对的一个问题。可惜,在这个以盎格鲁-撒克逊的经验主义和自然主义传统为认识模型的世界里,理解黑格尔的形而上学很容易就变成了对形而上学的某种经验主义还原。贝瑟尔的观点就十分具有代表性。[2] 他指出,针对黑格尔的反对意见主要可以归结

---

[1] Cf. David P. Schweikard, "The Critique of Non-Metaphysical Readings of Hegel's *Philosophy of Right*", *Hegel's Thought in Europe: Currents, Crosscurrents, and Undercurrents*, ed. Lisa Herzog (Hampshire: Palgrave Macmillan, 2013), pp. 152-153.
[2] Cf. Fredrick Beiser, "Introduction: Hegel and the Problem of Metaphysics", *The Cambridge Companion to Hegel*, ed. Fredrick Beiser, pp. 1-24.

为两种：一是由于黑格尔那出了名的晦涩，而更重要的则是由于黑格尔过分地沉迷于形而上学。贝瑟尔承认，黑格尔哲学的确是一种形而上学，但是我们必须进一步追问黑格尔的"绝对"到底是什么，或者说黑格尔式的形而上学到底是怎么回事。在他看来，黑格尔的形而上学与上帝、天意、灵魂，或者任何超自然的实体没什么关系，因为康德已经证明了这些实体的不可知性，而谢林和黑格尔作为康德理性批判的继承者，同样否认这些超自然实体的存在。"绝对"（Absolute）只是作为部分的存在物的总和，贝瑟尔将这一万有（universe）等同于自然界，并且断言黑格尔的形而上学是一种根据自然法则解释一切的科学的自然主义，以及一种那个时代所需要的生机论的物质主义（vitalistic materialism），而精神只不过是自然之中的有机力量发展的最高阶段。在《黑格尔的历史主义》一文中，贝瑟尔通过阐发黑格尔的历史主义来表明，在黑格尔那里并不存在任何"永恒的实体"；古典形而上学的那些对象，诸如上帝、天意和不朽等等，在黑格尔那里都已经被历史化了。贝瑟尔进而指出，黑格尔的历史主义的形而上学是一种关于历史和自然的内在的目的论，而非外在的、超自然的或者神圣的目的论。所有这些形而上学的实体作为精神，最终不过是在历史终点达到的对自由的自我意识和自我确定，是自由、平等的人格之间的相互承认，是关于自由的一种主体间的自我意识。这种自由意识意味着放弃那种作为彼此分离的个体的自我感，而通过一个社会整体（social whole）来确定自身的自我认同。① 可问题是，一方面黑格尔从来没有将"精神"称为一种社会空间，另一方面，更重要的是，何以这种主体间的交互性就能够达到一种统一性或者总体性呢？至少在法哲学中，黑格尔多次提出对承认和契约关系的批评就表明这种简单的等同是缺乏根据的。贝瑟尔

---

① Cf. Fredrick Beiser, "Hegel's Historicism", *The Cambridge Companion to Hegel*, ed. Fredrick Beiser, pp. 270-300.

在这里所做的实际上是对黑格尔"绝对"和"精神"概念的一种唯名论与自然主义解读。尽管他也指出,黑格尔的"绝对"不是什么现象背后的超感官的实在,或者超自然的实体,"绝对"必须是所有存在物的整体,而形而上学的任务就是提供一种关于作为整体的宇宙的知识,这些表述都是与黑格尔的文本相一致的。但是,贝瑟尔预先假定了关于世界的真理是由某些非哲学的学科所证明的,这些真理似乎全部都应当在自然科学中被发现,而黑格尔关于自然与精神的理解并没有被严肃地对待。因此,贝瑟尔实际上是以一种非黑格尔的方式来将"整全"等同于作为科学研究对象的"自然界",将精神化约为自然的一种属性或者结构。

同样的解释模式也出现在伍德那部颇具影响的著作《黑格尔的伦理思想》之中。[①] 伍德承认,黑格尔本人确实将自己的哲学成就视作对形而上学或者"第一哲学"的一个根本性的贡献。在黑格尔看来,所有哲学的基础是一个自我包含的体系,表现为思辨逻辑中的思维的自我规定。然而,由于19世纪末20世纪初在逻辑学上所发生的革命,黑格尔的思辨逻辑已经死了。因此伍德认为,如果人们还想从黑格尔的著作中发掘出具有深刻意义的伦理学思想,就必须有意识地回避黑格尔的思辨形而上学。伍德对黑格尔形而上学的消解采取了与贝瑟尔非常相似的进路,他将黑格尔的形而上学化约为一种历史化的自然主义(historical naturalism)。

那么,面对这样一个彻头彻尾的形而上学家,为什么当代学者们对黑格尔法哲学的再现实化几乎都倾向于采取非形而上学的进路呢?抛开具体论述方式的差异,我们会发现,关于黑格尔法哲学的种种去形而上学解读都体现出现代政治哲学鲜明的主体主义和人本主义底色。也就是说,现代政治哲学在本质上就是反形而上学的。正如里拉所指出的那样,人

[①] Allen W. Wood, *Hegel's Ethical Thought* (Cambridge: Cambridge University Press, 1990).

类在经历了所谓的"大分离"之后,已经无法再通过关于"终极目的"和"至善"的形而上学-神学构想来证成义务的绝对性,反而它的独断还加剧了人类的分裂。对现代人而言,政治和道德已经摆脱了对超验实体的依赖,成为完全与人相关、以人为基础和归宿的事情。我们不再能够理解那种就其自身而言本然地就是善的、正当的或者合理的东西,相反,一切善好、正当性与合理性都是相对于我们而言的,只有那些在我们的人性当中有根据的东西才是能够被理解的,所不同的只在于我们可能将这种人性理解为理性、情感或者欲望。在这样一种现代性的话语中,要想将黑格尔法哲学转化为一种有助于解决当代政治哲学问题的思想资源,必然需要对它进行一种去形而上学化的处理。

皮平的《黑格尔的实践哲学——作为伦理生活的理性行动者》一书可以说是这一主体主义思路最集中的表达。[①] 皮平从分析主体或行动者(agency)的本性这个角度来阐发黑格尔的合理性概念。根据他的理解,黑格尔的实践哲学是关于理性行动者的社会解释。也就是说,作为理性行动者,人的行为总是要涉及行动的理由,我们在行动时会思考我们这样做的理由,以及如何行动才是合理的。通过我们彼此之间的相互关系最能够阐明这种对于合理性之诉求的本质。一个理性行动者本质上是自由的,而不是被有条件的、外在的因果关系所决定的,因此,合理性与社会性在黑格尔实践哲学的核心问题——自由——那里联系起来。自由对于黑格尔而言并不意味着具有一种自身能够引起事物运动的力量或原因,而是指自我本身能够作为行动的理由,我是行动的真正所有者。康德的"自我立法"观念正是这一思想的先驱。康德主张,任何外在的权威对我们都不具有约束力,只有那些我们的理性加于我们自身的东西才使我们真正

[①] Robert Pippin, *Hegel's Practical Philosophy: Rational Agency as Ethical Life* (New York: Cambridge University Press, 2008).

负有义务。这个意义上的自由就是一种自我立法。不过皮平指出,这种自我立法的主张中存在着一种自相矛盾:如果我们不是本身就已经受制于理性的约束,我们又凭什么来自我立法、自我服从呢?因此,在皮平看来,黑格尔的伟大贡献就在于他要驯化这种桀骜的自我授权的理性,将它放到一种社会化的框架(即黑格尔所说的 Sittlichkeit)中去。自由不仅仅是一种自我立法,而首先在社会实践领域中有其根据。康德正确指出了自由需要一种特殊的自身关系,在这种自身关系中我们对自己的行动和动机取得认可。但是,在康德那里,为我们的行动和价值提供指引的是纯粹的理性,而在黑格尔看来,这种实践的理性总是与社会规范紧密联系在一起的,只有在社会实践中这种实践的理性才是可理解的。因此,那种极其重要的自身关系,即自由,实际上只有在我们与他人的相互关系中才能取得。人类的种种创制是理解自由之本性不可或缺的要素。用平卡德的话来说就是,对于行动者而言,规范的确立是在历史和社会空间中不断形成的,是主体间的相互承认与授权的结果,在黑格尔法哲学中作为总根据和所有存在之总体的绝对者或者平卡德所谓的"权威性的理由"(authoritative reason)最终可以被还原为精神性的(geistig)理性行动者在相互承认中所做出的规范性承诺,这是人类社会历史进程从斗争走向和解的成果。① 从关于理性行动者之本性的这一分析中我们不难看出,皮平和平卡德试图用以主体间性为基础的社会性、历史性来充实启蒙的主体概念,这一工作的实质是使黑格尔康德化,将黑格尔法哲学视为康德理性自律思想的完成,甚至可以说是整个近代"以人为本"的政治哲学的完成。但这种主体主义解释却是与黑格尔自己的反主体主义倾向不能兼容,甚至是背道而驰的。

---

① Terry Pinkard, *Hegel's Naturalism: Mind, Nature, and Final Ends of Life* (New York: Oxford University Press, 2012).

把反形而上学或去形而上学的解读与将黑格尔的"精神"概念等同于个体间的相互承认这两种进路结合在一起,这在当今美国学界的黑格尔研究中变得越来越流行。比如史密斯在他的《黑格尔对自由主义的批判:语境中的权利》①一书中就明白地指出,最好以一种实用主义的或非形而上学的方式将黑格尔的精神的辩证法解读为,经由主体间的相互承认与授权所达成的一致来确定我们生活和行动的目标,通过彼此相互承认来巩固彼此的权利。这种解读的好处在于,黑格尔那庞大的体系和众多的著作可以简单明了地化约为对当今美国生活方式作为一种终极的、完满的生活方式所具有的正当性的证成。如果黑格尔思想的主旨就包含在他关于"承认"的分析当中,那么我们的确不必伤脑筋地去阅读他关于逻辑学、自然哲学,以及国家、艺术、宗教和哲学史的著作。这些东西对于自我意识的各阶段、对于建立在契约基础之上的权利和市民社会的运作并没有什么本质性的影响。

这一类的研究还包括威廉姆斯的两部著作:《承认:费希特与黑格尔论他者》和《黑格尔的承认伦理学》②,以及哈迪蒙的《黑格尔的社会哲学——和解的规划》③。哈迪蒙在他的著作中点明了盎格鲁-撒克逊传统中解释黑格尔的指导原则:(1)尽量避免涉及黑格尔的那些技术性的术语;(2)将对黑格尔形而上学的依赖最小化;(3)用"我们"所能够理解的方式和话语来表述黑格尔的想法。这种避重就轻或者说完全以"我"为主的解读方式实在令人觉得十分可疑,如果我们不愿意认真对待黑格尔思

---

① Steven Smith, *Hegel's Critique of Liberalism: Rights in Context* (Chicago: University of Chicago Press, 1989).
② Robert R. Williams, *Recognition: Fichte and Hegel on the Other* (Albany: SUNY Press, 1992); Robert R. Williams, *Hegel's Ethics of Recognition* (Berkeley: University of California Press, 1997).
③ Michael O. Hardimon, *Hegel's Social Philosophy: The Project of Reconciliation* (New York: Cambridge University Press, 1994).

想的晦涩难懂和错综复杂,我们又为什么还要阅读黑格尔呢?如果我们只允许他在我们所规定的框架内说话,他的洞见又如何能够对我们形成挑战呢?难道不应该让黑格尔文本为我们提供一个批判性地考察和审视我们自身立场的机会吗?让我们注意到我们自己的立场和主张有可能比黑格尔的更加肤浅和独断吗?在我们信心满满地借用黑格尔的思想资源来解决我们今天所遇到的各种实际问题的时候,我们是否应该好好反思一下我们所遭遇的那些问题本身的实质到底是什么?是否真正的问题比我们所想象的更为深刻和复杂,而这一点恰恰是我们惯常的思维方式所无法设想和理解的,但它正是黑格尔费尽心力试图向我们揭示的。

盎格鲁-撒克逊传统的去形而上学解读不仅不能帮助我们更好地理解黑格尔法哲学自身的独特意义,单就他们关于规范性问题的思考而言,也存在着不小的误区。这种关于法哲学的解读以及希望通过对黑格尔法哲学的再现实化来回应当代政治哲学关切的做法,模糊了事实性与规范性之间的界限,试图从一种现成的经验事实出发,以一种社会心理学或者人类学的方式,将规范性化约为事实性。这种做法虽然避免了形式主义的空疏,但是却可能导致规范本身为某种出于个人的或者群体的偶然性和任意性所支配,并且最终导向价值无政府主义,而这种寻求规范性的方式与它的规范性主张之间存在着内在的不一致。就像弗兰克指出的那样,

> 从事实中无法确立任何正当性;但是人类是如此一种存在,缺少了正当性证明它就无法作为人而存在,所以人确立欲求就是呼唤超越者。人们可以通过对某个行动的约束力(Verbindlichkeit)诉求的实际分析来证实这种呼唤。因为如果约束力主要表现在众多个体的一致意见上,这些个体认为自己是同属一体的,因为他们共同受制于一个特定价值,比如人的不可侵犯性,那么这样一种约束力并不能通

过这种众口一词的方式来确立(这是卢梭在区分'公意'[allgemeiner Willen]与'众意'[Wollen aller]时就已经指明了的差别)。单从某种价值取向的共同性本身并不能推导出该价值取向具有一种作为无条件的义务的特征(der unbedingt obligatorische Charakter)。①

与这种反形而上学的立场不同,黑格尔法哲学的独特性恰恰在于,它超越了我们今天所习惯的那种主体主义和经验主义视角,转而从事情本身的内在必然性出发来思考伦理和政治问题。他不是将社会历史作为人的条件来加以思考,而是将人的社会历史性把握为作为绝对精神的理性的自我认识和自我实现,所以从现代政治哲学的主体主义话语出发根本不可能进入黑格尔法哲学自身的问题意识。要想真正揭示黑格尔法哲学的现实性,就必须回到黑格尔的形而上学,这份最令人唯恐避之不及的遗产。因此,超越单纯的政治或历史兴趣,着眼于黑格尔本人内在的哲学关切,正视其法哲学的形而上学特质以及黑格尔哲学的体系性的那些诠释进路,就更应当引起我们的重视。

值得一提的是,海德格尔曾在1933—1934年冬季学期举办了关于黑格尔《法哲学原理》的讨论班,关于这次讨论班的讲课记录收入在2011年出版的海德格尔全集第86卷中。② 这次讨论班的关键内容是黑格尔的"国家"理念,海德格尔通过阐发黑格尔"客观精神"学说来表达自己对国家、民族和法的本质的理解,并在此基础上表露了海德格尔自身对时政的一些看法。海德格尔认为,法作为意志自由实现的最高实现,在于通过此在的意志承认由存在的整体规定而出现的国家。国家的基础,并不在于

---

① Manfred Frank, *Der kommende Gott: Vorlesungen über die Neue Mythologie*, S. 70.
② Martin Heidegger, *Seminare: Hegel-Schelling*, GA 86 (Frankfurt am Main: Vittorio Klostermann, 2011).

社会架构和个体自由;相反,社会架构和个人自由的最终依据,必须在国家中才能找到。国家的真正基础,必须由形而上学来提供,同样,缺乏形而上学根据的法,也是没有认识到历史精神的法。在这里,海德格尔很明确地表示黑格尔法哲学是一部形而上学著作。自然法的本质在于,法不仅是人的社会性和个体性规定的体现,毋宁说它体现了人的精神本性的规定。这一规定必须在形而上学或者元物理学(meta-physik)中才能找到。或者说,虽然我们不反对社会性或个体性作为人的本性的事实,但这一事实的规定并不是自明的,而是缺乏内在根据的、尚未被争取到的。那么,人的精神本性的规定是什么呢?是有机体的生命。这一鲜活有机体的规定与任何动物不同,它在于人向着自身、为了自身而存在。人是存心为己的存在。这种存心的客观表现,就是人可以为了自身自由行事并操持自身。为了自身自由存在的整体实现而行动,就是人的最高准则——宪法。宪法的精神只能是保证自由实现。自由地去存在,这是人的权利,也是人的义务;是人的力量的体现,也是人的命运的规定。政治(城邦)就是权力与命运的最高结合。国家不只是一个公开的场所而已,国家必须通过其"自我主张",才能承负其精神命运。而国家的命运(目的性规定),就在于使人得以在整体上都能作为人存在。只有通过这样一种国家存在,法的精神才能真正得到有根有据的展现。而法的权力,也仅仅就是法的精神体现。自由的真正基础是:此在在为着自由的斗争中,投入到存在的整体命运中去。海德格尔首先"依据"黑格尔,说明了达到整体国家的道路,在于纯洁家庭和整肃社会,在市民社会内部,强调教育和工作。然后,他进一步说明了这条道路的形而上学保障。可能会令人感到惊讶的是,海德格尔认为这个形而上学的保障在于"承认"。在讲稿提纲编目147"为什么有法"这一节中,海德格尔写道,"因为承认之存在(Anerkanntsein)——因为承认的斗争(Kampf des Anerkennens)——而这是因为自身持存(Selbstständigkeit)——即自由——而这是因为人类的历史性此在——πόλεμος[战争],作为此在的斗争——为着存在的斗争";在编目178,他则写道,"自由——自由存在的方式——意志的每每能意愿的方式——正如人自己意愿自己——在此方式中——返回自身——自身存在(Selbstsein)——承认之存在——朝向这一存在之本质的承认(法)"。很明显,远早于科耶夫,海德格尔就已经高度评价黑格尔的"承认"理论。虽然海德格尔对于"承认"的阐述同样是基于《精神现象学》的"自我意识"这一章,但却完全不同于科耶夫那种充满政治意味的主奴辩证法的解读,而且也没有后来哈贝马斯和霍耐特那里不断出现的主体间性的含义。在海德格尔那里,"承认"的真正意义在于:对向着存在的引导的承认,对引导者的承认。承认的目的并不在于一种主体间所达成的共识或者相互授权,而在于向自在自为的存在自身和向终极根据的引导。

齐普关于黑格尔实践哲学的出色研究主要收录在《德国观念论中的实践哲学》和《黑格尔实践哲学的现实性与界限》①这两部文集里。在收于前者的《黑格尔的伦理形而上学》②一文中,齐普解释了为什么黑格尔避免用"形而上学"一词来命名他的哲学中的任何一个部分。那是因为,他的逻辑学作为对知性思维的一种思辨的批判,已经将传统形而上学作为一个自我完善的有机整体的要素吸收进黑格尔自己的体系当中去了。黑格尔改造并且重新定义了形而上学,这种形而上学与康德的形而上学既相似又不同。黑格尔法哲学无疑是形而上学,因为它是关于"绝对"的一种哲学知识,在某种意义上,"绝对"是不依赖于时空进程和人类生活与

---

① Ludwig Siep, *Aktualität und Grenzen der praktischen Philosophie Hegels* (München: Wilhelm Fink, 2010).
② Cf. Ludwig Siep, "Hegels Metaphysik der Sitten", *Praktische Philosophie im Deutschen Idealismus*, S. 182-194.

行动的特殊条件的,它诉诸无条件的、不受时间和自然所制约的理性。但是,这种绝对的理性又不是超然物外的,相反,它在时间和有限之物中展现出它的内在必然性。不过齐普也清楚地表明,黑格尔实践哲学的形而上学特征对当前的实践哲学的任务来说并不具有典范的意义。这后一个判断并不为欧陆的黑格尔研究者所一致赞同;有些学者就将黑格尔视作现代的亚里士多德,甚或将黑格尔的绝对精神学说看作一种值得效仿的神学政治论,他们从黑格尔的实践哲学中看到了某些对于当代的社会政治实践来说值得借鉴的因素。但至少大多数熟悉观念论传统的学者都同意,黑格尔的体系实际上是改造了形而上学传统,而不是完全拒斥了形而上学。①

布伯纳的《历史进程与行动规范》一书,②将黑格尔的法哲学放到实践哲学的普遍问题中来讨论,并且表明在黑格尔那里,实践哲学与他的存在论和方法论原则密不可分,因为作为一种有差异的同一,规范是体现在历史实践和共同生活中的绝对的、普遍必然的客观理性之法,而非主观理性的形式立法,这种同时超越了形式主义和历史相对主义的实践哲学,是主观观念论和知性思维所无法理解的。他指出,准则(Maxime)是指导个人的实践行动的具体规则,这种规则来源于实践的有效性,它包含社会层面的主体间性和决定行动准则之有效性的历史条件,这二者不仅仅是对行动的限制,也是行动的条件。在此基础上布伯纳认为,实践理性不是康德所说的那种只在彼岸起作用的东西,相反,它在历史中有其地位。与准

---

① 关于黑格尔的形而上学特质,还可以参考:Rolf-Peter Horstmann, "Metaphysikkritik bei Hegel und Nietzsche", *Hegel-Studien* 28 (1993), S. 285–301; Detlev Pätzold und Arjo Vanderjagt hrsg., *Hegels Transformation der Metaphysik* (Köln: Dinter, 1991);以及霍克海默所做的更具了解之同情的考察,见氏著《黑格尔与形而上学问题》,《霍克海默集》,第32—42页。
② Rüdiger Bubner, *Geschichtsprozesse und Handlungsnormen* (Frankfurt a. M.: Suhrkamp, 1984).

则相比,规范(Norm)是共同的规则。每个人都有其特殊的身份和偏好,但是作为一个共同体的成员,他们必须使其各自的特殊性服从普遍规范的规定,这样共同的社会行为才能得以完成。但是,规范对于行动者并不表现为康德意义上的定言命令或者强制性的义务,这种合理性的东西必须以一种合理性的方式来实现。根据布伯纳的解释,行动者将规范变为自己的行为,是因为在行动者看来,规范在一定的意义上就是自己行动的准则,对于自己的实践具有有效性。而这种规范的普遍有效性又不是建立在行动者主观的、特殊的偏好之上的东西,它具有普遍必然性的特征。规范不是一种约定,也不是一种先天的命令,而是一种历史实践的产物,只有意识到规范自身包含的历史性,我们才能将规范作为一种自然的、非异己的力量来调整我们的行动。但是,这种历史性所强调的并不是关于行动规范的一种历史主义和相对主义立场,相反,作为一种有差异的同一,规范是体现在历史实践和共同生活中的绝对的、普遍必然的法则。理性与现实、规范与历史的这一复杂关系,如果脱离了黑格尔关于一与多、同一与差异的形而上学洞见,将是无法理解的。

除了以上提到的这几部有代表性的研究著作以外,格勒尔编著的《黑格尔早期政治体系》①一书汇集了黑格尔耶拿时期关于实践哲学的几部重要论文和手稿,并摘录了一些与此相关的重要研究文献,作者本人还专门撰文为黑格尔早期政治体系做了详细的评注和分析,这对我们从黑格尔思想的发生史来研究他的实践哲学颇具参考价值。里德尔编辑的两卷本《黑格尔法哲学资料集》②收录了黑格尔同时代学者和当代学者关于黑

---

① Gerhard Göhler hrsg., *G. W. F. Hegel: Frühe politische Systeme* (Frankfurt a. M.: Verlag Ullstein, 1974).
② Manfred Riedel hrsg., *Materialien zu Hegels Rechtsphilosophie, Bd. 1-2* (Frankfurt a. M.: Suhrkamp, 1975).

格尔法哲学的重要评论文章,是一本研究黑格尔法哲学必备的参考资料。就通论法哲学的著作来说,有三本比较有参考价值,分别是齐普为经典诠释丛书(Klassiker Auslegen)主编的一本分章节解读黑格尔法哲学的著作①、施奈德巴赫所写的《黑格尔的实践哲学》②,以及耶尔曼主编的《黑格尔法哲学的诉求与获得》③。关于法哲学的专题研究也很多,布伯纳的《何种合理性有利于社会?》④一书中有一章专门探讨了黑格尔法哲学中的主体性问题;《城邦与国家》⑤一书在整个西方政治思想史的脉络中考察了黑格尔的国家概念。里德尔的《黑格尔思想中的理论与实践》⑥对黑格尔实践哲学中的形而上学问题做了系统而深入的研究,而在他的《在传统与革命之间》⑦一书则特别强调了黑格尔对近代自然法学说的批判,以及黑格尔试图在目的论自然观的基础上重新调和自然的法则与自由的法则的努力。齐普一直致力于黑格尔实践哲学的研究,除了前面提到的两部新近的文集以外,他早年关于黑格尔的费希特批判(《黑格尔的费希特批判与1804年知识学》⑧)和黑格尔耶拿时期承认理论的研究(《作为实践哲学之原则的承认》⑨)也产生了相当大的影响。奥特曼的《黑格尔论

---

① Ludwig Siep hrsg., *G. W. F. Hegel: Grundlinien der Philosophie des Rechts* (Berlin: Akademie Verlag, 2005).
② Herbert Schnädelbach, *Hegels praktische Philosophie*.
③ Christoph Jermann hrsg., *Anspruch und Leistung von Hegels Rechtsphilosophie* (Stuttgart-Bad Cannstatt: Fromman-Holzboog, 1987).
④ Rüdiger Bubner, *Welche Rationalität bekommt der Gesellschaft?* (Frankfurt a. M.: Suhrkamp, 1996).
⑤ Rüdiger Bubner, *Polis und Staat* (Frankfurt a. M.: Suhrkamp, 2002).
⑥ Manfred Riedel, *Theorie und Praxis im Denken Hegels* (Frankfurt a. M.: Verlag Ullstein, 1976).
⑦ Manfred Riedel, *Zwischen Tradition und Revolution* (Stuttgart: Klett-Cotta, 1982).
⑧ Ludwig Siep, *Hegels Fichtekritik und die Wissenschaftslehre von 1804* (Freiburg/München: Alber, 1970).
⑨ Ludwig Siep, *Anerkennung als Prinzip der praktischen Philosophie. Untersuchungen zu Hegels Jenaer Philosophie des Geistes* (Freiburg/München: Alber, 1979).

个体与社会:诠释镜像中的黑格尔》①一书以黑格尔是个体主义还是普遍主义的争论为焦点和主线,深入而细致地梳理了黑格尔法哲学的诠释史,对各种诠释进路的历史背景和哲学基础进行了详细的分析,这对我们今天重新理解黑格尔法哲学的问题意识具有很大的参考价值。维尔特的《自律与承认》一书则着力从费希特哲学对黑格尔的影响来考察黑格尔实践哲学中对道德观点的批判,可以说是关于这个问题讨论得最为详尽的一部著作。② 法国学者佩普查克的《现代的自由:黑格尔的法律、道德和政治哲学》对黑格尔法哲学的解读则着眼于他的整个哲学体系,强调法哲学作为黑格尔精神哲学的一部分,与他的逻辑学、自然哲学,以及整个形而上学问题的密切关联。③ 除了以上这些专著之外,有两本关于黑格尔法哲学的论文集也很有帮助:一本是亨利希与霍斯特曼合编的《黑格尔的法哲学——法的形式的理论及其逻辑》④,此书收录了多篇专门讨论黑格尔法哲学的逻辑结构的论文;另一本是鲍吕主编的《国家——理性的象形字:黑格尔论国家和社会》⑤。

二、 国内研究现状与文献综述

自20世纪初黑格尔哲学引入中国以来,⑥国内学者对于黑格尔实践

---

① Henning Ottmann, *Individuum und Gemeinschaft bei Hegel: Hegel Im Spiegel Der Interpretationen* (Berlin, New York: Walter De Gruyter, 1977).
② Andreas Wildt, *Autonomie und Anerkennung: Hegels Moralitätskritik im Lichte seiner Fichte-Rezeption* (Stuttgart: Klett-Cotta, 1982).
③ Adriaan Peperzak, *Modern Freedom: Hegel's Legal, Moral, and Political Philosophy* (Dordrecht: Kluwer Academic Publishers, 2001).
④ Dieter Henrich und Rolf-Peter Horstmann hrsg., *Hegels Philosophie des Rechts: Die Theorie der Rechtsformen und ihre Logik* (Stuttgart: Klett-Cotta, 1982).
⑤ Walter Pauly hrsg., *Der Staat – eine Hieroglyphe der Vernunft: Staat und Gesellschaft bei Georg Wilhelm Friedrich Hegel* (Baden-Baden: Nomos, 2009).
⑥ 参看杨河、邓安庆:《康德黑格尔哲学在中国》,首都师范大学出版社2002年版。

哲学一直抱有浓厚的兴趣,各种研究著述不绝如缕。早期最具代表性的研究要数张颐先生 1926 年出版的博士论文《黑格尔的伦理学说——其发展、意义与局限》,①以及张君劢关于黑格尔的两篇论文:《黑格尔之哲学系统与国家观》(1931)和《黑格尔之哲学系统及其国家哲学、历史哲学》(1933)。尤其值得一提的是,张颐先生的著作虽然篇幅不大,但是对黑格尔哲学的理解精当到位,绝不输第一流的西方研究论著,并且在今天读来仍能给人以意想不到的启发。他指出,对黑格尔来说,对伦理学的基本论述不能够与对生活的其他部分的论述分离。也就是说,人类经验的全部过程都必须考虑到,因为它们对人类的自我实现来说都是同样重要的。一方面,个人必须以自然存在和社会存在合作为基础;另一方面,同一个人作为精神存在,期待着与绝对精神的某种统一。一篇伦理学专论一方面必须深入到日常领域——自然的社会的生活,另一方面又必须超出日常范围,进入绝对精神的王国,进入审美凝视、沉思和纯粹的思辨活动中。换言之,一种正确的伦理学必须有坚实的形而上学基础。

20 世纪 80 年代出版的关于黑格尔实践哲学的研究包括侯鸿勋的《论黑格尔的历史哲学》②、薛华的《自由意识的发展》③和《黑格尔对历史终点的理解》④、张世英的《论黑格尔的精神哲学》⑤等。这一批前辈学者在吸收同时代和之前的国外研究成果的基础上,对黑格尔思想做了更深入的阐发。尤其值得称道的是,他们能够结合当时刚刚问世不久的黑格尔法哲学讲演录来对法哲学进行研究,使国内的研究水平能够与国外基本保持同步。

---

① 张颐:《张颐论黑格尔》。
② 侯鸿勋:《论黑格尔的历史哲学》,上海人民出版社 1982 年版。
③ 薛华:《自由意识的发展》,中国社会科学出版社 1983 年版。
④ 薛华:《黑格尔对历史终点的理解》,中国社会科学出版社 1983 年版。
⑤ 张世英:《论黑格尔的精神哲学》,上海人民出版社 1986 年版。

到20世纪90年代之后,特别是自21世纪开始,国内关于黑格尔实践哲学的讨论更加为学者们所热衷,出现了多部关于黑格尔实践哲学的著作和博士论文。不过,除了张颐先生早年的研究之外,国内学界如今鲜有从黑格尔哲学的形而上学特质出发来理解他的法哲学思想的,尤其是对德国观念论哲学的先验特征和问题意识对于构成黑格尔法哲学之基本关切的重要性这一点注意不够。就目前的状况来看,国内的研究主要集中在以下三个方面:

其一,以黑格尔成熟时期的《法哲学原理》一书为主要依据,从不同角度对黑格尔法哲学思想做一些一般性的介绍、梳理和评价,比如林喆的《黑格尔的法权哲学》①。这部著作将黑格尔法哲学放到整个西方法哲学传统中加以分析,充分肯定了黑格尔法权哲学在整个西方权利理论发展中的特殊地位和贡献,但是这一研究对黑格尔自身的问题意识及其法哲学的内在学理却疏于讨论。

高兆明的《黑格尔〈法哲学原理〉导读》②是国内第一部系统讲解黑格尔《法哲学原理》的专门著作。该书采用文本解读法,采取循文而行的形式,以法权人格、自由意志精神、伦理秩序为核心,试图把握《法哲学原理》的理论内容与逻辑体系;并以《法哲学原理》为理论平台,以对话、反思、诘问等形式,试图澄清法哲学、道德哲学、政治哲学等领域的一系列相关基础理论问题。但是,这种解读由于将黑格尔法哲学与其整个体系割裂开来而容易忽视他思想的整体性和复杂性,简单地将黑格尔法哲学理解成一种只关乎实践问题的部门哲学。

---

① 林喆:《黑格尔的法权哲学》,复旦大学出版社1999年版。
② 高兆明:《黑格尔〈法哲学原理〉导读》,商务印书馆2010年版。此书后来进一步扩展为《心灵秩序与生活秩序:黑格尔〈法哲学原理〉释义》,商务印书馆2014年版。

引 言

任丑的《黑格尔的伦理有机体思想》[1]指出黑格尔的伦理有机体（Sittlichen Organismus）思想是在研究伦理学史的基础上，把以前的伦理思想作为各个环节包含于自身之内而构建起来的第一个历史主义的伦理思想体系。作者认为，黑格尔面临的伦理困境主要有三个：首先，柏拉图的抽象的伦理有机体否定所有权和人格，缺乏主观自由或伦理主体的内在动力。其次，霍布斯的伦理实体肯定了私有财产权和人格，这是对自由原则的外在肯定，达到了外在的他律的伦理阶段，但缺少市民社会的中介和内在的主观自由，自由意志仅仅表现在外在的物和人格之中。最后，康德主张人是目的，把主观自由和伦理主体提到理性的高度，但他的伦理主体是脱离伦理实体的抽象主体，由此导致了"应然"与"实然"、世俗王国和目的王国的分离。柏拉图、霍布斯和康德都没有完成伦理有机体思想的建构，这个伦理思想体系是由黑格尔完成的。对黑格尔伦理有机体思想的这一解读虽有所创见，但却同样缺乏对黑格尔整个哲学体系及其总体问题意识的观照。

其二，除了一般性的解读和哲学史的梳理之外，国内的研究也尝试遵循国际上比较流行的社会哲学和政治哲学的解读进路，将黑格尔法哲学与近代自由主义的权利理论和国家理论结合起来，比如高全喜的《论相互承认的法权》[2]一书的上篇批判地考察了科耶夫从主奴辩证法和承认斗争的角度对《精神现象学》的解读，试图梳出一条黑格尔政治、法律思想与英美古典自由主义相互关联的路径。在作者看来，黑格尔的《现象学》与《法哲学》的不同之处在于：按照黑格尔-科耶夫的《现象学》解读，相互承认的法权基础在于政治，或敌友斗争的政治，并由此产生了超越性的价值

---

[1] 任丑：《黑格尔的伦理有机体思想》，重庆出版社2007年版。
[2] 高全喜：《论相互承认的法权》，北京大学出版社，2004年版。

原则;而在《法哲学》中,相互承认的法权孕育于市民社会。黑格尔晚年的法哲学思想可以说集西方保守的自由主义或权威的自由主义之大成,它既维护传统秩序,强调国家权威,又主张法治与权利,赞同自由经济,特别是支持宪政主义,认为强大的国家与繁荣的市民社会是可以结合在一起的。

郁建兴的《自由主义的批判与自由理论的重建——黑格尔政治哲学及其影响》[1],是近年一部篇幅较长、正面研究黑格尔政治哲学的著作。它比较仔细地论述了黑格尔对自由主义基本理论的批判和黑格尔自己的自由概念,使人们对长期被歪曲的黑格尔的政治哲学有了比较客观的了解。但是囿于作者的主题和切入点,对黑格尔政治哲学的考察更多地是从保守还是自由的角度为黑格尔进行一个辩护,其更深层的哲学意义揭示得还不是很够。

而罗朝慧的《自由与权利的必然性和现实性——从黑格尔的政治哲学出发》[2]指出黑格尔政治哲学的自由与权利体系是人类自身现实存在的全部真理的体现,同时是人类精神的实践创造物——政治世界——的真理和意义的体现。具体说,就是人类自身精神的自然、道德和理性必然性自由本性及其客观权利的历史性实现,在认知及论证方法上,则是事实、价值和理性三种必然性原则的结合与统一。由此,黑格尔政治哲学克服了近代自由与权利政治思想的理论内容跟其论证方法的分离性不足,即在理论上,个人的三种必然性自由与权利相互分离和排斥,在论证上,三种必然性原则或者相互混淆与僭越,或者相互独立与排斥。黑格尔权

---

[1] 郁建兴:《自由主义的批判与自由理论的重建——黑格尔政治哲学及其影响》,学林出版社 2000 年版。
[2] 罗朝慧:《自由与权利的必然性和现实性——从黑格尔的政治哲学出发》,中国社会出版社 2011 年版。

利哲学的超越性意义和价值正在于:它实现了人类自身真理与政治社会真理和意义的统一。作者认为,黑格尔权利哲学捍卫了一种现代政治观念,即现实政治社会必须承认并尊重个人内在的自然性与精神性、特殊性与普遍性品格,尊重并保护所有个体的自然、道德及理性必然性自由与权利,这种完全以现代政治哲学的范式和价值观来解读黑格尔法哲学的努力也未能完全避免观点先行的局限。

李育书的《自由意志与普遍规范:黑格尔法哲学研究》①一书从意志概念出发,说明近代政治哲学以意志为出发点建立社会规范的过程,肯定了黑格尔法哲学为近代自由进行奠基的理论意义。在此基础上,进一步阐述黑格尔意志概念具有普遍—特殊—单一三个环节,不同环节具有不同的规定性,正是据此,黑格尔法哲学超越了近代其他抽象性政治学说,具有重要理论意义。该书把国家看作普遍规范的实现,并对黑格尔国家学说的内容做出展开,进而论述了黑格尔普遍规范的政治—经济—精神方面的不同内容与黑格尔对国家的独特定位,进一步凸显黑格尔法哲学的时代意义。不仅如此,《自由意志与普遍规范》一书还进一步考察了黑格尔的普遍规范相对于当代政治哲学的优势与不足,进一步说明其历史地位并对黑格尔法哲学做出了较为全面客观的评价。

其三,值得注意的是,近些年国内学界也越来越重视通过对黑格尔法哲学思想的发展历程的考察来揭示黑格尔法哲学的一般特征及其意义,比如朱学平的《古典与现代的冲突与融合——青年黑格尔思想的形成与演进》②和苏婉儿的《宪制的伦理生命——对黑格尔国家观的一种探源性

---

① 李育书:《自由意志与普遍规范:黑格尔法哲学研究》,北京大学出版社2019年版。
② 朱学平:《古典与现代的冲突与融合——青年黑格尔思想的形成与演进》,湖南教育出版社2010年版。

解读》①都看到了青年黑格尔思想的发展对理解黑格尔哲学的本质及其成熟时期的著作具有极重要的价值。特别是朱学平的著作,以古今之争为主要线索,着力对《精神现象学》之前黑格尔思想蜿蜒曲折的发展历程做了详尽的考察,并且指出,黑格尔青年时代的作品(主要是指其早期的神学著作与耶拿时期的批判性论著和体系草稿)对我们理解他与康德、费希特、谢林以及与柏拉图、亚里士多德和基督教之间的内在关系,理解他的哲学的本质及其成熟时期的著作具有极其重要的价值,这一点是非常有见地的。可惜由于作者的考察主要集中在黑格尔的精神哲学(即伦理学、法哲学和宗教哲学等),并将黑格尔的哲学旨趣简化为古典的共同体精神与现代个体主义、自由主义之间的对立与和解,而忽视了对黑格尔来说更为根本的形而上学问题,导致其对黑格尔实践哲学的理解仍然不够深入。而前面提到过的张颐先生的《黑格尔的伦理学说:其发展、意义与局限》则深刻地指出,一种正确的伦理学必须有坚实的形而上学基础,并以此为主线来考察黑格尔法哲学思想的发展,只可惜对其中一些重要的论题只做了提纲挈领式的论述,有待进一步深入和展开。

通过近三十多年以来国内外学者对黑格尔实践哲学的正面意义和当代价值所做的重新阐发,黑格尔的命运确实在当代发生了巨大的转变,从一度被人唾弃的"死狗"、复辟主义者、民族主义者和法西斯主义的先驱,一下子变成了现代自由民主国家的理论奠基人和现代性病理学的诊断者。可是,我们不禁要问,到底哪个形象才是真实的黑格尔呢?其实不论是在黑格尔的那个时代,还是在第二次世界大战之后,抑

---

① 苏婉儿:《宪制的伦理生命——对黑格尔国家观的一种探源性解读》,清华大学出版社2013年版。

或在我们身处的这个时代,对黑格尔法哲学的理解很多时候都受制于时代的风潮和价值取向,要跳出自我和时代的成见从问题本身出发理解黑格尔,实际上并不是一件容易的事情。正是出于这个原因,黑格尔这个介于形而上学时代和世俗化时代之间的雅努斯,可能至今尚未被我们真正理解。我们的研究常常囿于将哲学机械地割裂为存在论、知识论、伦理学等部门的偏见而缺乏对黑格尔法哲学的一个整体性的把握,因而容易将黑格尔法哲学片面地理解为一种与存在论和形而上学相分离的、近现代意义上的实践哲学,使得黑格尔更深刻的问题意识和思想旨趣被误解或忽视,在这种情况下,对黑格尔法哲学思想进行一个探源性考察,重新审视黑格尔的实践哲学与形而上学之间的内在关联就显得尤为重要了。

第三节　探究青年黑格尔思想历程的意义与路径

就像海德格尔在《存在与时间》的导论中提醒我们注意的那样,对理解一个对象来说,提问的方式(Fragestellung)往往决定了我们研究的范式,甚至预设了答案的取向。① 同样,当我们今天重新研究黑格尔法哲学的时候,首先应该反思的是我们的提问方式,而不是以我们自己固有的立场来同化黑格尔。换言之,我们更应该努力像黑格尔那样来提问和思想,把黑格尔的问题当作我们自己的问题。事实上,黑格尔的法哲学涉及一个更为深远的观念论目标,②它是一个关涉有限与无限、同一与差异的关

---

① Cf. Martin Heidegger, *Sein und Zeit*, GA 2 (Frankfurt am Main: Vittorio Klostermann, 1977), S. 6–7.
② Sally Sedgwick, "Metaphysics and Morality in Kant and Hegel", *The Reception of Kant's Critical Philosophy*, ed. Sally Sedgwick (New York: Cambridge University Press, 2000), p. 307.

系的形而上学问题,而不光是一个社会政治的问题。想要真正理解人类今天的生存状况,我们首先需要的不是寻找各种解决问题的利器,而是搞清楚我们今天所面对的种种问题的实质到底是什么,从根本上理解产生这些问题的形而上学机制,进而思考重新建立一种涉及法和规范性之根据的伦理形而上学的可能性。或许黑格尔的意义并不在于他为解决我们这个时代的种种困惑提供了什么良方,答案可能是次要的,更为重要的是黑格尔提出了我们今天的哲学和科学探究所未曾提出,甚至未曾想到过的问题,而这些问题却是更加根本性的。

范式当自文本出。尽管《法哲学原理》是黑格尔法哲学思想最为系统的表达,但却并不是黑格尔法哲学思想在时间和问题上的开端,而且由于这部著作的体系性、综合性特征和它所批判的对象与问题的多样性,使得研究者不太容易从整体上把握黑格尔法哲学的根本旨趣,甚至从黑格尔一些看似自相矛盾的论述中描绘出完全不同的黑格尔的形象。实际上,《法哲学原理》就像黑格尔其他成熟时期的主要著作一样,是黑格尔对他长时间思考的一系列问题所给出的一个答案,但这个答案所针对的问题到底是什么却还有待于我们去发现。有些学者之所以对黑格尔法哲学产生种种误读,其实并不是因为在《法哲学原理》的文本中找不到具体的证据来支持他们的观点,而是由于他们对黑格尔自己的问题意识缺乏充分而全面的把握,不理解黑格尔一生的哲学志业到底何在,所以容易以偏概全。在这种情况下,通过对黑格尔前体系时期著作的考察,来重新认识黑格尔法哲学的思想缘起和基本动机,对于我们更为真切而深入地理解黑格尔法哲学思想将具有不可忽视的意义。正如陈康先生在他的一篇题为《略谈黑格尔》的小文中指出的那样:"黑格尔诚然是一个思辨的哲学家,然而在他未成为哲学家以前也是一个常人。由常人黑格尔成为哲学家黑格尔并非一朝一夕之事;他的哲学系统也非突然地降自苍天。它是在时间里逐渐发展出来的。"①在黑格尔那些纷繁复杂的论述背后其实一直有一个根本性的问题在引导着和统摄着他的思想发展。对于了解黑格尔法哲学的问题意识来说,发生学的研究可以全面地审视黑格尔思想发展的心路历程,这一探源性的工作将帮助我们更好地把握黑格尔法哲学的深刻动机和伟大意义,以及黑格尔法哲学思想的内在统一性。②

黑格尔早年曾经有一段研习神学的经历(1788—1800年),这是黑格尔从图宾根神学院的学生成长为一个独立的思想家的重要阶段,这段时间构成了黑格尔思想发展的真正起点。在此期间,黑格尔写作了大量关于宗教、道德和伦理问题的手稿,这些手稿最早由狄尔泰(Wilhelm Dilthey)发现,并在其著作《青年黑格尔的历史》(*Die Jugendgeschichte Hegels*, 1906)③一书中做出过重要的论述。在狄尔泰看来,这些手稿证明了黑格尔早年是一位神学思想家,他最初的思考是为了在基督教神学那些超验的、抽象的内容与人内在的、主观精神之间达成和解,狄尔泰据此认为其核心思想体现了一种所谓"神秘的泛神论"(mystischer Pantheismus)。这些手稿后来经过诺尔(Herman Nohl)的整理,以《黑格尔青年时期的神学著作》(*Hegels theologische Jugendschriften*, 1907)④为题出版。然而,狄尔泰的论断使得后来很多学者产生了一种非常错误的先入之见,认为这些黑格尔早年的关于神学和宗教问题的思考并非后来体系哲学的准备性阶

---

① 陈康:《陈康哲学论文集》,江日新、关子尹编,联经出版公司1985年版,第409—410页。
② Cf. Laurence Dickey, *Hegel: Religion, Economics, and the Politics of Spirit, 1770–1807* (Cambridge: Cambridge University Press, 1987), Preface, vii–ix.
③ Wilhelm Dilthey, *Die Jugendgeschichte Hegels* (Stuttgart: B. G. Teubner Verlagsgesellschaft, 1990).
④ Georg Wilhelm Friedrich Hegel, *Hegels theologische Jugendschriften*, hrsg. Herman Nohl (Tübingen: J. C. B. Mohr [Paul Siebeck], 1907).

段,而是自成一体的。① 这种看法将黑格尔早年的思考与后来成熟阶段的哲学体系完全割裂开来,不仅无助于我们从根本上来把握黑格尔哲学统一的问题意识,而且也使人们对黑格尔早年思想的研究缺乏足够的深度。② 事实上,从黑格尔自己留下的记录来看,年轻的黑格尔进入图宾根神学院学习,并不是为了日后成为一名神职人员,而是由于顺应父母的意愿;再则,黑格尔很乐意从事神学的研究,因为它与古典文学和哲学之间存在着紧密的联系,黑格尔将神学看作一门能够将多种不同学科汇集到一起的学科,这能够满足他在各个知识领域的广泛兴趣。③ 因此,将这一时期的手稿命名为"神学著作"(theologische Schriften)本身就存在着一定的误导性。④ 虽然黑格尔的确在这些手稿中大量地讨论了神学问题,但是这种讨论并不仅仅出于他作为一名神学院学生的学术兴趣,相反,在这些手稿中所表达的思想明显偏离了正统神学的讨论,甚至有不少鲜明的反神学的论调,而更多地关涉对宗教与道德、理性、立法,与人类共同生活的

---

① Klaus Düsing, "Jugendschriften", *Hegel*, hrsg. Otto Pöggeler, S. 28.
② 相较于这种将早年黑格尔完全作为一个基督教神学家而与成熟时期的黑格尔截然分开的研究取向不同,佩普扎克特别强调从黑格尔早年对康德的继承与批判来理解他的早年著作(Adriaan Peperzak, *Le Junge Hegel et la Vision Morale du Monde*, [La Haye: Hijhoff, 1960]);珀格勒则注重黑格尔与荷尔德林的关系,认为荷尔德林关于美、生命和神性的形而上学观念直接促成了早年黑格尔在思想上的转变(Otto Pöggeler, "Sinclair-Hölderlin-Hegel", *Hegel-Studien* 8, 1973, S. 9-53);亨利希则认为黑格尔早年的费希特批判与他所形成的一种新的存在论和形而上学的原则有着直接的关联(Dieter Henrich, "Hölderlin über Urteil und Sein. Eine Studie zur Entstehungsgeschichte des Idealismus", *Konstellationen: Probleme und Debatten am Ursprung der idealistischen Philosophie [1789–1795]* [Stuttgart: Klett-Cotta, 1991], S. 47-80)。这些研究对于我们理解黑格尔青年时代的思考与其成熟的哲学体系之间的内在连续性具有很好的参考价值。
③ Johannes Hoffmeister hrsg., *Briefe von und an Hegel*, Band 4 (Hamburg: Felix Meiner Verlag, 1961), S. 89.
④ Walter Kaufmann, "The Young Hegel and Religion", *Hegel: A Collection of Critical Essays*, ed. Alasdair MacIntyre, pp. 62-63.

规范性基础之间的关系的反思,以及对现代性和主观理性立法的批判,[①]这些著述的主要关切和问题意识奠定了黑格尔日后思考的基本方向并从根本上决定了黑格尔法哲学的形而上学特征。

黑格尔早年的洞见在耶拿时期(1801—1807年)得到了更为充分和系统的发展,这与他对观念论哲学的研究与批判有着直接的关联。黑格尔在此期间写作的大量批判性论著和体系手稿,在很长一段时间里并没有引起黑格尔的研究者们的足够兴趣并得到它应有的重视。人们首先很自然地从比较这些早期著作与黑格尔的成熟体系(比如他在《精神现象学》《逻辑学》《哲学全书》和《法哲学原理》等等之中的表述)之间存在的相似之处出发来审视黑格尔的耶拿论著,这一考察进路明显表现在黑格尔最早的传记作者罗森克兰茨(Karl Rosenkranz)和黑格尔的批评者海姆等人的著作中。这种研究方式常常习惯于认为耶拿时期在黑格尔思想的发展过程中是一个不成熟的阶段,其中很多论述都在后来的主要著作中得到了更为充分的表达。因此,在他们看来,对于这些早期著作抱有专门的兴趣是没有必要和多余的。也正是出于这个原因,罗森克兰茨和海姆等人才没有在第一时间将这些著作重新整理编辑出版,而只是在他们自己的著作中对黑格尔耶拿时期的哲学贡献做了一些简短的摘录。

这种研究取向持续了几十年之久,直到狄尔泰才提出了较为折中的主张,他认为,如果人们只是停留在《精神现象学》和后期的哲学体系,实际上就将黑格尔的哲学意图裁剪得过于简单了,因而有必要加强对黑格尔耶拿论著的研究力度。这一努力首先主要表现为黑格尔耶拿时期的大

[①] Cf. H. S. Harris, "Hegel's Intellectual Development to 1807", *The Cambridge Companion to Hegel*, ed. Fredrick Beiser, p. 33; see also Georg Lukács, *The Young Hegel: Studies in the Relations between Dialectics and Economics*, translated by Rodney Livingstone (London: Merlin Press, 1975), pp. 9–10.

量材料在1915至1935年间得以陆续问世。对这些材料的研究不仅仅有思想发展史的意义,也就是说,我们可以通过它们来揭示黑格尔发展史中存在的种种思想关联、他的哲学的形成在早期受了哪些思想的影响,比如黑林(Theodor Haering)、格罗克纳(Hermann Glockner)和施瓦茨(Justus Schwarz)①等人的工作就是侧重这一方面的研究;而且更为重要的是利用这些材料来确定黑格尔哲学自身的动机,比如卢卡奇那部至今还很有影响的《青年黑格尔》②就表明了这一点。可以说,这一尺度包含着一种新的洞见,即如果没有对前现象学时期著作的准确认识,人们就很难真正理解黑格尔哲学的根本动机和发展。③

将黑格尔思想的形成和目标与整个德国观念论的内在问题结合起来,或者通过对青年黑格尔思想发展的考察来重新定位和理解黑格尔成熟时期的体系哲学,这一研究思路在伽达默尔(Hans-Georg Gadamer)、霍夫迈斯特(Johannes Hoffmeister)、尼柯林(Friedhelm Nicolin)、珀格勒(Otto Pöggeler)、里德尔、亨利希、哈贝马斯、福尔达(Hans-Friedrich Fulda)、伊尔廷(Karl-Heinz Ilting)和耶施克(Walter Jaeschke)等学者的推动下进一步成为黑格尔哲学研究中的主流,以至于现在凡是关于黑格尔哲学的可靠研究,都不可能不将他的思想与其青年时代所发展出的独特问题意识联

---

① Theodor Haering, *Hegel, sein Wollen und sein Werk: Eine chronologische Entwicklungsgeschichte der Gedanken und der Sprache Hegels* (B. G. Teubner, 1938); Hermann Glockner, *Hegel. Erster Band. Die Voraussetzungen der hegelschen Philosophie* (Fr. Frommanns Verlag [H. Kurtz], 1929), and *Hegel: Entwicklung und Schicksal der Hegelschen Philosophie* (Fromann, 1940); Justus Schwarz, *Hegels philosophische Entwicklung* (Schr., 1938).
② Georg Lukács, *Der Junge Hegel und die Probleme der kapitalistischen Gesellschaft* (Berlin: Aufbau Verlag, 1954).
③ Rolf-Peter Horstmann, "Jenaer Systemkonzeptionen", *Hegel*, hrsg. Otto Pöggeler, S. 44.

系在一起来考察。① 包括当今德国学界最重要的一批黑格尔专家,同时也是具有原创性的思想家,如基姆勒(Heinz Kimmerle)、杜辛(Klaus Düsing)、齐普、施奈德巴赫、霍斯特曼、布伯纳和鲍姆(Manfred Baum)等人,他们几乎都是以研究黑格尔青年时代的思想作为自己学术生涯的起点,也正是基于对青年黑格尔思想发展的再认识,才使他们后来得以打开黑格尔哲学乃至整个德国古典哲学研究的崭新局面,并且真正将黑格尔的伟大洞见融入到当代哲学的论域中去。由此可见,对青年黑格尔思想发展的进一步探索,无疑将帮助我们更好地把握黑格尔哲学,尤其是他的实践哲学的根本旨趣。

基于上述理由,我们将采用一种发生学的研究方式,以黑格尔早年的神学著作和耶拿时期的相关论著为依据,对黑格尔法哲学思想进行一个探源性的考察,深入发掘其总体问题意识的形成和展开过程,揭示作为一种形而上学的黑格尔法哲学的重要意义。除引言和结语之外,本书的主体将分为以下三个部分:

第一章"理性立法的悖论"。黑格尔法哲学作为一种形而上学,它的起源与康德的宗教批判及其关于理性的统一性和道德世界观的整体构想有着直接的关联。对康德实践理性公设学说的接受与批判是黑格尔法哲学真正的起点。在这一章中,我们将主要围绕黑格尔早年的神学著作(1788—1800年)来进行论述。黑格尔青年时代曾一度是康德理性神学和道德宗教的热情支持者,将它视为与自己早年人民宗教的理想相一致的思想典范。但之后,黑格尔在谢林和荷尔德林等人的启发下意识到康

---

① 关于黑格尔青年时代著作的研究史的考察,可以参考 Christoph Jamme und Helmut Schneider, "Die Geschichte der Erforschung von Hegels Jugendschriften", *Der Weg zun System: Materialien zum jungen Hegel*, hrsg. Christoph Jamme und Helmut Schneider (Frankfurt am Main: Suhrkamp Verlag, 1990), S. 7-44。

德的道德宗教和理性信仰学说中存在的问题,即至善在康德那里是一种反思的设定,它没有阐明内容的真理性而是将现成的道德法则作为绝对的命令施加于人的情感,用"应当"来要求"存在",这表现了理性立法的悖论和理性自身的异化。康德的主观理性立法和道德世界观包含了一种根深蒂固的二元对立,启蒙主体的自主产生了新的不自主,它将过去理性与信仰、内在的情感和意向与外在权威和律法之间的对立转变成了理性主体自身内部的分裂和自我疏离。早年的黑格尔在泛神论和一元论哲学的影响下,试图通过阐明爱的体验和实体性生命的源初统一来克服主观理性立法所导致的理性与感性、自然与自由的对立,限制主观理性的反思和形式立法而从对存在本身的理解来确定意志的规定根据,这也构成了作为形而上学的黑格尔法哲学的起点。

第二章"批判主观理性"。对康德主观理性立法悖论的发现让黑格尔明确意识到,对规范性的寻求和对整全世界观的渴望绝对不能通过诉诸主观理性的统一性来实现,相反,黑格尔试图在观念论哲学的基础上恢复古代思有同一的逻各斯理性,只有通过对客观理性的重建才能真正捍卫理性的绝对性和理性的自律。这一章将围绕黑格尔耶拿早期(1801—1802年)对主体性反思哲学内在病理的诊断来展开,揭示黑格尔发展其客观观念论的实体形而上学的内在必然性。黑格尔对主观观念论的批判并不是建立在一种误解的基础之上,相反,他充分认识到康德先验哲学和费希特绝对自我学说的重要意义,这两种哲学都直接指向了"绝对"和"真理"本身,但是囿于主观主义的形式,坚持思维(概念、形式、统一)与存在(直观、内容、杂多)之间的对立,导致了知识对信仰的屈从、理性的绝对性对经验的偶然性的依赖,知性的形式合理性成了对现代虚无主义的真正完成。黑格尔吸收了古代怀疑论和柏拉图的辩证法的积极因素,通过揭示理性自身的二律背反,将矛盾与差异转化为理性同一性的内在原理,重建了古代思有同一的客观理性,从根本上克服知性反思所造成的分裂与异化。黑格尔对主观理性的批判揭示了实践哲学背后的形而上学问题,并且试图提出一种思辨的实体形而上学来完善早年关于爱和生命的洞见。本章将集中考察黑格尔耶拿早期的批判性论著,主要包括:黑格尔的第一部哲学著作《费希特与谢林哲学体系的差异》,及其在《哲学批判杂志》上发表的一系列重要论文。通过这一部分的考察,我们将更加清楚地看到黑格尔实践哲学的形而上学动机和它主要针对的问题到底是什么。

第三章"作为伦理自然的理性之法"。黑格尔通过对主体性反思哲学的批判发展出新的存在论和方法论原则,这使他得以从事情本身内在的合理性出发来思考规范性和整全性的问题,而不至于像主观观念论的理性自律那样始终无法消除主体与客体、本体与现象之间的二元对立。这一章将紧接之前的内容,着重考察耶拿早期(1802—1803年)的黑格尔是如何在新的思辨实体形而上学的基础上重新思考实践哲学的问题。发表于《哲学批判杂志》上的另一篇重要论文《论自然法的科学探讨方式》是黑格尔的"第一部法哲学",他在这篇论文中将批判反思哲学的成果运用到对实践哲学的考察上。近代关于自然法的经验主义和形式主义研究方式都试图在主观理性的基础上建立自然法的科学,但这种反思性的探究无法把握自然法的内在必然性和科学性,形式立法的确定性必然始终伴随着一种外在的对立、矛盾和否定。在黑格尔看来,规范性的根据和法的现实性不能通过主体的反思即否定性的自我立法和自由对自然的统治来达到;相反,科学的自然法研究应当就当前存在的事情本身的合理性来阐明法的内在必然性,自然法或者规范性问题必须作为实体形而上学的一个有机组成部分来研究。黑格尔借助康德关于反思判断力与自然的合目的性的洞见以及谢林的自然哲学,复兴了斯宾诺莎的作为实体的自然观念和亚里士多德的目的论自然观念。自然的内在合目的的运动是与自身相同一的理性的必然性的表现,这种实体性的自然,即客观的主体-客体本身就具有规范性的意义。所以,自然法的科学必然与思辨的"伦理体系"同时展开,理性立法在以自身为根据的内在合目的的阶段性的发展进程中将偶然与特殊作为自身的否定方面包含在自身之内,最终在作为绝对伦理的"人民"的有差异的同一中达到事实与价值、必然与自由的统一,这个过程表现为人的实际生存,即伦理自然的客观理性的自我阐释和自我实现。黑格尔关于伦理自然的体系性阐述是作为一种客观观念论的法哲学思想的首次表达。

除此三章之外,我们将在本书主体部分之后增加一个题为"黑格尔法哲学中的理性与现实"的附录。在此附录中,通过对黑格尔法哲学的各种诠释进路所做的批判性反思,表明对黑格尔法哲学的研究应该回到对黑格尔哲学的哲学兴趣,而不能满足于政治和历史的兴趣,只有这样我们才能在一个更高的层面上对黑格尔法哲学进行总体性的把握。对黑格尔法哲学的理解不能脱离他的观念论哲学,尤其是他对主观观念论的继承与批判,他的法哲学具有一个重要的存在论预设,那就是他的理性一元论主张。在黑格尔看来,理性绝不仅仅是一种与世界相疏离的、主观的思维和意志能力,更是内在于世界之中的客观理性,它表现为一个以自身为根据、以自身为目的、自我否定和自身差异化的进程,这个进程是客观理性的自我同一。规范和法的理念必须是这样一种自我圆成的真无限,而不能满足于康德式理性主体的自我立法,这种主体性所导致的此岸与彼岸、信仰与知识、理论与实践的分裂,作为一种坏的无限性,是黑格尔力图在他的思辨形而上学中克服的。而黑格尔的绝对理性所表现出来的同一与差异、时间与永恒的双重向度正是理解黑格尔法哲学构想的关键。

当代著名神学家蒂利希(Paul Tillich)在谈及关于施莱尔马赫的研究

时所说的一番话,或许对于我们理解黑格尔的思想同样具有指导性的意义。他说:"如果你没有牢固地掌握(理解一个思想家所需的)必要的前提,而只是简单地从教科书中找出一些片面的论述,那你最好是把他彻底忘记。因为这样做是没有意义的,你既不能为他辩护,也无法对他进行攻击。如果你攻击他,你就完全错了;而如果你试图为他进行辩护,你又没有能力这样做。你必须从一个观念的来源去理解这个观念。你必须了解那些否定的方面所蕴含的意义(negative implications),也就是了解一个人牵涉其中的争论,了解他所反对的论敌,以及他所接受的那些前提条件。"[1]如果不了解这些东西,那么,当我们研究像黑格尔这样的重要人物时,任何东西都有可能被歪曲。

我们希望将黑格尔法哲学的缘起和意义重新放到德国观念论的问题域去考察,尤其注重黑格尔的实践哲学与康德的伟大变革之间的内在关联,而不是一味地强调它有什么现实意义,在还没有理解黑格尔的情况下急于将他的思想进行现实化。以往的研究比较多地侧重从黑格尔身后的现实的社会政治历史影响或其思想来源方面来解读黑格尔法哲学,而不是着力于从黑格尔自身的理论关切和动机出发,因此容易造成对黑格尔法哲学的误解和简单化处理。罗森克兰茨曾经说过:"黑格尔的创造力,就其教养而论,首先批判性地与某种已有的东西相关联。但当他掌握这种东西时,也表现出独特的非凡的创造力……确实,黑格尔感谢谢林体系给予了强大的推动力,并把谢林体系最大程度地吸收过来;确实,黑格尔也吸收了不少费希特、康德、斯宾诺莎、柏拉图、亚里士多德等人的体系,使之成为自己的生动的财富。他不必害怕因研究其他原著而削弱自己的创造力。只有低能儿才常常本能地害怕接触别人的成就,因为这种接触

---

[1] Paul Tillich, *History of Christian Thought: From Its Judaic and Hellenistic Origins to Existentialism* (New York: Simon & Schuster, 1967), pp. 386-387.

会使他们自己的成就显得多余。"① 像黑格尔这样具有包容性的哲学家受到许多思想的影响,比如古希腊的悲剧和哲学、中世纪的神学、近代哲学以及卢梭、孟德斯鸠、莱辛、歌德、席勒、赫尔德等人的思想,还有英国的启蒙思想和国民经济学,这些都构成了黑格尔思想的重要来源。所以,一方面,我们必须把握住影响黑格尔法哲学发展过程的各种思想因素;另一方面,只有将这些因素全部汇入到德国观念论哲学的语境中时,才能较为准确地把握黑格尔法哲学作为一种客观观念论的独特性。就此而言,亨利希的建议是很中肯的,他提醒我们不要将哲学家的思想仅仅看作一个现成的、有待去分析的完整的命题体系,而应该将其视为对一个复杂的问题群(komplexen Konstellation von Problemen)当中的某个问题所做出的回答。② 从黑格尔早年对康德伦理学和道德神学的借鉴,到耶拿早期对康德、费希特的主观观念论和雅各比信仰哲学的研究与批判,再到试图将康德的先验逻辑、费希特的知识学与谢林的同一哲学结合起来从而形成自己的哲学体系,青年黑格尔的发展史本身所具有的内在逻辑与德国观念论的进程是一致的,他的思想发展和他的体系,就跟问题自身的展开一样,都是一个接受、批判、扬弃、整合的过程的全体。③

所以,我们力求在本书的写作中尽量做到以黑格尔解黑格尔,在方法上始终贯彻一种问答逻辑(die Logik von Frage und Antwort),④ 将哲学观点的起源和发展看作对当时所面对的哲学问题的回答,这种回答试图应对

---

① Karl Rosenkranz, *Georg Wilhelm Friedrich Hegels Leben* (Berlin: Verlag von Duncker und Humbolt, 1844) S. 62, 63.
② Dieter Henrich, "Historische Voraussetzungen von Hegels System", *Hegel im Kontext* (Frankfurt am Main: Suhrkamp Verlag, 1971), S. 41.
③ Cf. Laurence Dickey, *Hegel: Religion, Economics, and the Politics of Spirit, 1770-1807*, pp. 4-5.
④ Cf. Hans-Georg Gadamer, *Wahrheit und Methode*, GW 1 (Tübingen: J. C. B. Mohr[Paul Siebeck], 1990), S. 375ff.

当时的理论范式所难以处理的危机。在这个意义上,发生学研究和探源性的考察就不仅仅是按照编年史意义上的时间来进行叙述,更是让问题自身的逻辑在其中得以展开的过程。因此,德国观念论哲学的整个问题域对于我们理解黑格尔来说就更加不可或缺了。不可否认,黑格尔最为重要的对话伙伴就是康德,他总是在康德止步的地方(比如关于范畴的起源、道德律作为理性事实、实践理性的公设等问题)开始他的探索,因为在黑格尔看来,康德和其他启蒙思想家一样,他们都未能就知识与道德的基础性前提给出充分的证明,留下了必须进一步清理的独断论的残余。① 不论他把康德看作自己的老师、伙伴抑或是对手,关于黑格尔思想的解读始终是无法绕过康德的。黑格尔跟康德一样看到了启蒙理性的危机,但他又不满意康德对解决理性危机所提供的先验哲学的方案,由此才发展出他的思辨哲学。只有明确了黑格尔所面对的具体问题,我们才可能理解黑格尔为我们提供的各种答案的意义,否则就容易以一种自以为是的态度,将黑格尔抽象为一套现成的理论框架,来随意地进行所谓的现实化。黑格尔之所以对于我们还有意义,不是因为他的思想可以用来解决我们今天所谓的一些现实问题,而是因为我们的时代根本上与黑格尔的时代面对着同样的困境,阅读黑格尔是我们对自身的时代处境进行反思的契机,在这个意义上,黑格尔是我们的同时代人。我们不能同意这样一种主张,即认为黑格尔所提供的哲学方案是在其自身的概念框架中发展出来的,他对康德的批判并不是以康德自己的理论为前提。实际上我们不要忘记,如果黑格尔只是在康德的理论框架内来理解康德,那么就不会有黑格尔了。在他们各自不同的理论框架背后有一个共同的境域(Horizont),

---

① Cf. Daniel O. Dahlstrom, "Hegel's Questionable Legacy", *Philosophical Legacies: Essays on the Thought of Kant, Hegel, and Their Contemporaries* (Washington D. C.: The Catholic University Press, 2008), p. 233.

那就是真理,这才真正构成了黑格尔与康德对话的平台和评判这场角逐之胜负的标准。黑格尔当然不会满足于仅仅不同于康德,他希望做的是,在自己的哲学中有康德哲学的真理,而康德哲学的所有努力在他那里才真正得以完成。

恰当地理解黑格尔的思想起点和发展历程,将有助于我们把握隐藏在黑格尔哲学思辨中的问题意识及其一生哲学抱负和哲学成就的内在统一性。虽然黑格尔一生正式出版的著作并不算很多,但是在他身后由他的学生和朋友收集整理出版的各类演讲录和著作手稿数量非常可观。可是,在黑格尔这份庞大的哲学遗产中却有一个问题贯穿始终,它来源于黑格尔青年时代的理想和对知性思维的批判,以及关于有限与无限、同一与差异等传统形而上学问题的讨论,这些问题对于阐明规范性的本质和来源具有极其重要的意义。黑格尔青年时代的问题关切及其为了理解时代问题的实质所进行的极具深度的理论探究,使我们能够清晰地看到黑格尔哲学的内在的统一性,而这种统一性又是以非常独特的方式表现出来的。尤其是狄尔泰对青年黑格尔思想的发掘和阐发、诺尔编辑出版的黑格尔早期神学著作,以及黑格尔耶拿时期众多批判性论著和体系手稿的编辑出版,使人们有机会看到那个触动黑格尔从青年到暮年一直坚持思考的根本问题和根本动机实际上是统一的。那是一个哲学的、形而上学的问题,因而不是简单地通过追究黑格尔的实际政治取向和社会政治活动就可以阐明的。黑格尔并没有仅仅因为他的政治地位和社会环境所发生的变化就轻易改变自己坚持的思考方向和基本信念,"本真的"黑格尔既存在于他的讲课中,也同样存在于他的出版著作中;既存在于黑格尔的青年时代,也同样存在于那个饱经风霜却仍然执着于认识永恒的绝对理性的老年黑格尔那里。真实的黑格尔的形象可能早已在黑格尔左派与黑格尔右派,或者青年黑格尔派与老年黑格尔派的对峙中,在对黑格尔哲学中死的东西与活的东西的区分中,被各种现实政治的考虑和各种片面的形而上学主张歪曲和掩盖了。要想真正理解和享用黑格尔的丰富遗产,我们就必须回到黑格尔哲学的源发语境及其独特的洞见中去,并且不惜为此改变我们固有的思维方式和存在方式,即便这是一个充满艰辛和挫折的过程,然而这也是哲学本身对我们提出的要求。

在接下来的各章当中,我们将以青年黑格尔的思想发展(1788—1803年)为线索,从黑格尔图宾根时期的神学著作开始,以黑格尔耶拿早期形成的他的第一个实践哲学体系为终点,围绕着黑格尔对主观观念论哲学的继承、批判和发展及其对客观理性的重建,详尽地考察黑格尔通向作为一种形而上学的法哲学的曲折历程。

第一章
理性立法的悖论

乾称父,坤称母;予兹藐焉,乃混然中处。故天地之塞,吾其体;天地之帅,吾其性。民,吾同胞,物,吾与也。

张载:《西铭》

在《黑格尔体系的历史前提》一文中,亨利希曾不无感慨地说道:黑格尔的发展史是一个困难而特殊的问题,"因为他的思想并不是(如康德哲学那样)经过几十年孤独的思想努力所达到的那种平静的、学院式研究的产物。黑格尔思想的发端就决定了他完全不可能孤立地去进行思考,他身处在一群重要的朋友中间,每天与他们的交往促使他形成自己的思想。如果不能够准确认识黑格尔的发展之路,就不可能对他的思想道路获得充分而恰当的理解。而且,他们都属于革命性事件(revolutionärer Ereignisse)频发的那个时代,这些革命发生在政治和社会领域,同时也发生在意识和思想领域。黑格尔和他的朋友们将自己看作这些事件(Geschehen)的测震仪,而他们的工作就是去促进这些革命的完成"。[1] 路德的宗教改革、启蒙运动对现代思维方式和生活方式的全面改造、康德的理性批判、法国大革命的爆发、旧制度的瓦解,以及德国市民阶层的兴起等等,这一系列在人类历史上具有深刻影响的重大事件,使青年时代的黑格尔切身地感受到现代性所带来的猛烈冲击,并且直接而强烈地意识到自己正身处人类历史的一个转折点。在这个动荡而又崭新的时代中,人类经验所具有的那种复杂性是学院式冷静的、非此即彼的知性论证根本无法把握和真实呈现的,这也决定了黑格尔的思想体系及其发展过程中必然包含着巨大的张力。

尽管基督教在中世纪欧洲所发挥的绝对的一体化力量随着主体性原则的确立而式微,对上帝的信仰不再能够作为合理性的标准,并为人们的行动规范提供具有普遍必然性的终极根据,继续成为维系人们共同生活的纽带,可是,超绝者的存在对人类的生活来说却仍然有着某种不可或缺的重要性,在伟大的存在之链(the great chain of being)断裂以后,人类必

---

[1] Dieter Henrich, "Historische Voraussetzungen von Hegels System", *Hegel im Kontext*, S. 42.

须通过自己的理性来为这个碎片化的世界重建一个合乎理性的秩序,存在于人类自由与上帝的超越性之间的对立被推到了一个新的高度,它直接表现为应然与实然、理性的自主与对世界的统一性的诉求之间的矛盾。因此,重新思考宗教、历史、理性、立法以及实践的关系成为 18 世纪德国思想家们争相谈论的主题,而黑格尔早年的思考正是在这样的思想氛围中逐渐发展起来的。与其他对启蒙的基本原则表示认同的德国观念论者们一样,黑格尔从其青年时代起就坚持理性自主和自我立法的权威性,可以说,启蒙运动对理性与自由的高扬构成了黑格尔思想发展的出发点。① 然而,特别值得注意的是,德国启蒙运动所具有的强烈的神学-哲学色彩,使其与主张机械唯物论同时又狂热地追求自由的法国启蒙运动,以及始终恪守唯名论-自然科学的思维传统的英国启蒙运动区别开来。② 不同于大部分英、法启蒙思想家将反对宗教作为自己的思想起点,德国启蒙思想家普遍地从宗教和德国学院哲学(die deutsche Schulphilosophie)的形而上学传统内部来展开反思和批判,他们对启蒙原则的内在张力和辩证特征更为敏感,这一点决定了德国观念论哲学特有的深刻性和复杂性。③

神学与形而上学在古代哲学那里就已存在的紧密关联被德国思想所继承。④ 中世纪思想家们将上帝视为本质与实存同一的至高存在(summum ens/Supreme Being),即所谓的"自有者"(Ego sum qui sum)。换言之,上帝就是存在本身(Being),他包含了一切事物存在的充足理由,包括人在内的万事万物之所以都是受造物,是因为他们分受了上帝的存在而

---

① Georg Lukács, *The Young Hegel*, p. 3.
② 张慎:《黑格尔传》,河北人民出版社 1997 年版,第 7—9 页。
③ Georg Lukács, *The Young Hegel*, p. 10.
④ Cf. Joachim Ritter, *Metaphysik und Politik*, S. 9-21, 183-192.

获得其现实性。因此,创世(Creation)被理解为一种"存在的行动"(actus essendi),就像法国当代的中世纪哲学史权威吉尔松(Etienne Gilson)指出的那样:"对于中世纪思想家而言,to be 这个动词本质上是一个行动动词(active verb),意指存在之行动(the act of existing)。肯定现实存在(actual existence)不只是肯定当前的实存而已,而是肯定其现实性(actuality),也就是肯定其能力(energy),事物的存在也正是凭借这能力而运作。……'创造'就是赋因使之存在(to cause being)。"① 德国启蒙思想家和后来的观念论哲学家都延续了这个神学和形而上学的传统,在他们看来,宗教绝不仅仅是人类面对强大的自然时感到恐惧、屈从于外在权威以求自保这样一种偶然的、经验性心理活动的产物,上帝也并不仅仅是宗教的盲目崇拜和迷信的对象。相反,宗教涉及人类独有的,对绝对者(Absolute)、无限者(Unendliche)和世界的神圣秩序的意识,而上帝作为至高存在首先是一个形而上学的或者存在论的范畴。关于上帝的概念、上帝存在的证明和他的种种特性的考察是理性神学的主题,作为一门特殊形而上学(metaphysica specialis)它构成了传统学院哲学研究的一个重要组成部分。② 一个无条件者(Unbedingte)的存在对于一个理性的、完满的形而上学体系来说是必不可少的,这意味着,上帝作为绝对者是一切反思性论理的终点,他使我们能够合乎理性地将世界当作一个合目的的统一的整体,即一个普遍关联的合法则的事物秩序的系统来把握,使我们的认识和存在不至于处在零散的、混乱无序的状态。对最高存在的信仰不仅仅是出于我们

---

① Etienne Gilson, *The Spirit of Mediaeval Philosophy* (Notre Dame: University of Notre Dame Press, 1991), pp. 89-90.
② 关于早期德国哲学(尤其是莱布尼茨-沃尔夫体系的学院形而上学)的一般性研究可以参考 Lewis White Beck, *Early German Philosophy* (Cambridge: Harvard University Press, 1969);关于黑格尔的思想与传统形而上学的关系则可以参考 Klaus Düsing, "Ontology and Dialectic in Hegel's Thought", *The Dimensions of Hegel's Dialectics*, ed. Nectarios G. Limnatis (London: Continuum, 2010), pp. 103-111。

人的一种心理学意义上的需要,而是首先取决于上帝存在这个概念的合理性与必然性,取决于我们作为理性存在者希望从整体上理解这个世界,从而辨明我们在世界中的位置,以及在这个有序的世界中应当如何去行动的理性需要。

在学院形而上学传统中,上帝作为全知全能全善的至高存在是最高的现实性,他包含一切可能的谓词,是一切可能性的实现,因为根据上帝的定义,他是本质与实存同一的自足的存在(Selbstwesen),一切有限存在者(Seienden)的现实性都必须通过上帝或者大有(Sein)而获得(既是形式因又是质料因);同时,上帝也是一切存在的最终根据,在一个遵循充足理由律的条件序列中,上帝作为绝对的无条件者是自因,即以自身为根据的存在(Selbstgrund),为一切有条件的存在者提供了存在的充足理由(动力因);而且,上帝作为至善是以自身为目的的存在(Selbstzweck),是一切有限存在者所指向的最终目的(目的因)。这样一种具有完满的逻辑性的存在论系统最直接地体现了传统形而上学的存在-神-逻辑学(Onto-Theo-Logie)机制。德国启蒙运动的奠基者和领导者,如托马修斯(Christian Thomasius)、沃尔夫(Christian Wolff)、莱辛(Gotthold Ephraim Lessing)、门德尔松(Moses Mendelssohn)和康德等人,大多是对传统形而上学有着深入研究的学院哲学家。① 德国观念论哲学,尤其是黑格尔绝对观念论的一元论体系与这样一个形而上学-神学传统有着密不可分的关系。它们都试图把理性的自我立法与人类对整体性的诉求结合起来,在一个合乎理性的、具有逻辑必然性的概念框架中将现实的诸形态(die Transformation von Wirklichkeit)以及其中人类行为的各种不同形式,统一成一个自足的系统,使得理性存在者能够在其中将这个实在作为一个统一的整体来经验和理解。这

---

① 关于传统形而上学问题的讨论对德国启蒙运动的影响,可参阅维塞尔:《启蒙运动的内在问题》。

样一种统一的世界观(Weltanschauung)的建立在为世界确定了方向(Orientierung)的同时,也为人类对自己的意志、行动进行评价与规定提供了具有普遍必然性和客观有效性的合理性标准(Rationalitätsstandards),这一超越人的主观性的合理性标准构成了规范性的真正来源和人类伦理生活的基础。① 这种从宗教和形而上学内部展开反思批判,试图将宗教与立法、信仰与理性、权威与自由协调起来的德国启蒙运动,与纯然反对宗教、拒斥形而上学的英法启蒙运动形成了鲜明的对照,而黑格尔对理性立法的终极根据及其现实性的最初思考就是在这一理性宗教和学院形而上学的背景下逐渐形成的。

黑格尔法哲学作为一种形而上学,它的起源与康德在理性自律基础上进行的宗教批判以及他关于理性的统一性和道德世界观的整体构想有着直接的关联。对康德实践理性公设学说的接受与批判构成了黑格尔法哲学真正的起点。本章旨在通过分析黑格尔青年时代的神学著作(1788—1800年),揭示黑格尔法哲学的起点及其问题意识的缘起。具体来说,本章主要根据黑格尔早年思想发展的内在理路,划分为三个部分:(1)黑格尔在图宾根神学院就读期间受卢梭、孟德斯鸠、赫尔德等人思想的影响,以古希腊的人民宗教为典范来思考宗教与立法的关系问题,借康德的实践理性公设学说来批判正统基督教和基督教的实定性,并希望借此将基督教改造为一种自然与自由相统一的理性宗教和人民宗教;(2)离开图宾根之后,身处伯尔尼的黑格尔起初仍然延续了之前以康德的道德宗教和理性信仰学说为基础来发展一种主观宗教和人民宗教的计划,但是在与好友荷尔德林和谢林等人的通信中,黑格尔逐渐意识到康德式的实践理性中存在的独断性因素,开始反思和批判康德理性自律学说的内

---

① Cf. Rolf-Peter Horstmann, "Zur Aktualität des Deutschen Idealismus", *Neue Hefte für Philosophie* 35 (1995), S. 3-7.

在矛盾,通过关于理性立法悖论的洞见提出了后来黑格尔法哲学要解决的核心问题;(3)法兰克福时期的黑格尔吸收了荷尔德林"统一哲学"的构想,通过对"爱与生命"的分析,提出了一种新的存在论和逻辑学思想的雏形,希望在此基础上重新将理性与现实、神性与人性、永恒与时间统一起来,以此来克服理性立法的悖论,开辟了通向客观观念论的法哲学的一条道路。就像黑格尔所说的那样,起点本身就蕴含着终点,目标、方向以及整个发展过程都在开端中被先在地设定了。[1] 重新审视黑格尔哲学的起点,将有助于我们进一步厘清黑格尔法哲学的问题意识,更好地把握其法哲学思想发展的连续性和内在统一性。

第一节 青年时代的理想

一、宗教与立法

说起那些对德国古典哲学和古典文化的形成具有重大影响的思想家,日内瓦公民卢梭(Jean Jacques Rousseau)无疑是其中最为重要的人物之一。他曾被莱辛赞誉为"处处显示出是一个具有卓识的哲学家",他的肖像是康德教授那斯巴达风格的简朴书房中唯一的装饰品,赫尔德将他的"回归自然"奉为圭臬,费希特发展了他的社会契约理论和他的教育思想,席勒为他写过《卢梭颂》,就连歌德也曾这样评价过他:"伏尔泰结束了一个旧时代,而卢梭则开辟了一个新时代。"可以说,卢梭对现代文明所做的先知式的批判、关于人性之复杂性的敏锐洞见、他的自然主义以及他对古希腊的推崇备至,无不在德国古典时代的那群精英中激起了巨大的

---

[1] Cf. Walter Kaufmann, "The Young Hegel and Religion", *Hegel: A Collection of Critical Essays*, ed. Alasdair MacIntyre, pp. 61—62.

回响。尽管在自己成熟时期的著作中,黑格尔曾对卢梭的"公意"理论颇有微词,但是这绝不意味着黑格尔成功地置身于卢梭的影响之外。恰恰相反,如果我们将目光拉回到黑格尔的青年时代就会发现,黑格尔不仅曾经热衷于阅读卢梭的著作,而且正是卢梭关于理性与自然、宗教与立法的思考及其对现代社会的猛烈批判奠定了这位日后的"普鲁士国家哲学家"的思想起点。

黑格尔对宗教与立法问题的最初思考直接来自卢梭思想对他的触动。在图宾根神学院就读期间(1788—1793年),黑格尔对德国传统学院哲学和当时被学界广泛讨论的康德《纯粹理性批判》都缺乏兴趣,当他在图宾根的同学劳伊特维恩(Christian Philipp Friedrich Leutwein)回忆那时的图宾根神学院有哪些康德主义者时,黑格尔被完全排除在外。黑格尔虽然也研究康德哲学,但是却更加偏爱卢梭和莱辛。就像劳伊特维思所说的那样,"至少,在我认识黑格尔的四年里,形而上学并不是他的特殊兴趣。他心目中的英雄是卢梭……他后来的见解只是从外面获得的,因为在图宾根时,他甚至并不真正熟悉他的前辈康德"。每次学术上有才华的学生聚在一起讨论康德和莱因霍尔德(Karl Leonhard Reinhold)以及批判哲学的现状时,黑格尔宁可缺席而去读卢梭。[1] 可以说,卢梭对现代性的批判及其宗教理论对黑格尔早年问题意识的形成和后来思想的发展产生了巨大的影响。[2]

---

[1] Cf. Hans Freidrich Fulda, "Rousseausche Probleme in Hegels Entwicklung", *Rousseau, die Revolution und der junge Hegel*, hrsg. Hans Friedrich Fulda und Rolf-Peter Horstmann (Stuttgart: Klett-Cotta, 1991), S. 42; Dieter Henrich, *Between Kant and Hegel*, p. 302; H. S. Harris, "Hegel's Intellectual Development to 1807", *The Cambridge Companion to Hegel* ed. Fredrick Beiser, pp. 27ff; see also Walter Kaufmann, *Hegel: A Reinterpretation* (New York: Doubleday, 1966), pp. 36-37.

[2] Cf. Dieter Henrich, "Historische Voraussetzungen von Hegels System", *Hegel im Kontext*, S. 44-47.

启蒙运动试图通过理性的反思和批判来寻找一切真理和规范的确定性基础,并且在理性的基础之上来澄清和塑造生活的所有形式,而作为一位启蒙思想家,卢梭第一个敏锐地把握到这场运动本身的辩证特征。对卢梭而言,启蒙运动不仅仅代表一种进步,它也不可避免地是一种缺失。[1] 乐观的启蒙主义者相信,科学的进步和艺术的繁荣能够驱除愚昧、敦风化俗、消弭人世间的纷争与不公;过去的黑暗都源于理性的湮没不彰,而如今已经没有什么能够阻挡理性之光引领人类从黑暗走向光明。可在卢梭看来,理性之光普照万物,却将道德本身置于黑暗之中。就像他在《论科学与艺术》(*Discours sur les sciences et les arts*, 1750)一文中表明的那样,科学与艺术的复兴不仅无助于使风俗日趋纯朴,反而导致人类的道德愈来愈败坏。[2] 因为在这个时代,知识与道德已无关联,艺术日益成为一种人们彼此争相取悦和自我标榜的手段。现代世界的种种邪恶、不公和人与人之间的不平等并非由自然的匮乏所致,相反,恰恰是人为的社会性因素带来了与启蒙运动自身的目标相背离的后果,在文明的表面背后隐藏着的是无知、虚伪和冷漠。卢梭向我们表明,自然状态中人的欲望是有限的,自然完全能够满足人的基本需要,而且人与人之间有着一种出于自然天性的同情心和怜悯之情,人与人之间是相对平等的。相反,是理性使人的欲望变得更加复杂和难以满足,由科学与艺术所引发的奢靡之风不仅没有带来社会风化的改善和道德的提升,反而产生了更多的不平等和不自由。

卢梭对启蒙的辩证法的诊断主要在于揭示这样一个问题,社会-文化

---

[1] Rüdiger Bubner, "Rousseua, Hegel, and the Dialectic of Enlightenment", *The Innovation of Idealism*, p. 145.
[2] 卢梭:《论科学与艺术的复兴是否有助于使风俗日趋纯朴》,李平沤译,商务印书馆 2012 年版,第 7—12 页。

的发展不知不觉地破坏了人类过一种符合其自然禀赋的生活的能力,因为它催生并强化了人的"自爱心"(amour propre)这种非自然的情感,使每一个人都不得不在与他人的关系中来确定自己的身份,把自己看得比他人重,并且促使人们通过互相为恶、造成人与人之间的不平等来达到对自身存在的肯定,①这样一来,社会中的人变得愈发地具有依赖性、愈发地不自由,而道德、制度、法律和文化变成了一种虚饰和外在的压迫,而不是人的天性与自由的体现。就像他在晚年的对话录《卢梭评判让-雅克》中所表明的那样:"人天生是幸福而善良的,但是社会使他堕落使他变坏了。"②这条原则是卢梭哲学的关键。

不过,卢梭并不是一位复古主义者,他清楚地知道,"人的天性不会逆转,人一旦远离了洁白无瑕和平等的时代,就永远不会再回到那个时代"③。启蒙自身的辩证法不能简单地依靠复古和脱离社会来达到,而是必须通过重新创造社会来重新创造人自身,在一种新的社会状态中恢复人与生俱来的平等与自由。因此,就像朗松(Gustave Lanson)所说的那样,"卢梭问题"的实质乃是:"文明人怎样既不回到自然状态,又不抛弃社会状态的优越而能恢复自然人的优点——纯真与幸福。"④根据卢梭的洞见,社会状态中的不自由以及种种恶的产生,其根源在于社会-文化的发展以一种看似文明和合理的形式,促使人类从对身体的自我保存的需要转向对一种相对于他人的优越地位与自尊心的满足的需要,由此强化了自我与他人之间的差异、对立和不平等。那么,如何通过对社会的改

---

① 卢梭:《论人与人之间不平等的起因和基础》,李平沤译,商务印书馆 2009 年版,第 155 页。
② 卢梭:《卢梭评判让-雅克:对话录》,袁树仁译,上海人民出版社 2007 年版,第 257 页。
③ 卢梭:《卢梭评判让-雅克:对话录》,第 257 页。
④ 朗松:《卢梭思想的一致性》,《朗松文论选》,徐继曾译,百花文艺出版社 2009 年版,第 486 页。

善,使那种以对他人的依赖为条件的"自爱"转化为一种内在于自身的满足和自我认同,让每个人都能够在社会状态中实现自己天赋的、不假外求的自由,这就成了卢梭社会政治思想的关键所在。

对卢梭而言,由文化所导致的问题必须通过文化来解决,这是他与那些反启蒙的保守主义者和复古主义者最为不同的地方。原始的自然状态往而不返,克服启蒙理性所导致的异化、重塑人类的自然天性,本质上取决于一个道德-政治的"决定"。通过一种根本性的"契约",人们为一个作为道德共同体的社会而放弃自我的绝对性,牺牲他们危险而纯粹的、任意的个体自由,但它却使得这些生而自由的人类在持久的形式中确保了他们的自由。一个完善立法的社会状态可以看作对我们原初的自然状态的一种回归,这是一种消除了异化的、自觉的自然状态,是意志自由与自然必然性的真正统一,而不是简单地返回到一种未开化的原始状态。

与霍布斯、洛克等人不同,卢梭认为,这种将个人意志与普遍意志统一起来的根本"契约"并不能够通过原子化个体的理性计算和协商来达到,相反,这种源始的统一根植于人的全部自然禀赋和整全的人性之中。在卢梭看来,人生来并不是彼此对立的个体,在人类天性中包含着某种规范性和公共性的维度,卢梭将它称为人的"自我完善的能力"(perfectibilité),而根本性的立法必须顺乎自然,又在社会状态中重新塑造出一种社会性的自然天性,才能使人与人之间的关系服从于共同的法律,而不是他人的目光。就像他在《论人类不平等的起源和基础》(*Discours sur l'origine et les fondements de l'inégalité parmi les hommes*, 1755)中所说的那样:"只要我们不了解自然人,我们就无法确切了解他愿意服从的法则或最适合于他的体质的法则。在'法'这个问题上,我们看得最清楚的是:它要成为'法',就不仅需要受它约束的人自愿服从它,而且它还需要直接以自然的声音表达,它才合乎自然。"①

正是考虑到这一根本契约的神圣性以及源始统一的内在性,我们才能够理解,在卢梭的政治思想中,宗教对于立法所具有的特殊意义。与霍布斯、洛克等人不同,卢梭所说的这种建立在根本"契约"之上的社会并不能够通过理性的计算和协商来达到,它的目标也绝不仅仅是满足人们对安全和富裕生活的需要,因为这里涉及对人的自然天性的更为复杂的认识。所以,在卢梭的政治思想中,宗教之于立法就具有某种特殊的意义。在《社会契约论》(*Du contrat social*, 1762)中卢梭指出,为了能发现适合一个民族的最好的社会规则,就需要一个能够通达人类的种种情感而自己又不受任何一种情感影响的最高智慧。换言之,立法是与人类普遍的自然感受相一致的,但它又不被这些自然冲动的有限性所规定,相反,它是一种以自身为根据的最高的统一性,这种最高的统一性不是某一个有限的个人可以达到的,"事物之所以美好和符合秩序,是由于它们的性质使然,而不是由于人类的约定"②。所以,"要为人类制定法律,简直是需要神明"③。如果我们不再将行动规范的要求视为一个更高的存在所颁布的诫命,那么,这种要求又能具有什么样的权威来掌控我们的行为呢?实际上,正是关于法的理念本身促使我们去寻找它的立法者。如果我们无法确定这种立法的根源,如果神圣立法者的本性不是既超越我们的有限存在,同时又可以为我们的本性所通达,那么法则的真实性和有效性就会受到质疑。④

卢梭以古希腊城邦的政治生活为典范,将这一为共同生活和法制状

---

① 卢梭:《论人与人之间不平等的起因和基础》,第37页。
② 卢梭:《社会契约论》,李平沤译,商务印书馆2011年版,第41页。
③ 卢梭:《社会契约论》,第44页。
④ Cf. Charles Larmore, *The Morals of Modernity*, p. 45.

态奠定基础的宗教称为"公民宗教"(la religion civile)。① 公民宗教对立法的意义在于:一方面,它体现了法的超越性和绝对性;另一方面,通过立法的神圣来源,立法者能够重新塑造人性,将每一个本身是完整的和孤立的个人转变为一个更大的整体中的一部分,使他按一定的方式从这个更大的整体中获得他的生命和存在,以作为整体的一部分的有道德的存在去取代我们得自自然的个人身体的独立的存在。立法者借用宗教来完成立法,并不是想通过宗教幻想来使民众对一个超绝力量感到恐惧,通过欺骗和愚弄使民众屈从于一个外在权威的要求或者诫命;相反,是超绝者通过立法者的伟大心灵来体现自身的神圣性。立法者通过为整个民族设立一个共同的目标和崇敬的对象,并且通过制定共同遵守的教条、礼仪和由法律规定的外在的敬拜形式,以及种种教化形式,向民众揭示他们内在的可完善性;通过典范的作用塑造人的自我理解和自我认同(self-identity),将规范根植于人的自然天性当中,使其在服从绝对的神圣法则时就好像是在服从自己自由地为自己所确立的法则一样。因此,法则的践履不会让人有一种强制和疏离的感觉,因为当行动者意识到"我之所是"的时候,他已经自觉地将一个具有规范意义的关系性整体包含在他自我意识的构成当中。所以,卢梭说,"好的社会制度是这样的制度:它知道如何才能够更好地使人改变他的天性,如何才能剥夺他的绝对的存在,而给他以相对的存在,并且把'我'转移到共同体中去,以便使各个人不再把自己看作一个独立的人,而只看作共同体的一部分"②。在这一神圣的统一中,他人构成了自我的条件;作为一国之公民,我同时就是我们,我们同时也就是我。

各个国家的缔造者不得不求助于上天的干预,并将他们的智慧说成

---

① 相关的研究可参考孙向晨:《论卢梭公民宗教的概念及其与自然宗教的张力》,《道风:基督教文化评论》第30期,道风书社2009年版,第115—140页。
② 卢梭:《爱弥儿》(上卷),李平沤译,商务印书馆2009年版,第10页。

是神的智慧,其目的就在于,"使人民像服从自然的规律那样服从国家的法律,并认识到在人群的结合和城邦的形成方面都是由于同样的权威,从而能够自由地服从,并驯顺地承受公共的福祉强加在他们身上的桎梏"①。公民宗教作为全体公民对同一个超绝力量的承认,在民众中间促成了一个关于正当性和普遍价值的基础性共识(即公意)的形成,它是在人被知性反思分化为原子式个体之前就已经存在的源始统一和原始契约。② 作为神圣性的最高智慧的体现,立法是绝对的和超越性的,它不依赖个别主体间的同意和约定,而且它通过各种形式将这种自在自为的规范性融入到人的本质规定当中去,使每个成员自发地将自身置于普遍意志的指导之下。③ 为了让国家的成员能够按照符合普遍利益的理性法则来行动,"就需要倒果为因,就需要使本该是制度的产物的社会精神转而超越在制度之上,使人民在法律出现之前就成为他们在有了法律之后才能成为的那种样子"④。在通过知性反思人为地设计出一套平衡利益分配的行动方案之前,人必须首先被塑造成合乎理性并且具有法律精神的存在者,而不应该被看作完全为纯然动物性的欲望支配的存在者。只有这样,终极的规范性力量才能够成为一种不用暴力也能约束人,不通过说理、论证和讨价还价也能说服人的权威。

换言之,理性的反思和主观的自由不能无限制地进行下去,更不能成为绝对,相反,理性和自由的权利必须以对超绝者和客观之道的普遍承认为前提,这是一个良性社会的标志。任何具体的社会契约的形成、普遍有效的法律的确立和种种制度的变革,都是以某种先在的共识,即我与我们

---

① 卢梭:《社会契约论》,第48页。
② 卢梭:《社会契约论》,第18—22页。
③ 卢梭:《社会契约论》,第109—111页。
④ 卢梭:《社会契约论》,第48页。

的源初同一为条件的,这种共识是一种超越于人的主观规定的神圣性和权威性的体现。只有在这个基础上,反思和批判才能发挥它的建设性作用,而不是流于对一切权威和规范的瓦解。因此,卢梭的公民宗教与启蒙的理性和自由精神是一致的,在卢梭看来,立法的客观性与人的主观自由必须结合在一起,而实现这一目标的方式应当是从自然本身和人自身的可完善性入手,而不可能通过主客体的分离来达到。正如卡西尔所指出的那样:"自然概念所提供的规范和模式并不是直接取材于某一类对象,而是一些精神力量的自由活动的产物,因此可以说'自然'是'理性'的同义词。万物来自自然又属于自然,自然不是一时的冲动或奇思异想的产物,而是以永恒的伟大的法则为基础的。"[1]正是公民宗教对促成理性立法和人类天性中的规范性维度的实现所具有的积极意义,让青年黑格尔为之振奋不已。[2]

二、 人民宗教的理想

在伯尔尼时期的手稿"关于人民宗教与基督教的片断"(Fragmente über Volksreligion und Christentum, 1793-1794)中,黑格尔较为系统地阐发了他关于人民宗教的构想,自觉地将卢梭自然与自由统一的理想和对自然本身的可完善性的洞见继承下来。这部手稿不仅体现了卢梭公民宗教学说的直接影响,黑格尔还试图在对康德《实践理性批判》(*Kritik der praktischen Vernunft*, 1788)所做研究的基础上,援引康德的实践理性公设学说来批判正统基督教的启示宗教和客观宗教,试图通过康德的道德宗

---

[1] Ernst Cassirer, *The Philosophy of the Enlightenment*, p. 280.
[2] Cf. Hubertus Busche, "Öffentliche Verbindlichkeit ohne normative Positivität. Zum Problem einer staatsbürgerlichen Religion bei Rousseau und Hegel", *Rousseau, die Revolution und der junge Hegel*, hrsg. Hans Friedrich Fulda und Rolf-Peter Horstmann, S. 141-159.

教将基督教改造成一种与理性和自由精神相一致的主观宗教。

黑格尔十分关注宗教在人类的伦理生活中所发挥的作用,特别是它在道德行动者的自然情感方面所产生的影响。① 在黑格尔看来,道德行动者自由行动的动机应当不同于禁欲主义对欲望或享乐这种自然冲动的压抑,一个自然地、完整地展开的生命与道德是彼此相容的,而真正的宗教能够同人们的精神的自然需要相联系,引导人的本性或自然趋向自身的完善,自觉地接受那些在上帝的教义中带有实践性的东西,以及那些可以成为人的行为的推动力,可以成为义务、知识的源泉和生活的安慰的源泉的东西。这些规范性的要求在人们的宗教生活中逐渐融入人的自身同一性和自我理解的构成中去,而他的整个存在(Wesen)就是他的一切感受(Empfindungen)所指向或归趋的(gerichtet)那个完善性的目标,同时又是一个为自身设立目标并且努力去实现这个目标的过程总体(Werke 1: 9-10)。换言之,真正的宗教能够在人身上培养一种形式冲动,它虽然是感性的冲动,但同时又是一种合乎规则的或者向往规则的冲动。②

宗教将理性的客观理念和一幅包含了历史、传统以及整个自然与人类精神历程的规范性的世界图景灌注到人的心灵和情感之中,黑格尔用一个非常形象的比喻来说明这一点:

> 人的自然天性之为理性理念所浸润,只是像盐之渗透在菜肴里一样,如果味道调适得好,你绝不会在菜里面找到整块的盐,而盐味却渗透在整盘菜中,或者说,正如光明浸透一切、弥漫一切并发挥其作用于整个自然中,可是又不可被说成一种实体,但它却能将其自身分布于不同的事物中,使物类得呈现其形象,使清新空气从草木中沁

---

① Cf. Dieter Henrich, *Between Kant and Hegel*, p. 303.
② 参见席勒:《审美教育书简》,冯至、范大灿译,上海人民出版社 2003 年版,第 100 页。

发出来。同样，理性的理念也使人的感受（Empfindungen）的整个组织活跃起来，从而以它自己的特色，给予人的行为以影响，但它自己很少表露其原型，而其作用却作为一种精微的物质浸透一切，并且给予每一偏好（Neigungen）和冲动（Trieben）以一种特有的色彩。（Werke 1: 11）

黑格尔关于理性理念的观点受到卢梭和赫尔德等人对古希腊城邦生活的理想描绘的影响，也得益于其少年时代起对古希腊文化的熟稔。这种实体性的理性观念，以及理性与自然的关系与康德和近代理性主义的理性观、自然观大相径庭。我们都知道，康德对意志的规定根据问题的讨论是在近代机械自然观这一背景下提出的，在康德眼中，自然现象是符合机械因果律的条件序列，在自然的进程当中我们所能够知道的只是存在的东西，或者过去曾经存在的东西，或者将来要存在的东西（was da ist oder gewesen ist oder sein wird），而不可能在其中发现"应当"，也就是说，世界的自然进程本身无所谓应当与不应当，作为一种经验性的事实，其中不包含规范性的价值（KGS 3: 371；KrV: B575）。因此，在关于规范性问题的讨论中应该摒弃经验性原则，规范之为规范或应当之为应当不是由经验性或机械因果律决定的。在康德看来，"应当"是由理性无条件地颁布的一则"定言命令"（kategorisch Imperative），它是排除了感性和质料因素的纯粹理性的形式规定。我们会发现，在康德的定言命令和他的知性概念（即范畴，Kategorie）之间存在着一个明显的类比：范畴是使客体获得规定性的基本概念，它们在时间空间中所与的杂多那里创造了概念的统一性，建构了一种与使客体成为可能的规则相一致的联系。在康德那里，感性直观杂多不是具有真理性的知识，只有借助范畴的先天综合统一才能形成判断，从而我们的表象才具有认知意义，才有真假可言；与范畴在统一感性直观杂多时的情形相仿,定言命令同样是一种综合统一的功能,一种意志的统一性的功能,它将无规定的、杂多的和质料性的意愿(Wollen)或冲动先天地综合统一成一个有规定的意志(bestimmte Willen),因而人的意志和行动才具有了规范性的价值和道德意义,才有是非善恶可言。如果理性在理论领域的功能是将被给予的感性杂多整理(ordering)为客观知识,那么,作为道德理性,它同样可以在事先被给予的欲望和冲动的杂多中建立起秩序。在康德看来,作为逻辑规则和基本的存在论概念的理性无法达到的,可以通过作为主观心灵能力的理性来达到。[1]

康德的理性批判揭示了理性的绝对性和无条件性,规范只有当它是出自理性或者概念本身的规定而超出经验的、有条件的可能性时,才能成为具有普遍必然性的权威,也正是对于这一无条件的规范的意识才表明了人的自由存在。黑格尔对康德的这一洞见深表认同,所以他认为,我们在考察整个人及其生活的时候,就不应给人的感性、人的内部自然和对外部自然的依赖——对人所生活于其中的环境和他的感性偏好(Neigung)及盲目本能的依赖,予以优先的考虑,相反,"为了热爱善,正当地行使权利,不把德性的表现归于单纯瞬间的善的热情,而是出于自由的选择热爱它,就必须有一些原则(Grundsätze),需要我们的形而上学(Metaphysik)对我们的物理学(Physik)拥有优势,抽象的观念对感性的东西拥有优势。这时就会使人类达到更多由原则而不是感觉、更多由法律而不是个人进行统治的程度"(Werke 1: 81-82)。

可与康德不同的是,虽然黑格尔承认规范的构成是不依赖感性经验的,但是他并不认为作为一种理性法则的规范是与自然和人的感性经验

---

[1] Dieter Henrich, *The Unity of Reason: Essays on Kant's Philosophy*, edited by Richard L. Velkley, translated by Jeffrey Edwards (Cambridge, Massachusetts: Harvard University Press, 1994), p. 74.

相对立的,或者像康德所说的那样是外在于自然的一种主观理性的自我立法。相反,他将理性的理念比喻成渗透在菜肴里面的盐,理性自身是独立的、自在自为的根据,它赋予自然万物以其各自特有的形态(Gestalt),使得万事万物获得其本质规定。可它又不是一个完全外在于自然的实体,就像一盘烹饪得当的菜肴,你不会在其中找到整块未化的盐,因为理性像已经渗透到菜肴里的盐一样弥漫一切,发挥其作用于整个自然的不同事物当中,使它们的本性得到完善;同时也浸润在人的本性(Natur)里,不知不觉中使人的偏好和欲望自然地合乎规范。

和康德一样,黑格尔也试图将宗教的观念与理性的要求联系起来,把宗教看作一种实现和确证由理性赋予的权利的力量。但是,在黑格尔看来,只有当宗教浸润到个体的灵魂和民族的道德之中,只有当宗教存在于国家机构和社会实践当中,使人们的思维模式和行为动机感受到实践理性的律令并将之转化为一种第二天性时,上帝的观念才能获得这样一种力量。[①] "在每个人身上,自然都赋予了较优质的、从道德中生长出来的感受或情感(Empfindungen)的萌芽,除了将单纯的感性(Sinnlichkeit)赋予人以外,自然还赋予人以一种体认道德理想和更加远大的目标的感官(Sinn)。"(Werke 1: 15)因此,黑格尔一开始就不是在康德的主观理性的意义上来理解理性的,相反,理性表现为一种自身差异的同一,理性的法则实际上内在于自然和人的本性当中,甚至可以说,理性就是自然本身,理性法则不是知性反思的产物,反而构成了反思的存在论前提。虽然这时的黑格尔对自己与康德的差异并没有达到一种自觉的状态,但是他的思考起点已经明显不同于康德,这在黑格尔对康德道德哲学和道德宗教的发展以及日后对康德的二元论和主体主义的批判中表现得愈来愈

---

① Cf. Jürgen Habermas, *The Philosophical Discourse of Modernity*, p. 25.

明显。

在人的自然天性中培养这样一种与理性理念相吻合的形式冲动,是人民宗教(Volksreligion)的任务。作为一种公共宗教(öffentlicher Religion),人民宗教包含关于神的概念、灵魂不朽的概念以及其他与之相关的东西,它们构成了一个民族的信仰并影响一个民族的行为和思想方式。除此之外,人民宗教还具有这样一些手段,一方面可以用神、灵魂不朽等观念来教导民众,另一方面也可以使那些观念深入人心。它的效果不仅是使人们直接意识到,人不应该盗窃,因为这是上帝所禁止的,更在于它促成了民族精神(Geistes einer Nation)的提振,从而可以使得那些常常沉睡着的民族情感和尊严得以在灵魂里被唤醒(Werke 1: 12)。对于黑格尔来说,"精神"(Geist)之所以被强调,不仅仅因为它体现了一种超越个体存在的共同体的生活方式,更在于它与人的自然需要相关,它是历史地形成的,它通过政治制度以及宗教和艺术被引入到民族的共同生活当中,成为给人性赋予形式的一种力量;这个概念意味着它能够将一个民族的生命作为一个整体激发出来,促使人们将自身视为共同体中的一员,而不是一个私人或者没有任何规定性的原子化个体,使法则和规范成为一种自然。在黑格尔那里,人民宗教是与政治自由紧密相关的:在由人民宗教所凝聚的政治共同体中,人民不是由一群个人所组成的乌合之众,而是国家的法律、习俗和伦理最直接的肉身化,因此,作为人民,对国家法律的服从不是对自身之外的某个特殊的强制力量的屈服,而是对个人自身中所包含的普遍意志的服从和实现。就此而言,真正的现实的政治自由并不是以所有权为基础的现代国家中的个人自由,而恰恰是在人民宗教所形成的共属一体的精神中达到自由与自然、个人与国家的统一。①

---

① Cf. Franz Rosenzweig, *Hegel und der Staat*, hrsg. Frank Lachmann, S. 43-44.

民族精神是一种源初的精神性实在(an original spiritual reality),[1]人民宗教为一个民族规定它存在的方向,并且维持这一定向(orientation),它体现了共同体的一种内在目的(τέλος)。在这个意义上,民族精神对黑格尔来说意味着一个现实的和有机的生命体,即一个精神性的共同体(Gemeinschaft),而不是一个特殊的个体间通过相互授权、相互妥协达成契约而组成的机械性的社会(Gesellschaft)。[2] 在一个由原子化个体组成的社会中,这些特殊的经验性个体本身都是独立自存的、缺乏统一性的杂多,规范性对于它的成员来说也因此总是表现为一种对立状态,不管它的确立是通过主体间的契约还是通过一个更高的、强制性的意志自上而下地施加给它的成员,都无法改变这种规范的外在性和偶然性,因为规范在这里作为一种统一性和规定性,是外在于和对立于那些相互差异的、无规定的个体的,它是一个脱离了自身之自然的、知性反思的结果。而在一个合目的的有机整体中,每一个部分都是整体,它的成员不是作为无规定的杂多存在着,相反,在以人民宗教为基础的共同生活中,自然的必然性和他人的存在已经被融入每个公民的自身同一性当中去了,每一个特殊都从自身的合目的的自然中产生出普遍性,共同体被看作上帝或者绝对者在差异中的自我表现。[3]

所以,在共同体的公民身上,我们找不到纯粹动物性的欲望和冲动,每一个欲望和冲动都包含着一种规范性的自我理解,整个自然界并不被表现为一个仅仅遵循机械因果律的机械装置,而是一个以自身为根据和以自身为目的的规范性系统,并在民族共同体的宗教、制度、习俗、道德和

---

[1] Cf. Jean Hyppolite, *Introduction to Hegel's Philosophy of History*, translated by Bond Harris, Jacqueline Bouchard Spurlock (Gainesville: University Press of Florida, 1996), p. 7.
[2] 参见滕尼斯:《共同体与社会》,林荣远译,北京大学出版社 2010 年版,第 43 页及以下。
[3] Cf. Jean Hyppolite, *Introduction to Hegel's Philosophy of History*, p. 11.

艺术中成为一种规范性自然（normative nature）。恰如当代德国学者珀格勒所指出的那样，在由人民宗教所塑造的民族共同生活当中，外在于人的自然和内在于人的自然（偏好、欲求、希望）一样，都是一种第二天性或第二自然（zweite Natur），它们是在历史传统中建立起来的，这种自然不是自由的对立面，也不能被当作纯然无生命的、僵死的质料，相反，这种自然是通向自由的。① 在这里，"自然"（Natur）包含着实然（Sein）与应然（Sollen）相统一的意味。因此，在这个意义上，民族精神是启蒙理性主义道德的真正完成，②它构成了黑格尔形而上学的法哲学的前奏。③

黑格尔将古希腊的城邦宗教视作这种人民宗教的典范。在希腊人那里，一方面，神灵赏善罚恶的信仰建筑在理性的深刻道德需要上，理性却充满了活泼可爱的情感的温暖气息，而不是建立在从个别偶然的、历史的事件的信仰之上——将实现幸福和至善的希望寄托在对一个与人的自然需要和情感漠不相关的神灵的信仰上，而是依靠自己的力量，在自己的善良意愿和道德实践中来实现；另一方面，在希腊人看来，命运和必然性是盲目的，但是他们有意地去服从这种必然性，这样他们就较易于忍受自幼就习于看作必然性的东西，而且不幸事件所引起的痛苦和灾难也不会带来许多沉重的、不可忍受的忿怒、怨恨、不满，因为他们并不将命运的必然性看作一个外在的异己的神圣力量对自己的统治和支配，他们在命运的种种遭遇里没有被压迫和摆布的感觉，他们对命运之必然性的悲叹不会转化为一种对自身之渺小和有限性的自怜自艾，或者转化为对神的蔑视和愤怒的反抗。他们认为自己的本性与自然的必然性有着一种连续性，

---

① Otto Pöggeler, *Hegels Idee einer Phänomenologie des Geistes* (Freiburg/München: Verlag Karl Alber, 1973), S. 70.
② Cf. Jean Hyppolite, *Introduction to Hegel's Philosophy of History*, pp. 7–8.
③ Cf. Ludwig Siep, "Hegels Metaphysik der Sitten", *Praktische Philosophie im Deutschen Idealismus*, S. 184.

就像赫拉克利特所说的,"一个人的性格就是他的守护神(δαίμων)"①。我是什么样的人就决定了我必然禀受怎样的命运,命运与我自己的本性是一致的,并且这种必然性构成了他们自己的本性的一部分。所以,命运是盲目的,但却不是不可理喻的,"希腊人这种信仰一方面尊重自然必然性的流转过程,另一方面同时具有相信神灵是按照道德法则统治人的信念,所以神的崇高性在人面前显得是有人情味的,与人的弱点、对自然的依赖和有局限的眼界(eingeschränkten Gesichtskreis)是相匹配的"(Werke 1: 36)。

而且这种城邦宗教也培养起了希腊人作为一国之公民的品格,作为自由的人,希腊人服从他们自己建立的法律,服从他们自己推举出来的领袖,他们参加他们自己决定要进行的战争,放弃他们的财产、竭尽他们的热情、牺牲成千上万的生命为了这样一个事业,这个事业是他们自己的、共同的。希腊人的祖国观念是一种看不见的、较高的理想,他为了这个理想而工作,这个理想鼓舞着他们、激发着他们的情感和追求,这就是他在世界中的最终目的,或者说,他的世界的最终目的。在这个观念前面,他的个体性消失了,他所向往的只是这个观念的保持、生存和延续,而这些东西也是他本人能够促成其实现的(GW 1: 367-368)。他们不会觉得有必要突出自己的个体性的自由,因为自己在城邦中的位置与职责并不是一种异己的安排,规范性的根据和按照理性法则的要求去行动的动力恰恰根植于每个公民自己的本质当中;他们没有那种怀疑一切、否定一切的主体意识,但在城邦生活中他们的自由却得到了最完满的实现。黑格尔后来将这样一种如其本然地存在的自足状态,即法的神圣性和绝对性与个人的情感、偏好在民族的伦理生活中达到的和谐统一称为"在世界中就

---

① G. S. 基尔克等:《前苏格拉底哲学家——原文精选的批判史》,聂敏里译,华东师范大学出版社 2014 年版,第 314—315 页,译文有改动。

第一章 理性立法的悖论

是在家"(in die Welt zu Hause, Werke 7: §258)。

黑格尔早年如此强调希腊宗教的这样一种感性特质并非无的放矢，因为显然并不是所有的宗教类型都可以作为人民宗教发挥作用，而他主要批判的对象就是以自己在图宾根神学院学习期间的老师施托尔(Gottlob Christian Storr)为代表的新教正统派的启示神学。① 那时新兴的神学思想主张将基督的教诲中的某些内容解释成一种与人们的伦理经验和宗教共同体中的伦理生活相关的主观宗教，这就要求在那些基于历史性信仰的教会遗产中做出明确的区分，将基督的真实的伦理教诲与那些已经过时的学说区分开来，即将那些理性所能理解的、基督教的真实精神与那些基于历史偶然性的行为、非理性的奇迹和启示等等区别开来。然而，施托尔坚定地献身于"奥格斯堡信条"(Augsburg Confession)和"协和信条"(Formula of Concord)，坚持正统新教以《圣经》作为唯一权威的原则：《圣经》具有神圣的起源，因而也具有神圣的权威；我们只能严格按照《圣经》的字面来理解它的真理，必须以某种独断的观点或者教条化的方式来研读《圣经》正典，而不可以理性作为标准来批判《圣经》的权威性，这种解释又被称为"超自然主义"(supernaturalism)或独断论(dogmatics)，它反对对奇迹和信仰进行理性反思，而证明启示(revelation)的必然性和真理性。②

黑格尔从一些自由派的神学家，尤其是在 1770 年前后盛行的泽姆勒(Johann Salomo Semler)的神学那里借用了一个区分方式。根据他们的看

---

① 要了解黑格尔就读时期图宾根神学院的主要哲学-神学论争，可以参看 Dieter Henrich, "Philosophisch-theologische Problemlagen im Tübinger Stift zur Studentzeit Hegels, Hölderlins und Schellings", *Konstellationen: Probleme und Debatten am Ursprung der idealistischen Philosophie (1789—1795)*, S. 171-214。
② Cf. Laurence Dickey, *Hegel: Religion, Economics, and the Politics of Spirit, 1770—1807*, pp. 157-158; see also Rudolf Haym, *Hegel und seine Zeit*, S. 29.

法,存在着两种形态的宗教:私人的宗教(private religion)和实定的宗教(positive religion),前者以世界的道德图景来完满个人的生命,而后者则与道德原理不是那么密不可分。① 在一般的理解中,positive 包含有"积极的""肯定的"或者"实证的"等含义,但是我们不难发现,在 positiven Religion 这个概念里,positive 是一个明显带有贬义的词汇。从词源上来看,positive 来自 positum,它是拉丁文动词 ponere(放置、摆放、设置)的被动完成式,它对应于古希腊语的动词τίθημι。当我们说一个论题(These)是一个被提出的陈述或被设定的立场时,任何人都可以对它进行否定。所以 positive 最初指某种被断言或被设定的东西,它主要区别于那些以自身为依据的或者顺乎自然、本然如此的东西(φύσει)。比如在法律的领域,我们通常所说的"实证法"(positive Recht)就是由一个立法权威制定的那些法律法规所构成的。相反,自然法或理性法(Natur- oder Vernunftrecht)则是某种以自身为依据的法律,也就是说它仅仅通过自身就可以被理解,不需要通过某种立法行动来获得其有效性。与此相仿,在启蒙的语境中,"实定宗教"(positiven Religion)包含着某种被设定、被断言,或者被人为添加的含义,它缺乏必要的和充足的内在根据,因而必须被带到理性的法庭上来证明其自身的正当性。② 由此进一步引申,所谓的"实定宗教"就其一般意义来说主要指现行的宗教,与自然的宗教和理性的宗教相对而言,这种宗教的实定性或肯定性(Positivität)③在于强调它曾经在某时某

---

① Dieter Henrich, *Between Kant and Hegel*, p. 303.
② Cf. Thomas Sören Hoffman, *Georg Wilhelm Friedrich Hegel: Eine Propädeutik*, S. 87–89.
③ 不论将 Positivität 这个概念译成"肯定性""权威性""外立性"还是"实证性",都不足以表达它在黑格尔那里的意义,因为黑格尔用 Positivität 表达了明显的否定和消极的意思,另外还有现成的、固化的和缺乏生命力的意味,所以我们认为在此将它译为"实定性"比较妥当。薛华先生在《青年黑格尔对基督教的批判——论基督教的"实定性"》一文中也已经充分说明了将 Positivität 这个概念译成"实定性"的原因,我们在此赞同并使用薛先生的译法,参见薛华:《黑格尔、哈贝马斯与自由意识》,中国法制出版社 2008 年版。

地是有效的,但现在它的内容却只是以教条(dogmatic)或者独断的形式表现出来;"从这些社会组织中,其生成及可变性的精神已经消失"[1],它的各种规定和要求与人的现实生活相脱节,是人的理性所不能理解的东西,因而失去了这种宗教在它的历史情境中所具有的现实性或真实性。正是由于这种现实性的丧失,使得宗教信条不再是由主体从自身产生出来的,而变成了某种被给予人们的、外在的命令,并且要求人们的顺从。[2] 因此,在许多方面,实定宗教是多余的,甚至是有害的,这种意义上的实定宗教也被黑格尔称为"客观宗教"(objektive Religion)。

黑格尔之所以批评客观宗教,是因为这种宗教将那些历史上曾经发挥过作用的、活生生的宗教,以一种知性和记忆的方式把它们的要素作为历史性的知识保留下来,而不再对人的道德情感和日常生活有任何触动,这种宗教也由此而失去了它的现实性。因此,严格说来,客观宗教是一种失去了宗教精神而变得不自然的宗教,所以黑格尔认为它不能算是真正的宗教,而只是神学而已。在黑格尔看来,"宗教不仅只是历史性的或者理性化的知识,而是一种令我们的心灵感兴趣,并深深地影响我们的情感和规定我们的意志的东西。一方面因为我们的道德义务和法则从宗教那里获得一强有力的敬畏之情,从而被我们看作神圣的义务和法则;另一方面因为上帝的崇高性和至善的观念使我们内心充满仰慕之意以及谦卑和感恩的情感"(Werke 1: 11-12)。黑格尔将这种与人的心灵和情感相关,并融入人的意志、生活和行动当中去,具有现实性的宗教称为"主观宗教"(subjektive Religion)。

---

[1] 转引自宋祖良:《青年黑格尔的哲学思想》,湖南教育出版社 1989 年版,第 32—33 页。
[2] Cf. Klaus Düsing, *Das Problem der Subjektivität in Hegels Logik: systematische und entwicklungsgeschichtliche Untersuchungen zum Prinzip des Idealismus und zur Dialektik* (Bonn: Bouvier Verlag, 1995), S. 40.

黑格尔通过下面这个形象的比喻来说明主观宗教和客观宗教的不同之处：

> 主观宗教是活生生的，在人的内心本质起作用，在他的外部活动有影响。主观宗教是某种个体的东西，客观宗教则是抽象的东西。前者代表活生生的自然之书，花草、昆虫、鸟、兽，彼此一体，都好像互为对方而生活似的，各自生存着，各自享受着，彼此混杂着，人们到处可以看见万类共存的现象。反之，客观的宗教是自然教师的标本室，这位教师把昆虫弄死了，使花草枯萎了，动物则已被他加工制成标本或者被保存在酒精瓶内，——这就是把自然分离开来的东西排列在一起，而且只是按照一个目的来排列，——至于自然，则是把目的的无限多样性混编成一个友谊的纽带。（Werke 1: 14）

黑格尔将主观宗教比作"活生生的自然之书"（das lebendige Buch der Natur），自然是一个万物并存、浑然一体的有机整体，它自身具有一种永恒而客观的秩序，自然界中的事物彼此相互依赖、将彼此的存在作为自身存在的条件，自然的无限多样性自发地形成一个以自身为目的、自身规范的统一体。所以，真正的宗教就应该像大自然一样，从人的整全存在出发，将人的本性塑造成一种对理性法则具有感受性并趋向这个伟大目标的存在，使人类的自然天性在他们的共同生活的各种形式中转变成具有规范性的精神性自然；主观宗教的重要意义就在于实现了自然与自由、理性与感性的统一，恢复了人的内在的统一性。与之相反，客观宗教就像自然教师的标本室（das Kabinett des Naturlehrers），它将万事万物从它们的统一整体中割裂开来，将无限多样性的统一变成彼此外在的、毫无关联的绝对的杂多，而自然教师要把这些僵死的、零散的杂多按照自己的目的来排列,重新赋予它们以秩序,可是这种秩序是完全外在的,它将自然本身的内在合目的性变成了由一个异己存在强加的外在的合目的性;客观宗教就是这样一种对自然的知性分裂,自然本身被看作无目的、无规范的杂多,而目的和秩序是人或者异己的上帝通过一种外在的方式强加上去的,人的自我异化和在世界中的疏离感被客观宗教进一步加强了。

作为这种主观宗教的先驱,卢梭在《萨瓦牧师的信仰自白》(*La Profession de foi du vicaire savoyard, Emile ou De l'éducation, Livre IV*, 1762)中就已经以难得一见的冷静和清晰向人们表明,宗教的根源在于当下的情感和良知,而绝不是启示、传统或者其他任何外部的权威。"良心呀!良心!你是圣洁的本能,永不消逝的天国的声音。是你在妥妥当当地引导一个虽然是蒙昧无知然而是聪明和自由的人,是你在不差不错地判断善恶,使人形同上帝!是你使人的天性善良和行为合乎道德。没有你,我就感觉不到我身上有优于禽兽的地方;没有你,我就只能按我没有条理的见解和没有准绳的理智可悲地做了一桩错事又一桩错事。"[①]在卢梭看来,认识上帝的唯一道路就是通过良心的指引,而这也是一切宗教真理的关键所在。对于人们在信奉宗教时最为根本的东西来说,那些所谓的启示和任何一种关于信仰的理论知识都是多余甚至有害的。因为只有当宗教的神圣性内化为我们自身的道德情感和道德良知,才能体现人之为人的本性,才能从根本上证成人的自由和尊严。

与卢梭在《爱弥儿》、莱辛在《智者纳旦》(*Nathan Der Weise*, 1778)、门德尔松在《耶路撒冷或论宗教的力量与犹太教》(*Jerusalem oder über religiöse Macht und Judenthum*, 1783)以及康德在《实践理性批判》中所倡导的理性宗教和道德宗教学说一样,黑格尔认为,正统基督教的独断神学

---

① 卢梭:《爱弥儿》(下卷),李平沤译,商务印书馆2009年版,第417页。

业已失去了它的正当性,宗教只有在与普遍理性相一致并且能够促进人的道德时才有其存在的意义:"宗教的作用是借作为道德立法者(moralischem Gesetzgeber)的神的观念来加强伦理动力(Triebfedern),并从实践理性给我们确立的终极目的、从至善方面满足我们这种实践理性的课题。"(Werke 1: 88)"宗教提供着道德和道德动因以一种新的崇高的振奋,并给予感性冲动的势力以一种新的强烈的阻碍。在感性的人们那里,宗教也是感性的。所以为了能够对感性起作用,宗教上做善事的动力也必须是感性的。这样一来,宗教动力诚然丧失了它们具有的尊严,因为它们变成了道德的动力(moralische Triebfedern),可是由于这样,它们就获得了一种人的形象(menschliches Ansehen),并使得自己适合于我们的感觉或情感,以至我们的心情被美妙的宗教幻想所吸引而感到兴奋。"(Werke 1: 12)

所以,真正的宗教是一种主观宗教和伦理宗教,它以共同体的生活这样一种非反思的方式将神圣的理性法则内化于人的自然情感和直觉当中,在神性与人性之间架起了可以沟通的桥梁。这一方面批判了建立在奇迹、盲信和独断教义基础上的非理性宗教,与启蒙的理性与自由精神相一致,另一方面又克服了将行动规范的根源置于人的本性而不再是上帝之中这一启蒙规划所导致的个人主义、相对主义和虚无主义等弊端。与此相反,客观宗教和知性反思一样,不仅破坏了人的整全生命,造成了人自身的分裂,同时也损害了宗教本身的伦理意义。因此,如何将基督教从客观宗教转变为一种主观宗教,就成了黑格尔伯尔尼时期神学著作的一个主要问题。[1]

三、 对康德实践理性公设学说的接受

卢梭和雅各比等人对启蒙知性的批判和对道德生活的情感面的捍

---

[1] Cf. Georg Lukács, *The Young Hegel*, p. 10.

卫,将黑格尔从启蒙主义的狭隘性和知性反思的锁链中解放出来,但却是康德的自律(Autonomie)概念让黑格尔看到了"在德意志大地上出现一场革命"的希望。① 尽管在图宾根求学期间以及之后的伯尔尼时期,黑格尔对康德的先验哲学的基本立场表现得漫不经心,我们在这一时期的著作中几乎找不出一句话,足以证明他曾经对《纯粹理性批判》或者康德的理论哲学做过专门的研究,但是,康德的《实践理性批判》却一直是黑格尔所感兴趣的重要文本,②他想借用康德的实践理性公设学说来完善自己早年在阅读卢梭、孟德斯鸠和赫尔德等人的著作时形成的关于人民宗教的理想。③ 当他试图对康德的实践哲学和宗教哲学达到一个更为清晰明确的把握时,他并不认为有必要以一种科学的方式去深究批判哲学的前提。④尽管黑格尔最初的思考并不是遵循康德在《实践理性批判》和《纯然理性限度内的宗教》(*Die Religion innerhalb der Grenzen der bloßen Vernunft*, 1793)这两部著作中提出的方案,即试图从道德来引出宗教存在的必要性和正当性;相反,黑格尔将宗教看作人的生命的一种更为具体而鲜活的表达,它比道德主义和启蒙理性主义的抽象人性远为丰富。⑤ 但是,在对客观宗教的批判和与基督教"实定性"的斗争方面,黑格尔很快就从康德的道德宗教理论中找到了可以凭借的资源,欲将康德的理性学说与自己心中的希腊理想结合起来。⑥

尽管作为一位坚定的理性主义者和启蒙思想家,康德本人并不是一

---

① Johannes Hoffmeister hrsg., *Briefe von und an Hegel*, Band 1, S. 23.
② Cf. Georg Lukács, *The Young Hegel*, pp. 5-6.
③ Cf. Franz Rosenzweig, *Hegel und der Staat*, S. 45-46.
④ Cf. André Wylleman, "Driven forth to Science", *Hegel on the Ethical Life, Religion and Philosophy (1793-1807)*, ed. A. Wylleman (Leuven: Leuven University Press, 1989), pp. 2-3.
⑤ Jean Hyppolite, *Introduction to Hegel's Philosophy of History*, p. 10.
⑥ Panajotis Kondylis, *Die Entstehung der Dialektik: Eine Analyse der geistigen Entwicklung von Hölderlin, Schelling und Hegel bis 1802* (Stuttgart: Klett-Cotta, 1979), S. 236.

个虔敬的基督徒,但他关于宗教与信仰的理性论证却深深地影响和塑造着身处自然科学时代的人们对这一问题的基本看法。不同于法国人的热烈和英国人的机智,康德身上体现了德国人所特有的深沉和冷静,也正是他深沉而冷静的理性批判成为"砍掉了自然神论头颅的大刀"[1],使得任何非理性的信仰和对神的现实性的证明在今天这个时代变得不再具有正当性。不过,与伏尔泰和休谟这些激烈反宗教的英法启蒙思想家不同,康德的道德论证延续了德国启蒙运动试图调和理性与信仰的努力,在他看来,宗教和信仰并不是出于某种实用的考虑,也不是人类愚昧无知的产物,而是关乎理性特有的尊严。理性与信仰只有在人作为道德存在者的意志和行动之中才能得到最终的统一。

因此,与我们今天对道德哲学的一般认识不同,康德的伦理学不仅仅关心如何证明实践法则的普遍有效性及其内在根据的问题,而且包含着一个更为根本性的目标,即关于所谓"道德世界观"(moralische Weltanschauung)[2]的讨论。在康德那里,关乎"至善"(summum bonum/das höchste Gut)问题的宗教哲学实际上构成了其伦理学的一个有机组成部分。因为理性的自我立法不仅仅涉及人的道德自律,而且更为重要的是它同时预设了一个合乎道德法则的世界图景,一方面,这一整体性的世界图景印证了道德行动的合理性,而另一方面,理性行动者也可以通过这样一种理性信仰来促进自己的道德行动,使自己的意向自发地合乎道德法则的要求,这种关于道德世界观的构想被康德称为"实践理性的公设"(die Postulate der praktischen Vernunft)。

康德的实践理性公设学说为理解宗教的本质提供了一个全新的视

---

[1] 海涅:《论德国宗教和哲学的历史》,《海涅选集》,人民文学出版社 1984 年版,第 292 页。
[2] Cf. Richard Kroner, *Kant's Weltanschauung* (Chicago: University of Chicago Press, 1956), pp. 108-118.

角,它的基础在于康德发展出来的一种新的理性观,在他的道德哲学中,这一理性观念是自由概念的先决条件:理性自身产生的规则使关于对象的知识得以可能,也使得关于无条件者的思想形式得以可能。理性的原则不但不依赖于经验性要素,而且在其实践运用中,理性自身就是实践的,即就其自身而言有权利要求成为现实。如果我们的自由只停留在一种先验自由或者消极自由的层面,那么我们所有的道德经验和立法行动都是无法理解的,因为它们都必须以人作为现实的自由存在者为前提。我们对于道德法则的直接意识表明我们在现实中也是自由的,我们把自己设想为一个生活在现象界中但能够按照无条件的理性法则来行动的理性存在者。根据康德的想法,如果人仅仅是顺应自然因果性法则的存在者,那么,除了自利之外人根本不可能有道德和自由。可实际上却总有人能够杀身成仁、舍生取义,为了道德而不惜牺牲生命、抗拒自然的因果必然性;即便人们并不总是能够按照道德的"应当"来行动,但道德意识本身已经表明了人的自由。我们的道德意识作为一种理性事实,必然先天地包含着对事物的理知秩序(intelligibelen Ordnung der Dinge, KGS 5:42),即一个按照自由的因果性或者说按照道德律来运转的理知世界的洞见。换言之,康德试图从主观理性出发,通过对主体的理性统一性的阐明,来完成对世界的合乎理性的统一性的构造。

　　康德的理性观为我们提供了一幅全新的世界图景,这是一幅道德的世界图景(moral image of the world),它完全不同于受制于机械因果律的自然世界。作为一个具有道德意识的理性存在者,我们虽然生活在经验世界中,必然受到自然法则的支配,但是作为一个理知世界的公民,我们完全可以自由地按照道德法则来行动,自然的因果性和自由的因果性并不冲突。因为恰如亨利希所言,在康德那里,"自由是一种因果性,它不仅决定属于理知世界的法则,也决定那些其结果在感性世界中被认识的行动。除非我们谈及理知世界和感性世界,否则我们无法谈及自由。这种自由的本性有双重面向。它既是一个洞见原则,又是一个实际联结的原则"①。一方面道德意识包含了我们对一个并非由机械因果律所规定的道德世界的洞见,另一方面这一洞见又反过来成为人们实际行动的道德动因,在这一出于理性自律的道德行动中使世界按照道德法则或自由的因果性联结起来。在这一道德洞见中,事物的理知秩序或者超感性自然就我们对它能够形成一个概念而言,无非就是一个在纯粹实践理性的自律之下的自然(eine Natur unter der Autonomie der reinen praktischen Vernunft)(KGS 5: 43)。

> 这种自律法则就是道德法则,因而它就是一个超感性自然和一个纯粹知性世界(reinen Verstandeswelt)的基本法则,这个世界的倒影应当实存于感官世界中,但同时并不损害感官世界的法则。人们可以把前者称为我们仅仅在理性中才认识的原型世界(urbildliche, natura archetypa),而后者由于包含着前一个世界的理念作为意志的规定根据可能有的结果,可以称为摹本世界(nachgebildete, natura ectypa)。因为事实上,道德法则按照理念把我们置于这样一个自然中,在它里面,纯粹理性如果伴有与它相适合的物理能力,就会产生出至善来,而且道德法则还规定着我们的意志,去把这种形式赋予作为理性存在者之整体的感官世界。(KGS 5: 43)

自由的因果性法则在思辨理性那里只具有消极的意义,在理性的认识活动中我们根本无法从正面来肯定自由的现实性,甚至对它的可能性

---

① Dieter Henrich, *Between Kant and Hegel*, p. 58.

都无从断定,我们能够得到的只是关于自由的纯然幻相(KGS 3: 377; KrV B: 585-586),因而对自由这个先验理念的设定,只是理性的一个调节性原则。然而,在理性的实践应用中,康德通过理性存在者对道德法则的直接意识以及由此产生的道德行动,使自由的因果性法则获得了存在论上的客观实在性(objektive Realität)。

虽然康德无意于发展出一种道德实在论的主张,但是理性公设的存在论后果却是非常明显的。尽管对理知世界的实在性我们无从判断,可作为理性的调节性理念它又必须被设想为仿佛(als ob)是客观存在的现实,它的存在在理性自身内有充足的根据,如果缺少这个必要的悬设,现实世界将会变得不可理解。道德法则的有效性依赖于一个可设想的按照道德法则运作的道德世界,作为原型或者范本,它促使身处感性世界(作为摹本的现象界)的行动者朝向这个理想无限接近并按照这个规范性理想来使自己的意志与行动合理化。通过理性事实学说,康德试图向我们表明理性自己就有能力在主体内建构起世界的合规范的统一,概念的秩序与事物的秩序在理性行动者自身的道德意识和出于这种道德意识的行动中是彼此一致的。①

对于这种道德秩序我们无法获得理性的证据,即它无法被我们的理论知识所证明,我们所观察到的经验事实都是遵循机械因果律的条件序列,在其中找不到无条件的道德法则。可是我们不能因此就认为我们应该相信世界的合理性是按照理性算计,而不是按照道德法则得出来的。因为这种信念会产生康德所谓的道德悖论:"如果神(作为道德秩序的中心)不存在,那么只有恶棍算得上是合乎理性的,而正直的人简直就是疯

---

① Cf. Bernhard Lypp, "Über die Wurzeln dialektischer Begriffsbildung in Hegels Kritik an Kants Ethik", *Seminar: Dialektik in der Philosophie Hegels*, hrsg. Rolf-Peter Horstmann (Frankfurt a. M.: Suhrkamp, 1978), S. 295.

子。"如果除了计算利弊得失的理性(自然规律)以外,不存在另一种合理性模式(道德秩序),那么道德的视角将成为一种幻觉。① 因此,自由的因果性、灵魂不朽和一个由上帝按照无条件的实践理性法则来支配的道德世界的公设(Postulate)作为一种程序性的道德实在论(procedural moral realism)而非实质性的道德实在论(substantial moral realism),②对于一个理性的和道德的人来说就是必不可少的了。只有在对这些出于理性自身之需要的公设的信仰中,人的道德完善性和德福一致才是可能的。而且,虽然人们都有对道德法则的意识,但人并不总是能够出于义务来行动,相反,人们常常出于各种并非由道德法则所规定的善好来行动,人们对于自利的偏好常常会凌驾于道德法则的要求之上。所以,我们必须将道德法则设想成来自作为最高立法者的上帝的诫命(KGS 6: 99)。对上帝的权威的敬畏实际上体现了我们对道德法则的神圣性的尊重,只有借助上帝的权威性,才能在我们的心中培养起对法则的尊重这样一种道德情感(moralische Gefühl),增强我们的道德动力(Triebfedern),使我们的意向倾向于合乎道德法则。

理性将所有对幸福的追求置于与理性秩序相一致的条件之下。道德配享幸福对我们的行动来说能够发挥激励伦理动机的作用,那是因为我们相信存在着一个关于世界的神圣秩序,③理性法则只有在道德信仰中才获得义务或者规范性的力量。但反过来说,这个信仰作为一个确信而不是自我欺骗,又必须是一个已经存在的道德信念的结果,只有当某人接受

---

① Cf. Dieter Henrich, "Historische Voraussetzungen von Hegels System", *Hegel im Kontext*, S. 46; Dieter Henrich, "The Moral Image of the World", *Aesthetic Judgment and the Moral Image of the World* (Stanford: Stanford University Press, 1992), p. 12.
② Cf. Christine M. Korsgaard, *The Sources of Normativity* (Cambridge: Cambridge University Press, 1996), pp. 35ff.
③ Cf. Dieter Henrich, "The Concept of Moral Insight and Kant's Doctrine of the Fact of Reason", *The Unity of Reason*, p. 79.

了关于善的义务时,这个道德信仰才具有存在的正当性。唯有当道德要求是出自自足的理性自身或者主体性自身,而不是出自历史的、偶然的和非理性的因素时,它才是真实的。道德信仰不是道德律的基础,相反,只有意识到道德义务的真实存在,道德洞见才能由于它的存在论性质和出于实践的理由而被接受为一个理论悬设。所以康德说,道德不可避免地要导致宗教(KGS 6:6)。宗教哲学实际上构成了康德道德哲学不可或缺的一部分,但是宗教存在的正当性是以人的自由和道德为目的才得以确立的,一切都必须最终从属于自由。正如海姆所言,康德的理性自律实际上完成了一场更为深刻的哲学的哥白尼革命:不仅道德不能以自然为根据,而且自然本身必须符合道德法则。作为客体的整个世界围绕着以伦理自由为根据的主体来运动,而这个主体被塑造成一个富有活力的中心,一个理念王国在其中通过理性主体的自我立法而被当成显象的王国构想出来。由此,康德就将理念世界和历史世界直接置于道德主义的图式之下。①

如果我们再回过头来想想施托尔的学说就会发现,还有什么样的对立会比施托尔对《圣经》的神圣权威的坚持与康德的理性自律原则之间的对立更加剧烈和引人注目呢?因此,身为图宾根神学院学生的黑格尔援引康德的实践理性公设学说来反对自己的老师施托尔的启示神学就显得再自然不过了②:"须知宗教乃是心(Herzen)的事情,它之所以令人感兴趣,乃由于实践理性的需要,因此显然可见,在宗教和神学那里是不同的精神力量分别起着作用,而且宗教和神学两者又要求具备不同的心灵

---

① Rudolf Haym, *Hegel und seine Zeit*, S. 129.
② Cf. Dieter Henrich, "Philosophisch-theologische Problemlagen im Tübinger Stift zur Studentzeit Hegels, Hölderlins und Schellings", *Konstellationen: Probleme und Debatten am Ursprung der idealistischen Philosophie* (1789–1795), S. 188; see also Rudolf Haym, *Hegel und seine Zeit*, S. 30.

(Gemüt)方面的条件。为了希望至善(höchste Gut)中的一个组成部分能够得到实现,就要求我们尽义务,而为了希望整个至善得以实现,实践理性就要求信仰上帝,信仰灵魂不朽。"(Werke 1: 17)康德已经意识到了,道德法则的有效性必须以上帝担保下的道德世界这样一个存在论的根据为前提,每一个道德判断中都预设了一个按照理性的自由的因果性来运作的世界的存在。对于康德来说,宗教为我们提供了一幅充满了上帝的公正、灵魂的不朽、道德法则的实行和德福一致的美好的道德世界图景,正是这种反思的实在论作为道德意识的一种反馈①使得实践理性法则(即自由的因果性)的客观有效性得到了一个不可或缺的存在论基础;这个世界存在于我们的希望中而不是现实中,但这种希望又是理性自身必然的要求,而且作为一种逻辑上的必然性,它是每一个理性存在者不可避免地要去设想的。套用康德的话说,道德世界是道德法则的存在根据,而道德法则是道德世界的认识根据,这个结构可以称为"康德道德形而上学的释义学循环",康德的公设学说所讨论的就是这个循环的二重结构,正是自由理念作为道德法则的存在根据,人才得以先验地自我立法。同时,正是由于道德法则是自由的认识根据,人才得以认识到人有自由这个事实;道德法则的内涵(配享幸福)要求上帝所担保的道德世界的存在,所以上帝的存在和道德法则的有效性也适用于这个循环结构。②

起初,黑格尔几乎完全无批判地接受了康德的实践理性公设学说。③他希望将这一理论的丰富性用于实现自己关于人民宗教的理想,并且将

---

① Dieter Henrich, *Between Kant and Hegel*, pp. 51ff.
② 参见赖贤宗:《康德、费希特和青年黑格尔论伦理神学》,桂冠图书股份有限公司1998年版,第23—24页。
③ Cf. Klaus Düsing, "The Reception of Kant's Doctrine of Postulates in Schelling's and Hegel's Early Philosophical Projects", *The Emergence of German Idealism*, ed. Michael Baur and Daniel O. Dahlstrom (Washington D. C.: The Catholic University of American Press, 1999), pp. 216ff.

第一章　理性立法的悖论

它引入主观宗教与客观宗教之关系的讨论中,借此批判施托尔等人的客观宗教,反对利用启示的必然性来对《圣经》进行独断的解释,在此基础上将基督教改造为一种与人的理性和伦理经验相容的主观宗教。因此,这时的黑格尔不再像之前那样将古代精神与现代精神、人民宗教与基督教作为两个完全封闭的世界对立起来,而是从历史发展的角度指出,基督教并非一开始就是一种实定宗教,相反,黑格尔认为基督教的开端恰恰代表了理性宗教的兴起,它的出现正是为了对抗犹太教僵死的实定性。所以,早期的基督教应该作为一种康德式的道德宗教来认识。① 对于黑格尔来说,同样也对于康德来说,实践理性公设学说并不是科学的和形而上学的,即与其说它是一种客观知识,毋宁说它属于道德宗教的一个必然的组成部分。与图宾根神学家们的独断宗教形成鲜明对照,这种道德宗教在黑格尔看来才是一种真正活生生的、主观的宗教。宗教只有与人的道德感和理性需要联系起来才能获得其存在的充足理由,而宗教存在的目的也在于通过对一个超绝的至高存在者的意识来增强我们对道德的崇高性和绝对必然性的意识,这种崇高性触动到我们的道德情感、增强我们的道德动力,从而促使我们将自身逐渐塑造成一个按照道德法则来规定自己行动动机的道德存在者。"上帝的概念,作为一个转回到它自身(崇拜上帝实是自身回复)(an ihn sich zu wenden)的概念,已经是一个道德的概念,这就是说,它已经超出了感官看得见的特定秩序,而暗示着有了一种更高的、追求更伟大的目的的意识了。"(Werke 1: 18)一切关于上帝的审判、赏罚、恩典、天意、德福一致和灵魂不朽等宗教意象和宗教幻想只能归结为人们的理性可以理解的明晰概念,必须与人的道德情感和道德意识相符合。如果仅仅将恩典、惩罚和奇迹

---

① Cf. Franz Rosenzweig, *Hegel und der Staat*, S. 60–61.

统统理解为上帝那不可揣度的意旨和神秘力量的表现,而不是出于理性自身的要求和人们通过自身的道德实践产生的结果,那么对上帝的信仰就会变成对一种自然必然性和外在的异己力量的屈从,宗教会演变为一种非理性的偶像崇拜。

黑格尔反对对《圣经》做超自然主义的解释,试图将耶稣塑造成一个理性宗教和道德宗教的创始人。他指出,耶稣的宗教本身并不是一种客观宗教,耶稣本人并不是一个实定宗教的教主,相反,他希望通过唤醒那内在于人类天性当中的道德感(Sinn für Moralität)来反抗犹太教僵化的严苛的律法主义传统,这种从人的自然天性中发展出来的道德意向(die moralische Gesinnung)并不是取消了律法,而恰恰是律法本身的完成(das complementum der Gesetze, GW 1: 309)。虽然耶稣从某一方面接受对于什么是上帝的意志、什么是义务的信仰和认识这一实定性原则,将这个原则看作神圣的,并使它成为信仰的基础,但是他认为信仰中本质的东西是道德的命令,而不是命令规定的仪式节文,也不是信仰中多少表现出来的作为诫命的教义(GW 1: 288)。可是,正如犹太人把祭祀、仪式和强迫性的信仰认作宗教的本质,耶稣的信徒们同样认为宗教的本质在于空口说教、外表的行为、内心的感情和历史性的信仰。这条相信个人的奇迹和权威以达到道德的迂回路线,使得对上帝及其意志的知识成为道德法则的根据,这样一来,人们的道德行动就不再是遵循理性自身的命令,而变成了对上帝的诫命的服从和对耶稣教训的严格遵守。耶稣的这些言行在当时的具体的社会历史环境下有其现实性,可是他的信徒却将他的言行教条化,以为信仰耶稣本人、按照他的教诲和要求去行动就是通达上帝的旨意,是使人获得恩典与幸福的途径。他们不相信自己的力量,认为仅仅凭借自身的本质不足以获得完满的存在,因此需要借助一个异己力量的指导、按照一种自己的理性无法理解的要求来行动才是道德的。道德教训本身现在也成了实定的,也就是说,它不是就其本身而言,而是作为耶稣的命令才被当作义务性的,因而它们就失掉了道德教训的必然性的内在标准,并且被放在与其他每一实定的、特殊的命令,与基于环境或单纯的谨慎而提出的每一外在安排(Anordnung)同等水平之上(GW 1: 297)。

在一种实定宗教中,法则具有无法消解的外在性,人不是自由地服从于自己为自己立的法,他无法凭借自身的力量来认识和实践道德,因而将人与上帝的关系转化为一种奴隶与主人的关系,将道德变成一种他律(Heteronomie),即屈从于并非来自我们自身而是超出我们自身之外的法则。黑格尔认为,基督宗教的这种实定性直接损害了道德的尊严,因为道德是独立自存的(selbstständig)、不承认自身以外的任何基础的,并且只有通过以自身为根据才能获得自身的完满(GW 1: 291-292)。客观宗教对启示的辩护和对《圣经》文本的权威性的坚持,不啻为将道德性(Moralität)再一次变成了形式主义的合法条性(Legalität)。因此,从实践理性的观点来看,实定宗教就是这样一种基于权威而非人的理性和良知的宗教,它把人当作无知的孩子来对待,将一种不能为人的理性所理解的权威外在地施加到人身上。实定宗教让上帝成为主人,让人成为奴隶,并且以各种手段培养他安于做奴隶的感觉。限制与权威在此是与自由对立的,那种不以人的理性为基础的权威只能与历史的、偶然的事实联系在一起,而不是以自身为根据的。

黑格尔在《基督教的实定性》手稿(*Die Positivität der christlichen Religion*, 1795-1796)中对犹太教和基督教的实定性所做的批判,基本上就是康德《纯然理性限度内的宗教》一书第四部分"论善的原则统治下的事奉和伪事奉,或论宗教与教权制"的翻版,其中充满了康德哲学的术语和精神。在与康德哲学的相遇中,黑格尔俨然使自己变成了一个坚定的康德主义者。因为他在康德的道德哲学和道德宗教中看到了将自己早年所有的理想统一在一起的可能性,而这次相遇的最重要的产物就是《耶稣传》(*Das Leben Jesu*,1795)。诚如狄尔泰所说,"《耶稣传》具有实践的目的,并服务于实现他的'人民宗教'。基督的教义被改造为康德的道德信仰,而基督的榜样应当向这种理性信仰转达热情和力量"①。这部手稿是以康德《纯然理性限度内的宗教》一书的第三部分即"善的原则对恶的原则的胜利与上帝之国在尘世的建立"为指导写成的。在这部手稿中,黑格尔让耶稣化身为康德道德哲学的宣传者,使他以一位道德教师的形象来反对犹太教严苛的律法世界:通过每个人内在的道德自律和对作为最高立法者的上帝的信仰,使人们走出伦理的自然状态,成为伦理共同体的一员,以此克服作为一种客观宗教的基督教与人的理性、自由和内在情感的疏离,将历史性的信仰转化为纯粹理性的信仰,将基督教改造为一种希腊式的人民宗教和主观宗教,在一个无形的教会中实现尘世间的至善。②

在这一时期,黑格尔认为基督教之所以会变成一种客观宗教和实定宗教,是因为人们将历史性的信仰和外在的合法条性(Legalität)而非内在的道德性(Moralität)当作实现至善的途径。所以,在黑格尔看来,康德对个体的理性和良知的强调以及在此基础上建立的纯粹理性信仰,是成功改造基督教,调和个人自由与立法的神圣性,进而在国家中实现一种希腊城邦式的和谐的关键。可以说,黑格尔此时的分析并没有离开康德的道德哲学和理性宗教学说,更谈不上对康德哲学的批判。他和康德一样将客体的权威性交还给主体;他从不怀疑定言命令是自由的最终理解,以理性驾驭动物性的激情和欲望是实现自由的首要前提;只不过更为完满的

---

① Wilhelm Dilthey, *Die Jugendgeschichte Hegels*, S. 19.
② Cf. Laurence Dickey, *Hegel: Religion, Economics, and the Politics of Spirit, 1770–1807*, pp. 165–171.

人性要求理性与感性的统一,康德的道德宗教对这个任务也给出了令黑格尔颇为满意的回答。因此,这时的黑格尔根本不认为有必要发展任何形而上学计划,他对《纯粹理性批判》和其他体系哲学缺乏兴趣与此有着直接的关系。对于至善的实现,似乎想象力才是重点,而它不过就是人类情感生活的展开。在与康德的相遇所发展出来的早期进路中,黑格尔执着于至善这个理性的理想,[1]他相信普遍的理性和普遍的人性是存在的。至于理想如何来实现,这不是一个哲学的问题,而归根结底是一个政治的问题;人的尊严仅仅靠哲学家的理论论证是不够的,通过实践来改变现实的不合理状况是黑格尔一直抱有的政治关切。

在他于 1795 年 4 月 16 日写给谢林的一封信里,黑格尔饱含着启蒙式的理想主义的热情写道:

> 我相信,人就其自身而受到尊重就是时代的最好标志,它证明压迫者和地上诸神头上的灵光消失了。哲学家们论证了这种尊严,人们学会感到这种尊严,并且把他们被践踏的权利夺回来,不是去祈求,而是把它牢牢地夺到自己手里。宗教和政治是一丘之貉,教会所教导的就是专制政治所想的。它们的说教是:人类是可鄙的,无能力于任何善行,依靠其自身是什么也不成的。但等到一切都应当如何如何的理念传播开来,则那些规规矩矩的老实人以为永远得按照现存的情况而逆来顺受的听天由命的心理,就要消除了。[2]

人的尊严和至善的理想是由理性自身向所有理性存在者颁布的,它

---

[1] Cf. H. S. Harris, *Hegel's Development: Toward the Sunlight, 1770-1801* (Oxford: The Clarendon Press, 1972), p. 381.

[2] Johannes Hoffmeister hrsg., *Briefe von und an Hegel*, Band 1, S. 24.

是人类应当为之而奋斗的目标,而理想的实现就意味着一切对立面的消灭,按照理想的蓝图在尘世中建立一个理性统治的王国。合理的世界只有通过改变不合理的现实才能够达到,理想与现实的这种对立,其实正是后来黑格尔在自己的成熟时期论及知性思维的"应当"(Sollen)和坏的无限性时所要批判的东西,而这种对立却是黑格尔早年所坚持的东西。①

的确,这时的黑格尔虽然是一个在宗教思想上颇具创造力的阐发者,但几乎还没有展现出他作为一个哲学家的天赋,他在这一时期关于宗教与道德和政治之关系所持的态度,更像是一位后来的青年黑格尔派的思想主张。② 黑格尔此时对康德的理解主要是从他对康德实践哲学的兴趣以及如何借助康德实践哲学来改造传统基督宗教这一关切出发的,这使得早年的黑格尔未能意识到康德的纯粹理性本身的问题及其界限。③ 可以说,不论是黑格尔对基督教和现实政治的批判,还是他对人民宗教和理性信仰的提倡,都是以一种知性思维的方式来进行的,这也是他早年对理论哲学缺乏研究的一个必然结果。就哲学造诣而言,这时的黑格尔远远落后于谢林和荷尔德林,但也正是在他们的影响下,黑格尔才逐渐转向对理论哲学的关注,并且越来越明确地意识到康德哲学的概念框架无法实现自己早年关于人民宗教的理想,康德的理性自律学说中隐含的悖论及其导向的结果与自己青年时代的理想之间存在着巨大的差异。

---

① Cf. Georg Lukács, *The Young Hegel*, p. 12.
② 黑格尔在这一时期从社会政治维度对宗教所做的批判的确与青年黑格尔派,尤其是费尔巴哈和马克思早年的宗教批判在立场和旨趣上十分相近。由此观之,青年黑格尔派与其说是黑格尔主义者,不如说他们是借作为康德主义者的青年黑格尔,绕过了成熟时期的黑格尔,而回到了康德和费希特的理性主义的立场。关于这方面的论述还可以参考 Shlomo Avineri, *Hegel's Theory of the Modern State*, pp. 4, 14.
③ Cf. Günter Rohrmoser, *Subjektivität und Verdinglichung: Theologie und Gesellschaft im Denken des jungen Hegel* (Lengerich: Gütersloher Verlagshaus Gerd Mohn, 1961), S. 48.

第二节　理性信仰的矛盾

一、纯粹理性的独断论

　　黑格尔伯尔尼时期的主要工作都是在研究康德的道德宗教学说,并借此来批判以他的老师施托尔为代表的启示宗教,在此基础上恢复宗教的伦理意义,实现自然与自由的统一,"康德的宗教学说,目前虽然还没有发生多大影响,但日丽中天,将来总会为人之所共见"①。然而,谢林的一封来信却使黑格尔逐渐从康德式的独断论迷梦中醒悟过来,并促使黑格尔开辟自己哲学思考的全新境界。1795年1月6日仍在图宾根学习的谢林给已经毕业、正身居伯尔尼的黑格尔写了一封长信,向他汇报图宾根神学院的近况。根据谢林的描述,当时图宾根的情况可能多少有些出乎黑格尔的意料。

　　据黑格尔所知,他曾经在神学院的老师施托尔是康德宗教学说的反对者,可在他离开学校以后,情况发生了巨大的转变,施托尔和他的继任者们现在居然将康德的实践理性公设学说作为捍卫正统启示宗教的工具。为了回应费希特基于康德批判哲学的精神所写成的《对一切天启的批判》(*Versuch einer Kritik aller Offenbarung*, 1792)一书,也为了对抗那些年轻而激进的康德主义者们,施托尔开始以彼之道还施彼身,用康德哲学的"字面"来消解康德哲学的"精神"。在《评康德的哲学的宗教学说》(*Bemerkungen über Kants philosophische Religionslehre*, 1794)一书中,他借用康德道德神学的那些要素来证明正统的基督教信仰与康德的学说是相容的:既然没有对上帝与永生的信仰,道德法则本身不足以成为道德行动的动机并且证明道德行动的合理性;既然没有宗教,我们就无法坚定而持续地行善,那么,出于道德的

---

① Johannes Hoffmeister hrsg., *Briefe von und an Hegel*, Band 1, S. 12.

理由而为我们的宗教信念提供坚实的基础就应该是我们的第一要务。这样一来,实践理性公设就变成了捍卫神学教条的理论工具。①

情况正如谢林所描述的那样:

> 现在有一大群康德主义者,连吃奶的孩子都满嘴是哲学。如果连一点平庸的哲学都没有,事情当然不好办,于是,我们的哲学家费了九牛二虎之力,最后才找到人们在多大程度上能够接受哲学之点,他们在这一点上加强自己,定居下来,为自己建造庇护所。他们在这个庇护所里自得其乐,并且为此赞美上帝。在这个世纪里,有谁能把他们从这里赶出去呢?一旦在上帝把他们带到的那个地方住定了,他们就制造出某种康德体系的肤浅杂拌来,从这里他们源源不断地用浓厚的哲学菜汤喂养着神学。于是,本来已经衰萎下去的神学,很快就以更加强壮的姿态出现了。一切可能的教条现在都已经贴上了实践理性之公设的标签;但凡关于上帝存在的理论-历史证明永远都无法奏效的地方,图宾根式的实践理性统统帮他们解开了死结。看着这些哲学英雄们的胜利,还真是一件幸事啊。②

康德为宗教信仰提供了一个道德神学的证明,而图宾根的神学家们却看到了,缺乏信仰和希望的道德是多么无力,他们试图通过对康德哲学的吸收来证明道德神学与正统派的神学主张是一致,以此维护正统的基督教信仰。③他们认为,既然上帝存在和灵魂不朽不能通过理论理性来证明,而只能将其作

---

① Cf. Dieter Henrich, "Historische Voraussetzungen von Hegels System", *Hegel im Kontext*, S. 59-60.
② Johannes Hoffmeister hrsg., *Briefe von und an Hegel*, Band 1, S. 13-14.
③ Cf. Dieter Henrich, "Historische Voraussetzungen von Hegels System", *Hegel im Kontext*, S. 50-51.

为出于实践理性需要的公设;那么,所有其他无法用理性来证明的独断教义都可以作为实践理性公设来捍卫,只要他们是出于道德的、实践的兴趣或需要来设想的。① 比如,基督的启示和教诲,恩典的作用或者耶稣所展示的奇迹等等,对它们的设想都是出于实践的需要。施托尔等人显然误解了实践理性公设在康德那里的意思,同时也削弱了它理性的一面,可是这种误用却又不是完全没有道理的,至少这暴露了实践理性公设学说自身存在的缺陷。

谢林在《关于独断论与批判主义的哲学书信》(*Philosophische Briefe über Dogmatismus und Kriticismus*, 1795)中敏锐地指出,康德的批判哲学本身有可能导致一个新的独断论体系的出现,其产生的根源就在《纯粹理性批判》当中(SW 1: 283)。批判哲学从对认识能力的批判开始,表明事物本身是理论理性所无法认识的;这是理性在认识方面的弱点或界限,但不能作为认识对象的物自体却可以出于实践的需要而被视为真。由于这种实践信仰依赖于我们无法认识的物自体,因此信仰本身就成了独断的,这也就是神学家们能够借用康德的实践理性公设来为正统基督教神学辩护的原因。根据谢林的看法,康德对认识能力的批判只证明了理性在理论认识方面的局限,它反驳的只是 18 世纪的独断论形而上学,但并没有彻底驳倒那些出于实践需要而涉及绝对和无条件者的独断哲学(SW 1: 291),②因此,实践理性公设的学说才会被独断地运用。

虽然康德批判哲学的精神是反对这种独断论的,但是从字面上看,康德哲学却极有可能会导致这种与他的哲学精神相背离的独断的运用。因

---

① Cf. Klaus Düsing, "The Reception of Kant's Doctrine of Postulates in Schelling's and Hegel's Early Philosophical Projects", *The Emergence of German Idealism*, ed. Michael Baur and Daniel O. Dahlstrom, pp. 203-204.
② Cf. Klaus Düsing, "The Reception of Kant's Doctrine of Postulates in Schelling's and Hegel's Early Philosophical Projects", *The Emergence of German Idealism*, ed. Michael Baur and Daniel O. Dahlstrom, p. 207.

为尽管在康德的批判哲学中,道德是高于宗教的,一切宗教信仰的合法性都必须建立在道德理性的基础之上。但问题在于,对康德来说,由于现实世界的非道德性,道德的现实性就仰赖于某种超越性力量的存在,而这样一种出于道德目的的宗教信仰就为那些非理性的独断运用留下了可乘之机。① 所以谢林才会在致黑格尔的信中说,"旧的迷信——不只是实定的宗教,就是在大多数人的头脑里已经反对的所谓自然宗教——都还是和康德的文字(Kantischen Buchstaben)联系在一起的。看他们怎样一连串地推倒上帝存在的道德证明,煞是有趣。一个机械降神从中跳出来,就是个高踞于九天之上的,人格的、个体的存在!"②在谢林看来,康德的理论理性为我们建构了一个有限的因果世界,而他的实践理性在面对这个有限的世界时却无法证成人的自由和道德行为的合理性,因此不得不出于所谓"实践理性的需要"来引入关于上帝和灵魂不朽的理念,以为这个世界确立一种绝对的因果性(自由的因果性),而出于实践理性需要的公设就是这样一个从天而降的、为理性的软弱无能来进行补救的解围之神(Deus ex machina!, SW 1: 288)。虽然康德哲学的最终目的是在普遍理性自身之内为人的自由提供充分的论证,但普遍的理性和至善的理想是最后达到的,而且是以一种回溯性的(Regressus)方式达到的、调节性而非建构性的先验理念(KGS 3: 342-343;KrV B: 526-527),它只具有形式的同一性却缺乏客观的、必然的内容,因此不能拿来充当批判现实的现成标准,否则就会再次出现图宾根的神学家们那样对理性形式的独断运用。只要理性还仅仅停留在一种与它的客观内容相对立的主观形式里,哲学就还没有完结:"康德虽然做出了结论,但是还没有前提。而谁能理解没

---

① Cf. Panajotis Kondylis, *Die Entstehung der Dialektik*, S. 440.
② Johannes Hoffmeister hrsg., *Briefe von und an Hegel*, Band 1, S. 14.

有前提的结论呢?"①在谢林看来,康德的实践理性公设学说是为了给理性的现实性与世界的合乎理性的统一性提供一个最终的根据,这是观念论哲学的基本目标。但问题在于,这样一个一元论的结论无法建立在一个二元论的前提之上,康德关于现象与物自体、自然与自由的二分,与其基本目标之间存在着不可调和的对立。② 所以,摆在谢林、黑格尔这些后康德时代的哲学家眼前的首要任务就是通过重新理解主体与客体的关系以及这种一体化力量的实质,来充实这个观念论目标的基础,理解它的前提。

不过,对于谢林来自图宾根的报道,黑格尔的反应显得他好像与谢林完全不在一个思维水平上,③那时的黑格尔所做出的回应几乎就是一种黑格尔左派式的意识形态批判,他说,"在图宾根,哲学道路是神学的、讨好上帝的康德哲学,这并不是什么奇怪的事情。只要正统教义的职能还是和尘世的利益紧密相连的,还是交织在国家整体之中,那么它就不可动摇"④。黑格尔认为,神学教授对康德实践哲学的利用是出于他们与世俗利益的勾连,而不是因为康德的批判哲学本身有什么问题。黑格尔对谢林为什么要批评关于上帝的道德证明颇为不解,以为谢林提出这一点是因为他怀疑通过实践理性的需要无法证明上帝的存在,所以在给谢林的回信中黑格尔反问道:"在您的信里,有一个关于道德证明的说法我还不完全理解,您说:'他们知道把这个证明运用得如此熟练,个体的、人格的东西于是由此产生。'您认为,我们自己做不到这一点吗?"⑤黑格尔这时所

---

① Johannes Hoffmeister hrsg., *Briefe von und an Hegel*, Band 1, S. 14.
② Cf. Burkhard Tuschling, "Kant hat die Resualtate gegeben; die Prämissen fehlen noch. Und wer kann Resualtate verstehen ohne Prämissen?", *Hegels Denkentwicklung in der Berner und Frankfurter Zeit*, hrsg. Martin Bondeli und Helmut Linneweber-Lammerskitten (München: Wilhelm Fink Verlag, 1999), S. 53–74.
③ Cf. Franz Rosenzweig, *Hegel und der Staat*, S. 58–59.
④ Johannes Hoffmeister hrsg., *Briefe von und an Hegel*, Band 1, S. 16.
⑤ Johannes Hoffmeister hrsg., Briefe von und an Hegel, Band 1, S. 18.

提出的问题完全没有领会到谢林的深意,因为谢林所强调的并不是上帝存在的道德证明在逻辑上的有效性,而在于揭示这种道德证明本身有可能导致与康德的意图相反的独断运用,并且这种独断运用可以在康德哲学内在的学理中找到根据。所以,当谢林收到黑格尔的回信时,他觉得黑格尔的问题完全出乎了他的意料,他说:"我想不到一个熟悉莱辛的人会提出这样的问题。……对我们来说,那些有关上帝的正统概念早已不复存在了。我的回答是:我们所达到的远远超过一个人格的存在。就此而言我已经变成斯宾诺莎主义者了!……对斯宾诺莎来说,世界(也就是说与主体相对立的单纯客体)是'一切';而在我看来,'自我'是一切。批判哲学和独断哲学的根本区别,在我看来,就在于前者从绝对的(不以任何客体为条件的)自我出发,而后者从绝对的客体或非我出发。从非我出发,归根到底要引导到斯宾诺莎的体系,而从自我出发则引导到康德的体系。"①

正是施托尔等人借康德道德宗教学说所发起的反攻,使得谢林无法再从字面上来坚持批判哲学的主张,也正是这一挑战使得十年前由雅各比所挑起的那场关于莱辛的斯宾诺莎主义的争论,②在这位图宾根神学院

---

① Johannes Hoffmeister hrsg., *Briefe von und an Hegel*, Band 1, S. 21-22.
② 当大名鼎鼎的莱辛,这个理性宗教的捍卫者,宣称自己所信奉的唯有斯宾诺莎时,当时的整个德国思想界都为之震动,围绕着莱辛的斯宾诺莎主义展开了一场著名的"泛神论之争"(Pantheismusstreit)。这场开始于 1783 年夏天(康德的《纯粹理性批判》问世两年以后)的争论起初只是在雅各比和门德尔松两人之间进行的一场私人争执。但两年之后,随着雅各比在未告知门德尔松的情况下,以《关于致摩西·门德尔松先生的信中的斯宾诺莎的学说》(Über die Lehre des Spinoza in Briefen an Herrn Moses Mendelssohn, 1785)为题出版了他与莱辛的谈话记录之后,这场私人争执逐渐成为一场公开的争论,并且吸引了 18 世纪后期几乎所有重要的德国思想家参与其中。正是这场"泛神论之争"使得知识与信仰、自然与自由的冲突再度凸显,成为康德与后康德哲学所要解决的主要问题。关于"泛神论之争"的发生经过及其哲学意义的详细讨论可参考 Frederick C. Beiser, *The Fate of Reason* (Cambridge: Harvard University Press, 1987),亦可参看拙文《泛神论之争中的理性与信仰问题——以雅各比的理性批判为中心》,《南昌大学学报》2015 年第 3 期,第 36—42 页。我们将在下一章中结合黑格尔的著作对雅各比的哲学和斯宾诺莎主义等问题做出更为详尽的论述。

第一章 理性立法的悖论

的年轻人心中重新激起了波澜。莱辛欲借斯宾诺莎来表达对正统的神性观念的不满,这种所谓的"斯宾诺莎主义"强调,一个处于世界之外的上帝观念是无法理解的,因为从无中创造出世界这种想法本身是不可思议的。因此,超越的、无限的上帝必须被一种内在的无限性所取代。① 当谢林向黑格尔宣称自己已经变成了一个斯宾诺莎主义者时,他正是希望通过复活斯宾诺莎的泛神论主张来对抗神学院对《圣经》所做的超自然主义解释,并且借助这种作为"内在的无限性"的上帝观念来超越康德哲学中的二元对立,为一种真正从无条件者出发的一元论哲学开辟道路。②

的确,正像谢林指出的那样,康德哲学是从自我意识的先天综合统一出发来建构世界的统一性的。这种纯粹的自我意识不是有限的经验自我意识,相反,作为建构和理解这个世界的条件,先验自我是自身同一的无条件者,它不依赖于经验性规则和有条件者,它是以自身为根据的自因。在康德那里,理性作为一种主体的思维能力,一方面极力希望将客体的因素从理性自身中清除出去,以保证理性的规则能够自身连贯地被运用;另一方面却又要证明这种主体的思维能力具有客观有效性,而不仅仅是一种对某个特殊的思维主体而言才有效的规则。这种主体与客体、主观性与客观性之间的张力在康德的理性运用中一直存在着,但坚持同一律和矛盾律的知性思维规定使得康德无法从根本上克服二者的分裂,而只能赋予现实与应当一种永恒的对立,并满足于一种"主体性的统一"(the unity of subjectivity)。③

---

① 关于斯宾诺莎对德国观念论哲学的影响,可以参看 Eckart Förster and Yitzhak Melamed ed., *Spinoza and German Idealism* (New York: Cambridge University Press, 2012)。
② Cf. Dieter Henrich, "Philosophisch-theologische Problemlagen im Tübinger Stift zur Studentzeit Hegels, Hölderlins und Schellings", *Konstellationen: Probleme und Debatten am Ursprung der idealistischen Philosophie (1789-1795)*, S. 207-220.
③ Cf. Dieter Henrich, "On the Unity of Subjectivity", *The Unity of Reason*, pp. 31-33.

在康德看来,理性作为无条件者必须处于有条件者的因果序列之外,否则它就会成为一个被决定者而不是自我决定者;而同时,这个外在于条件序列的理性又要对整个条件序列进行统一,那么这种统一的根据就只能被归结为人类理性能力的一种结构性统一,而不是世界本身的统一性。所以康德认为,世界的统一性只是一种思维中的定向(Orientation),由于我们缺乏做出这种描述的充分客观根据,我们无法从世界本身推出这种统一性,但是对于统一性的要求又是理性自身的一种"需要",因此,"这种需要就是对理性不可以妄称通过客观的根据而知道的某种东西所做的预设和假定,因此就是在思维中、在超感性的东西那里无法测度并由黑夜填充的空间中,仅仅通过理性自己的需要来确定方向的一个主观根据(subjektiven Grund)"。(KGS 8: 137)

换言之,我们无法认识到世界本身的统一性,因为对象世界只是一个遵循因果律的条件序列,它自身无法作为一个以自身为根据的总体存在,相反,这种统一性的根据在主体。用康德自己的比喻来说就是,世界本身并没有前后上下、东南西北这些方位,我们在世界中就像在一个黑暗的屋子里一样没有方向感,也不知道该如何行动;于是我们就凭借自身秉赋的普遍理性自发地为世界规定方向,用各种方位系统来赋予世界以规范性的含义,但这些方向却并非世界本身所固有的,而是源出于我们人作为理性存在者的内心的取向感;作为一个整体的世界是怎样的,这取决于我们希望或者相信它应当如何存在。我们无法认识世界的统一性,但是我们又有一种不可遏制的把握无条件者和总体性的冲动,因此,康德把这样一种完全基于理性,而不是基于传统或者启示的信仰称为"理性信仰"(Vernunftglaube,KGS 8: 140-142)。当康德说我们应该限制知识而为信仰留出地盘的时候,这无异于要求我们在纯粹理性的领域中接受某种出于理性需要的非理性之物,①而将这种非理性之物视为真实存在的现实,这只具有一种主观上充分的根据,而在客观上是不充分的,由此信仰便与知识对立起来了。

实际上,康德在他的理性事实和实践理性公设学说中已经以一种规范性理想的方式指明了,主体的自我立法必须以世界自身所包含的规范性为前提,亨利希敏锐地指出:"规范是关于在世界中的行动的合宜秩序的观念,它包含了一个在其中规范能够得以实现的世界的观念。"②如果世界本身不是一个内在的规范性整体,那么理性立法的客观有效性就会变得缺乏根据。但康德却不是以理性的方式,而是在主客二分的前提下,借助知性的反思达到的。因为从知性思维来看,现实世界并不是按照"应当"来运行的,事实与价值之间有着严格的划分,所以规范性秩序只能作为一种主观设定的理想,而不可能是我们生活的现实和自然本身的客观秩序。在康德那里,理论的认识与实践的行动是分离的,就好像在两种能力当中,主体和客体是分离的。在认识中,主体设立客观世界于其对立面,而在实践当中,主体则在其自身的规定中改造了先前所发现的客体。③ 这样一来,一种根源于理性之必然性的理性存在却无法被理性自身所理解和把握,合乎理性的至善只能作为无限接近却永远不能实现的彼岸世界存在于我们的信仰和希望之中,此岸与彼岸、信仰与知识的这种对立恰恰表明了康德的批判哲学并没有达到真正的统一。尽管是出于实践理性的需要我们才设定上帝的存在,可康德却将这个上帝所担保的道德世界的理想永远隔绝在彼岸,这很有可能导致一种将上帝保留为世界的立法者和主宰者,而

---

① Cf. Jean Hyppolite, *Introduction to Hegel's Philosophy of History*, p. 22.
② Dieter Henrich, "The Moral Image of the World", *Aesthetic Judgment and the Moral Image of the World*, p. 61.
③ Cf. Ingtraud Görland, *Die Kantkritik des jungen Hegel*, S. 7.

非自由的内在原理的理论,①从而使理性再次沦为信仰的奴仆。

康德自己并没有意识到主观理性自身的限度和主体性原则的片面性,他的批判哲学导致了比启蒙的知性反思更为深刻和难以克服的分裂,②后康德哲学的任务首先就是必须以一个更高的统一性为基础,而不是从主客二分的前提出发,才有可能从根本上克服理性自我立法导致的一系列分裂。谢林在写给黑格尔的信中概括了自己在《论作为哲学之原则的自我》(*Vom Ich als Prinzip der Philosophie oder über das Unbedingte im menschlichen Wissen*, 1795)一书中提出的基本观点:

> 哲学必须以无条件的东西为出发点。问题现在只是在什么地方寻找无条件的东西,在自我里呢,还是在非我里。如果这个问题解决了,一切问题也都解决了。在我看来,全部哲学的最高原则就是纯粹的、绝对的自我,也就是那个不但没有完全被客体所限制,而且是通过自由而被树立起来的自我,单纯的自我。自由贯彻全部哲学的始终。……除了绝对自我之外这里一无所有,因为只有绝对自我才规定了无限领域,对我们来说,除了绝对自我的世界就没有超感觉的世界。上帝只不过是个绝对自我。……人格性(Persönlichkeit)出自意识的统一性。意识没有客体就不能存在;而上帝或者说绝对自我是绝不会有客体的,假如有了客体,它就终止为绝对的了。由此可见,人格性的上帝是没有的,我们奋斗的最高目标就是消灭自己的人格(die Zerstörung unsrer Persönlichkeit),过渡到存在的绝对领域(die absolute Späre des Seins)中去。③

---

① Dieter Henrich, *Between Kant and Hegel*, p. 103.
② Cf. Jürgen Habermas, *The Philosophical Discourse of Modernity*, pp. 19-21.
③ Johannes Hoffmeister hrsg., *Briefe von und an Hegel*, Band 1, S. 22.

在谢林看来,真正的哲学不能从对认识能力的批判开始,而必须从对无条件者本身的认识开始。在康德那里,由于无条件者只是理性信仰的对象,理性自身根本无法认识和把握它。这就暴露了康德式的主观理性或先验理性的缺陷,它宣称自己是"绝对",可结果却证明它是相对的,在它的外面始终存在着一个与它自身无法完全和解的存在,使理性最终依赖于这个无法把握的客体,不管它的名字是上帝,还是物自体。谢林向黑格尔揭示了康德理性信仰学说和先验哲学本身的内在矛盾:宗教的实定性并不仅仅在于我们将对权威的信仰和对诫命的遵循当作道德的基础,用一种他律取代了理性主体的自律;还在于,以理性自身为根据的自我立法和自我服从也有可能导致实定性的产生,这一洞见对黑格尔放弃早年的康德主义神学径路而转向形而上学的研究有重要的影响。克服主观理性的立法所导致的二元论和理性自身的异化不仅仅是黑格尔哲学的主要任务,它也构成了整个德国观念论试图解决的一个核心问题。①

二、理性的独立与依赖

谢林关于图宾根神学院近况的报道让黑格尔开始注意到他与康德之间的差异。虽然黑格尔主要是借用康德的理性自律来批判客观宗教的实定性,但是黑格尔的理性主义一开始就与康德的理性主义在本质上不同。对于康德来说,定言命令是自由的原则和立法的基础,它将生命置于严格的规则之下。与之相比,黑格尔从这种理性主义的道德中吸取更多的不是法的严肃性,而是行动的自由和自发,以及通过卢梭教给他的那种充满

---

① Cf. Rolf-Peter Horstmann, "The Early Philosophy of Fichte and Schelling", *The Cambridge Companion to German Idealism*, ed. Karl Ameriks (Cambridge: Cambridge University Press, 2000), p. 117.

着和谐统一的希腊精神的内在情感和自然之美。① 所以,黑格尔意义上的理性是内在于世界和人的本性中的上帝本身,因此是一种源初的统一性,而不是康德意义上以主客二分为前提的主观理性,"神的活动也就是一个自我的活动"(Werke 1: 241)。黑格尔所说的理性是一种实体性的绝对理性,或者说是世界本身的合理性和规范性。通过谢林的提醒我们发现,黑格尔早年的理想实际上是一个与康德的理性自律有着深刻差异的柏拉图式的理想:在其中,人类天性的所有方面在理性的引导下达到和谐,这种在客观理性引导下所实现的欲望与自我确证的和谐,根本不同于对道德法则的尊重。②

比如说,孺子将入于井,必会激发人的恻隐之心,这一情景虽然是一个物理事实,但它同时也是一种指明了人们行动规范的规范性事实。换句话说,规范性的来源在事情本身之中,它是事情本身的自我规定,而不在于反思性的立法或命令,不管这种立法是来自外在的权威还是主体理性的自律。不仅如此,人自身也具有一种将世界自身的尺度、法则转化为规范意识的感受能力,诸如恻隐之心这类情感的产生,不是出于对无条件的道德法则的敬重,相反,它是一种包括在倾向或嗜好范围之内的、经验性的品格(Charakter)。用当代哲学家麦克道威尔(John McDowell)的话来说就是,我们在这里所强调的是一种包含道德价值的经验,是一种规范性的情感,这种经验与我们对颜色、味道等第二性质(secondary qualities)的知觉之间有着某种相似性。③ 这种道德感虽然是经验的、主观的,但却不

---

① Cf. Dieter Henrich, "Historische Voraussetzungen von Hegels System", *Hegel im Kontext*, S. 67-69.
② Cf. H. S. Harris, "Hegel's Intellectual Development to 1807", *The Cambridge Companion to Hegel*, ed. Fredrick Beiser, pp. 31-32.
③ Cf. John McDowell, *Mind and World* (Cambridge, MA: Harvard University Press, 1996), pp. 11ff; see also Charles Larmore, *The Morals of Modernity*, pp. 109-110.

是任意的和无规定的，相反，对于这种情境的正确或不正确的感知之间有一种真正的而不是纯粹约定的区分。正确的感知和情感是对世界所是的方式，即对世界的合理性的一种反应，就此而言，这种感受就是客观的。道德情感虽然就其之于产生情感的个体而言是主观的，但是这种情感的内容即它的道德规定却不仅仅是我们对世界的一种投射，它们还具有自身的客观规定。

我们看到，在伯尔尼时期的手稿中，黑格尔将这类感性与理性、形式与内容相统一的经验性品格的原则称为"爱"（Liebe）。对他来说，这个概念是理性宗教和人民宗教之间的一个中介概念。在这个作为理性的类似物而非对立物的爱的概念中，自然情感在伦理生活中的权利得到了它应有的承认。① 年轻的黑格尔在这方面明显受到了席勒的影响。席勒在当时无疑是后康德哲学中突破康德的主体主义和抽象性思维的旗帜性人物，他的重要性不仅仅表现在他对康德式的道德严格主义（moral rigorism）的批判，而更在于，正是席勒首先以美学问题为切入点，突破了批判哲学的主观主义而真正进入到客观现实的领域。② 在席勒看来，康德认为人的道德行动是出于对道德法则的自觉而完全无视甚至压制自身的自然倾向或偏好（Neigungen），这不仅是不现实的，甚至是令人厌恶的。要真正捍卫自由的理念，并且实现感性与理智之间的和谐统一，就必须在感官世界之中而非之外寻找到某种合理性，消除理性的"自律"与人的物质性存在的"他律"之间的对立。③ 在《尤里乌斯的神智学》（*Theosophie des Julius, Philosophische Briefe*, 1786）中，席勒就将"爱"作为一种具有内在合理性的

---

① Rudolf Haym, *Hegel und seine Zeit*, S. 50.
② 菲舍尔：《青年黑格尔的哲学思想》，张世英译，吉林人民出版社1983年版，第27页。
③ Cf. John McCumber, "Schiller, Hegel, and the Aesthetics of German Idealism", *The Emergence of German Idealism*, ed. Michael Baur and Daniel O. Dahlstrom, pp. 133–137.

情感提了出来,他对"爱"给出了这样的解释:当我们说到"爱"时,它所指的是一种与其他造物融为一体的永恒的内在倾向,或者说是将他者融入自身之内。① 因此,"爱"既不是一种自我放弃和自我牺牲,也不是一种单纯的私欲,而是一种超出自身,打破设置在自我与他人之间的藩篱的行动,它比单纯地服从命令的道德行动更能够体现感性与理性、嗜好与美德之间的一致。在爱之中,被爱者并不是一个与爱者完全区别和对立的他者,而是恰恰构成了爱者自身的条件。② 在发表于《新塔莉娅》(*Neue Thalia*)杂志上的《论秀美与尊严》(Über Anmut und Würde, 1793)一文中,席勒通过对比"爱"和康德式的"敬重"(Achtung)这两种不同的情感,进一步阐明了"爱"在恢复人作为道德行动者的统一性上所具有的重要意义。

只有爱是一种自由的情感,因为它的纯粹源泉从自由的所在地中,即从我们的神圣本性(göttlichen Natur)中喷涌出来。在这里爱不是渺小和卑贱的东西与伟大和高贵的东西相较量,不是感官头晕目眩地仰望着理性法则,而是绝对伟大的东西本身以秀美和美来模仿自己,并在伦理中获得自己的满足;爱是立法者本身,是在我们之内的神,借助自己在感性世界中的形象来游戏。因此,心灵(Gemüt)在爱中是放松的,而在敬重中是紧张的;因为在爱中没有设置任何限制它的东西,绝对伟大者没有任何超越自己的东西,而唯一可能在这里产生限制的感性,也在秀美和美中与精神的理念协调一致了。③

---

① Cf. Friedrich Schiller, *Friedrich Schiller Sämtliche Werke, Band 5: Erzählungen, Theoretische Schriften* (München: Hanser, 1962), S. 347-350.
② Cf. Panajotis Kondylis, *Die Entstehung der Dialektik*, S. 35-36; Dieter Henrich, "Hegel und Hölderlin", *Hegel im Kontext*, S. 15-16.
③ Friedrich Schiller, *Friedrich Schiller Sämtliche Werke*, Band 5, S. 482-483.

第一章 理性立法的悖论

与康德从理性自律出发的严格主义伦理学相比,席勒对"爱"的强调似乎使道德变得太过感性、太不纯粹了。然而我们必须意识到,席勒将"爱"而不是那种与感性偏好相对立的"理性"视为立法者本身,这绝不是一种从康德向经验主义和情感主义伦理学的倒退,或再次将道德还原为人的自利情感。席勒当然清楚康德对感性的拒斥对捍卫道德的绝对性和道德法则的普遍必然性所具有的重要意义,但是在他看来,正是由于道德中存在着理性与感性、自由与自然的对立,使得以自由为鹄的的康德伦理学反而更多了几分他律的意味。在席勒看来,康德的"道德"概念虽然将人从外在的、非理性的束缚中解放出来,但是却使过去外在的对立变成了一种内在的主奴关系(innerer Herrschaft und Knechtschaft),使理性和道德成了人对自身的压迫。① 那排斥了一切感性因素的理性法则不仅对行动者的动机发布命令,而且要求行动者的情感对这种与情感本身相对立的道德法则有一种"敬重",所以在这种敬重的情感中,道德行动者所体验到的是一种"渺小和卑贱的东西与伟大和高贵的东西相较量"的感觉,而在这种分裂和对立的感觉中存在的是一种以实践理性法则的形式表现出来的新的他律。② 对席勒而言,爱与敬重不同,它不是一种由外在于感性的理性法则所塑造的人为的情感,而是出于我们自身的神圣本性的立法者,是一种自身具有规范性的自然情感、一种合乎理性的感性偏好。现实生活中的具体的行动者可以通过感性的偏好而不仅仅是对感性的限制与理性法则相结合。③ "爱"不会使道德失去其绝对性。反

---

① Cf. Klaus Düsing, *Das Problem der Subjektivität in Hegels Logik*, S. 41-42.
② Cf. Daniel O. Dahlstrom, "The Ethical and Political Legacy of Aesthetics: Friedrich Schiller's Letters on the Aesthetic Education of Mankind", *Philosophical Legacies: Essays on the Thought of Kant, Hegel, and Their Contemporaries*, pp. 95-98.
③ Dieter Henrich, "Ethik der Autonomie", *Selbstverhältnisse: Gedanken und Auslegungen zu den Grundlagen der klassischen deutschen Philosophie* (Stuttgart: Philipp Reclam jun., 1982), S. 44.

而由于道德内在地包含着理性与情感之间的天然一致,它会成为一种真正的自律。

席勒对康德伦理学的批判,使黑格尔意识到一个重要的问题:伦理和道德上的善并不是通过克服作为对立物的感性偏好来得到界定的;相反,真正的道德和自主性表现为义务与偏好二者的内在统一。① 正是在席勒的影响下,黑格尔进一步阐发了爱的伦理意义:"爱与理性(Vernunft)有某些类似之处,因为爱在别人那里找到自己本身,或者毋宁说,在别人那里忘掉了自己本身,使自己跳出自己本身,俨如生活在他人之中、活动在他人之内并与他人同其感受。"爱虽然是一种康德所说的"病理学的原则"(pathologisches Prinzip),但却是非自利的(uneigennuezig),在爱之中人感到自己有义务去做一件事情,不是因为道德法则的命令,而是因为他人构成了我的自我同一性的条件,自我和他人构成了一个完整的生命(Werke 1: 29-30)。我们看到,黑格尔将"爱"诠释为一种伦理生活的结构,而不只是对美好事物的渴望;它不仅是道德的完成,而且还构成了道德的根据。② 在这种出于人之为人的"第二自然"的道德践履中,在每一次的道德行动而非对义务的认识中,人才获得对自身的认同和确证,而具体的道德法则毋宁是从这种源初之爱的规范性的自然情感中抽象出来的。

对于黑格尔来说,根本的对立不是纯粹理性与经验要素之间的对立,而毋宁说是整全的和谐的"生命"与忍受着对立和异己性力量的"非生命"之间的对立,③他的出发点本就与康德十分不同。然而,由于黑格尔在伯尔尼时期对康德理性概念的形而上学基础缺乏充分的自觉,所以他

---

① Dieter Henrich, "Ethik der Autonomie", S. 46-50.
② Cf. Dieter Henrich, *Between Kant and Hegel*, pp. 306-307.
③ Cf. Jean Hyppolite, *Introduction to Hegel's Philosophy of History*, p. 23.

并没有发现康德的理性概念的局限性,一直以为康德的理性自律与自己青年时代的理想是一致的。① 可是,当康德的理性自律在它的实际运用中

---

① 虽然从 1795 年年初开始,谢林关于图宾根神学院近况的报道就促使黑格尔开始对康德的道德宗教进行反思,但是从其后一年多时间里二人陆陆续续的通信我们能够看到,黑格尔并没有马上放弃他借助康德的实践理性公设学说来阐发自己的主观宗教和人民宗教构想的计划,而是更多地希望通过对图宾根神学家们的反驳和对康德道德宗教思想的澄清,来进一步完善这个计划。在这期间,黑格尔也吸收了来自谢林和荷尔德林等人的最新的思想成果,但还没有像后来那样明确地意识到康德公设学说,乃至整个批判哲学和主体主义哲学的内在困难。黑格尔思想的这一转折和过渡时期最有代表性的文本就是那篇充满争议和传奇色彩的"德国观念论的最早体系纲领"(*Das älteste Systemprogramm des deutschen Idealismus*,1796/1797)。这份残缺的手稿是由当时任职于黑格尔档案馆的罗森茨威格(Franz Rosenzweig)于 1917 年整理出版的。它的写作时间大致被确定在 1796 年至 1797 年之间,而它的作者究竟是谁却颇具争议。尽管这份手稿的笔迹无疑出自黑格尔之手,但是从罗森茨威格开始,就有不少学者根据手稿的内容判断其真实作者可能不是黑格尔,留下的这份手稿只是黑格尔对可能出自谢林、荷尔德林或其他人的著作或书信的一个转录。我们在此比较倾向于珀格勒的观点,即认为该手稿的作者应该是黑格尔本人。因为首先该手稿确实是黑格尔的笔迹,除此之外并没有其他的出处能够得到核实,如果以一般认定的思想特征或哲学观点来判断手稿的作者归属这一考据上的问题,不免失之武断,甚至有些故弄玄虚。而更为重要的理由是,这篇手稿的内容实际上与黑格尔思想的发展进程是高度契合的。这篇手稿的主题是这一时期的黑格尔非常关心的伦理、道德和宗教问题,而且手稿的开篇就提到康德的实践公设(praktischen Postulaten)为以道德为目的的形而上学给出了一个范例,这种伦理学应该是一个关涉一切实践理性公设的完整体系。这样一种主张不可能是当时已对康德的公设学说进行了深入批判的谢林所持有的,而我们在荷尔德林同时期的著作中也没有发现类似的主张。在手稿第一部分的最后,作者写道,"理性本身,推翻了所有的迷信,打击了那个不久前对理性进行伪造的教士阶层"(Werke 1: 235)。这一表述在时间和内容上都与黑格尔从谢林那里了解到的图宾根神学院的情况相吻合。在这里,"对理性的伪造"指的显然就是图宾根神学家们借康德的实践理性公设来为正统基督教教义进行辩护的事情。作者明显不是在批判康德的实践理性公设学说,而是为了清除神学家们给这一公设添加的非理性的内容,阻止他们对康德道德证明的滥用,这一点与黑格尔 1796—1797 年间写给谢林的书信中所反映的意图完全吻合。在手稿的第二部分中,一个核心论题就是黑格尔早一直关心的"感性宗教"(sinnliche Religion)的问题,但与此前不同的是,黑格尔在这一时期明显受到席勒和荷尔德林的影响,希望能够找到一条与康德式的理性主义并行不悖,甚至能够作为其补偿和完善的"审美主义"的道路,通过这条新的道路来实现他将理性的理念转化为感性的现实的愿望。所以他说,"理性的最高活动……是一种审美活动(ästhetischer Akt);真与善,只有在美(Schönheit)之中,才能亲如姊妹"。要达到这一理念,所需要的就不仅仅是哲学或者康德式的理性批判,同时也需要一种新的神话,也就是说,使理性或哲学变成感性的,成为一种能够对民众产生直接影响的"理性的神话"(Mythologie der Vernunft, Werke 1: 235-236)。除了这篇重要的手稿之外,我们还可以从黑格尔 (转下页)

走向了自身的反面,黑格尔这时才开始意识到,宗教的目的不仅仅在于它的道德性,生命的完成也不仅仅是某种能够完全通过人的自律形成的东西。[1] 启示宗教本身也可以将道德作为自己的目的,而且理性有建立道德法则的能力,神学家们现在也很少否认这一点,就像发生在图宾根的情况那样,理性的自我立法能力还得到了他们的普遍承认。如果说神学家们否认了这种能力的话,他们主要并不是否认理性有建立法则的能力,而是否认理性仅仅凭借自身就有能力使意志的发动合于理性法则的要求或提供促使理性存在者按照道德法则来行动的动力(GW 1: 350)。人虽然是理性的动物,但作为受造物人终归是有限的存在者,因而上帝作为立法的最终根据不可能存在于有限的、被他的感性存在所限制的人性当中。基督教和康德的实践理性公设学说给我们提供的是客观的动力,可这种动力不是理性法则本身,相反,它要求信仰某种理性所不能理解和认识的权威,法则才能发挥它的客观有效性。

理性主体自我立法的本质在于理想的活动超出有限的现实事物,也在于要求有条件者的活动须与无条件法则的规定性相等同。所谓实践的信仰就是对于那个规范性理想的信仰。然而,理性存在者不相信凭借自己的力量可以达到无限,就像康德认为的那样,人性中存在着一种根本的

(接上页)1796 年 8 月写给荷尔德林的一首赞歌"厄琉息斯"(Eleusis. An Hölderlin)中看出这种通过审美活动来达到永恒统一的新倾向(Werke 1: 230–233)。所以说,1795—1797 年是黑格尔从以康德实践理性公设学说为典范,逐渐转向对自己早年的理想和对康德观念论哲学本身进行反思的关键时期。关于《德国观念论的最早体系纲领》这篇手稿的各种争议,可参见 Das Älteste Systemprogramm: Studien zur Frühgeschichte des deutschen Idealismus, hrsg. Rüdiger Bubner (Bonn: Bouvier Verlag, 1973);关于黑格尔早年的审美主义以及荷尔德林在这方面对他的影响,可参见 Klaus Düsing, "Ästetischer Platonismus bei Hölderlin und Hegel", Homburg vor der Höhe in der deutschen Geistesgeschichte. Studien zum Freundeskreis um Hegel und Hölderlin, hrsg. Christoph Jamme und Otto Pöggeler (Stuttgart: Klett-Cotta, 1981), S. 101–117。

[1] Cf. André Wylleman, "Driven forth to Science", *Hegel on the Ethical Life, Religion and Philosophy (1793–1807)*, ed. A. Wylleman, p. 10.

恶(radikales Böse, KGS 6: 32)。虽然人具有道德意识和实现道德法则的要求的善良意志,可是人的本性又总是倾向于将自利的原则凌驾于理性的普遍法则的要求之上,用自己所认为的善来取代由理性法则所规定的善,并将前者当作自己行动的准则(Maxime)。由于在人的身上理性总是与有限的感性因素混杂在一起,它变得不纯粹,因此,仅仅依靠人自身的力量是不足以让理性自律变成现实的。所以对康德来说,为了实现理性自身的无条件的规范性要求,我们必须设想自己生活在一个按照道德律来构造的世界当中,这些道德法则是源出于上帝旨意的神圣诫命,我们必须抑制自己的感性冲动来执行这些法则;而且上帝的无上权威确保了道德法则在现实世界的有效性,所以我们更应该充满信心地去履行我们的道德义务,不用担心现实的不公,因为上帝一定会以道德的标准来赏善罚恶,眼前的不公只是天意的一部分,历史最终会是正义的实现。

可以说,康德的理性主义,就像他在自己的道德哲学中所呈现的那样,是启蒙主义的道德激情与乐观主义的一种表现,理性的法则能够也必须战胜各种非理性的激情,使人类走向一个理性、开明、有序的世界;但他的哲学也同样体现了一种人类学上的悲观主义和怀疑主义,他需要寻找一种保证,以确保在感性和根本之恶的影响下,自由仍然能够得以实现。[1]这样一种出于实践理性需要的信仰保证了道德法则的无条件性,也就是说,善恶好坏的标准不是依照我们每个人主观的取向来决定的,相反,道德法则是超越了主观有限性的普遍必然性的法则,它以理性自身的绝对性为根据。可是,理性立法的这种超绝性使得道德变成了一种我们自己无法理解的要求:我们去做道德的行为不是出于我们的自我认同,不是因

---

[1] Cf. Panajotis Kondylis, *Die Entstehung der Dialektik*, S. 180.

为我们觉得自己是一个怎样的人我们就应该如何去行动;相反,道德法则是先于我们的自我理解而存在的,它自身就要求成为我们行动的动机,并且以压制一切感性的、有条件的与我们天然的自我认同相一致的动机为前提。因此这个要求对我们的现实存在来说实际上是被给予的,而不是出于我们的自我理解的一种自发的要求。所以,去按照普遍理性法则的要求来行动,"这个要求只有通过一个有无上威力的、主宰一切的客体(权威)才能提出,但是这个客体(权威)和它的行动方式是为我们所不能理解的。当我们理解它时,它就会是我所规定的了;因此它的各种作用对于我们来说应该是对我们而言不可能的奇迹;这就预先设定了我们不能把它的行动当作一个自我的活动来理解,这样一来,它的行动就区别于我们认为是自由人的行动的那种行动,也就是说,不同于一个自我的行动"(Werke 1: 241)。

黑格尔发现,康德的实践理性公设与基督教的行动决疑(Kasuistik)在原则上是一致的,"教会道德体系有一个主要的特点,那就是它是建立在宗教和我们对上帝的依赖性这一基础上的。它的基础并不是基于我们自己的精神的事实,不是一个可以从我们自己的意识里发展出来的命题,而是某种学习得来的东西"(GW 1: 342-343)。在康德的理性立法那里空有理性的抽象形式,而它的内容却并不是出于理性自身的无条件者,因为康德的理性本身就是排除一切经验杂多的形式理性或者先验理性。所以,康德的理性法则毋宁说是依赖于事先给予的经验内容的,由于先验理性的同一性排斥有条件者,无限理性反过来被有限化了,并且在实践理性公设的名义下不自觉地将有限的内容绝对化了。[1]

实际上,康德的道德学说跟基督教的道德体系一样,"在这些道德的

---

[1] Cf. Ludwig Siep, "Hegels Metaphysik der Sitten", *Praktische Philosophie im Deutschen Idealismus*, S. 184.

和精明的规则里,行为进行的程序是先天的;这就是说,先制定了一些死板的条文作为基础,并在这个基础上构造一个体系以规定人们应该如何行为和如何感受,并规定这些或那些所谓的真理应该产生什么样的动机"(GW 1: 343-344)。康德只说对于道德法则的意识是一种理性事实,但是到底哪些法则是我们能够直接意识到的,它们是从何而来的,有何根据?这些问题统统被康德当作不言自明的东西,他相信普遍人性是存在的,普遍的法则也是共有的,可事实却明显与之相左。作为有理性的人我们确实能够直接意识到,在某些情况下有些事情是我们应当去做的,有些事情则是不应当去做的,而且它们并不以我们主观的偏好和意愿为转移,但为什么恰恰这些事情是应当,而另一些是不应当呢?我们中国人把孝敬父母视为应当,有些民族却认为把年长者放入深山,让其自生自灭是一种应当,而这在我们看来恰恰是不应当。倘若理性事实是这样的话,那连道德法则本身都没有普遍有效性,怎么可能证明自由的客观实在性呢?如果应当是相对的,那么人就不像康德说的那样是自律的理性存在者,而是依赖性的、有条件的存在者了。我们是不是允许将那些信奉与我们不同道德原则的人群都看作非理性的动物呢?

康德以为是先天必然的那些法则实际上却是后天偶然的,至少康德自己没有从理性本身出发来推演这些法则的必然性,对这些法则的内容做出具体的规定,因此,定言命令只能从先在的或给定的历史语境和行动者的心理动机等经验性因素中来获得它具体内容,这样的道德自律实际上并没有彻底避免意志的他律和人的被决定性。① 由于希望达到理性法则与人的自然情感的统一,基督教的道德体系不像犹太教那样去直接命令人的行为,而是要去命令人的情感(Empfindung)。因为一方面,基督

---

① Cf. Bernhard Lypp, "Über die Wurzeln dialektischer Begriffsbildung in Hegels Kritik an Kants Ethik", *Seminar: Dialektik in der Philosophie Hegels*, hrsg. Rolf-Peter Horstmann, S. 300.

教提出了以上帝意志为根据的客观法则；但是另一方面，为了反对犹太教的律法主义，在自己的内心中去寻找自由，基督教需要将上帝的诫命转化为内心的法则和主体的道德自觉。因此，就像康德希望通过上帝诫命的神圣性来唤起我们对那些先于我们的自我理解而被给予的法则的敬重（Achtung），从而强化我们的道德感那样，基督徒相信自己具有那种被规定的情感，相信自己的情感与《圣经》上所描写的情感相符合。但是，以这种方式产生出来的情感在力量和价值上都不可能与真实的自然情感相比拟，相反，它只是在人的自然天性中根植了一种盲目服从和依赖于权威的指导才能判断和行动的倾向，这种所谓的道德感并没有产生比合法条性、机械式的（handwerkmässige）道德和虔敬（Frömmigkeit）更多的东西（GW 1: 347）。康德的实践理性公设本以理性的统一为目的，却用一种新的、合理性的方式再现了犹太教-基督教的二元论世界观。在这种以道德为目的和根据的新宗教中，情感处于理性的强制之下，而这样一种所谓合乎理性的情感绝对不是卢梭和席勒意义上的人内在的和谐统一，也不可能成为黑格尔建构"人民宗教"的方式。① 理性立法由此走向了自己的反面，康德式的自律导致了一种更为深刻和难以克服的不自由，人类在这样一种不自觉中让自己自由地接受了一种被奴役的状态。

黑格尔敏锐地揭示了康德道德宗教与基督教教会信仰和基督教道德体系的内在一致性，在这个意义上，对宗教的实定性的判定就不能那么简单地以道德与非道德、自律与他律或内在性与外在性的对立为标准了，② 相反，理性的内容是否自身就具有现实性和真理性成了判断一个道德或者宗教学说是否具有实定性的新标准。黑格尔指出：

---

① Cf. Panajotis Kondylis, *Die Entstehung der Dialektik*, S. 106-109.
② Cf. Georg Lukács, *The Young Hegel*, pp. 18-19.

第一章 理性立法的悖论

一种实定的信仰是这样一个宗教原则的体系：它之所以对我们来说应该具有真理性，乃是因为它是由一种权威命令给我们的，而对这一权威我们不能拒不屈从，不能拒不信仰。在这个概念中，首先出现的是一些成体系的宗教原则，或宗教真理，它们不依赖于我们是否认为它们是真的，总归应当被看成是真理……对实定的教义的权威性的信仰，不是我们可以自由任意的东西，在人们完全没有了解或评断实定教义的内容之前，对权威的信仰就必须先已建立起来……即使他们承认，道德实际上是人类绝对的、最高的目标，即使他们承认，理性能够建立纯粹的道德体系（因为他们不能否认在他们眼前发生的东西），但他们必定还要坚持认为，理性毕竟自知没有能力为自己创造压倒私欲的优先地位以实现自己的要求，并且他们必定就这些要求，就人类最终目的做出这样的规定：即使不从最终目的的设定上说，只从它的实现可能上说，人也是要依赖于一个在他之外的神圣存在的。一旦理性的这种无能和我们整个存在的依赖性成了前提（这是一切后果的必要条件），那就可以完全历史地证明，某种宗教，例如基督教，是这样一种由上帝给予的实定宗教。而且这种证明现在更容易了，因为既然承认了我们的屈从地位，从而放弃了另外一种检验的标准，那我们就完全失去了探讨内在根据（innern Gründen）及其合理性（Vernunftmässigkeit），以及研究所说的事情是否合乎经验法则的权利了。（GW 1: 352-354）

康德式的理性自我立法要求服从主体为自身确立的法则，因此出于法则行动是一种自我服从；可是自我立法的存在者必须自身已经是合乎理性法则的或者服从于理性法则的，他才能为自己立法；这样一来，要求服从自己为自己确立的理性法则，就意味着理性主体首先应当是服从于某个要求他应当如何行动的理性法则,他才能为自身立法,因此必然存在着一个更高的或最初的立法者作为立法的绝对权威。① 或者我们可以换个说法,如果我们要为自身确立一条行动的准则,那么我们必须有一个理由这样做,但是如果有一个先于自我立法而存在的理由作为我们立法的根据,那么这个理由就不是我们自己施加给自己的(self-impose),而根据康德,一个对我们有约束力的准则必须是自我立法的,这样一来,康德的自律学说就不得不面对反思性的推理所导致的自相矛盾。②

  康德对这个矛盾的解决在于表明,虽然一个自身无法则(lawless)的行动者必须根据一个先行的立法者来给自身立法,但是通过回溯或者逆推(regressive argument)我们可以证明这样一个先行的立法者是出于我们理性的必然需要而产生的信仰对象,因而服从这个作为理性信仰对象的最高立法者的诫命同样是一种理性自律而非他律。尽管康德自己认为他的解决办法在理论上是融贯的,可是其中却存在着明显的悖论。因为根据康德,只有当人服从自己理性的立法时他才是自由的,可是,这种立法仅当它是出自一个更高的权威时才是客观有效的,而这个权威的诫命却不以我们的认识和理解为前提,它的真理性不能被认识,而只能被强制地信仰。这样一来,理性自律就变成了自己服从一个仿佛是自己为自己立的法,而实际上却完全受制于外在必然性的他律。所以,在 1800 年 9 月为《基督教的实定性》手稿重新撰写的导言中,黑格尔明显改变了他对"实定性"的理解:"关于一个宗教是否是实定的这一问题,较多地取决于它证明其教义的真理性和要求实践其命令的形式,而它的教义和命令的内容远不是那么重要。"(Werke 1: 221)

---

① Cf. Robert Pippin, *Hegel's Practical Philosophy*, p. 76.
② Cf. Terry Pinkard, *German Philosophy 1760-1860* (New York: Cambridge University Press, 2002), p. 59.

第一章 理性立法的悖论

康德的公设学说在图宾根使一切独断的教条现在都变成了实践理性的公设,谢林对此提出的批判越来越引起黑格尔的共鸣,促使其在伯尔尼后期深化了对宗教的实定性的批评。为了加强道德信念,上帝的合法观念需要用伦理神学和自然神学来说明,这恰好证明了康德所要追求的不外乎是基督教的实定性在另一种形态中的延续而已。① 就像卢卡奇指出的那样,当康德在《纯粹理性批判》中从认识论上将神学的对象从前门清扫出去时,却马上又用"实践理性的公设"将这些独断的命令和实定的信仰从后门迎入。② 正是由于康德的主观理性在面对事情本身时的无能(Ohnmacht der Vernunft),将理性的绝对性和无条件性变成了一种纯粹理性的独断论,导致了理性对异己存在的依赖。因为在康德那里,存在与应当是对立的,存在是有条件的、被规定的,而应当只有在有限和存在的领域之外才能保持它的无条件性,理性是通过与有限的对立来保持它的无限性的。此时,黑格尔对康德实践理性公设的学说已经有了完全不同的认识,他的思想主题已经不再是借用康德的理性信仰学说来改造基督教,而是转向了对康德理性自我立法和理性信仰学说中独断因素以及产生这种悖论的根源的批判。对于这时的黑格尔来说,康德的理性信仰毋宁只是对立的产物,在其中,上帝所担保的道德世界作为公设只是一种为了掩饰理性的无能所做的预设,而不是真正的存在和事理之本然。③

"实定信仰要求信仰某种不存在的东西。"(etwas nicht ist, Werke 1: 254)在题为"信仰与存在"(Glauen und Sein, 1797—1798)的法兰克福时期手稿中,黑格尔阐明了理性立法悖论产生的原因:因为在康德看来,凡存在的东西都有一个原因,因而它是被决定的,在存在的东西身上没有无条

---

① Georg Lukács, *The Young Hegel*, p. 20.
② Georg Lukács, *The Young Hegel*, pp. 19—20.
③ Cf. Klaus Düsing, "Jugendschriften", *Hegel*, hrsg. Otto Pöggeler, S. 35.

件的规范性;相反,规范性都是以自身为根据,它的原因在自身之内,所以它不在存在物的条件序列中,也正因为这种自我规定,规范性的东西就不是现实存在着的、可以认识的对象,而只能是一种被信仰的思想物;但又正因为它是应该被我们信仰的、能够在尘世间实现的至善,所以它应该是一种存在的东西。① 换言之,实然与应然、偏好与法则在信仰中的统一只是一种由反思独断设定的存在(reflektiertes Sein),②而不是真实的存在本身的源初统一。康德对统一性的追求以有条件者和无条件者的对立为前提,因此,他只能从应当(Sollen)来推出存在(Sein)和要求存在,应当的现实性不可能真正实现,而只能停留在信仰,"一切实定宗教都是从某种对立着的东西出发的,这东西,我们不是它,而我们又应当是它"(Werke 1: 254)。理想的东西一旦实现出来了,应当就不复为应当,理性的无条件性就变成有条件的了。而对于客体的依赖的另一个极端就是"畏惧客体,逃避客体,害怕同客体相统一——这是最高的主观性"(Werke 1: 241)。所以,阿尔都塞说得没错,康德所思考的全部的东西,就是将分裂保持在其中的这种统一性。作为实践理性信仰的至善是一种虚假的统一性,它不能与那种有限的存在物能在其中得以发生的源始性的统一性共同发展。由此,康德必须与一种悖论相斗争:他没有思考那种事实上存在着的统一性,而他所思考的那种统一性却并非一种真实的统一性。这里所反映出的是"应当"及实践理性原理的真正含义:它们以一种尚不存在的统一体的形式,来阐述那种将要实现的统一性,③以理性与自然、主体与客体的对立来保证理性立法的有效性。

---

① Cf. Manfred Baum, *Die Entstehung der Hegelschen Dialektik* (Bonn: Bouvier Verlag Herbert Grundmann, 1986), S. 51-54.
② Ingtraud Görland, *Die Kantkritik des jungen Hegel*, S. 12.
③ 阿尔都塞:《黑格尔的幽灵》,唐正东等译,南京大学出版社2005年版,第59—60页。

第一章 理性立法的悖论

康德理性立法的悖论让黑格尔清楚地看到了康德公设学说的后果与自己青年时代的理想有着多么大的差距。康德的道德哲学和一切实定宗教一样,都是从人的本性(menschliche Natur)与神性(Göttlichen)的绝对分离出发的,可是,如果我们内心中绝对没有任何东西与外来的关于道德和宗教的要求相符,如果人的本性中没有内在的琴弦(eigene Saiten der Natur),使外来的要求得到回响,神圣的法则又如何对人起作用呢?这样一来唯一的办法就只能是像实定宗教那样将人弄得愚昧,甚至完全消灭人性,让道德变成一种奴隶般的顺从(Werke 1: 224)。其实早在黑格尔求学于图宾根神学院时起,他就已经意识到,人的有朽性和偶然性只是神圣性的一个方面,宗教对于立法的意义不在于用神性来压制人性,而在于发现和培养人的自然天性当中的神圣性,不朽性和神圣性可以与偶然性相结合而且必须与一个偶然的东西相结合。在"一即万有"(ἕν καὶ πᾶν)这一斯宾诺莎理念的影响下,歌德时代(Goethe Zeit)的精神不是将神视为一位与世隔绝的造物主,而是将它理解成一个在世界中自我实现的潜能和动力,[1]而通过对康德理性立法悖论的揭示更使深受歌德时代精神浸染的黑格尔进一步明确了自己早年的理想。

实际上,黑格尔早年的所谓"神学"著作包含着两个基本目标:一方面,他希望将"客观宗教"转变成希腊式的"主观宗教"和"人民宗教",使自己民族和自己时代的宗教变得更加生动、有力,更加内在于人们的心中,更加有效地影响和塑造人们的行为与日常生活;另一方面,他希望使宗教变得更加理性化,消除基督教中的迷信和独断的成分,而后一个目标

---

[1] Cf. Otto Pöggeler, "Hegels philosophische Anfänge", *Der Weg zun System: Materialien zum jungen Hegel*, hrsg. Christoph Jamme und Helmut Schneider, S. 78-79.

是服务于前一个目标的。① 可是,康德的道德宗教却以一种似乎合理的方式重新将自由与必然、理性与感性置于完全无法调和的境地,并且给宗教的独断性披上了理性的华丽外衣。在对康德实践理性公设学说的反思中,黑格尔意识到,"只要哪里的主体与客体或者自由与自然被设想为是统一着的(vereinigt),即是说,自然就是自由(Natur Freiheit ist),主体与客体不是分离的,那里就有神圣的东西。——这样一种理想就是每一宗教的对象。神同时是主体和客体,我们不能说,神是与客体对立的主体,或者说神是与主体对立的客体"(Werke 1: 242)。对康德来说,自律就是无矛盾的自身同一,即纯粹的自发性,是理性主体对无条件的道德法则的直接意识和出于道德意识的实践活动;这种人类理性的自我立法由此便造成了行动的要求与经验事实、被动的内部自然和外部自然与主体意志活动之间的对立,至善只能始终作为一种理想存在于理性自我实现和自我认识的彼岸。所以,康德意义上的理性并不是真正的本质与实存同一的自因。与此相反,真正的自因是无限与有限在人自身内的一致,是人的理性与神圣理性本身的统一。因此,理性或者上帝本身必然既是主体又是客体,既是神性又是人性,既是心灵又是自然,既是永恒之物又是偶然之物,超绝者使自身有限化,在矛盾中与自身同一。② 只有从这种源初的自我分裂的统一性出发、从理解存在本身和现实存在中的合理性出发来推出应当,将立法理解为事情本身的自我规定而不是人的主观立法,才能从根本上避免康德理性立法的悖论,克服法的异己性。

---

① Cf. H. S. Harris, "The Young Hegel and the Postulates of Practical Reason", *Hegel and the Philosophy of Religion*, ed. Darrel E. Christensen (The Hague: Martinus Nijhoff, 1970), p. 62.
② Cf. Ludwig Siep, "Hegels Metaphysik der Sitten", *Praktische Philosophie im Deutschen Idealismus*, S. 184-185.

第三节　生命的源初统一

一、异化的不同形态

　　初到法兰克福的黑格尔已经完全从康德哲学的概念框架中走了出来,可以说,法兰克福时期是黑格尔思想发展道路上的一个重要转折点,这一时期的思考和创作才真正开始体现出黑格尔作为一名独立思想家的创造力,并且形成了黑格尔辩证法的雏形。在此期间,黑格尔写作了大量关于爱、道德和宗教,以及信仰与存在的片断,并且最终将这些零散的思考集中表达在《基督教的精神及其命运》(*Der Geist des Christentums und sein Schicksal*, 1798)这部重要的手稿当中。这些思考都围绕着一个中心问题:为了避免立法所导致的异化——不管这种异化是表现为犹太教的律法主义,还是表现为基督教-康德哲学的道德主义——我们必须寻找到一种主客未分之前的源初统一作为立法的终极根据,并阐明这种源初统一的内在机制。

　　黑格尔指出,犹太教的律法主义根源于犹太人的立法者与自然的对立。大洪水时代在犹太人的祖先心中造成了深刻的分裂:自然的巨大破坏性和人类命运在自然中的偶然性使得自然在犹太人的祖先看来从一种最初的和谐状态变成为完全无规定、杂乱无序、不可理喻的物质世界,自然成了某种完全异己的、不可信任和揣度的敌对力量。自然本身不再是一个有序的、规范性的整体,将这个物质世界的杂多统一起来的最高的统一性和规范性不在世界中,而在一个外在于世界的绝对主体中,这个绝对主体就是犹太人的上帝。在上帝的绝对命令中,世界的统一性才有其根据。但是对犹太人来说,世界的统一和秩序化只是一个无法完全实现的理想,因此只有臣服于这个外在的上帝的命令,犹太人才感觉到自己有能力统治自然。他们将自然变成思想物(Gedachtes),即作为被征服的对象(Beherrschtes)置于上帝的统治之下。犹太人的祖先与上帝订立契约,这个上帝是犹太人唯一信仰的上帝,而上帝也只承认犹太人是他唯一合法的子民,由此犹太人在他们专属的上帝那里获得了保障和统治自然的能力。犹太人的上帝对他们来说只是命令而不是真理,因为它不在世界之中,它是与有限世界分离的无限的思想和自我规定;因此上帝的立法只能信仰而不能再去追问它的根据,犹太人的道德就是去服从上帝的命令,使自己能够从上帝那里取得统治自然的资格。

这种思想与存在的二元论将人与自然的对立永恒化(Werke 1: 275)。

与犹太人的祖先对待自然的态度完全相反,希腊神话中的丢卡利翁和皮拉,这两人在当时的洪水之后,又重新引导人们同世界友好,重新回到大自然,使得人们在欢乐和享受中忘记了他们的灾难和仇敌,而归结到爱的和平,这两人就成为更优美的民族的祖先。希腊人在他们的生活中实现了与自然的和解,他们不像犹太人那样将世界分成有限与无限、思想与存在、理想与现实的二元对立,相反,自然对希腊人来说是思想与存在、理想与现实的同一。自然的客观法则和客观秩序对希腊人来说不是一种无法控制的异己力量,他们不认为自己与自然是敌对的,不会想要在对自然的征服中来将世界置于自身的统治之下。

犹太人的祖先亚伯拉罕为了成为自己的主人,为了获得自身的独立,而与自然、与他的亲族及其他民族割裂开来。这种与自然的分裂,比其他民族更为剧烈,这就是犹太教的精神。[1] 因为对他来说,统一性不在世界当中,既不在自然中,也不在犹太人与其他民族的共同存在中,所以只有

---

[1] Cf. Jean Hyppolite, *Introduction to Hegel's Philosophy of History*, p. 29.

第一章 理性立法的悖论

通过与他者的对立犹太人才能保持自身的抽象的自我同一性,维持自己作为规范性主体的统治力量;这种精神以严格的对立态度对待任何事物,维持自己,把思想提高为支配无限敌对的自然界的统一体,因为敌对的东西只有处于支配的关系中才能被统一(Werke 1: 278)。在他看来,自然和他们的现实生活中没有任何分有神性的东西,一切事物都受异己的上帝的支配,只有服从上帝的命令才能分享他的统治权力。所以黑格尔说,犹太民族的命运是麦克白式的命运,它屈从于异己的力量,在为异己力量服役的过程中,践踏了人类本性一切神圣的东西,最后还是被它的神灵所抛弃,为它的信仰本身所毁灭(Werke 1: 297)。

耶稣希望通过将人提升为一种具有普遍理性能力的主体,来反对犹太教的纯粹客观命令(Gebote)。可是,这种主体主义实际上却是以接受犹太教关于思想与存在的二元区分为前提的:既然法则是对立面在一个概念或者思想里的统一,因而概念是允许它们作为对立面,而自身又与实在相对立而存在的,所以概念所表达的只是一种"应当",一种外在于有限、与有限对立的无限。但与犹太教精神不同的是,耶稣并不是将这些概念看作异己上帝的命令,而是认为它们是由人造成的、是人能理解的,因此这些出自概念的命令就是道德的(moralisch);相反,犹太教将规范性和统一性归结为一个异己权威的命令而不是主体自身的立法,那么这些命令就是民法的(bürgerlich)。

然而,尽管耶稣对普遍主体的强调克服了犹太人的奴隶式的道德,但是思想与存在、有限与无限的对立并没有被消除,而是被转移了。因为在民法的命令里,对立面的统一不是基于概念的理解,不是主观性的,所以犹太教的律法主义导致的是犹太人与自然、与其他生命的外部对立,而纯粹的道德法则则将这种对立转移到了同一个有生命的存在之内,在人的自身内部造成了分裂,将人分裂为感性存在和理性存在。由此可见,犹太教精神与基督教精神的差别在于:"前者限于处理有生命的存在与有生命的存在之间的对立,后者限于处理一个有生命的存在的一个方面(einer Seite)、一种力量(einer Kraft)与同一有生命的存在的另一个方面、另一种力量之间的对立,在一定程度上,这个存在的一种力量统治着同一存在的另一种力量。"(Werke 1: 322)

黑格尔发现,康德的道德哲学与基督教,尤其是当时德国的新教传统分享着同样的主体性的原则。为了保持道德法则的绝对无条件性与人的主观自由之间的一致,康德将法则的约束性归结为它的普遍性。因为虽然一方面每一个应当、每一个命令无疑都表明其自身是一种要求行动者无条件遵守的绝对命令,但另一方面,作为出自主体自身的普遍理性能力的法则,这种命令又是主观的东西,并且由于是主观的东西,作为人的力量即主体的、概念的自发性的产物,命令就失掉了它的外在客观性和他律性(Heteronomie),而对那些命令的遵守也就被表明为人的意志的自律(Autonomie)的表现和人的自由的实现。不过,黑格尔敏锐地察觉到,通过这个将理性主观化的过程,道德命令的他律性只是部分地得到消除。

在通古斯族的萨满教僧侣(tungusischen Schamanen)与统治着教会和国家的欧洲牧师,或者蒙古僧侣与清教徒之间的区别,以及这些宗教信徒与服从他自己的义务命令的人之间的区别,并不在于前者是奴隶,后者是自由的,而是在于前者的主人在自身之外,而后者的主人则在自身之内,但同时仍然是他自己的奴隶。对特殊的东西:冲动(Triebe)、偏好(Neigungen)、病理学的爱(pathologische Liebe)、感性(Sinnlichkeit)或其他种种说来,普遍的东西必然地而且永远地是一种异己的东西、客观的东西。(Werke 1: 322-323)

第一章　理性立法的悖论

犹太教的精神将整个活生生的自然化约为僵死的物质,将联结世界和统一人的美丽的纽带交给异己的上帝,使得人和自然都被置于抽象的普遍性的统治之下。基督教的精神同样认识到世间之物的有限性,而将无限性保持在自己的内心或者主体性当中。因此基督教最终也像犹太民族那样将自身与世界割裂开来、与自己民族的命运分离开来,只在自己内心的纯粹性中找到自由和理想与现实的统一,基督教的上帝之国只存在于信仰者的心中、存在于无限遥远的将来。① 当犹太教精神服从于异己权威的统治之时,基督教精神则试图从这个现存的世界分离出来,从而只在它内心的孤立的纯粹性中来寻找自己的自由,而康德哲学与基督教有着同样的精神,也因此遭受着同样的命运。康德的理性自律并不是一种真正的自律,他仅只是把主人从主体外部搬到了主体内部,造成的是主体的分裂和异化,因而实际上是一种仍然被偶然性和异己的东西支配着的虚假的自律,所以在黑格尔看来,这种因为虚假的自律而造成的异化甚至比康德所谓的"他律"更糟。② 理性自律本来是为了消除权威与行动者之间的外在对立,可是却造成了人自身内在的分裂,产生了新的不自主。③ 因此,以规范和统一为目的的立法、以至善为目的的实践哲学绝不能采取康德式的主观理性的立场。

其实不管是犹太教的律法主义,还是基督教-康德哲学的道德主义,他们对统一性的追求都是以自然与自由、规定性与非规定性的对立为前提,以一方对另一方的统治为归宿。在他们看来,自然本身都是无规定的杂多,它之所以能够被当作某物而存在,即获得它的规定,只是因为有一个自身具有规定性的绝对主体将这些杂多统一起来,赋予它一定的秩序,

---

① Jean Hyppolite, *Introduction to Hegel's Philosophy of History*, p. 32.
② 赖贤宗:《康德、费希特和青年黑格尔论伦理神学》,第216—217页。
③ Cf. Manfred Frank, *Der kommende Gott: Vorlesungen ueber die Neue Mythologie*, S. 48.

这个绝对的主体既可以是一个异己的上帝,也可以是人自身的理性能力。对于犹太教的精神来说,上帝是与客体对立的绝对的主体和绝对的统一性,最终的统一在于人服从外在于自己的上帝的命令,而自然服从人的统治;而对于基督教和康德哲学的精神来说,情况并没有发生实质性的变化,只是在那里,人自身秉赋的普遍理性成为绝对的主体和绝对的统一性,最终的统一在于感性对理性、现实对理想、知识对信仰的屈从。① 因此,最终的结果与他们的期望是相悖的,犹太人、基督徒和康德都渴望通过立法来赋予世界以规范,使他们面前这个分裂的世界得到统一,但却都陷入了更深的分裂。

统一是一种赋予规范的行动,是一个自身同一的规定者将杂多统一成一个有规定的存在,就像康德的范畴对直观的统一、定言命令对任意的统一;但是,如果这个具有综合统一力量的规定者只是绝对无差异的自身同一,那么这种形式的、知性的联系只能让杂多仍然是杂多、特殊仍然是特殊,而普遍仍然是排斥一切特殊与杂多的空洞的、抽象的普遍,可能性永远不会成为现实性,知性的统一本身仍然是对立物。哪里有形式与内容、规定者与被规定者的对立,那里就有压迫和服从,那里就没有真正的理性和自由可言,"概念的把握(begreifen)就是统治(beherrschen)。使客体有生命,就是使它们成为神灵"(Werke 1: 242)。知性思维只在现实事物中看到它们的偶然性,而没有看到偶然性中所包含的永恒之物,也正因此,普遍的东西被当作特殊的东西;而当知性思维又在不经意间把特殊的东西当作一种普遍物、把偶然的或暂时性的东西加以普遍化时,实定性就产生了(Werke 1: 223)。此时,黑格尔关于"实定性"的理解已经发生了根本性的转变,判断实定与否的标准不再是康德的理性自律这样一种知性

---

① Cf. Franz Rosenzweig, *Hegel und der Staat*, S. 98.

的和主体性的标准,而在于是仅仅从与特殊性相对立的纯然的应当出发来确立规范,还是从整全的生命和存在本身来确立规范。凌驾于特殊性和差异之上的"应当",即使它是理性主体的自我立法,却同样可以是实定的。

在《耶稣传》中,黑格尔将犹太教描绘为一种对立的、实定的宗教,从康德宗教哲学的立场来理解耶稣的宗教,他将焦点聚集在他律与自律、外在律法与内在良知的冲突。而现在,黑格尔却在康德的道德法则自身当中发现了内在的对立,理性与感性、规则与欲望、概念与生命的分裂在康德式的道德宗教当中无法得到真正的和解。① 因此,黑格尔在法兰克福时期对康德所做的批判其实是黑格尔对自己先前的康德主义思想所做的反思和自我批判。② 值得注意的是,这些表面上看起来是伦理学和人类学的批判,实际上却是建立在关于普遍与特殊、可能与现实的逻辑学的和存在论的概念的基础之上的,这些概念在康德那里保持着一种分裂和对立的状态,而黑格尔却试图将它们变成一个活生生的、相互关联的概念的有机整体。③ 只有当普遍物自身表现在特殊之中,规定者自身已经是杂多和差异,而杂多不再被视作自身中完全不包含统一性的被规定者时,真正的统一才是可能的。

如果说在伦理学的语境当中,黑格尔对康德道德哲学的反思及其对"爱"的概念的发展与席勒有着密切的关联,那么,黑格尔则是通过他的另一位图宾根时期的好友荷尔德林,进一步明确了这一伦理学主张的理论

---

① Cf. Wilhelm Dilthey, *Die Jugendgeschichte Hegels*, S. 87.
② Cf. Martin Bondeli, "Vom Kantianismus zur Kant-Kritik. Der junge Hegel in Bern und Frankfurt", *Hegels Denkentwicklung in der Berner und Frankfurter Zeit*, hrsg. Martin Bondeli und Helmut Linneweber-Lammerskitten, S. 31ff.
③ Cf. Klaus Düsing, *Das Problem der Subjektivität in Hegels Logik*, S. 45; Klaus Düsing, "Jugendschriften", *Hegel*, hrsg. Otto Pöggeler, S. 36.

前提。通过席勒我们可以看到,"爱"的结构首先意味着道德行动者自身内部的分裂得到了统一,而荷尔德林通过"爱"的观念所阐发出来的那种宇宙论的和形而上学的意义则构成了这一伦理学原则的基础。① 荷尔德林在柏拉图关于爱欲(Ἔρως)的讨论和斯宾诺莎泛神论的双重影响下发现了爱的情感中所包含的同一与差异的辩证法:柏拉图在《斐德罗》(*Phaedrus*, 251a-257b)②中将对美的爱欲诠释为一种使灵魂超越尘世的桎梏,向着天界、向着万物的根源与和谐统一的理念世界展翅高飞的冲动;而斯宾诺莎"一即万有"(ἓν καὶ πᾶν)的信条则表明,一切差异(属性或样态)就是唯一的实体本身,是神自身的表现。③ 不仅如此,荷尔德林还非常清醒地意识到,道德行动者自身的分裂以及理性信仰最终无法摆脱独断论和实定宗教的命运,这一切并不是问题的症结,而只是其表现;统一性的丧失和理性的异化,其根源在康德的理性概念和反思性的哲学本身。在《许佩里翁》(*Hyperion*, 1797—1799)一书中,荷尔德林就对康德所界定的"知性"和"理性"概念做出了深刻的批判。

> 从单纯的知性(Verstand)得出的绝不是明智(Verständiges),而从单纯的理性(Vernunft)得出的绝不是合乎理性的东西(Vernünftiges)。
> 缺乏精神之美的知性,就像一个提供协助的帮工,他按照图纸上的样子把粗重的木头做成栅栏,为师傅想造的花园把削好的木桩钉在一起。知性的全部事务乃是应急之作(Notwerk)。它制定规则,使我们免于谬误和不义;但是免于谬误和不义,却并非人性之卓越的最

---

① Cf. Klaus Düsing, *Das Problem der Subjektivität in Hegels Logik*, S. 42-43.
② Plato: Phaedrus, *Plato Complete Works*, ed. John M. Cooper (Indianapolis: Hackett Publishing Company, 1997), pp. 528-532.
③ Cf. Dieter Henrich, "Hegel und Hölderlin", *Hegel im Kontext*, S. 20-24.

第一章 理性立法的悖论

高阶段。

没有精神之美和心灵之美的理性,就像一个监工,房子的主人将他置于众仆人之上;他和仆人一样不知道,从所有无穷无尽的工作中应当做出什么来,只是吆喝:你们赶紧,而又几乎不乐意看到工作有所进展,因为到了终点他就不再有什么可以驱使的了,他的角色就结束了。

单纯的知性产生不了哲学,因为哲学不仅仅是对现存事物(Vorhanden)的有限认识。

单纯的理性也产生不了哲学,因为哲学不仅仅是对在可能材料的统一与区别中存在的一个永无止境的进展所提出的盲目要求。

但是,神圣的"在自己本身中相区别的一"(ἕν διαφέρον ἑαυτῷ/das Eine in sich selber unterschiedene),这奋进着的理性的美的理想照耀着,理性的要求就不是盲目的,它知道这要求是为什么(warum),也知道是为了什么(wozu)。①

在荷尔德林看来,通过康德的知性范畴,我们只能获得关于现存事物的有限认识,因为知性的作用就像一个帮工一样,按照设计好的图型(范畴)来对现成的材料(直观杂多)进行加工,但在这里,知识的形式和内容都是外在于知性的;同样,康德的理性概念也无法真正达到世界的统一,因为这个理性就像一个监工,他必须按照主人分配给他的、一个他所不理解的目标来催促其他的仆人,但又担心因为任务的完成而失去了自己的地位,所以将这个目标的达成无限期地拖延下去,这就是康德的理性概念所包含的内在矛盾。正是因为在康德那里,作为统一性的规则和目的是

---

① Friedrich Hölderlin, "Hyperion", *Friedrich Hölderlin: Werke im einem Band* (München: Carl Hanser Verlag, 1990), S. 386.

与作为多样性的质料和现实彼此对立的,所以康德所希望达到的统一,不可避免地要以这种无法消除的对立作为前提,而康德的道德哲学和道德宗教所引发的悖论性后果,与这一基础性的分裂脱不了干系。

正是荷尔德林对康德的知性与理性概念的批判以及他所提出的"统一哲学"(Vereinigungsphilosophie)的观念,让黑格尔进一步理解了理性异化的根源以及源初统一的内在机制,尤其表现在他对"爱与生命"的阐释中:爱作为道德行动者内在统一性的体现,是一种差异中的同一(Einheit in Unterschiedenen)。① 在康德的伦理法则的概念中,特殊性被归摄到普遍法则的统治之下,二者之间是一种统治与被统治、规定与被规定的关系;而"爱"的概念则提供了使普遍与特殊达到统一的一种新的结构。② 在爱之中,理性与情感、普遍与特殊之间的对立被消融,自我既是自我又是他人,冲动既是无规定的杂多又是自我规定的法则;爱就是对这样存在于人的天性中的一种自身差异又自身同一的规范性自然和源初统一的感觉,它既非纯粹的理性,又非与理性完全对立的情感,它同时既是理性又是情感,既是多又是一。在荷尔德林的直接影响下,黑格尔尝试着将"爱与生命"这一产生自伦理和宗教问题的观念,进一步发展成一种普遍的形而上学原则。③

> 真实的统一(Vereinigung)、真正的爱只出现于有生命的存在之中,这些有生命的存在具有同样的力量,因而对彼此而言都是有生命

---

① Cf. Klaus Düsing, "Jugendschriften", *Hegel*, hrsg. Otto Pöggeler, S. 34.
② Cf. Martin Bondeli, "Vom Kantianismus zur Kant-Kritik. Der junge Hegel in Bern und Frankfurt", *Hegels Denkentwicklung in der Berner und Frankfurter Zeit*, hrsg. Martin Bondeli und Helmut Linneweber-Lammerskitten, S. 44–45.
③ Cf. Klaus Düsing, "Ästetischer Platonismus bei Hölderlin und Hegel", *Homburg vor der Höhe in der deutschen Geistesgeschichte. Studien zum Freundeskreis um Hegel und Hölderlin*, hrsg. Christoph Jamme und Otto Pöggeler, S. 101–117.

的,没有一方对对方来说是死的。这种真正的爱排除了一切对立,它不是知性(Verstand),知性的联结总是让杂多仍然是杂多,知性的统一(Einheit)本身仍然是对立物。它也不是理性(Vernunft),因为理性的规定总是与被规定者完全对立的。爱既不限制他物,也不为他物所限制,它绝不是有限的东西。爱是一种情感,但它不是一个个别的情感。一个个别的情感只是生命的一部分,而不是整个生命。生命力图破除它的限制,向前推进直至消散在情感的杂多性之中,以便在这种杂多性的全体中获得自己的满足。但在爱中全体并不是包含着这许多特殊的、分离的情感之总和。在爱中生命找到了它自己,作为它自身的双重化(Verdoppelung),亦即生命找到了它自身与它自身的合一。生命必须从这种未经发展的合一出发,经过曲折的圆圈式的塑造,以达到一种完满的统一(durch die Bildung den Kreis zu einer vollendeten Einigkeit)。分离的可能性和世界的杂多性与那种未经发展的统一相对立。在发展的过程中反思总是越来越多地产生对立物,直至它把人的生命的整体与客观性对立起来。最后,爱在完全无客体性中扬弃了反思,取消了对立物的一切自己特征,因而生命发现自身再也没有缺陷。在爱中分离物当然还存在着,不过不复作为分离物而存在,而是作为统一物而存在;有生命的东西感受到有生命的东西。(Werke 1: 245—246)

黑格尔意识到,康德的实践理性异化为一种对立的、自我压迫的非理性力量,最终导致了理性立法的悖论,其根源在于康德对"存在"问题本身的理解。康德是整个近代理性主义传统的集大成者,对他来说,由笛卡尔奠定的主体主义哲学传统是其批判哲学的一个前提。换言之,万物"是其所是"的最终根据是通过反思达到的主体自身的同一性和建立在同一律与矛盾律基础上的主观理性的普遍法则。然而,在这个从主观理性的自身同一出发来达到世界的合乎理性的统一性的过程中,不具有道德性的自然实际上就被视为一个与理性的规范性力量相对立的、消极的、僵死的世界。当康德以实践理性公设的名义来促成这种主体对客体、理性对情感、自由对自然的统治时,一方面加剧了世界和人自身的分裂,另一方面也暴露出这种纯粹理性在"应当"中徒然要求却又无法真正实现"至善"的无力。

从逻辑学来看,康德的道德法则代表了概念的普遍性(Allgemeine),而从存在论来看,道德法则是一种单纯的可能性(Möglichkeit);与此相反,人的感性自然从逻辑学来看表现为特殊性(Besondere),从存在论来看则是一种缺乏道德理性规定的现实性(Wirklichkeit)。[1] 黑格尔在康德的实践哲学中清楚地看到了普遍与特殊、可能与现实之间的这一对立,而在他自己关于逻辑学的成熟构想形成之前,黑格尔正是借用"爱与生命"的这种神秘而难以言喻的体验第一次表达了自己对"存在"(Sein)本身的一种不同于主体主义反思哲学的理解,同时也表达了一种逻辑学意义上普遍与特殊、同一与差异的辩证关系,将这一对立关系理解为绝对者的源初统一的自身关系。[2] 由此我们也可以看到,辩证法(Dialektik)在德国古典哲学中的兴起与后康德时代中的一元论世界观(统一哲学)的形成这一形而上学问题有着紧密的联系。它最初关切的问题是要找到一种新的原则来理解统一性与多样性的关系,以此阐明表现为杂多的人的内部自然(感觉、情感、欲望)和外部自然当中如何具有内在的统一性和规范性,而自身同一的理性又是如何与流变和差异化的实在融为一体,进而克服康德的

---

[1] Cf. Klaus Düsing, *Das Problem der Subjektivität in Hegels Logik*, S. 44–46.
[2] Cf. Manfred Baum, *Die Entstehung der Hegelschen Dialektik*, S. 38; see also Ingtraud Görland, *Die Kantkritik des jungen Hegel*, S. 7.

二元论所造成的理性的新的异化,恢复人以及世界整体的和谐与统一。[1]因此,当卢卡奇断言法兰克福时期是黑格尔思想发展中的一个危机时期,在此期间黑格尔放弃了伯尔尼时期的共和主义主张,而通过诉诸一种宗教的神秘体验重新转向了个体主义和极端的主观主义时,[2]他完全没有理解到黑格尔这一转变的内在动因和问题意识。同样,狄尔泰将1795—1800年期间黑格尔的思想看作一种受谢林和早期浪漫派文学影响而产生的"神秘的泛神论"(mystischer Pantheismus),[3]其实也未得其中的要领。

在《信仰与存在》这篇手稿中,黑格尔写道,"为了进行统一(vereinigen),二律背反的环节(die Glieder der Antinomie)必须被感觉为或被认识为彼此以二律背反的关系相互矛盾着的环节。但是,相互矛盾对立的东西之所以能够被认作矛盾的东西,只是由于它已经是统一起来了的。统一就是标准,参照这个标准才能进行比较;参照这个标准,对立面才表现为对立面,表现为两个没有得到满足的东西。如果现在已经表明,彼此对立的限制物本身不能成立,它们就必须扬弃自身,因而它们若要成为可能的,就必须以统一(Vereinigung)作为前提"(Werke 1: 251)。在黑格尔看来,康德虽然指明了理性以自身为根据的绝对性和无条件性,但是,由于坚持知性的同一律和矛盾律,康德不得不把理性与代表着无序、差异和杂多的自然对立起来,并且为了证明理性自身的现实性和世界合乎理性的统一性,最终只能以一种新的独断论的方式来要求那些坚固的对立重新统一起来。就像谢林所说的那样,康德哲学为我们提供了一个正确的结论,但缺乏一个充分的前提。对黑格尔和他的朋友们来说,这个足以作为前提的最高原则,不是康德式的反思的、设置对立的理性,而是一个能够

---

[1] Cf. Panajotis Kondylis, *Die Entstehung der Dialektik*, S. 11–14.
[2] Cf. Georg Lukács, *The Young Hegel*, pp. 107ff.
[3] Cf. Wilhelm Dilthey, *Die Jugendgeschichte Hegels*, S. 54ff.

将对立包含在自身之中的源初统一。

因此在黑格尔那里,作为理性与现实相统一的"至善",不是康德通过理性推论所达到的结果,而是理性自我实现的开端和出发点。① 在这个现实化的过程中,理性不是作为一种外在于现实的力量,通过康德的道德行动者,按照至善信仰的蓝图,以道德行动的方式来改造自然,因为在理性与世界相分离的前提下,这将是一个永无止境的坏的无限。相反,理性的现实性基于现实本身的合理性,从这个源初统一的前提出发,充满流变、差异和矛盾的世界不再被视为僵死的、非理性的因素置于理性的对立面,而是作为理性的自我同一,扬弃在生命的自我实现之中。这个以自身为根据、回到自身的生命,才是黑格尔心目中真正的无限。所以在黑格尔那里,"生命"既是康德先验理性的完成,也构成了先验理性的前提。作为一种自身二重化和向自身回返的有差异的同一,生命才是真正的自我圆成的绝对,它不要求杂多屈从于自己的统治,而是将分裂和反思作为实现自身的一个必要环节。作为自身同一,生命赋予内容以形式,但是作为一种有差异的同一,它将差异包含在自身之内,因此更准确地说,生命不是赋予内容以形式、赋予事物以规范,而是使内容自身产生出形式、使事情本身产生出规范,它是形式与内容的真正统一。② 在这个意义上,生命是一种实体化的理性,它是一个动态的生长过程而不是静态的建构;真正的爱是一种对于生命的统一性的感受,而生命意在指涉一种具有规范性含义的主客体同一的存在论维度。③ 在生命的源初统一中,每一物仍然保持它们自身的独立性,但它们不再是无规定的杂多,而是有规定的个体。普遍

---

① Cf. Klaus Düsing, *Das Problem der Subjektivität in Hegels Logik*, S. 44.
② Cf. Herbert Marcuse, *Reason and Revolution* (London: Routledge & Kegan Paul Ltd., 1955), pp. 37–39.
③ Cf. André Wylleman, "Driven forth to Science", *Hegel on the Ethical Life, Religion and Philosophy (1793–1807)*, ed. A. Wylleman, p. 13.

性和特殊性在生命中得到中介,每个存在既是自相同一的个体同时又是整个生命本身。爱和生命构成了绝对者的根本规定,它在自然和意识中使自身有限化,在它自身分裂的样态(Modifikation)中与自身同一,将自身把握为全体,而这个过程的表达就是自然和伦理的形而上学。①

二、命运与惩罚

在康德的道德观念里,法则与偏好的对立仍然保持着,普遍的法则是赋予规范的统治者,而特殊的偏好则是无规范性的被统治者。照康德的这种看法,处于一致的两个方面既然是不同的,那么它们的一致只能是偶然的,只能是两个异己的东西的统一,只能是在思想中而不是在现实中的一致。但是,在爱的关系或者合乎法则行动的意向(Geneigtheit)中,偏好与法则却达到了一种统一,义务、道德意向等等不再是与偏好相对立的普遍物,而偏好也不再是与法则相对立的特殊物。偏好和法则的一致意味着法则和偏好已经不再是绝对不同的东西了,义务本身变成了一种偏好(Neigung),这样一来,"这种爱的意向不仅使得那个命令就内容说来成为多余的,而且也打破它作为命令的形式,因为命令的形式意味着一个命令者与一个抗拒命令者之间的对立;爱的意向排除了任何关于牺牲、毁灭、压制情欲的思想,它同时比起理性的冷酷的命令是一个具有更丰富更有生命的充实内容"(Werke 1: 327)。

爱虽然是一种病理学的情感,但是却并不是一种以自利为目的的、没有任何规定性的纯粹动物性冲动,相反,爱作为一种现实物,它自身中包含着统一,它是人的伦理本性或第二自然的表现。我们出于天生的自然倾向而爱自己的父母,孝敬父母是在这种爱的情感中自发地产生出来的

---

① Cf. Ludwig Siep, "Hegels Metaphysik der Sitten", *Praktische Philosophie im Deutschen Idealismus*, S. 185.

规范性要求,它既不是法律明文规定的赡养义务(法律的规定以惩罚作为威胁和自身的保障),也不是基于我们对一种先在的道德法则的尊重,好像我们要先让自己意识到存在着一种崇高的道德要求,我们才应该去做善事。相反,这样的道德自律毋宁是一种最大的伪善(Heuchlei),因为当行动的道德性被归结为出于对道德法则的尊重而行动时,道德就变成了纯粹出于内心的事情,人们甚至可以认为自己只要具有这种道德意识或者由于这种道德意识而产生一种聊以自慰的道德情感,即便做了错事或者什么都不做,自己仍然已经是个好人了。只有在一种非反思的合乎法则的偏好中,存在于理性主体内部的感性与理性的分裂才能取得和解:"我欲做某事"与"我应当做某事"在这种偏好中是一致的,而且这样的一致性并不是道德反思和出于尊重道德律的结果,因此,在这种包含着规范性自我理解的自然倾向中,法则虽然失掉其为法则的抽象、异己的形式,但却保留了法则所具有的普遍的规范性内容。

可是黑格尔发现,对康德式的道德主义的克服只能够使人与自身的异化得到和解,而人与世界、与他人的异化却仍然存在着。外部世界存在着的客观的法律对于人们来说仍然是一种异己的、强制性的约束力量,这一点在康德关于法律与强制的观点中表现得尤为明显。当康德的《道德形而上学》(*Metaphysik der Sitten*, 1797)出版后,黑格尔很快就对这部著作做出了反应,并为之撰写了一篇书评。[①] 遗憾的是,这篇评论的手稿并没有保存下来,我们只能通过罗森克兰茨的转述来了解它的大致内容。在这篇评论中,黑格尔分别就康德著作的导论、法权论和德性论这三个主要部分做出了针锋相对的阐述。首先,他质疑康德将实证法意义上的合法条性(Legalität des positiven Rechts)与作为一种知善知恶的内在性的道德

[①] Cf. Klaus Düsing, "Jugendschriften", *Hegel*, hrsg. Otto Pöggeler, S. 35.

性(Moralität der sich selbst als gut oder böse wissenden Innerlichkeit)严格区分开来的做法,并设法在"生命"这个更高的概念中使两者统一起来。其次,黑格尔反对康德对自然的压抑,以及由于义务概念的绝对主义(Absolutismus des Pflichtbegriffs)所产生的决疑论而导致的人的分裂。[1] 此外,黑格尔还试图克服康德将国家与教会进行分离的二元论主张。现代国家的法律以所有权(Eigentum)作为原则,它通过规定各种权利来进行立法,这使得国家的法律与教会的法律之间出现对立。因为仅仅将人理解成一个所有者是不完整的,与之相反,教会将人作为一个整全体(Ganze)来看待,它的目标是使人获得一种整全感。[2] 可是在黑格尔看来,这种将人作为一个整体的教会精神在康德关于国家与教会的二元论中是不可能实现的,它不仅与现代国家的立法相矛盾,而且与它自身的整体性要求相背离。[3] 根据康德的想法,真正的教会,即"无形的教会"(Unsichtbare Kirche)是一个基于道德动机来行动的伦理共同体,这与不考虑行动者的动机而只从其行动是否合乎法则来判断其行为之合法性的现代国家是完全不同的。一个处于政治共同体中的公民却可能仍然处于伦理的自然状态当中;外在的行为遵守强制性法律并不是理性和自由的完全体现,唯有在出于道德动机的行动中才有真正的自由。而走出伦理的自然状态的途径就是建立作为伦理共同体的教会,这个理想的"无形教会"的建立是基于人类道德理性的信念,只有当人们出于自己的道德理性将自己作为上帝的子民与其他理性存在者联合在一起时,人类才能够走出自己作为特殊的感性存在者与作为普遍的理性存在者的分裂状态,获得一种整全之感(KGS 6: 95-102)。然而在黑格尔看来,这种存在于人类的无意识与从

---

[1] Cf. Karl Rosenkranz, *Georg Wilhelm Friedrich Hegels Leben*, S. 87.
[2] Karl Rosenkranz, *Georg Wilhelm Friedrich Hegels Leben*, S. 87-88.
[3] Cf. Franz Rosenzweig, *Hegel und der Staat*, S. 110-112.

自然向理念奋进的生命之间那令人苦恼的矛盾,正是当下世界的危机所在。既然如康德所言,人类具有某种无法彻底消除的根本之恶,那么人类在迈向伦理共同体的过程中所感受到的痛苦(Leiden)必然始终与限制(Schranken)的意识联系在一起。就像黑格尔指出的那样,这种善与恶、感性与理性、内在动机与外在行为之间的对立,以及对人性中的所谓"根本恶"的扬弃,在自然方面是否定的,在意志方面是肯定的。而在命运(Schicksal)中,通过权力建立起来的限制的规定性(Bestimmheit)却不是与生命相分离的。限制者不是将统治建立在权力,即特殊对抗特殊(Besonderes gegen Besonderes)的基础上,而是建立在普遍性(Allgemeinheit)的基础上。与康德将作为伦理共同体的教会与作为政治共同体的国家对立起来不同,黑格尔试图向我们表明,"当国家的原则是一个完满的整体时,教会与国家就不可能被区分开来",①这恰恰预示着黑格尔在后来的法哲学研究中对国家与市民社会所包含的伦理意义的阐释。

黑格尔在评论康德《道德形而上学》一书时所表达的基本思想,在他关于《基督教的精神及其命运》的手稿中得到了进一步的阐发,而这一次黑格尔将焦点集中到康德关于惩罚与正义的论述上。在《道德形而上学》一书的"法权论"(Rechtslehre)部分中,康德专辟一节来讨论强制对于保护自由的正当性,他指出:

> 与一种作用的障碍相对立的阻抗,就是对这种作用的促进,而且与之相一致。于是,一切不正当的东西,都是根据普遍法则的自由的一种障碍,但是,强制就是自由所遭遇的一种障碍或阻抗。因此,如果自由的某种应用本身就是根据普遍法则的自由的一种障碍(亦即

---

① Karl Rosenkranz, *Hegels Leben*, S. 88.

不正当),那么,与这种障碍相对立的强制,作为对一个自由障碍的阻碍,就与根据普遍法则的自由相一致,亦即是正当的,所以,按照矛盾律,与法权同时相联结的是一种强制损害法权者的权限。(KGS 6: 231)

根据康德的观点,触犯法律的行为是对根据普遍法则的自由的一种障碍,因而是不正当的;根据矛盾律,与犯法行为相对立的对犯法者的强制和惩罚就成了对妨害自由的行为的一种阻碍,因而是与根据普遍法则的自由相一致的,在这个意义上,惩罚就成了对正义的维护。康德的惩罚理论仍然延续了他在谈论认识论问题时所采用的牛顿机械力学的模型,这种知性的观点实际上遵循的是一种与犹太教的律法主义相同的报复性的原则,他将正义理解为排斥一切对立和差异的普遍法则的同一性,如果破坏这种同一性的行为是非正义的,那么与这种犯法行为相反的惩罚就是正义的。然而,这样一种报复性的正义并不是自由和理性立法的真正实现,而是通过将犯法者永远置于法律的对立面,将人置于残酷的命运的支配之下来保持法律的同一性。黑格尔在《基督教的精神及其命运》中对命运与惩罚所进行的分析可以说是他早年神学著作中最具独创性的一个部分。在这一段晦涩的文字中,黑格尔着重批评了康德知性反思的正义观,并进一步表明,理性法则的实现是作为实体的生命和存在本身在自我否定和自身差异的过程中返回自身的圆圈,而不是通过排斥差异和对立面来保持自身同一的形式法则,由此才能克服形式与内容的对立,最终达到理性与现实的和解。

黑格尔对"惩罚"所做的分析以及在此基础上提出的"生命"概念,很大程度上得益于好友荷尔德林所提出的"统一哲学"(Vereinigungsphilosophie)的构想。我们可以清楚地看到,在与荷尔德林分享各自的理论进展之前,黑格尔的工作完全是以康德哲学为基础的,他所使用的哲学术语和概念框架是非常狭窄的,黑格尔对此心知肚明。尽管收到了谢林来自图宾根的报道,以及谢林关于费希特和斯宾诺莎所进行的研究,他也不觉得有改进这一理论基础的必要。但到了法兰克福之后,黑格尔无法再沿着康德所设定的这条道路进行下去了。荷尔德林让黑格尔看清了这一事实,康德的概念框架不足以把握他们早年共同的理想和信念:希腊城邦是一个统一体(Vereinigung),而不是自由的个人的结合;自由不能仅仅理解成自我(Selbstheit)的保存,还应该理解为爱中的献身(Hingabe);而美的经验也不仅仅是对理性法则的敬重。[1] 更为重要的是,正是荷尔德林对费希特"知识学"(Wissenschaftslehre)基本原则的批判,使黑格尔更加清楚地意识到,我们再也不能将绝对者和理性的自律理解为意识的内在结构,主观观念论哲学才是导致理性异化的内在根源,这为促使黑格尔后来转向对康德、费希特的理论哲学的研究起到了直接的推动作用。[2] 在一篇题为"判断与存在"(*Urteil und Sein*, 1794-1795)的简短而富有洞见的手稿中,荷尔德林对费希特的"绝对自我"(Absolute Ich)观念展开了批判,并且进一步提出了"统一哲学"的基本原则。

我们知道,费希特在莱因霍尔德等人的影响下,试图将康德的先验观念论(二元论)改造成一种一元论的"基础哲学",其中最为关键的步骤就是通过将"自我"把握为统一自我与非我的本原行动(Tathandlung),使得客体或非我不再只是一种与主体相分离的、无法被把握的存在,而是构成主体自身的规定,在"自我"之外不存在任何与之相对立的客体,由此"绝对自我"就包含了一切实在性,获得了斯宾诺莎的"实体"所具有的意义。换句话说,"自我"的纯粹形式应该被理解为"我是我"(Ich bin Ich)的这

---

[1] Cf. Dieter Henrich, "Hegel und Hölderlin", *Hegel im Kontext*, S. 23-24.
[2] Cf. Johannes Hoffmeister hrsg., *Briefe von und an Hegel*, Band 1, S. 19-20.

种"与自身相符合"（Übereinstimmung mit sich selbst）或者"依其自身存在"（Bei-sich-selbst-sein）。① 这就为消除康德在"先验自我"构造的显象与物自体之间所设下的界限找到了一条可行的道路，在康德体系中始终处于对立中的主体与客体、自由与自然也由此而获得了统一的可能。所以说，费希特最重要的洞见就在于指出，意识（Bewußtsein）必须在矛盾对立的意义上来理解，而不能将其理解成康德所说的"杂多的综合"（Verbindung von Mannigfaltigem）。② 这样一来，在康德那里作为一种意识理论存在的"自我"就获得了某种存在论的意义，成为一种关于世界整体的实在性问题的学说，而不再只是一种关于知识与道德之根据的主观意识理论。康德为避免重蹈独断论形而上学的覆辙所明确拒斥的这种存在论建构，却成为后康德哲学突破主观主义的限制、克服康德二元论的一条新出路。③

不过，荷尔德林却敏锐地发现了这一隐秘的存在论方案当中所存在的问题。他指出，这种自我意识的"同一性"（Identität）本身并不等于"绝对存在"（absoluten Sein），换言之，在费希特那里，主体与客体的二分并没有因为其对主体的改造而被真正地克服，特别是在实践判断中，自我与非我的对立表现得尤为明显。④ 不可否认，"判断"是知识的一种基本形式，只有通过将主词与谓词联系起来形成一个判断，我们才能使杂多的感觉归摄到一个普遍的概念之中，从而将认识与杂乱的感觉区分开来，以获得某种统一的认识，这样我们就能确定某物是什么，由此也才谈得上真假对错的问题。可是，判断的这种形式容易使人把主词与谓词、本质与现象、

---

① Cf. Angelica Nuzzo, "Freiheit beim jungen Hegel (Bern und Frankfurt)", *Hegels Denkentwicklung in der Berner und Frankfurter Zeit*, hrsg. Martin Bondeli und Helmut Linneweber-Lammerskitten, S. 188.
② Cf. Dieter Henrich, "Hegel und Hölderlin", *Hegel im Kontext*, S. 20. 我们将在下一章中对费希特耶拿时期的"知识学"的内在逻辑以及黑格尔对其所进行的批判做更为详尽的论述。
③ Cf. Panajotis Kondylis, *Die Entstehung der Dialektik*, S. 305-306.
④ Cf. Klaus Düsing, *Das Problem der Subjektivität in Hegels Logik*, S. 49.

概念与实存割裂开来看待，认为事物的存在与意义是由一个思维着的自身同一的主体用规则来规定杂乱无章的客体所获得的，从而给予主体或自我以某种本源性的地位。而在"判断与存在"这篇手稿中，荷尔德林却将"是"或存在(Sein)作为源初的统一提了出来。在他看来，系动词"是"表达了主体与客体的联系，在我们做出一个主谓判断"S 是 P"之前，是或存在中已经包含了主体与客体之间的源初综合统一，即在主体与客体彼此对立起来之前，一种源初的自我规定的规范性事实已经作为一种理智直观(Intellektualen Anschauung)存在着，否则我们根本无法做出判断。换言之，先于我们在思维主体中对事物的存在进行规定之前，事物本身必须已经作为一种源初的统一而有其自身的规定；如果没有这个源初的"是"，就不会是"什么"，即具有某种本质(Wesen)；正是这一存在论的"事实"(Tatsache)使绝对自我的"本原行动"得以可能。① 因此，存在既是主体又是客体，既是规定者又是被规定者，既是统一又是杂多。所以说，纯粹的自我同一性(Identität)，即"我＝我"还不是最初的统一，因为"我是我"就表明"我不是非我"，在主体的这种同一性中，自我与非我的对立并没有被统一起来，这种统一只发生在概念中而不发生在现实中，因此主体还不是绝对的存在(die absoluten Sein)。判断(Urteil)打破了存在的源初未分状态，荷尔德林从对构词的分析上表明了判断与分裂之间的内在关系：判断就是源初的划分(Ur-Teilung)，正是通过判断所造成的源初分裂(ursprüngliche Trennung)，主体与客体才首次成为可能。但是主体与客体的这种划分和对立并不是绝对的，因为在划分(Teilung)的概念中已经有客体与主体相互关联的概念和一个整体的必要前提条件，客体与主体都

---

① Cf. Panajotis Kondylis, *Die Entstehung der Dialektik*, S. 309.

是这个整体的一部分(Teile)。① 不同于费希特将自己设定对立面的"自我"作为哲学的开端,荷尔德林指出,在区分主体与客体、自我与非我之前,已经存在着一种源初的统一,如果没有"是"本身就不会有主体和客体,它构成了主-客体得以区分的前提,而黑格尔则将这种源初的统一称为"生命"(Leben)。这种想法恰恰体现了斯宾诺莎一元论的基本精神,所谓"存在"或者"生命"就是斯宾诺莎意义上的"实体"(substantia),在此基础上,主体与客体不再是两种不同的实体,而是同一实体的不同"属性"(attributus),因而主体与客体的关系必须理解为这一源初实体的自身关系,它们的分裂和统一不是一个自我意识的主体的行动,而是实体自身的运动。②

在黑格尔关于命运与惩罚的分析(Werke 1: 336-353)中,犯法(Verbrechen)实际上就是一种判断和源初的划分,是对作为规范性事实的自然(Natur)的源初统一性的破坏。在这一分裂中,自然的规范性内容被犯法者当作偶然的经验性杂多排斥掉,而法的规范性形式却被保留下来。就像莎士比亚笔下的悲剧人物麦克白那样,他身为苏格兰国王的臣子,他的存在或自然就构成了他应该忠君爱民的本质规定(Bestimmung)或者规范性要求,这是一种自然正当(natural right)。但是,当他在女巫的诱惑和夫人的怂恿下杀害国王邓肯、弑君篡位,这一谋反或犯法行为就破坏了源初的统一性,造成了形式与内容的分裂。麦克白作为弑君者将那种自然的规范性要求当作某种缺乏普遍必然性的、偶然的经验性内容加以拒斥,并且在规范性的形式中填入自己认为正当的内容。因为源初的统一遭到了

---

① Friedrich Hölderlin, "Urteil und Sein", *Friedrich Hölderlin: Werke im einem Band*, S. 597-598.
② Cf. Dieter Henrich, "Hölderlin über Urteil und Sein", *Konstellation*, S. 56-58; Dieter Henrich, "Hölderlin in Jena", *The Course of Remembrance and Other Essays on Hölderlin*, pp. 104-105.

破坏,被分裂为形式与内容、规定者与被规定者,因此对立面的统一就只能存在于概念和形式中,而不可能存在于现实的经验内容中。由于自在自为的规范性事实已经被犯法者当作偶然的东西否定掉了,他就只能在概念中为自己正名。只要他有足够的力量(Macht),他就可以通过主体的形式统一来规范客体,一条法律就这样在概念的普遍形式中被制定出来,可是这样的法律是缺乏内容的抽象的普遍性,形式对内容的统治始终是一种偶然的关系。

当犯法者制定出一条法律,宣布他的犯法行为是正当的,这时,他实际上是将自己置于这个概念的要求之外。然而,概念的普遍必然性要求犯法者以同样的法律来对待他自己,他必须丧失同他自由犯法所损害的别人的权利相等的权利。由于自然的规范性已经被犯法的行为完全破坏了,这条法律就不再是人的本质规定的实现,而是否定一切内容的形式统一性,即一种惩罚性的法律(strafendes Gesetz),法律的这种形式是直接与生命相对立的,因为它标志着生命的毁灭。作为纯然抽象的、反思性的概念,这种法律和惩罚使得生命的多样性与法律的统一性之间始终无法取得真正的和解。[①] 法律变得高高在上,没有人性固有的尊严和品格,相反,这种只具有形式统一性的法律作为惩罚上的正义(strafende Gerechtigkeit)坚持惩罚是罪有应得的,它是用犯法者自己制定的法律来反对他本人,因而这种惩罚的异己性是不能被扬弃的。即便遭受了其应得的惩罚,即便他被从肉体上毁灭掉或者他的内心为自己的行为感到愧疚,犯法者始终是一个应受惩罚的人,因为他的犯法行为在破坏了源初的统一性的同时也将自己的本性消解了,他的存在只是一种没有实质的规范性内容的自我持存,当他失去了维持这种统一性的力量时,他所制定的法律就会反过

---

① Cf. Rudolf Haym, *Hegel und seine Zeit*, S. 59.

第一章　理性立法的悖论

来压迫他自己,作为一个犯法者,他将永远是一个犯法者。当然这样一来,法律是得到了满足,不过犯法者仍然没有同法律取得和解。这种惩罚性的法律不仅不能促进理性与自由的实现,反而使人不得不屈从于另一种机械必然性的统治。

> 惩罚是违犯法律的后果,犯法的人在犯法的行为中脱离了法律,但是他又仍然依赖法律,他不能逃脱法律,既不能逃脱惩罚,也不能逃脱他自己的行为。因为既然法律的特征是普遍性,而犯法者所破坏的是法律的内容,但法律的形式、普遍性仍然存留着。犯法者以为他超出了法律,变成了法律的主人,然而这个法律仍然存留着,而且法律现在是按照内容来反对他了,因为它具有与此前的法律相矛盾的行为的形式,而行为的内容现在却具有普遍性的形式并且是法律了。法律的这种颠倒(Verkehrtheit),即法律变成了它从前之所是的反面,就是惩罚(Strafe)。因为那个脱离了法律的人,仍然受法律的支配。既然法律作为普遍的东西仍然存留着,同样那犯罪的行为也仍然存留着,因为它是特殊的东西。(Werke 1: 341–342)

犯法者首先破坏了生命和自然的同一性,否定自然具有普遍的规范性,并代之以他的主体的规定性来颁布法律,规范性的根据被犯法者揽到自己身上。但是普遍的形式却要求犯法者以同样的内容来对待自己,既然侵犯他人在犯法者看来是正当的,那么法律的普遍形式就要求对犯法者也以同样的方式进行对待,惩罚实际上是犯法者自己所设定的法律的一种颠倒或者变形。由于他的自我同一性完全是抽象和空洞的,因此当他失去了通过排斥对立面来保持这种抽象的自我持存的力量之时,他就变得什么也不是,而当惩罚用强力将这种抽象的形式的法律施加在犯法者自己身上时，法律成为一种异己的规范力量，他自己就变成了被规定者，成了法律的奴隶。犯法者希望在自己的现实性中与法律取得和解，但他对法律的意识与他的现实是相互矛盾的，因为他的现实存在是完全无规定的特殊，这种特殊性和存在于特殊与普遍之间的对立是他犯法的后果，因此，他的自我认同永远依赖于概念中而非现实中的统一，当法律宣布他为犯法者，他就永远把自己看成犯法者。法律永远是异己的力量，不管它存在于主体自身之内，还是存在于主体之外的规定者那里，这就是知性思维的分裂所造成的必然后果。

与这种以概念与现实对立为前提的报复性的惩罚不同的是，被理解为命运的惩罚实际上是源初统一的自我分裂，并且真正实现了向更高的、现实的统一性的提升，在命运中存在着正义与和解的可能性。在源初未分的统一中，"是"即应当，实然与应然在此是统一的；存在直接规定每个人根据他的本性或自然所应当践履的规范，命令与命令的执行之间没有分离，每个人的本性要求他去做的事情也是他倾向去做的，因为只有通过合乎自然的行动，他们对自己的存在才能得到确证，他的本性才能趋于完满。"是"或存在先于判断中主体与客体的区分而使判断得以可能；每个特殊个体的自我认同都是关系性的，即以他人为条件的，因此每个人的本质规定都包含着一种带有普遍规范性的自我理解；人们一开始并不会将这些特殊的规定看作纯粹偶然的、缺乏正当性的杂多，转而在概念和主体性中来寻求正当性的基础和规范性的力量，在自然中，人作为关系性的个体，是普遍与特殊的统一。

这种源初的统一性在古希腊悲剧人物的命运上体现得尤为明显。比如在索福克勒斯的悲剧《安提戈涅》中，不论是安提戈涅、海蒙，还是克瑞翁，他们都做到了与自己的本性和身份（identity）要求他们去做的事情，每个人都尽到自己的本分，在这些职责的履行中，他们维护了自然本身的秩序也确证了自身的存在。尽管命运的悲剧是不可避免的,但他们都没有在命运中感到一种来自异己力量的压迫感,命运的惩罚并没有让他们感到自身的分裂,相反是对他们自身存在的完成和实现。① 因为即便是犯法者,他也是自然本身的一部分,命运的惩罚对他来讲也是他自身本性和出于这种本性的选择所要求的。"这种命运作为一种可能的感觉,是对命运的敬畏,这是一种与对惩罚的恐惧完全不同的感觉。前者是害怕分裂,是对自己本身的畏惧;而对惩罚的恐惧则是对一个异己力量的畏惧,因为即使法律是作为自己的法律而被认识到,在对惩罚的恐惧中惩罚依然是某种异己的东西……与此相反,在命运里,这个敌对的力量乃是敌对化了的生命的力量,因此对命运的畏惧不是对一个异己力量的畏惧。"(Werke 1: 344)就像珀格勒指出的那样,对于悲剧中这些"美的存在"(schöne Wesen)来说,规定性(Bestimmende)和神性(Göttliche)并不是凌驾于生命之上,与他们的欲求、偏好和爱相对立的强制性的法律,而恰恰是在这些法则的践履中认识到生命的全体,②并且返回和接近他们真正的自己(Werke 1: 345)。

然而,源初统一的分化又是必然的。黑格尔在悲剧中看到了自然中存在的内在冲突:不同的身份和义务之间的冲突让安提戈涅感到痛苦,但她却能坦然地面对这一切,她选择了遵循神的法律,尽自己作为一个人而不是公民的义务;她选择了触犯城邦的法律,并且清楚地知道自己必将受到惩罚也应当受到惩罚,因为这是她的命运,是她的本性的要求,只有接受惩罚她的存在才能得到完善。虽然安提戈涅在她的选择中表达了自己的判断,使源初的伦理现实发生了分裂,并且在这种分裂中感受到了痛

---

① Cf. Wilhelm Dilthey, *Die Jugendgeschichte Hegels*, S. 91–92.
② Otto Pöggeler, *Hegels Idee einer Phänomenologie des Geistes*, S. 80.

苦,可是通过接受惩罚,个体生命复归于自然,与自然和自身都取得了和解。① 这种惩罚不是一种报复性的或者惩罚性的正义(Gerechtigkeit als strafendem Gesetz),之所以无法扬弃异己法律的统治是因为它发生在不可克服的对立中,犯法者将自身从整个自然和关系中割裂开来,与世界对立起来;而惩罚通过一个执行者将犯罪的特殊性归置于普遍法则的统治之下,这种惩罚性的正义始终是某种偶然的东西,法则的普遍性与犯法者的行动和生命的特殊性之间依然是彼此疏离的。② 相反,作为命运的正义(Gerechtigkeit als Schicksal)是在生命的范围之内发生的,犯法者从不将自然作为一种偶然的事实加以拒斥,所有的特殊性都通过一个生命的发生过程(lebendiges Geschenen)而被包含在命运的普遍必然性中,③犯法者并没有因为判断和分化而失去生命的友好性,他还可以依靠自身的力量来恢复自身的整全性和统一性。④

从法律或应当的观点来看,犯法破坏了源初的统一性,存在被分裂为主体与客体之间截然的对立,只有在主体的自身同一中才具有规范性的根据,而与主体对立的客体或非我是无规定的杂多。根据同一律,自我是自我,自我不是非我,非我也不可能与自我相统一,所以,法律表现为思想对现实、普遍对特殊的统治。相反,从生命或者存在的观点来看,主体与客体的对立并不是绝对的,因为主体的同一性,即"我是我"就其与客体对

---

① 黑格尔后来在《精神现象学》中引用了索福克勒斯的悲剧《安提戈涅》里面的女主人公安提戈涅的一段自白来阐发伦理意识的含义:"因为我们遭受痛苦的折磨,所以我们承认我们犯了过错。"(Weil wir leiden, anerkennen wir, daß wir gefehlt.)并且解释道:"如果伦理意识事先就已认识到它所反对的、被它当成暴力和非正义的、当成伦理上的偶然性的那种法则和力量,并像安提戈涅那样明知故犯地犯下罪行,那么,伦理意识就更为完全,它的过失也就更为纯粹。"(GW 9: 255-256)
② Cf. Otto Pöggeler, *Hegels Idee einer Phänomenologie des Geistes*, S. 41.
③ Cf. Otto Pöggeler, *Hegels Idee einer Phänomenologie des Geistes*, S. 41.
④ Cf. Otto Pöggeler, *Hegels Idee einer Phänomenologie des Geistes*, S. 84.

立来看,是没有任何规定性的,主体只是抽象的自我同一;主体与客体的划分之所以有意义,是因为自我已经包含着非我的规定。"我是我"或"S=S"本身没有任何进一步的规定,只是单调的重言式,只有当我们将不同的谓词加给主词时,即 S=P 时,主词才是有意义的。但是当我们说 S=P 时也就意味着 S≠S,这已经表明自我不是自我、自我是非我,主词或自我的同一性和本质规定必然包含着与自身的差异,否则这个判断就只是一个没有任何规定的同义反复。因此,就像荷尔德林在批判费希特的"绝对自我"时所指出的那样,只有当自我源初地就是非我的时候,"我=我"才有意义,否则,那作为客体的对立面的自我只不过是虚无。① 换言之,如果自我不包含作为客体的非我,那么自我就没有资格作为规范性的绝对主体或者绝对存在,作为对立面的我不能作为自身同一的我得到认识,在它自身之内就不能包含一切实在性。② 因此,主体与客体、自我与非我的这种分化和关联是存在自身的设定,它们只是作为存在的源初统一这个整体中彼此关联、彼此依存的两个部分存在着。

当犯法者在伤害他人,将他人的存在作为一种无规定的非我加以否定之时,实际上就是在否定自身,犯罪者用意在戕害对方的生命,但他只是摧毁了自己的生命,因为生命并不是不同于生命的,一切生命是在一个单一的源初统一的存在之内的。《麦克白》中班柯并没有因为赴宴时被麦克白杀害而消失,他的冤魂竟然出现在麦克白的座位上,这象征着一种无法消除的异己性,这种非同一的异己力量并不会因为犯法者自己的任性和意志而被消灭(Werke 1: 343)。没有了与自我相互关联的非我,源初的统一性就会彻底瓦解为混乱无序的杂多。自我就会由于缺乏规定性而被异己的法律形式所奴役。正义也因此不再具有出自理性或者概念自身的

---

① Cf. Johannes Hoffmeister hrsg., *Briefe von und an Hegel*, Band 1, S. 19-20.
② Cf. Friedrich Hölderlin, "Urteil und Sein", *Friedrich Hölderlin: Werke im einem Band*, S. 598.

规定性,而只能将自己委身于偶然和任意的强力的统治。犯法和对生命的伤害将犯法者置于深刻的对立和自我异化之中,可是黑格尔发现,恰恰是在对立中存在着重新统一的可能性:自身内部的分裂和来自异己力量的压迫感让犯法者感到巨大的痛苦,然而,痛苦(Schmerz)是有生命者的感受,在痛苦中感到生命的对立和自我的分裂越大,则重新获得生命的统一也越大。当犯法者意识到被自己伤害的生命实际上是与自己相同的生命之时,他就被重新接纳到存在的整体当中,与他人分享着同一个生命,因此犯法者不再将自己仅仅看作一个犯法者,而同样是生命的一部分,惩罚对于他来说也不再被当作对犯法行为的报复,而是生命要求在自身中恢复统一状态的要求。

这样一来,在爱之中,敌对的力量也被感觉为生命,同命运的和解(Versöhnung)就成为可能。正义得到了满足,因为犯罪者已经在自身中感觉到与他所伤害的生命相同的生命受到伤害了。在对这个共同生命的感受中,犯法者不再像奴隶逃避主人那样躲避惩罚,相反,他要求惩罚的执行,因为正是通过接受惩罚,他的犯法行为的特殊性被消除,他的有限生命所包含的普遍性在他向一个无限生命之全体的回返中得到了恢复。

> 在法律面前,犯罪者不是别的任何东西而只是一个犯罪者。但是正如法律只是人的本性的一个片断,所以犯罪者也应该只是人的本性的一个片断。假如法律被看成全体、绝对物,那么犯罪者也就只是一个犯罪者,什么东西也不是了。在命运的敌对性里虽说也感觉到公平的惩罚,但是在命运里惩罚不是从高高在上的异己的法律而来,而首先是命运的法律和公正都起源于人,因此回复到源始的状态、回复到全体(Ganzheit)是可能的。(Werke 1: 353)

命运可以扬弃那反作用于犯罪者的法则,因为那个法则是他自己建立起来的。这种他自己做出来的分离,是可以统一起来的,这种统一就是"爱"。就像主体与客体的划分是存在通过判断的形式自己设定的分裂,它在这一分裂中预设了统一,当主体意识到这种统一之时,存在就为自身赢得了一种更为丰富和完美的统一性,这是一种经过分裂之后的统一,一种有差异的同一。"在爱之中,人在另一个人身上重新发现了他自己,因为爱是生命的合一,它以生命的分离、发展和形成中的多面性为前提。生命活跃的形态越多、生命联结到和感触到的点越多,则爱也就越深挚。"(Werke 1: 394)主体的立法实际上是生命本身通过自身的分裂来实现自身。犯法者虽然破坏了源初的统一,但是作为一个有生命的存在,犯法者在爱的情感中意识到自身与他者之间的内在关系,从而将惩罚作为出于自己本性的要求承受下来,生命实现了与自身的和解。绝对的存在就是这样通过自身分裂和主体的自我认识来实现自身。"生命自己与自己本身分裂为二(entzweite sich mit sich),又重新将自身统一起来了(vereinigte sich)。"(Werke 1: 354)恰如伊波利特所言,在黑格尔那里,命运不是一种残酷的非理性力量,而是一种不断表现自身的内在性,是对人的天职、使命的揭示;命运是"对杂多的源初综合统一",黑格尔从康德那里借用了这个概念,将其用于精神性实体,作为一种生命的形式来理解。[1]

黑格尔在对康德《道德形而上学》的批评中没有像一般的研究者那样专注于康德对法权的演绎、对"你的"和"我的"这种权利关系的划分,而是独独抓住他的惩罚理论,并将其放在一篇题为《基督教的精神和命运》的手稿中来加以讨论,这绝非偶然。在黑格尔看来,康德的惩罚理论实际上是他的法权学说的基本原则的一个缩影,这种由主观理性的确定性所

---

[1] Jean Hyppolite, *Introduction to Hegel's Philosophy of History*, p. 28.

保证的报复性的形式正义恰恰不是对自由和道德的证明,而是使理性自身异化为一个外在的统治者,因而建立在此基础之上的权利体系和契约关系都不可能是绝对的。在康德那里,理性的自发性作为范畴只是无直观的概念、无杂多的统一,作为定言命令则只是完全排斥感性经验的形式立法。所以对康德来说,统一是自我同一的概念对杂多的统一,概念自身不可能是杂多和变化,因为这样会使概念自身陷入矛盾而消解概念,因此,统一始终是以一种对立的方式保持着。康德希望通过理性的这种无条件的自发性,使人类伦理生活中内在的道德法则和外在的行动规范具有自然规律那样的必然性。正是康德道德学说和法权学说中所表现出来的这种严格的机械性,成为促使黑格尔发展一种思辨的理性观念的主要动机。① 黑格尔希望从更为根本的层面来重新理解理性和规范性的本质,而不是通过颠倒权利与义务、个体与群体的关系来弥补形式立法的不足。在超越主观统一性的源初生命中,黑格尔发现了一种能够使主体与客体、普遍与特殊的对立得到和解的机制,即生命的源初统一是"结合与非结合的结合"(Verbingdung der Verbingdung und der Nichtverbingdung, Werke 1: 422)。康德的理性理想作为无限是反思的区分活动的产物,在其中包含着结合与非结合的对立;与此不同,包含一切的结合是不受制于主观反思的存在,它的对立物(非结合)被当作从自己本身出发来建构自身的客观总体的一部分,这个总体不是一种外在地强加于特殊性之上的普遍规定。② 因此,生命就不仅仅是斯宾诺莎的"实体"意义上保持着自己的实在性的不变的、源初的"一"(ursprüngliche Einheit),更是一个纯粹的、动态的关系结构(Beziehungsgefüge),它作为一个自己产生着分裂、对立与多

---

① Cf. Georg Lukács, *The Young Hegel*, p. 153.
② Cf. Ludwig Siep, *Der Weg der Phänomenologie des Geistes* (Frankfurt am Main: Suhrkamp Verlag, 2000), S. 31.

样性的发展过程的结果(Resultat),是包含着全体的"一"(Eins)。①

> 与抽象的杂多性(abstrakten Vielheit)相对,我们可以把无限的生命叫作精神,因为精神乃是多样之物的活生生的统一(die lebendige Einigkeit des Mannigfaltigen),统一性与多样性的对立乃是精神将多样性作为自己的形态(Gestalt)而与自身相对(这种形态构成了包含在生命概念中的多样性),而不是与那跟精神相分离的、僵死的、单纯的杂多性相对立。因为如果是后一种情况,就会出现单纯的统一(bloß Einheit),这种统一被称为法则(Gesetz),它是一种单纯的思想物(bloß Gedachtes)和无生命的东西。精神是与多样之物结合为一的活生生的法则,多样之物因而也是富有生气的。(Werke 1: 421-422)

生命或者精神不像康德的先验自我那样是将杂多排斥于自身之外的纯粹主体的自我同一,相反,它是一个在自身中包含着无限杂多(Mannifältigkeit)的自身差异化(selbst verschieden)的同一;作为真正的、无限的统一,它将自己与多样性还有它的对立物的关系内在化为一种自身关系。换言之,我们在理解理性的统一性时必须意识到,真正的统一是不会再有任何对立面,它必须将差异和杂多作为自身的必然环节包含在这个统一的整体之中,这就构成了黑格尔后来的"扬弃"(Aufhebung)思想的先声。② 在黑格尔看来,上帝的"道成肉身"(Inkarnation)就是这一原则的一种宗教性的表达,作为神之子和作为人之子的双重本质、无限与有

---

① Cf. Klaus Düsing, "Jugendschriften", *Hegel*, hrsg. Otto Pöggeler, S. 39; Angelica Nuzzo, "Freiheit beim jungen Hegel (Bern und Frankfurt)", *Hegels Denkentwicklung in der Berner und Frankfurter Zeit*, hrsg. Martin Bondeli und Helmut Linneweber-Lammerskitten, S. 195.
② Cf. Klaus Düsing, *Das Problem der Subjektivität in Hegels Logik*, S. 71.

限,在耶稣的身上达到了统一(Werke 1: 375-381)。不仅如此,作为这个统一生命体中的一部分,杂多本身并不是完全无规定的特殊,它们是在彼此关联中自身规定的;爱是一种对整体的感受,爱他人就像他人是我们自己一样,一个特殊的个体在爱中感觉到他人与自我的同一,爱就是这样一种等同之感(Gefühl des gleichen)(Werke 1: 363)。这就意味着,在杂多中,差异不再是绝对的,正如在爱中人们既是彼此差异又是彼此同一,因此特殊或者杂多本身就由于这种内在关系而从自身中产生出统一性和规范性;在这个意义上,每一个特殊的个体都是一个无限的有限物(ein unendlich Endliches)或者一个无限制的有限制者(ein unbeschränkt Beschränktes)。所以,在《基督教的精神及其命运》中,耶稣的形象较过去发生了巨大的变化:他不再是《耶稣传》中那个康德道德自律思想的宣传者,而是用爱和宽恕来教导他的门徒,以万物共属一体的生命来化解律法主义和道德主义给人带来的严峻的分裂与异化之感。① 耶稣基督用自己的救赎行动取代了犹太教的报应观,抹大拉的玛利亚是因为爱而不是因为法利塞人的律法而获得宽恕,"与完全奴役于一个异己的主人的法律相反,耶稣所提出来代替的并不是一个部分地奴役于自己的法规,并不是康德式的自我强制的道德,而是没有统治、没有屈从的道德,即作为爱的特殊样态的道德"(Werke 1: 358-360)。耶稣在最后的晚餐中将面包和酒分给他的门徒,并且宣称"这是我的身体,这是我的血",这象征着一种现实的关联:每一个特殊的个体都因为这种分享而在一个共同的生命中被统一起来,并且在这一更高的整全的生命中扬弃了特殊的个体身上所带有的原罪(Werke 1: 363-368)。②

正是在生命的源初分裂和统一的辩证关系中,由于主观理性的形式

---

① Cf. Wilhelm Dilthey, *Die Jugendgeschichte Hegels*, S. 94-95.
② Cf. Rudolf Haym, *Hegel und seine Zeit*, S. 60.

立法而变得僵硬和异化的权利关系得以扬弃,这不是对法和权利的取消,而是其内在精神的真正实现。虽然爱与生命确实可以在心理学或人类学意义上被理解为一种个体的感受和体验,但对于黑格尔而言,他并非如哈贝马斯所说的那样,希望用"爱和生命"中表现出来的主体间性的一体化力量,来反对以主体为中心的理性的权威,用最广义的主体间的交往中介,来取代主客体之间的反思关系。① 因为,如果爱只是不同个体相互达成一致的能力,那么个体在此就仍然是个体,并不因为这种交往关系它就变成一个普遍的存在;同样,主体间的一致并不因为是主体间的就不再是主观的了,而一致的意见不因为它的一致性就变成具有普遍必然性的规范了。毋宁说,爱与生命表达了一种通过传统的知性思维所无法达到的,此时的黑格尔尚不能用他的逻辑学的概念框架来阐明的前理论和前反思的存在论洞见。这一洞见是对有差异的同一这一辩证-思辨理念的直接把握。②

所以,此时的黑格尔已不再像伯尔尼时期那样,认为尘世中的至善是理性主体通过内心的良知和道德信仰,在对这个理想的无限接近中所达到的那种统一性。相反,真正的至善是存在于当前的上帝的道成肉身,是将有限生命自身提高为无限生命:神圣的无限理性要转化为有限的存在,在时间之中实现永恒理性的立法;而有限的存在、差异和流变只有被把握为永恒理性自身的表现才有其规定性。就像黑格尔在一篇署有"1800 年 9 月 14 日"日期的手稿中所写的那样:"只有因为有限本身就是生命,它才具有使其自身提升到无限生命的内在可能性。"(Werke 1:422)"如果永恒与那不崇高的(unedel)和令人不齿的(niederträchtig)时间相统一,则它

---

① Cf. Jürgen Habermas, *The Philosophical Discourse of Modernity*, p. 30.
② Cf. Georg Lukács, *The Young Hegel*, pp. 163ff; see also Ingtraud Görland, *Die Kantkritik des jungen Hegel*, S. 12-15.

恰恰是最有价值的、最崇高的。"(Werke 1: 427)这也就意味着,排斥一切差异和特殊性、只具有形式同一性的纯粹自我意识,即现代性的基本原则——主体性,不是最高的原则和规范性的根源,不是绝对。① 只有存在本身才是源初的统一,因为作为生命的存在或理性不是像先验主体那样通过排斥一切差异和杂多来保持它那空洞的、形式的同一性,它是一个自身分裂并在这个发生的时间进程中实现自身、保持着自身同一性的终极立法者。"存在是主体与客体的综合(Synthese),在这个综合中主体与客体都失掉了它们的对立。同样,偏好与道德也是一种综合,在其中法规(由于它是普遍的,康德总是把它说成是客观的东西)失掉了它的普遍性,同样主体失掉了它的特殊性:两者皆失去了它们的对立性。"(Werke 1: 326)因此,真正的自律并不是主体反思性的自我立法和通过对有限存在的排斥与压抑来保持自己的独立性,而毋宁说是在对内在于世界的超绝者、对本然之理、对自身之所是和万物之所是的信仰和尊重中所达到的无限与有限在人自身之内的和谐一致。② 在信仰中,绝对者"与时间相统一"(Vereinigung mit Zeit),只有当理性在自身的分裂中扬弃分裂,无限者在有限之物中与自身等同,在与他者的和解中扬弃自身的主观性时,理性才是真正的绝对,理性的无限性才是真正的无限性,这是黑格尔法兰克福时期最重要的洞见,这一洞见成为后来黑格尔哲学体系的根本原则。③

康德希望通过理性自律来消除权威和法则的外在性与主体自我确证的内在性之间的对立,通过道德来完成律法主义所具有的合理性的一面,

---

① Cf. Klaus Düsing, "Jugendschriften", *Hegel*, hrsg. Otto Pöggeler, S. 34-35.
② Cf. Ludwig Siep, "Hegels Metaphysik der Sitten", *Praktische Philosophie im Deutschen Idealismus*, S. 185.
③ Cf. Franz Rosenzweig, *Hegel und der Staat*, S. 130-132. See also Heinz Kimmerle, *Das Problem der Abgeschlossenheit des Denkens: Hegels „System der Philosophie" in den Jahren 1800-1804* (Bonn: Bouvier Verlag Herbert Grundmann, 1982), S. 110-112.

第一章 理性立法的悖论

即法的绝对性。对于康德来说,自由是通过人对道德法则的直接意识而为我们所认识的,可是他没有注意到,道德虽然具有主观确证的形式,可它的内容却是客观的,道德法则自身的客观性和必然性无法通过主观反思的形式来达到。康德的理性事实和实践理性公设学说,实际上就是为了弥补形式合理性由于排除一切质料性因素后在内容上留下的空白,而不得不使用的机械降神。当形式与内容相脱离,法的内容就必定会受制于某些外在的和偶然的因素,而当这种偶然的内容以理性自律的形式,甚至是作为理性所设想的上帝的立法和理知世界的真理向理性行动者内心颁布的时候,就造成了人自身内部的分裂,理性异化为一种压迫人的非现实性的力量,理性的自我立法因而就导致了它自身所反对的实定性。与此相反,生命是一种非反思的、实际发生着的一体化力量,早年的黑格尔正是希望通过生命的一元论(Monismus des Lebens)这样一种没有彼岸(Jenseits)和外在对立的形而上学来克服理性自我立法的悖论。[1]

如果说在康德那里,自由是道德法则的存在根据(ratio essendi),道德法则是自由的认识根据(ratio cognoscendi, KGS 5: 4),人的自由和理性自律是首要的,是理性法则之绝对性的实现。那么,对于黑格尔而言,生命就是爱的存在根据,而爱就是生命的认识根据。黑格尔对康德实践理性公设的批判以及他对爱与生命现象的分析,实际上提出了一种更高的理性概念和自由概念,[2]他并不是站在康德的对立面,而是为康德的理论补充了它所缺失的前提。黑格尔对爱与生命的阐发进一步发展了席勒在《审美教育书简》(*Über die ästhetische Erziehung des Menschen in einer Reihe von Briefen*, 1795)中所提出的那种自然与自由相统一的"形式冲动"

---

[1] Cf. Manfred Baum, *Die Entstehung der Hegelschen Dialektik*, S. 42.
[2] Cf. Ludwig Siep, "Autonomie und Vereinigung: Hegel und Fichtes Religionsphilosophie bis 1800", *Praktische Philosophie im Deutschen Idealismus*, S. 118.

(Formtrieb)的理念,就像席勒所言:"形式冲动在什么地方支配,我们身上的纯粹客体在什么地方活动,存在在那里就会得到最高程度的扩展,一切限制在那里就会消逝,人在那里就会从贫乏的感官把他局限于其上的量度一体提高成把整个世界包括在内的观念一体。在做出这样的行动的时候,我们不是在时间之中,而是时间以及它的全部永无终结的序列在我们之中。我们不再是个人,而是类属;一切精神的判断由我们的判断说出,一切心的选择由我们的行动来代表。"① 不过,这种合法则的冲动(gesetzmäßiger Trieb)不能够像康德那样通过反思的方式作为一种理性需要来设定,而必须将其把握为法则与冲动在源初存在中的辩证关系。② 康德的自由理论由于建立在普遍与特殊、形式与质料、有限与无限二分的基础上,最终导致了理性主体自身的分裂和实际的不自由。而黑格尔的生命概念表明:自由并不仅仅是指人的自由或主观自由,更为根本的是存在本身的自我实现,即一种实体性自由。自由(Freiheit)表现为那种摆脱了外在法则强制的独立性或者不受感性因素影响的理性主体的自我规定与自我立法,但它的真理并不仅仅在于对依赖性的克服,更不在于自我与他人、理性与感性的对立,而在于这些不同因素的和解以及对立面的统一,在与他者的和解中真正摆脱异己事物的约束而获得真正的自足,即"在他在中依其自身存在"(Bei-sich-selbst-sein im Anderssein)③——其背后的原则并非反思和设置对立的主体,而是无限的生命通过自我分裂而在自身的差异化中扬弃有限,处在对立和差异中的万物在这个活生生的意义关联和规范性总体中统一起来并获得自身的规定性,这种真实的统一和整

---

① 席勒:《审美教育书简》,第 100 页。
② Cf. Ingtraud Görland, *Die Kantkritik des jungen Hegel*, S. 41ff.
③ Cf. Angelica Nuzzo, "Freiheit beim jungen Hegel (Bern und Frankfurt)", *Hegels Denkentwicklung in der Berner und Frankfurter Zeit*, hrsg. Martin Bondeli und Helmut Linneweber-Lammerskitten, S. 184, 189.

第一章　理性立法的悖论

全的生命,以及事情本身的内在必然性的实现才是真正的自由。① 在这个意义上,自由具有自律(Autonomie)和统一(Vereinigung)的双重含义,它毋宁是一种让事情本身来把握的自我克制(Selbstüberwindung)和在他者中发现自身并与他者保持为一而放弃自己的主观性和个别性(Selbstaufgabe)。② 这种自由就其存在者全体而言表现为生命,在人而言则表现为爱的情感;爱与生命是对法和道德的完成,在其中,人与外在权威的对立和人自身内部的分裂都被克服,理性之法才得以真正实现。

　　黑格尔在法兰克福时期对康德实践理性公设学说的批判,实际上揭示了所有主观理性立法的界限。在启蒙宗教批判的语境中,康德试图通过揭示人类理性的先天结构和纯粹自发性来捍卫人的自由与尊严,将理性自律与人类对整全性的诉求结合起来,将至善的根据由独断的教会信仰转移到理性主体自身的道德意识。康德从自发的理性主体的理想综合能力,来重构过去以独断和信仰的形式所表达的客观世界秩序,这的确成功地促成了对旧形而上学和正统基督教信仰的改造,并且调和了整全性的渴望与近代自然科学世界观之间的矛盾。③ 可是,理性的这种自主并不等于自足,由主观理性的反思所设定的道德世界观作为一种程序性的实在论,④并没有从根本上克服主体与客体、权威与自由之间的对立,而是将这一对立转移到了主体自身内部;理性立法依然受制于偶然的经验内容,而非像康德所期望的那样具有理性的绝对性。因此,不同于之前借用康德的理性自律来批判宗教的实定性,此时的黑格尔已经看到,问题的关键

---

① Cf. Dieter Henrich, "Hölderlin in Jena", *The Course of Remembrance and Other Essays on Hölderlin* (Standford: Standford University Press, 1997), p. 97.
② Cf. Ludwig Siep, "Der Freiheitsbegriff der praktischen Philosophie Hegels in Jena", *Praktische Philosophie im Deutschen Idealismus*, S. 159-161.
③ Cf. Jürgen Habermas, *Nachmetaphysisches Denken*, S. 161-164.
④ Cf. Christine M. Korsgaard, *The Sources of Normativity*, pp. 111-112.

并不仅仅在于客观宗教对个体良知的压抑,而在于传统的实定宗教和主观理性的立法都是从对立出发,将整全性和统一性视为一种统治关系,不管是客体对主体的统治,还是主体对客体的统治。所以,要彻底批判实定性,就绝不能像康德那样通过诉诸主体的道德意识和理性信仰来改造旧的历史性的信仰,从主观理性出发来思考世界的统一性问题,而必须力求将主观之德与客观之道在一个更高的概念里统一起来,这个思辨的、形而上学的概念现在被黑格尔直接称为"生命"(Leben),而后来则被称为"精神"(Geist)或者"伦理"(Sittlichkeit)。[1]

在《耶稣传》中,黑格尔借耶稣之口宣讲康德的理性自律,仍然是以人讲天,这种由主体设定的作为调节性的理性理想的无限性,是一个具有欺骗性的观念。相反,在《基督教的精神及其命运》和"1800年体系残篇"中,黑格尔则更加强调从超绝者的角度出发来理解世界的合乎理性的统一性。生命对于个体来说是具有绝对权威的规范性力量,但是,表现为命运的强力并不是外在于人的统治力量,而是人的现实的内部自然和外部自然,即存在本身的内在必然性的展现,是存在的整体。因而,哲学作为在思维与被思维者之间设置对立的活动必须停止在宗教前面,无限的生命之所以标明自己是宗教,是由于它并不是主观反思的产物,在这里并没有把无限者的存在设定为纯粹由人的思维活动得来的东西,而是让存在或无限的生命本身来把握、来展开。换言之,只有以天讲人,将人的理性自律和世界的统一性与一个神圣的自因(einer göttlichen causa sui)结合起来,才能在理性的自我立法中真正达到主体与客体、自然与自由的统一。[2]虽然此时的黑格尔尚未能用一种思想和概念的方式来把握这种统一,而

---

[1] Rudolf Haym, *Hegel und seine Zeit*, S. 101; Karl Rosenkranz, *Hegels Leben*, S. 87.
[2] Cf. Ludwig Siep, "Autonomie und Vereinigung: Hegel und Fichtes Religionsphilosophie bis 1800", *Praktische Philosophie im Deutschen Idealismus*, S. 119.

是更多地诉诸想象力、艺术的体验(美)和感性的宗教直观,①但黑格尔实践哲学的根本旨趣在法兰克福时期得以真正奠定:阐明事情本身的合理性,将特殊和有限之物的存在把握为绝对者的自身关系,以绝对者的自我认识和自我展现来克服主观理性立法的悖论,成为黑格尔一生哲学工作的中心。

小　结

在本章中,我们围绕着黑格尔早年对康德理性自律和实践理性公设学说的接受与批判,揭示了黑格尔法哲学问题意识的缘起。与我们通常的认识不尽相同,黑格尔关于实践哲学的思考从一开始就是一个神学-形而上学问题,他真正关心的是从存在本身出发来确定我们意志的规定根据,避免由于通过主观理性来建构统一性而导致的理性的异化。对早年的黑格尔来说,康德的理性自律和实践理性公设学说实际上为他提供了一种思考合理性问题、在人的自由与客观的法则之间取得和解的模式。一方面,近代以来,宗教的一体化力量逐渐式微,自然的祛魅化使得现代人的世界呈现为一种碎片化的状态,这个支离破碎的物质世界已不再是一个具有规范性和目的性的意义整体,我们不可能再从世界本身和我们在世界中的自然存在那里获得任何关于我们行动之规范和生存之意义的指导与定向;理性的自觉促使人们摆脱一切外在的、传统的约束力量而从自身的理性出发来确定世界的秩序与人生的目的。可另一方面,超绝者的存在对于一种规范性世界图景的形成又是不可或缺的,因此,人们对于

---

① Cf. Heinz Kimmerle, "Anfänge der Dialektik", *Der Weg zum System: Materialien zum jungen Hegel*, hrsg. Christoph Jamme und Helmut Schneider (Frankfurt am Main: Suhrkamp Verlag, 1990), S. 269-271.

至高存在者和无上权威的想象必须与人的理性协调一致才能获得其存在的正当性,对于宗教所抱有的那种历史的信仰必须逐渐转化为出于道德目的理性的信仰。这时,康德的哲学体系从阐明理性自身的统一性出发,为我们提供了一幅与人的理性自主相一致的统一而连贯的道德世界图景,这一点无疑与黑格尔早年的理想相契合,在这个意义上,黑格尔的确是一个康德主义者。

但是,在谢林和荷尔德林等人的启发下,黑格尔逐渐发现了主观理性的统一性所包含的内在矛盾,理性自律和实践理性公设学说与黑格尔早年的理想之间有着某种根本性的差异。由于坚持主体与客体、形式与质料的二分,康德只能从"应当"来谈"存在",实践理性法则始终在人自身内表现为某种异己的约束力量,造成了人的内在分裂,康德通过道德来为自由奠基却导致了新的不自主。理性自我立法的这一悖论表明,康德的体系哲学并没有成功地阐明世界的统一性,理性与感性、自然与自由的统一只是在一种难以理解的信仰中才能存在,传统宗教的实定性并没有在康德的理性立法中被消除,反而转变成一种隐藏在理性和主体自律形式下的实定性。因为二元论的后果与康德所追求的统一性的目标在根本上是相悖的,这种通过理性信仰来加强伦理动机的做法不但没能在自然与自由的和谐一致中完善人的自我认同,反而将道德变成伪善,这促使黑格尔变成了康德的批评者,他的问题意识此时也随之发生了根本性的转变:从对宗教的独断论的批判到对纯粹理性自身的独断论的批判。

因此,为了避免康德主观理性所导致的二元论和理性立法的悖论,必须从主客未分前的源初统一来讨论规范性的根据,即从存在本身来阐明应当,从揭示自然本身固有的规范性来达到自由。黑格尔借助对爱与生命所具有的辩证特征的分析,提出了一种带有泛神论特征的一元论主张,来克服理性立法与人的外部自然和内部自然的疏离。生命作为哲学的反思所无法把握的超绝者,其本身就是形式与内容的统一,它通过自我分裂并在爱的体验中重新统一成一个绝对的总体而实现客观理性的最高立法。通过生命概念,黑格尔将理性自律从人的主观意志活动扩充为客观理性自身的永恒法则的自我实现,自我与他者在更高的永恒生命中实现和解,正是在这一和解中,在对自身之主观性和片面性的放弃而不是自我的固执中,普遍与特殊、神性与人性、有限与无限、自然与自由得以重新统一起来。从存在本身出发来思考意志的规定根据,并始终将世界作为统一的、能动的有机整体来加以思考,正是这种基于斯宾诺莎泛神论的一元论洞见,体现了黑格尔法哲学思想的形而上学特征。

第二章
批判主观理性

圣人之所以能一万物之情者,谓其圣人之能反观也。 所以谓之反观者,不以我观物也。 不以我观物者,以物观物之谓也。 既能以物观物,又安有我于其间哉? 是之我亦人也,人亦我也,我与人皆物也。

邵雍:《皇极经世·观物内篇》

第二章 批判主观理性

在上一章中,我们围绕着黑格尔早年对康德理性自律和实践理性公设学说的接受与批判,对黑格尔法哲学的起点进行了一个探源性的考察。我们发现,至少从伯尔尼后期开始,黑格尔就已经意识到主观理性立法以及从主观理性的统一性来建构世界的统一性所包含的内在矛盾,康德的道德世界观不但不能实现真正的自律和统一,反而使主体与客体、自然与自由陷入更深的对立。对黑格尔来说,只有从理解存在自身的源初统一出发,才能从根本上克服理性立法的悖论,将理性自律的积极成果转化为现实,因此,势必要将实践哲学的问题当作一种形而上学来思考。

实际上,将原本来自世界本身的客观秩序转化为主体能力的产物,这并不是康德所特有的主张,理性的主观化是近代哲学的一个主要标志。从笛卡尔、培根到18、19世纪德国学院哲学的整个理性主义传统,他们所面对的一个基本问题就是,如何为这个已经被中世纪唯名论弄得碎片化的世界重新确立秩序与规范,而他们的主要策略就是从人自身的条件出发,通过对人所具有的各种能力的分析来寻找具有普遍性和客观有效性的根据。实际上,无论是在古希腊还是中世纪的哲学中,自我或者作为主体的人都没有成为一个直接的认识对象,因为古代人认为自我是和谐地融入宇宙之中的,他是客观世界整体的一部分,他的存在包含在宇宙的存在(Being)之中,他之"所是"乃是根据"存在"本身而确定的。或者如吉尔松所言,基督教和中世纪哲学的目的是要肯定存在的形而上学的优先性(the metaphysical primacy of being)。[①] 在这个以宇宙的逻各斯为优先的世界中,人的观念与世界自身的法则是内在一致的,认识自然、认识上帝就是在认识自我、实现自我;人从客观存在中寻找理性的本质作为思想的客观内容,实在是思想的根源,而不是人的思维的结构决定实在应当如何

---

① Etienne Gilson, *The Spirit of Mediaeval Philosophy*, p. 61.

存在。① 但是，唯名论（nominalism）与唯实论（realism）的共相问题之争却打破了思维和存在的这种同一。唯名论者提出这样的问题，既然实际存在的是个体和特殊的事物，那么人们到底是如何通过观念和共相来对事物进行分门别类的呢？这些共相的本质到底是什么呢？不管是主张共相是真实存在于心灵之外的实体的唯实论，还是主张共相只是声音或者有意义的符号的唯名论，他们都通过将共相与殊相的关系转化为内在观念与外在事物之间的关系，而承认在心灵与世界之间出现了某种断裂，因此不再能够像古代哲学那样通过对上帝或者存在本身的认识来理解万物的统一性。正是这场围绕共相问题的争论，将思想与所有非主观的存在分离开来，概念成了没有内容的主观思维形式，而事物则成了不依赖于思维而存在的独立个体，作为事情本身之规定的客观理性由此被消解了。

我们今天常常将唯名论视为近代经验主义哲学的先驱，殊不知像邓斯·司各脱（John Duns Scotus）和奥康的威廉（William of Occam）这样一些唯名论者绝对不会赞成后来那些经验主义者的无神论主张。因为他们反对共相的实在性并不是为了证明人的感官经验才是一切真理与价值的来源，而是试图通过对唯实论的反驳来消解理性的实在性，以此凸显上帝意志的绝对性。在他们看来，倘若承认共相的实在性，那么就意味着在上帝之外还有一个理性的世界秩序，而上帝是根据这个理性来统治的，或者说得更极端一些，上帝是服从于这个人所能够理解的理性秩序的。如此一来，上帝的至高权威就会被理性所取代。所以，唯名论者的真实身份是唯意志论（voluntarism），他们的目的是要证明上帝的绝对性不在于理性而在于意志，是上帝的绝对意志构成了一切是非善恶的根源。换言之，是作为立法者的上帝的意志，而不是法本身的内在合理性决定了法的秩序。

---

① 维塞尔：《启蒙运动的内在问题》，第 49 页。

然而,强调上帝意志的绝对性和他的捉摸不定却留下了一个巨大的意义真空,因为上帝绝对权能的无限制性使得关于世界应当如何存在的希腊式思辨变得完全无效;宇宙的进程不再能够反映那些传统意义上被归于造物主的种种理性的和善的特质,世界成了一个难以琢磨的、支离破碎的意义真空。当人类在面对这个非理性的世界之时,重新寻找业已失落的确定性以及一个可以理解的合理性的宇宙秩序就成了当务之急。所以,在上帝的理性从这个世界隐退之后,随之而来的就是作为一个自由个体的人的兴起,人的经验和人的理性要开始为这个充满着偶然和不确定的世界重新立法,而唯名论者们就这样吊诡地成为"古代之路"(via antiqua)的终结者和"现代之路"(via moderna)的开拓者。①

近代哲学的奠基者们正是在被唯名论摧毁的中世纪宇宙观的废墟之上开始他们的工作的,也正因此而不可避免地接受了唯名论关于思维与存在的看法:实际存在的事物都是特殊的个体,它们处于我们的心灵之外;具有普遍性的一般观念并不存在于外部世界中,而只是存在于我们的内心之中。所以,尽管有经验论与唯理论之别,近代哲学在这一点上却是一致的,即他们都将哲学视作关于人的认识,而不再以认识上帝和真理为目标(GW 4:323),并且试图从对人的认识来为世界的整体秩序奠定基础,只不过一个走的是经验主义和心理主义的道路,诉诸人的心理机制的普遍有效性,而另一个走的是先验主义的道路,诉诸意识的先验结构的普遍必然性。在这个意义上他们都是一种主观主义或者人本主义的哲学。所谓内与外、心与物、主体与客体的关系问题实际上是存在与虚无、一与多、共相与殊相这些传统形而上学或存在论问题在近代哲学中的变形。②康德的先验观念论承接的是笛卡尔、莱布尼茨的唯理论传统,他们都希望

---

① Cf. Louis Dupré, *Passage to Modernity* (New Haven: Yale University Press, 1993), pp. 124-125.
② Cf. Martin Heidegger, *Die Frage nach dem Ding*, GA 41, S. 99.

通过理性的主观化,将事物的存在和行动规范的根据归于主观理性无条件的先天立法,来对抗怀疑论对知识与道德的实在性和普遍必然性的威胁,又都不得不借助上帝这个至高存在来保证这种主观立法的客观有效性。虽然康德的理性批判和理性的建筑术为理性的自主性和绝对性提供了更为精致的论证,但是由于反思的同一性对历史性、特殊性、有限性和一切差异的拒斥,主观理性愈是绝对化就愈是用有限的人性取代神圣理性的内在要求,愈容易受到偶然经验的制约,最终使虚无主义成为现代文化的本质。这种主观观念论和它的实践哲学主张通过康德、雅各比、莱因霍尔德和费希特等人而被推到了极致,但也正是在这一主观理性极端化的危险中又蕴含着通向真正的绝对者的转机。对黑格尔来说,要想从存在本身的内在必然性来理解世界的整体性和统一性,将青年时代的理想转化为科学的体系,①就必须首先对主体性哲学内在的病理进行彻底的诊断。

黑格尔耶拿早期(1801—1803年)对主观理性的批判构成了黑格尔客观观念论的法哲学思想的基础,包括他出版的第一部著作《费希特与谢林哲学体系的差异》(*Differenz des Fichte'schen und Schelling'schen Systems der Philosophie*, 1801, 简称《差异》)和发表在他与谢林合编的《哲学批判杂志》(*Kritisches Journal der Philosophie*, 1801—1803)上的许多论文都对现代主体性文化和主体性哲学表现出强烈的批判性倾向。② 可以说,恰当地理解黑格尔对主观观念论哲学的继承和超越,是把握黑格尔法哲学的精神及其形而上学特征的关键。对康德主观理性立法悖论的发现让黑格尔明

---

① Johannes Hoffmeister hrsg., *Briefe von und an Hegel*, Band 1, S. 59.
② Cf. Peter Jonkers, "Hegel's Idea of Philosophy and his Critique of the Reflective Philosophy of Subjectivity", *Hegel on the Ethical Life, Religion and Philosophy (1793-1807)*, ed. A. Wylleman, p. 48.

确意识到,对规范性的寻求和对整全世界观的渴望绝对不能通过诉诸主观理性的统一性来实现,相反,黑格尔试图在观念论哲学的基础上恢复古代思有同一的逻各斯理性,只有通过对客观理性的重建才能真正捍卫理性的绝对性和理性的自律。本章将以黑格尔耶拿早期对主体性反思哲学的批判为中心,分三个部分再现黑格尔通向客观理性的道路。(1)黑格尔通过对启蒙教化的内在分裂的批判,进一步揭示了由主体性反思哲学所构造的现代世界观和现代文化的虚无主义本质。(2)而更为重要的工作则体现在黑格尔对康德、雅各比和费希特等人的主体性反思哲学的内在理路进行的深入分析。他充分认识到康德的先验演绎、雅各比的直接信仰和费希特的绝对自我学说的重要意义,这三种哲学都直接指向了"绝对"和自在的"真理"本身,但因为囿于反思的知性思维,坚持同一与非同一之间的对立,他们的统一性都是以对立和分裂为前提的相对的统一,最终导致理性的自律走向自身的反面。(3)因此,哲学的需要就表现在对主体客体的源初统一的重建,黑格尔将主观理性的统一性称作知性,使其与主客体同一的实体性的理性概念区分开来,黑格尔在存在论和方法论的意义上赋予理性概念以全新的意义,或者更准确地说,是在观念论哲学的基础上重建了古代的客观理性,理性作为真正的绝对是将必然的分裂和非同一作为自我实现的环节包含在自身之内的有差异的同一。

第一节 主体性反思哲学的困境

一、启蒙的教化

对康德理性自我立法悖论的发现,使黑格尔逐渐认识到,单靠诉诸主体自身的理性自律根本不可能为规范的权威性与绝对性提供一个坚实的基础,道德和法的履行不仅不能实现人的自由,反而导致了某种更加盲目和非理性的依赖关系。这种以主体性或主观理性为主要特征的反思哲学,对黑格尔来说毋宁首先是作为一个时代的表达和历史的境况来规定的,[①]它构成了"时代的教化"(Bildung des Zeitalters, GW 4: 12)的基本特征。其实不仅仅在道德和法的领域,整个现代性的哲学、宗教、科学和艺术都体现并且完善着启蒙的教化:知识的确定性和真理性以主体先天的认知结构为根据,宗教真理的权威性和救赎的可能性被建立在对超绝者所抱有的虔诚的情感与信仰之上,而美的标准被归结为某种难以言喻的直觉和感受,整个现代文化的基础被深深扎根在主体性之中。对启蒙教化的形而上学原则和现代性意识形态的批判构成了黑格尔耶拿早期最为卓越的洞见之一,并且在后来的《精神现象学》与"历史哲学讲演录"关于启蒙运动的论述中得到了更为详尽的论述,而他关于客观理性的洞见也正是在他与主体性反思哲学的交锋中逐渐发展出来的。

我们知道,教化(Bildung)是西方人文主义传统中的一个主导概念,伽达默尔在他的名著《真理与方法》的开篇之处就对它进行了详尽的概念史考察,并且特别强调了它在黑格尔那里的积极意义。[②] 但是,当黑格尔在谈到启蒙的或者时代的教化时,他所指的并不仅仅是人的教育和修养或者使人从特殊存在提升到真正的普遍本质的过程,实际上,这个概念还包含着他对启蒙运动所隐含的形而上学预设的批判,而这种不被言明的形而上学预设恰恰是以反形而上学的形式出现的。黑格尔后来在《逻辑学》的第一版序言中曾经做出过这样一个著名的论断:一个有文化的民族

---

① Cf. Rolf-Peter Horstmann, "Fichte, Schelling und Hegel über Jacobi und Kant-keine Würdigung", *Die Grenzen der Vernunft: Eine Untersuchung zu Zielen und Motiven des Deutschen Idealismus* (Frankfurt an Main: Vittorio Klostermann GmbH, 2004), S. 64.
② Cf. Hans-Georg Gadamer, *Wahrheit und Methode*, GW 1, 1990), S. 15ff.

竟然没有形而上学——就像一座其他各方面都装饰得富丽堂皇的神庙却缺少一尊至圣的神像那样,是一个"很独特的景象"(GW 21: 6)。它之所以独特,乃在于一方面,现代人并不是没有经过文明洗礼的野蛮人,相反,他们都是受过教化的(gebildet)、有文化(Bildung)的人;可是另一方面,在这些有教养的民族那里我们却看不到一个作为这种教化之基础的终极根据,一个我们可以称之为典范或者原型(Urbild)的东西。

就像施莱尔马赫在《论宗教》(Über die Religion, 1799)一书的副标题"对蔑视宗教的有教养者的讲话"(Reden an die Gebildeten unter ihren Verächtern)中所标明的那样,最蔑视宗教的不是无神论者,而是那些经过了启蒙的、理性的有教养者(Gebildeten)。他们用理性和道德来为宗教正名,而实际上却用人的理性将宗教对超绝者和无限的直观彻底消解掉了。所以,施莱尔马赫说:

> 现今,特别是有教养人士的生活与哪怕只是与宗教有点类似的生活也全然不沾边。我知道,你们在神圣的静默中,也很少敬拜神灵,就像你们不大造访被废弃的庙宇一样,而在你们那些装潢豪华的住宅中,除了悬挂贤人的格言、诗人的隽句外,没有安放别的镇宅之神,而且,人类与祖国、艺术与科学,因为你们相信这一切完全能够包罗万象,也就如此完满地占据了你们的心灵,使得你们把永恒和神圣的东西全都推入世界的彼岸,没有在心中留下一丝一毫,你们对它毫无感觉。你们成功地把尘世生活过得如此富有和丰富多彩,使得你们不再需要永恒,并且,在你们为自身打拼出一个世界之后,你们就傲慢地不再想起那个创造你们的宇宙。①

---

① 施莱尔马赫:《论宗教:对蔑视宗教的有教养者的讲话》,邓安庆译,人民出版社2011年版,第1—2页。

作为黑格尔的同时代人,施莱尔马赫对"有教养者"的这一批判与黑格尔对启蒙教化的反思可谓相得益彰,而黑格尔在《差异》一书的"前言"中提到施莱尔马赫这部匿名出版的著作也绝非偶然(GW 4:8)。

一方面,启蒙运动通过近代科学和常识(gemeine Menschenverstand)的联手,导致了以实体或存在自身(终极根据)为研究对象的形而上学的崩溃,同时被瓦解的还有整个基督教世界观和在此基础上建立的存在秩序;可另一方面,它又试图对这个被抽掉了客观规定的世界进行重新规划,在主观理性中确立实在、意义和价值的根据,不自觉地为缺乏终极根据的现成之物披上了合理性的外衣。所以,黑格尔其实更加侧重从教化(Bildung)这个词的原始意义来理解它,即从 Bildung 在其构词上与德语中的 bilden[制作、塑造]和 Bild[形象]的直接关联来看,教化就意味着赋予某物以形式(Form/Formation)或将某物塑造成一种固定的形态(Gestalt)。① 这原本并不是一个消极的概念,但在启蒙的主观理性的观点看来,独立于反思性自我意识之外的客观世界本身是没有任何规定性的质料,必须通过思维中自明的、确定的主体所具有的统一性来赋予这些杂多以某种普遍必然的秩序和规范。这就使得启蒙的教化成为一整套从主体出发的形而上学的或存在论的设定,它规定了世界和人类生活的方方面面,为人类提供了一幅人为构建的世界图景,并且通过全方位渗透在人们日常生活中的现代文化(Kultur)来加强这一信念。可黑格尔发现,恰恰是这种宣称以理性、自由和科学的客观真理为目标的启蒙教化,把现代人变得更加非理性、不自由和主观臆断,可这一隐藏着的非理性的一面又是以表面上非常合乎理性的形式表现出来的,以至于人们沉溺于这种主观性当中,对它完全失去了警惕。就这一点而言,黑

---

① Joachim Ritter hrsg., *Historisches Wörterbuch der Philosophie*, Band 1 (Basel: Schwabe & Co. Verlag, 1971), S. 921.

格尔对理性主义和启蒙教化的批判无疑深深地得益于卢梭对现代文明的深刻反思。①

启蒙教化的产生在近代理性主义哲学中有其根源。一般说来,理性主义要求在概念间的相互关联及其内在的逻辑必然性当中来考察事物的规定,真正具有确定性的知识不是直接来自人的感觉经验,而是来源于某种先在的、以自身为根据的理性。换言之,任何现成的、直接向我们的感官呈现出来的事物都不具有不可置疑的确定性,相反,对事物的本质规定,即对事物是其所是的认识,就是要先通过普遍怀疑把一切基于历史的、经验的和偶然的因素而形成的既成规定统统消解和否定掉,进而以遵循理性法则的方式去寻找事物存在的理由或根据。除了我们为什么不能欺骗和偷盗,为什么要做一个道德的人,为什么要服从权威这些问题是要问个究竟的,就连我面前的茶杯是真实存在的抑或只是我的幻觉这一点也是可以质疑的,甚至连我们现在到底是醒着还是在做梦等等,所有这一切都不是那么自明的,都必须经过理性的检验。

启蒙教化中的世界就像荷尔德林在《许佩里翁》(Hyperion, 1797 – 1799)的序言中所描绘的那样:"至乐的统一(selige Einigkeit),即存在(das Sein),在这个词的唯一意义上,对于我们来说已经消失了。如果我们要努力争取它,我们就必须失去它。我们将我们从和平的世界的'一即万有'中撕扯出来,是为了通过我们自己来建立它。我们和自然一道瓦解了,人们相信曾经是'一'的东西,现在与自身相矛盾,主人与奴隶双方互换了位置。我们常常如此,仿佛世界是'一切'而我们是'无',但也常常是这样,仿佛我们是'一切'而世界是'无'。"②人类曾经相信,诸神是世界

---

① Cf. Rüdiger Bubner, "Rousseua, Hegel, and the Dialectic of Enlightenment", *The Innovation of Idealism*, pp. 145ff.
② Friedrich Hölderlin, "Hyperion", *Friedrich Hölderlin: Werke im einem Band*, S. 312.

的主宰,人生之无常终究可以在天行之有常中得到理解。但是在一个经过了启蒙的理性主体的眼中,这个世界有着太多的偶然和不确定,火山、地震、海啸、战争和野蛮的屠杀,各种自然与人为的灾难一再向人类提醒着命运之无常,那个曾经被人们认为体现着神意和永恒逻各斯的存在之链,如今早已断裂得七零八落、混沌不堪。这样一来,所有经验性事实都成了有限的、有条件的,它们都处在一种不确定的外在关系当中,它们的存在依赖于自身之外的原因。大自然的变化,人的感觉、印象、情绪和欲望等等,这些都只是缺乏同一性和实体性规定的现象(Erscheinung),我们无法将这些瞬息变化、杂乱无章的感觉当作知识,也不能将那些由自己的好恶这种自然倾向所决定的准则或者由权威所颁布的律令、由先人传承下来的成法确立为普遍必然的行动规范。与此相反,理性真理的形式特征就是确定性、不可怀疑性、必然性、普遍性、无条件性、永恒性、一般性、抽象性、推理性以及自明的整体性。可怀疑的事物以经验作为存在的根据,并且通过时间显示出来,而不可怀疑的事物则以纯粹理性认识作为存在的根据,因而没有时间性和暂时性的印记。时间性蕴含着无常性、偶发性,而永恒性则蕴含必然性、普遍性。[①] 就像康德所说的那样,"纯粹理性作为一种单纯理知的能力并不服从时间形式,因而也不服从时间次序的诸条件"(KGS 3: 373-374;KrV B: 579)。因此,以自身为根据的无条件者必须从有限存在的条件序列中抽离出来,独立于时间之外,并回溯到作为思维的自我或先验主体的同一性当中。因为只有在主体的理性中能够无矛盾地加以思维的概念和原理才是绝对和永恒存在,也只有它们才构成事物的本质(Wesen),并且作为完全不受先决条件制约的绝对自发性而

[①] 维塞尔:《启蒙运动的内在问题》,第67页。

成为普遍立法的来源。① 这样一来,不仅仅价值、意义和规范的客观内容被转变为一种人的构造,就连实体或事物的存在论规定都是由主体来建构的。启蒙理性对根据的要求摧毁了一切在理性反思中缺乏根据的现成存在,并试图在主体中重新阐明理性的必然性。

然而,这样一种寻找理由的反思活动(der raisonnirenden Reflexion, GW 4: 5)必然会遇到非理性的外部实存的阻碍,不管它被称为实存、物自体还是自然。即便到了康德那里,理性主义得到了更为精致的论证和辩护,可是在主体与客体、直观与概念、表象与物自体相互对立的前提之下,仍然无法真正避免这样一个困难,即自我意识或主体的统一性之外的事物并不是按照理性的必然性存在的,先验主体所提供的只是一个形式的统一性,而知识的内容或质料却依赖于对事物的表象;世界应当按照理性无条件的自我立法来运行才能体现理性的绝对性,可外部自然和内部自然的阻碍偏偏使理性不得不处于一种应当统一又难以真正统一的对立之中。所以黑格尔指出,分裂(Entzweiung)正是启蒙的教化和现代性的本质,由于绝对者的现象(Erscheinung des Absoluten)作为差异和非同一与作为自身同一的绝对者(Absoluten)隔离开来,并且将自身固定为独立自存的东西(Selbständiges, GW 4: 12),才导致了物质与精神、肉体与灵魂、主体与客体、感性与理性、无限与有限、自由与必然等无法调和的对立(GW 4: 13)。理想与现实、应然与实然的分裂构成了现代人基本的存在方式和思维方式,而在黑格尔那时的德国哲学中,启蒙教化最为突出也最为集中地表现为信仰与知识的对立。黑格尔耶拿早期发表于《哲学批判杂志》第二卷第一部分的重要论文《信仰与知识》(Glauben und Wissen,

---

① Cf. Sally Sedgwick, "Metaphysics and Morality in Kant and Hegel", *The Reception of Kant's Critical Philosophy: Fichte, Schelling, and Hegel*, ed. Sally Sedgwick, pp. 307-310.

1802)所要分析的正是以康德、雅各比和费希特为代表的主体性反思哲学(Reflexionsphilosophie der Subjektivität)会导致这一分裂的原因及其后果,而黑格尔对主体性反思哲学的批判将为我们了解黑格尔法哲学的真正动机及其发展提供一个重要的契机。

二、主体性形而上学的虚无主义

围绕着哲学与宗教、理性与信仰之间的关系所展开的古老争论,似乎从近代以来随着启蒙理性对宗教的全面胜利而告终。理性在宗教面前顽强地主张着它自己的绝对自主性,人的自由、道德和政治的正当性都被奠基于理性主体的自律,而非任何以外在权威为根据的他律。黑格尔在他早年关于宗教和立法的研究中已经指出,宗教在本质上包含着人对超绝者的意识,这个超绝者构成了一切规范性和正当性的源泉。但是,作为超绝者的上帝又不是外在于人和自然的,相反,整个自然和民族的伦理生活就是上帝本身的展现。在这种神、人、自然共属一体的内在关系中,人的自我意识和主观自由并不突出,这并不是因为有某个外在的权威压抑了人的自我意识和意志自由的产生,而是因为在这个确定的意义关联中,每一物的存在其自身都是有定准的,它们的存在就直接指明了它们应当被如何对待,指明了人类在其中应当如何去行动和期待的规范与方向。所以,真正的宗教并不是非理性的,而恰恰是永恒理性在世界中的展现,是自然与自由、事实与规范的一种前反思的源初统一。作为一种人民宗教,它在民族共同的生活中将人的生存塑造为具有伦理意义的第二自然,规范性内在于人的天性及其整全的生命活动中,而不是通过让它的公民盲目地和机械地遵循那些偶然的、历史形成的特殊教义、教阶、仪轨和成文的典章制度来实现神圣意志的规定。

可是,启蒙理性从人的视角出发摧毁了一切超越性存在的正当性基础,进而把宗教本身当作某种非理性的、实定的东西,而不是就其在理念上的意义(idealistisch)来理解宗教(GW 4: 315),宗教在现代世界完全失去了它在中世纪所具有的那种直接的确定性和客观性,并只是受到否定的对待。① 启蒙运动的思想基础是笛卡尔式的"我思"(cogito-sum),理性通过反思和对一切既有规范的否定来保持这种无矛盾的自我同一性,并将这种摆脱了所有自然和社会历史负担的自我持存作为确定性的可靠来源。只要主观反思开始运作,人将自身从源初的事实和客观理性的神圣统一中抽离出来成为认识主体,任何非主体的视角都会变成某种异己的力量而遭到怀疑和反对,主体与客体、有限与无限的对立也就在所难免了。在笛卡尔之前,subiectum[实体、基底]都是指具有现实性的存在物;可当"我"凸显为主体的时候,subiectum 就成为一种主观的东西,而且只有与之相关,物才能获得其自身的规定。原本物才是主体、是基底(subiectum),但现在物却变成了与主体相对立的东西,即 obiectum[客体、被抛到对面的东西]。② 这样,物的现实性就完全依赖于主体的思维。中世纪哲学里那种理智的本质(思想)与先在的存在的同一,经由近代理性主义的普遍怀疑而被彻底瓦解了,因为在普遍的怀疑中,思维的存在与事物的存在之间的同质关系已经遭到了破坏,理性成为主体的一种能力,而不再能够在事物本身中被找到。③ 所

---

① Cf. Peter Jonkers, "Hegel's Idea of Philosophy and his Critique of the Reflective Philosophy of Subjectivity", *Hegel on the Ethical Life, Religion and Philosophy (1793-1807)*, ed. A. Wylleman, p. 49.
② Cf. Martin Heidegger, *Die Frage nach dem Ding*, GA 41, S. 105-106.
③ 笛卡尔一方面继续了唯名论的工作,进一步摧毁了客观存在的理性,另一方面却试图在主体内部肯定理性的实在性、重建思想与存在的同一,他拒绝接受一个碎片化的世界。所以说,cogito-sum 表达了一种思维与存在的同一关系,只有在人的理性思维中被把握的东西才是真正实在的。因此,对于理性思维之基本要素和基本结构的探究,就是在揭示存在本身的真实结构。正是因为思维成了奠定基础的东西(使存在者存在),才会发生近代哲学从存在论到认识论的转向,而认识问题实际上依然是关于存在者之存在这一形而上学问题的延续。

以黑格尔说:"理性使自身忙于与之战斗的实定因素已经不是宗教,而胜利了的理性也已不再是理性了。"(GW 4: 315)

理性主义更进一步加强了人们的这样一种信念,即认为那些一代代传承下来的习俗和惯例、知识的形式、对权威的信奉等等,一句话,尚未被那纯粹和不朽的理性之光所照亮的整个世界,只能建立在无知、恐惧或暴力的基础之上。传统的人性都是由非常特殊的、偶然的历史因素和自然因素决定的,因而不可能作为普遍立法的根据,只有在排除了一切质料因素之后,普遍的人性才会显现出来。理性构成了人的本质规定,可是,由于理性自身否定一切自然的合理性或自然正当,它变成抽象的形式合理性。启蒙的自我反思打破了过去无反思的生活形式,却没有为后者找到新的替代物。除了在无限的自我反思和对一切异己存在物的否定中保持自身同一之外,理性没有建立起任何实质性的目的和客观内容,合理化(rationalisation)变成了一个无目的的不断自我生成的过程。①

这种合理化意味着只有那些能够在思维中被无矛盾地加以把握的东西才具有真实性,因为说某物"存在"或某物"是"(ist),就意味着它是自身同一的,它不能既是此又是彼,这种同一性是排他的和拒斥差异的,它肆无忌惮地摧毁和瓦解着一切现存秩序的根基,为了保持这种形式合理性的同一性而将这些现存物作为外在于形式的内容或质料加以清除。所以,确定性的根据只存在于思维主体之中,只有理性的主体能够做出判断,能够对真理和规范做出规定。基于这种知性反思的立场,客观的、外在的世界就成了特殊的、流变的杂多,它们缺乏同一性,因而作为无规定性的客体,自然以及人的情感与冲动就成了没有任何规范性形式的纯粹质料,自然和人的感性冲动本身无所谓是非善恶,只能通过理性主体的判

---

① Cf. Rüdiger Bubner, "Rousseua, Hegel, and the Dialectic of Enlightenment", *The Innovation of Idealism*, p. 158.

断和自我立法才能成为具有真理性和规范性的客体。

从启蒙理性主义的观点来看,在直观中被给予我们的所有存在都只是孤立的、杂乱无章的现象,对事物的确切认识必须在现象之外找到一个能够让这些现象成其所是的自明的根据,而这个根据就是主体的思维。思维活动本身是不可怀疑的、自我同一的,所以只有在"我是我"这种思维的同一性中才会有概念的同一性,即 A = A 或某物是某物,同一律成了理性认识的第一原理。可是这样一来,所有存在物就被从宗教展开的那个意义整体中抽离出来,都必须被当作某种并非自在存在的东西(was nicht an sich ist),因为唯一自在存在的是它们的抽象概念,它是绝对的单一性(absolute Einzelnheit, GW 4: 319)。换句话说,每个存在者的规定都是与现象和杂多相对立的单一的和孤立的本质,只有在主体思维的排他的同一性中对事物的认识才是确定的,星空只是星空、大海只是大海、石头只是石头,要说这些事物竟然有什么神性,或者想在这些质料性的对象中看到什么神圣的指引和不可违背的绝对法则,那简直就是天方夜谭。所以,黑格尔说,理智在直观中将上帝认作物(Ding),将神圣的树林认作纯然的木材(GW 4: 317)。那曾经在自然和人类的精神中展现自身的上帝和绝对理性,现在却被启蒙的理性主义从世界中驱逐出去,成了居无定所的幽灵,这就是祛魅的实质:所有理想,只要它缺乏像石头块那样可以被说明的实在性,那就都被认为是主观的虚构(Erdichtungen);一切不合逻辑的神秘莫测的关联,都只是缺乏本质的游戏(wesenloses Spiel)或对客体的依赖,因而被当作迷信(Aberglauben, GW 4: 317)。

正如霍克海默所言:

> 由于理性没有实质目标,所以所有的情感会离它而去,成为纯粹的自然情感。理性据以与一切非理性简单对立起来的原则,构成了

启蒙与神话相互对立的真正基础。神话只把精神看作深陷于自然的东西,即一种自然力,就像外部力量呈现为一种神灵鬼怪之根源的活生生的力量一样,其内在的冲动也呈现为这种活生生的力量。与此相反,启蒙则把一致、意义和生活统统置入主体性之内,而主体性也恰恰只有在上述过程中才真正被构成。对启蒙而言,理性是某种化学试剂,它汲取了事物的真正实体,并在理性的纯然自律中将其挥发出来。为了逃避对自然的那种迷信般的恐惧,启蒙将有效的客观实体和形式(effective objective entities and forms)统统表现为纯然混沌物质的迷雾(veils of chaotic matter),把它对人性产生的影响咒骂为一种奴役,直到主体根据其自身的概念而转变为了一个单一的、无拘无束的,却又空洞的权威。整个自然的力量都变成了对主体抽象权力的一种纯然未加分化的抵制。①

启蒙运动为寻求确定性和自由所付出的代价就是主体与客体的二分,规定性与非规定性、自由与自然的坚固对立。"一旦自然的客观秩序(the objective order of nature)被当作偏见和神话而遭到消解,自然就只不过是一团物质而已(a mass of material)。"②主体性取消了自然本身的规范性意义,而离开这种自在自为的客观法则,人类就不再会承认存在着一种超越于我们之上的、终极的约束性力量。

不过,正当启蒙理性势如破竹之际,黑格尔却发现,胜利的理性实际上遭受着野蛮民族在靠强力战胜了文明民族之后通常会遭遇到的相同命

---

① Max Horkheimer and Theodor W. Adorno, *Dialectic of Enlightenment: Philosophical Fragments*, edited by Gunzelin Schmid Noerr, translated by Edmund Jephcott (Stanford: Stanford University Press, 2002), p. 70.
② Max Horkheimer and Theodor W. Adorno, *Dialectic of Enlightenment: Philosophical Fragments*, p. 78.

运,即在表面的统治方面保持上风,而在精神方面则因征服而被击败(GW 4: 315)。不可否认,通过将理性从纯然经验性的所与和外在的因果决定中抽离出来,的确在一定程度上保证了理性的自主性,一切既成的事实在未经理性检验之前都没有天然的正当性和权威性。但是,由于"我思"的自我同一性否认了理性的客观形式,理性不得不走上主观化的道路,在主体性中寻求庇护,这样一来,理性就从源初统一的客观理性变成只具有形式同一性的主观理性。由于这种主观理性与客体之间有着无法消除的对立,因此它的绝对性和必然性远远没有它所宣称的那样绝对。现代人因为理性的主观化而第一次如此深切地感觉到自己与自然、与他人,乃至与自身的疏离:人类越是否认世界、他人和自身的感性存在是自我同一性的有机构成环节,他就越是因自身理性的形式性和空洞性而依赖外在环境和感性冲动,合理性的形式就越是受制于特殊的和偶然的因素;所谓的理性的无条件的事实实际上只不过是一种以理性的确定性形式表现出来的纯粹自然的经验心理学事实。①

荷尔德林曾经用"北方"(der Norden)来比喻这种自以为充实实则空虚、自以为成熟实则幼稚、自以为自由实则充满束缚的理性观念:跟希腊人那种与万物为一的精神之美相比,北方人过早地将他的学子们驱赶到自己的内心;在北方,精神尚未准备出发时,就把自己送上了返回自身的归途。在荷尔德林看来,由德意志民族继承和发扬的这种理性主义和主体主义精神,为了证明绝对的理性和绝对的自由而不惜将自己与这个世界分裂开来,他们不愿意让理性在这个世界中经受考验并最终达到与世界的和谐,而是要让理性在风平浪静的内在性中保持自己的尊严。"在北方,人还没有一种成熟的情感,就必须已经变得理智,率直还没有达到它

---

① Max Horkheimer and Theodor W. Adorno, *Dialectic of Enlightenment: Philosophical Fragments*, p. 74.

美丽的终点,人就把所有的过错归罪于自身;在人成为人之前,人就必须变得理性,成为自觉的精神,在他还是个孩子之前,就必须成为一个聪明的人;在人自我教育和发展之前,人们不让完整的人的统一性,即美,在他自身中成长和成熟。单纯的知性、单纯的理性一直是北方的王国。"[1]

在黑格尔的心目当中,荷尔德林对"希腊人"和"北方人"所进行的对比,无疑代表了这群志同道合的朋友们对当时的德国精神和德国哲学的一种不满,同时也表达了一直以来存在于他们心中的那个理想。所以,在荷尔德林的影响下,黑格尔径直将启蒙教化的哲学原则称为"北方的原则"(das Princip des Nordens),而它在宗教方面的表现就是新教(Protestantismus);这一原则的本质是"主体性",对它来说,美和真理在情感与观念中,在爱与知性中表达自身(GW 4: 316)。[2] 这一原则的确立,使得知识和道德的确定性与有效性不再取决于任何主观心理学的因素或者外在的权威,而宗教上的虔诚也不再以对那些实定教条的服从为标准。知识的根据虽然在于主体先天的认知结构,但这种主体的结构却有着对所有理性存在者都有效的普遍必然性;实践理性法则虽然是主观理性的自我立法,但这些法则却是一种不以人的主观任意为转移的定言命令;同样,新教的信仰作为一种情绪和渴望尽管是主观的,但它所寻求的和并未在直观中被给予的,却是绝对和永恒(GW 4: 317),通过倾听自己内心的良知,信仰获得了它的客观性。

但是,当主观理性在主观的形式中论证自己的客观性时,却存在着它无法克服的困难,这进而导致它的结果与其自身的初衷相背离。因为理性主义的否定性的论理方式(das negative Räsonniren, GW 4: 5)在否认了那些既成事实的独断主张具有正当性的同时,也否认了存在于世界之中

---

[1] Friedrich Hölderlin, "Hyperion", *Friedrich Hölderlin: Werke im einem Band*, S. 386.
[2] Cf. Rudolf Haym, *Hegel und seine Zeit*, S. 203-204.

的理性,启蒙主体不再认为事情本身能够独立于主体的自我反思而具有客观规定。所以,世界被对象化为一个受制于因果必然性法则的有限领域,我们所能认识的也只是这个有限的领域,因为超出这个范围之外的无条件者都无法在我们的先天认识形式中获得确定的表象。简单地说就是,对于那些所谓实在的事物,同一律和矛盾律是有效的:书本是书本、面包是面包,这些表象可以在思维中被无矛盾地加以判断,主体的先天范畴能够用于这些对象而不出现二律背反,书本是书本,它的意义在它的概念中是确定的,它不会同时既是又不是;但这些范畴在无条件者身上就失效了,上帝既存在又不存在,世界的存在既有原因又没有原因,这种自相矛盾使判断失去了确定性,无条件者自然也就不能成为认识的对象了。黑格尔在这里非常敏锐地发现,如果真理只是判断的无矛盾和知识的确定性的话,那么,认识的内容就是被给予的,主体只是赋予了它得以被表述和形成判断的形式而已。真假不涉及事情本身的存在论规定,而只是认识论意义上判断与现象的符合与否,理性在这里只给出了形式的同一性而没有能力得到内容的必然性。什么是可以认识的,什么是不可以认识的,这些都是先于理性的作用而被经验性地给予的。理性认识实际上是将一个经过反思和裁剪的有限的、片面的存在当作整体,而这种形式的真理或确定的知识只有以更为源初的、作为客观理性之自我规定的意义关联为基础才是可能的。这样说来,如果认识的确定性在内容上是被决定的,那么主体性反思哲学通过赋予现成的经验以合理性的形式(范畴的作用),来避免休谟的怀疑论,这在事实上就只不过是对洛克经验心理学的完成和理想化而已(GW 4: 322)。

同样的问题也出现在实践哲学的领域。由于外在的自然和人内在的自然都被看作纯然有限的和感性的存在,因此,实践理性法则必须以定言命令这样一种完全排斥质料性因素的形式法则的面貌出现。可问题是,这样一种根本不考虑人的感受、情绪和欲望，甚至压抑人的自然倾向的形式法则，有什么力量要求人们去执行并且让人出于一种符合道德要求的动机去行动呢？康德自己也看到了，人是有道德意识的，这种对道德法则的直接意识作为一种理性事实证明了人的先验自由的存在，但有道德意识的人未必都会将普遍的道德法则当作自己的行动准则。毕竟整个自然界是按照机械因果必然性的法则而不是按照自由的法则来运行的；人虽然是有理性的，能够意识到自己的自由，但人又是有限的，如果总是好人受苦坏人享福，那么道德又有什么值得珍视和践行的呢？因此，康德指出，对一个由上帝按照道德法则来统治的原型世界和这个至善的目的王国必然有一天会在尘世中建立起来的信仰是实践理性的题中应有之意。不过，这个世界是没有现实性的，作为无限的领域，它无法为我们所表象，我们能够认识的只是没有任何规范意义的现象。这样一来，理性就不得不承认自身和此岸的虚无，而将某种更好的东西置于外在于它和超越于它的彼岸的信仰之中，信仰与知识的古老对立由此被转移到了哲学的内部（GW 4: 315）。启蒙运动摧毁了古老的实定信仰，但当实践理性要求人们将道德法则当作上帝的诫命来信仰时，康德和费希特实际上在"合理性的"形式中复活了宗教中的实定因素，[1]"哲学使自身再次成为信仰的奴仆"（GW 4: 316）。就像卢卡奇指出的那样，无情地撕碎了以往时代一切形而上学幻相的观念论哲学，不得不和其前辈一样，对自身固有的条件采取非批判的、独断论的形而上学态度。[2]

而且，由于理性信仰中的统一是以理性行动与享受之间的对立为前

---

[1] H. S. Harris, "Hegel's Intellectual Development to 1807", *The Cambridge Companion to Hegel*, ed. Fredrick Beiser, p. 36.
[2] Georg Lukács, *Geschichte und Klassenbewußtsein: Studieren über marxistische Dialektik* (Darmstadt und Neuwied: Hermann Luchterhand Verlag, 1977), S. 299.

提的(GW 4: 318)：只有纯粹出于道德法则而行动的孤立的理想方面才是理性的行动，孤立的现实方面才是享受和感觉，也就像康德所说的那样，道德不可以是一种享受而必须是一种命令和强制，人不能爱好道德，否则道德就失去它的道德性，只有将理性行动与享受截然二分，最高的享受才是享受，才能作为道德行动的报偿。可问题是，既然幸福才是理性行动的最终目的，而无法获得幸福的德行在现实中缺乏足够的动力去激励人们出于道德动机来行动，那么结果就变成了，对于理性行动者来说渴望幸福是完全正当的，会引起不幸的道德要求反而不是真正的道德；理性存在者在对德福一致的渴望中不自觉地将道德仅仅看作实现福的手段，而非自身就是目的。理性立法和理性行动通过对质料的排斥来保持自身的纯粹性，使其只能在内容和目的上依赖经验性的实存。所以，理性信仰的实质是："当时间到来，那超越了身体和世界的无限渴望，就会与现存之物(Daseyn)取得和解。但是，与之和解的那个实在，即被主体性所确认的客观方面，实际上只是经验性的实存(empirisches Daseyn)，只是通常的世界和通常的现实性。因此，这种和解自身并没有失去隐含在美的渴望中的绝对对立的特征。毋宁说，它将自己抛向对立的另一极，即经验世界。"(GW 4: 318)道德法则与经验法则在至善中的一致，实际上变成了用有条件的经验法则取代无条件的道德法则。

尽管主体性哲学的本意是想超越主观性和相对主义，证成理性的绝对性和它不依赖于经验事实的独立性，可这些哲学修正幸福主义的方式只是给予了它以一种形式上的完满性(GW 4: 320)，而在经验中并通过经验性领域获得它的内容和尺度。这样一来，绝对的道德和哲学的经验主义都在纯粹概念那里找到了根据，由此，理性主义的道德哲学最终滑向了它所反对的那种幸福主义(GW 4: 321)。黑格尔将启蒙的道德哲学同样看作一种幸福主义，真可谓是一针见血。因为幸福主义(Eudämonismus)

这个概念与通常我们所理解的享乐主义（Hedonismus）不同：享乐主义是将道德等同于享受或将享受当作至善，而幸福主义所理解的幸福实际上是指因遵循理性法则而积极生活所带来的幸福，它反对将幸福等同于纯粹经验性的、感官的享受，认为幸福的获得必须以理性的、道德的行动为先决条件。相较于享乐主义的纯然主观性，幸福主义更加强调理性法则的客观性即普遍必然性，但是由于道德只被当作形式法则来强调，它与人的整全存在和自我认同是分裂的，因而在自身中缺乏目的，空洞的客观形式就会由偶然的、实定的主观内容来填充，"因道德而配享幸福"必然会因为道德本身的不完满性而变成"为幸福而道德"，无条件的理性法则被大多数人普遍同意的有条件的准则所取代。所以，这种幸福仍然是一种经验性的、感官的享受，而不是自然与自由相统一的永恒直观和至福（GW 4: 319）。

黑格尔向我们指出，主体性反思哲学在理性与现实、应然与实然、无限与有限之间造成的"分裂"（Entzweiung）是"哲学需要"的源泉（Quelle des Bedürfnisses der Philosophie, GW 4: 12），而这一分裂最终导致的启蒙理性的自我消解，正是时代教化的必然结果，其根源就隐藏在主体性反思哲学的原则当中：

> 根据这一教化体系的固定原则，有限是自在自为的，是绝对的，是唯一的实在。这样一来，有限和单一以杂多（Mannichfaltigkeit）的形式处于一边，所有宗教的、伦理的、美的都被抛到这一边，因为它们可以通过知性被把握为单一的；而另一边是同样绝对的有限性，但却作为幸福的概念处在无限的形式中。无限和有限在此并不是作为同一被设定在理念中，因为它们中的每一方都是自为的、绝对的。它们是统治关系（Beziehung des Beherrschens）中的彼此对立，因为在无限

与有限的绝对对立中,是概念实行统治。然而,超越这一绝对的对立和统治的相对的统一性,以及经验的可理解性的是永恒。因为对立是绝对的,而永恒的领域是无法计算的(Nichtzuberechende),无法通过概念来把握的(Unbegreiffliche),是空——一个无法认识的上帝超出了理性所设下的界标。这个领域不是直观的,因为直观在此只是感官的和被限制的;同样,对它来说没有享受,因为只存在着经验性的愉悦(Glückseligkeit);也没有什么可认识的,因为这里被称为理性的无非根据单一性来对每一件事物的价值所进行的计算(Berechnen),是将每一个理念置于有限性之下的设定(Setzen)。(GW 4: 319)

纯粹理性在时间和流变之外保持着永恒的、概念的自我同一,可是这样的概念必定不像人们所希望的那样纯粹,而是包含着它所反对的、同等的实定因素(GW 4: 320)。空洞的形式同一只能放任那些放浪无归的经验事实肆无忌惮地来向它提出自己对内容的权利,而这些目的和内容原本应该是理性自发产生出来的绝对要求,现在却变成了处在理性的把握之外的所与,成了有限和有条件的了,而这些有条件者又被纯粹理性塑造成绝对。留给理性的工作只是去对这些有限的内容进行计算,得出一些永远不会错误的答案。人类今天的境况恰恰印证了这一点,只要我们心智正常,我们就可以做出无数正确的判断:汽车是汽车,所以我们要驾驶它,要给它加油,为了做到这一点我们可以也应该开采石油,把地球钻得千疮百孔,把空气污染得浑浊不堪,这些都是可以说得过去的,因为汽车是汽车啊;同样,建筑是建筑,所以只要我们有居住和办公的需要,并且计算准确、技术精良、收益丰厚,我们就可以也有理由为大地覆上厚厚的水泥,在上面盖满高楼大厦,即便良田被毁、地面沉降,也还是情有可原的,因为建筑是建筑啊。我们已经不会再去追问这一切存在本身是不是合理的,也就是说,除了现成存在的这些所谓现实之外,是否有着某种更高的、绝对的、合理性的标准;在那种合乎事情的本然之理的意义上,这一切是不是真实的。因此黑格尔才说,启蒙教化在本质与现象的分裂中所呈现的,只是"形态的不自由的已给予的方面"(die unfreye gegebene Seite der Gestalt, GW 4: 12)。

　　纯粹理性已经否定了时间和流变之中还有什么永恒的法则,目的和原则本身都是由理性主体自己给出的,而作为理性存在者的我们却又在不知不觉中被那些我们表面上冠冕堂皇说要反对的东西决定着。这就是启蒙的虚无主义,这种虚无并不是说我们的理性认识和理性行动是没有内容的,而在于纯粹理性为了保持自身的形式同一性而将真实的东西化约为理性计算的结果,而计算公式本身实际上是可以随着计算结果的有利与否而改变的,现在的"是"(Sein)可能由于计算公式的改变就成了"不是"(Nichtsein)。就像施奈德巴赫所说的那样:"由于把客观目的论还原为纯粹自我保持的目标而产生的实践理性的'技术化',是自我规定的意志自由的代价。"[1]这种技术化和工具理性化的后果就是"此亦一是非,彼亦一是非",而且这样的无常本身被塑造成合乎理性的形式。所以,在现代社会,只要是可以用理性的公式来计算的,无论什么看起来都是有根有据,不管发生什么事情都可以找到一个说得过去的理由;理由总是可以找到的,因为什么是合理的这本身已经变得不那么绝对了。所以,建立在主体反思基础上的合理性只是一种形式合理性(rational),这种合理性注重的是认识对形式逻辑的规则的符合,如一个无矛盾的正确的判断就是合理的。当这种形式合理性占据主导地位时,那种合乎事情的本然之理意

---

[1] Herbert Schnädelbach, "Vernunft", *Philosophie: Ein Grundkurs*, hrsg. Ekkehard Martens und Herbert Schnädelbach (Hamburg: Rowohlt, 1985), S. 97. 转引自张汝伦:《历史与实践》,上海人民出版社 1995 年版,第 292 页。

义上的、形式与内容相统一的实质合理性(reasonable)就被遗忘了。用当代德国哲学家皮希特(Georg Picht)的话来说:"由于现代意识不再感到有责任追问自由与真理的关系,科学思想就屈从于产生和不断再造世俗世界的那些客观化的图式。……既然理性的合理性(reasonableness of reason)根植于每一个个体认知与先验意识的统一性的关系当中,那么,20世纪分裂了的合理性(rationality)在这个词的真正意义上已经失去了它的理性(reason);它是一种无理性的合理性。更确切地说,它是一种不在乎理性或非理性的合理性。"[1]

黑格尔深刻地洞见到,启蒙的真理其实就是没有真理,如果我们必须保留真理的形式的话,那么真理无非就是有用性(Nützlichkeit)。这种有用性表现在为了既定的目标而将所有其他事物当作达到这个目标的手段,一切以自身为目的的东西都被否定,因而每个东西都异在于它自身,都从属于他者,精神所追求的唯一目的就是否定自身,为了普遍的法则与形式上的合法则性而否定掉一切现实存在的、感性事物的现实性和它的内容。可以说,有用即真理是主观理性对客观理性的全面压制,启蒙对理性法则和普遍人权的宣扬以牺牲内容和特殊性为代价。卢梭在1762年1月26日写给他的好友德·马勒塞尔伯(de Malesherbes)的一封信中说道:"我在自己身上发现了无可名状的空白,没有什么东西能够填补这一空白,心中有某种冲动奔向另一种享受,我没有丝毫意念,然而却感到了需要。"[2]卢梭的自白正是启蒙的时代精神的真实写照。否定性的反思使得启蒙的世界成为一个没有任何内容和深度的世界,这种空虚性必然伴随

---

[1] Georg Picht, "What is Enlightened Thinking?", *What Is Enlightenment?: Eighteenth-Century Answers and Twentieth-Century Questions*, ed. James Schmidt (Oakland: University of California Press, 1996), p.379.
[2] 卢梭:《卢梭自选书信集》,刘阳译,译林出版社1998年版,第69页。

着对内容的无尽渴望。我们对这个世界有了越来越多的知识、能够制造出越来越精密的仪器、制定出越来越精细复杂的法律条文,可是在我们生活的意义和方向上却一无所知。实际上,启蒙理性并不是没有意识到自己的虚无,它只能计算那些直观中被给予的有限存在,而永恒和至善对它来说是不能计算的无限。可是,以自己的绝对性和普遍必然性为傲的纯粹理性,绝不会甘于让这个无限的领域处在非理性的信仰的统治之下,它必须在自己能力所及的范围之内将无限纳入到理性的辖域中来。主体性反思哲学的精妙论证通过对理性自身结构的分析,使得信仰作为理性之目的能力的体现而被设置,从而为信仰找到了一种合乎理性的必然性;但由于理性无法认识无限,信仰的内容其实只是对那些我们现在认为好的、善的事物的进一步放大和理想化。启蒙理性通过理性信仰将非理性和实定的因素纳入到合理性的框架中来,现代人在自己内心的虔诚和良知,以及对彼岸世界的盲目信仰中,进一步消解了客观理性自身的绝对要求,使自由与必然的真正统一愈发变得不可能。所以黑格尔说:"通过意识到自身的虚无(Nichtseyn),启蒙将这种虚无转变为体系。"(GW 4: 316)启蒙的合理化进程必然伴随着非理性的幽灵,它一方面通过反思性的推论取消了客观理性的存在,另一方面又借助信仰与知性的联手将反思性的体系塑造成一种现代文化和教化系统,希望以此在自己的空洞形式中把握住绝对,但整个现代文化却因此表现为一种有教化而没有精神、有制度而没有灵魂的设定,最终宣告了现代虚无主义的诞生。[1]

主体的绝对化纵然推翻了外在的权威,但反思哲学却在理性的公设和理性理想中重新建立起新的统治关系,将客体对主体的统治颠倒为主

---

[1] Cf. Günter Rohrmoser, *Subjektivität und Verdinglichung: Theologie und Gesellschaft im Denken des jungen Hegel*, S. 77.

体对客体的统治,并以理性的名义将这种统治合法化了。在这种情况下,理性的统一不但不能实现理性的绝对立法,反而使真理和客观理性本身被遮蔽。① 世界就其自身而言,只剩下一种意义,那就是符合因果必然性的自然,而合理性的标准无非就是可计算的利益的最大化。从自明的主体所构造的形而上学体系出发,一切无法计算的东西都被看作非理性的和不真实的,这个封闭的世界不仅拒斥了一切现存事物的权威,也同时拒斥了存在于世界中的本然之理;它在否定性的反思中保持自身的独立,却又不自觉地被外在的力量规定着。

> 在这些哲学中,有限存在与经验性实在的绝对性,以及有限与无限的绝对对立仍然被保持着;理想性只是被把握为概念。当这种概念在特殊存在中被肯定地加以设置时,有限与无限之间只可能有相对的同一,即概念对真实和有限的现象(包括所有美和伦理的事物)的统治。但是,当概念被否定地设置时,个体的主体性就表现在经验的形式中,这种统治就不是知性的,而是自然的力量与主体的软弱性的相互对抗。在这种绝对的有限性和绝对的无限性之上,还存在着作为理性之空虚性的绝对者(das Absolute als eine Leerheit der Vernunft),即一个无法由概念把握的、其自身是非理性的(vernunftlos)的信仰的领域,但它又被叫作理性的,因为那受制于它的绝对对立的理性从它将自己排除出来的地方,认识到某种比它自身更高的东西。(GW 4: 320)

这种把被决定当作自由、把无当作有的做法,对现代人来说不啻缘木

---

① Cf. Rolf-Peter Horstmann, "Fichte, Schelling und Hegel über Jacobi und Kant-keine Würdigung", *Die Grenzen der Vernunft*, S. 66-67.

求鱼、饮鸩止渴。

黑格尔敏锐地觉察到,现代意识形态和教化体系的真正完成者其实不是狄德罗、伏尔泰或者法国唯物论,也不是霍布斯、洛克、休谟或者英国功利主义,而恰恰是声称以证成"绝对"为第一要务的德国哲学家,是康德、雅各比和费希特。这三个人的哲学在现代文化中占有重要的地位,他们将纯粹性作为理性的基本特征,使主体性成为现代思想的中心。① 我们的认识、意志、情感,甚至信仰,都被纳入到一个自足而又空乏的主观理性的统一性体系当中,它们的内容不具有实质性的目的和原则,但看上去又是那么合情合理。用黑格尔的话来说,这样一种以反思或否定的方式来对知识、道德和宗教意识的根据进行规定的"限制的力"(die Kraft des Beschränkens),用自然和天赋的全部力量来加强这座启蒙教化的大厦,并将它延伸到无限性之中去。我们的确可以在这座大厦当中找到种种限制所达到的总体(ganze Totalität der Beschränkungen),却单单找不到"绝对"(Absolute)本身(GW 4: 12)。这种缺少了"绝对"的总体性就是黑格尔所批判的"主体性的形而上学"(Metaphysik der Subjectivität)和"思维的独断论"(Dogmatismus des Denkens)。在其中,"作为一物的灵魂被转化为自我,作为实践理性的灵魂被转化为主体的人格和个体性的绝对性;作为物的世界被转化为现象或主体情绪(Affection)的系统和被信仰的现实性;而作为理性的对象与绝对客体的绝对者被转化为某种绝对超越理性认识的东西"(GW 4: 412)。这种将有限之物的绝对性作为基本原则的主体性的形而上学,在康德、雅各比和费希特的哲学中构成了它在形式上的一个完整的循环(vollständiger Zyklus):康德建立了整个主观领域的客观方面

---

① Cf. Peter Jonkers, "Hegel's Idea of Philosophy and his Critique of the Reflective Philosophy of Subjectivity", *Hegel on the Ethical Life, Religion and Philosophy* (1793-1807), ed. A. Wylleman, p. 61.

(实践理性、有限领域中的最高客观性,作为绝对是自在自为被设置的理想性);雅各比是主观方面,他将对立和被设置为绝对的同一性转化为感觉的主体性、无限的渴望和无法治愈的悲伤;费希特则是二者的综合,一方面他的哲学要求康德那里的客观性的形式和基本原则,另一方面又将这种纯粹客体性与主体性的冲突设置为渴望和主观的同一性。在康德那里,无限的概念被设置为自在自为的,是哲学唯一承认的东西,而在雅各比那里,无限表现为受主体性影响的,作为直觉冲动和个体性,在费希特那里,受主体性影响的无限又被客观化了,表现为义务和奋进(GW 4: 321)。在黑格尔看来,尽管这三人的哲学都力图证明绝对理性法则的存在,并且通过彼此之间的相互接受或批判,来揭示对方理路中存在的困难,在此基础上提出各自通达绝对者的不同路径,可以说,他们在问题的解决上具有很强的连续性;但从一个更高的层面来看,他们的哲学都是以反思的和设置对立的方式来证明绝对,仍然停留在片面的、主观的统一性当中。主体性的形而上学通过康德、雅各比和费希特的哲学完整地展示了现代教化形成过程中内在固有的各个阶段,因为这个过程在于建立思维与存在、主体与客体双方的绝对对立,并将对立的双方纳入到一个精密构造的体系中。这样一来,主体性的形而上学就将这个教化形成的过程带向了它的顶点和终结(GW 4: 412-413)。

第二节　批判反思哲学

就像黑格尔在《哲学批判杂志》的导言《论哲学批判的本质》(*Über das Wesen der philosophischen Kritik*, 1801)一文中明确表示的那样,"理念的真正实现(Energie)是与主观性不相容的"(GW 4: 120)。黑格尔借此说明了他的哲学批判的基本方向和道路。与康德把澄清人的理性能力的有效范围和界限作为批判的主要任务不同,黑格尔将批判视为理性的自我认识。在黑格尔看来,我们不能将理性与它的自我认识割裂开来,因为只有理性在它的自我认识中成为自身的对象并与自身同一时,理性才是真正的绝对。在这个意义上,黑格尔的批判的确是一种内在批判(immanente Kritik)。① 与此相反,批判哲学的批判作为对人的主观性的认识而非关于绝对的认识,是一种外在的反思,它造成了主体与客体、思维与存在的对立,这种批判不但没有揭示理性的内在必然性,反而在纯粹理性的哲学(科学)中取消了理性本身(GW 4: 122)。

因此,为了认识绝对,黑格尔必须是反对当时的主体性反思哲学而战斗,并且使批判成为自己哲学、成为事情本身的有机组成部分。当黑格尔还在图宾根神学院念书时,他的那帮朋友们就给他起了个绰号——"老头"(der alte Mann),②而黑格尔和他的哲学真的就如同他们所描绘的那样:像一个拄着拐杖缓步前行的老人,在一群动作迅速的野兔中间,他是一只动作迟缓的乌龟,当所有兔子都兴奋地已经将他们的能量挥霍得精光或者消耗殆尽的时候,这只乌龟依然吃力地爬行着,虽然迟缓但却坚定,一步步地越过了终点。只有完全把握住黑格尔批判主体性反思哲学的内在理路,才能真正理解黑格尔为什么一定要从形而上学即关于存在和实体本身的认识,而绝不能退回到主体性哲学和主观理性的立场来思考实践哲学的问题。

一、康德

在耶拿早期的论著中,黑格尔对康德的批判性考察主要集中在《纯粹理性批判》和《判断力批判》(*Kritik der Urteilskraft*, 1790),而不像图宾根和

---

① Cf. Ludwig Siep, *Der Weg der Phänomenologie des Geistes*, S. 40.
② Rudolf Haym, *Hegel und seine Zeit*, S. 22.

伯尔尼时期那样专注于对《实践理性批判》和《纯然理性限度内的宗教》这两部著作的研究。这是因为一方面,黑格尔思考的焦点发生了转变,即从对宗教的独断论的批判转变为对纯粹理性自身的独断论的批判,从一种意识形态批判转变为一种哲学批判;另一方面也是由于黑格尔认为,康德在第二批判中提出的实践理性公设学说,即他关于道德世界秩序的存在论计划,由费希特更好地表述了出来,①实践理性的优先性在费希特耶拿时期的体系那里获得了更为彻底和连贯的发展(GW 4: 338)。

跟其他后康德的观念论者一样,黑格尔对康德的批判也是以在康德哲学的"精神"(Geist)和它的"字面"(Buchstaben)之间做出区分为基础的(GW 4: 5)。如果要对康德哲学的基本特征做一个概括的话,最好的表述莫过于康德在《纯粹理性批判》的第二版序言中用一种具有试探性和比喻性的口吻说出的"哥白尼革命"一词(KGS 3: 11-12;KrV: B XVI-XVIII),而康德哲学的字面和精神都包含在这场著名的革命之中。人们通常将康德在这里所谈到的两个设想——对象(作为感官的客体)必须依照我们直观能力的性状和对象在其中(作为被给予的对象)被认识的经验必须依照概念——理解为从主体符合客体到客体符合主体(或从认识符合对象到对象符合认识)的转向。从这一解读出发,康德的先验哲学本质上被认为是笛卡尔传统的延续和完成,因为它接受了这个传统的一些基本预设:认识论是第一哲学(philosophia prima),只有自我认识是确定的,知识的直接对象是观念等等。主体只对自己的观念有直接的知识,或者根本不存在超出自我意识确定性之外的知识,在这个意义上,康德哲学的确是一种主体主义。只是不同于唯我论(solipsism)将知识的内容当作经

---

① Cf. Peter Jonkers, "Hegel's Idea of Philosophy and his Critique of the Reflective Philosophy of Subjectivity", *Hegel on the Ethical Life, Religion and Philosophy (1793-1807)*, ed. A. Wylleman, p. 63.

验的或个体的意识状态,先验哲学的主体主义坚持知识是以某种先验的或普遍必然的心灵结构为条件的。由此出发,整个后康德的观念论(莱因霍尔德、费希特、谢林和黑格尔)的发展都被认为是通过对先验主体的改造来克服康德先验观念论的二元论后果。[1] 可是我们会发现,从主体或先验自我的优先性来诠释康德哲学,不仅容易导致康德哲学中字面的、知性的一面被保存,而精神的、思辨的一面被忽视,而且也难以恰当地理解后康德哲学,尤其是在对黑格尔哲学的研究中,主体主义的进路更让人有一种削足适履之感。

这种侧重从主体性来理解康德和后康德哲学的进路,很容易矮化他们的哲学旨趣,而目前许多关于黑格尔的研究经常容易片面地理解黑格尔,一个重要的原因恰恰是由于对康德哲学的整个构想和基本关切缺乏准确的把握。其实就在康德关于"哥白尼革命"(Kopernikan Revolution)的那段文字中,他已经明确指出,尝试这样一种新的思路,是为了看看我们在形而上学的任务上是否会有更好的发展,也就是说,理性如何能够仅仅凭借概念而不借助任何经验来达到理性的认识和科学(KGS 3: 11-13; KrV B: XVI-XVIII)。康德实际上是想通过这一转向,来证成在我们的经验认识中、在我们的意志活动和实践活动中、在整个自然界服从机械因果律的运转中,存在着无法用偶然的经验性事实和经验心理学的证据来解释的理性的客观必然性和绝对性。因此,先验自我更多地是一个形而上学原则,而不仅仅是认识论的原则,而"哥白尼革命"的实质就是要提示我们,思维与存在、主体与客体的同一并不存在于人格性和主观性当中,而存在于规范性的(normative)、原型的(archetypical)和理知的(intelligible)领域当中,经验的客观性和存在规定的有效性最终取决于一个普遍的、必

---

[1] Cf. Frederick C. Beiser, *German Idealism: The Struggle against Subjectivism, 1781 – 1801* (Cambridge, Mass.: Harvard University Press, 2002), pp. 1-2.

第二章　批判主观理性

然的规范性结构,①这个结构就是理性本身。换句话说,理性是一个以自身为根据、具有内在必然性的绝对,是一个源初统一的源始结构(Primärstruktur):这个超越了现成的经验性所与和人的主观条件的无条件者,构成了使知识和规范得以可能的终极的合理性标准。世界的规则(Regeln)与事物的秩序(die Ordnung der Dinge)只有通过这个先在的、自足的概念结构才能被把握和理解;通过对具有内在逻辑必然性和统一性的理性这个源始结构的演绎(Deduktion),自然和人类的历史将作为一幅合乎理性的、一体化的世界图景(ein einheitliches Weltbild)向我们呈现出来。② 所以说,统一哲学(Philosophie der Einheit)的一元论构想确实已经隐含在康德哲学的精神之中,后来的观念论者只是将这个计划继承下来并通过不同的方式来完善它,进而最终实现世界的统一性这个目标。③

正是由于有了康德在第一批判中将"绝对"(absolut)这个概念作为一切先验哲学的关键重新提出(KGS 3: 251-253；KrV B: 380-382),才会有后来的观念论哲学在把握绝对者的道路上,经由斯宾诺莎重新接续古代的一元论传统,以突破主观理性的可能。因此,主体主义的解读不仅无法将主体概念与德国观念论的形而上学动机结合起来,而且很容易由于它们对主体性的偏重(不管是以它为出发点还是反对它)而把"绝对"这个最为核心的关切从对德国观念论的理解中驱逐出去。理性的主观化对于

---

① Frederick C. Beiser, *German Idealism: The Struggle against Subjectivism*, pp. 28ff.
② Cf. Rolf-Peter Horstmann, "Hegels Konzeption von Rationalität – die Verbannung des Verstandes aus Reich der Wahrheit", *Die Grenzen der Vernunft*, S. 134.
③ Cf. Rolf-Peter Horstmann, "Hegels Konzeption von Rationalität – die Verbannung des Verstandes aus Reich der Wahrheit", S. 134; see also Rolf-Peter Horstmann, "Den Verstand zur Vernunft bringen? Hegels Auseinandersetzung mit Kant in der Differenz-Schrift", *Das Interesse des Denkens, Hegel aus heutiger Sicht*, hrsg. Wolfgang Welsch, Klaus Vieweg (München: Wilhelm Fink Verlag, 2003), S. 90-92.

康德来说只是手段而非目的,也正是由于康德对主体与客体同一的卓越洞见,黑格尔才认为康德哲学在精神和原则上是思辨的(GW 4: 5-6)。然而,在康德哲学的字面中却包含着与它的精神和目的相悖的原则,这个原则就是"反思"。一旦反思的统一性取代理性的源初统一而成为至高,理性的根据就会被转化为某种属于知性的有条件的东西(GW 4: 325)。康德在《纯粹理性批判》关于知性能力和理性能力的讨论中都体现了这一反思的原则,而黑格尔在《信仰与知识》中对康德先验哲学的批判主要就是抓住这两点来进行的。

我们知道,在康德那里,知性(Verstand)是一种规则的能力(das Vermögen der Regeln)(KGS 3: 238;KrV B: 356),其作用是使感性直观表象依照概念的先天规则而联结成一个具有普遍必然性的命题,它表现在判断的逻辑功能中。康德希望以此对休谟的怀疑做出回应:感性直观的联结何以能够具有先天的和内在的必然联系,而这种出自概念的必然性不能被还原为经验性的、或然性的心理联想。但实际上,他在追问"先天综合判断何以可能"时,是以休谟怀疑论的结果作为自己的出发点的,即康德承认,在直观中被给予我们的表象并不具有概念联结的普遍必然性,"在所有表象中,联结(die Verbindung)是唯一不能通过客体被给予的,而是由主体自身确立的表象,因为它是主体的自发性的一个行动"(KGS 3: 107;KrV B: 130)。只不过他认为,休谟的联结作为主观心理联想只是一种经验心理学的反思机制的结果,缺乏知识所要求的普遍必然性,而康德自己的联结是一种依靠主体先天具有的形式结构的必然联结。也正因为从知识根据的来源上说,范畴是主观的或者与主体相关的,而不是客体自身的规定;从认识对象上说,认识是以通过主体先天的形式结构所构成的可能经验(mögliche Erfahrung)为对象,而不是以事情本身为对象,才能够避免休谟对经验知识能够具有普遍必然性的怀疑。① 所以,先验演绎的目的就是要证明,这些并非起源于经验的范畴为什么就能够对感性直观起到规定作用,思维的主观条件如何应当具有客观有效性(objektive Gültigkeit, KGS 3: 102-103; KrV: B122),即这种运用的根据或合法性在哪里,②而不是要认识真理本身,或者证明我们的认识内容之所以合理的根据所在。可是这样一来,康德就像黑格尔所批评的那样,将这种只关乎主体表象而不涉及物自身的有限认识当作真正的知识,将认识所具有的抽象的和否定的一面当作自在的和肯定的,使得康德的观念论重新退回到绝对的有限性和主观性,结果,批判哲学的整个任务和内容就不再是关于绝对者和真理的认识,而是关于主体性的认识,换言之,它是一种认识能力的批判(GW 4: 326)。

在康德看来,只有通过先验统觉或自我意识的先验统一性,直观杂多的联结才能获得概念的必然性,"'我思'必须能够伴随我的一切表象"(KGS 3: 108; KrV: B132)。因为对于康德来说,"我思"就是在一切表象连同它的变换的内容中都保持相同的、不再能够进一步追本溯源的表象。③ 纯粹自我意识或先验统觉是一种普遍的逻辑统一性原则而非心理学意义上的内感官,所以它不依附于时间,并且它的同一性是纯粹的和自

---

① 在《论鉴赏力的标准》一文中,休谟曾指出:"一切情感都是正确的,因为情感不涉及任何超出它自身之外的东西,并且在人们意识到它的地方,它总是真实的。但是知性做出的规定却全都不正确,因为它们涉及超出它们自身之外的东西,即以纯粹的事实为参照,而它们并不总是能够与那个标准相一致。"见 David Hume, "Of the Standard of Taste", *Essays: Moral, Political, and Literary*, ed. Eugene Miller (Indianapolis: Liberty Fund, 1987), p. 31。休谟认为,理性在认识上之所以犯错,是因为它的标准不在自身之内而在它所探究的事物当中,康德却一反休谟的论断,证明知识不是关于事物本身的,而是对主体所构造的可能经验的认识,试图以这种二元论的设置来克服怀疑论的挑战。
② 关于康德的形而上学演绎和先验演绎的区分及其各自所要完成的任务,盖耶为我们提供了一个详尽的考察,参见 Paul Guyer, "The Deduction of the Categories: The Metaphysical and Transcendental Deductions", *The Cambridge Companion to Kant's Critique of Pure Reason*, ed. Paul Guyer (New York: Cambridge University Press, 2010), pp. 125-129。
③ 奥特弗里德·赫费:《康德:生平、著作与影响》,郑伊倩译,人民出版社 2007 年版,第 86 页。

明的。作为一种自发性的行动,先验统觉通过将一个同一的"我思"的表象附加于杂多的直观表象上面,使得这些杂多的表象被统一为一个确定的表象,从而能够作为判断的主词(主体),在判断中通过范畴(质、量、关系、模态)的先天规则作用,将判断的谓词(客体)与主词必然地联系在一起,范畴的本质实际上就是进行判断的功能。可正如黑格尔指出的那样,由于范畴与直观的二分,构造认识对象的规则完全是主体的先天形式,这样一来,客观性就不再意味着合乎事情本身的规定,而是以判断的普遍必然性为标准,被替换为一种主体间的有效性,因此,这种客观性仍然只是主观的。对于康德来说,认识对象的构造以及经验知识的客观性(主体间的有效性)能否建立起来,关键就在于对纯粹自我意识这一主观根据的说明,即康德所谓的关于范畴的先验演绎;用这种建立在主观理性上的客观性取代事物本身的客观规定,正是后来许多批评者指责康德的观念论是一种唯我论的主要原因。[①] 在康德那里,范畴的主观化非但没有将主体与客体在主体中统一起来,反而由于将物自体排除出认识和真理的领域而加剧了这一分裂。这样一来,

> 感性杂多,即作为直观和感觉的经验意识,就其自身而言是某种未被联结的东西(an sich etwas unverbundenes);世界本身断裂为碎片,而只有通过人的自我意识和知性的良好运作,才能获得客观的联系(objectiven Zusammenhang)和持存、实体性、多样性,甚至现实性与可能性等等。所有这些都是一种出自人的审视和筹划的客观规定。如此一来,整个演绎就很容易获得这样的意义,即事物本身和感觉都

[①] Cf. Klaus Düsing, "Constitution and Structure of Self-Identity: Kant's Theory of Apperception and Hegel's Criticism", *G. W. F. Hegel: Critical Assessments* (*Vol. 3*), ed. Robert Stern (London and New York: Routledge, 1993), pp. 49ff.

是没有客观规定的——当人们谈到感觉及其经验实在时,除了想到感觉是来自物自体以外,就什么也没有剩下了。……除了感觉之外,就没有什么功能留给物自体了;因为单独的感觉不是先验的,或换句话说,它在人的认知能力中没有根据,它只是作为现象存在。感觉的客观规定是它们的统一,而这种统一只是一个经验着的主体的自我意识。因此,除了主体性以外就没有任何其他真正先天的和自在存在(an sich sein)的东西了。(GW 4: 330-331)

因为客观性是来自范畴的,而物自体的领域没有范畴,所以它只是为反思的;而自然因为缺乏由自我意识注入的形式,在那里除了感觉就一无所有。范畴的主观化进一步取消了客体自身的规定,从而使得主体与客体的对立绝对化了。康德将先验(即理性以自身为根据的自我规定)转变为一种纯粹形式的统一性,而不是源初的综合(GW 4: 330),因为当范畴完全变成主体的能力之后,知性概念的统一作为主观的东西就不再是绝对的,而成了有条件的。客观规定及其形式首先是通过主体与客体的相互关联获得的,这种关系是一种外在的、彼此对立又彼此决定的因果关系(Causalzusammenhang),物自体成为对象是由于它从能动的主体那里获得了一些规定,而主体之为主体是由于它规定着它的客体(GW 4: 331)。黑格尔特别强调主观理性的认识在内容的规定上表现为一种"因果关系",因为这种"因果关系"与理性的自律和自发性是矛盾的,换言之,事物是其所是的根据被认为(至少在内容上)是由外在于理性的因素所决定的,因而,理性的认识不是一种以自身为根据的、形式与内容之间的同一关系,而是决定与被决定的因果关系。[1] 主体的统一性并没有康德所希望的那

---

[1] Cf. Ingtraud Görland, *Die Kantkritik des jungen Hegel*, S. 103-107.

样绝对,对立中的双方都因为这种无法消解的对立而失去了自身的合乎理性的规定性:一边是无形式的纯然质料,一边是无内容的纯然形式,"世界不是自在存在的东西,不是因为一个有意识的知性首先赋予其形式,而是因为它是自然,也就是说它超越于有限性和知性之外。同样,有意识的知性也不是自在存在的东西,不是因为它是人类的知性,而是因为它归根结底只是知性,在它之中绝对地存在着一个对立"(GW 4: 334)。

内容上的缺乏使得知性概念只是作为空洞的形式来统摄无规定的直观杂多,而直观表面上虽然被概念规定和统治着,可实际上概念却在内容上完全依赖着直观,直观反过来支配了概念。康德自己也说过,"这种知性单凭自己不认识任何东西,而只是对知识的材料、对必须通过客体给予它的直观进行联结和整理而已"(KGS 3: 116; KrV: B145)。我们会发现,康德的先验演绎只是一种逆推(regressive argument),①即以承认我们事实上是有知识的为前提,从这一前提出发来反推使我们的知识得以可能所需要的条件。而在康德眼中,唯一具有合法性的知识类型就是以牛顿力学世界观为基础的经验知识,因为只有这种符合机械因果律的对象能够通过范畴的先天规则来把握,真理无非就是认识与这一经验对象的符合,而像美丑、善恶,或者灵魂、上帝与自由这些无法用因果规律来解释的存

---

① Cf. Karl Ameriks, "Kant's Transcendental Deduction as a Regressive Argument", *Kant's Critique of Pure Reason: Critical Essays*, ed. Patricia Kitcher (Lanham: Rowman & Littlefield Publishers, 1998), p. 85. 康德的论证在这里的确犯了明显的逻辑错误,他试图用倒置法或逆序法(hysteron-proteron),即通过把自己要证明的结论作为论证的前提来证明范畴的确定性和先天性。在这一论证中,康德其实走了理性主义哲学的老路,那就是为存在寻找充足理由(即知识的可能性条件),并最终将充足理由归结为遵循矛盾律(既然我们实际上有知识,那么就不得不有这些先天的条件,否则就与事实相矛盾)。然而,康德更多地依赖牛顿力学的模型来构造他的范畴表,而不再去追问我们为什么恰恰具有这样一些逻辑机能以及在此基础上推导出的诸范畴,也就是说,范畴本身得以具有其本质规定的根据又是什么。黑格尔后来在他的逻辑学中的主要工作就是去追究这些范畴之形成的内在过程,并且以概念自身的动态化来重建形式与内容的统一。

在则不具有真理性。可康德没有注意到,由于知识的内容是受制于因果必然性的有条件者,而概念除了对所与的直观表象进行整理、赋予其必然性的形式以外,没有任何内容上的规定,"表象的认识被独断地认为是唯一一种认识形式,而理性认识就被否认了"(GW 4: 333)。所以概念的统一性就总是受制于它之外的偶然因素,而不是绝对的统一;概念放任内容在时间中的流变,有限物的统治反而成了绝对的,因而正确的判断可以是合乎规则的,但未必是合乎事理之本然的。

虽然我们关于这个世界的知识可以不断地增长,可知识的增加并不能够为我们提供任何实质性的目的和方向。黑格尔批评这种形式的观念论,在一边设置了一个绝对的我极(einen absoluten Punkt der Egoität)及其知性,在另一边设置了绝对的杂多或感觉,这是一种二元论。其中,观念性的一方面,即主体宣称的确定联结,只不过是洛克观点的扩展。在洛克那里,允许概念和形式由客体给予,只是将一般的知觉转变为普遍的知性,转入主体。而在康德的观念论中,知觉作为内在固有的形式被进一步规定,通过与经验的对立来获得无条件的形式,而感知的空洞性或者先天自发性的空洞性也因此绝对地由有条件的内容来加以填补:形式的规定无非对立的同一。结果,先天的知性至少在原则上变成了后天的,而后天性(die Aposteriorität)无非对立的设置(GW 4: 333),主体与客体的绝对同一性变成了形式同一性,先验观念论就因为这种对立而变成了心理学的观念论(GW 4: 331)。

实际上,康德自己也知道,知性概念的统一是一种相对的统一,甚至可以说这是他有意为之的。当知性规则用于感性直观的合法性被证明之时,它的界限也就同时被划定了。因为如果一切存在都可以通过知性概念的作用被纳入到一个遵循机械因果规律的系统之中,那么人的自由、道德和规范这样一些无条件者将不复存在。知性的运用必须受到限制,所以康德才不得不在无限的领域(自由、上帝、不朽)中悬置知识(das Wissen aufheben),以便给信仰腾出地盘(KGS 3: 19; KrV B: XXX)。康德认为,纯粹理性除了具有知性的规则能力之外,还具有一种原则的能力(das Vermögen der Principien),它表现在推理的逻辑功能中,即每个判断只有当它被视为从某个确定的大前提推导出来的结论时,这个判断才能被我们所理解,这种原则的能力又被康德称为"理性"。理性的作用从不首先关涉经验或某个对象,而是关涉知性,它完全从概念出发赋予杂多的知性知识以先天的统一性,这种统一性被称为理性的统一性(Vernunfteinheit, KGS 3: 239; KrV B: 359)。由于理性的这种原则能力是纯粹就其自身而言,从而内在地对事物有效,所以理性的统一性是绝对的(KGS 3: 252; KrV B: 381)。换言之,所有的知性判断必须归摄于一个以自身为根据的理性概念或先验理念(transzendentale Ideen)的统一之下才有意义。如果说知性提供了知识得以可能的条件,那么理性就是将所有条件把握为一个总体。理性概念作为所有条件的总和,它自身是无条件的,并且规定了知性统一的目的和方向。"理性寻找这种统一性的法则是必然的,因为我们没有这一法则就根本不会有理性,没有理性就不会有相互联系的知性应用,而缺少这种应用就不会有经验性真理的充足标志;因此,就后者而言,我们必须预设自然的系统统一性完全是客观有效的和必然的。"(KGS 3: 432; KrV B: 679)比如,当我们做出一个因果判断的时候,必然预设了一个超出因果条件序列的无条件者(即以自身为根据和目的的自由因),从而使这个条件序列获得总体上的完备性,如果没有这个自由因,条件序列就可以无穷无尽地进行下去,追问原因也就没有意义了。同样,当我们给出一个关于"某物是什么"的判断(质的判断)的时候,必然预设了上帝,因为上帝乃是最高的实体和绝对的"是",如果上帝不存在,也就是说,如果没有绝对的实体和绝对的"是",那么所有事物的本质与实存之间的关联都将缺少必然性,也就没有什么确定的东西存在了。

通过理性这一原则能力的作用,自然作为一个合目的整体而获得了系统的统一性,无机的自然被转化为有机的自然,在以道德和至善作为自然的终极目的这样一个无目的的合目的性的进程中,现象界与本体界的二元对立得到了缓解。可以说,康德关于理性统一性的论证的确在一定程度上调和了牛顿力学的世界观与莱布尼茨的自由的形而上学之间的冲突。①受制于机械因果必然性法则的自然与遵循自由因的道德行动似乎在理性的统一性之下变得并行不悖了。但是,纯粹理性的那种反思性特征,使理性的统一性实际上仍然停留在对立之中。就像康德自己要我们注意的那样,当我们把在推理中向无条件者的回溯这条逻辑的准则当作理性自身的一个原则时,并不是由于我们在现象中证实了无条件者的存在,而是通过我们的假定来达到的。尽管这一假定有着出于理性的逻辑功能的必然性,但说到底它只不过是一条主观的法则(ein subjektives Gesetz, KGS 3: 241; KrV B: 362),而不是对客体之存在的认识。换言之,世界的合目的的统一这个总体性的理念尽管是通过理性自身的本性给出的,但是仍然只具有主观的必然性,而没有绝对的客观性(GW 4: 325),无条件者只是为了有限知识的完备性而设定的,这种自足的无限性本身并不是知识。因为当我们将范畴用于这些无条件者时,所能得到的只是相互矛盾的判断,即二律背反,根本不可能对它们有确定的知识。所以,理性概念的作用被康德称为调节性的而不是建构性的,至善的理想只具有可思维的实在性,而没有客观的、可认识的现实性。因此,这个最高的统一性或者总体性只能被设定为一种信仰、一种纯然的"应当",并要求理性存在者在他们的理性行动中无限地接近这个理想。

---

① Cf. Paul Franks, "All or Nothing: Systematicity and Nihilism in Jacobi, Reinhold, and Maimon", *The Cambridge Companion to German Idealism*, ed. Karl Ameriks, pp. 100–101.

康德苦心孤诣地想要将这个业已分裂的世界在理性的源初结构中重新统一起来，但事实上，他的体系却是欢迎这一分裂的。因为只有在与有限的对立中，理性才确证了自己的无限性。所以黑格尔才不无讽刺地说道："与自由和必然、理知世界和感性世界的那些非本质的联系相比，它们的纯粹与完全的分离是有价值的。"（GW 4: 338）康德为了达到理性的建筑术的统一而依赖着这种应当克服又不能克服的二元论。所以，在康德表面的乐观主义背后隐藏着深深的、难以排解的悲观主义情愫（GW 4: 405），他清楚地知道，至善的理想是一种合乎理性的希望。这样一种理性的理想是应当实现的，但又正因为它是纯粹的"应当"，是排除有限因素的无限性，而现实本身是非理性的和有限的，尘世中的至善永远不会成为现实。实践理性在无限进展中寻求庇护，在自由中将自身建构为绝对，可由于理想的世界被置于理性认识所无法企及的彼岸，理性不得不承认自己的有限性，即便在这种进展的无限性中它也无力证明自己的绝对性（GW 4: 337）。尽管康德哲学的精神在于强调实践理性对理论理性的优先性和无条件的理性对有条件的现成存在的优先性，可是康德哲学的字面却导致了相反的后果：由于纯粹出自理性必然性的理念无法被理性自身所认识，而那个不完美的、与合乎理性理想的本体世界相对立的现象世界却被认为是唯一实在的，这样一来，理论理性反而比实践理性更具有优先性（GW 4: 431-432）。

康德哲学的独特之处就在于它通过对理性自身的批判，在客观的形式（范畴和定言命令）中建立起绝对的主观性，因为只有纯粹的主观性才能过渡到它的对立面，即客观性（GW 4: 346）。在主体与客体、有限与无限的对立中，理性所能做的只是赋予有限的内容以无限的形式，使有限成为绝对，而这一内容上所表现出来的异己性从根本上违背了理性的自律和绝对自发性的原则（GW 4: 336）。康德反对主观主义的斗争以理性的主观化告终,恰恰是在纯粹理性最高的、反思的统一性当中,对本然之理的认识和绝对理性自身的客观法则在世界中的展现变得不再可能。当我们不再能够从本然之理来思考规范性的本质及其内容,对休谟式怀疑主义的批判其实就成了"以五十步笑百步",而后康德哲学则在斯宾诺莎主义的影响之下,尝试以各种方式来克服理性主观化所导致的虚无主义。

二、雅各比

或许是由于康德晦涩的文笔和繁复的论证,《纯粹理性批判》在问世之初的很长一段时间里并没有在德国思想界引起广泛的影响。直到莱因霍尔德的《论康德哲学书简》(*Briefe über die Kantische Philosophie*, 1786－1787,以下简称《书简》)出版之后,人们才发现了在这一部冗长的认识论研究和形而上学批判中所包含的重要的伦理意义。《书简》最鲜明的特征在于,它特别强调康德思想在实践的或者道德的领域所产生的后果。康德哲学首先就不是作为一种新的知识理论,甚至不是作为一种形而上学批判而引起人们的注意,相反,它被视为一种为了捍卫自由、道德和宗教所做的精妙论证:实践理性公设作为一种"理性信仰",一方面证明了自由的实在性,另一方面又能够承认现代科学世界观的有限的合法性。[①] 批判哲学的目的正是希望通过对人类理性能力的区分与限定,在自然科学逐渐占据统治地位的时代,为纯粹出于理性自身的绝对法则、为人类的自由和道德重新奠基。然而,就在康德哲学稳步获得它在学院中的统治地位,并作为一种新的哲学范式被人们接受时,却有人看到了隐藏于其中的虚无主义后果,这是所有的主体主义和理性主义哲学都试图

---

① Cf. Daniel Breazeale, "Fichte and Schelling: the Jena Period", *The Age of German Idealism*, ed. Robert C. Solomon and Kathleen M. Higgins (London and New York: Routlegde, 1993), p. 139.

避免却又难以逃离的深渊,这位欧洲虚无主义的最早的宣告者就是雅各比。

虽然对雅各比哲学的研究在国内学界还十分鲜见,但这种不重视并不能否认这位思想家的重要性。雅各比可以算得上一只身处在他那个时代的牛虻,他不但挑起或加入了当时思想界最重要的三次争论(即莱辛的斯宾诺莎主义之争、费希特的无神论之争和谢林的泛神论之争),而且首次将一元论的体系性问题带入哲学论辩的中心,并且营造了德国观念论者对康德哲学进行诠释的基本语境。① 就像研究德国古典哲学的著名学者霍斯特曼指出的那样,对于那些以康德为指向的观念论哲学家来说,雅各比的思考扮演着一个非常重要的角色;他不仅仅是康德最早的批评者之一,也不只是一种体系性立场的代表,他更是启蒙的理性观念和哲学基础的最具代表性的批判者。② 正是雅各比对启蒙理性和康德哲学的批判,使后康德的观念者更加深入地思考理性的本性,以及理性、信仰与绝对的关系,并且注意到康德的精神和他的字面之间的区分,这对于德国观念论的发展具有极为深远的影响。所以,在雅各比的两部主要哲学著作③出版30 年之后(1817 年),黑格尔仍然在《海德堡年鉴》(*Heidelberger Jahrbüchern*)为其新版的著作集撰写了书评(GW 15: 7ff)。而在后来的《哲学全书·逻辑学》的绪论部分和他在柏林大学所开设的关于哲学史的讲座中,雅各比始终都是黑格尔十分重视的一个批评对象,这在耶拿早期

---

① Daniel Breazeale, "Fichte and Schelling: the Jena Period", pp. 95-96.
② Cf. Rolf-Peter Horstmann, "Friedrich Heinrich Jacobi versus Immanuel Kant oder das Recht im Unrecht"; "Fichte, Schelling und Hegel über Jacobi und Kant-keine Würdigung", *Die Grenzen der Vernunft*, S. 42-43.
③ 即《关于致摩西·门德尔松先生的信中的斯宾诺莎的学说》(*Über die Lehre des Spinoza in Briefen an Herrn Moses Mendelssohn*,1785)和《大卫·休谟论信仰,或观念论与实在论:一个对话》(*David Hume über den Glauben, oder Idealismus und Realismus. Ein Gespräch*,1787)这两部著作。

的《信仰与知识》一文中已经表现得非常明显。

在黑格尔看来,雅各比延续了康德希望通过理性批判来解决的问题,即通过对启蒙理性的区分和限制来证成"绝对"。但是雅各比认为,康德的观念论和所有理性主义哲学一样,当他们通过理性的演证,将知识和道德的根据最终归于思维或先验自我的内在性时,认识的内容、形式和认识对象本身都成了主体的一种主观构造,这势必会导致唯我论的后果,将一切本然之理和事物自身固有的客观规定统统消解,最终不可避免地走向虚无主义。因此,要想真正把握绝对,就不能依靠理性的反思和推论,而只能通过个体的信仰、直觉和情感来通达上帝在他的启示中向我们揭示出来的绝对真理。

尽管雅各比常常被同时代人和后来的学者当作"非理性主义者",但如果从雅各比本人的哲学意图出发,他对理性主义者的批判实际上是为了从理性主义那里把理性拯救出来。[1] 在理性主义者看来,理性是一种寻找理由的论理活动,这种理性认识必须遵循充足理由律:"凡存在皆有理由,凡结果皆有原因。"[2]任何事物的存在都是有理由的,而构成此一事物存在理由的那个理由本身又是有另一个理由的,因此,在每个存在的事物背后都可以延伸出一个解释性的理由的序列。当我们这样来理解理性的本性之时,一定会想知道,这样一个理由序列会在哪里终结呢?这是一个永无休止之处的无限序列,还是一个我们能够最终完全把握存在的有限序列?如果是前者,那么在一个无穷无尽的理由序列中,所有自在存在的东西都被取消了,对理由的追问将使存在变成虚无。但是,根据莱布尼茨

---

[1] Paul Franks, "All or Nothing: Systematicity and Nihilism in Jacobi, Reinhold, and Maimon", *The Cambridge Companion to German Idealism*, ed. Karl Ameriks, p. 96.
[2] Gottfried Wilhelm Leibniz, *Gottfried Wilhelm Leibniz: Philosophical Papers and Letters*, translated and edited by Leroy E. Loemker (Dordrecht: Kluwer Academic Publishers, 1989), p. 268.

严格表述的理性主义的立场,理性要求有一个作为自因的无限的智性,①即一个自足的、自我解释的理由,来充当整个条件序列的第一因,而这个第一因就是上帝。上帝依其概念就是本质与实存同一的至高存在,一切受造物的本质规定或实体作为上帝的造物都是自明的,不再需要以自身之外的其他任何东西为根据。因此,对理由的追问并不是没有终点的,确定的理性认识是可以达到的。

可是,在雅各比看来,把最终的根据归于一个无限智性的理念并不比虚无本身来得更好,②它只是世界的虚无化之后不得不采取的一个补救措施而已。由于现实世界中一切事物都被取消了自在的存在,这个措施本身并没有任何实质性的规定,所以雅各比把充足理由律又叫作"从虚无而来的虚无"(nihilo nihil fit)。③ 而且这样一种对上帝的援引和证明是没有合法性的,它只是独断地设定了上帝作为最高的实体,这一独断的设定与充足理由律的原则自相矛盾。如果要将理性主义的原则贯彻到底,那么上帝本身的存在也是需要理由的,所以,一种彻底的理性主义必然表现为斯宾诺莎主义。根据雅各比的看法,斯宾诺莎主义的核心主张是,作为第一因的上帝不能是一个超越的和合乎理性的存在物,相反,它必须与存在或自然本身相等同:上帝是理由序列的无限的总体性,而所有实体都是这个总体的样态或部分。因为:(1)如果第一因超越于条件序列的总体之外(在时间上先于创世而存在,在模态上能够不依靠创世而存在),两者对创

---

① Cf. Paul Franks, "All or Nothing: Systematicity and Nihilism in Jacobi, Reinhold, and Maimon", *The Cambridge Companion to German Idealism*, ed. Karl Ameriks, p. 96.
② Paul Franks, "All or Nothing: Systematicity and Nihilism in Jacobi, Reinhold, and Maimon", p. 97.
③ Friedrich Heinrich Jacobi, "Concerning the Doctrine of Spinoza in Letters to Herr Moses Mendelssohn (1785)", *The Main Philosophical Writings and the Novel Allwill*, translated by George di Giovanni (Montreal: McGill-Queen's University Press, 1994), p. 187.

第二章 批判主观理性

世而言都会成为在先的理由,也就是说,在绝对的"有"之前还有条件,那么,第一因也就不再是第一因,或者变成以"无"为条件了,这与充足理由律是矛盾的,①因此上帝只能与存在或创世同一;(2)合理性包含了表象和意志,其中,表象包含了与某个客体的关系,而意志包含了一种与自身的关系,但第一因是不能具有关系性的,有了这种关系性我们就可以进一步追问表象和意志关系得以获得规定的理由,第一因就又变成有条件的和被决定的了。② 因此,第一因必须是条件序列的总体,即被认为是一个先于它的有限部分的无限的全体。无限的智性要求所有有限的存在物成为一个无限的实体的样态,也就是说,充足理由律需要将实在表达成一个"一元论"的体系。

这种始终一贯的理性主义是"无神论"(Atheismus),并不是因为它们不能将无限的实体称为"上帝",而是因为对于雅各比来说,只有对一个超越的、神圣位格(有思维和意志)的信仰才是有神论的,③但对于一个一元论体系来说,超越的上帝是不存在的。与此相关,理性主义又必然导致"宿命论"(Fatalismus),因为在这个条件序列的总体中,排除了无限人格与有限人格的一切目的和自由行动,只承认命运和机械因果律的盲目操纵;人至多被允许作为运动的观察者,而不是自由的行动者。④ 因而,理性主义的最终后果就是"虚无主义"(Nihilismus),因为存在是需要理由的,所以理性主义者把现实存在的事物都看作有条件的,它否认一切自在的

---

① Friedrich Heinrich Jacobi, "Concerning the Doctrine of Spinoza in Letters to Herr Moses Mendelssohn (1785)", p. 217.
② Friedrich Heinrich Jacobi, "Concerning the Doctrine of Spinoza in Letters to Herr Moses Mendelssohn (1785)", pp. 205-207.
③ Friedrich Heinrich Jacobi, "Concerning the Doctrine of Spinoza in Letters to Herr Moses Mendelssohn (1789)", *The Main Philosophical Writings and the Novel Allwill*, pp. 363-364.
④ Friedrich Heinrich Jacobi, "Concerning the Doctrine of Spinoza in Letters to Herr Moses Mendelssohn (1785)", pp. 193-194.

物质实体和精神实体。除了条件序列的总体之外没有什么是无条件的，没有什么就其内在的本性而言是其所是，所以随着现实的虚无化，这个总体本身也不可能是真正有内容的、以自身为根据的根据，而只不过是一个混沌的、无根据的深渊（Ab-grund），①充足理由律的主要特征就在于一切即一、一切即无。②

根据他对斯宾诺莎主义的诠释，雅各比认为，康德的先验观念论也只是另一种形态的理性主义，它将原本被归于上帝的那种无限智性重新赋予理性主体，从而完成了理性主义的自我神化。这样一来，理解某物就意味着给出使它得以是其所是的条件，我们所能够理解和认识的只是那些我们能够凭借理性的先天形式建构出来的东西，而不是事物自身的存在，所以先验观念论同样是一种主观主义和虚无主义，知识或真理被当作"彻底的主观形式根据彻底的主观规则作用于彻底的主观直观"的结果（GW 4: 351）。因此，对理由的反思和对无限智性的追求导致对现实的、外部事物的取消，而代之以我们自己主观的观念性的构造，③但是这种以逆推的方式达到的自明的先验自我和与之对立的物自体，就像传统理性主义对上帝的援引一样是独断的。在《大卫·休谟论信仰》一书的附录"论先验观念论"中，雅各比对康德哲学的内在不连贯性做出了一个著名的论断："没有（物自体）这个预设我无法进入（康德的）体系，但是有了这个预设后我又无法停留在其中。"④对康德而言，感性（Sinnlichkeit）就其无法自己

---

① Paul Franks, "All or Nothing: Systematicity and Nihilism in Jacobi, Reinhold, and Maimon", *The Cambridge Companion to German Idealism*, ed. Karl Ameriks, p. 99.
② Friedrich Heinrich Jacobi, "David Hume on Faith or Idealism and Realism: A Dialogue (Preface, 1815)", *The Main Philosophical Writings and the Novel Allwill*, pp. 572–579.
③ Friedrich Heinrich Jacobi, "Concerning the Doctrine of Spinoza in Letters to Herr Moses Mendelssohn (1789)", pp. 372–375.
④ Friedrich Heinrich Jacobi, "David Hume on Faith or Idealism and Realism: A Dialogue (1787)", p. 336.

产生认识对象而言,它是一种纯然被动的、接受性的能力,因此必须预设存在着一些外在对象(物自体),感性在受到这些外在对象刺激的情况下才能产生出杂多表象。可是,根据康德的同一个构想,人的认识无法超出可能经验的领域,也就是说,我们不可能对感性直观所形成的表象以外的任何事物具有知识。如果我们只能认识事物的表象而不是事物本身,我们又如何能够知道物自体是存在的以及感性是接受性的呢?所以,康德关于物自体存在,以及感性是不同于自发的知性和理性的一种被动的、接受性的能力的断言,实际上只是一个未经证明的预设。而且,我们还应当注意到,一方面,康德认为,"存在"的范畴只能用于直观表象,而不能用于物自体;可另一方面,康德的体系又必须建立在物自身存在这个基础之上,如果物自体的存在只是一个调节性的理念,而不是实际存在着,那么一切知识都将缺乏与事物本身的相关性而成为纯粹主观的构造,可如果物自体真的"存在",这就意味着它可以通过范畴来规定,那么物自体就是可以被认识的。所以在雅各比看来,康德对先验客体(物自体)的援引是其体系的必然要求,但它的存在同时又与整个体系不能融贯一致。[1] 如果康德的体系想要保持连贯,他就必须彻底抛弃物自体的概念而成为一个完完全全的观念论或主观唯心论,将整个世界看作心灵的构造;要么就变成彻底的理性主义,即斯宾诺莎主义,认为世界就是一个遵循因果必然性的整体,其中一切都是被决定的,没有目的和自由可言。

  正如黑格尔指出的那样,雅各比对现实事物的客观规定应当被否定并认为其中什么也没有的看法感到非常震惊和厌恶,因为理性探究的结果是主体的有限性、自我成为反思性的感觉和思维主体,而我的整个世界应当只是一个关于自在之物的空洞幻相。雅各比对虚无化所感到的厌恶

---

[1] Cf. Michael Baur, "The Role of Skepticism in the Emergence of German Idealism", *The Emergence of German Idealism*, ed. Michael Baur and Daniel O. Dahlstrom, p. 68.

伴随着他对现存之物的绝对确定性的信仰,这种厌恶将处处表明这就是雅各比哲学的基本特征(GW 4: 351)。雅各比认为,如果知性规则或范畴只是根源于思维主体自发性的、经验的先天条件,而不是事物本身的性质,那么康德事实上并没有驳倒休谟的怀疑,因为概念的联结只是主观理性的逻辑功能,根本不同于事实的联结。因此,在雅各比看来,主体的知性概念必须同时完全存在于一切经验事实之中,时间、连续性、因果关系和广延、实体、数量等所有这些范畴都是独立于思维的、在物自体中的客观关联(GW 4: 349),而这种不依赖于认识主体的客观性是世界向我们揭示出来的它自身的规定,而这种自明性就是"启示"(Offenbarung)。在此基础上,雅各比将自己的观点看作与观念论相对的、一种广义的或普通的实在论(Realismus)。黑格尔借用雅各比的学生柯朋(Friedrich Koeppen)的话来概括雅各比的知识观念:我们人是通过感官以及关于看、知觉和感受的超自然的启示来得到作为事实的事物的;从经验所获得的东西都总是已经被综合了的,无须通过我们而首先被综合,它也确实不可能被综合,因为我们的活动作为直接指向这种综合性的所与,是一种综合活动的倒转,它是对所与的分析,我们在对象中发现的这种分析性的统一,已不再是一个综合了,相反,在一个对杂多的联结中,杂多(经验材料)被分析性的统一撕碎了(GW 4: 371),思维与存在的同一是一种前反思的、事物自在存在的综合性。

因此,对怀疑论的真正回应不能依靠理性的分析和推理,而只能通过"向信仰的腾跃(致命的空翻[salto mortale])"[①]这样一种方式来直接达到。因为理性的根据是第二手的或间接的确定性,它始终是有条件的、不充分的,而信仰才是第一手的确定性,是对自明的客观性的直接认识。在

---

① Friedrich Heinrich Jacobi, "Concerning the Doctrine of Spinoza in Letters to Herr Moses Mendelssohn (1785)", p. 189.

第二章 批判主观理性

关于莱辛的斯宾诺莎主义之争中,门德尔松等人认为雅各比是通过借助基督教的信仰来对抗理性,[1]但雅各比自己却指出,他所说的信仰是一种与生俱来的,我们出生在一个社会中就会分享这个社会所共同信奉的一些关于事物的认识,它不是那种有着特定历史、要求归于某种宗教才会有的信仰。[2] 尽管雅各比在论述时使用了一些基督教的语言,但是他否认自己所提倡的是一种"盲目的信仰"。对雅各比而言,在这个启蒙和理性的时代重新提出信仰的重要性,并不单单意味着向一种非理性的、实定宗教的立场倒退,相反,它指向对理性自身的反思,并且试图克服由反思的理性所导致的新的怀疑主义、虚无主义和决定论。在雅各比那里,信仰意味着对外部事物存在的一种直接确定,它是理性知识的基础,也是自由意志和自发行动的能力。这种直接的确定性和根据不仅无法通过严格的理性证明来达到,而且很容易被这种反思所摧毁。所以,雅各比并不是诉诸正统的基督教信仰,而是通过休谟和里德(Thomas Reid)等人的自然信念(natural belief)和常识(common sense)学说来阐发他的"信仰"(Glaube)观念。[3]

实际上,休谟所谓的自然信念并不是我们通常认为的那种作为物理事实之附现象的意识状态,在这里突出的并不是这种信念的或然性或者不确定性,相反,这种自然信念本身是某种具有历史性的、社会性的权威的体现,因而是一种非反思或者前反思的知识。[4] 所以休谟对洛克的心理主义提出了强烈的批评,因为在他看来,在洛克那里,经验是一种人为造

---

[1] Friedrich Heinrich Jacobi, "Concerning the Doctrine of Spinoza in Letters to Herr Moses Mendelssohn (1785)", pp. 250-251.
[2] Friedrich Heinrich Jacobi, "Concerning the Doctrine of Spinoza in Letters to Herr Moses Mendelssohn (1785)", p. 230.
[3] Cf. Daniel O. Dahlstrom, "Jacobi and Kant", *Philosophical Legacies: Essays on the Thought of Kant, Hegel, and Their Contemporaries*, pp. 57-59.
[4] Cf. Terry Pinkard, *German Philosophy 1760-1860*, p. 95.

作的和理智反思的产物，很多日常信念和直觉其实并不是像描绘在白板上的，这样一些包含着意义和理解的自然信念是各种历史经验和社会经验的成果，而不是主体反思的产物。尽管在康德看来，休谟将信念等同于主观的心理联想，这不仅损害了知识的确定性也损害了人的自由和尊严。可是，如果不从康德的观点反过来看休谟的话，我们会发现在休谟那里，主观自由或者理性主体的自律不是最重要的，他的怀疑主义恰恰是想提醒人们注意，理性主义所寻求的确定性实际上可能比他们自己认为的更加主观，这也是黑格尔会对这种意义上的怀疑论和经验主义抱有相当积极的态度的原因。休谟对理性主体建构的知识所具有的必然性的怀疑，使人类的信念更加有机会返回到一种前反思的状态，能够与人的历史经验或者说与事情本身固有的合理性的展现结合在一起，而不是通过反思将知识限定在主体的自我意识的确定性中。因为理性的反思是对事实的分解，通过空洞的同一性将普遍从特殊那里分裂出去，如果任何一种哲学建立了普遍与特殊的绝对同一性，那么这种同一性立马就会转变为一种与特殊割裂开来的普遍性(GW 4: 375)，这反而是对现实的一种分割和裁剪，将一些僵死的片断当作整体。

比如，休谟在讨论正义问题的时候特别强调 convention 的作用。这个词常常被翻译为"协议"或"同意"，可是如果我们对休谟的学说稍有了解就会知道，休谟恰恰是反对洛克意义上的同意或者通过理性主体相互达成契约来实现正义的方式。相反，convention 应该理解为"共识"，它只是一般的共同利益的感觉。这种对共同意义的感觉(common sense)是社会全体成员相互表示出来的，并且诱导他们以某种规则来调整他们的行为，它作为历史和社会经验的产物体现了超越个人意见的权威性，但又是与个体的自我认同相一致的。因此，休谟特别强调，只有那些长久生活在共识中、被这些共识所浸染的人才知道什么是共识，共识不是主观的、心理主义意义上的信念,不是理性反思的结果。没有足够的历史和社会经验根本不可能人为地设定这些共识。对此,休谟还举了一个特别生动的例子,他说,所谓的共识实际上就像两个水手在一起划船,并不需要事先有什么特别的商量和约定,两个人自然而然地就能够彼此协调一致,这就是一种共识。① 而正义是以这样的共识为基础的,绝不是洛克所说的理性主体在知道什么有利什么有害的基础上,经过反思和协商达成的社会契约,也不是康德式的完全与个体的感性存在相对立的理性自律。

当雅各比说"法是为人而制的,非人为法而制"②时,正是希望表明在社会生活中形成的自然信念、直觉和情感对于纯粹形式立法的优先性,康德的实践理性在其与自然的不可消除的对立中是一个空洞的概念,它所能产生的无非理性法则对人之自然的统治体系,这是对伦理生活和美的割裂(GW 4: 380),而自然的伦理之美应该包含两个不可或缺的方面:一方面,它必须具有个体的精神活力,拒绝服从僵死的概念;另一方面,它必须具有概念和法的、普遍性和客观性的形式。康德的定言命令是将绝对的形式当作唯一,完全使个体的精神活力服从于绝对的形式而扼杀了它,而雅各比试图恢复精神活力和伦理自由的方面(GW 4: 381)。其实,通过对休谟的怀疑论和苏格兰常识哲学的引用,雅各比在一定程度上从他们那里承接了古代实践智慧(明智[φρόνησις])的传统,③将理性视为体现

---

① 参见休谟:《人性论》(下册),关文运译,商务印书馆1980年版,第530—531页。
② Friedrich Heinrich Jacobi, "Jacobi to Fichte (1799)", *The Main Philosophical Writings and the Novel Allwill*, p. 516.
③ 与雅各比交情甚笃的另一位启蒙运动的批评者哈曼(Johann Georg Hamman)就曾直接将自己与康德之间的关系比作亚里士多德与柏拉图之间的关系,他认为,康德哲学的最大问题就在于通过理性的纯化来追求纯粹的同一性(柏拉图的纯粹理念),因而导致了唯我论。在哈曼看来,理性应当是展现在我们的语言、书写以及生活当中的理性,是多中之一(亚里士多德的存在于殊相之中的共相),而不是主体的纯粹理性。参见 Frederick C. Beiser, *The Fate of Reason*, p. 18。

于传统、风俗、历史和社会生活实践这些具体情境中的合理性,使抽象的形式规范(Norm)转化为具体而又客观的准则(Maxime),对启蒙的理性主义的确起到了一定的纠偏作用,这一点对黑格尔法哲学的影响也不容小觑。

所以,尽管被人们称作非理性主义者,但雅各比所说的"信仰"并不是与理性相对立的,而是"理性的自然信仰"(natural faith of reason)。① 雅各比认为,理性主义所宣称的"理性"只是知性(Verstand)能力的一种抽象,它是从属于真正的理性(Vernunft)的。首先,知性(作为把握事物的条件的能力)只是达到思维的真正目的的一个手段,而思维并不是为了说明事物的条件,而是"为了揭示存在(Dasein),让存在显示出来"。② 其次,知性并不是自足的,因为每个解释都包含了一个未经解释的预设,③而信仰恰恰构成了理性反思的前提。确切地说,真正的理性并不是说明事物的条件的一种能力,而是把握无限的能力,④对于知性来说,这种能力不可避免地会是某种神秘的东西。⑤ 理性所把握的是那些知性说明止步的地方,而理性主义对无限智性的探究侵蚀了使得说明得以可能的根基,这个根基我们只能通过信仰、直觉和情感来通达,而不能通过知性的说明来解释。我们知道,康德也曾在知性和理性之间做出过区分:知性是统一感性直观的规则能力,而理性是统一知性判断的原则能力。但雅各比对二者的界

---

① Friedrich Heinrich Jacobi, "David Hume on Faith (Preface, 1815)", *The Main Philosophical Writings and the Novel Allwill*, p. 552.
② Friedrich Heinrich Jacobi, "Concerning the Doctrine of Spinoza in Letters to Herr Moses Mendelssohn (1785)", *The Main Philosophical Writings and the Novel Allwill*, p. 194.
③ Friedrich Heinrich Jacobi, "Concerning the Doctrine of Spinoza in Letters to Herr Moses Mendelssohn (1785)", p. 234.
④ Friedrich Heinrich Jacobi, "Concerning the Doctrine of Spinoza in Letters to Herr Moses Mendelssohn (1785)", p. 230.
⑤ Friedrich Heinrich Jacobi, "Concerning the Doctrine of Spinoza in Letters to Herr Moses Mendelssohn (1789)", *The Main Philosophical Writings and the Novel Allwill*, p. 376.

定却与康德完全不同,在他看来,我们必须彻底放弃这样一种理性观念,即把理性看作解释性的条件或理由,把人的理性看作理解事物为何存在或者事物是其所是的能力。[1] 就像雅各比一部著作的书名所描述的那样,批判哲学的任务是"将理性带向知性"(die Vernunft zu Verstand zu bringen),而他的信仰学说则是让理性在对"绝对"和无限的直接把握中重新成为理性(GW 4: 373-374),雅各比为知性和理性概念所做出的这一重新界定对黑格尔理性观的形成产生了直接的影响。[2]

然而,在黑格尔看来,雅各比的信仰理论虽然具有一定的纠偏效果,但是对理性主义和观念论哲学的厌恶却让雅各比走向了另外一个极端。因为这些哲学都意在表明,在有限和时间性当中没有真理存在,现存之物之"是"并不是天然合理的,相反,它们的合理性必须通过概念来加以把握和证明,所以,对理由的追问和理性演证的工作对于真理的探究来说是不可或缺的(GW 4: 377)。可是,雅各比却只看到了充足理由律的否定的方面,而忽视了它的积极意义。他对有限之物的取消感到震惊和愤怒,因而将绝对和真理限制在时间性和物质性的东西上。就像黑格尔指出的那样,雅各比认为理性的客观规定属于物自体的预设与康德范畴演绎的结果之间存在着显著的差异。根据康德,感觉不向我们提供任何形式,合理性的根据在概念和思维当中,所以,因果和连续性概念等等都必须严格限制于表象,所有关于它们的认识都不是事情本身的规定。因此,自在存在和理性完全超越有限性的形式,并将有限清除出自在和理性的领域,这给予康德以不朽的价值,因为这是哲学的开始。相反,在虚无的有限之物当

---

[1] Cf. Paul Franks, "All or Nothing: Systematicity and Nihilism in Jacobi, Reinhold, and Maimon", *The Cambridge Companion to German Idealism*, ed. Karl Ameriks, p. 97.
[2] Cf. Rolf-Peter Horstmann, "Hegels Konzeption von Rationalität – die Verbannung des Verstandes aus Reich der Wahrheit", S. 132.

中,雅各比却看到了绝对的自在存在。在康德哲学中主体性有一种客观形式,即概念的形式,相反,雅各比哲学使主体性完全成为主观的,将其转变为个体性;康德的知性及其形式虽然是主观的,但仍是积极的,在其中仍有绝对(GW 4: 350),而雅各比由于把有限提升为自在存在的东西而径直导向了一种绝对的经验主义或者经验主义的独断论。① 在单纯信仰中,与永恒和绝对的关系是直接的确定性,还没有成为客观的和通过思维达到的概念形式(GW 4: 379),形式和内容之间的同一关系并没有通过概念的中介作用证明其内在的合理性与必然性,而只是依靠一种独断的设定。所以,这种通过信仰达到的思维与存在、主体与客体同一并不是真实的同一,它仍然受制于一种因果关系,也就是说,合理性的内容还是由理性自身之外的因素决定的(GW 4: 347-348),而不是在其自身中有其根据。信仰的确定性远没有雅各比期望的那样绝对。

虽然呈现在我们日常信念之中的事物是直接的和自明的,但这种现成存在并不必然合乎本然之理,而雅各比对有限之物的绝对化必然导致一种最坏意义上的"凡是现存的都是合理的"。黑格尔敏锐地指出:

> 倘若理性为了取消有限性和悬置主体性而从反思逃入信仰,那么,信仰自身就受制于它与反思和主体性的这一对立。因为它现在将否定作为自身意义的一部分,信仰在对反思的取消中保存了反思,在对主体性的取消中保存了主观意识。由此,主体性在其自身的取消中保住了自身。(GW 4: 379)

---

① Cf. Rudolf Haym, *Hegel und seine Zeit*, S. 188.

雅各比其实还是在以一种反思的方式来寻找最初的根据和确定的起点，只不过是将观念论哲学赋予主体的确定性重新拉回到客体上，但这一转变并没有阐明起点本身的合理性，而径直将合理性的形式赋予缺乏理性必然性的经验内容。当雅各比为了拒斥理性的反思而把意识中直接确定的日常信念当作天然合理的时候，他并没有像休谟在他的《英国史》(*The History of England*, 1754-1761) 中那样去阐释存在于传统、习俗和常识当中的活生生的理性，反而是把一些历史形成的、特殊的经验认识从它的历史传统和社会生活的过程中抽离出来，将反思哲学所产生的那些僵化固定之物保留了下来，当作理性自身的普遍必然的规定，从而彻底阻断了理性通过人类的历史和社会生活进行自我修正的可能性，这一点恰恰是与那个充满历史感的、积极的怀疑主义背道而驰的。

随着思维一起被取消的还有真正自在的、自我同一的概念，我们也因此失去了终极的合理性标准，取而代之的是每个个体主观的意愿和情感。在雅各比的实践哲学中，这种新教的主体性原则得到了更为鲜明的体现。虽然康德的道德学说和法权学说用最不光彩的证据玷污了伦理自然，但是，雅各比对康德哲学的敌意却导致他鄙视客观伦理形式中的概念，鄙视纯粹法则，即道德的形式原则（GW 4: 380），把这种客观性等同于个体当下的善良意愿和美好的情感，而没有就这种客观性本身来展开它的内在必然性。另外，雅各比还将宗教、国家、民族和法视为现成之物，将这些活生生的东西转变为人们习以为常的东西，他不是将它们当作神圣的存在，而是当作人们所熟悉的日常物，从而将理性的东西当作经验性的东西（GW 4: 382），这就进一步削弱了绝对理性之法自身的客观性和有效性。当主体的情感和意愿取代客观的伦理法则成为绝对，必然会导致一种道德和政治上的狂热与自负，从而对理性主义的危机起到推波助澜的作用。

在雅各比那里,主体与客体、信仰与知识仍然是对立的:"绝对"如果不在主体之中,那就只能在客体之中;如果不能通过理性来认识,那就只能通过直接的信仰来把握。这种反思的、以对立为前提来设定同一性的做法,使得雅各比的信念学说成为主体性形而上学的第二个阶段。与理性主义对自然的祛魅相反,雅各比的信仰主义走向了另一个极端:当理性的探究削弱了一切意义、价值和规范的客观根据,使人们赖以生存的那些基本的存在论的信念变得不再确定之时,直接的信仰就逐渐取代理性的论证而成为规范性和客观性的来源。这种反理性的信仰主义广泛地表现在现代政治、宗教、道德、文化和艺术领域当中,而雅各比的哲学实际上为这一思潮提供了形而上学的原则。黑格尔后来在《法哲学原理》中给予过严厉批评的浪漫主义者,诸如小施莱格尔（Friedrich Schlegel）、弗里斯（Jakob Friedrich Fries）和施莱尔马赫（Friedrich Schleiermacher）等人,都与雅各比保持着非常密切的关系。他们或者希望通过神话和艺术关于万物一体的想象与直观来完成对自然的复魅（re-enchantment of nature）,① 重新在自然中建立合理性的客观根据,或者通过诉诸内心对绝对法则的直接信念和对绝对者的强烈情感来促成政治和宗教上的革命,而这些主张其实正是以雅各比的主观主义形而上学为基础发展出来的。②

雅各比虽然试图通过直接信仰和个体的良知来克服理性反思所导致的虚无主义和客观伦理法则的形式性,但却有些矫枉过正。在他的哲学中,理性只是被理解为直觉和情感;伦理行为只在经验偶然性的情

---

① Cf. Terry Pinkard, *German Philosophy 1760–1860*, pp. 131–132; see also Charles Larmore, *The Morals of Modernity*, pp. 193ff.
② Cf. Georg Lukács, *The Young Hegel*, pp. 296–298.

境中发生,依赖于由经验、偏好和心灵的方式所给予的事物,而知识只不过是对内在或外在的特殊性的意识(GW 4: 385)。理性可能确实体现在自然和人类精神中、体现在我们赖以共同生活的常识和信念中,但是这种主观确信的自然态度本身并不能用来证明原则的普遍必然性,直接呈现于主观意识中的思有同一其实是经过思维的中介的。因此,雅各比仍然没有脱离主体性反思哲学的窠臼,他的信仰哲学以及他所影响的浪漫主义思潮,与现代性的主观主义精神是契合的,也正是基于这一洞见,黑格尔才放弃了早年致力于发展一种美的宗教或者审美乌托邦的计划,转而通过概念和思维即哲学的方式来认识绝对。① 单单通过直觉、情感和信仰不仅不能克服主观主义和虚无主义,反而会产生更加恶劣的后果,要想真正把握绝对,就必须通过对雅各比哲学的扬弃来寻找新的路径。

三、 费希特

雅各比对理性主义和先验观念论的批判,深刻地影响了当时德国哲学的进程,可以说,后康德的德国观念论之所以为后康德哲学,正是因为他们是在雅各比所开创的问题域中来解读康德的②:在雅各比的批评之后,哲学要想维持自身的独立性,而不委身于信仰的统治,就必须在康德的精神和他的字面之间做出区分,彻底放弃二元论的构想,并通过理性的论证将世界把握为一个连贯的、一元论的体系。一方面,反思性的论理要求给出事情何以必然如此的充足理由,可是,当世界本身的存在、自由的实在性以及上帝的存在变得需要证明的时候,这无疑成了人类理性的一

---

① Cf. Jürgen Habermas, *The Philosophical Discourse of Modernity*, p. 32.
② Cf. Paul Franks, "All or Nothing: Systematicity and Nihilism in Jacobi, Reinhold, and Maimon", *The Cambridge Companion to German Idealism*, ed. Karl Ameriks, p. 102.

大丑闻。因为世界、上帝和自由作为无条件者恰恰构成了我们理性反思的前提和根据,当我们试图去证明绝对的存在或绝对的"是"是存在的,这时实际上就等于取消了无条件者,用一个无穷回溯的条件序列消解了反思性论理的立足之地,所以,哲学的论理工作不能从怀疑开始,而应当从一个无可怀疑的无条件者出发。但另一方面,这个直接自明的起点不能通过雅各比式的直接信仰来确立,相反,哲学的论证是必要的,因为只有概念才具有出自其自身的必然关系,个体的信仰并不能保证理性法则的普遍必然性,反而会由于那些属人的经验性特征而将有限的、主观的内容放进客观的、绝对的形式中。因此,从莱因霍尔德开始,包括费希特、谢林和黑格尔在内的后康德哲学家们都试图把关于理性法则之必然性的演证(demonstration)展现为自明的、自身同一的无条件者内在的自身关系,将非推论的、直接确定的起点与理性的演证统一起来,将作为科学之导论的哲学转变成科学本身,将康德以二元论为基础的主观的理性统一转化为主体与客体同一的一元论体系。

作为第一个后康德哲学家,莱因霍尔德将一元论的体系哲学这条新的进路称为"基础哲学"(Elementarphilosophie)。在他看来,康德先验哲学的困难正在于,康德未能阐明他的哲学中的各个不同部分及其相关主张是如何从一个单一的、自明的第一原理中推导出来的。为了避免逆推所导致的虚无化,真正的科学需要一个不可动摇的、牢固的基础。存在本身的确定性是我们通过非推论的或直接的方式达到的,莱因霍尔德借此将哲学安置在一个基本命题或基本原理(Grundsatz)之上。作为一切论理活动的基础,这个基本原理并不是独断的和主观的信念,相反,我们可以通过理性的、中介化的论证来阐明这一直接的、非中介的原理自身固有的内在的逻辑必然性。

在《关于人的表象能力的一种新理论》(*Versuch einer neuen Theorie des*

menschlichen Vorstellungsvermögens, 1789)中,莱因霍尔德提出,在一切意识中最为基本的要素是表象(Vorstellung)的观念,它是统一主体与客体的中间概念。[1] 我们知道,在康德的理论哲学中,理性的先天结构被划分为感性与知性、直观和概念,而康德的先验演绎之所以能够证明概念可以用于联结直观杂多的合法性、先天综合的知识,正是由于这两者都是先验主体的表象活动。因此,根据莱因霍尔德的想法,即便像康德那样在主体的表象之外保留物自体或本体世界,这也不至于为怀疑论留下可乘之机,因为物自体根本不可能有先于思维和表象活动而自身具有规定。意识的这一表象特征是使得一切理性推论得以可能的最基本的条件,它由此构成了"基础哲学"的核心要素。表达了表象的基本特征的原理被莱因霍尔德称为"意识的原理"(Satz des Bewußtsein):"在意识中,主体将表象与主体和客体区分开来,又将其与二者联系起来。"[2]这个原理是基础性的,它不是从任何前提引出的结论,而是一个直接自明的、确定的意识事实(Tatsache),就像他在《论哲学知识的基础》(*Über das Fundament des Philosophischen Wissens*, 1791)一书中指出的那样:"意识的自我阐明的事实是由意识的原理所直接规定的,它自身不能被进一步分析,不允许被还原为比自我指明还更为简单的特征。"[3]这个表达在意识原理中的非演证的意识事实构成了一切知识的基本要素,这一意识原理的基本结构是:主体、客体、关于客体的表象,主体将表象归为它自身的状态,而同时将它自身的状态当作一个关于某个不同于和独立于这个状态的客体的表象。这样一来,在康德那里存在的先验主体与先验客体(物自体)的外在关系被莱因霍尔德转化

---

[1] Paul Franks, "All or Nothing: Systematicity and Nihilism in Jacobi, Reinhold, and Maimon", p. 103.
[2] Karl Leonhard Reinhold, *Über das Fundament des Philosophischen Wissens* (Hamburg: Felix Meiner, 1978), S. 78.
[3] Karl Leonhard Reinhold, *Über das Fundament des Philosophischen Wissens*, S. 83.

为表象着的主体的自身关系,由此消解了康德物自体概念所带来的不利影响。① 根据这样一种近似于一元论的构想,如果所有知识和存在论的规定都能够在这个确定的、自足的第一原理中得到必然的演绎,就不会再像传统理性主义那样陷入由主客二分所导致的怀疑主义和虚无主义的泥潭。

因此,基础哲学必须成为一种关于人类表象能力(Vermögen)的普遍的、先天的理论,它关注的不是具体的经验心理学意义上的表象活动,而是这一表象的先天的形式特征。在莱因霍尔德看来,被表象的客体引起了出现在我们意识之中的表象的"材料"(Stoff),但即便这一材料作为事物的外部状态的图像,它的规定性也取决于主体接受它和赋予它"形式"的方式,这一赋予形式的方式就是范畴的规范性作用。这样一来,主体的表象虽然是内在的意识活动的产物,但是它在内容上又是有外在的客观根据的,反过来,表象在内容上虽然是依赖于客体的,但由于这一客体的图像是缺乏规定的,确定的知识仍然是在自身同一的主体的自身关系中有其根据。由莱因霍尔德所带来的这些改变,对后来的德国观念论哲学的形成具有十分重要的意义。他通过对表象的演绎,赋予这一意识事实以某种本原的意义。这一转向意味着"客体"和"物自体"的概念获得了一种完全不同的意义和结构,并且将康德那里静止的诸范畴转化成一种自我分化的活动。② 在这个新的基础上,康德关于现象与物自体、感性与知性、先天知识与后天知识、分析判断与综合判断、建构性原则与调节性原则的二元论就必须被放弃。当一切事物的必然联系都可以通过对意识

---

① Cf. Michael Baur, "The Role of Skepticism in the Emergence of German Idealism", *The Emergence of German Idealism*, ed. Michael Baur and Daniel O. Dahlstrom, pp. 73-74.
② Cf. Alexander von Schönborn, "Karl Leonhard Reinhold: '… Endeavoring to keep up the pace *mit unserem zeitalter*'", *The Emergence of German Idealism*, ed. Michael Baur and Daniel O. Dahlstrom, p. 58.

事实的演绎来达到,这个自明的第一原理就成了克服二元论和怀疑论的关键。

然而,舒尔策(Gottlob Ernst Schulze)在他匿名发表的《埃奈西德穆》(*Aenesidemus*, 1792)一书中指出,莱因霍尔德所提出的作为哲学之基础的第一原理的观念并不能成功避免怀疑论的反驳,简单地说,舒尔策的批评主要可以归结为三个方面。① (1)莱因霍尔德和康德都引入了物自体的观念,将其作为思维主体中的表象或感觉的原因,这一主张是与他们对体系的一贯性的要求相背离的。(2)莱因霍尔德所宣称的"意识事实"根本不是一个"事实",而一些心理状态(比如疼痛的感觉)完全不适合于"主体/表象/客体"的模式。(3)在莱因霍尔德关于自我意识的说明中存在着明显的不连贯性,因为他认为所有的意识或存在都需要表象,所以,一个自我意识的主体必须具有对其自身的表象,这就相应地又要求存在一个主体将关于主体的表象与这个主体自身关联起来。在莱因霍尔德的第一原理中实际上隐藏着一个无穷倒退,这样一来,自明的、主客体同一的起点就被消解了,理性的法则仍然只具有主观的有效性,而没有客观的必然性。

舒尔策的怀疑论给莱因霍尔德的"基础哲学"所造成的致命打击,恰恰构成了费希特哲学的起点。在费希特看来,舒尔策的确表明了,任何建立在被给予的事实(不论这一事实是内在于意识还是外在于意识)这一基础之上的第一原理,都不可能为科学的、体系的哲学提供一个充分的起点;但莱因霍尔德为寻求第一原理而将所有关于一个外在世界存在的信念悬置起来,并试图在意识自身的内在性中推导出先验哲学的具体内容

---

① Cf. Terry Pinkard, *German Philosophy 1760-1860*, pp. 105-106.

的努力，也确实为后康德哲学的发展指明了一个基本的方向。① 所以，尽管舒尔策的批评的确指出了莱因霍尔德学说中存在的许多问题，"意识的事实"并不足以构成科学体系的第一原理，但费希特在他为《埃奈西德穆》一书所写的评论（*Aenesidemus Rezension*, 1794）中还是坚持认为，莱因霍尔德所提出的必须为所有哲学论证找到一个不可动摇的第一原理这一主张本身是正确的。② 只不过这个无条件的第一原理不能是直接的意识事实，因为这就意味着这个作为第一原理的意识不是真正的无条件者，而是以某种外在于意识的所与和现成经验为前提的有条件者；而且就像莱因霍尔德承认的那样，在这种主体的意识状态中，表象只是赋予被表象的客体以形式，而表象的内容和材料却是由一个外在于主体表象的物自体所决定的，换言之，这条意识的原理仍然是有条件的，它只在形式方面具有统一性，而它的内容不是以自身为根据、从自明的同一性中演绎出来的。真正的第一原理应当是主体与客体、形式与内容的绝对无差别点，所以，它不能被看作一个与物自体相对的、主体的意识事实（Tatsache），而必须被把握为一个设定自身的绝对同一性的本原行动（Tathandlung）。③ 在这一活动中，异于思维的物自身被彻底取消，判断或知识的形式和内容都在这一自我同一的源初根据中被设定，哲学才得以真正成为纯粹在其自身并通过自身得以可能的科学（Wissenschaft），而探究这一原理的工作则被费希特称为"知识学"（Wissenschaftslehre）。知识学的首要任务就是将一切外在的、经验性的规定从事实中抽离出去，直到剩下本身

---

① Cf. Michael Baur, "The Role of Skepticism in the Emergence of German Idealism", *The Emergence of German Idealism*, ed. Michael Baur and Daniel O. Dahlstrom, pp. 77–78.
② Cf. Rolf-Peter Horstmann, "The Early Philosophy of Fichte and Schelling", *The Cambridge Companion to German Idealism*, ed. Karl Ameriks, p. 120.
③ 费希特：《评〈埃奈西德穆〉》，梁志学译，《费希特著作选集》（卷一），梁志学主编，商务印书馆1990年版，第426—428页。

不可被思维抽掉的东西就是纯粹的、绝对的存在。这个基础不是为了说明现存事物的确实性而被设想的,相反,它不以任何别的知识为基础,作为真正的第一原理,它完全是在它自身,为了它自身,并通过它自身而确实的。①

在《全部知识学的基础》(*Grundlage der Gesammten Wissenschaftslehre, 1794/1795*)中,费希特是从逻辑学的同一律来开始他的探源工作的,他的论证大致可以重构为以下几个步骤②:(1)在我们的经验意识中,"A 是 A"这一判断可以被认为是无条件地确定的,对此不需要进一步的理由,逻辑系词"是"本身就意味着同一性。当我们在做出这一判断的时候就已经预设了一种无条件地设定(setzen)某物是其所是的能力。(2)"A 是 A"这一判断的意义必须被解释为关于第一个 A 与第二个 A 之间的假言关系的表述。这就意味着"如果 A 是,那么 A 是",或者"如果 A 存在,那么 A 存在"。这样一种将定言判断(A 与自身的同一性)改为假言判断(A 的存在)的转化是非常重要的,因为这就允许费希特从逻辑的必然法则推导出合乎理性法则的存在,在"A 是 A"的断言中包含着对存在的论断。换句话说,A 的不同存在方式取决于它被认为是属于这个假言判断的前件还是后件。如果是第一种情况,那么 A 就是以一种有条件的方式存在的,而在后一种情况中,A 则被认为是无条件地存在的。这也就是说,我们经验意识中存在的 A 是有条件的,但只要它是,那么作为使它是其所是的根据的那个 A 则是无条件的存在。(3)因为"A 是 A"这个

---

① 费希特:《论知识学或所谓哲学的概念》,沈真译,《费希特著作选集》(卷一),第458—459页。
② Cf. Rolf-Peter Horstmann, "Fichtes antiskeptischer Ansatz oder die Rettung der Außenwelt durch das Ich", *Die Grenzen der Vernunft*, S. 80-81; see also Walther C. Zimmerli, *Die Frage nach der Philosophie: Interpretationen zu Hegels "Differenzschrift"* (Bonn: Bouvier, 1986), S. 140-143.

判断是无条件地确定的,所以它所表述的这一关系就指明了前件与后件之间有一种无需任何根据的必然关系被设定起来。费希特用词项"X"来指称这一必然关系,那么重要的问题就是去考察这一关系是何以可能的。(4)由于"A 是 A"这个命题是由自我做出的一个判断,因此,使得 A 是其所是的必然关系 X 是在自我之中,而且是由自我设定的,换言之,某物是其所是的规定是以"我是"或"我存在"这样一个事实为根据的,而自我则是一个按照逻辑的必然规则做出判断的主体,用费希特的话说:"如果 A 是在自我之中被设定的,则它是被设定的,或,则它是。"①

可是,如果仅仅停留在这一步,那么费希特的"自我"就与莱因霍尔德的"意识事实"没有根本上的区别,因为,尽管经验事实的条件("我是我"或判断的主词)是无条件地确定的,然而,这些条件本身仍是经验性的意识事实,它们在内容上依赖于某些在自我的判断之前已经偶然地被给予的现成存在,而不是从无条件者自身的内在性出发必然地推导出来的。换言之,目前所到的只是这样一个断言,即如果"A 是 A"是无条件地确定的,那么"我是"的判断也是无条件地确定的。这显然将"我是"置于一个条件之下,而不是将它作为一个第一原理的表达。但是,费希特提醒我们注意,"我是我"具有一种与命题"A 是 A"完全不同的含义,"我是我"的有效性是无条件的,它不像"A 是 A"那样需要在一定的条件下才有内容,相反,任何经验性的条件都不能产生一个"我"的表象,即便是经验性的"我"也不是由我之外的条件决定的。"我"之为"我"是一个无条件的自我设定活动的结果,自我是由自己所做的设定,是自我的纯粹活动,因此作为一个设定自身的存在,"我是"不是纯然的意识事实,而是一个规范

---

① 费希特:《全部知识学的基础》,王玖兴译,商务印书馆 1986 年版,第 9 页。

性的活动①、一个本原行动(Tathandlung):只是因为自我设定自己,我才"是"(或存在着);反过来,自我"是",而且只凭借它的单纯存在,它设定它的存在。"它(自我)同时既是行动者,又是行动的产物;既是活动着的东西,又是由活动制造出来的东西;行动(Handlung)与事实(That)两者是一个东西,而且完全是同一个东西。"②这样一来,绝对自我作为一种本原行动就成了绝对的"是",自我的概念本身就包含了它的存在,任何无条件地确定的命题都必须以自我设定自我这个第一原理作为终极的根据。关于"设定"这个极为重要的核心概念,费希特从来没有做出过专门的定义,但是它所要表达的意思是非常明确的:首先,"设定"意味着某物的出现绝对不依赖于任何先前存在的东西;其次,"设定"中出现的东西与知识的本性紧密相关。绝对地设定自身的东西是"自为的",它不需要任何进一步的根据;而且"设定"中包含着生产与产物、主体-自我与客体-自我的同一关系,这与康德式的反思理论中反思活动的诸相关项之间的并列关系完全不同。③ 这种本原性的自我设定意味着,不是逻辑命题"A 是 A"(同一律)充当"我是"的根据,而是相反:A 是 A,因为设定了 A 的自我与 A 在其中被设定的那个自我,是相同的;一切是的东西,只因为它是在自我之中设定起来的,才是或才存在。④ 根据费希特的主张,由于我们不可避免地会将自我思考为一个本原行动,逻辑的同一律就被证明为有效的。

不过,费希特通过自我设定的我所达到的只是逻辑的同一律,可是知

---

① Cf. Terry Pinkard, *German Philosophy 1760—1860*, p. 114.
② 费希特:《全部知识学的基础》,第 11 页。
③ Cf. Dieter Henrich, "Fichte's Original Insight", *Contemporary German Philosophy* (*vol. 1*), ed. D. E. Christensen, M. Riedel, R. Spaemann, R. Wiehl, and W. Wieland (University Park: Pennsylvania State University Press, 1982), pp. 25–26.
④ 费希特:《全部知识学的基础》,第 14—15 页。

识并不是这样一种形式上的同义反复,它必须涉及某个作为认识对象的客体的概念,那么,这样一个不同于认识主体的客体又是如何被纳入到绝对自我的同一性当中去的呢?倘若认识的客体可以完全独立于自我设定的活动而存在着,那么知识学就不可能成为真正以自身为根据的"科学"。为了回答这个问题,费希特提出了他的第二和第三个原理,这两个原理都是绝对自我的无条件的设定活动。费希特从考察"-A 不等于 A"这个确定无疑的矛盾律出发指出,"-A 不等于 A"与"-A 等于 -A"是完全相同的,它毋宁就是命题"A 等于 A"本身,矛盾律是同一律的一个反设定(Gegensetzen),而不是从同一律中推导出来的。由此我们可以得出,绝对自我除了设定自我(Ich)之外,还具有无条件地设定一个对设(Entgegengesetzen)即非我(Nicht-Ich)的能力,而且它同样是一个"绝对的行动",非我或客体被纳入到主体的自我设定的活动(A = A)当中。费希特的意思实际上是想表明,一方面,不同于主体的客体是真实存在的,作为我们认识和行动的对象,客体的客观存在并不是主观的设定,这样他就避开了唯我论的指责;而另一方面,关于客体存在的信念并不是因为有一个独立于主体的实在作用于我们而使我们思维到客体(这样会把知识变成有条件的,而不是自足的科学),而是因为它属于绝对自我以设定自我与非我、主体与客体的方式来构造世界的本性。① "非我不等于自我"的矛盾律本身就是"自我等于自我"这个同一律的反设定,因为如果没有"是",我们根本无法理解"不是";没有自我设定自我的活动就根本不会有不同于主体的客体的"是",所以,客体或非我本身也是由绝对自我设定的,它依赖于"自我"设定"自我等于自我"的活动,非我作为对自我的否定被理解为自我对自身的否定,或者用黑格尔的话来说,是一种"有规定的否定"(deter-

---

① Cf. Rolf-Peter Horstmann, "The Early Philosophy of Fichte and Schelling", *The Cambridge Companion to German Idealism*, ed. Karl Ameriks, p. 125.

minate negation)。① 由此，物自体在康德那里所具有的存在论地位就被彻底取消了，这样才能保证体系的科学性和连贯性。这个统摄同一与差异、主体与客体的绝对的"是"构成了对怀疑主义的决定性反驳，我们的认识和行动是与客体相关的，但又能够具有理性的普遍必然性，而要将自我与非我结合起来就需要引入第三个原理，即无条件地设定自我与非我的可分性（Teilbarkeit），经由可分的自我与可分的非我之间的辩证关系，自我与非我在一个更高的绝对自我的同一性中被统一起来。

费希特的"知识学"是观念论哲学发展中的一个关键节点。按照亨利希的说法，费希特的"源初洞见"就在于，他最先揭示了近代自我意识理论中的"循环"问题（the circularity of self-consciousness），并且通过对自我意识的结构和性质进行分析，为解决这一问题提出了一条重要的思路。所谓"循环"问题，就是说，费希特之前的主体主义哲学通过反思的方式将"自我意识"追溯为一切知识的基础，但是，要证明存在着这样一种自我意识，就必须先有一个意识将这个意识作为意识的对象来认识，换言之，证明自我意识的存在必须以预设这个需要证明的东西为前提，因而陷入无穷无尽的循环。一旦自我意识理论陷入循环论证和独断的预设前提，自我意识的实在性及其作为知识之基础的地位势必因此会受到动摇，理性主义哲学也就无法从根本上回应怀疑主义对无条件者和普遍必然性的质疑。不论是在笛卡尔那里，自我意识（我思）被看作确定性和明证性的基础，还是在康德那里，自我意识（先验统觉）被看作可能经验的根据，他们都只看到了自我意识为知识提供根据的功能，而疏于探究自我意识自身

---

① Cf. Michael Baur, "The Role of Skepticism in the Emergence of German Idealism", *The Emergence of German Idealism*, ed. Michael Baur and Daniel O. Dahlstrom, p. 82.

的本质和结构;当他们通过反思论证的方式将"自我"呈现为诸事物中的一物时,作为一物的"自我"又是如何可能的,这自然成了一个非常棘手的问题。① 而费希特则首先明确了,自我意识必须是一个绝对的前提,而不是主体自我反思的产物,也就是说,费希特的"自我"是"自为的"(for itself),而不是"为他物的"(for others)。与笛卡尔和康德从承认现实世界的存在为前提来对根据进行逆推的方式不同,在费希特那里,"自我"是一个主体与客体无差别的点,并不存在一个先在的世界,"自我"是为这个世界而设置的。相反,主体与客体得以区分的前提是绝对自我以自身的差异化作为自己的存在方式。通过阐明"自我"的活动性(Aktivität)以及"绝对自我"具有一种将主体与客体、自我与非我的对立作为内在的、统一的自身关系(Selbstverhältnisse)来把握的基本结构,②费希特赋予本原性的"自我"以直接的、非反思的明证性,而更为重要的是,这一"源初洞见"揭示了实在自身的能动性及其自身差异化的结构,提出了一种全新的存在论和方法论原则,并在此基础上进一步消除了由反思理论所导致的一与多、心与物、主体与客体之间的二元对立。

黑格尔在《差异》一书中就对费希特耶拿时期的"知识学"所表现出来的思辨特征给予了非常积极的评价,"绝对"在费希特那里作为总体性(Totalität),表现为理性自身的对立与和解的过程,而不是僵死的、现成的共相,"它必须通过行动,通过客观的东西的现实的发展,从自我来指出经验意识的多样性与纯粹意识是同一的,必须把经验意识的总

---

① Cf. Dieter Henrich, "Fichte's Original Insight", *Contemporary German Philosophy* (vol. 1), ed. D. Christensen et al., pp. 18–23. 相关讨论亦可参见 Dieter Henrich, "Fichtes 'Ich'", *Selbstverhältnisse: Gedanken und Auslegungen zu den Grundlagen der klassischen deutschen Philosophie*, S. 62–66.
② Cf. Dieter Henrich, "Fichtes 'Ich'", *Selbstverhältnisse: Gedanken und Auslegungen zu den Grundlagen der klassischen deutschen Philosophie*, S. 66–68.

体描述为自我意识的客观的总体。在自我＝自我中,哲学得到了知识的整个多样性"。自我既是纯粹同一性又是分裂的多样性(Mannigfaltigkeit),既是主体又是客体,既是自我又是非我,而与自我相对立的东西也同样是自我,对立物是同一的(GW 4: 36)。经过费希特的努力,莱因霍尔德所主张的方法论意义上的一元论被改造成一种存在论意义上的一元论,理性的绝对性和自主性首次在原理上以一种连贯的方式得到表达。

正如我们所看到的那样,自康德的《纯粹理性批判》问世以来,批评康德的二元论和唯我论的声音就不绝如缕,尤其是经历了"泛神论之争"(Pantheismusstreit)以及随之而来的斯宾诺莎主义在德国思想中的复兴之后,发展一种新的一元论哲学,克服批判哲学在主体与客体、自由与自然、无限与有限之间造成的分裂,从根本上拒斥怀疑主义,捍卫理性的绝对性与自主性,就成了后康德哲学家们共同关心的问题。在这个过程当中,正是费希特率先将康德哲学的主体性原则与斯宾诺莎的"实体"统一起来,在后康德哲学的语境中呈现出一个完整的一元论的哲学体系,并且为"有差异的同一"这个黑格尔的绝对观念论最为倚重的思辨原则提供了样板,这一切都具有里程碑式的意义。①

然而,黑格尔也发现,费希特的体系实际上仍然具有主体性反思哲学的特征,知识学所达到的统一性是以主体与客体的绝对对立为前提的,而建立在这样一种绝对自我之上的一元论体系会比康德的先验观念论更为彻底地陷入虚无主义的深渊。在费希特体系的开端,他对自己提出的任务就不是认识事情本身的本然之理,而是要去考察人们在经验意识中所确信的东西何以能够具有不可怀疑的确定的形式,费希特对确定性问题

---

① Cf. Rolf-Peter Horstmann, "Fichtes antiskeptischer Ansatz oder die Rettung der Außenwelt durch das Ich", *Die Grenzen der Vernunft*, S. 86–87.

的关心远甚于他对真理本身的兴趣。① 对于费希特来说,一个现成存在的经验世界,它在内容上的真实性是不需要怀疑的,重要的是保证这个现存之物的存在在形式上具有不可动摇的确定性。所以,费希特的"自我"不直观或认识任何事物,而是直观它的直观活动、认识它的认识活动本身,绝对自我只涉及形式而不涉及内容。这种源初的和唯一的确定性是纯粹和空洞的活动性,纯粹和自由的行动,那里除了纯粹认识和纯粹直观、感觉活动以外无物存在,因此,空的"自我=自我"被设定为绝对。虽然基于绝对自我的内在关系的演绎是绝对的,但它又是有限的,因为"自我"被抽离了所有异己对象而思维着自身,就像其他"我"之外的事物一样被取消了所有内容,只剩下自我同一的空洞表象,它所达到的只是一种形式上的相对的统一性。用黑格尔的话来说:"费希特的认识从缺乏开始,最终为了分析的思维而依赖于对象的所与性。"(GW 4: 392)费希特对于绝对自我的同一性的演绎就像一般的经验论一样,自我就如同一面镜子,它接受了感官世界,然后在其自身内将之进行理想性的设定,只不过是把它接收的东西又交还回来了(GW 4: 393)。

为了保证建立在空洞的绝对自我之上的体系能够作为一门纯粹以理性自身为根据的科学,费希特就必须把有限自然本身视为本质上被规定的和无生命的质料。一方面,为了避免体系陷入唯我论,费希特不得不设定一个与自我相对立的非我、一个不同于思维主体的客观世界的存在,这时他给客观世界设定了一个加号(+);但另一方面,在纯粹认识中,他又必须不断削减感官世界的影响,直到将认识的根据完全归于绝对自我的设定活动,只有这样才能够保证体系不依赖外在的条件,这时客观世界就

---

① Cf. Rolf-Peter Horstmann, "The Early Philosophy of Fichte and Schelling", *The Cambridge Companion to German Idealism*, ed. Karl Ameriks, p. 137.

被设定为一个减号(-),自然的自在存在已经在演绎中被抽离和否定了(GW 4:392)。就像黑格尔指出的那样:"在理论方面,自然是被直观的自我限制,即自我限制的客观方面。由于自然作为自我意识的条件被演绎,而且是为了说明自我意识而被设置的,所以,它只不过是一个为了说明而通过反思设置的东西,一种观念上活动的结果。如果自然已经通过证明自我意识是受自然制约的事实而获得了一种同自我意识相等的独立地位,那么,因为它只是通过反思被设置的,所以它的独立和它的对立的特征也正是因此而被消灭了。"(GW 4:50)理论认识对于费希特来说就是对自然做减法,演绎的工作就是证明自然不是自在的绝对自我,但又应当与绝对自我同一,对此黑格尔打了一个非常贴切的比方:绝对自我就如同一个空的钱袋,它是这样一个袋子,在其中钱(即客观实在)已经被设定了,虽然只是一个减号,但是钱可以直接从中演绎出来,因为作为缺乏,钱被直接地设定了,换言之,绝对自我虽然是空洞的形式同一性,但作为"绝对"它应当是有客观内容的,可这样的客观实在及其对概念的符合只是一种应当和"渴望"(Sehnen)。

在费希特的实践哲学中,自然同样是抽象和异己的。为了表明理性存在者的绝对自主性,它的自由所指向的客观领域就必须被设定为一个减号,这样意志的规定才能摆脱非我或外在条件的制约;而作为绝对,理性的法则不仅仅是可能的和主观的,它也应当是现实的和客观有效的,所以,为自由和实践理性法则的演绎就在于给予这个客观领域以一个加号,或者换句话说,设定它为存在(GW 4:392),只有设定一个可以规定的对象,意志的纯粹行动才能使无条件的法则获得它的实在性。"在无意识的自我规定和通过概念的自我规定的综合里,即在自然冲动和为了自由的自由冲动的综合里,自然通过自由的因果性成为一个现实的结果。结果是:概念应该具有自然的因果性,而自然被设置为一种绝对被规定的东

西。"(GW 4: 50-51)

根据费希特的想法,在理论认识中,自我设定自己为受非我限制的,非我是自我达到与自身的同一的道路上所碰到的一个"阻碍"(Anstoß),[1]虽然这个阻碍或对立物本身也是由绝对主体无条件地为自己设置的,但是认识活动又不得不保留这一非我与自我相对,因为如若不然,知识就会因缺少客观性而陷入唯我论,所以在理论领域,自我=自我的绝对同一性是不可能完全实现的。但是在实践领域中的情况则有所不同,因为在出于理性自主性的自由活动中,自我设定自己是规定非我的,自我对非我具有绝对的因果性。所以,自我能够通过行动来改造自然,使自然服从于自由的因果性,或者使自由的因果性成为自然,从而通过理性行动者的实践能力,在"奋进"(Streben)中实现理性自身无条件的立法,即自我=自我。

---

[1] 有学者指出,Anstoß 在费希特的"知识学"中是一个非常重要的概念,它具有两层不同的含义。一方面,它可以指"阻碍"或者"障碍物";另一方面,它又具有"刺激"或"动力"的意义。这双重含义正体现了 Anstoß 在"知识学"中所扮演的复杂角色。费希特表明,相对于"自我"的活动性而言,作为外在于"自我"的事物,Anstoß 构成了"自我"无法再进一步扩展出去的界限,在这里 Anstoß 就是一种"障碍";但 Anstoß 不仅仅是一个外在的阻碍,因为如果没有 Anstoß 所体现出的抽象的客观性,"自我"通过它的反设定(即设定"非我")来规定自身的活动就将是不可能的,由此,Anstoß 又成为"知识学"当中一种积极的、能动的因素。然而,这一点并不足以反驳黑格尔对费希特主观观念论的指责。因为在费希特那里,虽然自我对非我或者 Anstoß 的设定对证明自我的绝对性来说是不可或缺的,而且 Anstoß 的积极意义也能防止费希特的知识学陷入主观主义和唯我论的泥潭;但是,这个 Anstoß 或者非我只是一个出于其理论的完满性的需要而以一种反思的方式被设定的东西,它的存在是完全偶然的,其自身并不具有与自我同等的存在论地位,所以费希特不可能认真地对待非我,不可能真正赋予其积极的、能动的意义,否则就将导致他以自我为基础的知识学的崩溃;当他设定非我的存在时,并没有增加什么新的东西,而只是在重复自我的抽象的同一性(GW 4: 24-25)。关于费希特"知识学"的一个辩护性考察,可参考 Daniel Breazeale, "Fichte's Abstract Realism", *The Emergence of German Idealism*, ed. Michael Baur and Daniel O. Dahlstrom, pp. 95-115; Daniel Breazeale, "The Spirit of the Wissenschaftslehre", *The Reception of Kant's Critical Philosophy*, ed. Sally Sedgwick, pp. 171-198; Daniel Breazeale, "Check or Checkmate? On the Finitude of the Fichtean Self", *The Modern Subject: Conceptions of the Self in Classical German Philosophy*, ed. Karl Ameriks and Dieter Sturma (Albany: State University of New York Press, 1995), pp. 87-114。

因此对费希特来说,无条件性就存在于克服所有被动性和他律的实践需要之中。①

显然,费希特并不甘于像康德那样严守实践理性公设的界限。根据康德,公设和对公设的信仰只是主观的准则和调节性的理念,相反,费希特完全不尊重这一界限,不承认这种公设和应当的主观性,而认为这是自在的并把这种道德世界秩序的理念当作一种建构性的原则(GW 4: 345)。至少康德还承认有一个不受主体支配的客观世界和客观法则的存在,费希特则在主体主义的一元论形而上学中将主体改造成一种创造性的原则(schöpferisches Prinzip),②使得存在的根据(形式与质料)完全收归于主体自身,以此来消除康德二元论的遗患。这样一来,除了受主体规定的实践性的实在(praktische Realität, GW 4: 412)之外就没有更高的实在性了。因此,在费希特的目的论中,自然被视为某种为了其他外在于它的目的而被设置的东西,是为了人提高自身和实现自身的使命而存在的。在黑格尔看来,这样的自然是某种绝对非神圣性和无生命的东西,它就其自身而言是无,只有在与他物的关系中才存在,这是一个庸俗的目的论的原则,为费希特哲学和幸福主义所共享(GW 4: 405)。

可吊诡的是,就跟康德将理性的现实性诉诸无限的进展一样,对于费希特来说,事物当然不能成为它们所应当成为的,因为如果它们成为,那么非我就不再是非我而变成自我了;自我等于自我作为绝对的同一性就不会有第二条原理了,自我将取消它所设定的某些东西,而自我不再是自我(GW 4: 399),所以,费希特知识学所声称的绝对同一性只有在自我与非我之间不可调和的对立中才能保持自身。虽然作为一个科学的体系,费希特希望能够通过知识学来揭示绝对同一的原则,理性的无限性要与

---

① Cf. Ludwig Siep, *Der Weg der Phänomenologie des Geistes*, S. 35.
② Cf. Rudolf Haym, *Hegel und seine Zeit*, S. 129.

现实整合,理性要成为主宰它的对立面即感性世界的内在原理,可所有这一切整合的主导原则却在于,一方绝对地不是另一方,不会从二者的联系中产生出任何真正的同一性。就像对知识而言,真的同一性和永恒性是在彼岸,是信仰;在实践领域中,实在性的领域是在彼岸,是无限的进展(GW 4: 401)。因此,思维与存在的同一、绝对自我的无条件的支配,作为信仰的对象和无止尽的道德奋进的目标,始终保持为一种"应当"而非"存在"。①

其实,就费希特知识学的精神而言,绝对自我的本原行动并不是一种纯然主观设定,自我与自身同一的这种活动性不是针对某个对象,而是与自身发生关系(auf sich selbst bezogen),是绝对者自我分裂和自我同一的无条件的行动。② 费希特在他的知识学中已经自觉地在康德主体性哲学基础上,吸纳了斯宾诺莎实体哲学的要素。③ 对斯宾诺莎来说,哲学必须从唯一真正的实在,即那能够经由自身而必然存在和被把握的实体出发。所有受限制的存在方式和规定性(思维和广延、时间和空间、意志和理智)作为属性或样态,都归于这个唯一的实体。对费希特而言,绝对自我就是斯宾诺莎的自因(causa sui),是自发地达到与自身的同一,它的实存是直接确定的,而且只有在它的意识中并通过它的自性(Eigentätigkeiten)而产生出一个合乎概念必然性的世界图式。④ 在费希特那里,"自我=自我"已经表达了思有同一的原则,但是他的体系并没有贯彻这种同一性,因为主观的东西诚然是主体=客体,但客观的东西却不是。因此,主体不等于客体(GW 4: 41),两者仍然出于一种外在的相互决定、一个支配另一个的因

---

① Cf. Ludwig Siep, *Der Weg der Phänomenologie des Geistes*, S. 40; see also Rudolf Haym, *Hegel und seine Zeit*, S. 188.
② Cf. Ludwig Siep, *Hegels Fichtekritik und die Wissenschaftslehre von 1804*, S. 20.
③ Cf. Rudolf Haym, *Hegel und seine Zeit*, S. 132.
④ Cf. Ludwig Siep, *Der Weg der Phänomenologie des Geistes*, S. 27.

果关系当中。

正如黑格尔在《差异》一书中指出的那样,真正的绝对是主体与客体、思维与存在被设置在实体性-关系(Substantialitäts-Verhältnis)之中,或者至少被设置在交互关系(Wechselverhältnis)之中。反之,在费希特这种重建的同一中,客体自身的同一性和规范性被消解,实在性的杂多表现为一种无法把握的经验的必然性,特殊性和偶然性就这样被接受为某种绝对的东西。所以,作为主体的自我与作为客体的自我(即非我)是一种统治与被统治的关系,即主人与奴隶之间的非等同关系(die Ungleichheitsrelation von Herr und Knecht)。[1] 从形式上看,统一是自发的概念对被动的直观、自由对自然、主体对客体的统治,而在内容上其实却是被动的奴隶在统治着表面上具有权威和规定力量的空虚的主人。黑格尔关于主奴辩证法的著名论述实际上就是针对主体与客体、概念与直观、同一与非同一之间的非等同关系来谈的。正是由于这种统治关系或因果关系,体系的结尾变得不忠实于它的开端,结果不忠实于它的原则:这个原则曾是自我等于自我;结果却是自我不等于自我(GW 4: 49-50)。体系所能达到的只是存在于主体思维之中的形式的同一性或主观的主体-客体(GW 4: 63),而内容上合乎理性的必然性并没有得到阐明,这种必然性只是由主体所强加的。在这种以因果关系的形式出现的理性的统一性当中,自我与非我、主体与客体之间具有一种存在论上的异质性(ontologische Heterogenität),[2]主观理性的思有同一始终伴随着某种并非出自理性自主性的、异己的存在物。所以,在黑格尔看来,主观性的形而上学由莱因霍尔德最早提出,并由费希特加以完善的主体性的一元论体系那里得到了最终的完成。虽然费

---

[1] Cf. Michael Theunissen, *Hegels Lehre vom absoluten Geist als theologisch-politischer Traktat*, S. 20.
[2] Cf. Panajotis Kondylis, *Die Entstehung der Dialektik*, S. 620.

希特在关于绝对自我的演绎中所体现出来的辩证法,对黑格尔客观观念论的形成产生了重要的积极影响,但是,费希特的哲学却囿于反思性的前提而无法从主观性中彻底走出来,反而是将主观性带到了登峰造极的地步,费希特就像康德和雅各比那样难以超越二元论。[1] 饱含着以行动改造世界和在尘世间创造至善的热情,费希特的知识学使理性的无限性最终成为绝对的主观性。

主观观念论哲学希望通过对那些使得既存事物和各种信念的存在具有确定性的诸形式条件的演绎,重新将世界整合成一个统一的、合乎理性必然性的规范性体系,以克服基督教世界观解体之后所留下的分裂状态,而完成这一任务的关键之处就在于理性的主观化和形式化。就像卢卡奇指出的那样,对于近代理性主义来说,"如果思维不想放弃对整体的把握,那就必须走向内发展的道路,就必须力图找到那个思维的主体。存在可以被设想为是这一主体的产物,这时,就没有非理性的裂缝,没有彼岸的物自体"[2]。在费希特看来,康德的二元论和不可知的"物自体"将使理性再次陷入到怀疑主义的巨大威胁之中,要想真正实现康德哲学的"精神",捍卫理性的绝对性与自主性,就必须取消现象与物自体之间的藩篱,通过把"自我"诠释为自身差异化的自我同一,将作为客体的"非我"统一于作为反思主体而完全不受客体影响的"自我"。然而,黑格尔对反思哲学的批判却让我们清楚地看到,这种费希特式的、以取消客体为代价的一元论,所能达到的只是一种主观的主体-客体同一,理性的彻底的主观化必然会产生与它的精神和初衷相背离的后果,即一种唯"我"独尊的主体性的形而上学。"我思"的无矛盾的自我同一性构成了一切推理真理的逻辑起点和终点:一切都是以"我"为根据,从"我"开始;又以"我"为目的,到

---

[1] Cf. Ludwig Siep, *Der Weg der Phänomenologie des Geistes*, S. 41.
[2] Georg Lukács, *Geschichite und Klassenbewußtsein*, S. 300.

"我"为止。虽然康德和费希特一再强调要注意把先验自我或绝对自我与经验自我区分开来,但由于"我思"只是形式的同一,它就仍然受制于特殊的和偶然的经验内容。如果内在的自然和外在的自然都不具有合乎理性的确定性和规范性,那么,世界的秩序只能依靠理性主体的反思来重建,人从而取代上帝来为自然和为自身立法,主观观念论寻求统一性的努力最终不可避免地要陷入思维的独断论和对任何一种(在关于存在的科学的意义上的)形而上学的拒斥。①

正如雅各比在他写给费希特的那封著名的书信中所揭示的那样,虚无主义并不只是一种否认上帝存在的无神论主张,它的本质不仅仅体现在超越性的终极根据的缺失,而更在于将这种神圣的力量赋予人自身,使人类能够凭借自己的理性,人为地将这个祛魅的世界重新建构成一个可以不再与超越性的绝对者发生关系但同时又具有某种绝对性与合理性的世界,从而将人的理性放大到极致;任何与这种理性的要求相矛盾的东西都被视为一种阻碍进步和真理的非理性之恶。这才是"虚无主义"的真正内涵。② 按照雅各比的说法,纯粹理性的哲学工作必须是一个化学过程,通过这个过程,理性之外的一切被转化为虚无,而独有理性自身留下,这种纯粹得不能再纯粹的理性自身根本不能是一个什么,但它只能在制造一切的活动中才能被直观到。换言之,人所能认识的是他的理性所把握的,而他对事物的理性把握只能通过将真实的事物转化为单纯的形式,在他将形式转化为事物时,也将真正的事物变成了虚无。这种对纯粹真理的爱不再需要作为神圣的自足者的真理本身。所以说,现代人并非没有

---

① Georg Lukács, *Geschichite und Klassenbewußtsein*, S. 297.
② Cf. Klaus Düsing, *Das Problem der Subjektivität in Hegels Logik*, S. 131-132. *Michael Gillespie*, "Nihilism in the Nineteenth Century: From Absolute Subjectivity to Superhumanity", The Edinburgh Critical History of Nineteenth-Century Philosophy, ed. Alison Stone (Edinburgh: Edinburgh University Press, 2011), *pp.* 279-280.

信仰这样一种意识或观念,只不过它必须是一种能够与科学和理性相容的"人造信仰"(artificial faith),而不是充满神话、想象、依赖和情感的"自然信仰"(natural faith)。通过理性的纯化和世界的虚无化,人最终将自己推上了上帝的宝座。① "上帝本身死了"(Gott selbst ist tot, GW 4: 413-414),理性主义哲学和新时代的宗教虽然不敢言明,却都对此深信不疑。神之子耶稣是上帝的道成肉身,他的受难意味着上帝彻底遗弃了这个世界,常道和至善的理想不在这个有限的世界中,既不在自然的万物流行中,也不在我们的生活、情感、欲望和满足中。上帝与我们的生命是分离的,但为了理解这个世界和寻求自我安慰,满足我们在理智与情感上的需要,上帝又必须由我们并为我们而设定起来。

现代神学家蒂利希为我们指出了这种康德式的理性宗教的内在动因。在蒂利希看来,理性宗教的产生与资产阶级社会的发展有着密不可分的联系。资产阶级为了控制整个现实就必须去分析和改造它。劳动需要用精密的计算去控制,资本家需要进行精确的计算才能立于不败之地,所以人们必须预计到自然是有规律的。在资产阶级眼中,自然和现实作为一个整体应当也必须具有某种可计算的模式,或者说按照某种有规律的模式构造出来。因此,就必须破除与现实的可计算模式相冲突的、宗教中的非理性因素。资产阶级需要一种理性宗教,这种宗教认为上帝创造了世界,以后世界就按照它自己的规律运行,上帝不再进行干涉。每一种干涉都意味着可计算性的丧失。这种干涉是不能接受的,一切来自上帝的特别启示均在否定之列。同样,死亡和原罪的观念也越来越为新宗教所回避,因为死亡意味着人的控制和计算的结束,而原罪则与世界的进步和改善格格不入。对地狱的恐惧、对神恩的渴望和祈祷,会削

---

① Cf. Friedrich Heinrich Jacobi, "Jacobi to Fichte (1799)", *The Main Philosophical Writings and the Novel Allwill*, pp. 499-500, pp. 507-508, pp. 516-519.

弱人的理性和自律的力量,为这个世界增加一些不可测的非理性因素,所以也是必须限制的观念。留在世界上的是具有道德要求的人自身的力量,是用资产阶级的正直与安定所解释的道德,而灵魂的不朽作为人类可以进一步发展的能力也被保留了下来。① 主观观念论的合理性模式恰恰满足了资产阶级对确定性的渴望,并最终导致所有超越性的力量作为无法计算的不确定因素从理性和宗教中被剔除出去。在这种理性宗教当中,作为终极的根据、绝对的意志、让人类意识到自己的有限性的那个威严的上帝,将被一个披着理性和资产阶级道德外衣的、和善的新神所取代。这在黑格尔看来,无疑是"上帝本身死了"的一个重要标志。

"上帝死了"这句话,现在被广泛地与尼采联系起来,可在尼采之前,它已不止一次地出现在黑格尔的著作中。但是,黑格尔不像尼采。尼采借查拉图斯特拉之口道出的这句名言,将虚无主义作为现代人无法逃避的命运揭示出来,正由于这个原因而对现代人具有巨大的冲击力,可黑格尔却在这一危险的命运中看到了新的契机,他越过死亡而走向复活。② 上帝之死在黑格尔那里并不只具有一种消极的意义,相反,耶稣的自我牺牲所带来的拯救是对世人最好的馈赠。被上帝遗弃的自然是一种否定性的赤贫状态,但恰恰是在这种赤贫当中蕴含着理性与现实重新和解的可能性。③ 在黑格尔看来,主体性的哲学只是将物理上的恶理解为有限自然所表现出来的偶然性,而宗教则将恶阐述为有限

---

① Cf. Paul Tillich, *History of Christian Thought: From Its Judaic and Hellenistic Origins to Existentialism*, pp. 343-344.
② Cf. Walter Kaufmann, *Hegel: A Reinterpretation*, p. 99.
③ Cf. Peter Jonkers, "Hegel's Idea of Philosophy and his Critique of the Reflective Philosophy of Subjectivity", *Hegel on the Ethical Life, Religion and Philosophy (1793-1807)*, ed. A. Wylleman, p. 78.

自然的一种必然性。就像光明之为光明就在于总是有黑暗与之相伴随,这种必然之恶正是通往永恒救赎的道路;真正的宗教提供了神性与被视为有限存在的自然的可能的和解,那是一种真实在场的和现实的救赎,而不是用主观反思所设定的总体性、用理想的彼岸和无限的进展来敷衍(GW 4: 407)。最高的总体性是上帝本身,他能够也必须复活(GW 4: 414)。他作为人之子再次回到世间,这意味着,绝对就存在于绝对自身的现象当中,有限是无限化的有限,现象是绝对者的显象。通过这样一种宗教性的话语,黑格尔道出了思辨哲学的目标:真正的哲学应当从主观理性的时代教化中走出,取消有限之物的绝对性,以概念的而非直觉的方式将绝对者重新把握为主体与客体的同一,或者更确切地说,是理性在它自身的有差异的诸形态中、在它的现象中,将自身把握为一个带有全部丰富性的活生生的总体(lebendige Totalität)。黑格尔试图把我们重新带回到事情本身那永恒不变的原型(ewigen und unwandelbaren Urbild der Sache selbst, GW 4: 117),将事情本身把握为具有内在统一性与规范性的"主体-客体",只有在这个基础上,理性的绝对性才能得到坚实的捍卫。

第三节　客观理性的原则

通过批判主体性反思哲学,黑格尔对产生理性自我立法悖论的形而上学机制做出了深入的探究。可以说,耶拿早期的一系列批判性的工作不仅对黑格尔自己的思想发展有重要的意义,而且从我们理解黑格尔成熟时期的哲学体系的角度来说,也是不可或缺的。正如哈贝马斯所言,黑格尔耶拿早期的哲学批判作为一个整体,可以被把握为对德国观念论以及近代哲学中存在着的本质与现象、永恒存在与非存在、不变之物与可变

第二章　批判主观理性

之物之间的抽象对立的证伪。① 主体性哲学在经过康德、雅各比和费希特这三个阶段的发展之后已经被推到了极致,这让黑格尔意识到,绝不能继续采取这种反思性论理的方式来证成"绝对",而必须通过对反思哲学的解构来揭示其内在的合理性与局限性,在扬弃主体性反思哲学的同时,找到一种能够真正把握"绝对"的存在论和方法论原则。就像卢卡奇指出的那样,黑格尔并不是从"外部",而是通过揭示在康德和费希特那里隐藏着的内在矛盾来反驳主观观念论的;这种内在的矛盾和由这一矛盾所带来的解决办法本身将证明客观观念论的必然性。② 对黑格尔来说,他自己所从事的工作跟其他的观念论者一样,是通过对康德的继承来超越康德(mit Kant über Kant hinaus),③是在观念论的语境中对之前所取得的成果的一个推进;如果没有这一推进,以往的所有努力都将付诸东流,甚至产生更坏的结果。

因此,要想真正重建世界的统一性,克服主观理性立法的悖论和启蒙教化的虚无主义,就必须回到事情本身,在客观理性自身内在必然性的展现中,实现理性的普遍立法。对黑格尔来说,哲学是对神和绝对自身的思辨认识,而绝不是通过主体性的反思哲学所达到的那种空虚的确定性。④但是,在经过启蒙运动和主体性哲学的洗礼之后,黑格尔绝不会也不可能通过重新构造一个外在的客观权威的统治来实现这一统一,而是要通过对反思所造成的分裂的扬弃,恢复主体与客体、思维与存在、普遍与特殊、同一与差异之间的源初统一。

---

① Jürgen Habermas, "On Hegel's Political Writings", *Theory and Practice*, translated by John Viertel (Boston: Beacon Press, 1973), p. 170.
② Georg Lukács, *The Young Hegel*, p. 262.
③ Cf. Ludwig Siep, *Der Weg der Phänomenologie des Geistes*, S. 27.
④ Cf. Klaus Düsing, *Das Problem der Subjektivität in Hegels Logik*, S. 75.

一、知性与理性

就证明理性的绝对性和实在性这一点而言,黑格尔的目标与康德、雅各比和费希特等人是一致的,但他们的哲学却无法完成他们为自己所设定的任务。传统理性主义哲学在存在论和方法论方面都存在它自身无法克服的内在困难,这一困难至少在莱布尼茨-沃尔夫的学院形而上学体系中已经表现出来了。我们知道,莱布尼茨对真理有一个著名的区分,他在《人类理智新论》中将真理划分为推理的真理和事实的真理。[①] 根据莱布尼茨的观点,推理的真理是必然的真理,它包括数学、逻辑、形而上学、伦理学以及神学和法学中那些不必依赖感觉经验或事实,单靠理性的内在原则(矛盾律、充足理由律)就可以得到证明的真理,它的反面是不可能;比如"黄金是有质量的"就是推理的真理,因为谓词可以通过矛盾律从主词中分析地推导出来,它不能既是又不是。而事实的真理是偶然的真理,它的反面是可能,事实真理在形式上有充足理由,但并不遵循矛盾律,比如"黄金是有重量的"就是偶然的真理,它的真实性取决于经验条件,在一定条件下为真("是"),但在其他条件下为假("不是"),这种真理不能无矛盾地从主词中分析出来。然而,正是两种真理的区分为怀疑论留下了可乘之机。休谟向我们证明,只有数学中的数量关系和形式逻辑中的概念关系才是必然的真理,而人的认识、情感和意志活动都与有限的经验性的实存有关,我们的各种知识和行动规范所包含的联结或关系都是偶然的和前后不一致的,它们只是事实的真理。[②] 因此,关于经验事实的知识和实践的法则不具有像数学和逻辑那样的合乎理性的普遍必然性,它们的真实性和有效性总是随着条件的变化而变化。毋宁说,在认识的领域,

---

[①] 参见莱布尼茨:《人类理智新论》,陈修斋译,商务印书馆 1982 年版,第 457 页及以下。
[②] 参见休谟:《人类理解研究》,关文运译,商务印书馆 1957 年版,第 145 页。

理性是心理联想的结果,而在实践的领域,理性是激情的奴隶。康德和费希特的工作实际上是想通过证明与经验相关的事实的真理也是遵循矛盾律的,从而使经验性实存同样具有合乎理性的必然规定,以此来回应怀疑论和相对主义对常道的消解。但是,他们的证明仅仅满足于对差异和矛盾的排斥,通过反思性的论理将既存的、普遍认可的事实作为理性主体的构造纳入到理性的形式同一性中,这样的话,经验性实存的合理性仍然没有被阐明,形式与内容、理性与现实只是获得了表面上的统一。主体性反思哲学所产生的一系列后果,恰恰是与理性自律的原则相背离的,而在此基础上建构的总体只能是一种主观的和形式的统一,它始终受到某些非理性因素的制约。

因此,对黑格尔来说,只有通过对传统理性主义的合理性概念及其规则的解构,并在此基础上重新理解存在和理性自身的本性,才能真正捍卫和彻底实现理性自律和理性的绝对性这一启蒙精神的核心价值。① 理性的自律除了指人的自我决定之外,更为重要的意义在于表明理性以自身为根据并出于自身的力量而成为现实,用黑格尔的话来说就是:"理性本身被建立为与自然一致(Überstimmung)。不是这样的一致,即在其中理性放弃自己或不得不成为自然的一个乏味的模仿者;而是理性出于内在的力量使自己形成为自然,由此而达到和谐统一(Einstimmung)。"(GW 4:8)与康德不同的是,黑格尔的理性概念不仅仅指主体的心灵能力,而首先具有存在论的意义,它表达了一种存在论上的一元论主张。就像霍斯特曼指出的那样,在黑格尔那里,构成理性概念的一个要素是客观性的特征,这种客观性的特征被理解为"使成为现实的"(having to become real);

---

① Cf. Rolf-Peter Horstmann, "Hegels Konzeption von Rationalität – die Verbannung des Verstandes aus Reich der Wahrheit", S. 128.

这种特征表明,理性必须实现其自身,以达到与它自身之概念的和解。[1]如果按照反思哲学的方式在一边设置合乎理性的思维和同一性,在另一边设置非理性的实存和杂多,那么,事实的真理就永远不可能与合乎理性的推理的真理相等同,也就无法从根本上克服怀疑论的威胁。现实的合理性必须以理性自身的现实性为基础,而为了认识绝对,即理性与现实、推理的真理与事实的真理的源初统一,需要有一种不同于传统形式逻辑的全新的方法论原则,这种新方法论的可能性就奠基于黑格尔意义上的"理性"自身。

在黑格尔看来,传统的理性概念只是知性(Verstand),而不是真正的理性(Vernunft);这种关于知性和理性的区分明显受到康德和雅各比的影响,但是又与他们有着明显的不同。对于康德来说,知性和理性是主体所具有的两种不同的认识能力;而在雅各比那里,知性主要是指一种推理的、中介化的思维方式,理性是指非推论的、直接把握绝对的方式,但它们仍然是主体的心灵能力。黑格尔对二者的区分要更进一步,尽管后来在《哲学全书》的"主观精神"部分,黑格尔也讨论作为主观心灵的能力的知性和理性,但是对他来说,知性与理性概念更加重要的意义在于它们分别指示着两种不同的存在方式(Seinsweise)。在《差异》一书中,黑格尔不仅表明知性以一种反思或否定的方式导致了时代教化中的种种分裂,而且还通过考察知性与理性的关系指出了造成这种分裂的内在原因:

    知性在绝对的设置(absoluten Setzen)中模仿理性,并通过这一形

---

[1] Rolf-Peter Horstmann, "What is Hegel's legacy and what should we do with it?", *European Journal of Philosophy*, vol. 7: no. 2, 1999, p. 279.

第二章 批判主观理性

式使自己获得了理性的外貌(Schein der Vernunft),尽管被设置物(Gesetzten)自在地是以对立的方式设置的(Entgegengesetzte),因而是有限物。当知性将理性的否定(das vernünftige Negieren)转变并固定(fixiert)为一个产物(Produkt)时,它是以如此伟大的外貌做出这一点的。无限物,就其被设置为与有限物相对立而言,是这样一个从知性来设置的理性物:它只有通过对有限物的否定(Negieren des Endlichen),才能自为地表现为理性物。当知性将其固定的时候,知性就把它与有限物绝对地对立起来,而那已经将自身提升为理性的反思(Reflexion,它在这一提升中扬弃了有限物),又将自身贬低为知性,因为它把理性的行动固定在对立之中。此外,它现在还提出这样非分的要求,即使在这样的倒退中还自以为是理性的。(GW 4: 13)

我们有必要将这段文字与黑格尔在耶拿大学授课时的内容放在一起来考察。罗森克兰茨在他的《黑格尔传》里摘录了黑格尔在耶拿大学讲授"逻辑学与形而上学"(Logik und Metaphysik)课程时(1802年冬季学期)的一段重要文字,[1]主要讨论的就是知性与理性之间的联系和区别。这一课程实际上是黑格尔在《差异》一书中所表现出来的对后康德观念论中的逻辑学问题的兴趣的进一步发展。[2] 在其中,黑格尔指出,

---

[1] 这次"逻辑学与形而上学"(Logica et Metaphysica)课程的手稿片断"Dass die Philosophie..."后来收录在黑格尔档案馆编辑的《黑格尔全集》历史考证版第五卷(GW 5: 267-275)。黑格尔在这次讲座中提出了逻辑学和形而上学体系的一个最初的基本构想,关于这次讲座内容的详细分析,可以参考 Heinz Kimmerle, *Das Problem der Abgeschlossenheit des Denkens: Hegels „System der Philosophie" in den Jahren 1800-1804*, S. 48-66; Manfred Baum, *Die Entstehung der Hegelschen Dialektik*, S. 142 – 173; Klaus Düsing, *Das Problem der Subjektivität in Hegels Logik*, S. 78-85。
[2] Cf. H. S. Harris, "Hegel's Intellectual Development to 1807", *The Cambridge Companion to Hegel*, ed. Fredrick Beiser, p. 35.

准确地说,哲学作为关于真理的科学,它所真正关心的是无限的认识,或者关于绝对的认识。有限的认识或反思,与这种无限的认识或思辨相对立。但并不是说,它们彼此是对方绝对的对立面,有限的认识只是从绝对的同一性当中抽象出来的,这种绝对的同一性也就是理性认识中双方彼此联系,或被设置为彼此等同,——只是由于这种抽象它才成为有限的认识。因此,在理性认识或哲学中,有限认识的形式也是被设定的,但与此同时,它们的有限性由于它们彼此相互关联的方式而被扬弃了。——真正的逻辑所关心的是:显示有限物的形式,而不是简单地将它们以经验的方式聚集到一起,在一定程度上,这些形式是产生于理性的,但是却被知性从它那里窃走了,因而只能在它们的有限形式中出现。——因此,知性在创造同一性方面极力模仿(nachahmt)理性所做的那些努力必须得到详尽地解释,并表明知性的模仿只能产生形式的同一。为了认识知性的模仿特征(nachahmend),我们就必须一直将它所模仿的那个原型(Urbild)保持在我们眼前,这个原型正是理性自身的表现(Ausdruck)。——最终,我们必须通过理性来扬弃知性本身的形式,我们必须表明这些有限的认识形式对于理性来说有着怎样的意义和内容。因此,理性的认识方式(就其作为逻辑学的内容)就是理性的否定的认识。——我认为,由于逻辑学以这样的方式来处理有限的形式,它能够只从思辨的方面来作为哲学的导论,逻辑在其中完全认清了反思(Reflexion),并将它从思辨的道路中清除出去,它就无法在那里制造任何障碍了,同时,还将绝对者的形象(Bild des Absoluten)保持在一种再现(Wiederschein)中,并为我们所熟悉。[1]

---

[1] Karl Rosenkranz, *Georg Wilhelm Friedrich Hegels Leben*, S. 190ff.

按照一般的理解,区别知性与理性的标志在于,看它们如何对待统一性对全体或一对多的关系(Verhältnis von Einheit zu allem),看对立(Entgegensetzung)在它们那里分别以怎样的形式出现。① 知性的统一是撇开了一切对立和差异的产物,或者说只是通过与一切对立相对立来表现;主客体同一是以对立的设置为前提的,没有现成存在的对立,也就无法在与这些对立的设置的对立中抽离出统一性。所以,与知性相适合的概念是"反思"、"有限性"(Endlichkeit)和"分裂"(Trennung)。与此相反,真正的理性的统一本质上是在与对立的关系中产生的,任何统一性都是作为对立面的综合统一来理解的。理性将对立作为统一的内在方面来把握,所以,这种统一性不依赖外在于它的实存,实存本身就被当作理性的环节来把握。因此,理性的概念包含"思辨"(Spekulation)、"无限"(Unendlichen)和"绝对"(Absoluten)等含义。②

不过对黑格尔来说,反思的知性与思辨的理性之间并不是一种截然对立的关系。黑格尔不像雅各比(某种程度上也包括谢林和早期浪漫派)那样完全落入另外一个极端,即为了达到绝对的无差别而诉诸理智直观,排斥一切理性的范畴,相反,他是在康德和费希特的领地中跟他们作战,并且希望通过扬弃而不是简单地否定来克服主观观念论的问题。就像罗森克兰茨所指出的那样,黑格尔并未像人们常常误解他的那样否认同一律的真理性,但他反对停留在这种真理性上,因为通常的同一律和矛盾律,在其非辩证法的僵硬性上,扼杀了一切更深刻的认识。③ 在黑格尔看

---

① Cf. Rolf-Peter Horstmann, "Den Verstand zur Vernunft bringen? Hegels Auseinandersetzung mit Kant in der Differenz-Schrift", *Das Interesse des Denkens: Hegel aus heutiger Sicht*, hrsg. W. Welsch und K. Vieweg, S. 98.
② Cf. Rolf-Peter Horstmann, "Hegels Konzeption von Rationalität – die Verbannung des Verstandes aus Reich der Wahrheit", S. 131; Klaus Düsing, *Das Problem der Subjektivität in Hegels Logik*, S. 79.
③ Karl Rosenkranz, *Georg Wilhelm Friedrich Hegels Leben*, S. 156–157.

来,问题并不出在反思本身,而是出在反思的孤立化或固定化,因此他承认反思规定的相对有效性和不可避免性。[①] 我们知道,当年苏格拉底为了对抗智者,所使用的就是一种反思的方法。他要求他的对话者对自己习以为常的那些概念进行定义,而定义正是一种揭示具有普遍必然性的常道的反思活动。当我们做出"S 是 P"这样一个判断时,我们就开始了寻找理由的过程,给予一种合于理性的论证或说明(λόγον διδόναι)就是去证明一个谓词能够不矛盾地与作为主词的概念联结起来,当意见与概念的必然规定相矛盾时,意见的权威性就被否定了。苏格拉底用反思性的论理表明特殊的、个别的意见并不能代表真实的、自足的存在本身,相反,概念比现象更加真实,以自身为根据的概念是事物的形式(εἶδος/Form),它构成了事物得以是其所是的充足理由,这样就将意见排除出或扬弃在真理的领域,从而证明常道的实在性和绝对性。

康德和费希特其实跟他们的先辈一样,深深地感受到来自怀疑论和相对主义的威胁,他们那个时代的智者试图用主观的心理机制来消解理性法则的实在性和绝对性,而康德和费希特不得不再次拿起了概念的武器来捍卫常道,先验逻辑和知识学都是逻各斯哲学这个伟大传统的延续。康德指出,单单以主观的心理活动为根据所得出的并不是有效的知识或者具有权威性的行动规范,只有当它们能够以合于理性内在的必然性的方式联结起来的时候,这些建立在感觉经验基础上的日常信念才具有知识和规范的意义。无限的理性(范畴、定言命令)虽然不像感觉经验的对象那样看得见摸得着,但是它不仅不能还原成感觉经验,而且先于有限的认识和行为并构成了它们得以可能的条件,无限的理性在设置"存在"时否定一切差异和有条件者,将"存在"保持为纯粹概念的同一性($A = A$)。

[①] Cf. Georg Lukács, *The Young Hegel*, p. 279.

就像每个具体的、可感的茶杯都以先在的"茶杯"的概念为根据才是其所是,但茶杯之为茶杯却并不是由某个具体的茶杯决定的。同样地,尽管实体(οὐσία/substance)不能像一个物体一样得到感觉经验的验证,但是,离开了它的感觉经验就只能是没有任何统一性和确定性的杂多。所以,当特殊性要求成为具有普遍性的权威时,概念就必须通过否定这种特殊性来保持它的自主性和普遍必然性。就此而言,知性作为"存在与限制的能力"(das Vermörgen des Seyns und der Beschränkung, GW 4: 16)在其与绝对者的关系中是理性,因为它通过对现成存在的否定,把本质与现象、知识与意见区分开来,从而将"是"(Sein)而非"无"(Nicht)、将无限性而非有限性,提高为哲学的原则,就像黑格尔所说的那样,"无限性比有限性更接近绝对,因为无限性的内在特征就是否定或无差异"(GW 4: 413)。只有限制了经验性原则的僭越,理性才有可能在它的自我生产中达到绝对。

对于真正的哲学来说,"反思"无论如何都是一项重要的原则,如果没有反思对特殊意见和流变现象的否定,将实然与应然、本体与现象区分开来,我们就不可能从根本上回应怀疑主义和相对主义的挑战,捍卫不朽的价值和普遍的常道。所以,哲学就其具有反思的形式来说,必然首先是一种二元论(dualism),二元论者永远比只知道尊重常识的人更加接近真理。在这里,反思作为理性,与绝对和无限有关。然而,普遍与特殊、同一与差异之间的对立一旦固化,反思就将失去它的积极意义,变成一种孤立的反思,这种反思通过对有限物的否定和对立物的设置来达到无限,其前提却是对有限物的承认,因而所达到的只能是一种受制于有限性的"主观的无限性"(subjektive Unendlichkeit, GW 4: 16-18)。就像黑格尔所说的那样,"如果哲学的原则表达在为了反思而作的形式的命题之中,那么首先作为这个任务的对象而存在的只是知识,一般说来,是主体与客体的综合,或是绝对思维(das absolute Denken)。但反思不能以一个命题来表达绝对的综合,即使这个命题作为真正的定理应该适用于知性。反思必然使在绝对同一性中是一的东西被分离,合题与反题分离为两个命题,在一个命题中表达同一性,在另一个命题中表达分裂(Entzweiung)"(GW 4:24)。

知性所奉行的那种"非此即彼"(das Entweder, Oder; GW 4:399)的原则取消了理性。因为按照知性的论理方式,既然绝对者是一且同一的,"是"就不能"不是",那么,同一性就是排除了形式与内容的不一致性之后所剩下的那个独立自存的孤立反思的终点,即一个自我设定的、肯定的纯粹"我思",本质与现象、普遍与特殊、主体与客体就从区别变成了完全的对立。知性把反思或理性的否定(vernünftige Negiren)这样一种使事物超越经验性杂多、获得概念规定的生产性活动转变为一个产物并加以固定,进而把充足理由律弄成了一种因果命题:A 有一个理由,这是说一个存在适合于 A,它不是 A 的存在(GW 4:25)。换句话说,某物"存在"乃是由于在理性主体的思维中有一个无矛盾的概念与它相适合,但是这个适合于它的存在并不是它的实存,现实性比可能性更多一些;由此就出现了与第一个命题"自我等于自我"并列的第二个命题,即"非我不等于自我"。当实存作为异己的存在依然处在理性的规范性结构之外时,理性就还不是绝对。因此,为了达到主体与客体的绝对同一,知性思维只能通过取消客体中与主体不一致的因素,来综合主体与客体。结果,无限性作为自我与非我、正题与反题的综合就变成了:$0 = +1 - 1$(GW 4:401)。"在绝对的同一性中,主体和客体被相互联系起来,因此被取消了。在这种情况下,对反思和知识来说,什么也没有留下。"(GW 4:63)虽然从形式上看,反思哲学通过概念的演绎也能达到思维与存在、主体与客体的同一,但这种同一性是以取消客体自身的规定为代价的,它所塑造的不是绝对者,而是绝对的虚无。所以黑格尔说:"如果把知性当作理性来对待,那就会与此相反,把理性当作知性来对待。"(GW 4:6)知性从理性那里窃取了形式,在绝对者即存在(Sein)的设置方面极力模仿理性,结果,人们就把事物获得规定的过程割裂为一个孤立的知性的规定。这个孤立的规定始终保留着主体与客体、思维与存在、可能性与现实性的对立,理性就必然要受制于它所排斥的东西而不可能是真正的自律。

在对主体性反思哲学和知性的片面性进行批判时,黑格尔其实一直将皮浪(Pyrrho of Elis)和恩培里柯(Sextus Empiricus)这些著名的古代怀疑论者关于哲学独断论的批评作为自己的重要参照。在耶拿时期的另一篇重要论文《论怀疑主义与哲学的关系》(Verhältniß des Skepticismus zur Philosophie, 1802)中,黑格尔从恩培里柯那里援引的 17 个论式(τρόπος)中探索了皮浪的旧怀疑论到晚期怀疑论的发展过程:头 10 个由埃奈西德穆(Ainesidemos)提出的论式主要是针对感官知觉的可靠性,随后的 5 个由阿格里帕(Agrippa)提出的论式则是针对独断思维、知性思维的可靠性,因而也就是针对哲学上的独断论的。① 针对独断论而言,怀疑一般起于以下 5 种情况:(1)人类意见和见解之间的歧义或不一致(Verschiedenheit);(2)理由可以无限逆推(aufs Unendliche treibt),无穷无尽地寻找根据;(3)一切都在与他物的关系之中(Verhältnisse);(4)为了不陷入无穷倒推预设的未证明的前提(Voraussetzungen);(5)相互性(gegenseitige)或循环论证,把要证明的东西当作论据(GW 4:218)。借助古代怀疑论的眼光,黑格尔发现,主体性反思哲学正是由于存在着这五个漏洞而最终走向了独断论。首先,知性的统一设定了某种绝对的有限物或者纯粹客体与

---

① 库诺·菲舍尔:《青年黑格尔的哲学思想》,第 109 页。关于这些论式的介绍,还可以参考汪子嵩、陈村富、包利民、章雪富:《希腊哲学史》(第四卷下),人民出版社 2014 年版,第 765—789 页。

纯粹主体相对立,知性所把握的绝对者就必然会与它所排除的客体处于一种关系之中,并且只有通过这种关系和在这种关系之中才能存在,所以根据上面提到的第三条(关系),知性的统一就不是绝对的;如果客体的存在必须以主体的自发性为根据,而与此同时,主观规定的有效性又必须以客体是合乎理性规定的存在为根据,这就落入了第五条(循环论证);如果知性要摆脱这种循环论证,就必须独断地设定一方为无须证明的、在自身内有根据的前提,而基于同样的理由,我们也可以预设相反的另一方来充当这个前提,就像费希特和雅各比都将主客体的绝对同一作为理智直观直接设定一样,一旦这个成问题的程序被承认,那么就与第四条(预设前提)相吻合了;可如果不设定这个未经证明的前提,那么反思所找到的某个根据,马上就会成为无根据的,进而要求在他物中进一步寻找其他的根据,知性就会陷入不断寻找根据的无限反思中,于是就符合了第二条(无穷倒推);最后,由于反思哲学所达到的统一是以排斥差异和多样性为前提的形式统一,因此,它必然在内容上受制于特殊的、偶然的有限事物,在形式的统一下造成更大的分裂和差异,那么第一条(不一致或区别)就在主观理性的独断论中出现了(GW 4: 219-220)。所以,不论采取何种形式,主观观念论都不可能在主观理性的框架内彻底克服怀疑论的威胁,更不可能通过知性的反思来把握绝对,因为在这种孤立的反思和对立的设置中,主观观念论哲学已经为自身埋下了怀疑论的种子。

二、 理性的二律背反

黑格尔所面对的是一个格外艰巨的任务,他无法回头,他必须勇往直前。在黑格尔自己的心目当中,并没有一个"要康德,还是要黑格尔?"的问题,对他而言,他与康德的关系,就像理性与知性的关系一样,二者并非相互平行,而是有层次之别:当知性反思作为一种理性的否定指向绝对与无限时,它向我们揭示了,在这个纷繁复杂的现象世界背后,存在并且始终存在着无法被特殊的感觉经验所消解的永恒的真理和普遍的原则;理性并不是要取消知性反思为捍卫常道所做的努力,而是要扬弃知性所固化的种种对立,避免以理性之名行非理性之实。用黑格尔的话来说就是:"哲学作为由反思产生的知识的总体,将是一个体系、一个概念的有机整体,其最高的法则不是知性,而是理性。知性必须正确指出作为其设置物的各种对立,以及它的界限、根据和条件,但理性却统一了这些矛盾,同时设置两者并扬弃两者。"(GW 4: 23)对他而言,我们只能沿着观念论的先驱者们业已开辟的道路向前走,扬弃知性所设置的对立绝不意味着退回到一种经验主义的立场,这种经验主义立场虽然不再有本质与现象、应然与实然的对立,但它的代价却是用多消解了一、以变消解了常,从而不再承认这个世界上存在着一些超越于我们的感觉与情感之上,让我们不得不如此存在的绝对的和普遍必然的东西。

为了真正把握绝对,从根本上避免陷入怀疑论和相对主义的泥潭,就必须以新的哲学原则为基础,重新阐释同一与差异、普遍与特殊的关系,黑格尔将这种"绝对原理形式之中的哲学原则"称为"思辨"或者"二律背反"。在《差异》一书中,"思辨"(Spekulation)被黑格尔赋予了一种与当时流行的用法完全不同的、新的意义。对康德而言,思辨理性是一种超出了经验限制去进行认识的理论理性,因而它不可能获得真正的知识;而费希特则将思辨理解为一种纯粹的理论,在其中,生命与它的实践之间存在着对立。[1] 甚至对谢林来说,在 1801 年之前,他都是在一种抽象的、分裂的知性的意义上来理解思辨的。但是,当他与黑格尔在耶拿重逢之后,谢林

---

[1] Cf. Klaus Düsing, *Das Problem der Subjektivität in Hegels Logik*, S. 80-81.

明显受到黑格尔区分"思辨"与"反思"的影响,开始将思辨理解为关于绝对的理性认识,同时它也意味着关于普遍与特殊、无限与有限的关系的一种全新的思考。对黑格尔和谢林来说,思辨的这一新的涵义是与对哲学的新的规定联系在一起的:在德国观念论中,哲学被第一次当作关于绝对和神的一种科学的、理性的认识,即当作绝对形而上学(absolute Metaphysik)来构想。①

这种形而上学的认识方式和方法,也是通过知性反思与理性思辨之间的特殊关系来得到规定的。按照黑格尔的说法:

> 如果绝对在一个通过思维并为了思维而有效的原理中得到表达(这个原理的形式和质料是相同的),那么,要么是单纯的等同(die bloße Gleichheit)被设置,形式与内容的非等同(Ungleichheit)被排除,而原理却受到这个非等同的制约,在这种情况下,原理不是绝对的,而是有缺陷的,它表达的只是一个知性概念,一种抽象。要么是形式和质料作为非等同,同时被包含在这个原理之中,命题同时是分析的和综合的:在这种情况下,原理是一个二律背反,因此它不是知性法则下的命题,即不在自身内与自身相矛盾,不扬弃自身,却又是一个法则;而是作为二律背反扬弃它自身。(GW 4: 23-24)

二律背反(Antinomie)是一个古老的哲学概念。就其由ἀντί和νόμος两个词组成来看,它字面的意思就是指"法则的背反"。作为逻辑矛盾的一种特殊形式,它表现为两个矛盾的陈述同样具有充足的根据,或者说都能

---

① Cf. Klaus Düsing, "Spekulation und Reflexion. Zur Zusammenarbeit Schellings und Hegels in Jena", *Hegel-Studien*, 5 (1969), S. 95-128.

够得到有效的证明。所以,二律背反又可译为"对立面等效""矛盾双方同等可证"。实际上,当古希腊的智者宣称可以为任何观点(包括相互矛盾的命题)做辩护时,就已经提出了二律背反的最早形式;而在古希腊的怀疑派那里,二律背反得到了更为系统的阐发。① 当康德在第一批判的"先验辩证论"(Transzendentalen Dialektik)部分用"法则的对立冲突"(Widerstreit der Gesetze)来描述二律背反时(KGS 3: 282; KrV B: 434),他的确继承了西方哲学传统对这个概念的用法。康德也是在消极的意义上来使用二律背反这个概念的。在他那里,二律背反主要是指理性必然会超出直观表象的界限而将范畴用于规定物自体时所产生的两个相互矛盾却又同时有效的判断,康德将其归结为理性的一种误用,而这种误用所产生的结果只是一种应该规避的"先验幻相"(transzendentaler Schein)。② 因此,康德的先验观念论希望通过对理性主体的认识能力的考察,在显象(Erscheinung)与物自体(Ding an sich)之间做出区分,通过将认识限制在显象的领域来消除理性的二律背反。③ 可是,黑格尔却给予这个概念以某种更为根本性的、积极的意义,在他看来,二律背反既不是人主观做出的两个相互矛盾的判断,也不是知性范畴在规定诸如上帝、灵魂、自由或者世界这样的无条件者时才会出现的情况。相反,二律背反本身是不能消除的,它既是有限反思的必然结果,也是一切事物在获得自身的本质规定时都必然要遭遇的命运;这是事情本身的存在方式,也是突破知性的分裂和虚假的统一性、真正证成理性自身的绝对性的方式。

从法兰克福时期到耶拿时期,黑格尔都将康德的道德哲学及其以实

---

① 汪子嵩、陈村富、包利民、章雪富:《希腊哲学史》(第四卷下),第763—764页。
② Cf. Walther C. Zimmerli, *Die Frage nach der Philosophie: Interpretationen zu Hegels "Differenzschrift"*, S. 124-129.
③ Cf. Klaus Düsing, *Das Problem der Subjektivität in Hegels Logik*, S. 61.

践理性为基础的理性的统一视为知性反思的一个典型。从康德与法国哲学家贡斯当（Benjamin Constant）关于说谎的权利的讨论，我们就可以看出黑格尔以理性思辨的二律背反来取代知性反思的意义何在。在《论出于人类之爱而说谎的所谓权利》(*Über ein vermeintes Recht aus Menschenliebe zu lügen*, 1797，KGS 8: 425ff) 一文中，康德试图通过驳斥贡斯当关于在某种紧急情况下人具有说谎的权利（Notlüge）这一观点，来捍卫他以定言命令为特征的道德哲学。在康德看来，既然"应当诚实"或者"不能说谎"是一条普遍的道德法则，那么，无论在何种情况下、出于何种理由，人都没有权利说谎。换言之，无论如何，说谎都是不正当的。A = A 是康德式道德法则的首要特征，如果我们承认在某些情况下人有权利说谎，也就等于承认 A 等于 -A 或 A = B 与 A = A 这两个相互对立的命题同时有效，这种实践中的二律背反恰恰是道德幻相的一种表现，是在道德的本质规定中必须排除的（KGS 5: 113-119）。对康德来说，道德的普遍性和绝对性，要求在道德法则的形式性的自我同一中排除形式（理性）与内容（现实）之间的不一致。所以在对贡斯当的回应中，康德才会以一种完全不近人情的方式证明，即便那个凶犯问我们，我们那个被他追杀的朋友是否躲在我们家中时，也绝不能说谎，因为在任何情况下都能做到诚实而不说谎才是真正的道德。不可否认，康德对道德的普遍性与绝对性的捍卫是了不起的，但他在反驳贡斯当时所提出的近乎荒唐的理由和对现实的漠视则让人不得不注意到这种知性反思的道德哲学的巨大局限。就像贡斯当所说的那样："说真话是一种义务，但如果人们无条件地并且处处采纳这个道德原理，它就会使任何社会成为不可能。"（KGS 8: 425）康德希望通过这种强制性的道德法则来证明理性的绝对性和世界的合乎理性的统一性。可是，正如黑格尔指出的那样，在康德的先验哲学中，"A = A 和 A = B 两者仍然是无条件的。应当只有 A = A 有效，但这意味着它们的同一没有表现为它们真正的综合(Synthese),真正的综合不是纯然的应当(Sollen)"(GW 4: 33)。任何对道德的本质及其复杂性有充分认识的哲学家都应该意识到,贡斯当所提出的这个例子是我们超越这种抽象的、虚假的形式同一(formale Identität),重新思考道德合理性的一个契机。

正是着眼于知性反思的统一性的悖谬,黑格尔才会说:"如果人们仅仅对思辨的形式上的东西加以反思,并坚持以分析的形式对知识作综合,那么二律背反,即自己扬弃自己的矛盾,就是知识与真理的最高的形式上的表达。"(GW 4: 26)在康德和贡斯当的例子中,坚持讲真话所导致的那种荒谬的和不合理的后果,使得在这一情况下的说谎(即 A 等于−A 或 A=B)具有了正当性。而在黑格尔看来,紧急情况下说谎的权利并不意味着对不可说谎这一道德法则的破坏,此时表现为特殊和差异的 A 等于−A 或 A=B 并不是一个与 A=A 这个普遍的法则完全对立的命题,相反,A=A 通过其自身的反命题,以一种"否定"①或者矛盾的方式,将形式与质料的非等同包含在道德法则的同一性之内,从而在理性自身之内扬弃了理性与现实的矛盾。两个彼此矛盾的命题必须相互联系起来,才能达到绝对的同一(absolute Identität),②使道德法则(A=A)的合理性得到真正的实现。这意味着一种比知性反思的同一性更高的同一性的观念:"A=A 包含作为主体的 A 与作为客体的 A 的差别,同时带着同一性,正如 A=B 包含 A 与 B 的同一性,同时带着两者的差别"(GW 4: 26),即(A=A)=

---

① "否定"(Negation)在黑格尔这里不仅仅是一个逻辑学的观念,更包含着存在论的意义。在法兰克福时期,黑格尔就从斯宾诺莎的命题"一切规定皆是否定"(omnis determinatio est negatio)中看到了,有限的规定必然包含着自身的否定。Cf. Klaus Düsing, *Das Problem der Subjektivität in Hegels Logik*, S. 93.
② Cf. Klaus Düsing, *Das Problem der Subjektivität in Hegels Logik*, S. 95-97.

(A=B),这就是黑格尔意义上的"二律背反"或者"思辨"。① 理性的二律背反并没有使黑格尔彻底放弃知性反思,退回到一种前思维的或非理性的直观上去,他通过揭示有限的知性规定必然会招致与自身相反对的命题的限制,将矛盾转化为绝对者自我认识和自我实现的环节,从而扬弃了为知性所固化的规定,使知性重新成为理性。②

这种"自己扬弃自己的矛盾"的积极的二律背反,曾是苏格拉底对抗智者的相对主义的利器,也正是苏格拉底反诘法(ἔλεγχος)和"精神助产术"的实质。③ 亚里士多德曾对苏格拉底做出过这样的评价:"有两件事情可以公正地归之于苏格拉底——归纳论证和普遍定义,这两者都是关于科学的出发点的。但是,苏格拉底并没有把普遍当作分离的,也没有把定义看作那样的。"④普遍定义和归纳论证就像分析与综合一样,通常被认为是两种对立的方法:定义要求达到超越一切经验或然性的普遍必然的分析性真理,而归纳则依赖于经验,只能达到综合性的或然的知识。可是,在苏格拉底的对话中,这两种对立的方法却是紧密结合在一起的。当苏格拉底要求他的对话者对概念本身下一个定义的时候,对话者通常会以一个有限的规定来作为概念本身的定义,而苏格拉底则通过揭示这个有限规定与对话者自己实际理解的概念本身之间必然存在的矛盾,引导对话者进一步完善他的定义。在这个过程中,真正起主导作用的既不是苏格拉底,也不是他的对话者,而是概念自身,是事情本身的逻各斯。在这个由精神助产术所引导的下定义的过程中,普遍的概念并不是超越于

---

① Cf. Walther C. Zimmerli, *Die Frage nach der Philosophie: Interpretationen zu Hegels "Differenzschrift"*, S. 129-134.
② Walther C. Zimmerli, *Die Frage nach der Philosophie: Interpretationen zu Hegels "Differenzschrift"*, S. 75-77.
③ Cf. Manfred Baum, *Die Entstehung der Hegelschen Dialektik*, S. 212.
④ 亚里士多德:《形而上学》,李真译,上海人民出版社 2005 年版,第 399 页。

经验之外、与特殊的意见相对立的形式同一,相反,作为主词的概念借助对话者的定义将自身不断地表现为与自身相矛盾的谓词,又在苏格拉底的反诘(否定)中将这个现实的、差异化的内容转化为与自身的无矛盾的自我同一相同一的必然环节。① 对苏格拉底而言,对话者基于自身有限性所做的定义并不是错误的,"神所喜爱的"当然是虔敬,"有借有还"当然是正义,但是它们只有在概念自身的这种关系性和过程性整体中才能获得其合理性和现实性。这也就是黑格尔所说的,"绝对必须在显象中自己设置自己,即显象不是被消灭,而是建造起同一性"(GW 4: 32),而在通向绝对同一的二律背反中,"命题同时是分析的和综合的"。

　　黑格尔正是通过思辨理性的二律背反这一承接自古代辩证法的原则,回答了康德所提出的"先天综合判断如何可能?"的问题。"先天综合判断"(synthetische Urteil a priori)是康德先验哲学的一个伟大构想,因为对传统的学院形而上学来说,以天赋观念为基础的分析判断固然保证了事物存在的必然性,但是这个开放的无限宇宙和各种新的经验已经突破了天赋观念的体系,使得固守分析判断的传统形而上学成为缺乏事实证据的独断论。而康德提出"先天综合判断"的问题,则是要在这个以综合判断(经验归纳)为标志的经验主义时代,证明在这个似乎只具有或然性的无限宇宙中,万事万物的存在依然有其合乎理性的必然性。在这个意义上,"先天综合判断"所关涉的不仅仅是一个认识论问题,它首先应该作

---

① 柏拉图在《智者篇》(Sophistes)中谈到智者的定义时,隐蔽地道出了作为辩证法家的哲学家的重要意义:"当某人认为自己正在说着某些东西,而实际上什么也没说的时候,他们对他的言语进行反诘。因为他的意见始终变化不定,那些人就能够轻易地对他进行彻底的考察。他们在对谈的过程当中将他的各种不一致的意见收集到一起,将它们并列排开,并且证明它们在同样的时间、在与同样的事物相关的同样的主题上而且在同样的方面彼此相互矛盾。那被检验的人看到这些之后,会对自己感到愤怒,并且变得对他人更加平和。"(*Sph.* 230b-c) Plato: Sophist, *Plato Complete Works*, ed. John M. Cooper, pp. 250-251.

为一个存在论概念来理解。① 可是,康德的先验演绎仍然建立在主体与客体、概念与直观的非同一之上:"统觉的源初的综合统一"(ursprünglich-synthetischen Einheit der Apperzeption)是以先验的"我思"表象作为预设,因而对杂多表象的综合统一只能在主体自身之内进行,这也就避免了知性范畴因触及物自体而陷入矛盾。基于对确定性的渴望,康德必然要将这种先天综合限制在显象的领域,对事物本身存而不论,但这就不可能从根本上克服时代的怀疑主义和相对主义。而且在康德的"先天综合判断"中,代表着特殊性的谓词被置于普遍形式的统治之下,这种普遍性只是对思维的主体而言有效,主体与客体、思维与存在不可能得到真正的统一。而黑格尔式的二律背反则以一种超越知性对立的方式来完成康德所追求的最后的"综合":在二律背反中,"主词是特殊的并且表现在存在的形式中,而谓词是普遍的并且表现在思维的形式中,这些不同的因素同时是先天的即绝对的同一"(GW 4: 327)。这种综合不是像康德和费希特那样通过抽空客体的特殊规定,将客体置于主体、殊相置于共相的统治之下来完成的;相反,所有真的、肯定的、综合的判断,都表达了主词和谓词之间的一种同一。在理性自身的二律背反中,本质与现象、普遍与特殊、作为主体的自我与作为客体的自我之间是一种相互承认(das gegenseitige Anerkennen)的同一关系而非一方统治另一方的因果关系(GW 4: 118):现象作为矛盾和非同一并不是与本质相对立的,相反,矛盾构成了同一之为同一、"是"之为"是"的必要环节;同样,本质也不是与现象相对立的,而是现象自身固有的合理性展现为一个更高的层次,由此,理性得以把绝对者的形象作为原型保持在它的再现中。

在这个意义上,以二律背反的形式设置起来的矛盾就是达到概念与

---

① Cf. Klaus Düsing, *Das Problem der Subjektivität in Hegels Logik*, S. 110-112.

直观的综合统一的方式,每个具有真实规定的概念都是处在矛盾中的,但有矛盾并不就意味着二律背反,要注意将黑格尔所说的二律背反与人为做出的自相矛盾的判断区别开来。① 二律背反作为一种把握绝对者的方法,并不是我们主观的思维模式或技术操作的程序,否则黑格尔又会变成他所反对的反思哲学。对于黑格尔来说,不是方法规定了研究对象,而是方法随着问题而来,二律背反就是事情本身的存在方式,是作为无条件者的理性展开自身的道路。对于传统理性主义者来说,二律背反是破坏性和毁灭性的,因为矛盾会使认识缺乏确定性,从而导致真理的丧失;可黑格尔却让我们看到,恰恰是理性在认识绝对时必然出现的矛盾,构成了真理得以可能的条件。"在这种绝对的矛盾中,只有理性才发现真理,这种绝对的矛盾设置了二者又消灭了二者,二者既不存在又同时存在"(GW 4:77),只有破除了将无矛盾的确定性等同于真理的观点,真理才会向我们显现出来,所以黑格尔才会在他1801年撰写的《授课资格论文提纲》(*Habilitationstheses*, 1801)的第一个命题中就提出如此惊世骇俗的主张:"矛盾是真理的规则,而无矛盾是谬误的规则。"(contradictio est regula veri, non contradictio, falsi. GW 5:227)传统形式逻辑的同一律和矛盾律不得不在哲学中被扬弃,以便去支持这样一种思辨的同一性,这种思维方式和存在方式向我们呈现了根据某个单一命题或一组命题无法被我们所把握的绝对者:"绝对者本身是同一性和非同一性的同一(die Identität der Identität und der Nichtidentität),对立和同一同时都在绝对者之中。"(GW 4:64)也就是说,理性或存在本身就是绝对和无限,乃是因为 A=A 同时是 A=A 与 A=B(或 A 等于非 A)这两个相互矛盾的命题的同一;它不通过

---

① Cf. Rolf-Peter Horstmann, "Den Verstand zur Vernunft bringen? Hegels Auseinandersetzung mit Kant in der Differenz-Schrift", *Das Interesse des Denkens, Hegel aus heutiger Sicht*, hrsg. W. Welsch und K. Vieweg, S. 101.

设置任何对立面,即与有限物相对立来保持自身,而是将有限和差异作为自我同一的环节包含在自身之内,所以在无限性中,对立面都消失了;真正的无限和最高的统一不再有一个对立面与之相对,也不再受到任何对立面的制约(GW 4: 358-359)。①

因此,在费希特那里作为正题(Thesis)出现的"自我等于自我"一开始就已经是合题(Synthesis)了。这个合题不是抽掉了形式与内容的不一致之后剩下的抽象的同一性,相反,这种不一致始终是作为绝对者本身的存在方式而具有合乎理性的必然性的,三个命题实际上只是一个命题,或者像黑格尔在"1800年体系残篇"中所说的那样,作为绝对的无限生命是"合题与反题的结合"(Werke 1: 422)。黑格尔后来常常用圣父、圣子、圣灵三位一体的学说来比喻理性的这种内在的"自身关系"(Selbstbeziehung)。在费希特那里,正题、反题、合题被表现为一种线性的发展,而黑格尔则将其改造为一个概念的有机整体,三个命题被表现为有机体自我生长的有差异的同一。对于绝对者而言,A = A 和 A = B 这两个相互矛盾的命题具有同样的真实性,二者的综合不是使第二个命题从属于第一个命题,相反,它们本身就是同一个命题的两种不同表达。相互矛盾的两个命题被把握为首先联系在一起的源初的关系性实事(Sachverhalt),这就是黑格尔所说的二律背反。② 因此黑格尔指出,"三段论推理是观念论的原则"(GW 5: 227)。真正的理性认识不是通过系词将谓词(特殊性)置于预先设定的主词(普遍性)之下的判断(Urteil),而是三段论式的推理(Syllogismus)。因为在这个三段论式的推理中,主体与客体、普遍与特殊的源

---

① Cf. Heinz Kimmerle, *Das Problem der Abgeschlossenheit des Denken*, S. 103-104.
② Cf. Rolf-Peter Horstmann, "Den Verstand zur Vernunft bringen? Hegels Auseinandersetzung mit Kant in der Differenz-Schrift", *Das Interesse des Denkens, Hegel aus heutiger Sicht*, hrsg. W. Welsch und K. Vieweg, S. 100-101.

第二章 批判主观理性

初统一作为一般性原则构成了推理的大前提,同时还包含着一个附属于大前提的特殊化陈述(小前提),以及由此引申出的特殊化陈述符合一般性原则的结论。在这个推理中,特殊的陈述与普遍的原则之间不是一种对立的、普遍对特殊的统治关系,而是一种实体性的关系,即特殊陈述作为源初同一的普遍原则的自我特殊化,是普遍原则的实现,也构成了普遍原则自身差异化的同一。① 它的意义就在于指明,作为共相的实体本身是关系性的,这种内在的张力撑开了一个理由空间(space of reasons)②:有差别的殊相是理性的自我展现和自我完成的必要环节,因而能够就其自身的合理性来把握,而不是由主体外在地赋予其形式。黑格尔早年通过"生命"和"爱"(即在他者中发现自身)的情感所表达出来的关于事情本身之存在方式的洞见,现在以哲学的和概念的形式得到了进一步阐明。③ 在黑格尔那里,爱与生命、二律背反与理性以及绝对、存在或主客体同一等概念其实表达的都是同一个意思。

"非此即彼"的知性反思导致理性的主观化和理性的客观内容被取消,而二律背反这一思辨的原理则使得理性能够在自身的差异化和对差异的扬弃中保持自身的同一性。理性并不是完全与知性的限制相对立的,因为如果没有反思和对现成存在的否定,没有思维与存在、主体与客体的分裂,理性就会一直停留在有限的存在中,无法上升到无限的领域,就像康德说的,直观无概念则盲。因此,"必然的分裂是生命的一个因素,生命永远对立地构成自身,而且总体在最高的生动性之中,只有通过出自最高分裂,重建才是可能的"(GW 4: 13-14)。但理性不满足于知性的分裂和主体独断的设定,因为概念无直观则空,在分裂中,

---

① Cf. Manfred Baum, *Die Entstehung der Hegelschen Dialektik*, S. 128-129.
② Cf. John McDowell, *Mind and World*, pp. 78-84.
③ Cf. Manfred Baum, *Die Entstehung der Hegelschen Dialektik*, S. 103.

纯粹概念是空洞的同一。所以,思辨的理性恰恰是在知性止步的地方开始,要在既成的分裂的情况下,将本质与现象、主体与客体、物质与精神这些已经变得坚固的对立加以扬弃,"把理智的和现实的世界的既成存在(Gewordenseyn)作为生成(Werden)来把握,把世界的存在当作生产来把握。在生成与生产的无穷活动中,理性把已分离的东西联系起来,把绝对的分裂降为由最初的同一性所制约的相对的分裂"(GW 4: 14)。如果没有存在论的动力学化(Dynamisierung der Ontologie),就不可能得到充分的关于现实性的理论,①而这一转化的动力之源正是理性自身的二律背反。

可以说,二律背反是黑格尔耶拿早期思辨哲学的基本原理,也是理解其早期实践哲学的关键所在:就像一块磁石有正反两极一样,同一与差异彼此对立又共同构成一个统一的整体,这个包含着差异的同一本身是真正的、最高的统一。"当二律背反被认作真理的形式上的表达时,理性在二律背反中便把反思的形式的本质置于自身之下。"(GW 4: 26)实际上,黑格尔并不仅仅将二律背反的观念与康德的先验辩证论和费希特关于"非我"的设定联系起来,而是更加注重它与古代怀疑论之间的内在关联。② 正如他在《论怀疑主义与哲学的关系》一文中指出的那样,像皮浪、恩培里柯这样一些古代怀疑论者与现代的怀疑论者不同,这种怀疑论反对的不是哲学,而是反对那些将既成的、有限的东西当作确定不移的永恒之物的常识;他们并不因为怀疑而否认存在着客观的、普遍必然的永恒之物,相反,怀疑本身恰恰是要揭示那些独断的判断的虚妄和让事情本身成

---

① Cf. Rolf-Peter Horstmann, "Hegels Konzeption von Rationalität – die Verbannung des Verstandes aus Reich der Wahrheit", *Die Grenzen der Vernunft*, S. 137.
② 杜辛:《黑格尔与哲学史——古代、近代的本体论与辩证法》,王树人译,社会科学文献出版社 1992 年版,第 62、65 页;Ludwig Siep, *Der Weg der Phänomenologie des Geistes*, S. 36。

为主导。① 因此,悬置判断(ἐποχή)和"虚一而静"(ἀταραξία)就不仅仅是一种认识理论,而且具有重要的伦理意义(GW 4: 215-216)。古代怀疑论提出了一个强有力的原则:"每个论证在另一面都有一个同等有效的论证与其相对。"(παντί λόγωι λόγος ἴσος ἀντίκειται., GW 4: 208)矛盾律(Satz des Widerspruchs)远远不足以表达理性的真理,相反,每个理性的命题都必须在它的概念中包含它的反面,承认矛盾律的形式性就是要认识它的谬误性。所以,古代的怀疑论者并不像主体性反思哲学那样将怀疑论同独断的哲学体系割裂开来和单纯地对立起来,而是把怀疑论包括在独断体系本身之中,作为它们的否定方面。因为真正的哲学就在于,它能够将怀疑作为真理揭示自身的一种积极力量来对待;每个真正的哲学体系都蕴含着怀疑的特点。②

古代怀疑论与独断论之间的这样一种关系,恰好体现了黑格尔区分理性与知性的意义所在,如同柏拉图在《巴门尼德篇》(*Parmenides*)中所表明的那样③:他一方面通过反思和知性概念囊括了知识的整个领域,但又同时摧毁了它;这种柏拉图式的怀疑论并不仅仅是怀疑那些知性真理的可靠性,而是意在彻底否定这种认识的全部真理性;这种怀疑论并不构成一个体系中的特殊之物,相反,它自身就是关于绝对者的认识中的否定的一面(negative Seite der Erkenntniß des Absoluten),并且直接设定了理性作为其肯定的一面(GW 4: 207)。所以黑格尔说,如果不能理解怀疑论与哲学的真正关系,如果没有认识到怀疑论本身就其最内在的本质而言是

---

① 根据罗森克兰茨的说法,黑格尔在法兰克福时期就对柏拉图和恩培里柯等人的思想做过不少研究。参见 Karl Rosenkranz, *Georg Wilhelm Friedrich Hegels Leben*, S. 100。
② 菲舍尔:《青年黑格尔的哲学思想》,第 108 页。
③ Cf. Christoph Asmuth, *Interpretation-Transformation: das Platonbild bei Fichte, Schelling, Hegel, Schleiermacher und Schopenhauer und das Legitimationsproblem der Philosophiegeschichte* (Göttingen: Vandenhoeck & Ruprecht, 2006), S. 174-176.

与每一个真正的哲学体系同一的,那么怀疑论和哲学本身都会走向死胡同;而真正的哲学既不是怀疑论也不是独断论,因此同时是两者(GW 4:206)。[1]

黑格尔对理性的二律背反的重申,包含着与柏拉图的辩证法同样的苦心。就整体的哲学精神和问题意识而言,黑格尔的思辨哲学的确能够合法地被看作柏拉图辩证法的延续。[2] 正如黑格尔所言,柏拉图的辩证法主要向着两方面作斗争:一方面是反对通常意义上的怀疑主义和相对主义,即像智者那样用多样性和特殊性来消解普遍性。另一方面则是指向那些视存在为一的普遍主义者。在柏拉图看来,智者派对绝对和真理的消解是容易回应的,他的老师苏格拉底已经对智者做出了决定性的反击,而真正困难的是如何看待巴门尼德的论断,即只承认常而不承认有变,或者通过拒斥变来保持常道。因为柏拉图发现,倘若一与多、常与变、理念与现象的关系,就像巴门尼德所说的"存在"(τὸ ὄν)与"非存在"(τὸ μὴ ὄν)的关系那样,"唯有'存在'存在,而'非存在'完全不存在",那么这个命题很容易滑向它所反对的智者派的立场。如果理念与现象是完全分离的,那么对我们所生活的这个现象世界而言,那些最真实、最完美的理念其实是没有任何影响、发挥不了任何作用的,现象世界仍旧奉行现象世界的那套规则,两者不可能有任何交集。理念世界的规则可能是最美最善的,但却是不切实际的,而被理念所抛弃的这个现象世界只能以人为万物的尺度,只承认有变,不承认有常。在《巴门尼德篇》中,柏拉图借巴门尼德之口说出了分离问题的后果:"如若这个最精确的统治和这个最

---

[1] Cf. Klaus Düsing, *Das Problem der Subjektivität in Hegels Logik*, S. 100-101.
[2] Cf. Hans-Georg Gadamer, "Hegel und die antike Dialektik", *Neuere Philosophie*, Gesammelte Werke, Bd. 3 (Tübingen: Mohr Siebeck, 1987), S. 18-20; Klaus Düsing, "Ontologie und Dialektik bei Plato und Hegel", *Hegel-Studien*, 15 (1980), S. 139; Vittorio Hösle, *Wahrheit und Geschichte* (Stuttgart: Bad Cannstatt, 1984), S. 529 ff.

精确的知识属于神,那么神的统治就永远不可能统治我们,他们的知识也永远不可能认识我们或者属于我们世界里的任何事物。不行,正像我们以我们的世界里的治理不能够治理神的世界,以我们的知识也不能够认识任何关于神的东西,根据同样的理由,他们虽然是神,却并非我们的统治者,也不能够认识关于人的事情。"(*Prm.* 134d-e)①另一方面,既然否定的东西根本不存在,而只有"存在"存在,那么就没有任何虚假的东西了。一切都是存在,凡不存在的,我们都不能认识、不能感觉到,一切存在的都是真的。这样就和智者的诡辩联系在一起了:凡是我们所感觉、所表象的,我们所提出的目的,都是肯定的内容;凡是对于我们存在的东西都是真的,没有虚假的东西。② 所以,柏拉图辩证法更为重要的意义在于它对埃利亚学派的回应,就是要通过论证每个命题的相反命题的同等有效性来揭示知性反思的局限,通过将否定和多样性包含在同一性中来证明理性的绝对性。存在是一,但一与多不是作为对立面并存着,而是在它们的对立面中扬弃这一对立,并彼此结合为一,③在这个意义上,柏拉图既是一个独断论者又是一个真正的怀疑论者(GW 4: 219)。

时代问题的相似性让黑格尔在柏拉图身上看到了自己的影子,并将柏拉图的工作视为自己的典范。柏拉图既反对关于非存在的单一性和绝对性的学说,也反对巴门尼德关于存在的单一性和绝对性的学说;确切地说,存在者必须同时包含否定,非存在者必须同时包含肯定。④ 在黑格尔看来,康德和费希特的主观观念论就像巴门尼德和埃利亚学派那样,为了回应怀疑主义而通过彻底拒斥经验、特殊和差异来保持理性的自身同一,

---

① Plato: Parmenides, *Plato Complete Works*, ed. John M. Cooper, p. 369.
② 黑格尔:《哲学史讲演录》(第二卷),贺麟、王太庆译,商务印书馆 1960 年版,第 208—214 页。
③ Cf. Heinz Kimmerle, *Das Problem der Abgeschlossenheit des Denkens*, S. 101.
④ 杜辛:《黑格尔与哲学史——古代、近代的本体论与辩证法》,第 81 页。

认为只有外在于一切矛盾和变化的限制,理性才是真正的无条件者,由此将一与多、同一与差异对立起来,其结果不是理性和无条件者的保持,而是无限本身被有限化,理性受制于它自己设置的对立面。康德和费希特只抓住了统一与杂多、普遍与特殊、理性与现实、自由与自然之间的差别,却无法将这种分离真正统一起来;而辩证法的技艺则不是将理念把握为外在于现象或与现象相对立的无差别的同一,而是将其视为在特殊与差异之中,把普遍与特殊、同一与差异的矛盾作为理念的自身关系来把握,这种理念才是一种真正的具有现实性的法则和能力。① 正如黑格尔在他的《授课资格论文提纲》的第六和第七个命题中总结道的那样:"理念是无限与有限的综合,哲学的全部都存在于理念之中"(Idea est synthesis infiniti et finiti, et philosophia omnis est in ideis.),而"批判哲学缺乏理念,它是怀疑主义的一种不完美的形式"(Philosophia critica caret Ideis, et imperfecta est Scepticismi forma. GW 5: 227)。与完美的、真正的怀疑主义(即柏拉图哲学)相比,康德的批判哲学未能最终克服由反思所导致的主体与客体、思维与存在之间的坚固对立,甚至以主观理性的确定性取代了对绝对本身的认识,因而代表了一种不完美的或者消极意义上的怀疑主义。②

　　黑格尔通过考察古代怀疑论和柏拉图的辩证法阐明了绝对同一的涵义,在这种同一性中相互矛盾的规定结合在一起。③ 在黑格尔那里,作为实体的绝对者是实存的一和无限,在它自身之外和在它自身之中都没有对立物;但是这种实体并不是单调的存在(einfache Sein),而是能动的自

---

① Cf. Rüdiger Bubner, "Dialog und Dialektik oder Plato und Hegel", *Antike Themen und ihre moderne Verwandlung* (Frankfurt am Main: Surkamp, 1992), S. 50-52.
② Cf. Manfred Baum, *Die Entstehung der Hegelschen Dialektik*, S. 131-132; Klaus Düsing, *Das Problem der Subjektivität in Hegels Logik*, S. 100-101.
③ Cf. Manfred Baum, *Die Entstehung der Hegelschen Dialektik*, S. 176, 184.

我生产的过程,是思维与实存、活动性与被动性、存在与生成的统一。① 换言之,这个无差别点不仅仅是巴门尼德意义上的作为"一"(ἕν)的"存在"(ὄν),更是斯宾诺莎意义上作为自因的实体(spinozistischen Substanz als causa sui),它自身是一和多的统一。绝对者在他者中显现它自身(Das Andere seiner selbst erscheinen),②它必须从自身建立起有限者的存在和规定,并反过来在自身中扬弃它们。在这一扬弃中,绝对者具有否定的一面,但绝对者不是外在地践踏有限、与有限相对立,而是必须将那通过绝对者自身的对有限的扬弃把握为绝对者的自我扬弃,所有特殊实存以及矛盾和差异的存在作为对孤立反思和主观规定的否定都是绝对者的自我否定。③ 只有这样,真正的绝对的理性才能成为主体与客体、理想与现实、应然与实然相统一的"绝对的无差别点"(absolute Indifferenzpunkt)(GW 4:63)。也就是说,理性作为斯宾诺莎意义上的"实体",乃是主体与客体、概念与存在的统一,也是绝对者将对立和矛盾把握为总体的"力量"(Kraft, GW 4:17),而不仅仅是那种自明的、无矛盾的即知性意义上作为主体心灵能力的理性。④ 绝对者的理念本身已经表明它不能满足于通过

---

① Cf. Klaus Düsing, "Idealistische Substanzmetaphysik. Probleme der Systementwicklung bei Schelling und Hegel in Jena", *Hegel in Jena: Die Entwicklung des Systems und die Zusammenarbeit mit Schelling*, hrsg. Dieter Henrich und Klaus Düsing (Bonn: Bouvier Verlag Herbert Grundmann, 1980), S. 37-38.
② Cf. Dieter Henrich, "Absoluter Geist und Logik des Endlichen", *Hegel in Jena*, hrsg. Dieter Henrich und Klaus Düsing, S. 106-107.
③ 黑格尔意义上的"理性的否定"(vernünftige Negiren)或者"绝对的否定"(absolute Negiren)不同于主体性反思哲学的"否定性的论理方式"(das negative Räsonniren)或者说知性意义上的否定。因为知性只是对有限的否定,它将有限表现为无限的对立面;理性虽然也否定有限,但它不是将无限作为与有限相对立的他者来设定,而是在否定有限自身的绝对性时,建立起显象的总体,将无限性把握为内在于有限的现实性。这个意义上的"否定"是绝对者的自身关系的表现,而不是思维主体的一种反思性活动。参见 Manfred Baum, *Die Entstehung der Hegelschen Dialektik*, S. 87。
④ Manfred Baum, *Die Entstehung der Hegelschen Dialektik*, S. 93, 113-114.

知性反思所达到的确定性（观念的无矛盾性、可能性）来统摄实存，以将其纳入到一个主观理性的统一体系中去，相反，事情如其本身地去存在（是），尽管会有矛盾和不确定性的出现，但恰恰是在其中已经包含着概念上的合理性与规范性，这种有差异的同一才是完满的现实性，才能真正体现理性的自主与自足。

由此，这种否定关系就成为绝对者的自身关系，这种自我否定将有限转化为绝对者自我等同的存在总体，而这一通过自我否定而将自身设定为特殊的实存并经由自我扬弃而返回自身的运动就是绝对存在（absolute Wesen）本身（GW 5: 262）。这样一来，黑格尔就从根本上扭转了主观观念论关于存在的根据与合理性的规定：事情之所以是如此，不是因为我们人的思维能力决定了它应当如此，而是由于事情本身使然；这种自我规定的源初的事实性本身就具有规范性的含义。理性不是将绝对的、自我等同的无条件者设定在无限遥远的未来，相反，反思性的论理作为理性的自我认识和绝对的反思（absolute Reflexion, GW 5: 265），始终将主客同一的绝对者保持在当前（Gegenwart）。

就像我们已经指出过的那样，反思将应然区分于实然，这个二元论是哲学之为哲学的一个重要标志，但是，哲学本身不能止于二元论，更不能建立在彻底的二元对立的基础之上。斯宾诺莎曾批评笛卡尔为了追求确定性而牺牲了真理，那个通过怀疑一切而达到的"我思"（Cogito）虽然是确定的，但远远不是自足的和充分的，心灵和物质这两种实体不可能靠上帝，也不可能靠"我思"自身统一起来。真正的实体作为自因（causa sui），是原因与结果、本质与实存、概念与存在的统一，这是哲学论证的前提（Postulate），而不是反思性论证要求实现的结果（GW 4: 29）。在对主观观念论的批判中，黑格尔将斯宾诺莎的实体概念解释为彼此矛盾的二律背反的诸规定的绝对同一，并且接受了斯宾诺莎的洞见：真正的哲学应当从绝对的同一出发,最终扬弃知性反思所造成的分裂,而不是从反思所产生的绝对的二分出发,最后以必须统一却又无法统一的"应当"告终。① 换言之,真正绝对的、自足的理性是自己为自己提供根据;作为绝对存在,它将矛盾和差异扬弃在自身之内;作为绝对的生产,它既是形成的过程又是这个过程的结果。② 用黑格尔的话来说:

> 在理性的自我生产中,绝对者形成客观的总体。这总体是一个在自身中承载自己和完善自己(in sich selbst getragen und vollendet)的全体(Ganzes);它不在自身外有根据,而是在其开端、中点和目的地都由自己提供根据。……理性,这里作为客观总体的能力通过自己的对立物而对它的这种同一性加以完善,并通过两者的综合而产生一个新的同一,而这种同一在理性面前又是有缺陷的,它又同样地完善自己。……理性并不总是把自己现象的流溢(Emanation)作为二重性(Duplicität)召回到自身(以此理性只是消灭了它),而是自身在流溢中建构成一种经历着二重性的有条件的同一性,这相对的同一性又自身对立,以至于体系进展到完满的客观总体,它与对立的主观的总体统一成为无限的世界观(unendliche Weltanschauung),由此,这个世界观的扩张同时也就收缩为最丰富和最简单的同一性。(GW 4:30-31)

不论对于康德、费希特,还是雅各比来说,绝对者都是一个必不可少的设定。因为不管是作为哲学的起点还是目标,绝对者都是从根本上回

---

① Klaus Düsing, *Das Problem der Subjektivität in Hegels Logik*, S. 134-135.
② Cf. Dieter Henrich, "Absoluter Geist und Logik des Endlichen", *Hegel in Jena*, hrsg. Dieter Henrich und Klaus Düsing, S. 113.

应怀疑主义的挑战,证明现实具有合乎理性的必然性的重要保障。然而,为了认识这种必然性,主体性反思哲学选择从决然的二分出发来把握主体与客体、理性与现实的绝对同一,这就使得作为统一和规范性力量的理性不得不将自身与非理性的现实对立起来,着眼于自身与现实的非同一关系来理解自己,并且最终以向非理性的现实妥协的方式来达到一种相对的、虚假的同一。在黑格尔看来,这样的理性只能被称为知性,它是为了他物而被设定的,其根据在自身之外。真正的理性是"为自身"(自为)的,它是完全以自身为根据、以自身为目的的自我生产。在这个过程中,由知性反思所分裂的主体与客体、理性与现实被把握为一种同质性的实体性关系,这意味着作为实体的理性通过它的种种偶性而存在并发挥作用,而偶性虽然是一种限制,但恰恰是通过这种限制的扬弃,实体才真正成为其自身。[1] 现象与概念的非等同不是模棱两可的"二重性"被反思性的自我同一所消灭,而是作为理性的自身关系转化为达到完满的客观总体的一个环节。黑格尔借用了新柏拉图主义的术语"流溢"来形容这个自我生产的过程,这意味着:一方面,绝对的理性是一个自身具有现实化力量的实体,而不是一个在内容上依赖着其对立物的空洞的自我同一;另一方面,理性的现实化是一个从自身出发回到自身的过程,杂多和特殊的现象作为绝对者自身的显象,无不在这个过程中展现出自身的合理性与现实性,又同时被包含在理性的自我同一当中。所以说,理性自我实现所达到的客观总体既是最丰富的又是最简单的同一性。[2]

正如黑格尔在《信仰与知识》一文中指出的那样,反思哲学使自身陷入了一种永恒的两难:一方面,如果哲学承认从永恒到时间的转变,就很容易出现哲学将时间设定于永恒本身当中的情形,从而使得永恒时间化;

---

[1] Cf. Panajotis Kondylis, *Die Entstehung der Dialektik*, S. 621.
[2] Cf. Manfred Baum, *Die Entstehung der Hegelschen Dialektik*, S. 117–126.

第二章　批判主观理性

另一方面,如果哲学不承认这一转变,如果它设定对于直观认识来说,总体性就是绝对,差异不存在于空间的部分和时间性中,那么哲学就是有缺陷的,因为它认为暂时的、有规定的、单一的东西在它之前就存在(GW 4: 368)。黑格尔解决这一两难的办法不是像雅各比那样诉诸直接的、非推论的理智直观,而是通过揭示以传统形式逻辑为典范的知性在把握绝对时必然导致的谬误,来表明理性的同一性与它的非同一(否定或时间性)是同一的,在理性判断中将矛盾和差异把握为绝对者的内在原理。当理性在矛盾中保持自身,时间就不再只是无规则的流变和无尽的延伸,而是与自身的概念相同一的合目的的生成。由此,时间被转化为理性展现自身、与自身和解的境域,成了调和一与多、有限与无限的中介。① 时间在理性中真正扬弃自身,它不再是向未来的无限延伸,而是成为无时间的"现在"(zeitlose Gegenwart)、成为永恒(Ewigkeit, GW 4: 46-47)。②

理性的时间化是黑格尔突破主观理性的限制,重新回到事情本身的关键。当理性出于其自身内在的力量而成为现实,而不再像主观理性那样是超越于世界之外的原因,流俗的时间观念和前后相继的因果观念就被黑格尔抛弃了。黑格尔的"理性"作为以自身为根据和以自身为目的并经由自身而具有现实性的自因,概念与直观、同一与差异、原因与结果、自我与他者都在这自在自为的理性中统一起来。换句话说,理性在所有时间和所有地点都是与自身同一,纯粹的非等同只有对于知性才是可能的,一切非等同由理性设定为一与同一,这就避免了怀疑论的第一个隐忧(差别);而且理性不是处在与自身对立的他者的关系中,而是自己本身就是

---

① Cf. Rüdiger Bubner, "Closure and the Understanding of History", *The Innovation of Idealism*, p. 170; see also Nathan Rotenstreich, "Concept and Time", *From Substance to Subject: Studies in Hegel* (The Hague: Martinus Nijhoff, 1974), pp. 98-104.
② Cf. Manfred Baum, *Die Entstehung der Hegelschen Dialektik*, S. 115-116.

关系,自我与他者是理性的一种内在关系,这就避免了第三个论式(关系)所说的情况;由于理性是自身关系,那么关系项就是彼此互为根据,知性所导致的怀疑论的第五个论式(循环论证)在这里就不会出现;与此相仿,理性也不会是第四个论式所说的未经证明的预设,因为理性没有对立面,它包含了有限对立物的双方;并且因为前面两个怀疑论要素对理性来说都不成立,理性也就不会像知性那样受到第二个论式即无穷倒推问题的困扰(GW 4: 219−220)。所有这一切的关键都在于黑格尔借助古代怀疑论以及神学中关于神—人关系的讨论,重新理解了一与多、同一与差异的关系这样一个根本的形而上学问题,[①]也只有在这个基础上,才能克服近代以来由于理性的主观化所产生的种种分裂,理性自身才能真正成为绝对和大全(ἕν-πάντα/Ein-Allheit)。

依照这种观念论的实体形而上学(Idealistische Substanzmetaphysik),[②]绝对者作为审美和宗教敬拜的对象,应当完全通过理性予以认识;黑格尔法兰克福时期对生命或超绝者的直接把握,现在从哲学的高度以思想和概念的形式表达了出来。[③] 在这一发展过程中,黑格尔对知性与理性的区分起到了至关重要的作用。在法兰克福时期,为了能够回到事情本身,黑格尔要求哲学的思维在宗教对超绝者的信仰面前停止,因为对那时的黑格尔来说,哲学的思维活动就是一种知性的反思,它必然会导致主观主义和实定性的后果。但通过耶拿早期对主体性反思哲学的批判,黑格尔不仅意识到直接的信仰无法真正把握绝对,更重要的则在于他发现思维和概念的把握不仅仅表现为知性的反思,相反,真正的理性跟知性不

[①] 比如在文艺复兴哲学中,库萨的尼古拉(Cusanus)和布鲁诺(Bruno)等人就将上帝理解为对立物的结合(coincidentia oppositorum),参见 Ludwig Siep, *Der Weg der Phänomenologie des Geistes*, S. 37。

[②] Klaus Düsing, *Das Problem der Subjektivität in Hegels Logik*, S. 134.

[③] 杜辛:《黑格尔与哲学史——古代、近代的本体论与辩证法》,第 62 页。

同,它不是通过遵循形式逻辑的法则和对特殊与差异的否定来达到一种形式的同一性,而是力图把握那些杂多的、特殊的、变化的和有差别的现实存在本身的合规则性。由此,理性的统一性在黑格尔那里就不是主观理性的需要和设定,而是一种出于事情本身内在必然性的多样性的统一和有差异的同一,这就使得直观对绝对者的直接把握与思维的中介性统一起来,而不至于像主观观念论和信仰哲学那样陷入分裂和独断论。

所以,黑格尔又将这个意义上的思辨理性称为"先验直观"(transcendentale Anschauung)。如果说二律背反代表了绝对同一的否定的方面,那么,扬弃了一切对立的先验直观则代表了绝对同一的肯定的方面,它联合了反思与直观两者,它同时是概念与存在(GW 4: 27-28)。虽然确实如杜辛所言,对于此时的黑格尔来说,"根据终极规定的矛盾,还得不出通过否定之否定所达到的作为肯定结论的更高的统一,而是借助于终极规定的矛盾直接进行假定。然而,这种更高的统一只能借助于另外的认识能力即理智的直观才能实现"①。但是,从二律背反(否定)和先验直观(肯定)这两个维度来理解思辨,已经呈现出其成熟时期辩证法的基本形态,同时预示着黑格尔不同于其他后康德观念论哲学家的思想特征。而更为重要的是,黑格尔拒绝像康德、费希特和雅各比那样独断地设定这个绝对同一,必须将这个作为哲学的起点和根据的设定作为一个理性自我否定和扬弃了一切矛盾对立的过程的结果来理解,才具有正当性。从黑格尔思辨哲学的基本原则来看,先验直观可以视为黑格尔对他的二律背反的建构所进行的某种补充,以防止这个建构走向无法消除的矛盾和虚无的消极后果。在这个意义上,先验直观是其哲学原则的一个必然环节,它通过将现实作为一个活生生的总体来认识,使得知性提升到其自身之上,或者

---

① 杜辛:《黑格尔与哲学史——古代、近代的本体论与辩证法》,第79页。

说以理性的方式来运用知性。①

如果从黑格尔的问题指向来看,强调直观的重要性,当然首先是针对康德而言的。康德将直观理解成事物刺激感官所形成的感性直观杂多,它的基本特点是接受性(Rezeptivität)和杂多性,只有通过自发的知性范畴的先天综合统一才能使得杂多的直观获得某种可认识的规范性的意义,这一区分否定了作为特殊物的直观自身的规范性,将规则和普遍性归于反思性的思维主体自身,进而从根本上使普遍与特殊、主体与客体对立起来。与此同时,知性也被限制在直观表象的领域之内,它不能超出感性直观的范围而运用于事物本身,所以康德否认存在某种能够直接认识事物本身的"直觉的知性"(intuitiven Verstand)。而后康德哲学对直观的重视,不管是将其称为"理智直观"(intellektuellen Anschauung)②还是"先验直观",都意在通过揭示作为特殊和杂多的事物自身的合理性与合规则性,克服反思所造成的分裂。③ 其次,黑格尔的"先验直观"继承了斯宾诺莎的直观知识的学说。斯宾诺莎划分了三种不同的知识:第一种知识是通过感官知觉从泛泛的经验中获得的,或者借助某些记号来想象与之相似的事物,这类知识被称为意见或者想象(opinio, imaginatio);第二种知识则被称为理性(ratio),它来自事物的共同概念和正确观念;第三种知识是"由神的某一属性的形式本质的正确观念出发,进而达到对事物本质的正确知识",它又被称为直观知识(scientia intuitiva)。④ 这种直观的知识作

---

① Cf. Rolf-Peter Horstmann, "Den Verstand zur Vernunft bringen? Hegels Auseinandersetzung mit Kant in der Differenz-Schrift", *Das Interesse des Denkens: Hegel aus heutiger Sicht*, hrsg. W. Welsch und K. Vieweg, S. 102-103.
② Cf. Walther C. Zimmerli, *Die Frage nach der Philosophie: Interpretationen zu Hegels "Differenzschrift"*, S. 172-194.
③ Cf. Kenneth R. Westphal, "Kant, Hegel, and the Fate of 'the' Intuitive Intellect", *The Reception of Kant's Critical Philosophy*, ed. Sally Sedgwick, pp. 283-296.
④ 斯宾诺莎:《伦理学》,第 80 页。

第二章　批判主观理性

为最高的知识,它不仅仅是通过理性的反思和推理所达到的超越感觉经验的普遍概念,更是对概念与实在之统一的直接把握。

因此,黑格尔所说的"直观"并不是指关于那些与无限相对立的有限物或经验杂多的主观意识,也不是关于绝对同一的一种神秘体验,而是事情本身的存在方式,是在理性的二律背反中扬弃了对立物双方的同一性。① 在黑格尔那里,直观(直接的自我生产的活动性)与反思(与对立物的区分和联系)共同存在于源初的先验直观中。② "在先验的直观中,所有的对立都被扬弃了,那个通过理智(Intelligenz)并且为了理智而被构造出来的宇宙与那个被直观为客观的、独立显现的有机体(unabhängig erscheinenden Organisation)的宇宙之间的所有区别都被消灭了。这种同一性意识的产生是思辨,并且由于观念性与实在性在思辨之中是一,思辨就是直观。"(GW 4: 28)理性与现实的统一不应该像康德的反思哲学那样,通过强行要求这个充满着差异和流变的活生生的世界,符合那遵循僵化的同一律的理性法则来实现。真正的绝对是经过二律背反将形式与内容的不一致作为一种自身关系包含在自身的同一性之内因而得到了扬弃的概念,同时也是经过二律背反将特殊与杂多的显象作为具有内在合理性的现实的总体因而得到了扬弃的直观。③

正是黑格尔所揭示的理性的二律背反实现了理性的存在论化(Ontologisierung)和去主体化(entsubjektiviert),④恢复了理性在古希腊的逻各斯概念那里所具有的作为宇宙秩序的客观理性的含义,同时也保存了康德

---

① Cf. Manfred Baum, *Die Entstehung der Hegelschen Dialektik*, S. 112.
② Cf. Ludwig Siep, *Hegels Fichtekritik und die Wissenschaftslehre von 1804*, S. 21.
③ Cf. Walther C. Zimmerli, *Die Frage nach der Philosophie: Interpretationen zu Hegels "Differenzschrift"*, S. 194-195.
④ Cf. Rolf-Peter Horstmann, "Hegels Konzeption von Rationalität – die Verbannung des Verstandes aus Reich der Wahrheit", *Die Grenzen der Vernunft*, S. 139.

和费希特的主体性原则在理性自律方面取得的积极成果,"真正的二律背反,被限制物与未被限制物这两者不是并列地设置,而是同时作为同一的来设置,于是对立也必定同时扬弃了"(GW 4: 29)。因此,黑格尔关于实践哲学问题的讨论必须从这种理性一元论的形而上学传统[1]出发才能得到恰当的理解。而且,通过考察黑格尔对主体性反思哲学的批判我们也可以更加清楚地看到,实际上,不论对于康德、费希特还是黑格尔来说,实践哲学的问题都必须首先被当作一个体系问题来把握,在他们的实践哲学背后都隐含着一个不应当被忽视的、深刻的形而上学动机。

小　结

在这一章中,我们主要考察了黑格尔耶拿早期对主体性反思哲学的批判,以及黑格尔在观念论哲学的基础上重建客观理性的努力。这一批判性的工作既是黑格尔早年对康德实践理性公设学说批判的延续,也是黑格尔提出自己的客观观念论的实践哲学主张的准备。与我们通常所理解的认识论转向不同,近代以来理性主观化的进程实际上是为了改造传统形而上学,在这个"道术为天下裂"的时代,重新建立起理性的绝对权威。面对那些以多样性、时间性来消解统一性的怀疑主义和相对主义主张,主观观念论者试图通过对传统形式逻辑的化用来捍卫理性自身的普遍必然性,重建世界的统一性。可是,主观理性的形式立法和对同一性的坚持却是以排斥特殊性和有限性为代价的。在主观观念论看来,只有自我意识的同一性是不可怀疑的、以自身为根据的无条件者,任何主体之外的客观法则必须从主观理性自身的结构中演绎出来才具有正当性。所

---

[1] Cf. Dieter Henrich, *Between Kant and Hegel*, pp. 85ff.

以,对于坚持反思意识的主观观念论者来说,理性的自律表现为一对多、主体对客体、自由对必然的统治,他们无法理解从非主体或非人的存在本身出发来寻求秩序和统一性的可能性。这种非此即彼的知性反思不但没有克服启蒙理性的唯我论和虚无主义教化,反而使理性的主观化和二元对立在形式的同一性中得到了进一步的巩固,并且加剧了传统一元论形而上学瓦解之后所留下的分裂状态。

可以说,黑格尔一生哲学工作的中心就在于努力扭转理性主观化的势头,恢复古代思有同一的逻各斯理性。在他看来,我们对行动规范的确立和对普遍秩序的寻求,不能够再像主观观念论那样通过反思的方式、以形式逻辑的空洞的自我意识的同一性为根据来进行自我立法,将普遍与特殊、同一与非同一对立起来,将无限设定在有限之外,而必须回到事情本身。黑格尔重建客观理性的努力得益于他对先验观念论哲学和古代怀疑论的继承与批判,将传统的独断论形而上学改造成一种思辨的实体形而上学,将多样性和特殊性作为理性自身的否定方面,整合到理性的自我同一当中。就像黑格尔向我们表明的那样,如果矛盾和差异而非无矛盾的抽象同一才是理性和事情本身的存在方式,那么理性就不再只是主体的一种思维和意志能力,而是同时成为内在于世界中的实体性的逻各斯,思维与实存、普遍与特殊统一于理性自身。这样一来,这种非主观的实体理性的绝对立法恰恰在于,理性使自身落入时间之中、成为自然,将差异或非同一根据其内在的必然性把握为同一。对于黑格尔来说,"理性是时间性的"并不意味着理性是受制于人的激情或者各种现存的社会力量等偶然条件的有条件者,而在于表明理性不能像反思哲学所期望的那样超越现实的领域,成为纯粹的、空洞的主观理性,[①]只有当有限物自身固有的

[①] Cf. Sally Sedgwick, "Metaphysics and Morality in Kant and Hegel", *The Reception of Kant's Critical Philosophy*, ed. Sally Sedgwick, p. 320.

合理性与规范性在它与无限物的同一关系中被阐明之时,理性的无限性才是真正的无限性,理性的立法才具有绝对的权威性。因此,当理性扬弃了主观理性和知性逻辑的限制,并且经由自身的分裂而在现实的多样性和差别中重新将自身把握为全体,那么,在现代世界恢复自然与自由、权威与个人和谐一致的古希腊城邦生活的理想,就不再只是一个由主观理性所设定的遥不可及的"应当",相反,这样一个合乎理性的至善理想作为绝对者是现实的在场(anwesen)。[1] 对古代思有同一的客观理性的重建,构成了黑格尔法哲学的存在论和方法论基础。对黑格尔来说,只有从这个一元论的、思辨的理性概念出发,在对绝对者和存在本身的认识中来重新定位实践哲学,理性立法的现实性和内在必然性才能真正展现出来。

---

[1] Cf. Günter Rohrmoser, *Subjektivität und Verdinglichung: Theologie und Gesellschaft im Denken des jungen Hegel*, S. 63.

第三章
作为伦理自然的理性之法

　　天地不仁，以万物为刍狗；圣人不仁，以百姓为刍狗。天地之间，其犹橐龠乎？虚而不屈，动而俞出。多闻数穷，不若守于中。

　　　　老子：《道德经》第五章

第三章　作为伦理自然的理性之法

在上一章中,我们以黑格尔对主观理性的内在批判为线索,详尽地考察了主观观念论哲学的目标及其局限,并在此基础上揭示了黑格尔发展出他自己的客观观念论哲学的必然性。黑格尔有力地向我们证明了,主观性反思哲学证成"绝对"的方式,或者他们关于理性和存在本身的理解,要么有着根本性的错误,要么至少是非常片面的。可以说,如果我们不能够从黑格尔那里分享他对主观观念论,尤其是对知性反思及其二元论后果的不满,黑格尔的法哲学对我们来说就很容易被理解成一种通常所说的即经验层面上的社会政治理论,而忽视其更为根本的形而上学动机。[1] 就此而言,黑格尔耶拿早期对主体性反思哲学的批判比他成熟时期的体系性著作更好地表明了黑格尔法哲学在整体上的问题指向。

很显然,黑格尔是观念论传统的继承者和坚定捍卫者,理性的绝对性和世界的统一性是他们的共同关切。但也正因为在目标上的这种一致,才使得黑格尔对之前的观念论哲学片面地将主体绝对化而心存芥蒂。主体性反思哲学由于坚持从形式逻辑的同一律和矛盾律出发来理解理性的普遍必然性,所以对它来说无条件者只能存在于主体或思维的自发性当中,而整个客观世界或者自然都被当作非理性、非同一的实存与主体思维的同一性对立起来。因此,主观理性为了证成自身的绝对性就不得不诉诸理性行动者的自我立法和出于理性的定言命令的实践,通过这种立法和实践活动来消灭客体的差异与多样性,将外在的、无序的世界整合到主观理性的形式统一性中来,从主体的统一性来建构世界的统一性。所以,实践哲学对于主观观念论来讲具有极其重要而特别的意义,它不仅仅是与理论哲学并列的一种部门哲学,相反,因为绝对者只有

---

[1] Cf. Rolf-Peter Horstmann, "What is Hegel's legacy and what should we do with it?", *European Journal of Philosophy*, vol. 7: no. 2, 1999, p. 285.

在实践哲学中才被证成,故而在主体与客体的二元对立中,实践高于认识、应然高于实然。基于实践理性公设和道德宗教的主张,康德实际上将形而上学改造成为一种以主体性的道德统摄存在的"道德的形而上学"(moral metaphysics),①而不只是以形而上学方式研究道德之基本原理的所谓"道德底形而上学"(metaphysics of morals)。② 然而,这种主体性的形而上学将绝对者设定在理性存在者的出于定言命令改造世界的行动中,设定在对内部自然和外部自然的扭曲中,设定在无止尽的"奋进"和"应当"中;并且为了保持主体形式立法的同一性、独立性和有效性而不得不依赖于一与多、主体与客体之间的对立;这种以理性自律和统一为诉求的观念论,却在它们的实践哲学中将他律和分裂表现得淋漓尽致(GW 4:419)。

耶拿时期的黑格尔不再满足于像早年那样只是专注于康德道德哲学中的某些局部性的问题(比如他对康德实践理性公设学说、理性信仰或者定言命令的批判),而是将整个主观观念论的实践哲学与他们普遍的哲学立场联系起来讨论。在黑格尔看来,主观观念论的实践哲学的缺陷恰恰是因知性反思和主体性形而上学的谬误与片面性而产生的直接后果。③为了克服主观理性所导致的理性的异化以及启蒙教化的分裂和虚无主义,捍卫理性的绝对性,黑格尔敢于冒天下之大不韪,重新将那被启蒙理性所解构的客体(上帝、能动的自然)置于绝对的地位,正是这一看似有悖于历史潮流的反转,使黑格尔哲学在他身前身后都饱受争议。对黑格尔来说,客体的绝对化(Absolutierung des Objekts)④是所有真正的宗教的标

---

① 牟宗三:《四因说演讲录》,上海古籍出版社1998年版,第53页。
② 牟宗三:《心体与性体》上册,上海古籍出版社1989年版,第120页。
③ Cf. Georg Lukács, *The Young Hegel*, p. 285.
④ Cf. Rolf-Peter Horstmann, "Jenaer Systemkonzeptionen", *Hegel*, hrsg. Otto Pöggeler, S. 45.

第三章　作为伦理自然的理性之法

志,在其中,自命不凡的主体不得不屈从于超越的上帝,而在黑格尔的哲学中,这个绝对的客体则被称作生命、理性、精神或者作为客观的主体-客体的自然。不过,黑格尔对客体的强调并不是与主观观念论将主体绝对化的做法相对立的一个单纯的颠倒,相反,重新建立超绝者的规范性权威,是以对知性反思和主客二元对立的克服为前提的。黑格尔敏感地意识到,主体与客体、有限与无限的二分实际上是同一与差异的关系这个古老的形而上学问题的延续。① 黑格尔之所以有信心重新树立起客体的权威,用事理之本然来限制主观理性的"应当",或者更确切地说,是通过客观理性的恢复来超越主观理性的时代教化,用发扬观念论哲学的精神来克服其字面的局限,正是由于他将理性在认识绝对者时必然出现的二律背反转化为理性同一性的否定方面,将绝对本身把握为同一与非同一的同一,从而使得知性反思的片面规定被提升为思辨理性自我生产活动中的有差异的同一,使特殊的、多样的客体和流变的现象获得了它应有的尊严。对黑格尔来说,矛盾意味着理念在现象世界中的辩证的自我运动,在矛盾之外则不可能有真正的综合和确定的知识,②由此,一度被主观理性所排斥和限制的自然本身成为本质与实存、直观与概念同一的客观的主体-客体或真正的无差别,客体的独断性和非理性得到扬弃。

实际上,黑格尔客观观念论的实践哲学与后康德哲学和德国古典文化,尤其是狂飙突进运动中所倡导的"返回自然"的理念是一致的。不论是哈曼(Johann Georg Hamann)关于康德纯粹理性批判的元批判及其关于宗教、语言和艺术的研究,还是席勒在审美教育理念中对形式冲动的揭示,抑或赫尔德的自然历史观、歌德对自然的迷恋与对牛顿机械自然观的

---

① Rolf-Peter Horstmann, "Jenaer Systemkonzeptionen", S. 48-49.
② Cf. Georg Lukács, *The Young Hegel*, p. 245.

激烈批判,以及谢林和浪漫派关于自然与艺术的讨论等等,都是对主体性反思哲学和理性主义的启蒙教化的一种反动。① 他们都在斯宾诺莎泛神论的影响下,试图以各自不同的方式来揭示自然本身固有的合理性与合法则性,以此通达那存在于活生生的自然、历史、艺术和宗教经验中的客观理性,坚决打破分析性思维和同一性原理的硬壳。② 套用卡西尔的话来说,自然的客观合目的性驱逐了同一性的幻相(illusion of identity),与自然本身相比较,所有抽象概括都是苍白无力的,任何一般的、普遍的规范都不能彻底包容现实的丰富性。每一种现实存在的状况都有其特有的价值,自然和历史的每一个阶段、每一种形态都有其内在的效用和必然性;这些阶段和形态互不分离,它们仅仅在整体中并由于整体而存在,但每一阶段又都是同等地不可或缺的。真正的统一性正是由于这种彻头彻尾的差异性而显现,它只有作为过程的统一性,而不是作为主观理性强加于自然之上的同一,才是可以想象的。

因此,客观观念论的实践哲学的首要任务,是使知性的普遍法则符合事情本身的内在规定,而不是反过来使事情本身符合形式化的、主观理性的既定模式。③ 对常道和共相的追寻不能以牺牲变化和殊相为代价,在这个意义上,黑格尔的实践哲学毋宁说是一次"拯救现象"的努力。只有变化本身中有常道,才能真正以常御变;只有理性业已存在于人的内部自然和外部自然之中,现象被把握为绝对者自身的显象,理性的立法和行动才不会造成主体与客体、本质和现象之间的分裂。④ 换言之,作为一种黑格

---

① Cf. Daniel O. Dahlstrom, "The Legacy of Aesthetic Holism: Hamann, Herder, and Schiller", *Philosophical Legacies: Essays on the Thought of Kant, Hegel, and Their Contemporaries*, pp. 67-92.
② Cf. Johannes Hoffmeister, *Goethe und der Dertsche Idealismus* (Leipzig: Felix Meiner, 1932), S. III-V, 1-27.
③ Cf. Ernst Cassirer, *The Philosophy of the Enlightenment*, p. 231.
④ Cf. Jean Hyppolite, *Introduction to Hegel's Philosophy of History*, p. 37.

尔式的"基础存在论"(Fundamentalontologie),①整个自然和人类的伦理生活就是绝对存在自身的展现和自我阐释,是绝对者的自身关系,而非与主体(普遍性、思维、一)外在对立的客体(特殊性、存在、多),"绝对者必须在现象中自己设置自己,即现象不是被消灭,而是建造起同一性"(GW 4: 32)。就像黑格尔在"绝对存在的理念"(Die Idee des absoluten Wesens...,1801-1802)这篇讲座手稿中指出的那样,伦理的自然和精神的自然是绝对存在在自然和人类实际生存中认识自身和回到自身的运动(GW 5: 262ff)。理性的现实性和绝对性恰恰是在现实自身的合理性中被证成,而这同时也是黑格尔在对康德实践理性公设学说的批判的基础上重新提出的关于上帝存在的本体论证明(GW 4: 325-326)。②上帝或绝对者作为以自身为根据和以自身为目的的规范性自然是真正的无条件者,因为它将整个理由序列作为自身的不同形态(Gestalten)予以逻辑地展开而构成了合理性的最终标准,事物的多样性在这种内在的相互关系中自我组织成一个直观与概念、形式与内容统一的自足的意义整体,而不是主观观念论的反思性论理为了不陷入无穷倒推而独断设定的无条件者。

所以,理解自然、阐明自然固有的合理性与规范性就成了黑格尔耶拿早期实践哲学的主要任务,这也指明了他一生研究实践哲学问题的基本方向。与那种先取消客体,又反过来通过主体自身的理性能力来建构对

---

① Cf. Martin Heidegger, *Sein und Zeit*, GA 2, S. 18.
② Cf. Manfred Baum, *Die Entstehung der Hegelschen Dialektik*, S. 142-155; see also Paul Cruysberghs, "Hegel's Critique of Modern Natural Law", *Hegel on the Ethical Life, Religion and Philosophy (1793-1807)*, ed. A. Wylleman, pp. 82-83.

象、规定意志的主观观念论相比,黑格尔的实践哲学或者科学的自然法学说①是从对超越主客二分的实在本身的认识来理解我们行动的规范和意义,这实际上就是一种讨论存在者之存在的形而上学。② 所以,从耶拿早期关于自然法的讨论开始,黑格尔的法哲学就一直有意识地要超越主观观念论从人的观点(point of view of man)③出发来进行自我立法和为世界立法、满足于对经验事实的先验条件进行演绎的自然法学说;力图以概念的方式将人的伦理生活把握为上帝自身的永恒直观(GW 5:264),将自然的多样性把握为以自身为根据和以自身为目的的客观理性自我展开与自我实现的目的论进程,在关于绝对存在或上帝的认识(knowledge of God)中,证明实践理性法则在内容上的内在必然性。④ 理论与实践、实然与应然能够也必须在自在自为的"存在"中、在"绝对"中统一起来,这一作为形而上学的实践哲学为我们今天思考事实性与规范性的问题,提供了一个十分晦涩却又极其深刻的借镜。

黑格尔通过对主观性反思哲学的批判发展出来的新的存在论和方法论原则,使他得以从事情本身内在的合理性出发来思考规范性和整全性的问题,而不至于像主观观念论的理性自律那样始终无法消除主体与客体、本体与现象之间的二元对立。在这一章中,我们将紧接上一章的内容,以黑格尔耶拿时期相关的批判性论著和他的第一个完整的实践哲学

---

① 黑格尔所讨论的近代"自然法"(Naturrecht)作为法科学的一个门类,一直是传统学院形而上学中的实践哲学里的一个分支,后来这个称呼逐渐被"法哲学"(Rechtsphilosophie)所替代,参见 Herbert Schnädelbach, *Hegels praktische Philosophie*, S. 11–12。
② Cf. Karl-Heinz Ilting, "Hegels Auseinandersetzung mit der aristotelischen Politik", *G. W. F. Hegel: Frühe politische Systeme*, hrsg. Gerhard Göhler, S. 776.
③ Cf. Béatrice Longuenesse, "Point of view of man or knowledge of God. Kant and Hegel on concept, judgment, and reason", *Hegel's Critique of Metaphysics* (New York: Cambridge University Press, 2007), pp. 165ff.
④ Cf. Ludwig Siep, "Hegels Metaphysik der Sitten", *Praktische Philosophie im Deutschen Idealismus*, S. 184.

体系草稿《伦理体系》(System der Sittlichkeit, 1802-1803)[①]为主要依据,根据黑格尔思辨的实体性形而上学的整体构想来考察黑格尔耶拿早期的法哲学思想。具体说来,本章将分以下三个部分来进行论述。(1)黑格尔关于实践哲学的讨论首先从对近代自然法学说的批判开始。近代自然法的经验主义和形式主义研究方式都试图在主观理性的基础上,通过对自然的否定来建构自然法的科学,但这种反思性的探究无法把握自然法在内容上的内在必然性,形式立法的确定性必然始终伴随着矛盾和偶然性,而它的执行将产生更大的不公正。(2)为了克服近代自然法学说的局限,黑格尔在思辨理性的基础上重新阐释了斯宾诺莎的作为实体的自然观念和康德的目的论自然观,复兴了亚里士多德意义上自身具有规范性的自然观念,沿着谢林"自然哲学"所开辟的新的存在论之路,重新将自然把握为思有同一的客观的主体-客体,这一作为第一哲学的自然哲学对黑格尔耶拿早期的实践哲学体系来说具有基础性的意义。(3)黑格尔进一步将谢林的幂次学说、康德的目的论自然观以及他自己的否定性(二律背反或思辨)思想结合起来,不是通过反思的建构,而是从伦理自然本身的合目的性来阐明法的内在必然性,将人类的自然和社会生活展现为绝对的伦理自然的发生和自我实现过程,这一合乎理性必然性的思有同一的规范性自然或伦理自然的体系作为黑格尔的伦理形而上学,是作为一种客观观

[①]《伦理体系》这部手稿是在 1913 年才首次被完整出版的,当时收录在拉松(Georg Lasson)版的《黑格尔全集》第 7 卷(第 415—499 页)中。关于这部手稿的写作时间,学界曾出现过很大的争议,比如手稿的发现者罗森克兰茨就认为《伦理体系》的写作时间是黑格尔的法兰克福末期,而海姆则根据黑格尔在这部手稿中所使用的术语以及这部手稿与《论自然法的科学探讨方式》在内容上的关联,认为它应该创作于黑格尔在耶拿与谢林合作的时期。根据多方面的考证,现在学界基本认同海姆的说法,将该手稿的写作时间确定为 1802 年冬到 1803 年春。相关的讨论可参见 Karl Rosenkranz, *Georg Wilhelm Friedrich Hegels Leben*, S. 103; Rudolf Haym, *Hegel und seine Zeit*, S. 159-179; Heinz Kimmerle, *Das Problem der Abgeschlossenheit des Denkens*, S. 319.

念论的法哲学的初次表达,也指明了黑格尔成熟时期法哲学思想发展的基本方向。

第一节　近代自然法学说的局限

从我们之前对黑格尔耶拿早期论著的考察中能够发现,黑格尔思想的发展有着非常清晰的内在理路。随着《费希特与谢林哲学体系的差异》(1801)一书和《信仰与知识》(1802)等论文的相继发表,黑格尔通过对主体性反思哲学的批判完成了对"理性立法悖论"的内在病理的哲学诊断,而且在这一过程中真正融入到当时德国观念论哲学的核心论域,对主观观念论的问题有了一个总体性的把握。从黑格尔对主观观念论哲学的批判我们不难看出,实践哲学的问题对黑格尔来说首先是一个体系问题和形而上学问题,而近代理性主义实践哲学的种种困境和悖论正是由它的整个存在论预设所引发的。在完成了这一系列基础性的清理工作之后,黑格尔紧接着就将目光重新转回到当初促使他对观念论哲学进行批判的实践哲学问题,并尝试在思辨实体形而上学这一新的存在论和方法论基础上重新理解人的行为和规范性的本质,[1]这一思考的最初成果就是连载于他与谢林合编的《哲学批判杂志》最后两期上面的《论自然法的科学探讨方式》一文(Über die wissenschaftlichen Behandlungsarten des Naturrechts, 1802-1803,简称《自然法论文》)。

这篇论文实际上是黑格尔为他在耶拿大学所开设的自然法课程而作

---

[1] Cf. Manfred Riedel, "Hegels Kritik des Naturrechts", *Zwischen Tradition und Revolution*, S. 85.

第三章　作为伦理自然的理性之法

的一个导论,①它与《伦理体系》这部手稿共同构成了黑格尔耶拿早期完整的实践哲学体系,这也是黑格尔首次以科学体系的形式对主观观念论的实践哲学所做的回应。正如罗森克兰茨所言,《自然法论文》已经具备了《法哲学原理》的基本轮廓,黑格尔在其成熟的法哲学中只是通过一个更加精致的体系性结构,使这篇论文中提出的所有基本概念得到更为清晰和详尽的再现;而早期论文的"不太成熟的形式"则在这些概念的提出方面具有更高的原创性,并且给予它们以"更加美丽、新鲜和某种程度上更为真实的"表达。② 在黑格尔成熟时期的法哲学中,由于体系性的表述所带来的一些限制,他无法完全阐明他的意图、立场和方法,而这一缺憾正好可以通过将这篇早期论文中黑格尔的观点与他所批评的其他自然法研究方式的对比来弥补。可以说,如果忽视了黑格尔对近代自然法传统的批判和吸收,人们就无法真正思考他的法哲学。③

黑格尔将近代自然法的研究方式主要分为两种,分别是以霍布斯为代表的经验主义和以康德、费希特为代表的形式主义。尽管从表面上看,这两种研究方式似乎是完全对立的,前者跟其他所有经验科学一样,通过对人类实际生活经验的多样性的观察、归纳和反思,赋予某些比较通常的、普遍的经验内容和日常信念以概念的形式,从而在科学的体系中将它们提升为基本原则,尤其表现为通过对人们在面对不同情景时普遍表现出来的喜怒、好恶等情感或其他一些心理活动的抽象来确定哪些事情是善的、哪些是恶的,哪些是应当的、哪些是不应当的。而后者则是不依赖于经验内容和感性或病理学因素的形式科学,它要求规范性的确立是完

---

① Cf. Heinz Kimmerle, *Das Problem der Abgeschlossenheit des Denkens: Hegels „System der Philosophie" in den Jahren 1800-1804*, S. 67.
② Karl Rosenkranz, *Georg Wilhelm Friedrich Hegels Leben*, S. 173ff.
③ Cf. Norberto Bobbio, "Hegel und die Naturrechtslehre", *Materialien zu Hegels Rechtsphilosophie*, Bd. 2, hrsg. Manfred Riedel, S. 81.

全出于理性自律的无条件的先天立法,而不是通过对经验事实的归纳来获得,因此这样一种研究方式在建构自然法的科学时就与经验关系的多样性和特殊性完全对立。用黑格尔的话来说,这两种自然法的研究方式的原则,一个是诸关系以及经验的直观与普遍物的混合,而另一个是绝对的对立和绝对的普遍性(GW 4: 420)。

但是黑格尔发现,这两种表面上迥异的学说在它们的成分和处理这些成分的方式上却是一致的:为了达到科学所具有的那种统一性和普遍必然性,近代自然法学说都力图摆脱非理性的自然的影响以及多样性对统一性的制约,而从主体自身的先验理性来进行立法并且使人为构造的经验成为符合理性法则的统一性的总体,这一转向最终导致了理性与自然、概念与直观的分离。就像伊尔廷指出的那样,自然(Natur)与法(Recht)的对立实际上是事实性(Faktischen)与规范性(Normativen)之二分的一种表现,自然在这一区分中被当作价值无涉的事实领域,而与其相对立的法或规范则被归属于价值的领域。这样一来,自在存在就被理解成无序的和无规则的杂多,规范作为秩序的原则不是表现为存在(Sein)而是表现为效用(Gelten),①绝对者或存在本身失去了其作为规范性的终极根据的意义。可以说,正是由于对法在形式上的统一性和客观有效性的追求,使得近代自然法学说满足于对主观理性所构造的有限经验进行收集,并用知性概念加以整理和系统化,而不再承认也无法再认识那因其自身的缘故就是善和正当的绝对者(GW 4: 417),对本然之理和形而上学的拒斥成了近代自然法学说的标志,如此一来,自然法的科学在法的形式与内容的结合上就变得缺乏"完全内在的必然性"(eine vollkommene innere Nothwendigkeit, GW 4: 417)。在这个意

---

① Karl-Heinz Ilting, "Hegels Auseinandersetzung mit der aristotelischen Politik", *G. W. F. Hegel: Frühe politische Systeme*, hrsg. Gerhard Göhler, S. 761.

义上,经验主义和形式主义的自然法研究方式的确如黑格尔指出的那样是互为表里的:经验主义最终的目的是通过将经验放入概念的形式统一性中来保证权利和法的绝对性或有效性(GW 4: 427),而形式主义则将有限的经验材料片面地加以形式化,从而把有条件的东西转化为理性无条件的自我立法的内容(GW 4: 429),二者实际上都是近代理性主义和主体性哲学在实践哲学领域的必然结果。黑格尔对近代自然法研究方式的批判正是想揭示隐藏在这些以立法和行动规范的普遍有效性为目标的实践哲学背后的矛盾,以及它们为了达到这种完美性和理想性所付出的代价。

一、 批判经验主义

近代自然法学说分享了古代自然法传统对普遍必然的政治秩序的诉求,它们都认为,正当性和规范性本质上不能化约为那些仅仅令人愉快的东西,或者说,存在着一种不为任何特殊的人类约定或习俗(νόμος)所制约的自然法,它之所以是普遍必然的乃是因为它合乎自然。根据亚里士多德的定义,"'自然'(φύσις)是它原属的事物因本性(而不是偶性)而运动和静止的根源或原因"[①]。在这个意义上,自然构成了事物的本质(οὐσία)或形式(εἶδος),它是所有运动和变化的根源(ἀρχή),也是一切变化中保持不变的东西。所谓善的或好的就是与事物自身的存在或普遍的本性相适合的,古代自然法学说试图将人类共同生活的规范性基础建立在不以人的主观性和有限性为转移的事物客观的本性之上,以抵御来自相对主义和怀疑主义的威胁。

不过,人类的实践活动并不像火总是向上运动那样是"由于自然或按

[①] 亚里士多德:《物理学》,张竹明译,商务印书馆1982年版,第43页。

照自然"的,它运动的原则不是一成不变的。因此,就像亚里士多德指出的那样,人的伦理德性并不是自然赋予我们的,我们达到这些德性的方式毋宁是"经由习惯";没有任何自然的事物可以改变自然赋予它的存在方式,就算我们把石头往上抛一百遍,石头照样会出于它的自然而向下落,但人的伦理德性却完全不是这样。不过,亚里士多德并不是将伦理德性视为与自然完全没有关系,情况倒是"德性在我们身上的养成既不是出于自然,也不是反乎于自然。首先,自然赋予我们接受德性的能力,而这种能力通过习惯而完善"①。根据亚里士多德的想法,人的伦理天性与他的自然禀赋不尽相同,它一开始是以潜能而非现实的方式存在着。我们的自然能力是天赋的,比如我们并不是通过反复看和反复听才有了视觉和听觉,相反,我们先有了感觉能力才会去感觉;而德性却不同,我们是先运用它们尔后才获得它们。所以,相对于自然事物,人的德性并不是先天的和普遍必然的,而是在后天的实践活动中,通过培养他的能力(潜能[δύναμις])而逐渐形成的。因此在亚里士多德看来,伦理德性的养成并不是通过像服从先在的自然法则那样服从一成不变的规范就可以实现的,我们不是先知道什么是"公正"的概念然后才去做公正的事,相反,我们总是在现实的城邦生活中先做了一件又一件通常被认为公正的事情才成为一个公正的人,才实现我们人之为人的"自然"或本性,因此"立法者通过塑造公民的习惯而使他们变好",这是一种多样性的统一和从潜能到现实的内在合目的的过程。所以,在亚里士多德的伦理学和政治学中充满了对具体的德性和城邦实际生活状况的研究,在他看来,普遍秩序的寻求作为政治哲学和自然法理论的主题,不允许运用像数学那样严密的方式来处理,而应当同关于正义和善的种种观

---

① 亚里士多德:《尼各马可伦理学》,廖申白译,商务印书馆2003年版,第36页。

点意见达成和谐,同政治经验达成和谐。① 对亚里士多德来说,并不因为没有事先对公民的行动规范进行规定,人们的行为、爱好和生活方式的多样性,甚至是不一致,就会损害城邦的秩序,相反,普遍的良好的政治秩序和政治哲学所特有的那种确定性恰恰是在这种经验的积累中逐渐生发出来的。

亚里士多德基于他关于潜能与现实的存在论洞见,特别强调习惯、经验和过程对于人之本性或自然的形成所具有的重要意义,这一点让霍布斯对亚里士多德的实践哲学心生不满。在霍布斯看来,自然法的科学为了追求绝对的统一性,必须尽量避免矛盾和力求精确,而亚里士多德对经验的包容和他的目的论自然观恰恰使他无法向我们提供任何确定的知识,以帮助我们有效地掌握和调节我们的公共生活,甚至有再次陷入怀疑主义和相对主义的危险。正是对确定性和统一性的渴望,对矛盾和不确定的厌恶,促使霍布斯试图像伽利略将数学方法带入物理学研究那样,借用几何学的分析方法来改造传统的自然法理论,由此促成了古代自然法到近代自然法学说的根本性转折。就像黑格尔指出的那样,在一门科学的自我发展和自由的科学发展中,几何学提供了一个光辉的、令其他一些科学羡慕的例子。因为在几何学中,直观和形象与逻辑的必然性得到了完美的结合(GW 4: 417-418)。所以,按照霍布斯自己的说法,将数学和几何学方法应用于政治哲学,意味着政治第一次被提高到科学的高度,使得政治学能够具有像分析判断那样的普遍必然性,由此成为理性知识的一个门类,②进而从根本上规避了激情和意见对政治活动的影响。这也就意味着,自然法的科学必须从对人的本性和对自然的否定(die Priva-

---

① 施特劳斯:《霍布斯的政治哲学》,第167页。
② 施特劳斯:《霍布斯的政治哲学》,第164页。

tion der Natur)①开始。根据近代理性主义的观点,自然事物本身不具有那种可以为我们准确认识和把握的规范性秩序,相反,我们只对那些我们就是其产生原因或者其构造在我们能力范围之内或取决于我们的理性和意志的东西,才能获得绝对可靠的或科学的知识。② 近代哲学不再把世界视为独立于认识主体的东西,而主要地把它把握为自己的产物。由此,数学和几何学的方法,即从一般对象性(Gegenständlichkeit)前提中设计、构造出对象的方法,就成了哲学把世界作为总体来认识的指导方针和标准。③ 霍布斯将统一性的根据追溯到数学,并且按照这样一种理性的先验形式结构来重塑我们的经验,使人为构造的科学的经验(wissenschaftliche Empirie)能够按照一种统一的、可量化的标准来加以衡量,摆脱自然的或日常的经验常常带有的那种含混、不确定和多义性(GW 4: 427),从而能够形成具有普遍必然性的经验知识,在此基础上建构起可以用来指导人类政治活动的自然法的科学。

霍布斯对传统自然法理论的这一改造实际上已经开了康德先验哲学的先河,黑格尔对霍布斯的批判主要也是着眼于这一点。正是霍布斯对传统自然法学说的改造首次"排除了一和多的绝对的统一性",而代之以"抽象的统一性"(GW 4: 426-427),在人类政治事务中用数学的形式合理性取代了实质的合理性。尽管同样是从人的经验出发来理解规范性的根据,但这种通常被看作经验主义的自然法研究实际上已经与亚里士多德意义上的经验主义大相径庭,而更多地灌注了近代理性主义的精神气质。恰如黑格尔所言:"古代科学将自身的活动限制在观察(Beobachtung),因

---

① Cf. Manfred Riedel, "Hegels Kritik des Naturrechts", *Zwischen Tradition und Revolution*, S. 86—87.
② Cf. Leo Strauss, *Natural Right and History*, p. 173.
③ Cf. Georg Lukács, *Geschichte und Klassenbewußtsein*, S. 288;另外还可以参考维塞尔:《启蒙运动的内在问题》,第60—67页。

为唯有观察能够就对象之完整的和未分裂的状态来吸收对象。而采取孤立隔绝的方式,通过人为设计的结合与分离来观察自然,则是我们这个时代的发明。"(GW 4: 274)①这一转折从根本上颠覆了古代自然法传统,通过在经验科学中引入数学的模式,霍布斯用人的理性取代上帝的神圣理性而完成了又一次创世,形式理性从混沌和无序中先天地创造出一个如钟表一般合乎数学和逻辑规则的可计算的、可预测的国家机器,在此基础上,自然法的科学才具有确定性和普遍有效性,但也正是这一转折颠倒了天人关系,将人置于客观的宇宙秩序之上,成为世界的主宰,而霍布斯也由此成为人本主义政治的先驱。

在《论公民》(*De Cive*, 1642)一书的前言部分,霍布斯提出了他的自然法科学的基本方针:对国家的认识就像对钟表的认识那样,只有将它拆开,分别研究其部件的材料、形式和运动,才能弄清楚每个部件和齿轮的作用。"在研究国家的权利和公民的义务时,虽然不能将国家拆散,但也要分别考察它的成分,要正确地理解人性,它的哪些特点适合、哪些特点不适合建立国家,以及谋求共同发展的人必须怎样结合在一起。"②根据这种被称为"分解-重组"(resolutive-compositive)的方法,③霍布斯首先从我们一般所谓的法制状态(Rechtszustand)中抽象出那些任意的、偶然的和时间性的东西,人被抽去了一切在后天的文化教养中形成的各种质的规定,成为完全无序的、混沌的自然状态(Naturzustand)中一堆受制于机

---

① 黑格尔后来在《精神现象学》的序言中进一步论述了古人与今人对待自然的不同研究方式:"古代的研究方式跟近代的研究很不相同,古代的研究是自然意识的真正全面教养。古代的研究通常对其定在(Daseyn)的每一部分都作具体的研究,对呈现出来的一切都作哲学思考,才产生出一种渗透于事物之中的普遍性。但近代人则不同,个体找到的是准备好了的抽象形式;掌握和吸取这种形式的努力,更多是不假中介地将内在的东西逼出来并片段地将普遍的东西(共相)制造出来,而不是从具体事物中和形形色色的定在中把内在的东西和普遍的东西产生出来。"(GW 9: 28)
② 霍布斯:《论公民》,应星、冯克利译,贵州人民出版社 2002 年版,第 9 页。
③ 施特劳斯:《霍布斯的政治哲学》,第 2 页。

械因果必然性的同质的原子式个体;通过对现象的多样性的消灭,简单的统一性在这一纯无(Χάος)中浮现出来。为了让这些杂多的、无规定的原子重新整合成一个规范有序的整体,就需要在其中引入一种必然能够贯穿于这些原子之中并将它们联结起来的力。在霍布斯看来,这种力来自人类求生的欲望和他们对死亡的恐惧,这种最强大的激情引发了所有人对所有人的战争;在自然状态中只有遵循因果律的事实性而没有规范性,因而也就没有善恶可言,人们为了保全自己的生命就必须走出自然状态,而放弃自己对善恶标准的判断,通过相互妥协达成一个根本性的契约,将判断的权利让渡给一个至高无上的主权者,统一的规范必须由主权者的普遍意志和命令来赋予,由此才能重新建立起一种普遍的政治秩序、一个反映在经验多样性中的肯定的统一性和绝对的总体性(GW 4: 424-426)。

对霍布斯来说,这样一个分解—重组的程序之所以能够有效地将自然法学说改造成一种像物理学那样具有确定性和客观有效性的经验科学,是因为霍布斯认为通过这一分解的过程,他在人身上发现了一种普遍的要素,那就是对死亡的恐惧,这一纯粹的自然情感完全像物理学中的力那样具有机械的必然性和数学的可计算性,将理性的法则和行动规范建立在这样一种具有普遍必然性的激情之上,使理性与激情结合起来,规范的客观有效性才能得以实现,也正是这种通过抽象和还原而得到的可以量化的激情使政治科学成为可能。因此,不同于古代自然法传统从人在整体秩序中的位置,即他的本质和目的(τέλος)出发来规定人的义务,近代自然法学说作为一门理性科学必须从自我保全的欲望中推演出来法的内容,求生与畏死乃是正义和道德的唯一来源,那么,所有的义务都是从根本的和确定不移的自我保存的权利中派生出来的;公民社会或者国家的职能和界限必须以人的自然权利而非自然义

第三章 作为伦理自然的理性之法

务来界定。① 在霍布斯看来,虽然他自己也是将德性和规范的形成归根于人的自然天性和激情,但是并不会因此导致相对主义和怀疑主义,相反,由于这些激情依赖于数学模型的先天构造的产物,所以它们无一例外地遵循那种理性的无矛盾的确定性;普遍的数学作为一种认识的理想创立了这样一种理性的关系体系,它能把合理化了的存在的全部形式上的可能性、所有的比例和关系都包括在内,借助它能把所有现象都变成精确计算的对象,②我们就可以在此基础上形成具有普遍必然性和客观有效的自然法,并有效地预测、控制和征服人的激情。

因此,霍布斯的经验主义自然法研究从根本上依赖于理性对自然的否定和重构。虽然人必须走出彼此对立的自然状态,但是,由于政治体、人体和自然物都已经被还原到同一个本体论层面,它们都服从于物质主义和机械论的解释模式,就像霍布斯所说的,思想无非感觉的变形,所以,基于主权者的绝对意志的立法而形成的国家,完全能够通过跟解释自然状态一样的因果机制得到解释。可以说,政治的技术化,人的个体化和原子化,国家由共同体变成了一种机械装置、一种人们为了实现彼此自我保存的自然权利而相互妥协所形成的契约性社会,这些近代理性主义政治哲学的基本主张实际上都源于他们对理想政治秩序和自然法学说的科学性与确定性的追求,法的普遍必然性和有效性被建立在可以通过数学公式进行计算的合理性概念之上,而自然本身的内在合理性与规范性的丧失也正是这一追求的必然结果。

然而,将数学的方法引入自然法学说,通过对自然的解构和否定自然本身的规范性来建构自然法的科学,其代价是,从一开始这门新的科学就放弃了对那些根本性问题的探讨。就像黑格尔指出的那样,霍布斯的自

---

① Cf. Leo Strauss, *Natural Right and History*, pp. 180–181.
② Cf. Georg Lukács, *Geschichte und Klassenbewußtsein*, S. 307.

然法科学只是一种"解释现实"的反思活动,他所关心的不是实在本身的规定,而是解释规范性形成的条件,即为了保证法则的有效性,实在应当如何被构造出来。因此,这种自然法研究不可避免地要陷入二元论,"以这样的方式,那种在一个方面被宣称为完全必要的、绝对的东西,同时在另一方面被承认为某种非实在的东西、单纯想象中的东西和思想物,在前一种情况下是虚构,在第二种情况下是单纯的可能性,这是最尖锐的矛盾"(GW 4: 424)。在这个分解的过程中法的形式和内容被分离开来,而数学的明证性(Evidenz)只在形式上保证了法的确定性,却无法给予其内容的必然性以充分的证明,①结果,为了超出量上的多数而达到一种统一性,只能是把一些后天的、事实上行之有效的或普遍认可的规范作为主权者的意志片面地加以强调,以作为普遍立法的内容(GW 4: 426)。所以在霍布斯那里,那些经由抽象程序所设定的"人的本性和规定"与"能力"等等其实都是任意地被挑选出来作为自然状态的先验原则,因而:"在此分解过程中,经验主义其实根本不具备任何标准,以区别偶然与必然的东西的界限,并区分何者应该被保留在混乱的自然状态以及人的规定中、何者应该被排除其外。在这里,引导性的规定只能是为了叙述在现实中被找到的东西而同样地需要被保存下来;在此挑选先天规定的过程中,所依据的原则其实是某种后天的东西(das Aposteriorische)。"(GW 4: 425)为了说明法的内容方面的必然性,经验主义的自然法研究只能采取一种循环

---

① 就像黑格尔后来在《精神现象学》的序言中特别指出的那样,"几何定理作为结果,诚然是一条已被洞见为真的定理,但这种添加进来的情况并不涉及定理的内容,而只涉及对主体的关系。数学证明的运动并不属于作为对象的东西,而是在事情之外的一种行动",并且因为"在数学认识里,那种洞见是在事情以外的一种行动;由此导致,真正的事情就被它改变了。尽管所使用的工具以及作图和证明都包含着真命题,但同样不得不说内容是虚假的"。"数学以这种有缺陷的知识的自明性而自豪,也以此而在哲学面前自鸣得意,但这种知识的自明性完全是建筑在它的目的之贫乏和材料之空疏上面的,因而是哲学所必须予以蔑视的一种自明性。"(GW 9: 31-33)

论证,将后天的、历史地形成的东西作为人固有的社会性任意地添加到人的先验规定中去,而未能阐明规范本身内在的必然性,规范性的法制状态作为某种偶然的东西是外在地赋予自然状态的。①

正如黑格尔所言,纵然经验主义的自然法科学主张在经验中发现并展示它的表象和基本概念时,它是试图要肯定某种真实的、必然的、客观的东西,而不是坚持一种主观的观点,但是只有哲学才能决定某物是一种主观的观点还是一种客观的表象,是一种意见还是真理(GW 4: 472)。可是,霍布斯宁愿要政治知识的确定性和有效性而不要真理,在他看来,政治科学的建立使我们完全没有必要再去做那些哲学的追问,什么是正当、什么是公正等等都可以被化约为权利和利益的分配,除此之外不再有什么天经地义的自然法和出于其自身的缘故就是善和目的的东西对人类来说具有无可置疑的约束力。这种建立在自然权利基础上的自然法科学似乎比那些被各种不同的意见和观点充斥着、总也得不出确定无疑的答案的哲学研究更加可取。一旦将确定性和可预测性作为自然法研究的目标,从作为一种政治哲学的古典自然法学说向作为一种社会科学的近代自然法理论的转变就在所难免了:一方面,人的所有关系越来越多地获得了自然科学概念结构的客观形式;另一方面,行为主体越来越对这些人为抽象了的过程采取纯粹观察的态度。② 换言之,我们应当也能够像研究物理对象那样来研究人类的规范性行为,在此基础上得出如自然的铁律一般普遍有效的规则以调节人的行为。当我们将求生畏死这样一种人为构造的经验归为人的本性,并且从人的自我保存这一自然权利出发来理解自然法时,基本的自然法就成了寻求和平、信守和平,并且利用一切可能的办法来保卫我们自己;由此可以推出第二条自然法,即"在别人也愿意

---

① Cf. Jean Hyppolite, *Introduction to Hegel's Philosophy of History*, p. 42.
② Cf. Georg Lukács, *Geschichte und Klassenbewußtsein*, S. 310.

这样做的条件下,当一个人为了和平与自卫的目的认为必要时,会自愿放弃这种对一切事物的权利;而在对他人的自由权方面满足于相当于自己让他人对自己所具有的自由权利"①。换言之,对霍布斯来说,什么是自然正当的在于看一个原则是否有助于人类的和平共处,而这一普遍原则的达成取决于人们彼此放弃和让渡相应的自由权利,从而对彼此的自由任意构成限制。可是我们发现,霍布斯在这里提出的自然法理论只涉及法的形式条件,而根本不涉及内容本身的必然性;我们可以在彼此互不妨害的基础上订立各种理性的法则,但是我们并不能就此阐明这些法则就其自身而言必须被遵守的必然性,只要我们的共同利益改变了,法则的内容也会随之而改变。这样一来,"义"本身就被"利"所消解,政治被还原为人的权利、欲望的满足和利益的分配问题。这样一种典型的现代性的政治和道德以人的动物性自利和自保为基础来理解人类共同生活的本质,只能为我们提供一种并不可靠的底线伦理,使我们满足于免受他人的侵犯、摆脱对暴死的恐惧。但对于我们作为人生存在这个世界上的意义和方向,似乎已经变成了与我们的共同生活没有什么直接关联的私人领域的事情,人的存在的终极问题被禁锢在人的知性无法把握的非理性之中。② 然而,如果不从关于事情本身的真理来提出我们应当如何生活的至上与至善的标准,我们也不会有什么底线可言。因为以满足自利为目标的知性技艺只是一种没有任何实质性内容和规定的形式合理性,自利本身又被抽象为一种没有目的和规定的机械活动,所以,当一种规范和约束阻碍了某一群体对自利的要求时,它的规范性效力也就随之消失了,而我们的底线也因此可以越拉越低,直到没有底线可言。

不过在黑格尔看来,经验主义从人的基本欲求和情感这一经验事实

---

① 霍布斯:《利维坦》,第 98 页。
② Cf. Georg Lukács, *Geschichte und Klassenbewußtsein*, S. 290.

出发来确立自然法的研究方式,在面对形式主义时仍有它的优势。因为在经验主义那里仍然保留了对对象之客观性的意识,事实对于规范的形成始终发挥着重要的影响,它不可能彻底地否定自然、变化和多样性,像先验观念论那样要求事实完全符合主观理性立法的固定框架。而且,如果将经验主义的原则贯彻到底,它就不可能停留在某些片面的规定上,理论对错综复杂的经验事实保持着一种开放的态度,不会让某一规定具有压倒其他一切规定的优势,或者认为客观有效的法则必须在所有时间地点得到都严格遵循,相反,对法则之有效性的判断总是随着情境和效用的不同而有所变化,"由于不一贯性,把诸规定性吸收到概念中的做法能够得到纠正,并且能够取消施加给直观的暴力,因为不一贯性直接消灭了从前被给予一个规定性的那种绝对性"(GW 4: 428)。这就使经验主义的自然法学说在对变化和发生的接纳中、在旧的理论范式在实践活动中被证伪时,具有了自我修正的可能性,并在这种自我修正中达到对伦理整体的一种即便模糊但却生动的直观。所以,仅仅就经验主义自身而言,它的弊端有可能在不断的自我修正中被克服。相反,倒是以法的绝对性和理性自律为目标的先验观念论在实践哲学的领域更为彻底地被有限性和经验的必然性所束缚。因为正是由于成功地将普遍性与每一个特殊的经验规定分离开来,形式主义的自然法研究才把反思性的论理发挥到了极致,[1] 它通过援引形式逻辑的抽象的同一性来确定意志的规定根据,用知性的相对的统一性取代了理性与自然的源初统一,使理性自律最终走向自身的反面,而形式主义的自然法在它的执行中异化为一套实定的、压制性的法权体系。

---

[1] Cf. Jean Hyppolite, *Introduction to Hegel's Philosophy of History*, pp. 42–43.

二、 批判形式主义

近代的合理化进程,即在哲学上表现出来的理性主义对确定性和普遍必然性的诉求,绝对不会止步于经验主义,相反,经验主义的自然法科学要想真正实现它的初衷,成为不受特殊性和偶然性影响并能够对人的实践活动进行预测和控制的科学,就必须依赖于形式主义所达到的一个"实定的组织"(positiven Organisation, GW 4: 421),即通过形式逻辑的同一性将有限的经验内容转化为一个不允许有例外存在的实定的法权体系,赋予其"绝对"的形式,以克服经验主义中隐含的怀疑论的威胁。虽然康德的实践哲学是以对经验主义的批判为出发点,但是,这种形式主义的自然法研究与其说是霍布斯的自然法科学的对立面,毋宁说是它的真正完成。因为正是霍布斯对人之本性或自然的分解—重组,将人的现实的感性存在化约为纯然无本质的抽象(Wesenlose, GW 4: 432)和与规范性相对立的杂多的、无序的质料(自然状态),而康德和费希特的实践哲学同样是建立在这个基础之上的,并且以理性自律的名义将理性与自然、一与多的对立绝对化了。所以根据黑格尔的看法,"对自然的否定"作为17世纪自然法学说的基本特征,在康德和费希特的实践哲学中达到了顶点。①

在霍布斯那里,规范性尽管是由主权者的绝对意志外在地赋予自然的,但是规范性本身并不与人的物理自然的必然性即人的基本需要和情感相对立,也就是说,应当之为应当是根据人们喜怒好恶的感受、实践活动中的有效性和对事情应该如何的普遍共识来规定的。由此,自然与法、事实性与规范性的统一在坚持机械论和物质主义一元论自然观的经验主义的自然法研究中仍然以一种歪曲变形的方式保持着。但从先验哲学的

---

① Cf. Manfred Riedel, "Hegels Kritik des Naturrechts", *Zwischen Tradition und Revolution*, S. 87-88; see also Ingtraud Görland, *Die Kantkritik des jungen Hegel*, S. 166-167.

角度来看,由于经验主义没有在"是"与"应当"、实然与应然之间做出严格的区分,导致普遍立法的原则受制于偶然的经验内容,无条件的理性法则被遵循机械因果必然性的条件序列所消解;这样一来,经验主义的自然法研究不仅无法将自然法学说改造成一门具有普遍必然性的科学,反而会使其暴露在相对主义和怀疑主义的攻击之下。如果一个行动的规则取决于行动者的偏好、特殊的情境或者行动的效果,那么它作为一条假言命令就只是有条件的、仅对某个行动者有效的准则,而不能成为普遍立法的原则,即规范性的应当。相反,"义"不能以"利"为转移,真正的实践理性法则必须采取定言命令的形式,它是出于理性自发性的无条件立法。揭示出"法和义务的本质与思维着和意愿着的主体的本质完全是合一的(schlechthin Eins sind),这作为无限性的更高的抽象是康德和费希特哲学的伟大方面"(GW 4: 441)。观念论哲学试图从理性意志的同一性而非特殊的偏好和自然的多样性出发来演绎法和义务的规定,康德的理性自律和费希特的实践自我是这一学说的最高表达。就此而言,自然法意味着理性法(rational right),[1]也就是说,关于自然法的研究不能满足于对经验的收集,用现成性来证明法的绝对性,相反,法的根据在于理性的纯粹自发性,它不受时间和地点等偶然条件的制约,而是以自身为根据具有内在必然性和普遍有效性;只有出于理性自身的无条件立法才具有无可置疑的天然正当性。

可是黑格尔发现,康德和费希特通过知性反思所达到的那种同一性并没有忠实于他们最初的原则,因为对于反思的知性来说,同一性意味着对多样性和差异的否定,这样一来,"当它尽管把同一(Einsseyn)承认为本质和承认为绝对的东西时,它同样绝对地把分离放入一和多,由此使两

---

[1] Cf. Jean Hyppolite, *Introduction to Hegel's Philosophy of History*, p. 44.

者获得同样的地位。因而,同一不仅不是肯定的绝对的东西(它构成一与多的本质,并在其中两者是同一的),而是否定的绝对的东西或绝对的概念,因而那必要的同一成为形式的,并且两个对立的规定性被设置为绝对的,因而在它们的持续存在中落入观念性,这观念性就此而言是两者的纯然的可能性"(GW 4:441-442)。既然现实的存在被先验哲学作为有限的和非理性的东西排除出意志的规定根据,那么,法的确立只能依赖于主体思维和意志的无矛盾性,这种抽象的同一又与那充满着矛盾和变化的实际存在相对立,因而实践理性法则作为一种出于理性自发性的定言命令,必然只是作为思维中无矛盾的观念物而非现实。可是这样一来,无序的、杂多的现实反而比理性自身更加真实和优越,理性不是绝对者,而只能将合乎无矛盾的形式法则的理想世界作为理性信仰和"应当"设定在现实的彼岸。这种反思的方式进一步加剧了本体与现象、理性与感性、自然与自由的二元对立。

黑格尔分别从两个方面来批判形式主义的自然法研究,在涉及统一性或规范的普遍必然性方面,黑格尔主要通过批评康德对实践理性法则的演绎来揭示这种形式立法的空洞性和实定性;而在涉及理性法则要求在经验中达到一种总体性或者说在要求从主观理性出发将世界作为一个合乎理性必然性的系统来建构方面,黑格尔则通过对费希特法权体系的批判来表明这一形式法则如何在它的执行中导致理性自身的异化和形式同一性的暴力。[1] 这两个方面共同构成了一个完整的形式主义自然法学说。

在黑格尔看来,康德关于实践理性法则的演绎充分体现了形式主义自然法研究的反思性特征。对康德来说,应当之为应当就在于它不受制

---

[1] Jean Hyppolite, *Introduction to Hegel's Philosophy of History*, p. 46.

于因果必然性法则,所以必须将一切有条件的经验内容排除出规范性的领域,从无条件的理性自身出发来确定意志的规定根据。可是通过对感性的或病理学因素的排斥,康德就从根本上回避了所有涉及原则的内容的问题,他所关注的不是法的内容的必然性,而是如何确保法则在形式上的普遍有效性,这样一来,定言命令就变成了纯粹空洞的形式同一性。"纯粹意志和纯粹实践理性的本质是舍弃一切内容,因而产生如下自相矛盾的事情:因这理性必须具有一个内容,就在这绝对的实践理性中去寻找一个伦理立法,由于这理性的本质就在于没有内容。"(GW 4: 435-436)可是,法则毕竟是必须有内容的,康德的实践理性批判无法从理性自身演绎出它的内容的必然性,因而只能借助形式逻辑的同一律和矛盾律来将某个特殊的准则提高为普遍立法的原则。

康德将纯粹实践理性的基本法则表达为:"要这样行动,使得你的意志的准则在任何时候都能同时被视为一种普遍立法的原则。"(KGS 5: 30)可是,这样一个原则就像形式逻辑不可能向我们提供任何真理一样,它根本无法阐明到底哪些内容以及何以这些内容可以作为实践理性的法则,相反,如果按照康德的想法来推断,任何规定性其实都能够被吸收到概念的形式中,并被设置为一个质,完全没有那种不能以这种方式被变成一条伦理法则的东西,只要它在人们的行动中被普遍地、无矛盾地加以执行。但是,这种无矛盾性并不能消除这些规定本身的偶然性和特殊性,当有一个与一般认同的普遍法则相对立的规定出现时,两个规定中的每一个都有资格被考虑或者被提升为普遍的规定,因为理性自身并没有判断何者必须被保留、何者必须被抛弃的标准,它的根据倒是后天的(GW 4: 416)。康德寄希望于,当我们把某个意志的规定性吸收到纯粹概念的形式中时,如果这个准则本身没有因此而被取消,那么,它就能够被认定为正当的,并且通过形式上的无条件者如法则、权利或义务而成为绝对的。

但是,准则的内容仍然是一种特殊的、偶然的,并非出自理性自身的自发性的东西。在康德那里,道德和法的命令的演绎总是依靠将有条件的内容与无条件的形式混合起来,却从来没有从它自身的前提演绎出来。判断正当与非正当的标准在于看人们的行动中是否有矛盾出现,他相信如果一个人能够将一个特殊的准则转化为普遍的法则而不使自身陷入矛盾,他就建立起了法则的正当性。① 正如黑格尔指出的那样,"实际上,纯粹实践理性的崇高的立法的自律能力真正说来只是产生同义反复(Tautologie);知性的纯粹的同一性,在理论中被表达为矛盾律,在转向实践的形式时是一样的。如果向逻辑提问:'什么是真理?'并让它来回答,那么在康德面前就会出现一幅可笑的景象,一个人给公羊挤奶而另一个人拿筛子去接。那么实践理性追问:'什么是权利和义务?'并让它回答,是一样的情形"(GW 4: 435)。

黑格尔通过分析康德所举的一个例子来反驳形式法则的正当性。在康德看来,我们不能占有别人的寄存在我们这里的财物以增加自己的财富,这是一条普遍立法的原则,之所以如此,是因为一旦违反了尊重他人的财产这样一条定言命令,把占有别人的寄存物以增加自己的财富这样一条准则作为普遍立法的原则,寄存本身就会因此而被取消,这条准则的普遍化必然会遇到矛盾。可就像黑格尔所质疑的那样,如果没有寄存又有什么矛盾呢? 实际上,寄存的可能性和与之相关的规范性要求是与其他一些必要的规定联系在一起的,比如社会生产的形式、人的社会交往关系、人们对彼此权利的相互承认和信用的机制等各种复杂的条件。但是对形式主义的自然法学说而言,其他的目的,以及所谓病理学上的和经验性的理由在定言命令中不应该被援引,而是必须由概念的直接形式来决

---

① Cf. Georg Lukács, *The Young Hegel*, p. 293.

定这一法则的正当性。也就是说,寄存之所以不能被占有,或者财产之所以不能被侵犯,只是因为寄存是寄存,或者财产是财产这样一个同义反复的分析命题,除此之外不可以有任何其他理由规定我们的义务。实践理性法则不能违反矛盾律,或者毋宁说,在康德那里,无矛盾的就是正当的,他试图——至少是消极地——在无矛盾性原则那儿找到那个形式上,同时是规定内容和创造内容的原则。① 可问题恰恰在于,为什么财产必定存在,"财产是财产"作为主语和谓语的同一($A = A$)是某种绝对的东西,但作为形式的同一性它毫不涉及内容 A 本身,对形式来说,这个内容是某种完全假设的东西。所以,这个同义反复的判断并不能够为财产本身的正当性提供任何在内容上具有必然性的根据。如果仅仅依靠同义反复就可以确定实践理性法则,那么又有什么东西不能通过这个分析命题被证明为天然正当的呢?在感性的内容对于理性的、预测的知性形式的关系这样一个问题上,非理性,即理性主义不能把概念内容化解为理性的这一点表现得最为明显;理性立法之内容的这种非理性正是由近代的知性逻辑和在实践领域追求数学科学的确定性与可预测性所产生的问题;尽管形式逻辑的同一律和矛盾律可以保证法则的确定性,但这种确定性并不意味着它在内容上就是合理的,相反,在形式主义的自然法学说中法的内容的存在和存在方式(das Dasein und das Sosein)仍旧是一种完全不可化解的既定事实(unauflösbare Gegebenheit)。② 所以黑格尔说,"唯一关键性的东西是在纯粹理性的这种实践立法的能力之外的东西,即决定对立的规定性中的哪一个必须被设置;但是,纯粹理性要求这已经事先发生,并要求对立的规定性中的一个预先被设置,只有这样,纯粹理性才能够实现它的现在多余的立法"(GW 4: 437)。

---

① Cf. Georg Lukács, *Geschichte und Klassenbewußtsein*, S. 303.
② Georg Lukács, *Geschichte und Klassenbewußtsein*, S. 292–293.

"当一个规定性和个别情况被提高到自在的东西时,违反理性的东西和在伦理领域内的非伦理的东西就被设置了。"(GW 4: 437)黑格尔对形式立法的批判让我们清楚地看到,在康德的演绎中,应当的必然性(die Nortwendigkeit des Sollens)和应当之物的偶然性(die Zufälligkeit des Gesollten)之间的对比显得尤为触目。① 根据康德对实践理性法则的演绎,法则的内容并不以某种实体性的在其自身规定的存在(Insichbestimmtsein)为根据,而是奠基于准则的主体性,而且命令的必然性并不同时是它的物理的现实性,而只是准则的普遍有效性。② 因此,恰如黑格尔所言,康德式的定言命令"通过绝对的形式与有条件的质料的混合,形式的绝对性意外地被偷运到内容的非实在的东西、有条件的东西上,而这种颠倒和戏法则位于纯粹理性的这种实践立法的核心"(GW 4: 438)。当我们用"财产是财产"这样一个同义反复的命题作为我们必须履行一项义务的根据时,我们所证明的并不是这项义务本身的绝对性或者它具有出自理性自身的内在必然性,而是赋予了这个命题中的质料即有条件的东西(财产)以无可置疑的正当性,并且把对财产的尊重立刻转变成一种无条件的义务。"通过命题的这个绝对性,内容的绝对性也被骗取,并以这种方式去构成法则和原则。"(GW 4: 422)黑格尔在《自然法论文》中对康德实践哲学的批评实际上延续了他早年关于宗教的"实定性"的批判,而在这里,黑格尔更加深刻地揭示了现代政治意识形态的一个根本特点,那就是建立在分析命题或同义反复基础上的自明性,通过这种形式使一些并非天然正当的东西在人们的日常信念中获得其不容置疑的正当性,主观理性的形式立法使偶然的东西和外在的经验的必然性成为绝对的法则,③它意味

---

① Cf. Herbert Schnädelbach, *Hegels praktische Philosophie*, S. 36.
② Cf. Ingtraud Görland, *Die Kantkritik des jungen Hegel*, S. 173-174.
③ Cf. Georg Lukács, *Geschichte und Klassenbewußtsein*, S. 303.

着"一个抽象的原则,或一套抽象的原则,它独立地被人预先策划。它预设给参加一个社会安排的活动提供一个明确表述的、有待追求的目的,在这么做时,它也提供了区分应该鼓励的欲望和应该压抑或改变其方向的欲望的手段"①。民主、自由、人权是值得追求的,私有财产应当被尊重和捍卫,只因为"民主是民主""自由是自由""权利是权利""财产是财产",现代政治意识形态中关于正当性的论证最常用的就是这种同义反复的方式。在现代社会,我们不会再去追问所有权、个人自由本身是不是正当的或者在何种意义上是正当的,即便我们提出以所谓实质正义来弥补程序正义的不足,也仍然受制于以权利和利益的分配为根本的分配正义的逻辑。只要以数学和几何学真理的自明性、可计算性和可预测性为样板的合理化模式这一基础没有改变,人类就会始终将非理性的因素保持在形式合理性当中。就像卢卡奇敏锐地指出的那样,数学的方法是与一种在方法论上已经完全适应它的方法要求并变得和这些要求相一致的非理性概念打交道(通过它又和一种类似的事实性,即存在的概念打交道)。②近代以来的理性主义实践哲学正是通过这种方式来实现对那种在一切时间和地点都有效的普遍立法的追求,关于什么是"善"和"正义",以及什么是一个理性行动者应当去做的等规范性的要求被当作自明的"理性事实"而被直接给予我们,并且要求我们的情感、意志和欲望全部符合形式合理性的规定。这种隐含着非理性因素的理性主义的自然法学说所留下的是哲学的独断论,或者是资产阶级思想把它的思维形式与现实、与存在简单地等同起来。③ 由此,形式主义的自然法学说不仅比经验主义更彻底地陷入了经验的必然性,而且在普遍意志的名义下更进一步地加固了理

---

① 欧克肖特:《政治中的理性主义》,张汝伦译,上海译文出版社2003年版,第41页。
② Georg Lukács, *Geschichte und Klassenbewußtsein*, S. 296.
③ Georg Lukács, *Geschichte und Klassenbewußtsein*, S. 297.

性与自然的分裂,产生了新的不自主,这在费希特的自然法学说里表现得尤为突出。

通过知性反思所得到的形式法则必须在现实中有效地实行并由此建立起一个合乎理性法则的共同体,才能证明这种自然法学说的科学性和法的绝对性。可是,费希特的自然法学说就像他的知识学一样未能真正贯彻同一性的原则,反而预设了个别意志与普遍意志的对立,在他看来,与普遍意志的合一不可能从特殊的、个别的意志中产生,而是必须作为应该通过外在的关系或强制而产生的东西(GW 4: 443)。黑格尔将费希特的合法性体系称为强制的系统(Zwangssystem)。对费希特来说,通过强制使个别意志服从普遍意志的统治,是使人摆脱自然的机械必然性,实现理性立法和自由的唯一方式,[①]可是这种强制的系统却把国家本身和它的统治变成了一种没有生命的机械活动。就像黑格尔在《差异》一书中所描述的那样:

> 那种知性的国家(Verstandesstaat)不是一个有机的组织(Organisation),而是一台机器(Maschine)。在这种国家里,人民(Volk)不是普遍的、富有生命的有机体,而是原子式的、毫无生气的杂多(Vielheit);这种杂多的诸因素是绝对对立起来的诸实体,一部分是作为点的堆积(eine Menge von Punkten)的理性存在,另一部分是诸杂多通过理性(即在这种形式中)、通过知性成为可塑的质料。诸因素由概念加以统一,诸因素的结合是一种没有尽头的统治(ein endloses Beherrschen)。点的这种绝对实体性建立了一种实践哲学的原子论体系(ein System der Atomistik der praktischen Philosophie)。在这一体系

---

① 费希特:《自然法权基础》,谢地坤、程志民译,商务印书馆2004年版,第143页及以下。

第三章 作为伦理自然的理性之法

中,正如在关于自然的原子论中一样,外在于原子的知性成了法则(Gesetz)。这种法则在实践原子论中自称为法(Recht)。法是一个总体性的概念,它必须把每一个行动都当作它的对立面,因为每个行动都是某种被规定的东西;概念规定了每个行动,这样一来,法就消灭了在它之中的活生生的东西,即真正的同一性。"就算世界毁灭,也要贯彻法则与正义"(Fiat justitia, pereat mundus)所说的法则,甚至还不是康德赋予这句话的那种意义,"哪怕让世上所有的恶人全都消失,也要让法得以实现",而是在这种意义上:就像人们所说的那样,法必须被实行,即便因此信任、快乐和爱,即一个真正的伦理同一性的所有幂次(alle Potenzen)可能被毁掉。(GW 4:58)

对理性与自由的渴望使康德和费希特的实践哲学走向了自身的反面。不可否认,法之为法、应当之为应当就在于它的绝对性和同一性,规范性绝不能化约为主观的偏好、任性这样一些特殊的、偶然的因素,而自由则体现在人能够克服历史、周遭的环境和自身的利害得失等各种条件的影响而践行理性的无条件法则的行动中;但恰恰是因为主观观念论哲学通过知性反思的方式将同一性等同于确定性和无矛盾性,对同一性的坚持就产生了非常吊诡的结果,即为了证成世界合乎理性的统一性,在尘世间实现至善,实践理性的无条件立法应当在一切时间、一切地点得到严格执行和坚决贯彻,可这样一来,合理化所坚持的那种知性的同一性就变成了一种强制和异己力量的统治,理性之法作为一种自由的因果性实质上就变得与机械的必然因果性无异了。就像黑格尔指出的那样:"形式主义用这样的方式不仅放弃了在它称之为经验的东西面前的一切优势,并由于在有条件物与条件的联系中,这些对立物被设置为绝对存在,形式主义本身就完全陷入经验的必然性,并通过形式的同一性或否定的绝对者

(形式主义靠这个把对立物集中起来)给予经验的必然性以真正的绝对性的外貌。"(GW 4: 423)形式主义的自然法学说将自由和正义等同于排除了一切差异和变化的知性的同一,它热切地渴望实现一种完美的政治(the politics of perfection)或统一式的政治(the politics of uniformity),①希望人类可以按照出于理性的普遍必然性的法则而非自然的偶然性来建立一个普遍管理法权的公民社会,能够通过将自然置于自由、多样性置于统一性的统治之下来消除怀疑与纷争。然而,这种合法性的体系只是"形式上的无差别(这无差别在自身之外存在着有条件的差别物),是无形式的本质、无智慧的力量、无内在的质或无限性的量、无运动的静止"。"在靠机械的必然性而进行的活动中的最高的任务是用普遍的意志去强迫任何个人的活动。"(GW 4: 443)换言之,即便"朱门酒肉臭,路有冻死骨",基于个体权利和利益的分配正义观念以及所有权本身却是不可动摇的;我们可以通过个人的同情怜悯或社会组织的慈善事业来弥补由于各种先天和后天因素所导致的不平等,可以指望资本家的良心发现,但是,绝对不允许触犯私人财产和私法体系这一在其内容的形成上具有偶然性却被视为体现了所谓普遍意志的法权体系本身。也正因为如此,法律的执行就变成了一种强迫,犯罪与惩罚就像作用力与反作用力一样是一种机械关系,而不是自由的实现。在这样一种法权体系中,每个人的权利和义务以及由于触犯他人的权利或未履行相应的义务而应当接受的惩罚都可以清楚地计算出来,惩罚就像一种商品,而犯罪就是它的等价交换物。所以黑格尔才不无讽刺地说道:"国家作为法官的职权,在于举行一个带有诸规定性的集市贸易,这诸规定性叫作各种犯罪,并出售以交换得到的其他诸规定性(各种惩罚),而法典就是价目表。"(GW 4: 449)

---

① 欧克肖特:《政治中的理性主义》,第5—6页。

第三章 作为伦理自然的理性之法

形式主义的自然法理论对法权体系的构造,最终完成了近代自然法的人本主义转向及其对合理化与确定性的追求。因为只有通过纯粹体系的范畴,法律调节的普遍性才能扩大到一切领域。要求体系化,要求抛弃经验、传统和质料的限制,就是要求精确的计算。可另一方面,正是这同一个要求引起法权体系作为永远完成的东西、准确确定的东西,也就是作为固定的体系同社会生活的个别事情相对立。① 然而,依靠强制的方式所建立的外在的联合不可能实现真正的正义,相反,如黑格尔所言:

> 坚持这样的看法,即在人类事务的这一领域中,内在的绝对的和确定的法和义务可能源于形式的无差别的东西,或否定的绝对者的东西,它在这一领域的固定的实在性中占有其地位,而且确实只是内在的。但是,就它是内在的而言,它是空洞的,或者说,除了纯粹的抽象,完全无内容的统一性的思想之外,在它之中并没有绝对的东西。它绝不是来自到目前为止的经验的结论,也不能认为它是一种偶然的具体物的不完美性,实现一种先验的真实理念的不完美性。相反,我们必须认识到,这里所说的"理念",以及对以这种理念为根据的美好的未来的希望,本来就是不存在的,而且完美的立法内在地是不可能的。(GW 4: 452)

在黑格尔看来,涉及人类行动的规范性领域不可能有完美的立法,但并不是由于人类经验的特殊性和偶然性使这一完美的立法不可能,而是因为以几何学为样板对人类的本性与实践活动所进行的还原和重新构造并不能真正把握人类经验的复杂性。数学所具有的这种抽象的、毫无生

---

① Cf. Georg Lukács, *Geschichte und Klassenbewußtsein*, S. 272.

气的自明性帮助人类征服了自然,我们充满信心地利用数学的工具将这个变化无常的自然界置于理性那整齐划一的统治之下;精确性、可重复性、可预测性成了科学的标志,不论是霍布斯还是康德和费希特,他们都希望这种合理性与科学性可以在人类实践的领域中被复制。形式主义的自然法学说借助分析命题的同义反复将特殊的规定转化为绝对的法则,并且要求在公民社会中毫无例外地服从这个普遍法则的统治,将这一强制视为自由的表现,但"正是规定的特殊性和对规定的绝对坚持才使这种正义成为不可能,或者只有这些规定的混淆才使正义得以可能。只有通过直接的伦理直观(抑制这些被设定为绝对的规定,并且唯有坚持整体性)才能成为现实"(GW 4: 452)。在黑格尔看来,真实存在的东西由于它自身的复杂性而不可能还原为数学真理的自明性,但这复杂性和多样性背后又并非没有它的合理性与合法则性,真正永恒的和绝对的理性之法就其本性而言恰恰是在各种特殊、差异和矛盾中展现自身的规范性力量。

尽管理性立法的绝对性和现实合乎理性的统一性本是主观观念论的实践哲学的最终目的,但是这一目标却不可能通过对抽象的形式同一性的坚持和对自然或多样性的否定来实现。首先,因为形式主义的实践哲学将对自然法或规范本身之合理性的认识变成了对实践法则的形式条件的认识,将自然法的科学变成了实践理性批判,这样一来,无矛盾的确定性就取代对法的内容及其内在必然性的探究成为自然法科学的最高目标,理性的统一性满足于一种主观的、形式的统一性。黑格尔批评这种理性法则是空洞的和形式的,这并不是说道德或法在它那里没有具体的内容,而是说,这种内容缺乏出自理性的内在必然性;理性的统一性在内容上受到外在于理性自身的现成存在和偶然的感性因素的制约,形式主义的自然法理论的工作只是将一些历史形成的或人们所普遍认可的信念与准则加以整理,使其具有合乎理性的外形。因此,尽管形式主义的自然法学说强调了理性的无条件性和普遍必然性,但由于这种普遍性只是形式的普遍性,它的内容并不是出自理性自发性的产物,所以它在实质上仍然是经验主义的或有条件的,包括当代哲学家罗尔斯(John Rawls)等人提出的那种在道德判断与道德原则之间不断做出调节并使之相互和谐一致的"反思平衡"(reflective equilibrium)也仍然只是一种从人的有限观点出发来思考行动规范的形式条件。① 其次,对形式主义的自然法理论来说,只有不受一切经验条件制约的定言命令才是以理性自身为根据的无条件的法则,所以,真正的绝对者即合乎理性统一性的世界必然要按照定言命令来运行。可是,道德行动和法律作为无条件的理性立法的实施,在形式主义的实践哲学体系中必然表现为为法律而法律、为义务而义务的行动(GW 4: 402),这种排斥一切感性因素影响的实践,将权威对个人的统治这种外在的异化转变为人自身的异化,表现为知性同一的形式法则对杂多的经验内容、理性方面对感性方面的统治,理性的自我立法和理性行动并没有真正实现自由。最后,这种出自形式合理性的规范性要求一方面排斥自然和经验的多样性,另一方面又需要在与多样性的对立中来保持自身的同一,因此,这种否定的道德和法权体系只具有可能性而不具有现实性,整个实存的领域都处在理性的统一之外;而为了证明实践理性法则的绝对性,理性就不得不承认自己的无能,转而通过压迫和强制的手段来维护形式立法的绝对权威,或者求助于对道德的世界秩序(moralische Weltordnung)的一种非理性的信仰来激发行动者的伦理动力,以保证理性法则的有效性和现实性(GW 4: 270),在无尽的"应当"和"公设"中满足自己对完美秩序的渴望,普遍与特殊、自然与自由的对立就在这一主观理

---

① Cf. Christine M. Korsgaard, *The Sources of Normativity*, pp. 99–100.

性的统一中被永恒化了。①

形式主义的自然法学说及其所有后果都与它自身的原则即理性的绝对性和理性自律相背离,它将自然与理性、实然与应然的分裂和对自然的否定推到了极致,事情本身的规定性或本然之理与主观理性的形式法则之间完全对立,人的自我立法取代事情本身的必然规定成为规范性的来源。正如黑格尔所言:"自然法应当阐明伦理自然是如何达到其真正的法(Recht);反之,如果否定的东西(不仅本身而且作为外在性的、形式的道德律,纯粹意志的和个人意志的抽象),以及这些抽象(例如,强制,普遍自由的概念所限制的个人自由等等)的综合表达了自然法的规定,那么,它可能是一种自然的非法(Naturunrecht),因为通过把这种否定作为基础性的实在,伦理自然将陷于绝对的毁灭和灾难。"(GW 4: 468)近代理性主义在实践领域中越是追求合理化、坚持数学式的确定性和抽象的、知性的同一性,反而越是拒斥了真正的绝对者,越是导向主观主义和非理性;相反,只有当同一性作为一种有差异的同一、自然本身作为统一性与多样性的源初统一被把握时,或者说,非理性被把握为理性本身的自我构成时,才能从根本上克服非理性,自由和理性之法的绝对性及其内容上的必然性才能真正在现实中得以证成。② 正因为如此,黑格尔才会如此重视康德在

---

① Cf. Georg Lukács, *Geschichte und Klassenbewußtsein*, S. 302-303; see also Heinz Kimmerle, *Das Problem der Abgeschlossenheit des Denkens*, S. 211-212.
② 黑格尔认为,与数学和几何学的抽象认识不同,哲学并不满足于认识主体先天构造的对象,即它并不考察非本质的规定,而是要认识现实的事物本身,也就是要去把握那"自己建立自己的东西,生活在自身中的东西"。因此,就像黑格尔后来在《精神现象学》的序言中表明的那样:"正在消失的东西毋宁本身应该被视为本质性的,而不应该被规定为从真实的东西上切除下来而弃置于真实的东西之外不知何处的某种固定之物;同样,也不应该把真实的东西视为在另外一边静止的、僵死的肯定之物。现象就是生成与毁灭,但是生成毁灭本身却并不生存毁灭,而是自在地存在着,并构成真理的生命的现实性和运动。这样,真实的东西就是所有的参加者都为之酩酊大醉的一席豪饮,而因为每个参加者一离席就直接消解掉了,所以这场豪饮也同样是透明的和单纯的静止。"(GW 9: 34-35)

第三批判中提出的目的论自然观,并根据谢林的自然哲学(同一哲学)的原则来表达自己关于实践哲学体系的最初构想。

第二节　"伦理自然"的理念

无论是经验主义的探讨方式,还是形式主义的探讨方式,近代自然法学说都分享了理性主义和主体主义哲学的一些基本预设。对于近代理性主义哲学来说,自然不再具有它在古代世界中所具有的那种神圣的秩序和绝对的意义,作为在直接的、未经理性检验的感觉、情感、想象、信仰和偏见中表现出来的一切存在之全体,自然本身是不值得信任的。自然因其多样性和变化而被视为假相和谬误来源,它只会带来无序,而不是普遍和确定的秩序,相反,只有不受外在的经验性因素制约的主体的理性和纯粹意志才具有无条件的普遍立法的能力。就像黑格尔在《差异》一书中批评费希特时所指出的那样:"自然,从前是有限-无限(endlichunendlichen),现在被剥夺了它的无限性,剩下与自我=自我对立的纯粹的有限性;在自然中作为自我的东西被拉进了主体。"(GW 4:52)

可是,这种通过否定自然来确定普遍立法原则的自然法研究却只能达到一种思维中的无矛盾性。要证明这种空洞的理性法则具有绝对性和现实性,就必须依靠主体对客体、自由对自然的统治,通过消灭对立双方中的一方来把另一方提高为某种无限的东西,从而获得一种形式上的、相对的统一,但是这种对立和分离却仍然存在着。近代的自然法研究作为近代理性主义传统的延续,尤其是这种否定性的自然概念的延续,实际上就是要用主观理性的应然来统摄因为理性的否定而产生的非理性的、客观的实然,但"体系的绝对性表明自己只在它的现象的形式中由哲学的反思加以理解;因此,这由反思给绝对物的规定性,并没有除去有限和对立。

这个主体-客体的原则,表明自己是一个主观的主体-客体"(GW 4: 6-7)。而且,这种主观的主体-客体在内容上不具有绝对的必然性,并且始终停留在现实的彼岸,深藏于自由与必然、自我与非我之间的二元对立始终是其挥之不去的阴影。

就像卢卡奇指出的那样,耶拿时期的黑格尔已经不再仅仅关注康德伦理思想的某些具体方面。因为他清楚地意识到,康德和费希特实践哲学的不足恰恰是他们错误的、片面的理性主义和主体主义世界观所导致的直接结果。建立在这种否定自然和否定现实的主观观念论基础之上的实践哲学,在处理现实的人类生活时必然会陷入失败。[1] 而黑格尔耶拿早期的实践哲学则试图在一种已经被近代理性主义哲学破坏了的肯定性的自然概念和客观观念论的形而上学基础之上来重新思考理性之法与自然之间的关系。[2] "在自然哲学中提出的客观的主体-客体与主观的主体-客体相对立"(GW 4: 7),通过对杂多自身内在的统一性以及自然本身固有的规范性维度的阐明来重建伦理形而上学,以实然来统摄应然,实现理性与感性、自由与必然的真正的统一。"伦理的绝对的理念包含着作为完全的同一的自然状态和威严(Majestät),因为后者本身无非绝对的伦理自然,而且不要因为威严的实际存在,就认为人们必须通过自然的自由来理解的绝对自由就丧失了,或者伦理自然就被抛弃了;但是,如果自然的东西在伦理的关系中必然被考虑为要放弃的东西,那么,它本身就不是伦理的存在,因而在它原本的形式中也就完全不能表现伦理的存在。"(GW 4: 427)换言之,如果自然法的科学探讨方式在于理性与自然、自我与非我之间真实的、绝对的同一,从自然完全的、内在的必然性来把握住真正肯定

---

[1] Cf. Georg Lukács, *The Young Hegel*, p. 285.
[2] Cf. Manfred Riedel, "Hegels Kritik des Naturrechts", *Zwischen Tradition und Revolution*, S. 87-90.

的东西,那么自然就不能首先被理解为一种特殊的、无序的状态,与普遍的法权状态对立起来,而是必须像古典自然法理论那样,将法权状态视为具有内在目的和内在动力的自然的合目的的自我实现。对于黑格尔来说,这种具有鲜明的前现代色彩的、形而上学的能动的自然观念不能停留在独断的设定,其存在的合理性必须能够在这个以反思性和主体性为标志的理性主义时代得到新的辩护,而因"泛神论之争"的推动得以在德国哲学中复兴的斯宾诺莎的实体一元论思想,以及谢林在观念论哲学的基础上对斯宾诺莎的实体观和康德的目的论的自然概念的发展,恰恰为黑格尔耶拿早期的实践哲学探索中所依赖的这一独特的实体性的自然观念提供了重要的基础。

一、 新斯宾诺莎主义与能动的自然

对于17、18世纪欧洲的主流思想界来说,斯宾诺莎关于"神即自然"(Deus sive natura)的主张无异于将作为造物主的无限的上帝与作为被造物的、受机械因果必然性支配的有限的自然等同起来,这不仅仅是渎神的,而且代表了一种在宗教和道德上极为危险的立场。法国思想家、著名的怀疑论者贝尔(Pierre Bayle)在其编撰的《历史批判辞典》中将斯宾诺莎称为"一个体系性的无神论者",而所谓的"斯宾诺莎主义者"则"几乎不信仰任何宗教"。[①] 贝尔的批判使得"斯宾诺莎"的名字近乎成了无神论、宿命论和物质主义的代名词。尽管斯宾诺莎本人曾经对这样一种针对他的无神论指控感到不安,并且在回应一位指控者的时候写道:"他的推理

[①] Pierre Bayle, *Historical and Critical Dictionary: Selections*, trans. Richard H. Popkin (Indianapolis: Bobbs-Merrill, 1965), pp. 288, 301.

基础是，他认为我废除了神的自由，使神屈从于命运。这是完完全全的误解。"[1]然而，斯宾诺莎的抗辩无济于事，人们仍然要竭力将自己的哲学与斯宾诺莎的哲学区分开来，就像莱辛所说的那样，人们在谈起斯宾诺莎时，总像在谈论一条死狗。

很大程度上，我们可以把斯宾诺莎视为今之古人，他的思想形成于一个理解他的思想所需要的种种条件还不具备的时代。在以理性主义和主体性形而上学为基础的现代科学世界观方兴未艾之际，斯宾诺莎就已经看到了这种主体性形而上学和理性主义世界观的内在困难，并试图凭一己之力将主体性拉下神坛，通过论证神、自然和实体的同一，恢复一种古典的、作为自因的能动的自然概念，在更为本源的实体的源初统一中，克服笛卡尔主义所造成的心灵与物质的二元对立。但是，由于未能意识到斯宾诺莎哲学中所包含的对主体性原则的不满，以及机械论自然观的主导地位，人们很容易在有限的物质自然的意义上来理解斯宾诺莎的自然观念，进而将他的"神即自然"看作一种无神论的宣言。直到18世纪末、19世纪初，伴随着雅各比在"斯宾诺莎主义"的名下对整个近代理性主义和主体主义哲学传统所展开的批判，德国思想界才开始意识到恰恰是理性主义原则本身导致了对上帝和自由的消解，也正是在这样一个反思理性主义和主体性形而上学的全新语境中，隐含在斯宾诺莎"泛神论"及其自然观念中的深刻洞见，才逐渐被德国古典时代的哲学家所理解和接受。

在古代和中世纪，根据亚里士多德的物理学，自然被描绘为一个有限而封闭的、秩序井然的整体，各种自然事物都有其独特的本质，因而在自然固有的等级序列中一切事物都有着各自确定的位置，而这个规定着事

---

[1] Benedictus de Spinoza. *Spinoza: Complete Works*, trans. Samuel Shirley, ed. Michael Morgan (Indianapolis: Hackett Publishing, 2002), p. 879.

物之本性和价值的自然位置决定了事物存在的形式和目的,各种事物的本性当中都包含了朝向自身的完满性(完全的现实性)运动的内在动力。人们能够在这样一个自然的等级系统中,分辨出不同事物的不同本性,从事物自身的内在目的实现中获得对存在的内在必然性的认识。但是到了近代,这种目的论自然观在哲学和科学两个方面遭到了毁灭性的打击。亚里士多德否认真空的存在,以及物体可以在均质化的空间(真空)中无限移动。相反,亚里士多德认为,不同的空间是与不同事物的本性紧密相关的,任何自然物体都会出于其自身内在的动力朝向它在宇宙中的"自然位置"运动。而伽利略否认亚里士多德的运动概念以及"自然位置"存在的必要性,他证明,在没有外力作用的情况下,一个沿着一条直线匀速运动的物体将以该速度沿着直线持续运动下去。这个"惯性定律"的提出意味着伽利略抛弃了空间的固定性质,并且否认存在着影响物体运动的内部因素(内在目的和内在动力),而亚里士多德的那个丰富多彩的、形式多样的自然最终可以被还原为一个由均质化的、惰性的物质组合而成的、受制于外在因果必然性的世界。

这场重要的本体论变革,将我们从一个万事万物都有其独特本性和由内在动力所推动的自然观带向了这样一个与之迥然不同的、全新的自然观:计算理性成为理解自然的唯一正当的合理化模式,质的量化使得自然的多样性和质的差异性被彻底剥夺,在这个均质化的自然中,可以形式化和普遍化的外在机械因果关系消解了事物自身内在的目的和动力。自然的数学化启发了笛卡尔"普遍数学"(mathesis universalis)的构想:通过将复杂的、缺乏明证性的事物分解成最简单的、最容易知悉的对象,并由此出发逐步对对象进行综合和重组,使我们关于整个世界的认识最终具有像数学那样的自明性。笛卡尔的二元论为这一构想的实现奠定了形而上学基础,他论证了物质的本质是广延,心灵的本质是意识,而这种彻底的二元论也导致了事实与价值的分裂,在将理性主体从自然中抽离出来的同时,也使原本自身具有目的和规范的自然成为完全价值无涉的、僵死的物质世界,成了与主体相对立并依赖于主体的理性立法的客体。

尽管理性对自然的重构让知识变得更加具有普遍性和确定性,但是将自然还原为剔除了感觉经验的、纯然量化的和机械化的物质运动,进而将人和国家还原为单纯由求生和畏死的欲望所支配的原子化的个体及其外在的联合,这不仅会使自然不再能够作为意义的承载和价值的客观来源,而且正是这个理性化的世界必然会将人类自身带入无意义和非理性的深渊。一方面,以纯然数理科学的态度来构造自然和认识自然,会导致人对自然的疏离,以及终极意义的丧失。对于理性的认识者而言,没有什么东西不能通过理性加以还原和反思、通过外在的原因加以解释和说明,也就是说,没有什么东西自身就是自身存在的根据,自身就是自身存在的目的,因而具有绝对的价值和意义,而人们却无法通过计算理性所构造的量化的、均质化的宇宙来回答以无条件者和不可还原的质的规定为基础的规范和价值层面的问题。

另一方面,因为启蒙的世界观无法在自然中为任何无条件者留出地盘,所以人类独有的本性和尊严也会受到极为严峻的挑战。通过将具有独特的质的规定的全部人类经验还原为可量化的物质运动和机械规律的作用,人的理性、自由和尊严这些构成人类本性的核心要素就都被消解了。这一点在雅各比的《关于致摩西·门德尔松先生的信中的斯宾诺莎的学说》中得到了充分的揭示。雅各比在这场由他所挑起的"泛神论之争"中将斯宾诺莎视为最一贯的理性主义者,因为他的泛神论学说彻底地表现了理性主义和启蒙世界观的逻辑结果:如果我们遵循理性的诉求,那么整个自然必将是一个自身封闭的因果链条。在这个合乎理性的、具有机械必然性的因果链条中,自由、上帝、灵魂、意义和目的是没有位置的。

可以说,恰恰是对理性与世界合理化的要求导致了一个机械决定论的世界观的产生,以一种非常吊诡的方式证明了,人就跟宇宙中所有受制于客观规律的物体一样,既不具有理性也不具有自由。

通过对斯宾诺莎主义的批判,雅各比希望揭示作为启蒙运动之基础的理性主义哲学的内在矛盾:一以贯之的理性主义只能要么导向与自身相背离的物质主义、决定论和无神论,要么以康德和费希特的观念论的形式出现,导向一种彻底的主观主义和虚无主义。不过有趣的是,正是雅各比对斯宾诺莎主义的批判将"斯宾诺莎"这个名字重新(或者说是真正)带回到哲学论争的中心。在这样一个特殊的语境当中,包括黑格尔在内的德国古典时代的哲学家们,通过对斯宾诺莎的实体学说、上帝观念和自然观念的重新阐释,为克服启蒙和理性主义的困境开辟了一条新的道路。

虽然同为启蒙理性的重要批评者,但赫尔德并不赞同雅各比对斯宾诺莎的理解和批判。在为回应雅各比而写的《论神:对话数篇》(*Gott: Einige Gespräche*, 1787)中,我们可以看到德国思想界在对斯宾诺莎的接受上出现了一个关键性的转折。对于赫尔德以及深受其影响的青年黑格尔来说,斯宾诺莎代表了传统的有神论和无神论以外的第三条道路,他的泛神论的一元论主张使得理性的无穷尽的溯因和以自身为根据的绝对无条件者的直接性得以兼容,为后康德时代的哲学家们超越近代主体主义产生的二元对立,克服因理性反思导致的分裂、异化和虚无主义提供了重要的洞见。

如果人们按照赫尔德的建议,从斯宾诺莎自己的观点来读他的著作,那么人们将不难发现,在与近代主体主义的对抗中,斯宾诺莎无疑具有典范性的意义。当主体性原则方兴未已之时,斯宾诺莎就已经清楚意识到这一原则的内在局限。他明确指出,"我思"不足以充当形而上学的第一原理,因为思想虽然具有确定性,但是这种确定性并不等于对事物存在的内在必然性的认识,它作为形而上学的第一原理是不充分的。相反,唯有完全不依赖于任何外在原因并且在其本性中必然包含存在的"神"才是充分而圆满的,万事万物的存在必须以此为根据。① 因此,在斯宾诺莎看来,只有神是严格意义上在自身内并通过自身而被认识的实体(substantia),是本质即包含存在的自因(causa sui),又是心灵和物质这两种属性得以被区分开来的前提,而作为完满的自因和万物的内在原因,神不再与自然处于外在的对立—制约关系中,而是与作为实体的永恒无限的本质,即以自身为根据的"能动的自然"(natura naturans)相同一。就此而言,形而上学不应当从"我思"出发,而必须从"神即自然"这个绝对同一出发。② 可以说,当近代的主体性原则在康德和费希特的观念论那里达到顶点,当雅各比对斯宾诺莎主义的批判使整个以理性主义和主体主义为基础的启蒙世界观的内在矛盾昭然若揭时,一直以来被当作"死狗"的斯宾诺莎似乎才在德国迎来了一批真正能够理解他的人。

不过,首先,斯宾诺莎的哲学必须在新的语境中得到更新。赫尔德认为,斯宾诺莎之所以长时间地被误解,很大程度上不是因为他的哲学的内容,而是由于他的理性主义的形式。因此,斯宾诺莎需要的不是辩护,而是将他翻译成一种18世纪晚期德国的哲学话语,一种深受当时的生物学和化学发展影响的哲学话语。事实上,科学范式的转变为斯宾诺莎的一元论哲学的复兴提供了一个非常重要的契机。如果说面对16、17世纪的数学、天文学和物理学所提供的关于宇宙的科学模型,雅各比只能将具有自由意志的、超越性的上帝置于惰性的物质和受制于机械因果必然性的自然的对立面。那么,在18世纪末的化学和生物学所提供的新的科学模

---

① 斯宾诺莎:《笛卡尔哲学原理》,王荫庭、洪汉鼎译,商务印书馆2013年版,第64、73页。
② 斯宾诺莎:《伦理学》,第3、15、29页。

型中,①生命和活力成了构成所有实在的本质性原则,而上帝的超越性不再需要被解释为某种空间上的超越或者外在。这些新的科学理论和发现展现了一种动力学的自然观念的可能性。在这个动力学的框架中,存在的不是受制于机械法则的物体,而是引力和斥力这相互对待的两极,它们的自发活动塑造了所有的物质形式,而这个作为能动的有机统一体的、自我组织的自然恰恰是对斯宾诺莎的"神即自然"的一种辩护。根据这种动力学的自然观念,雅各比关于斯宾诺莎对神的内在性的主张不可避免地会导致物质主义的这个预设就不能成立了,赫尔德也正是据此驳斥了雅各比针对斯宾诺莎所做出的宿命论和无神论的指控。

通过将莱布尼茨关于实体的本质乃是活力(vis viva)的想法与斯宾诺莎的一元论相融合,赫尔德将斯宾诺莎的内在性哲学转换为一种新的世界观:真正存在的不是惰性的物质或者虚空,而是一个活的、能动的、具有内在关联的各种活力的系统。这个有机统一的自然被描述为一种动态的、有差异的同一,根据这一观念,万物既保持其自身独有的质的规定,同时又作为能动的自然朝向自身的本质和目的自我实现的不同阶段而彼此之间内在关联起来。换言之,赫尔德进一步发展了一种有机的、动力学的一元论形而上学主张。② 一旦人们以这样一种方式来理解实在,基于主体性原则产生的任何形式的二元对立都将被消除,因为主体与客体、心灵与物质、意志与理智等等都被理解为源初统一的自然的不同表现,是活力组织和发展的不同程度。除此之外,作用因与目的因之间的严格区分也在这个一元论的框架之中被消解了,因为在一个完全以自身为根据的自然

---

① Cf. John H. Zammito, *The Gestation of German Biology: Philosophy and Physiology from Stahl to Schelling* (Chicago: University of Chicago Press, 2018).
② Cf. Frederick Beiser. *The Romantic Imperative: The Concept of Early German Romanticism* (Cambridge: Harvard University Press, 2003), pp. 182-183.

中,作用因不再被理解为机械论自然观中盲目的、机械性的原因,而目的因也不再是按照一种外在的、理智设定的原因的方式来理解,两者实际上是同一的。而且也只有根据这样一种摆脱了任何外在限制的新的因果性观念,才能真正揭示万物存在的内在必然性。这样一来,经过赫尔德的重新阐释,斯宾诺莎的泛神论完全可以避免滑向宿命论和无神论。因为根据新的自然观念,自然不再是由受制于外在作用的惰性物质所组成的因果链条,而是在自身的差异化中自我实现的源初活力(Urkraft)。在实体的意义上将神与自然等同起来,不但不会取消绝对无条件者,反而正是在神的内在性和现实性中才能达到对绝对无条件者的证成,在对内在必然性的认识中才能达到真正的自由。就像赫尔德所比喻的那样,"我们畅游在一个无限全能的海洋之中"。①

除了驳斥雅各比对斯宾诺莎的无神论指控,赫尔德还对雅各比所坚持的那种具有人格性的、超越尘世的上帝观念提出了批评:"上帝不是这个世界,而这个世界也不是上帝,这是非常确定的。但是,用'外在'和'超越'来描述上帝,在我看来似乎也不是什么好的做法。当人们谈及上帝之时,必须忘记所有空间和时间的假相。"②换句话说,雅各比为了保护上帝的超越性,却使上帝屈从于诸如时间和空间这样一些有限的范畴,而他对上帝的人格性的坚持,同样是用一个有局限的概念限制了上帝。与之相反,受到沙夫茨伯里伯爵(Anthony Ashley Cooper, 3rd Earl of Shaftesbury)和剑桥柏拉图主义的影响,赫尔德将神圣的超越性解释为永远能动的神圣的仁爱,它"在无限多的活力当中以无限多的方式"展现其自身。③

---

① Johann Gottfried Herder, *God. Some Conversations*, trans. Frederick H. Burkhardt (Indianapolis: Bobbs-Merrill, 1940), p. 107.
② Johann Gottfried Herder, *God. Some Conversations*, p. 144.
③ Johann Gottfried Herder, *God. Some Conversations*, p. 103.

正是通过对斯宾诺莎的辩护,或者说是重新解释,赫尔德为理性与信仰、自由与必然的兼容提供了一种新的模式,同时也为证明绝对无条件者的现实性、避免理性主义最终滑向虚无主义探索出一条新的道路。

在黑格尔耶拿时期的思想形成之前的十几年,"泛神论之争"推动了斯宾诺莎思想在德国的再次兴起,这一新兴的斯宾诺莎主义描绘出一种有机的实体性自然观念和一种一元论的形而上学主张、一种超越主观观念论的实在论、一种非拟人化的上帝观念,以及一种基于人的自我实现的内在目的论的至善伦理学。这些重要的洞见所体现出来的存在与活动性(Tätigkeit)之间的内在关联,①使得包括黑格尔在内的整个以克服二元对立和时代教化的分裂为目标的后康德哲学,都与斯宾诺莎这个人紧密联系在一起,并且深受新斯宾诺莎主义影响。而要真正理解黑格尔耶拿早期的实践哲学,也绝不能脱离这个特殊的语境。

二、康德与自然的合目的性

确如卢卡奇所言,如果说康德的《实践理性批判》为费希特的整个哲学体系提供了范本,那么黑格尔和谢林的客观观念论则是从对康德《判断力批判》的再解读开始的。② 伊尔廷在他的著名论文中通过分析黑格尔的伦理自然概念,准确地揭示了黑格尔的形而上学和国家学与斯宾诺莎和亚里士多德的自然概念之间的紧密关系,③但却忽视了康德第三批判的影响,这的确是一个不小的缺憾。其实就像霍斯特曼所言,黑格尔耶拿早期对康德第三批判的解读影响了他整个哲学思考的方式。不光是黑格尔

---

① Karl-Heinz Ilting, "Hegels Auseinandersetzung mit der aristotelischen Politik", *G. W. F. Hegel: Frühe politische Systeme*, hrsg. Gerhard Göhler, S. 766.
② Georg Lukács, *The Young Hegel*, p. 245.
③ Cf. Karl-Heinz Ilting, " Hegels Auseinandersetzung mit der aristotelischen Politik ", *G. W. F. Hegel: Frühe politische Systeme*, hrsg. Gerhard Göhler, S. 763-766.

的自然哲学,甚至在他的逻辑学和精神哲学中都可以看到对康德自然目的论的发展,可以说,目的论判断是黑格尔哲学中隐秘的康德主义。[①] 相较于费希特在"自我=自我"的设定中完全否定和抽空了自然,康德在《判断力批判》中关于目的论判断的考察,不仅为自然本身的内在合目的性提供了证明,而且在判断力的规则中为机械论自然观与目的论自然观之间的可兼容性找到了根据,使得对斯宾诺莎的实体性的自然观念的复兴有可能不再倒退回一种饱受二律背反困扰的独断论的形而上学立场。事实上,正是通过对康德"目的论判断力批判"的解读,才使黑格尔早年从斯宾诺莎那里继承的作为实体或自因的一元论自然观念得到充实和真正的发展,为黑格尔重新在亚里士多德的意义上将法和道德作为自然的实现,而非对自然的否定,提供了一个极为关键的范式。

尽管康德将牛顿力学作为整个物理世界的知识模型,但是,康德并不是一个单纯的机械论者。在关于知识的"哥白尼式的革命"中,康德证明事物的必然联系依赖于理性主体的先天直观形式即时间和空间产生的表象,以及先验自我通过纯粹知性概念即范畴对杂多表象的先天综合统一,经由理性的这些先天形式才能产生具有因果联系的可认识的经验对象。换言之,是我们的理性所具有的先天形式(作为先天直观形式的时间-空间和从判断的逻辑形式中引申出来的诸范畴)使得自然对我们的理性认识呈现为在空间当中一定数量的、遵循外在因果必然性(惯性定律)进行运动的物质的集合,这种形式的自然因为不具有质的多样性,只具有量的规定性,不具有内在的动力,只服从外在的因果性,所以能够通过数学的语言加以准确的描述和计算,因而具有数学的确定性和普遍必然性。

通过回答自然科学作为先天综合判断何以可能的问题,康德想要提

[①] Cf. Rolf-Peter Horstmann, "Der geheime Kantianismus in Hegels Geschichtsphilosophie", *Die Grenzen der Vernunft*, S. 181.

第三章 作为伦理自然的理性之法

醒人们注意,一方面,除了以经由理性的先天形式构造的自然为认识对象的自然科学之外,我们在理论认识上不可能形成任何其他形式的真知识,不管是宗教的、神学的,还是形而上学的知识,都是不可能的。另一方面,既然科学知识的普遍必然性依赖于把我们的先天形式置于对象之中,那么我们就不得不承认,科学知识并不是对事物本身(Ding an sich)的认识,而只是对事物通过我们的理性运用所呈现出来的显象(Erscheinung)的认识。所以,科学认识一定是有限的,它不是关于自然的唯一合理的认识方式,自然本身可能并不是一个由无限可分的、惰性的、遵循一个可描述的因果链条运动的物质所组成的集合,而且这一点在理性上是完全可以设想的。

对康德来说,知识论上的"哥白尼式革命"无疑有助于为科学所描绘的机械论的自然图景提供根据,但更为重要的是,正是通过证明知识和知识对象对理性的先天形式的依赖性,康德才有可能在作为知识对象的显象和超出直观能力之外故而不能作为认识对象的事物本身之间做出区分,从而使我们可以在显象和物自身这两种不同的意义上来对待客体(KGS 3: 17; KrV B: XXVII)。这意味着对康德来说,科学必须放弃将自身视为客观真理的幻想,放弃对解释世界的权力的垄断,为一种并非按照机械的法则产生作用的自然留出地盘。

正因为如此,康德虽然在《自然科学的形而上学基础》(1786)中明确反对那种认为生命是内在于物质的"物活论"主张,但也正是在这部著作中,康德为一种更加源始的动力学的自然观念提供了根据。在康德看来,一方面,力学的第二法则,即主张"物质的一切变化都有一个外部原因"的惯性法则(lex inertiae),很清楚地表明,物质"没有绝对内部的规定和规定根据"。也就是说,物质是没有生命的,而"生命是一个实体从一个内在原则出发来规定自己的行动的能力,是一个有限实体规定自己的变化的能力,是一个物质实体把运动或静止当作自己状态的变化加以规定的能力"(KGS 4:544)。所有这种自我规定的变化必须通过我们,以思维和意志的形式而得到理解,这些思维和意志并不在现象界中显现,也不属于作为显现的客体的物质。这种同质化的、惰性的物质适合于通过数学的自明性来阐明,因此,自然科学的可能性完全且根本是建立在惯性法则的基础上的。但另一方面,化学和磁学方面的发展表明,不把物质作为机械的,即仅仅作为外部运动力的工具,而是从物质源始固有的吸引和排斥这两种基本力出发推出物质的种类差异,这种被称为动力学的(dynamisch)解释方式同样是可以设想的(KGS 4:530-535)。

换言之,尽管机械论的或者力学的解释模式服从于数学认识的自明性,因而具有被先天认识的可能性。但是,它并不是自然存在的唯一可能的方式,诸如自然在质上的差异性和多样性以及有机体的存在,都不可能按照自然的单纯机械原则来加以解释。有机体是特殊的物理过程和化学过程的结合,但绝不仅仅是这些不同部分简单叠加的总和。康德在其1790年出版的《判断力批判》一书中明确地表示:"绝对没有任何人类理性能够希望哪怕是从纯然机械原因来理解一棵小草的产生。"(KGS 5:409-410)他甚至在很大程度上认同德国著名的解剖学家和动物学家布鲁门巴赫(Johann Friedrich Blumenbach)提出的构形驱力(Bildungstrieb)学说,即认为生命不能够从无生命的东西的本性中产生出来,物质不能够仅仅按照一种刺激-反应的模式自行使自己适应一种自我保存的形式;与普遍寓于物质中的纯然机械的作用力不同,一个有机存在者具有一种从属于更高的内在目的的引导和指令的构形驱力,也就是遵循一种内在的因果性或者目的因果性的作用(KGS 5:424)。人们无法证明目的的客观实在性,但是也无法反驳它的存在,它至少为有机体的协调一致和发展提供了一种解释,这在我们的经验中是可以明显意识到的。

第三章 作为伦理自然的理性之法

根据康德的想法,当我们用合目的性这个原则来解释事物的存在和运动时,我们并不是将特殊的东西归摄到以知性概念为基础的普遍自然法则之下,而是从自然中特殊的东西上升到普遍的东西。也就是说,在普遍法则和特殊事例之间并没有一种自发的关系使它们协调一致,普遍与特殊的结合取决于对它们进行联结的判断力。机械论的(力学的)解释模式是将被给予的普遍法则直接用于解释特殊的现象,这种运用是康德所说的"规定性判断力"的结果;而在目的论的(动力学的)解释模式中并没有一个先于特殊事物的普遍法则被认识到,相反,只有特殊的东西被给予了,它是理性的认识者"为一切经验性的原则在同样是经验性的,但却更高的原则之下的统一性提供根据,因而为这些原则相互之间的系统隶属的可能性提供根据"(KGS 5: 180),这一原则不是取自自然,也不能指定给自然,而是理性主体在认识自然时从自身出发并为自身而确立的,因此,康德将自然的合目的的统一性视为另一种判断力,即"反思性判断力"运用的结果。

在《纯粹理性批判》中,康德通过知性概念的先验演绎为机械论的世界图景和关于自然的数学认识奠定了先天根据,同时也否认了任何以无条件者为根据的自然的系统统一性的观点能够提供出有别于自然科学的其他形式的关于自然的确定知识。而在第三批判中,康德通过对反思性判断力的先天原则的考察,复兴了亚里士多德的目的论思想,在反思性判断力的先天原则中为自然的一种非机械论的、合目的的系统统一性找到了根据。按照康德的定义,一个客体的概念,只要同时包含着这个客体的现实性的根据,就称为"目的"(Zweck),而一个事物与各种事物的那种唯有按照目的才有可能的性状的协调一致,就称为该事物的"合目的性"(Zweckmäßigkeit, KGS 5: 180-181)。在这里,不是外在的机械作用,而是作为事物的本质规定的概念,被理解为事物之所以如此存在的原因,而这个"自己是自己的原因和结果"的事物就是"自然目的"(KGS 5: 370-371)。有机体,尤其是生命体是一种无法还原的复杂系统,它的存在的必然性无法通过一种线性的因果关系来说明。正是近代物理科学的机械论模式在解释有机体时存在的这一困难,敦促我们不得不假设事物具有一种内在的、不可还原的本性,它作为一个在先的目的,使得各种机械作用按照这个目的协调一致,进而促成这个本性的维持和实现。事物的这种合目的性意味着,外在的、机械的因果必然性必须服从并且通过事物的内在目的产生作用。

这种目的因的联结与机械的作用因的联结不同。机械的作用因的联结表现为一个不断下降的序列,也就是说,那些作为结果的事物是以另一些作为原因的事物为前提条件的,它们不能反过来同时是后一些事物的原因;而目的因的联结则既带有一种下降的,也带有一种上溯的依赖性,也就是说,在这种因果关系中一度被标明为结果的事物,仍然可以上溯地成为作为其结果的那个事物的原因。因此,对于一个作为自然目的的事物来说,首先就要求:各个部分唯有通过它与整体的关系才是可能的。其次就要求:它的各个部分由于相互交替地是其形式的原因和结果,由此结合成为一个整体的统一体。这样一个产品作为有机的和自己使自己有机化的存在者,才能被称为一个自然目的(KGS 5: 372-373)。一个有机体不只是一台机器,因为机器只具有运动的力量,而有机存在者在自身中具有构形的力量,它能够把这种力量传递给那些不具有这种力量的物质,使它们有机化,因此,这是一种自我繁衍的构形力量,它是不能仅仅通过那种表现为机械作用的运动力量来解释的(KGS 5: 374)。当我们将那种在有机物那里获得的合目的性用于作为整体的自然时,整个自然界就可以被视为一个目的系统。

不过,在康德看来,自然目的作为无条件者并不能被任何经验认识所

第三章　作为伦理自然的理性之法

证明,而且这种目的论的自然观本身也不能为我们关于自然现象的认识带来任何新的东西,它不可能取代物理科学关于自然的机械论解释模式。因此,就像康德在《纯粹理性批判》中已经表明的那样,我们的理性不断冒险超出经验的界限,在达到一个系统统一的整体之后才停歇下来,这一努力的出发点绝不是为了满足我们的认识旨趣,它的重要性必定仅仅关涉到实践的东西(KGS 3: 518; KrV B: 825)。对康德来说,自然的合目的性在伦理上的意义要远远大于它在知识上的意义。从"哥白尼式革命"的形而上学动机我们不难看出,康德并不为科学知识的普遍必然性感到担忧,相反,他更加担心的是科学的自然观念所体现的物质主义和机械决定论对自由、道德和人生意义可能造成的毁灭性打击。人所独有的本性以及与此相关的价值和尊严,在这个全部由有条件者组成的因果链条中没有任何位置,而这恰恰是理性的理论应用必然产生的结果。虽然康德通过考察理性的实践应用的先天原则证明,在服从纯粹实践理性法则的行动中,人之为人的"人性"(Menschheit)才与作为有条件者的一般存在物的"物性"从根本上区别开来。但是,如果自然本身只不过是一个漫无目的的、机械的物质世界,人作为本体世界中自我立法的理性存在者和人作为现象世界中的经验性的行动者是完全对立的,那么,人就不可能在服从实践理性法则的行动中确证自身作为人的人性,相反,自然的因果性与自由的因果性之间的对立会导致行动者仍然处于一种分裂和异化的状态。[①]因此,只有当自然中的机械作用因的联结能够在一个更高的目的因的联结中实现一种相互隶属的系统统一性,万物都作为自然目的重新在自然的"存在之链"上获得自己独特的本性和位置时,对纯粹实践理性法则和它所体现的不朽价值的践行才会是对人性的真正实现。

[①] Rudiger Bubner, "Transcendental Philosophy and the Problem of History", *The Innovation of Idealism*, p. 105.

当康德从自然的内在合目的性来思考规范性的来源时，那些服从机械因果性的感性的、经验性的要素不再与理性的法则完全对立起来，相反，合乎理性法则的行动被理解为人的自然禀赋的实现。早在1784年的《一种世界公民观点下的普遍历史的理念》一文中，康德就已经将人类历史解释成作为自然造物的人在现象世界中的合目的的演进。康德在历史中看到的是一个个受到自己的激情和欲望支配、按照各自的心意去行事的个人、民族和国家，每个人都为自己的生存和幸福而奔忙。尽管这些所作所为就像现象世界中的一切自然物一样服从自然的机械作用，它们一次又一次地将人推向彼此的冲突、对抗，乃至于战争和种种恶行，但人类在自然规律的支配下各自行事的结果即历史却呈现出某种合目的性。"个别的人，甚至整个民族都很少想到：当他们每一个都按照自己的心意，而且经常是一个违背另一个的心意，追逐着自己的意图时，他们在不知不觉地依照他们自己并不知道的自然意图，就像依照一条导线那样前进，并且在为促进这个自然意图而工作。"（KGS 8: 17）

按照目的论原则，一种造物的目的构成了使这种造物的自然禀赋充分实现出来的作用因，它使量化的、可计算的自然的机械运动为了某个独特的质的规定协调一致起来。而自然赋予人这种造物的自然禀赋就是理性。在康德看来，"自然用来实现其所有禀赋之发展的手段，就是这些禀赋在社会中的对立，只要这种对立毕竟最终成为一种合乎法则的社会秩序的原因"（KGS 8: 20）。康德把这种对立称为人的"非社会的社会性"（ungesellige Geselligkeit），而这种特殊的经验性的偏好或者倾向恰恰构成了实现人的理性天赋的手段，为人的这一独特本性所驱动。"人有一种使自身社会化（vergesellschaften）的偏好：因为在这样一种状态中，他更多地感到自己是人，也就是说，感觉到其自然禀赋的发展。但是他也有一种使自己个别化（孤立化）的强烈倾向；因为他在自身中也发现了那样一种想

第三章　作为伦理自然的理性之法

要全依己意处置一切的非社会的特质,并且因此到处都会遇到抗拒,正如他知道自己易于从他那方面对抗他人一样。"(KGS 8: 20-21)

在《纯然理性限度内的宗教》一书中,康德基于卢梭对作为一种自尊心的"自爱"这种特殊的情感的分析,①进一步将"非社会的社会性"表述为追求幸福的"比较而言的自爱"。所谓"比较而言的自爱"是指"只有与其他人相比较,才能断定自己是幸福的还是不幸的。由这种自爱产生出这样一种偏好,即在其他人的看法中获得一种价值,而且最初仅仅是平等的价值,即不允许任何人对自己占有优势,总是担忧其他人会追求这种优势,最终由此产生出一种不正当的欲求,要为自己谋求对其他人的优势"。(KGS 6: 26-27)然而,这种可能让人产生种种恶行的自爱的情感却由于将他人的看法纳入到自身的考虑当中,从而使人超出了纯然个人的主观视角,指向了某种普遍的规范性,因此成为促进文化和实现理性的手段。"就是这种对抗唤起人的所有力量,促使他去克服自己的懒惰倾向,并且在求名欲、支配欲和占有欲的驱使下,在他那些他无法忍受,但也不能离开的同伴中为自己赢得一席之地。这时,就迈出了从野蛮到文化的真正的第一步,而文化真正说来就在于人的社会价值;于是,一切才能都逐渐得到发展,鉴赏(Geschmack)得以形成,甚至通过不断的启蒙而开始建立一种思维方式,这种思维方式能够使道德辨别的粗糙的自然禀赋逐渐转变成确定的实践原则,并且就这样使形成一个社会的那种病理学上被迫的整合(Zusammenstimmung)最终转变成一个道德的整体(moralisches

---

① "自爱(amour propre)是一种相对的情感,它是人为的和在社会中产生的;它使每一个人都把自己看得比他人为重,它促使人们互相为恶,它是荣誉心的真正起源。"(卢梭:《论人与人之间不平等的起因和基础》,第155页,译文稍有改动。)"只要自爱一有了发展,则相对的'我'就会不断地进行活动,而青年人一看到别人的时候,便没有一次不联想到他自己,并且把自己同他们加以比较。因此,在看过别人之后,他就想知道他在他们当中将处在怎样的地位。"(卢梭:《爱弥儿》,第341页,译文稍有改动。)

Ganze）。"（KGS 8: 21）由于"比较而言的自爱"是以来自他人的承认为目标，因而本质上是社会性的。所以，尽管人类的这种自然倾向使人追求虚荣和优越的地位而削弱了人类本性中对他人的同情，甚至以他人的不幸为乐。但也正是由于这种自爱促使人关注他人对自己的看法，从他人那里寻求承认。在这种自爱的情感的刺激之下，人开始超越自己的主观偏好与信念，不再仅仅把那种只对自己有效的主观原则当作普遍立法的实践法则；人开始培养和发展自己的理性能力，学会以一种更为普遍的视角来审视自己的行动，在与他人的交往和互动中逐渐形成具有客观有效性的社会规范。

康德的"目的论判断力批判"证明目的论是反思判断力的一种先天原则，它呈现出一幅与知性概念所规定的机械自然迥异的自然图景，这使"哥白尼式革命"所指示出来的作为超感性基底（übersinnliches Substrat）的物自体得到了进一步的规定。这种具有内在合目的性的自然无法通过人类的推论的知性来把握，相反，康德认为，我们必须设想另一种知性，即"直觉的知性"（intuitive Verstand）的存在，目的论自然观中的自然法则与我们的判断力的那种协调一致才有可能是必然的（KGS 5: 406-407）。按照康德的理解，推论的知性必须从分析的普遍的东西（从概念）进展到特殊的东西（被给予的经验性直观），特殊存在的多样性在被归摄到普遍概念的统治之下时没有得到任何规定；相反，直觉的知性是从综合的普遍的东西（整体的直观）进展到特殊的东西，作为部分的特殊存在（直观）与作为整体的普遍存在（概念）之间不是一种外在的决定与被决定的关系，而是一种内在的交互关系或同一关系。基于这种作为世界原因的源始知性（直觉的知性），自然本身被认为具有完全的自发性，也就是受到由目的因的联结所带来的内在动力的推动，在自然中的所有特殊之物自身无不包含着由自然整体的内在目的所赋予的普遍性与合法则性。就此而言，康

第三章　作为伦理自然的理性之法

德实际上是在亚里士多德所说的"潜能"（δύναμις）的意义上来理解物质：受自然的机械法则支配的物质不是惰性的、盲目的、等待主体外在地给予规范的杂多，而是作为质料因，具有朝向某种现实性运动或者实现为某物的可能性。而作为实现自然之目的的"大自然的隐蔽计划"也使康德在《实践理性批判》中完全对立起来的应然与实然、理性与感性、自由与必然重新统一于自然通过人类历史所展现的内在合目的性的进程当中。这样一来，由纯粹实践理性法则所规定的意志和行动就不再是对自然的否定，而恰恰是对自然的内在目的的实现。

事实上，黑格尔等人也正是在康德的自然目的论的构想下来理解斯宾诺莎提出的作为实体和自因的能动的自然。正如黑格尔自己所说的那样："康德承认自然，因为他把客体设置为某种并非由知性加以规定的东西，而且把自然表述为主体-客体，因为他认为自然产物是自然的目的，是没有目的概念的合目的性，是没有机械性的必然性，概念和存在是同一的。"（GW 4: 69）但是，令黑格尔不满的是，康德对认识上的矛盾和二律背反的消极态度，使得他最终未能真正恢复这种目的论自然观在本体论上的真实性。在康德看来，如果我们将按照目的的因果性联结起来的自然视为真实存在的，那么，对自然的合目的性的认识势必会与对按照机械法则联结起来的自然的科学认识陷入一种二律背反（KGS 5: 387）。而康德化解这组二律背反的方式与他在第一批判中所提供的方案如出一辙，那就是不承认目的因果性的实在性，只是将其作为判断力的准则，作为引导反思性判断力的导线；这种合目的性只是认识者在进行判断时为自己发布的一个调节性的主观原理，而绝非施加给客体的一个建构性的原理。也就是说，当目的论的自然观与机械论的自然观相冲突时，为了确保这两种理解自然的方式都有效，康德选择将具有自发性的合目的的自然限制在我们人的反思性判断中，而赋予依赖人的知性构造的物质自然以客观

的实在性。这样一来，

> 自然的实在性丝毫未由人类的观察方式加以说明。因此，观察方式仍然是某种完全主观的东西，而自然是某种纯粹客观的东西，某种纯粹思想的东西。通过知性被规定的、同时没有被规定的、在一种感性的知性(sinnlichen Verstand)中的自然的综合应该仍然是一种纯观念的过程；的确，对于我们，即人类来说，以机械论的方式所做的解释和合目的性的结合应该是不可能的。这些最高从属的和无理性的批判观点把人类理性和绝对理性相互绝对对立起来，把自身提高为感性的知性观念，即理性观念；自然机械论和自然合目的性的结合，在自身中，即在理性中不应该是不可能的。但是康德并没有抛弃自在的可能物与实在物之间的区别，也没有把必然的和最高的感性的知性这一理念提高为实在性。(GW 4:69)

不可否认，康德第三批判中所表达的目的论的自然观念确实与整个否定自然并将存在的根据归于自明的理性思维的主体主义传统大异其趣。康德关于自然的内在合目的性的论述，恢复了自然作为主体与客体、形式与质料、原因与结果的同一，重申了客体本身的权利。然而，由于康德坚持知识必须具有无矛盾的确定性，他无法突破他的"哥白尼式革命"为知识所划定的界限，因此，作为无条件者的自然目的在他那里不可能具有可认识的客观实在性，而只能充当对主体自身有效的调节性理念。换言之，康德的"目的论判断力批判"并不能证明自然"是"合目的的，而只能证明，对所有的理性认识者和理性行动者的主观信念来说，自然"应当是"合目的的；自然本身应当是客观的主体-客体同一，是能动的实体，但也只是对理性主体的反思性判断而言应当是。

自然的合目的性是康德在自然与自由之间搭起的桥梁,是弥合这一二元对立的关键,他在目的论原则的指导下,将人类历史中的种种看似盲目的、机械的必然性解释成自然为实现在创造人时赋予人的自然目的(即理性和自由)而使用的种种手段。但是,"自然的意图"只是由理性行动者出于理性解释的需要而为自己的判断颁布的。因此,康德的历史哲学没能真正在历史中证明实践理性法则的现实性与必然性,从自然本身的合目的的进程来理解规范性的起源,而只是给出了"众恶成善"这一抽象的公式。对康德来说,在被激情和欲望所支配的人类行动中应当具有朝向某种普遍的合法则性运动的可能性,但这种合目的性又绝不是能够真正被认识到的客观实在。就像他一再提醒我们的那样,"从造就人的那种曲木,无法造出完全笔直的东西。唯有向这个理念的接近,才是自然责成我们去做的"(KGS 8: 23)。就此而言,康德关于历史的讨论流于抽象而没有获得任何哲学上的实质内容,因为目的的产物无非那种无限进展的坏的无限性。[1] 而且,因为历史只是为反思而设定的,在人类历史中所体现的自然的合目的性只具有主观的有效性,而不具有客观的有效性。所以,即便康德已经洞见到了自然本身的自发性和能动性,却仍然未能使自然摆脱被主体虚无化的后果。自然的这种合目的性只有在与自然之外的理性主体的自我立法相关时才存在,这不仅将自由与自然之间的鸿沟再次打开,而且将自然的内在的合目的性再次变成了一种庸俗的、外在的合目的性。[2]

三、 谢林与作为基础存在论的"自然哲学"

康德之所以会在对判断力的考察中重新提出和阐明那个已经被近代物理科学所抛弃的目的论原则,是因为他意识到,只有当自由的因果性同

---

[1] Georg Lukács, *The Young Hegel*, pp. 320–321.
[2] Georg Lukács, *The Young Hegel*, p. 341.

时成为自然的因果性时,才能真正超越理论理性和实践理性这两种合理性模式的分裂,在服从纯粹实践理性法则的行动中证明绝对价值的真实性。因此,康德认为,我们必须扬弃物理科学所构造的机械化的自然图景,承认自然本身具有某种自发性和自组织的能力,从而在作为自然现象的人类历史的合目的进程中来揭示实践理性法则的现实性和绝对性。然而,"哥白尼式革命"将知识严格地限制在现象世界,这使得康德无法接受机械论和目的论这两种对立的自然观同样具有可认识的真实性。因此,他只能把自然的合目的性所体现的真正的主客体同一再次归结为与事物本身相对立的主体自身的统一。康德的这个方案最吊诡的地方在于,一方面,它通过证明自然的合目的性,对理论理性所无法认识的物自体做出了肯定的规定,承认了不依赖主观理性的事物本身所具有的权利。但另一方面,它又将自然的合目的性视为主体自身的反思性判断力的原则,在把物自体唯一可能的肯定的规定再次归结为主观理性的产物的同时,完全取消了"哥白尼式革命"为事物本身所保留的地盘。这样一来,康德在理性的理论运用中确立的现象与物自体的二元论,在理性的实践运用中变成了一种统一现象和物自体的目的论自然观,即一种实践一元论。这就难怪费希特会在康德《实践理性批判》的影响下,仅仅将自然作为为义务和实践自我的行动而设定的空洞的质料、一种抽象的非我,从而在实践领域的自我设定非我与自我相同一中彻底取消物自体的存在,达到绝对的自我等于自我。

不过,就像黑格尔指出的那样,"如果要通过否定分离来坚持同一性,那么,它们仍然是互相对立的"(GW 4: 63)。康德和费希特的主观观念论通过给客体做减法来达到主体与客体的同一,或者更准确地说,是迫使客体统一于发布命令的主体。但自由与自然、主体与客体之间实际的分裂并没有在这种无视客体权利的主观的主体-客体中被克服,反而以实践一元论的形式被完全固定下来。因此,在黑格尔看来,真正的绝对同一是"对立的双方不仅同样有权利,而且同样有必然性;因为如果只有一方和绝对有关,而另一方和绝对没有关系,那么,它们的本质被设置为不同的,而且,对立双方的统一,即哲学扬弃分离的任务,就是不可能的了"(GW 4:64)。同样,对于自然法的科学研究方式来说,要想真正把握法在内容上的必然性,证明法的现实性,就不能满足于一种与事物的差异性相对立并在内容上受制于偶然存在的形式上的确定性、一种与实然相对立的应然,相反,首先需要的是一种承认客体的权利并将主体与客体在绝对中(而不是在主体中)统一起来的新的形而上学。而谢林的早期哲学,尤其是他的"自然哲学"(Naturphilosophie)恰好为彼时正关注自然法的科学研究方式的黑格尔提供了一个重要的形而上学基础。在《费希特与谢林哲学体系的差异》一书中,黑格尔也正是在与康德、费希特的主观观念论的对比中来揭示谢林哲学体系的独特性和重要性,并进一步将这一全新的客观观念论的形而上学主张引申到自然法和实践哲学研究的领域中去。

谢林"自然哲学"的形成有两个主要的因素:一方面,康德的先验哲学在机械论自然观之外开启了一种理解自然的全新视角;另一方面,费希特的自我意识理论虽然对谢林来说非常重要,但是谢林很快就在费希特对自然的理解中看到了这种意识哲学的巨大问题,尤其是费希特把自然完全规定为非我,充分暴露了绝对自我意识的同一的相对性。"对他来说,自然逐渐模糊成了抽象的东西,关于非我的一个单纯的有限制的概念,一个完全空洞的客体。"(SW 10:90-91)费希特从人的道德建构的需要提出自然必须存在的本体论要求,在这个意义上,自然无非义务的感性材料,是绝对自我为体现自我的道德行动的无条件性而设定的、必须被克服的有条件的对象。与费希特尤为重视康德理论哲学中先验自我和知性概念对客体的先验构建以及实践哲学中意志自律所体现的自由的因果性不同,谢林更加看重康德的先验辩证论,尤其是纯粹理性在认识作为空间和时间中物和条件之总体性的无条件者时所产生的二律背反。① 谢林在作为有条件者的自然产物(斯宾诺莎的"被造的自然")那里,看到了对无条件者、一种神圣的自我创造的自然,即斯宾诺莎的"创造的自然"的一种指涉。自然在其中要求具有一种绝对主体的特征:"那种作为单纯的产物的自然(natura naturata),是我们称为客体的东西。那种被认为具有创造性的自然(natura naturans),是我们称为主体的自然。"(SW 3: 284)这种将自然本身理解为主体的观点对费希特来说是一种完全不可思议的立场。

就像黑格尔在揭示谢林哲学与费希特哲学的差异时指出的那样,"只因为客体本身是主体-客体,所以自我等于自我是绝对。只有在客观的自我本身是主体-客体时,自我等于自我才不会把自身变成'自我应当等于自我'"(GW 4: 65)。费希特的"自我＝自我"并不是真正的主客体同一,因为客体与这种通过否定客体来达到的主观的同一始终是真实地外在对立着,尽管这种对立在理想上是不应当存在的。谢林希望通过证明自然事实上是一个自主的、自足的整体,走出费希特自我意识理论的影响,证成真正的绝对同一。因此,首先要明确的是,不是有限的、作为思维主体的人的自我,而是"无限主体",即"绝不能停止作为主体的无限",构成了主客体同一的出发点和根据。然而,作为主体,无限也自然如其所是地意愿它自身作为客体(SW 10: 99)。"因为只有它对自身成为一个客体时,它才是主体,因为这意味着没有什么外在于它、能够作为它的一个客体的东西存在着。"(SW 10: 101)就此而言,无限作为主体是"无限的自我设定",它设定自身为有限,在持续更新的对有限的扬弃中,它能够将自身把握为无限(SW 10: 101-102)。实际上,我们在费希特的自我设定自我、自

---

① Cf. Wilhelm G. Jacobs, "Schelling im Deutschen Idealismus. Interaktionen und Kontroversen", *F. W. J. Schelling*, hrsg. Hans Jörg Sandkühler (Weimar: Metzler, 1998), S. 69, 77.

我设定非我与自我相对立、自我设定非我与自我相统一的活动中看到了费希特已经把能动性作为实体的基本特征,把矛盾作为实体规定自身的一种方法论原则,而谢林则将这一动力学原则从自我意识转入自然,通过揭示自然所包含的普遍与特殊的对立结构,证明自然本身是自足的实体,是客观的主体与客体的同一。①

谢林将无限的自我设定为有限并将在对有限的扬弃中把握自身的过程称为"乘幂"(或译为"乘方""自乘",Potenzierung)。"幂"(Potenz)是一个数学术语,它表示一个数自乘若干次的结果。谢林将这个术语用于哲学,它是理解作为真正的主客体同一的绝对或实体的方法和途径。作为绝对的即完全在自身内并提供自身而被认识的实体,没有外在的对立物,不与任何存在相对立,而是将一切差异和对立物作为自身的客体化与自身相同一;如果真正的无限和绝对是创造性的,即在自身的有限化或客体化以及对自身的有限存在的扬弃中来达到自身同一,那么,乘幂的过程最好地表现了这个动态的、自身差异化的同一。也就是说,绝对同一不是费希特式的自我等于自我,不是出于自我等于自我的需要,将自然作为由自我设定的空洞的非我统一于与非我完全异质的自我。相反,在绝对同一中,自然和精神、物质和心灵都应该被理解为唯一实体自身的不同的表现形式,或者说不同程度的表现。这就类似于在乘方运算当中,一个数不论它自乘多少次,它作为底数仍然是一个基础性的、不变的东西;而从另一方面看,自乘的不同次数,即指数的变化,又使得不变的底数具有了不同的表现形式。比如 2 跟 4、8、16 是不同的数字,但是当我们将 4、8、16 表述为 2^2、2^3、2^4 时,就会发现 2 与 2 的 n 次方的结果之间虽然具有明显的量的差异性,但又同时具有某种质的同一性,即这些不同的数字都是 2 这同

---

① Cf. Georg Lukács, *The Young Hegel*, p. 245.

一个数字的自乘 n 次的结果(幂)。以此类比,真正的实体经过自身的有限化和对有限存在的扬弃,就不再只是 A,而是具有进一步规定性的作为 A 的 A,谢林将其表述为 A^2。自身有限化的实体将自身设定为某种现实的东西,为的是在这一设定中认识到自身作为主体(SW 10: 103-104)。

对谢林来说,无限的绝对主体不再是费希特的纯粹自我意识,而是与每个有条件者既对立又同一的绝对。绝对自身的有限化和具体化意味着,谢林与费希特针锋相对,他认为自然不仅仅是一个非我、一种纯然客观的东西,而是同样具有主体的特征。在谢林看来,没有自然哲学就不可能获得关于绝对的认识和科学,自然哲学是哲学体系的必然的和本质性的部分(SW 4: 424)。就此而言,谢林的"自然哲学"不是一种将自然作为研究对象的部门哲学,而是一种关乎实体如何存在的"基础存在论";自然的自发性也不是认识主体的一种调节性的理念,而是现实的、超越主观理性的确定性的事物本身的存在方式。在自然哲学所展现的客观的主体-客体中,人和人的自我意识亦是这个作为实体的创造性的自然的一个环节。

费希特对自然的扼杀在谢林看来是完全不能接受的,这种以否定自然为代价的主观的同一需要由"自然哲学"来补救。谢林早期写作了多部以自然哲学为主题的论著,他不断尝试着提供多种不同的论证来阐释自然的具体结构,而幂次学说则是其中相对来说较为一贯的方法。在这些关于自然哲学的论著中,《先验观念论体系》(*System des transzendentalen Idealismus*, 1800)和《我的哲学体系的陈述》(*Darstellung meines Systems der Philosophie*, 1801)这两部比较系统的论著可以帮助我们较好地重构谢林早期自然哲学的基本思路。

谢林证明,绝对和无限作为主体(由符号 A 来表示)必须为自身而成为客体(由符号 B 来表示),这种自我同一就是 A=B。这不是一个数学等式,而是表示 A 的自我客体化,"它意愿其自身,因此而成为与它自身不同的他者"(SW 10: 102)。由此而出现了第一层次的、作为 A 的一次幂的源初物质,即一个主客体同一(A=B)。通过自身的客体化,A 和 B 呈现为两种基本的极性力(Polarität):B 是一种无限膨胀的斥力,而 A 则是一种与之相对的、限制它的引力,对应于自我的限制性活动(SW 3: 441; 4: 145-148)。这些力构成了物质,而不只是作为物质的属性,也就是说,物质的本质是力,而不是在一个假设的空的空间中具有广延的惰性物质,这个对物质的基本规定已经超越了与主观理性相适应的数学化的力学的物质观。引力和斥力的综合是第三种力,即一种建构性地与物质结合在一起的重力,"它表达的无非自然回到绝对同一的无限努力,通过源初的分裂,自然被从绝对同一中分离出来"(SW 4: 7)。谢林认为,他能够从这些力的三重本性获得关于物质的三个维度的规定(SW 3: 444)。

根据谢林的解释(SW 4: 149-151),A 是通过它与 B 的对立而被规定为 A,被规定为主体的,作为绝对或实体的第二个层次,即 A 的二次幂,用符号来表示就是 A^2。但是,这个主体性的存在存在于源初物质的(A=B)这个层次,也就是说作为一种"主体-物质"存在。这是一种相对而言的非物质性的存在,是在实在中表现出来的绝对同一,即非物质性的形式(Form)。由此在主体与客体之间就产生了一种新的极性,一方面是形式(A^2),另一方面是物质性(A=B)。这种新的极性通过符号 $A^2=(A=B)$ 来表示,这是主客体同一的另一种图式。这种新的主客同一代表了物质性与非物质的形式的结合,与无形式的源初物质相对照,是一种有形式的、差异化的物质。谢林将在 $A^2=(A=B)$ 这个层次进行的物质的构形过程理解为动力学的过程。在这层次出现的差异化的物质具有了新的极性:磁体的不可分的两极、电的可分的两极以及两者在化学过程中的结合。谢林将这种新的极性分别解释为存在于同一性、二重性和总体性的规定中的极性。磁、电和化学作用被认为是差异化的、有形式的物质的三个基本范畴,物质的动力化是极的差异的升华的结果。"自然必然地努力在动力化的过程中通向绝对无差别。"(SW 4: 181)

事实上,谢林关于自然创造性生成的结构的描述绝不是一种毫无根据的玄想,相反,18 世纪末在磁学、电学、化学和生理学等领域出现的一系列新的科学理论和科学发现都对机械论自然观提出了根本性的挑战。这些新的科学进展让人们看到了,大量的自然现象无法通过将自然理解为惰性的、可量化的和受制于机械因果必然性的物质运动来进行解释。相反,新的科学经验中所展现的一种引人瞩目的极性结构表明,自然的所有层面都是由一些内在的、自发的极性力的作用来构造的。谢林本人对自然科学的这些最新进展很感兴趣,尤其是对当时身处耶拿的物理学家里特(Johann Wilhelm Ritter)的流电学和电化学研究非常熟悉,而里特本人的科学研究同时也受到了谢林自然哲学的启发。① 这些自然科学的新的经验证据不断向人们提示,自然本身就是一个有机体,自然中的所有现象都是在一个由基本的极性力所支配的自发地自我组织的整体中相互联系着的。

通过 $A^2=(A=B)$ 这个动力学的层次,作为主体的绝对在自身更高的幂次 A^3 中成为具体的存在,即有机体(SW 4: 200-202)。这个有生机的自然相应地在 $A^3=(A^2=[A=B])$ 这个公式中表达出来(SW 4: 205)。生命的过程预设了动力学过程($A^2=[A=B]$)这个层次的存在,但是又通过有机的原则 A^3 超越了动力学过程。根据这个原则,有机体在本质上是主体。这个主体阻止保存生命过程的差异变成无差异和静止,就像化学反

---

① Cf. Dieterich von Engelhardt, "Die organische Natur und die Lebenswissenschaften in Schellings Naturphilosophie", *Natur und Subjektivität. Zur Auseinandersetzung mit der Naturphilosophie des jungen Schelling*, hrsg. Reinhard Heckmann, Hermann Krings und Rudolf W. Meyer (Stuttgart: Frommann-Holzboog, 1985), S. 40–46.

应这类动力学过程中所出现的情况（SW 2: 500; 3: 150）。换句话说，有机体是一个自我保存和自我组织的系统。有机体是"相互作用范畴的更高幂次"（SW 3: 495）。借用康德的目的论判断的观念，谢林赋予有机体以内在的合目的性。在动力学过程中，磁学、电学和化学范畴分别具有同一性、二重性和总体性的规定，而生命过程则相应地具有感受性（诸感官的组织）、应激性（有机体的特有反应）和繁殖力（在一个动力学过程中的自我保存）这三种规定（SW 3: 155-240）。因此，"有机自然无非无机自然在更高幂次中对自身的重现"（SW 4: 4）。对谢林来说，植物代表了生命的初级阶段，而动物则代表了一种真正的有机体（SW 2: 495）。

最后，在由 $A^3 = (A^2 = [A = B])$ 所表示的生命过程中，作为绝对主体的 A^3 再次成为真正意义上具体的，就是作为更高的幂次 A^4 出现。A^4 "外在于自然或者超越于自然之上"，但是它的作用是内在于自然的；它并非与自然完全隔断，而是作为自然的普遍刺激物而与自然相对。（SW 7: 455）这里所说的就是"人的诞生，自然因此而在真正的意义上是完整的，一个新的世界——一个全新的发展序列——开始了"，这种全新的世界秩序开始于"知识"的媒介（SW 10: 112）。绝对主体的自乘的最高层次预设了所有更低的层次，"因为后来的环节必须总是将先前的环节作为它的直接基础保留下来"（SW 10: 113）。知识与它之前的所有层次都相关，与此同时，它又被赋予了理解这些层次并在先验原则的基础之上为它们提供解释的任务。因此，这个认识的过程就与自然诸层次的递进过程是"平行的"，不同之处在于，自然过程的一切存在都是实在的，而认识过程中的一切则是观念的（SW 10: 114）。对应于同一性、二重性和总体性的三重划分，在精神的层次，也就是对人来说，也存在着一系列的三重结构。就心灵而言，谢林提到了渴望、欲求和情感；就个体的主观精神而言，包括自我、理智和意志；就超越个体的、神圣的灵魂而言，则包括艺术、哲学（或者宗教)和道德(或者哲学)。对谢林来说,自然和精神都被设置在绝对之中,自我意识的统一(主观的主体-客体)既是以自然的合目的性(客观的主体-客体)为前提和基础,同时又是自然的合目的性的自我实现。

在谢林那里,先于实在与观念之区分并构成幂次学说之基础的源初同一概念意味着,整个自然不仅具有客体的特征,同时也具有主体的特征。它不仅仅是被造的自然或者作为产品的自然,而且与笛卡尔的自然概念相对,它在本质上是充满生机和创造力的自然。用黑格尔的解读来说就是:"自然有自由,因为它不是一个静止的存在(ein ruhendes Seyn),而同时是一个生成(ein Werden)——一种存在,它不是从外部被分裂、被综合,而是在自身中分离和统一自身,而且它不是在自己的形式中自由地把自身设置为单纯的被限制物,而是自由地把自身设置为总体。自然的无意识发展是生命力的反思,生命力无限地分裂自身,但是也在每一种被限制的形式中设置自身,而且是同一的;而且,在这一点上,自然的任何形态都不受限制,而是自由的。"(GW 4: 72-73)在 1798 年出版的一部关于自然哲学的著作中,谢林选择了一个源自古代的概念"世界灵魂"(Weltseele)作为该书的标题。他在该书中指出,有限与无限的统一构成了唯一的不可消解的绝对(SW 2: 370)。"整个自然与一个普遍的有机体联系在一起",在"大多数古代哲学视为自然的普遍灵魂的存在"中,谢林看到了"世界灵魂"(SW 2: 569, 369)。在这个意义上,自然也是绝对的显现;物质"无非上帝的无意识的部分"(SW 7: 435);完整意义上的自然是"可见的精神",而精神则是"不可见的自然"(SW 2: 56)。显然,在这样一种经过观念论哲学改造的斯宾诺莎主义那里,存在着谢林和费希特对作为自我的绝对的完全不同的理解。①

---

① Cf. Birgit Sandkaulen-Bock, *Ausgang vom Unbedingten: Über den Anfang in der Philosophie Schellings* (Göttingen: Vandenhoeck & Ruprecht, 1990).

第三章　作为伦理自然的理性之法

"乘幂"或"自乘"是最能够体现谢林"自然哲学"的基本特质的一个核心观念，它所表达的是作为绝对同一的实体自身的存在方式：实体或绝对通过自身的有限化，将自身分裂为主体和客体，一方面，绝对要在一种无差别的形式（即主体）中固定下来，而另一方面，这个同一性的形式所无法容纳的非同一性（即客体）又促使绝对要求在更高的现实性中表现自身，通过绝对自身之内的主体与客体、同一性与非同一性之间的差异和矛盾，推动进一步的乘方，直至绝对本身达到与自身的真正同一，成为真正自足的自因。没有真实的差异，自然就不会显现出来。这就使得在自然自身之内具有一个对立的极成为必要。无机自然可以达到"无差异"，一种不会再出现内在变化的状态，只有外在的机械的变化是可能的。如果自然的一切是像这样的，那么结果将是自然作为绝对的产物而存在。但生命的更高幂次"恰恰在于持续地阻止无差异状态的到来"（SW 3: 323）。在自然中，"对立双方必须不停地逃离对方，为的是不停地寻找对方，而不停地寻找对方是为了永远不要找到对方；自然的一切活动性的基础恰恰存在于这样的对立中"（SW 3: 325）。主体与客体的基本矛盾构成了源初的二重性。源初的同一经历了一个渴望回到同一的分离，而二重性是一切活动性的根据（SW 3: 325），它的目标是回到同一。同一性和二重性构成了自然现象的基本结构，一种使自然的渐进结构能够被理解的自然的辩证法。每个层次产生于主体与客体的对立，而在这个对立中，主体再次被设定为真正意义上的主体，也就是说，它在其自身中反思，通过"乘方"再次产生一个更高的层次，直至主体成为客观的，与客体达到同一。在这个作为实体的创造的自然"自乘"的过程中，与自我意识相对的自然本身也在事实上被证明是主体与客体的同一。

黑格尔在《差异》一书中阐明了谢林"自然哲学"最重要的洞见："因为不仅主体而且客体都是主体-客体，所以主体和客体的对立是一种真实的对立;因为两者被设置在绝对中,因此有了实在性。"(GW 4: 65)"正是只在这种实在的对立中,主体和客体两者都被设置为主体-客体,两者在绝对中,而绝对在两者之中,因此在两个实在性中。所以,只有在实在的对立中,同一性的原则才是真正的原则。如果对立是观念的和绝对的,那么,同一性仍然是纯粹形式的原则;同一性只被设置在一种被对立起来的形式中,而且它不能宣称自己是主体-客体。"(GW 4: 66)谢林不像康德那样通过将二律背反置于观念之中来消解二律背反的真实性,相反,他承认两种自然观之间的对立是实在的,客体本身的权利必须得到伸张,即使我们不得不被抛入到我们的主观理性所无法理解和确切认识的多样性与差异性中去。如果我们接受了康德所揭示的二律背反是现实的,而非仅仅是观念的,也就是说,一个依赖于主观理性的先天形式的机械自然与一个作为物自身的合目的的自然,这两者同样真实。那么,合目的性就不会像康德所限制的那样,只是一个主观的调节性原则,而必须被理解为自然本身的建构性原则,并且进一步在基本的极性力所推动的自然的合目的进程中认识到自然作为主体,进而作为实体的意义。

  对客体的承认不仅不会加剧主体与客体、自由与必然之间的对立,反而为真正扬弃这种二元对立提供了可能。因为恰恰是在作为主体的自然通过自身的有限化来实现自身的合目的的进程中,形式与质料、概念与直观、统一与杂多是内在同一的,并不存在着一种无形式的客体与能够赋予形式的主体之间的外在关系。相反,自然和精神被证明是唯一的实体通过"自乘"的方式所表现出来的不同形式,它们之间只具有量的差别,而不是两种完全异质的、对立的实体;精神不是主观理性的产物,而是作为一种"隐德莱希"意义上的"第二自然"(Zweite Natur)与自然本身保持着同一关系。就像黑格尔指出的那样:"如果对立是实在的,那么,它只是量上的;原则同时是观念的和实在的,它是唯一的质,而根据量的差别重建自

身的绝对不是量,而是总体。"(GW 4: 66)

谢林的"自然哲学"在观念论哲学的语境中发展了"一即万有"这个黑格尔、谢林和荷尔德林三人在图宾根神学院时的共同信条。这种以"自然哲学"的形态出现的客观观念论试图通过对精神与自然的同一关系的先验演绎来打破康德、费希特主观观念论中存在的二元对立,它强调自然本身的合理性与规范性,同时拒斥物质主义的机械决定论的一元论主张和康德、费希特为了确立理性的自律而使自然屈从于主观理性立法的二元论主张。"自然哲学"对于早年的谢林和黑格尔来说绝不仅仅是我们通常理解的哲学体系的一个组成部分,甚至是某个可有可无的组成部分,而是一种海德格尔意义上的"基础存在论"(Fundamentalontologie)。海德格尔将"人"定义为通过领会"存在"而生存的存在者,即"此在"(Dasein),进而将对人的实际生存的考察视为一种理解存在本身的基础存在论。而谢林则是将自然的不同现象理解为实体自身的各种存在方式。自然并不是近代机械论世界观所理解的那种僵死的、有待于主体的理性去加以规范和统一的物质,它在谢林和黑格尔那里是自身具有理性、尺度、规范和秩序的实体;自然的存在、运动和变化是"绝对"自我展开和自我实现的过程,而非依靠外力推动的惰性物质的单纯位移。因此,"自然哲学"(Naturphilosophie)并不是研究自然这一特定对象的一种部门哲学,或者一种关于自然的理论(Theorie der Natur),而是一种基础性的存在论,[1]它同时提供了作为一元论的客观观念论哲学所必需的动力学的方法论原则,而耶拿早期的黑格尔也正是在"自然哲学"这个客观观念论的范式中,借用谢林的幂次学说来表达其关于"伦理自然"的体系性构想。

---

[1] Cf. Heinz Kimmerle, *Das Problem der Abgeschlossenheit des Denkens*, S. 112-113.

第三节　自然法的科学与"伦理自然"的构建

虽然在《自然法论文》中，黑格尔明确表达了对霍布斯和康德、费希特所代表的两种近代自然法理论和实践哲学的不满，但是，黑格尔质疑的是这两种自然法理论的探讨方式，而并非它们所追求的那种将自然法和实践哲学建构为一门真正的科学的目标。17、18世纪的自然法理论的发展明显受到近代自然科学及其方法论原则的影响。对霍布斯来说，实践哲学也应当成为一门先天的、可以演证的科学，以数学般的精确性来认识人类行为的各种关系，揭示其中的普遍规则，从而在根本上避免人类被种种特殊的、偶然的因素所支配，陷入无休无止的纷争和对抗。[①] 因此，近代自然法理论的科学性首先表现在它对几何学认识理想的认同，也就是说，作为科学的自然法必须具有"直观-演绎"的知识形式，将一个自明的、先天的公理作为整个自然法科学的开端，并从这个第一原理出发，遵循理性的必然性演绎出关于人类行为及其关系的普遍规则。

正是在这样一种科学理想的感召之下，霍布斯将伽利略的数学本体论和笛卡尔的分析-综合法运用到了对自然法科学的建构当中。就像黑格尔指出的那样，霍布斯的自然法研究虽然通常被视为一种经验主义，但是，这种经验主义的自然法研究并不是基于对直接的自然经验的接受和归纳，而恰恰相反，它是通过对被文化、历史、种族、性别、环境等各种各样的经验性因素所塑造的现实的、经验性的人的否定（分解），来寻找一种具有数学自明性的事实或者说直观的公理，并将这种经由理性反思所构造的具有自明性的科学经验，即受可计算的力支配的原子化个人的求生畏

[①] Cf. Manfred Riedel, "Objektiver Geist und praktische Philosophie", *Zwischen Tradition und Revolution*, S. 14-15.

第三章　作为伦理自然的理性之法

死的情感，作为自然法演证的出发点，对整个人类行为的诸种关系进行重新组合，使其获得它在人类行为的自然经验中所不具备的那种合乎理性形式的普遍性和必然性。

迫使自然按照我们人的理性，尤其是按照数学思维的形式向我们显现出来，这是使自然科学在近代走上可靠的科学道路的不二法门，而霍布斯希望运用同样的方法建立起一门关于人类行为的新的自然法的科学。不过，就像康德已经意识到的那样，人类行为的合理性与一般物质运动的合理性有着根本性的区别，将涉及规范性而非事实性的自然法理解为支配物质运动的自然规律在人类行为中的延续，并且从自然的因果联系中借来那些规定人的行为的规则，以便产生出按照因果律来说对人的幸福和自我保持有利的结果，这并不能赋予人的伦理和政治行动以一种无条件的有效性。因为如果以人的幸福和自我保存为出发点，甚至完全相反的行为都可以得到合理的论证，而这种基于计算理性的实用规则在规定人类行为时所具有的相对的有效性，显然不能满足将自然法建构为一门真正的科学的目标。通过对理论理性和实践理性、假言命令和定言命令的区分，康德将自然法的可演证的必然性重新建立在纯粹实践理性的意志自律这个新的基础之上，[1]使得自然法在形式上彻底摆脱了一切后天的、经验性的、有条件的东西，从而至少获得了一种科学的外貌。

不过，虽然黑格尔承认，在构建科学的自然法理论的道路上，康德和费希特的形式主义的探讨方式比霍布斯的经验主义的探讨方式确实要更进一步，但是，由于这种自然法研究与霍布斯共享着近代主体主义形而上学的前提，接受甚至巩固了主观理性对自然的否定，因而无法真正在内容上演证出自然法的普遍必然性。近代主体主义形而上学及其方法论原则

---

[1] Manfred Riedel, "Objektiver Geist und praktische Philosophie", S. 16-17.

将自然视为谬误的来源,它所产生的结果是,自然本身被还原为一个价值无涉的领域。主观理性通过建构一个受可计算的外在必然性支配的自然,人为地制造了自由与必然、价值与事实的对立。当这一变革延续到自然法的研究中时,人类的感觉、情感、欲求、出生、周遭环境、教育、性别、阶层这些直接的、差异化的自然经验,对反思的理性来说,只会带来歧见和价值规范层面的冲突,而无法提供普遍的实践法则。因此,要想将自然法变成一门真正的科学,就需要以我们的理性为根据,重新构造出与数学的自明性相适应的,能够被确定地加以认识、计算和有效控制的人类经验。在这个意义上,自然法已经不再自然了,相反,它成了人为的结果。因此,不管对于霍布斯,还是对于康德和费希特来说,是人的理性而不是自然才是人类行为的立法根据。只不过在霍布斯那里,立法的理性是一种计算理性。当复杂的人性被还原为受普遍自明的求生畏死的情感所支配的动物性时,这种经过理性重构或者说纯化的情感没有任何既定的价值取向,只服务于单纯的自我保存,所以人的行为才能够像自然物一样用统一的自然规律来解释和计算,进而通过以计算理性为根据的主权者的绝对意志的立法来加以规范。康德和费希特的不同之处只在于,他们通过实然和应然、事实和价值的二元对立强化了理性与自然之间的分裂,进一步将自然排除出自然法和实践哲学的领域,从而使纯粹实践理性取代计算理性或者理论理性,成为意志的规定根据和人类行为的规范性的来源。

在黑格尔看来,迄今为止的各种自然法的探讨方式还未能将自然法建构为一门真正的科学。无论是经验主义的,还是形式主义的探讨方式,它们的演证都只涉及自然法的形式上的普遍性,而在这种形式的普遍性中却存在着内容的偶然性,因此无法就自然法的内在必然性将其建立为一门可演证的科学。跟这些近代自然法理论的先驱一样,黑格尔完全认同,实践哲学应当成为一门从自明的公理或者说第一原理出发进行演证

第三章　作为伦理自然的理性之法

的、具有普遍必然性的科学。但是,这些关于自然法的探讨方式,尤其是它们共同依赖的主体主义形而上学和反思的方法论原则却与这种科学化的理想背道而驰。要想找到更加符合这种科学化理想的探讨方式,就必须立足于一种超越主体性原则的新的第一哲学。作为批判主体性原则的先驱,斯宾诺莎已经通过他的实体一元论的形而上学表明,真正的科学必须从实体自身的绝对的同一出发,由实体自身的绝对同一所主导,而不是从主体与客体、观念与事物的绝对分离出发,由主观理性的抽象反思所主导。黑格尔将斯宾诺莎的形而上学吸收到科学的自然法理论的建构之中,①用绝对同一的实体取代通过排除一切差异和特殊而获得相对统一性的主观理性的构造作为这门科学的第一原理和理性演证的起点。"理性认识自己是绝对的时,那么哲学就从那种来自反思的方式终止的地方开始,即从理念和存在的同一(Identität der Idee und des Seyns)开始。它不是悬设两者为一,因为它以绝对性直接设定两者,而理性的绝对性无非就是两者的同一。"(GW 4: 29-30)在实体自身的绝对同一的基础上,关于自然法的整个演证过程将不再只是一个与事物相分离的思维的活动,而是表现为伦理实体或者作为实体的能动的伦理自然以自身为根据并完全通过自身实现出来的总体。正如斯宾诺莎已经表明的那样,作为实体的不同存在方式,"观念的次序和联系与事物的次序和联系是相同的"②。因此,在以绝对的实体作为演证起点的自然法的科学的探讨方式中,特殊与普遍、观念与实在不是彼此外在和彼此对立的,相反,人类的行为和实践的普遍法则作为一种具体的普遍按照实体自身存在的内在必然性被演绎

---

① Cf. Karl-Heinz Ilting, "Hegels Auseinandersetzung mit der aristotelischen Politik", *G. W. F. Hegel: Frühe politische Systeme*, hrsg. Gerhard Göhler, S. 765-766; Klaus Düsing, "Idealistische Substanzmetaphysik. Probleme der Systementwicklung bei Schelling und Hegel in Jena", *Hegel in Jena*, hrsg. Dieter Henrich und Klaus Düsing, S. 34-35.

② 斯宾诺莎:《伦理学》,第49页。

出来。

按照黑格尔的理解,康德的自然目的论比他关于实践理性法则的先验演绎更加符合自然法的科学探讨方式。因为从自然的合目的性的角度来看,作为人的自然禀赋,个别的、经验性的情感和偏好并非完全非理性的要素,相反,它们是潜在的理性或者说是不以理性的形式出现的理性。所以,理性和合乎理性的行动作为人的全部自然禀赋的实现,恰恰是在人的自然欲求、情感、偏好以及由此所引起的种种冲突、对抗、战争等种种恶行中逐渐获得了它的现实性。在这个过程中,不存在主体与客体的分裂,不存在理性反思对自然的否定和制约,或者自然对主观理性的抽象形式的依赖,普遍与特殊、观念与实在始终保持着一种同一关系,这也正是作为实体的伦理自然完全在自身之内并通过自身来实现普遍立法的过程。但是,康德所坚持的那种非此即彼的知性反思无法真正理解和表现这种绝对的同一,这也造成了康德最终没有接受一种亚里士多德意义上的存在论的目的论,而只能将自然的合目的性作为主观理性的一个调节性的原则来加以应用。[1] 结果是,自然内在的合目的性作为一个仅仅对认识主体有效的调节性理念被外在地设置在自然和历史的终点,而在这样一种基于纯粹实践理性的统一中,分裂被保持下来,现实的合乎理性的统一则变成了一种纯然的"应当",一种应当实现,但却不可能实现的"坏的无限性"。

因此,对黑格尔来说,关乎人类行为之合理性的自然法学说和实践哲学要想成为一门真正的科学,绝不能走近代自然科学的老路。虽然一个具有自明性的第一原理,对于一门以普遍必然性为认识目标的"直观-演

---

[1] Cf. Klaus Düsing, "Naturteleologie und Metaphysik bei Kant und Hegel", *Hegel und die "Kritik der Urteilskraft"*, hrsg. Hans-Friedrich Fulda und Rolf-Peter Horstmann (Stuttgart: Klett-Cotta, 1990). S. 148-151.

第三章　作为伦理自然的理性之法

绎"的科学来说是不可或缺的;但是,如果这种自明性不仅仅是对主观理性有效,而且必须就事情本身而言具有不可怀疑的确定性,那么,坚持一种与所有特殊性和差异性相对立的形式同一性的知性反思,显然无法把握到那个自明的第一原理,更不可能以此为基础建立起一门揭示人类行为及其关系的内在必然性的自然法科学。换言之,自然法的科学要求的是揭示在实际的人类行为中具有普遍规范性的、现实有效的法则,而不是满足于在主观理性当中构造出来的一种脱离了人类生存现实的理想化原则。为了实现自然法的科学化的目标,就必须找到与这种科学构想以及作为其根据的实体一元论形而上学相匹配的方法论原则。这就是黑格尔如此看重谢林的"自然哲学"和他的幂次学说(Potenzlehre)的原因。[1] 在黑格尔看来,谢林的"自然哲学"是一般意义上的科学或者哲学的基本表现形式。与主观观念论通过抽空事物的实存来达到理性主体的形式同一性的先验演绎不同,"自然哲学"的展开是作为实体的能动的自然从自身的绝对存在这个肯定的第一原理出发进行演证的过程。在这个被谢林称

---

[1] 黑格尔和谢林思想的关系一直是学界争论较多的一个话题。青年黑格尔常常被描绘为谢林思想的追随者和效仿者,似乎缺乏自己的独创性。不可否认的是,黑格尔在最初的体系构想方面,确实深受谢林"自然哲学"的启发。但是,他对实践哲学的兴趣明显比谢林更加强烈。早在图宾根和伯尔尼时期,黑格尔就在关于人民宗教、主观宗教的构想中开始探索克服宗教与法的实定性、在伦理生活中实现人的自由的可能性。因此,青年黑格尔对包括谢林在内的许多哲学家的效仿,都是由他自身的问题意识所引导的,而非亦步亦趋地跟随着流行的哲学观念。关于黑格尔在耶拿早期对谢林思想的吸收和借鉴,卢卡奇给出的评判是中肯的。他认为:"黑格尔赋予了谢林哲学以一种意义、一种倾向,这意义与倾向与其说符合谢林的哲学路线,还不如说是符合黑格尔自己的哲学路线的继续。"参见 Georg Lukács, *The Young Hegel*, p. 252。除此之外,海姆也指出了黑格尔与谢林之间的一个关键差别,即两人在达到一致的世界观之前所走的道路不同。谢林是逐渐地摆脱费希特知识学的影响的,他总是竭力使他的自然哲学与主观观念论的原则相一致。他以惊人的突然性,最后跳到绝对同一性的观点上。而在黑格尔的思想中没有这种动摇性,在他的脑海中总是浮现出一个理想,这理想虽然到以后才以哲学体系的形式而出现,但其端倪在有关历史与神学的文章中就已显露。他坚定地走向他的体系,理性批判也好,知识学也好,都不能影响他、干扰他、动摇他。参见 Rudolf Haym, *Hegel und seine Zeit*, S. 144-150。

为"自乘"的过程中,实体或者能动的自然将主观理性的外在反思转化为实体自身的特殊方面和普遍方面既对立又统一的内在关系,并且通过实体的内在张力推动自身向具有更高现实性的幂次发展,从而使一切存在者在实体实现自身的不同阶段或者不同形态中证明了它们存在的内在合理性。[①] 谢林的"自然哲学"将康德的自然目的论从一种主观有效的调节性原则成功地改造为一种具有存在论意义的建构性原则。对耶拿早期的黑格尔来说,正是以"自然哲学"的形式表现出来的实体一元论形而上学和与之相适应的"幂次方法"(Potenzenmethode),[②]让他第一次看到了将自然法学说和实践哲学建立为一门真正的科学的希望。

一、"伦理自然"的体系性与现实性

作为发表在《哲学批判杂志》上的一篇长文,黑格尔的《自然法论文》更加侧重于对近代自然法的探讨方式的批判,而写作于同一时期的《伦理体系》手稿才是黑格尔第一次将他所理解的能够作为真正的科学的自然法学说以一种科学的、体系化的探讨方式呈现出来。实际上,如果我们追随黑格尔这一时期的问题意识和写作思路就会发现,这部无标题的手稿无论是在主要概念的使用上,还是在基本框架的设计上,都与《论自然法的科学探讨方式》这篇论文的第三部分存在着明显的呼应关系。那么,可

[①] 有学者意识到黑格尔耶拿后期发展出来的现象学(Phenomenologie)跟谢林的幂次学说一样,具有存在论的意义。在黑格尔的现象学中,对本质的认识不是通过排斥差异来获得知性的同一,因为具有特殊性和差异性的现象本身是绝对者的显现,是内在于有限的无限,现象学意味着让从自身显现自身的东西如它从自身显现自身那样被看见。在耶拿早期的《伦理体系》中,黑格尔其实已经开始实践这样一种现象学的观念,通过将所有人类的个人的、社会的、国家的关系的现象作为一个有机的体系来陈述,使所有规定和秩序的合理性作为伦理理念获得具体的认识。参见 Gerhard Göhler, "Dialektik und Politik in Hegels frühen politischen Systemen. Kommentar und Analyse", *G. W. F. Hegel: Frühe politische Systeme*, hrsg. Gerhard Göhler, S. 356−357。

[②] Cf. Herbert Schnädelbach, *Hegels praktische Philosophie*, S. 76.

以设想的是，如果黑格尔自己来命名这部作品，他或许会给它拟一个与自己成熟时期的《法哲学原理》一书的副标题相似的一个名字，即"自然法科学纲要"（Naturrechtswissenschaft im Grundrisse）①，而不是现在通行的"伦理体系"（System der Sittlichkeit）这个标题。

不过，尽管"伦理体系"这个题目未能表现出这部手稿在创作意图上与《自然法论文》之间存在的内在联系，但是，作为这部手稿的发现者和整理者的罗森克兰茨所拟的这个标题却也符合黑格尔对自然法的科学探讨方式的一个基本设想，即真正作为科学的自然法学说必须是体系（System）。事实上，认为严格意义上的"科学"必须是体系性的，这一观念虽然是在黑格尔成熟时期的哲学体系那里得到了充分的展示，但将体系性作为科学的基本特征的想法仍然和康德有着密切的联系。② 在《纯粹理性批判》的"纯粹理性的建筑术"部分，康德就曾明确指出："我把体系理解为杂多的知识在一个理念之下的统一。这个理念是关于一个整体的形式的理性概念，乃是就不仅杂多性的规模，而且各部分相互之间的位置都通过这一概念而先天地被规定而言的。"（KGS 3: 538-539; KrV B: 860-861）

---

① 德国学者库尔特·迈斯特在他编辑的《伦理体系》一书中为这部手稿增加了一个副标题，或者不如说是他自己认为更能够反映这部手稿主题的一个标题，即"费希特自然法批判"（Critik des Fichteschen Naturrechts）。值得肯定的是，迈斯特注意到了黑格尔的这部手稿与他在耶拿大学每年开始的自然法课程之间的联系，同时指出了这部手稿中关于自然法问题的讨论在内容和形式上都具有明显的针对性，即对费希特自然法学说的批判。但是，同样明显的是，这部手稿的基本性质并不是批判性的，黑格尔已经在《差异》一书和《自然法论文》中对费希特的自然法学说进行了非常深刻系统的批判，而这部无标题的手稿其实是在这一系列批判性工作的基础之上对自然法科学所做的一种肯定性的建构。因此，用"费希特自然法批判"来命名这部手稿显然是不恰当的。参见 G. W. F. Hegel, *System der Sittlichkeit [Critik des Fichteschen Naturrechts]*, hrsg. Kurt Reiner Meist und Horst D. Brandt（Hamburg: Felix Meiner Verlag, 2002）, S. 15。

② Cf. Rolf-Peter Horstmann, "The Unity of Reason and the Diversity of Life: The Idea of a System in Kant and in Nineteenth-Century Philosophy", *The Cambridge History of Philosophy in the Nineteenth Century (1790–1870)*, ed. Allen W. Wood, Songsuk Susan Hahn（New York: Cambridge University Press, 2012）, pp. 61-91.

"我们称为科学的那种东西,……是以建筑术的方式由于亲缘关系和从一个唯一的、至上的和内在的目的派生而产生的,唯有这个目的才使得整体成为可能。"(KGS 3: 539; KrV B: 861-862)换言之,康德认为,严格意义上的科学不是经验性地、按照偶然呈现的意图来规定杂多性和秩序,而是从一个作为绝对无条件者的内在目的(理念)必然地派生出事物的存在及其相互关系的诸规定。因此,在科学的演证过程中,具体的、有条件的内容与无条件的绝对理念之间作为整体与部分的关系而具有一种内在的同一性。无条件的理念既是整个科学探究的出发点和第一原理,它规定着事物不得不如是存在的充足理由,同时作为这个探究所指向的目的,它又是最后达到的具有完满的现实性的结果。

康德关于科学的体系性构想深刻地影响了包括黑格尔在内的整个德国观念论对科学的理解和对科学的探究方式的思考。可是,在黑格尔看来,康德以先验演绎的方式所进行的自然法研究与他所提出的科学观念是不符的。因为这种研究方式坚持特殊与普遍的分离,只能外在地从经验中来为它的空洞形式借取内容,所以它不可能从绝对的理念出发,从意志自身获得其内容的规定性,而只能是将一种既定的社会现实直接接受下来作为反思的出发点,通过排除其中的经验性要素来回溯性地在主体自身的纯粹理性中获得意志的规定根据(即使现存的人类行为及其关系的诸规则得以可能的先天条件),并将这些因思维的纯粹化而具有必然性外貌的实践理性法则整合为一个自然法的科学体系。因此,这种形式的观念论只留下为了义务的缘故而履行义务,为了法律的缘故而遵守法律的空洞主张。由于康德和费希特所建立的义务与法的科学体系只涉及对法的形式的演绎,而不涉及对法的内容的演绎,所以,它的内容实际上是偶然地、经验性地获得的,而不是根据其内在必然性演证出来的,这些内容缺乏科学的内在一致性和系统性,只是一个杂乱无章的无限多样性,不

第三章　作为伦理自然的理性之法

能建构成一个整体,甚至无法达到一个体系的外在完备性(GW 4: 402)。在他们那里,体系性的科学就跟使体系得以可能的无条件者的理念一样,只是主观理性为知识悬设的一个调节性的原则、一个纯然的"应当"。①

康德和费希特关于自然法科学或者说伦理形而上学的建构仍然延续了近代理性主义根深蒂固的一个存在论上的偏见,即认为一切特殊的、多样的和差异性的事物由于无法被确定地、无矛盾地加以认识,因此它们都是不真实的,而真正的无条件的实体只能是与一切实在相对立的、不会陷入任何差异和矛盾的纯粹思维的主体。然而,这种主体性原则的悖论恰恰在于,当它坚持一与多的对立,以完全消极的方式否定和排斥那些特殊的、经验性的实存时,主体反而始终受到它所制造的这个不可化解的有限的对立物的牵制,使自身变成了有条件者。正是着眼于这个根深蒂固的偏见,黑格尔才针锋相对地指出:"真正的实在和它的绝对物完全摆脱了与自然的这种对立,并且它就是观念的东西与实在的东西的绝对同一。绝对者按其理念应当被认作有差异者的这种同一,它的规定性乃是,在一种情况下充当统一性,在另一种情况下充当多样性,……不论是统一性,还是多样性——两者的同一就是绝对——两者中的每一方自身都是一与多的统一。"(GW 4: 432)"实体是绝对的和无限的;在这个谓语无限性中,包含着神圣的自然(göttliche Natur)的必然性或它的表现,并且这必然性正是在一种双重关系中把自身表达为实在性。两个属性中的每一个本身都表达出实体,都是绝对的和无限的,或者说都是无差异和关系的统一。在关系上面,它们的区别在于:在其中之一的关系中,多是第一位的,或者超乎一之上的;在另一关系中,一是第一位的,或者超乎多之上的。"(GW

---

① Cf. Paul Cruysberghs, "Zur Rekonstruktion eines Systems der Sittlichkeit im Naturrechtsafsatz", *Die Eigenbedeutung der Jenaer Systemkonzeptionen Hegels*, hrsg. Heinz Kimmerle (Berlin: Akademie Verlag, 2004), S. 65.

4:433）也就是说，真正的实体或者绝对无条件者不是一种与多样性的实在完全分离的观念性的统一，而是一与多、观念与实在的绝对同一，并且只有当多样性同时具有统一性，而统一性同时具有多样性，观念和事物都是绝对无条件的实体自身的存在时，才能使这种绝对化的二元对立得到消除，进而根据实体自身内在的必然性将自然法建立为一门真正的科学。

非此即彼的知性反思害怕多样和差异的实存会使认识和存在变得不再具有确定性，所以这种认识方式只能固守思维的同一性，通过将事物还原为无规定性的单纯的直观杂多，并将直观杂多归摄于概念的统治之下来维持相对的统一性，它无法理解和把握那种绝对同一，那种具有统一性的多样性和具有多样性的统一性。而真正科学的认识方式则不仅仅认为合理性和统一性存在于概念的形式中，而且也同样存在于对内容的直观中。黑格尔在《伦理体系》的简短导言中写道：

> 为了认识那绝对伦理的理念，那与这些概念完全相即的（vollkommen adäquat）的直观就必须被建立起来，因为理念自身就不外乎是这两者的同一。但是，这种同一性却必须被设想为一种"相即的存在"（Adäquatsein），由此它才能够被认识。不过，由于直观与概念这两者乃是在一个等式中作为等式的两边被彼此分离地加以对待的，因此它们就是伴随着彼此的差异而被建立起来的。这等式的一边是普遍性的形式，另一边则是与之对立的特殊性的形式。所以说，为了完全彻底地建立这个等式，就不得不把它们颠倒过来，把那曾被设定在特殊性形式中的东西，现在再设定在普遍性的形式中，而把那曾被设定在普遍性形式中的东西，现在再设定在特殊性的形式中。但是，普遍之物的真正所是乃是直观，而特殊之物的真正所是乃是绝

对的概念。这样,二者中的任一方都被设定为是与对方相对立的,既是设定于特殊性的形式之下,又是设定于普遍性的形式下。既是直观必须归摄于(subsumieren)概念之下,又是概念必须归摄于直观之下。……现在绝对伦理的理念就是将绝对的实在性收回自身,即收入一种统一性。由此,这种收回与这种统一性就成为一种绝对的总体性。(GW 5: 279)

自然法的科学需要一种与它的科学性相适应的科学的认识方法。除了借用谢林的幂次学说来表达自然法科学的整个演证过程中伦理实体或伦理自然自我形成的各个阶段所具有的质的同一性之外,黑格尔还通过改造康德关于规定性判断力和反思性判断力的区分,提出了直观与概念相互归摄的公式,①用以表现每一个阶段当中特殊与普遍、实在与观念之间的绝对同一,以及自然法科学的演证的每一步所具有的内在必然性和这一演证过程能够将最高的现实性逐渐揭示出来的内在理由与内在动力。

我们知道,康德在第三批判中将反思判断力的运作方式定义为"为特殊寻求普遍",以区别于规定性判断力的"将特殊归摄于普遍之下"。关于规定性判断力作用方式的一个更早的讨论是在《纯粹理性批判》的"先验演绎"部分中,康德将这种归摄表述为统觉的先天综合统一,即把一切被给予的直观杂多在概念的统一性中结合起来,从而形成一个具有认识

---

① 尽管很多解读者已经达成共识:黑格尔在《伦理体系》中引入的这些方法论的概念和原则并没有得到一以贯之的坚持,而且不少术语的定义和使用也并不十分严格,比较容易造成体系上的不和谐以及表达上的歧义。但是,从总体上来说,如果能够理解黑格尔对主观观念论的批判和他的客观观念论的基本旨趣,还是能够比较准确地把握黑格尔在《伦理体系》中的整个演证过程。参见 Herbert Schnädelbach, *Hegels praktische Philosophie*, S. 79, 81。

意义的"客体"。而在黑格尔看来,对真正的科学的认识而言,康德所揭示的这种相互归摄的关系不应该是一方消灭另一方的关系——既不是将被给予的特殊的经验事实作为真实的东西直接接受下来,也不是把直接给予的经验事实当作偏见和谬误的来源完全否定掉,只承认反思所达到的无矛盾的概念具有真实性,而应该是直观与概念、特殊与普遍在彼此的差异中保持着的一种同一关系。近代的自然法学说只看到了科学探究中的否定的方面,只看到了概念与直观、普遍与特殊之间的差异和对立,而"知识除了这否定的方面,还有肯定的方面,即直观。纯粹的知识(这叫无直观的知识)是处于矛盾之中的对立物的消灭。没有对立物的这种综合的直观就是经验的、被给予的、无意识的。先验的知识联合反思与直观两者,它同时是概念与存在。这样一来,直观变成了先验的,在经验的直观中分离的主体与客体的同一性进入了意识。就知识成为先验的而言,知识不仅设置概念及其条件(或两者的二律背反),即主体,而且同时设置了客体,即存在"(GW 4: 27-28)。黑格尔将这种与概念相同一的直观称为"先验直观"(transcendentale Anschauung)。

在这个意义上,直观和概念一样,都被理解为绝对无条件的实体自身的存在方式,都是一与多、普遍与特殊的同一。因此,按照黑格尔的用法,在认识关系中,直观通常意味着认识与对象的一种直接的、无间距的关系,在主体与客体的统一中,客体的因素占据主导;而概念则意味着认识的间距,也就是说,主体自身处于一种与客体相对的主导性的位置,并且客体中的特殊性和实在性的方面以主体的观念性的普遍形式表现出来。在实践的意义上,直观是主体与客体活生生的统一,因此客体的实在性因素在其中占据主导,而概念意味着在主客体关系中,主体的观念性因素主导了与客体的实践关系。

从直观和概念都是实体自身的存在方式来说,对自然法的科学认识就会呈现为具有同一性的两条不同进路:一条是从概念到直观的进路,另一条则是从直观到概念的进路。① 一方面,由于感觉经验的特殊性和差异性,作为绝对无条件者的伦理实体或者伦理自然必须以自身同一的普遍概念的形式表现出来。但是,概念之所以是无条件的,乃是因为它否定了一切特殊的经验性实存,这个意义上的概念所具有的普遍性只是一种抽象的、形式上的普遍性,它还不是真正具有现实性的绝对无条件者,概念仍然表现为单纯的否定和理想性,而非现实性和真正的肯定的无限,因而必然被作为绝对无条件的实体自身所否定。所以,以概念的形式出现的伦理实体就必然出于其自身存在的内在理由,在从概念到直观的发展过程中,使得概念的普遍性变得具有更少的形式性,并且在特殊中获得更多的实在性,最终达到普遍与特殊的绝对同一,成为以绝对直观的形式呈现出来的具体的普遍。这也就是黑格尔所说的,"普遍之物的真正所是乃是直观"。

另一方面,由于通过否定自然和制造对立的方式,知性的反思只能将绝对无条件者弄得相对化和有条件化,所以,伦理实体或者伦理自然必须是以直接的、肯定的方式,也就是直观的形式呈现出来的。但是,这种直接的、非反思的直观并未摆脱经验的特殊性和差异性,在这种有限制的直观中依然存在着对立,因而伦理实体必然会使直观被归摄于概念之下,并在更高的现实性中扬弃直观与概念之间的对立关系,在从直观到概念的发展中使具有特殊性的直观作为活生生的统一中的环节变得愈加具有合理性,而作为以自身为目的并在自我实现的过程中获得了完满的现实性的伦理实体既是绝对直观,又是与自身完全同一的绝对概念,是所有个别

---

① Cf. Arie J. Leijen, "The Intuition of the Absolute Concept in the Absolute Ethical Life: Hegel's System of Ethical Life", *Hegel on the Ethical Life, Religion and Philosophy* (1793-1807), ed. A. Wylleman, pp. 130-132.

物以及那些活生生的规定的总体性,用黑格尔自己的话来说就是,"特殊之物的真正所是乃是绝对的概念"。

不同于康德和费希特在建构他们的自然法科学或者伦理形而上学时,通过知性反思将特殊的、经验性的因素彻底排除在意志的规定根据之外,黑格尔的"伦理体系"试图通过证明那些与主观理性的抽象形式相对立的、直接给予的实存之物的内在合理性,来重新恢复自然和客体的权利,恢复对一门真正的科学来说最为重要的绝对无条件者本身的权利。所以,黑格尔的自然法科学乍看起来仿佛是在以一种经验主义的方式来对现存的人类行为和人类生活中的基本事实进行描述,对各种实际的人类生存经验进行整理。人的情感、需要、享受、劳动、对工具的使用、占有、交换、两性关系以及后代的生育等等,这些在康德看来属于经验世界,属于明智和技巧的活动领域,必须被排除在实践哲学和伦理形而上学之外,而黑格尔却将它们全部涵盖到他的自然法的科学体系之中。因为从伦理实体或者伦理自然的角度,而不是从人的主观理性的角度来看,这些经验性的要素作为伦理实体或者伦理自然本身的存在方式,对人的意志和行为同样具有普遍必然的规定性,因而它们对于一门真正的自然法科学来说是不可或缺的。这是一种努力回到事情本身的经验主义,正是在这个意义上,哈里斯将黑格尔称为"精神的经验主义者"。[①]

不过,黑格尔的"经验主义"并不意味着对理性和反思的放弃,更不意味着要倒退回到一种将直接的经验事实作为绝对真实的东西接受下来的非反思的立场。黑格尔当然承认,理性反思对于摆脱偶然的、特殊的经验所带来的认识上的矛盾和不确定性,从而获得具有普遍必然性的科学认识来说是不可或缺的。但是,不受经验的制约并不等于与经验完全分离。

[①] H. S. Harris, *Hegel's Development: Night Thoughts (Jena 1801-1806)* (Oxford: The Clarendon Press 1983), p. 38.

因为这种分离恰恰为理性制造了一个无法真正跟理性统一起来的非理性的世界,导致理性认识只能够达到一种形式化的、相对的统一,而这样一种不具有现实性的、相对的统一显然不是严格意义上的科学。由于知性反思坚持一与多、同一与差异的对立,主体性的形而上学只能将经验视为完全非理性的、不真实的存在,而将合理性和真理完全赋予形式化的概念和思维。黑格尔的"精神的经验主义"则力图超越这种非此即彼的知性反思,将矛盾本身视为真理的规则,使理性和真理从纯粹的思维主体中解放出来。如果从理性在认识无条件者时必然产生的二律背反来看,特殊的、多样的经验就不会再被单纯地视为谬误的来源,而恰恰应该被理解为绝对无条件的实体自身的直接在场。只不过,作为实体的直接在场的经验并不是处在完满的现实性中的实体。当实体将自己的直接在场与自己本身进行比较时,这种直接经验的有限性就会显示出来,并且被实体对自身的反思所否定,进而实体将以一种与自身更加相符的、更具有现实性的形态(幂次)表现出来。"在理性的自我生产中,绝对物形成客观的总体(Totalität)。这总体是一个在自身中承载自己和完善自己(in sich selbst getragen und vollendet)的整体(Ganze);它不在自身外有根据,而是由自己在它的开端、中点和目的地提供根据。这样的整体表现为诸命题和诸直观的有机体。"(GW 4: 30-31)在这里,实体完全在自身内并通过由自身的反思所推动的不同形态的有机生长来实现自己作为绝对无条件者的本性。"一种实在性只有当其作为总体并且自身就是所有幂次的体系的时候,才是实在性"(GW 4: 471),而与伦理实体合目的的自我实现的整个过程相应的认识过程才能真正成为具有体系性的自然法科学。

就像黑格尔明确指出的那样:"并非直接的直观本身,而是被提升到理智之物当中得到思考、说明、剔除了其个别性并且作为必然性表达出来的直观,才是经验。"(GW 4: 472)因此,黑格尔的"精神的经验主义"并不是对种种人类生存经验的不经反思的直接接受,而是将设置主体与客体相对立的知性的外在反思转化为绝对同一的实体自身的内在反思。通过这种实体自身的内在反思,特殊的经验并没有被当作纯然的虚无给否定掉,而是使它自身内在的普遍性与合理性以更加普遍的、合理的形式表现出来。这个意义上的否定是实体以自身为目的的自我实现,而不是主体对客体的虚无化。正是因为黑格尔的当前哲学(Gegenwartsphilosophie)①坚持理性的现实性和绝对无条件者的永恒在场,他的"伦理体系"才与那种把特殊的、偶然的经验直接接受下来的经验主义和那种坚持与一切经验完全分离的理性主义从根本上区分开来,通过揭示伦理实体自身存在的内在必然性使他的自然法研究成为一门真正的演证的科学,同时也通过认识在现实的人类生存经验中直接在场的伦理实体,克服康德和费希特的自然法学说造成的主体与客体、自由与必然、合法性与道德性之间的坚固对立,从人的自然和社会活动的总体来把握一个整全的和未分裂的人。②

二、 自然伦理

跟黑格尔成熟时期的体系性著作一样,作为"伦理体系"或者伦理形而上学的自然法科学同样存在着一个以什么作为科学体系的"开端"的问题。对于一门理性的、可以演证的科学来说,"开端"(Anfang)并不是指在线性时间的意义上最早出现的东西,而是指整个理性演证的起点,而能够保证由之出发的整个演证过程及其结果具有必然性的那个起点,实际上就是这门科学的第一原理,一个像数学公理一样的直观

---

① Cf. Odo Marquard, "Hegel und das Sollen", *Schwierigkeiten mit der Gechichtsphilosophie* (Frankfurt am Main: Suhrkamp Verlag, 1973), S. 39-40.
② Cf. Georg Lukács, *The Young Hegel*, pp. 321-322.

的、自明的事实。黑格尔在《自然法论文》中所批判的两种自然法的研究方式都想要通过一种知性的、外在的反思来消除经验所带来的不确定性,从而将无矛盾的思想的构造物作为理性演证的起点。可是,正如我们已经反复讨论过的,这种以主观理性的构造物作为第一原理、单纯追求确定性的演绎最终只能达到在主观理性中被证成的普遍法则,但并不能充分认识对于规定人类行为及其关系来说具有普遍必然性和现实性的实践法则。

因此,对于构建自然法的科学来说,演证所依赖的第一原理绝不能是经过外在的反思后在与客体完全分离的主体中重建的、只对主观理性而言不可怀疑的事实。相反,真正的自然法科学必须以绝对无条件的伦理实体或者伦理自然作为认识的开端。这个自明的第一原理就是绝对同一的实体自身的直接在场。同时,恰恰因为实体存在的这种同一性和直接性,即没有经过任何外在反思和概念的普遍化的中介作用,所以,在作为开端的绝对同一的实体中,直接存在的客体或者直观会处于主导性的位置。

(一)作为直观的自然伦理,或实在性的一次幂

只有实体自身的非反思性的、直接的绝对同一才有资格作为科学演证的真正起点,这意味着在黑格尔那里,自然法科学的开端必然是以个人的自然情感这一直接性的形态表现出来的伦理实体(作为直观的自然伦理或实在性的一次幂 A, GW 5: 281)。这种完全沉浸于个别物之中的自然情感(Gefühl)是人类行为及其规范性的来源。因为个人的基本生理"需要"(Bedürfnis)意味着在人自身与被需要的东西之间的一种差异,它不是一种完全孤立的自我感,没有任何对于客体的意识。正是这种包含了主体与客体相分离的情感,推动人为了使需要获得满足,达到分离状态的扬弃,即"享受"(Genuß)而有所行动,享受是以这种差异为前提的(A. a 幂次)。所以,黑格尔又把需要和享受称为"实践的情感"(praktische Gefühl)。"在这里,需要是一种绝对的个别性,一种把自身限制于主体之上的情感,它完整地属于自然。"(GW 5: 283)根据这种情感的规定性,与个人的吃与喝的需要相对的外在之物被直接地规定为可食用和可饮用的东西。作为可以满足需要的对象,外在之物是要被简单地消灭的,因此,这种外在事物不再是某种普遍的、自身同一的东西,而是被归摄于作为自然情感的需要和享受之下。由需要所造成的主体与客体的差异,在客体的直接消灭中得到扬弃。

将需要和享受的情感作为自然法科学的起点,很容易让人联想到霍布斯的自然法学说。在霍布斯那里,个人求生畏死的情感也被确定为自然法科学的演证所依赖的第一原理。从原子化个人满足生存需要的情感出发,霍布斯一步步地推导出国家状态的形成和规范人类行为及其关系的普遍的自然法的确立。然而,这种表面的相似并不能掩盖二者之间的根本性区别。黑格尔为他的自然法科学所设定的这个开端与霍布斯的不同之处在于:第一,在黑格尔那里,作为第一原理的"情感"并不是反思的产物,不是通过主观理性的分解和重组人为构造出来的,而是伦理实体最直接的在场。因此,第二,霍布斯意义上的自然情感不具有任何规范性的意义,由这种情感所推动的原子化个人的机械运动是永恒的敌对状态,行为的规范及其正当性需要由主权者的绝对意志外在地为行动者设定起来。对霍布斯而言,自然法的演证的必然性在于,从原子化个人的情感可以推出,为了满足自我保存的需要,人必须放弃自己的原子化状态,通过权利的同等让渡结合成一个政治共同体,从而走出彼此对立的自然状态,但是,由于普遍立法的国家状态的形成恰恰是基于对个人情感的完全否定,也就是说,原子化个人的情感本身推不出国家的形成,是对这种情感的否定才使国家的形成得以可能,因而,霍布斯的演证又是没有必然性的,这是霍布斯自然法学说中无法克服的内在矛盾。① 而在黑格尔的目的论模式中,实践情感作为伦理实体的直接在场,包含着比霍布斯的机械论模式中的原子化个体的情感更多的规定。对黑格尔来说,人的需要和享受不是单纯动物性的情感,②行为的规范和法则作为人的全部自然禀赋(即伦理实体或伦理自然以人的方式存在)的实现蕴含在这种直接的需要和享受之中,它内在地具有实现普遍立法的可能性,因而,这种以动力学的方式存在的实践情感不是要被外在地否定或限制,而是要在伦理实体自身的反思中以更具有现实性和普遍性的形式表现出来。"这种伦理的自然性(Natürlichkeit)也是一种揭示,是普遍物在特殊物之中形成的过程。"(GW 5: 281)所以,只有黑格尔意义上作为潜能的、在自然法的演证过程中得到进一步肯定的发展的实践情感,而不是霍布斯意义上的那种导致混乱和无序、在演证过程中要被否定的情感,才有资格成为自然法科学的第一原理。

不过,作为实践情感直接在场的伦理实体并没有在需要和享受中达到它自身完满的现实性。个人的需要虽然产生了主体与客体之间的区别,以及为了获得需要的满足而采取的种种行动,但是,这种直接消灭客体,回到主体与客体无差别状态的享受,仍然沉浸在特殊性之中。个别需要的满足并不能给予行动以一种普遍有效的规定。尽管如此,实践情感作为伦理实体的直接存在,仍然是直观与概念的绝对同一,只不过在这种直接性的形式中,直观(特殊性)相较于概念(普遍性)而言更加占有优势。因此,在自然法科学的演证过程中,普遍性的规定不是通过对特殊性的外在否定达到的,而是通过伦理实体的自我反思将直观归摄到概念之

---

① Cf. Manfred Riedel, "Hegels Kritik des Naturrechts", *Zwischen Tradition und Revolution*, S. 108.
② Cf. Herbert Schnädelbach, *Hegels praktische Philosophie*, S. 83.

下，让自己以更加具有普遍性的形式表现出来。

人的行动虽然由需要和享受所推动，但是，在人的实际生存中，人并不是像动物那样直接地消灭客体，完全受到自然的外在必然性和欲望的特殊性的支配。相反，恰恰是人满足需要的手段扬弃了享受和对客体的消灭的直接性，需要和享受根据伦理实体自身的本性在更高的现实性中表现为"劳动"（Arbeit）和"占有"（Besitz）的形态（A. b 幂次）。"通过劳动，被欲望所规定的客体被扬弃了，就它自为地是某种不被欲望所规定的客体、就它自为地是实在的事物而言；而通过作为直观的欲望所得到的规定性被客观地设立起来了。在劳动中，欲望和享受之间的差异被设立起来了；如果享受受到阻碍而被迫推延，它就变成观念性的东西或者一种关系"，而通过劳动，在这种关系的基础上，被设立为直接形成的事物是对产品的占有，或者把产品作为某种自为地真实的东西消灭的可能性（即享受的可能性），这种转变完全是观念性的（GW 5: 284-285）。也就是说，人在劳动中不再是将客体作为可以满足需要的对象加以直接地消灭。相反，在劳动中，直接的需要或者欲望的满足被迫推延了，客体不再只是被特殊性的吃喝的需要规定为可食用和可饮用的东西，客体自身获得了一种不被欲望的主体所规定的独立的实在性。而欲望的个人也不得不承认事物本然的实在性，并且通过尊重事物的实在性和普遍必然性的劳动，将自身的特殊性在更加普遍的观念性的形式中重新加以塑造。与之相应的是，享受也被转化为一种观念性的享受的可能性，即对劳动产品的占有，而不是为满足需要而对客体的直接消灭。这样一来，作为需要和享受的直观就被归摄在作为劳动和占有的概念形式之下，人的行为及其关系也由此得到了更加普遍的规定。

由于劳动扬弃了需要和享受的直接性，属人的情感就不会像霍布斯所描绘的那样是完全无规范的，因为这种无规范的情感只会导致特殊的原子化个人之间的冲突和对抗,只能等待外在的立法,而无法从伦理实体自身的本性中必然地演证出普遍有效的规范。黑格尔吸收了洛克关于劳动和占有的理论。在洛克看来,是劳动改变了自然资源的原初共有状态,使得对自然资源的排他性占有得以可能。换言之,在直接的需要和享受中并不存在严格的正当性的问题,因为在这个幂次中,能够满足需要的就是正当的,这种正当只对个人有效,完全不具有普遍性,只有当需要和享受是以劳动和作为享受之可能性的占有这种观念性的形式表现出来时,关于行为及其关系的正当性问题才真正第一次出现。

黑格尔根据劳动的不同对象的不同性质将劳动分为三个幂次。劳动的一次幂是对植物的劳动,即农耕。由于植物与大地上的要素紧密联系在一起,所以农耕对植物所进行的劳动是与大地上的要素直接处于冲突之中,但更是通过承认和接受这个强大的自然力量及其必然性,顺应自然以促进植物的生产(GW 5: 286)。劳动的二次幂是对动物的劳动,即动物的驯养。与农耕极为不同的是,"施加给动物的劳动不是直接面向它的无机自然,而是面向它的有机自然本身,因为客体不是一种外在的要素,而是个别性的无差异"(GW 5: 287)。除了食用以外,人对动物的驯养还有其他多方面的需要。更重要的是,在驯养的过程中,人要适应动物自身的本性,他不但不能把动物作为一种可食用的对象直接消灭掉,而且还要让动物消耗自己通过对植物的劳动所获得的粮食。所以,对动物的劳动一方面是对动物的特殊性的驯服,另一方面又是动物的信任。而且只有通过舍弃人自己的一部分需要以取得这种信任,对动物的驯养才能成功。作为劳动的两种形式,农耕和动物的驯养都是直观归摄于概念之下,都是伦理实体通过人的享受的推延和对客体的实在性的承认来取得更高的现实性。但是,在这两种劳动中,不仅劳动过程不可能摆脱机械因果必然性的限制,①而且这两种劳动最终都是服务于需要和享受的情感,以吃掉劳动的产品作为最终的目的。只有在劳动的三次幂,即产生"智力"(Intelligenz)的劳动中,人的行为及其关系才在一种具有理性形式的普遍性中得到规定。

如果说满足吃喝需要的劳动仍然受制于个人的特殊性,那么,超出个人特殊性的劳动则是由另一种需要和欲望所推动的,那就是两性结合的欲望。在这里,黑格尔对需要和欲望的分析再次超越了霍布斯对人及其情感的认识。在霍布斯那里,原子化的个人是没有性别的,他们只受到求生畏死这一种情感的驱使。然而,从作为伦理实体的人的全部自然禀赋来看,性别的差异和基于性别差异所产生的情感是不能化约的人的基本规定。正如人在吃喝方面的需要和满足不同于动物性的需要和满足,它以对植物和动物的劳动与占有这种更具普遍性的形式表现出来,因人的性别差异而产生的特殊情感本身也同样表现为更具有普遍性的劳动和占有的形式。黑格尔将人所特有的这种两性之间的情感,或者说在性方面的需要和欲望称为"爱"(Liebe)。"在这里,生命物并不是通过对它的加工而得到规定的;它应当是一种绝对的生命物,而它的实在性、它的明确的自为的存在,都被简单地规定为它所欲望的东西。"(GW 5: 288)在黑格尔看来,"爱"与吃喝方面的需要完全不同,这种情感不是为了满足个人的特殊性而消灭对象,相反,这种情感恰恰意味着一个真正的、无法消灭的他者,一个绝对的生命物被确立起来,对他者的承认同时是对自身存在的特殊性的放弃和对自身的重塑,而且双方自身形式的消灭是相互的,"每一方都在他者中直观到他/她自身,尽管这个他者是一个陌生人,而这就是爱"(GW 5: 289)。

---

① Cf. Georg Lukács, *The Young Hegel*, p. 345.

"智力"作为一种观念性的普遍形式,它得以产生的一个重要条件就是对他者的承认以及对自身的特殊性的放弃,这就是在爱的情感中所体现出来的东西,这也是人的类本质得以产生的前提。"人(Mensch)是一个就他的他者而言的幂、普遍性,然而这个他者就他而言也是如此;因此,他把他的实在性、他自己特定的存在以及他在实在性中的影响,转变为吸收到无差别中的东西。"(GW 5: 288)虽然爱的情感是对一个作为他者的绝对生命物的承认,但是,这种受欲望支配的两性关系仍然保留着欲望的主体与欲望的客体之间的不平等,欲望中的人还没有真正摆脱自己的特殊性而达到自身作为人、作为普遍物的意识。产生智力的劳动在基于两性结合的父母与子女的关系中得到进一步的发展。从表面上看,父母与子女的关系是普遍与特殊的关系,但是,父母对孩子的教养,不是一种为了满足具有特殊性的需要而进行的劳动,孩子不是一个欲望和占有的对象,而是一个潜在的具有普遍人性的个体。"父母亲是普遍物,而自然的劳动着手扬弃这种关系,就像是父母亲的劳动所做的那样,因为它们持续不断地扬弃孩子的外在的否定性,并且通过这样做,从而达到一个更大的内在的否定性,以及因此设立更高的个体性。"(GW 5: 289)在父母对孩子的教养中,一方面,父母自身的特殊性被进一步扬弃;另一方面,父母也通过不断满足孩子的吃喝等需要,扬弃孩子的外在否定性,在孩子的成长和教化这个内在的否定性中,孩子的特殊性直接转变为普遍性,潜在的普遍人性逐渐成为现实。父母和子女双方最终都在彼此之中认识到他们自己的人性。[1] 当孩子成长为一个具有同样独立性的个体时,劳动的总体性就以完全的个体性的形态呈现出来。这意味着,普遍的人性恰恰是在人作为相互独立的、相互平等的、相互承认的个体时才是现实的。与霍布斯构

---

[1] H. S. Harris, *Hegel's Development: Night Thoughts (Jena 1801–1806)*, p. 30.

想的单纯受自我保存的情感支配、处于相互对抗的无序状态中的原子化个人不同,在黑格尔这里,个体性(Individualität)是观念性与实在性的统一,作为劳动和教化的产物,存在于前国家状态和前制度化状态中的个体性的人之间的相互承认,扬弃了在夫妻关系、父母和子女关系之间存在的不平等,并且已经以智力这样一种普遍化的形式,而不是根据完全无规范性的、完全特殊的欲望,来规定人与人之间的关系。①

从需要和享受的情感出发的自然法科学的演证,至此达到了一个新的阶段。我们看到,在作为直观的自然伦理中,伦理实体或者伦理自然既不完全存在于需要的主体一边,也不完全存在于因需要而分离出来的客体的一边,而是作为主体与客体的中项(Mitte),即作为两者的和解(A. c 幂次)出现。这个中项又进一步表现为"孩子—工具—语言"三个幂次。

"孩子"(Kind)是"最高的、个体性的情感,一种关于充满生机的两性之总体性的情感"(GW 5: 290)。在爱的情感中,两性之间的不平等通过孩子的诞生和对孩子的养育而得到扬弃。如果从伦理实体的自我实现来看,孩子是伦理实体的"工具",它作为一个自然的有机体诞生出来乃是人的自身形成的第一步。② 在孩子身上,"情感被实在化了,结果,它成了自然的存在物的绝对的无差异",换言之,孩子的出生和成长不仅促成了个体性的人的出现,而且它还意味着,自然本身就具有一种合理性和规范性,这种普遍起作用的规范或者无差异是自然通过两性之爱所推动的人的自然行为自发地形成的,而不是通过消除一切自然的和经验性的差异外在地设立起来的。所以说,孩子就是从父母身上诞生出来的可见的同一性与中项,"这就是自然的实在的合理性,在其中,性别的差异被完全消灭了,二者处于绝对的统一性之中;活生生的实体"(GW 5: 291)。

---

① Cf. Herbert Schnädelbach, *Hegels praktische Philosophie*, S. 85.
② H. S. Harris, *Hegel's Development: Night Thoughts* (*Jena 1801-1806*), p. 32.

在满足吃喝等需要的劳动中,"工具"(Werkzeug)则成了将劳动的主体与劳动的客体之间的对立调和起来的中项。"一方面,工具是主体性的,受正在劳动的主体的控制;它是完全由他来规定的,是他所制作的和加工的;从另外一个观点来看,它客观地指向劳动对象。借助于在主体和客体之间的这个中项,主体扬弃了消灭的直接性;因为劳动,作为一种直观(特殊的客体)之消灭,同时也是一种主体之消灭,一种否定,……在工具中,主体在他自身和客体之间建立起了一个中项,这个中项是劳动的真实的合理性。"(GW 5: 291)尽管工具是由劳动的主体加工、制作和控制的,但同时,工具又是指向劳动对象的,它的制作和使用必须与独立存在的劳动对象的种种特性相适应,工具恰恰构成了劳动对象的客观性与劳动者的主观性之间的统一,它既反映了客体自身的特性,又将这种客观性保存在主体的智力的形式中。"在工具中,劳动的主体性被提升为一种普遍的东西。……就此而言,工具是劳动的持久的规则。"(GW 5: 292)由于工具的这种合理性,它在伦理实体中所处的地位高于劳动,高于加工过的客体,也高于享受或者劳动所要达到的目的。

由此可见:一方面,人是通过制作和使用工具来进行劳动,在这种劳动中,个人自我保存的情感就获得了一种经过劳动教化和陶冶的普遍性;另一方面,人的两性之爱的情感也在孩子的诞生和对孩子的养育中被提升到一个更具普遍性的形式之中。如果这种普遍性进一步扬弃它的有限的、物质性的形式,它则是作为智力和观念性的东西表现出来的"言说"(Rede),黑格尔把它称为"理性的工具,有智力的存在的孩子"(GW 5: 293)。人的姿态和表情可以作为言说的一种形式。不过,姿态和表情作为一种主观的语言,还没有从它的主观性中被撕裂出来,它是转瞬即逝的、偶然的东西,不是固定的客观性,无法通过自身建立起与它所表达的内容之间的必然联系。同样,物质性的符号虽然是具有客观性形式的语言,但是,知识也只是偶然地被黏附在这种物质性的客体之上,语言的这种物质形式与语言所表达的事物的规定性之间的关系仍然是偶然的。物质性符号的客观性与姿态的主观性在发出声音的言说中被统一起来。在这种发出声音的言说中,个体、智力和绝对的概念将自身展示为固定不变的东西。这种言说虽然采取的是一种个体的主观的形式,但在其中起支配作用的是概念自身的普遍的逻各斯。概念自身的客观性与言说行为的主观形式必然地结合在一起了。在黑格尔看来,出现在中项这个幂次的言说,不仅仅是人与人之间的中介,更是从根本上塑造了人的情感、劳动和人与自然、人与他人之间的关系,使它们以真正属人的方式现实地存在着。

实际上,作为直观的自然伦理或者说实在性的一次幂这个部分是黑格尔对霍布斯的自然状态所进行的批判性重构。正如我们在前面已经谈到的,从整个自然法科学的构建来说,演证所依赖的第一原理,也就是说整个演证过程的起点,必须是自明的公理。只有这个起点具有真正的自明性,才能保证整个演证过程的必然性和科学性。可是,在黑格尔看来,霍布斯关于自然状态的假设,尤其是从他假设的作为演证起点的原子化个人及其所具有的完全抽象化的情感,并不能必然地推导出作为绝对意志的主权者的立法。相反,如果普遍立法的状态被证明是对完全无规范的情感和整个自然状态的否定,作为前提的自然状态与作为结论的普遍立法的状态完全是矛盾的,那么,霍布斯关于自然法的演证就是不自洽的。因此,真正的自然法科学必须重新确定具有真正自明性的第一原理。尽管黑格尔也是将需要和享受的情感作为演证的起点,但是,值得注意的是,在黑格尔的目的论模式中,演证的过程一步步从这种特殊的、直接的情感推导出了内在于这种特殊性中的普遍物。作为伦理实体的直接在场,人的情感不是完全空洞的、盲目的、均质化的。相反,因为人是通过劳动、通过对自然的适应和改造来满足自己的需要,所以即使是人最直接、最基本的吃喝的需要,都已经是以某种方式得到了普遍的规定,这种普遍的规定是内在于自然本身的。而且,人的情感不仅仅是吃喝的需要,两性之爱同样是人最基本的情感。在与作为绝对生命物的他者的两性关系中,在两性的差异、结合以及孩子的养育中,人的这种情感不是导致原子化个人之间的冲突和对抗,反而是从这种情感中产生了更为普遍的规定。就像施耐德巴赫正确指出的那样,"普遍之物不是作为特殊之物的对立面,而是作为特殊之物自己的作品——这是黑格尔整个实践哲学的基本洞见之一"①。黑格尔对自然状态的重构,为自然法科学的演证确立了一个真正具有自明性的第一原理,这将保证由此出发的对普遍立法状态的推导具有内在的必然性。

(二) 形式上的无限性,或观念性的二次幂

正如伊尔廷和里德尔等学者都已经指出过的那样,黑格尔的《伦理体系》与亚里士多德的《政治学》有着密切的联系,甚至可以说,黑格尔的《伦理体系》在伦理思想上完成了从康德向亚里士多德的回归。② 对亚里士多德来说,政治和城邦生活始于人类的种种基本需要,但其目的在于公正有序的良好生活。所以,亚里士多德《政治学》是从家政学(οἰκονομία)开始,将如何处理夫妻、父子、主奴等家庭内部成员之间的关系以更好地为满足人自身的基本需要而进行生产劳动的持家之学作为政治学的开端。黑格尔不仅接受了亚里士多德的存在论意义上目的论主张,而且相应地也将家政学的领域纳入到自然法的科学或者伦理形而上学的构建中。③ 黑格尔的这一做法试图重新恢复实践哲学中那些被主体性形而上学所排斥的内容,并且将这些在非此即彼的知性反思看来只会带来矛盾

---

① Herbert Schnädelbach, *Hegels praktische Philosophie*, S. 103.
② Cf. Herbert Schnädelbach, *Hegels praktische Philosophie*, S. 70.
③ Herbert Schnädelbach, *Hegels praktische Philosophie*, S. 92.

和不确定性的经验置于符合几何学理想的理性演证的自然法科学当中。在他看来,伦理实体完全在自身内对自身所进行的直观和反思能够"在其展现的纯粹建筑——在这个建筑中,必然性的联系和形式的统治并不是显而易见的——中将真正的伦理事物表达出来,各个部分以及那些自我修正的规定性的排列组合暗示了那种尽管看不见然而却是内在的、合理的精神"①。真正科学的演证方式不是通过将特殊性、差异性,连带事物本身一起否定来达到一种思维主体的无矛盾的统一,而是在始终保持为特殊与普遍绝对同一的事物本身中,让真实的伦理规范和伦理关系出于事物自身内在的必然性显现出来。因此,那些从知性反思来看会导致矛盾和不确定性的经验性的需要、劳动和享受就能够在自然法科学中作为伦理实体自身的存在而具有理性演证的必然性。

不过,对亚里士多德来说,基本需要的满足是人能够作为公民参与政治生活的前提。但是,私人领域与公共领域之间仍然存在着严格的区分。城邦生活的目的是对共同善的促进,而不是私人利益的满足。因此,城邦生活的原则绝不能与家庭生活的原则相混淆。然而,资本主义对整个经济生活的重塑打破了家庭与城邦、私人领域与公共领域之间的分野,使劳动不再只是与政治共同体的公共生活无关的、私人领域的事情。在资本主义商品经济和机械化大生产所形成的社会化劳动和相互依赖的需要的体系中,需要和需要的满足都具有了社会性的意义。同时,英国政治经济学的发展也进一步揭示了,在资本主义商业社会中,对私利的追求如何促成了一个具有普遍规范性的公共领域的形成,而服务于人的基本需要的生产劳动这样一个私人领域的规则又是如何转变成了协调和规范人的社会生活以促进共同善的实现的公共领域的规则。

---

① Cf. Manfred Riedel, "Objektiver Geist und praktische Philosophie", *Zwischen Tradition und Revolution*, S. 20-21.

第三章 作为伦理自然的理性之法

早在法兰克福时期,黑格尔就阅读了斯图亚特的《政治经济学原理》一书的德译本,并写下了评论。据罗森克兰茨说:"黑格尔有关市民社会的本质,有关需要和劳动,有关劳动分工和各等级职能,警察、济贫制度和赋税等问题的所有思想终于都在对斯图亚特政治经济学德译本所做的评释内集中表现出来,这一评释是他从 1799 年 2 月 19 日到 5 月 16 日写成的,并还完好地保存了下来。评释中对政治和历史表现出许多卓越见识,有许多精彩评语。"① 但是,罗森克兰茨的这一报导过于简略,不能说明什么具体问题,而黑格尔的有关评论的手稿又已散佚,所以,现在已不可能去研究黑格尔对斯图亚特政治经济学的评论。不过可以推断的是,黑格尔在《伦理体系》中关于"自然伦理"的论述应该在很大程度上得益于他早年对斯图亚特和亚当·斯密的政治经济学的研究。

卢卡奇说得不错,其实黑格尔并不是唯一关注过英国政治经济学的德国思想家。作为德国启蒙运动的一支重要力量,德国"通俗哲学"(Popularphilosophie)就深受苏格兰启蒙思想的影响,并且将许多苏格兰启蒙思想家的著作翻译和介绍到德国。作为新兴的市民社会的科学,国民经济学是那些德国启蒙哲学家们想要优先普及的对象。康德也同样阅读过斯密的著作,并且从中了解到斯密关于资本主义社会中私利与公义之关系的一系列洞见。但是,当康德将这些知识运用到他的历史哲学中时,非此即彼的知性反思使他只能达到一种非常抽象的表达。对康德来说,经济学只是以获得感官上的幸福为目的的实用的、技术性的学问,它无法对行动的最终目的和无条件的善进行规定,因而不能被包含在伦理形而上学当中。唯有黑格尔认真地探讨过英国产业革命的问题,并把英国古典经济学的问题与哲学和辩证法的问题结合起来,将其作为一个有机组

---

① Karl Rosenkranz, *Georg Wilhelm Friedrich Hegels Leben*, S. 86.

成部分重新纳入到自然法科学的领域。就像卢卡奇所说的那样,黑格尔无意在经济学中进行原创性的研究,他所关心的是如何将这些最先进的经济学理论当中的各种发现整合到自然法科学或者说伦理形而上学的演证过程中去,借此来展现作为绝对无条件者的伦理实体如何在自身的直接在场和对自身的不断反思与扬弃中获得完全现实性,通过揭示内在于客体、自然和特殊之物中的普遍法则,克服主观观念论的实践哲学在理性与情感、应然与实然之间所造成的无法弥合的分裂,寻求与自然法的理想保持一致的社会条件。①

黑格尔在直观归摄着概念的"作为直观的自然伦理或者实在性的一次幂"中,从需要和享受的情感这个自明的第一原理出发,遵循伦理实体自身的内在必然性,通过劳动的辩证法,证明孩子、工具和言说是存在于自然中的合乎理性的东西,是对人类行为及其关系普遍有效的规则。然而,就像黑格尔在他的《教授资格论文提纲》的第九个命题中指出的那样:"自然状态并非不正义的,正是由于这个原因,人们必须离开它。"(GW 5: 227)黑格尔的这个命题显然是对霍布斯的一种呼应。对霍布斯来说,自然状态是完全被盲目的自我保存的情感所支配的一切人对一切人的战争,是完全混乱和无序的状态,所以自然状态是不正义的,而通过使所有人服从于唯一的主权者的绝对意志的立法,在普遍立法的社会状态中结束自然状态的无序和不正义,则是理性的必然要求。与霍布斯对自然状态的理解不同,黑格尔的自然状态是以自然的形态直接在场的伦理实体,劳动本身就是自然状态中的人的基本存在方式,劳动着的人和人的需要和享受本然地就是被普遍的东西教化和塑造着的。所以,自然状态并不是如霍布斯所设想的一个混乱无序的不正义状态。只不过,虽然"爱、孩

---

① Cf. Georg Lukács, *The Young Hegel*, pp. 319-321.

子、教化、工具和言说都是客观的和普遍的,都是影响和关系,但是这种关系是自然的、没有被战胜的、非正式的、不受约束的关系,它们自身没有被吸纳到普遍性之中"(GW 5: 296)。换言之,这些合乎理性的、普遍的东西还隐藏在自然的特殊性当中,还没有以一种理性的、具有普遍性的概念形式表现出来,而伦理实体在其中表现自身的这种特殊性的形态与法的普遍性尚不符合。因此,离开自然状态是必然的,但这并不意味着对自然状态的外在否定,而是使自然的秩序再现为观念的秩序,使上一个幂次隐藏在直观和特殊性中的自然法在具有普遍性的概念形式这个更高的幂次(形式上的无限性,或观念性的二次幂 B)中获得其现实性。"这次幂上不存在任何不与其他智力发生关联的事物,结果是,平等被设立在了它们中间,或者,因此而在它们之中显现的正是普遍性。"(GW 5: 296)

由前资本主义的需要和劳动所构建的人与人之间的关系,是以自然经济为基础的自然关系。虽然劳动和需要的满足使人不得不遵循自然的必然性,因而具有了某种普遍性的意识;但是,由于自然本身的存在是多样的和有差异的,不同的地域、血缘、性别、年龄等自然因素会造成人的规定的差异性以及与之相应的法和价值的差异性。一个普遍的、均质化的社会结构还没有形成,人还没有认识到自己是平等的社会存在,而是根据自然秩序的不同,被划分为不同的等级和阶层。恰恰是资本主义的机械化大生产和商品经济,摧毁了不同地域之间的时空障碍,破坏了不同等级和阶层之间的法律隔阂,实现了自然关系向社会关系的转变。

黑格尔将资本主义的机械化大生产和商品经济作为自然伦理的二次幂吸收到自然法科学的演证过程中去,这并不是根据人类历史发展的线性时间线索,对前资本主义生产方式向资本主义生产方式的转变和传统农业文明向现代工业文明的转型进行单纯的描述,而是根据伦理实体的内在必然性所进行的规范性的重构,或者说演证。在自然伦理的一次幂中,劳动作为人类生存的基本事实使人的需要与纯然动物性的欲望区别开来,这种在与自然的互动中被推延和被塑造的需要以及作为享受的可能性的占有,意味着作为人的直接的自然情感的需要和享受本身就具有一种普遍的规范性意义。只不过这种普遍性还隐藏在自然的实在物的形式中,尚未以一种与普遍性相适应的观念物的形式表现出来。因此,伦理实体必然要与自身相同一的二次幂,即直观归摄于概念之下,或者说在概念相较于直观、普遍相较于特殊占据主导性地位的新的形态中来实现自身。

资本主义为提高生产效率和追求更多的利润而促进了劳动分工和机械化大生产的发展(B. a 幂次)。实际上,作为劳动的合理化,机械化生产和分工是近代以来由新的自然科学所推动的自然的理性化进程的必然延续。就像黑格尔指出的那样:"主观物的、概念的焦躁不安自身被设置于主体之外。"(GW 5: 297)为了以一种合乎理性的方式来获得关于整个宇宙的确定的认识,对自然的合理化导致自然依照我们人的理性被分解和重新构造成一个与数学思维的自明性相适应的机械决定论的宇宙。而人作为这个机械因果链条上的自然存在者,人的需要、享受和劳动不可避免地会在整个理性化的进程中被重构,被纳入到这个我们的理性和数学思维可以合乎理性地加以认识、计算、控制和预测的自然当中去。正如黑格尔所言,机械性的劳动之所以可能,"这端赖于为它找到一个同样僵死的运动原理;这就像水、风和蒸汽等的运动一样是自我差异化的自然强力,而工具逐渐发展为机器(Maschine)"(GW 5: 297)。

自然的理性化是资本主义生产方式的前提,理性化过程在人身上的延续使人的整个劳动和交往过程被纳入到这种新的合理性模式当中。劳动的合理化意味着劳动力的投入、劳动的过程、劳动的产出等等必须是严格可计算和可控制的,而生产效率的提高是劳动的合理化的关键。不同于让掌握完整制造技术的人(农民、个体工匠)来从事整个产品的生产和制作,那种将作为一个整体的产品和与之相应的劳动分为若干组成部分,让每个人只从事与产品的某个部分或者某个环节相关的劳动的生产模式则把复杂的工艺分解成一系列简单的操作。这种流水线上的单一的、机械性的重复劳动大大提高了产品的生产效率,同时也彻底改变了劳动的性质。由于这种机械化劳动不再像过去的劳动那样构成某个具体产品的质的规定,同样的技术操作可以放到许多不同产品的生产环节中去,因此,劳动变成了没有任何多样性的、完全量的意义上的活动。这种均质化的劳动越来越与活生生的整体相外在,但也使自身变成了一个更具普遍性的东西(GW 5: 297)。

机械化生产和分工不仅造成了劳动的均质化和抽象化,同时也改变了劳动产品的性质。因为劳动本身不再是指向一个与需要直接相关的具体对象,所以劳动的一般化和量化也导致劳动产品相应地变成了对主体而言的"纯粹的量"。"既然产品的量与需要的总体性没有什么关系,而是超越了需要,因而它是一般的、抽象的量。这样一来,这种占有对主体的实践性的情感来说,就失去了它的意谓,并且不再是它的需要,而是一种剩余(Überfluß);因此,它和使用的关系是一种普遍关系,这种普遍性可以在它的实在性中被设想,——这种关系是和他人的使用之间的关系。因为,在与主体的关系中,需要自为地是需要一般的一种抽象,产品和使用的关系是使用的一种普遍的可能性,而不再是和它所表达的具体的使用之间的关系。"(GW 5: 297-298)。黑格尔之所以将均质化的机械性劳动的产物称为"剩余",不是因为这种劳动生产出了过剩的产品,而是因为这种劳动的产品作为纯粹的量在本质上与具体的需要和使用没有直接关系,因此而成为一种"剩余"。如果说劳动归根结底是为了使需要获得满足,那么,随着劳动和劳动产品的抽象化,人的需要也变成了一种抽象的

"需要一般"(Bedürfnis überhaupt),这种需要一般同样也只具有量的规定。

由于劳动本身在机械化生产和分工中失去了它与需要的满足之间的直接联系,机械性的重复劳动本身不能够直接生产任何满足需要的产品,劳动产品"作为一种剩余,它的使命就是从生产者的占有中退出"(GW 5: 299)。因此,这种均质化的劳动不仅仅是让需要的满足被推延了,即把直接的享受变成了一种享受的可能性,而是把具体的、感性的需要与直接满足需要的劳动产品相分离,进而使需要本身也变成了一种摆脱了特殊性的普遍物。这样一来,劳动的主体就不能再被简单地规定为一个占有者,而是被纳入普遍性的形式之中。"在这种考虑之中,占有就是财产/所有(Eigentum);财产中的抽象的普遍性就是法权(Recht)。"(GW 5: 298)因为在这里,劳动只具有纯粹量上的意义,所以,劳动者所占有的不是作为物质本身的劳动产品,而仅仅是作为普遍物,即作为单纯量的规定的物质,黑格尔将这种与需要的满足没有质的关联的占有称为"财产"或者"所有"。

黑格尔对财产权的演证隐含着对洛克的财产权理论的驳斥。因为现代的财产权作为一种抽象的普遍权利,是可以同具体事物的实际支配相分离的,所有权不会因为对某物不存在实际占有而失去,所以这个意义上的财产权绝不是洛克所理解的自然条件下的劳动的产物。按照洛克的说法,由于人的劳动使事物脱离了它在自然中的原初状态,劳动就使人对他所改变的对象获得一种排他性的财产权。"土地和一切低等动物为一切人所共有,但是每人对他自己的人身享有一种所有权,除他以外任何人都没有这种权利。他的身体所从事的劳动和他的双手所进行的工作,我们可以说,是正当地属于他的。所以只要他使任何东西脱离自然所提供的和那个东西所处的状态,他就已经掺进他的劳动,在这上面掺加他自己所有的某些东西,因而使它成为他的财产。既然是由他来使这件东西脱离自然所安排给它的一般状态,那么在这上面就由他的劳动加上了一些东西,从而排斥了其他人的共同权利。"①然而,在黑格尔看来,自然条件下的劳动确实使占有成为可能,但是,占有作为享受的可能性仍然与一个具体的、活生生的人的各种实际需要直接相关,所以它不具有财产的那种抽象的普遍性。财产权作为一种抽象的普遍权利,它不仅仅涉及我们的劳动的产物,同时更包括许多并非由我们自身的劳动所制作的对象,而缘何我们会对这些并非出于我们自身的劳动的产物具有所有权,显然不是洛克的劳动财产权理论所能解释的。因此,按照黑格尔的想法,严格意义上的财产权是一种普遍的、观念性的占有,它得以形成的前提条件是抽象的纯粹量的意义上的劳动和与实际需要没有实在性关联的劳动产品(即剩余)的出现,并由这种劳动主体(即被普遍的机械性劳动分解而成的原子化个体)之间对彼此所具有的抽象性人格的相互承认所构成。

尽管在自然经济中也存在着劳动的分工,但是这种分工与资本主义机械化生产中的分工有着本质性的区别。因为自然经济中的分工更多是以家庭或者家族的形式来进行,家庭或家族内部的分工协作不是完全均质化的劳动,而仍然是对生活必需品的完整的生产。劳动产品也更多地是根据家庭或家族内部成员之间自然的血缘纽带来进行分配或者交换。这种经济的主体部分仍然是一种以农业为主的、具有自然的有机统一性的自给自足的家庭经济,商业行为本身被纳入到这种自给自足的自然经济的有机统一之中。因此,在这个阶段,伦理实体还是保持着一种自然的、实在的多样性。当自然经济(自然伦理的实在性的一次幂)中的劳动和占有在资本主义商品经济(自然伦理的观念性的二次幂)中表现为均质

---

① 洛克:《政府论(下篇)》,叶启芳、瞿菊农译,商务印书馆 1996 年版,第 19 页。

化的劳动和剩余,伦理实体就获得了一种更加具有普遍性的形态。在这整个幂上,"彻底的观念性第一次出现了,真正的实践智力(praktischen Intelligenz)的幂出现了;伴随着剩余劳动的出现,这种智力甚至会在需要和劳动中不再属于需要和劳动。……这就是法权的、形式伦理的享受和占有的起源"(GW 5:300)。由此可见,黑格尔将资本主义的机械化生产和分工作为观念性的二次幂纳入到自然法科学的演证过程的理由在于,正是这种新的合理化模式同时消除了需要、劳动、产品和占有的质的多样性,使人的需要和劳动从自然的特殊性中解放出来,基于这种抽象化的需要、劳动、产品和占有,规定人的行为及其关系的实践法则也将获得一种无限性的形式。被消除了多样性和质的规定、从自然的有机联系中分离出来的劳动者不再是基于自然的血缘纽带形成的差序格局中的人,而是走出自然状态,变成了没有质的差异的原子化的个体,在机械化的生产过程和劳动产品的使用的普遍可能性中被一种新的、社会化的规则重新联系起来。

均质化的、量的意义上的劳动的产物是与劳动者的需要相脱离的剩余,对这种剩余的占有是一种抽象的、观念性的占有,即财产。因为劳动产品并不是为劳动者的需要而生产的,而需要的满足又是整个自然法科学演证的起点,具有直接的自明性,所以伦理实体势必从自身的本性出发,通过基于财产权的商品交易来满足个人的需要,化解劳动和享受之间存在的矛盾。这样一来,资本主义的机械化大生产就使自给自足的自然经济状态下的"需要—劳动—享受"在资本主义商品经济(B. b 幂次)中以一种更具普遍性的相互依赖的体系的形态被建构出来。

由于抽象的量的劳动本身就是与他人的劳动联系在一起,并且是为他人的需要而进行的劳动,所以这种劳动的最终产品天然地就带有一种为了交换而存在的商品属性。作为一系列均质化劳动的产物,所有的产品就其本质而言都是平等的;以产品的形式表现出来的物并没有高低贵贱的质的区别,不同产品之间的差异只体现在为生产这件产品所投入的均质化劳动的量的多少。而一个产品所包含的劳动和剩余的量就决定了这一产品所具有的"价值"(Werth),"价值自身就是作为抽象物的平等,物的观念性的尺度——而在现实中被发现的、经验性的尺度就是价格(Preis)"(GW 5: 300)。通过商品的"交换"(Tausch),劳动者与其产品之间的观念的联系(即劳动者不是直接占有能够满足其需要的产品,而只是获得了对作为剩余的产品的占有,也就是财产)就转化为一种实在的联系。"财产通过卷入交易的复数人格与彼此之间的相互承认的复数人格而进入实在性之中。价值进入物的实在性之中,而且作为剩余进入每一个物之中。"(GW 5: 301)

就满足彼此需要的商品交换而言,这种交换已经不再是对实际的占有物的一种带有经验性和偶然性的交换,而是跟劳动和商品本身一样,被纳入数量和普遍性的形式之中。作为对抽象的剩余的占有,财产已经被完全剥夺了外部的联系,它是一个纯然量的规定。因此,在商品的交换中,也就是在一个无形的"契约"(Vertrag)中,实际上发生转移的不是个别的人所占有的某个具体事物,而是"每一个个别者对其财产的法权已经转移给了另一个个别者,由此交接被认为已经发生"(GW 5: 302)。虽然以这种方式,契约将一项真实的交接转换成了一种观念性的交接,但是基于抽象劳动所创造的价值(即剩余),观念性的财产本身可以兑换成任何具体的能够满足需要的商品,而在交换中对物的实际占有和物的交换就变得无关紧要了。

当劳动是机械性地整齐一律之时,就会同时导致普遍交换的可能性,以及所有必需品的获得,因为抽象的量的劳动所创造的恰恰是某种普遍的东西和满足所有需要的可能性,即剩余。而能够将均质化、无差异的劳动、劳动产品以及对劳动产品的占有和交换全部联系起来,充当所有事物的中介的普遍物是一种同样以纯粹量的方式存在的、可计算的符号,即"货币"(Geld)。在以货币为中介的商品交易(Handel)中,实际进行的是剩余和剩余之间的交换(GW 5: 304)。货币和商品交易构成了价值概念的静止和运动。而且通过货币和商品交易,伦理实体还使"机械劳动—剩余—财产"幂次中静止的、内部隐蔽着的法权运动起来,并且作为一种使一切事物按照普遍必然的方式联系起来的新的因果性、一种由抽象劳动和财产权的转移所创造的商品世界的客观规律(B. c 幂次)站在了自然的因果性的对立面。在这个幂次中,黑格尔不仅仅把劳动看作与人的需要和享受本然地结合在一起的人的本性,而且更进一步表明,人正是通过被一种理性化模式所重塑的均质化劳动而使自己社会化,并创造出"一个本己的世界"。① 在这个本己的世界中,不再是自然的客观存在及其必然性决定着人的伦理生活的形式,相反,是作为人的劳动的产物的商品世界的客观规律(经济规律)调节着人的生产、交换和消费活动,也决定着人与人、人与自然之间的关系。② 它进一步消解了自然所主导的伦理生活的多样性和差异性,将整个自然连同人的行为及其关系全部纳入到人的理性所主导的具有数学的自明性的合理性模式中去。商品经济的规律是一种内在于人的欲望和情感中的普遍的实践法则,一种具有规范性意义的自然法则,而不是以分离的方式由反思外在地设定的,它就像自然规律一样支配着人的一切活动和关系,又使人的行动超越了自然的特殊性而获得了一种更为普遍的规定。

就此而言,黑格尔关于需要、劳动和享受的论述其实已经明显超出了

---

① Cf. Steffen Schmidt, *Hegels System der Sittlichkeit* (Berlin: Akademie Verlag, 2007), S. 162.
② Cf. Arie J. Leijen, "The Intuition of the Absolute Concept in the Absolute Ethical Life: Hegel's System of Ethical Life", *Hegel on the Ethical Life, Religion and Philosophy (1793-1807)*, ed. A. Wylleman, pp. 142-143.

第三章　作为伦理自然的理性之法

亚里士多德的家政学的范围,他所说的"自然伦理",甚至他的整个"伦理体系"并不是对亚里士多德伦理学和政治学的一种简单回归。因为资本主义的生产方式和商品经济从根本上改变了需要、劳动和享受的性质,使所有人从自然的血缘关系中脱离出来,成为具有抽象人格的、普遍地相互依赖的原子化个体,进而使劳动和需要的满足从一种属于家庭内部的私人领域的活动转变为一种与所有人的劳动和需要普遍联系起来的属于社会整体的公共领域的活动。在这个由商品的生产和交换所串联起来的世界里,每个人对私利的追求本身成了对公共福祉的促进。这就打破了古代政治哲学在政治共同体(κοινωνία πολιτική)和家庭(οἶκος)、公共领域和私人领域之间所做出的严格区分,推动了作为相互依赖的需要的体系的现代意义上的市民社会(bürgerliche Gesellschaft)的形成。正如里德尔所证明的那样,在传统意义上,市民社会(societas civilis)和国家(res publica)的涵义是相同的,它们都是指与家庭这个私人领域相对的公共领域。恰恰是资本主义生产方式和商品经济对家庭和政治共同体之间的界限的模糊和对公共领域的重构,使得黑格尔对国家和市民社会的区分成为可能的和必要的。[1]

黑格尔在"自然伦理"的二次幂的演证中就已经揭示了后来马克思和卢卡奇指出的那种存在于资本主义社会中的"商品拜物教"(Warenfetischismus)和"物化"(Verdinglichung)现象。对黑格尔来说,这种新的经济生活和伦理生活形态的出现并不是一种偶然的历史产物,而是伦理实体出于其内在必然性实现自身的一个阶段。人的抽象的量的劳动创造了一个像自然一样独立于人之外的客观的商品世界,这个世界作为人自身的劳动的产物却反过来以一种新的具有普遍必然性的经济规律和法权的形

---

[1] Cf. Manfred Riedel, "Der Begriff der bürgerlichen Gesellschaft und das Problem seines geschichtlichen Ursprungs", *Zwischen Tradition und Revolution*, S. 140–169.

式,而不再是以自然的必然性的形式,支配着人的行为及其关系。在这个由商品的生产和交换联系起来的新型的市民社会中,在这个使所有人都变得相互依赖的需要的体系中,人作为活生生的、具有平等独立之"人格"(Person)的个体首次得到了承认。但是,跟马克思和卢卡奇一样,黑格尔也清楚地意识到,在人格与人格之间相互平等的关系中、在所有人彼此之间相互依赖的关系中,其实隐藏着实质性的不平等,甚至是奴役。

在这个幂次上,一个活生生的个体面对另一个活生生的个体,但是他们生命的力量(Macht)是不相等的。这样一来,一方对于另一方来说就是力量或者强权(Potenz)。一方是无差异,而另一方却在差异之中。因此,前者作为原因而与后者关联在一起;由于自身是无差异的,它是后者的生命、灵魂或者精神。更为强大或更为弱小无非一方在一种差异之中得到理解,以某种方式被固定和得到规定,而另一方却并非如此,相反,他是自由的。不自由的一方的无差异是他的内在的、形式的方面,而不是某种已经变得明确的东西和消灭了差异的东西。然而这种无差异必须为他而存在;它是他那隐藏着的内在的东西,因而他将其直观为他的对立面,即直观为一个外在的东西,……这种无差异和自由一方,即有力量的一方与有差异的一方之间的对立关系就是主人和奴隶的关系。这种关系随着生命的力量的不平等被直接地和绝对地设立起来了。(GW 5: 305)

商品世界的普遍法则所具有的是一种将一切都还原为纯然量的规定意义上的普遍性,这种抽象的观念性的普遍性只是掩盖了但并不能真正消除实在中的不平等。在资本主义工业化生产和商品经济的条件下,人的抽象的量的劳动生产出来的是均质化的"剩余",而不再是完整的、能够

第三章 作为伦理自然的理性之法

直接满足需要的产品。人不是为满足自己的需要而劳动,而是普遍地为了他人的需要而劳动,从而必须通过以抽象的财产权为基础的商品交换才能使自己的需要得到满足。这种有助于提高生产效率的合理性模式使得所有的人与人之间不得不变得彼此依赖。但是,这种由相互依赖所促成的人格平等还仅仅停留在观念当中。

当人格权和财产权作为一种普遍的自然权利被认为具有绝对的有效性时,这意味着即使一个人因为种种外在的、偶然的原因而陷入了一种极度的饥饿和生命垂危的状态时,侵犯他人的财产也是非法的。现代市民社会在这种法权名义上保障所有人的基本权利,但是它也同时认可由于客观的经济规律导致一部分人处于极度贫困状态,而另一部分人处于极度富有的状态,这在法权上是完全正当的。问题在于,观念上的平等并不能化解实际存在的不平等。现实生活中的人不是均质化的个人,而是多样性的,他们在能力、性格、年龄、家境、运气等方面都是不平等的,就像黑格尔所说的:"哪里有个体的复数性,哪里就有他们之间的关系,而这种关系就是一种主奴关系。"(GW 5: 305-306)当形式上普遍有效的法权坚持观念上的平等性和法的无差异性,对这种实际存在的人与人之间在"生命力量"方面的不平等视而不见时,人格与人格之间的平等关系必然会变成实质上的主人与奴隶、统治与服从的关系。无差异对于受制于特殊和差异的被奴役者来说是对立的、外在的,只有对于统治者来说,法权才体现了它的无差异的普遍性和同一性。所以,在由商品的生产和交换联系起来的普遍地管理法权的市民社会中,人格与人格之间的"平等无非一种抽象——它是生命之形式的思想、一次幂;这种思想是纯粹观念性的而且毫无实在性可言。另一方面,在实在性中,生命的不平等被设立起来了,因此是主人和奴隶之间的关系"(GW 5: 305)。

在黑格尔看来,伦理实体在市民社会的法权中只达到一种相对的同一性,因为偶然的、特殊的差异性的实在依旧处于观念性的无差异的彼岸,看似平等自由的法权只是以一种合理性的形式掩盖了现实的不合理性,甚至使这种偶然性和经验性在这种形式的合理性中被完全固定下来。因此,作为绝对无条件者的伦理实体必将使这种对立的主奴关系无差异化,这种无差异就是"家庭"(Familie)。

不过,值得注意的是,黑格尔在这里所讨论的家庭并不是在实在性一次幂中或者说在自然经济状态下出现的两性之间的相爱和协作关系以及父母与子女之间的抚养和教育的关系,而是在资本主义商品经济状态下或者说在市民社会中以法权的形式得到规定的家庭,因而是法权意义上的平等和自由在更高层次的实现。组成家庭的所有成员都是具有平等的独立人格的个体,但是,家庭的独特本性却能够克服隐藏在观念性的平等关系中的主奴关系,使通过普遍的相互依赖的需要体系而形成的人格与人格之间的观念性的平等获得真正的现实性。黑格尔主要从外在需要的同一性、两性关系的同一性、父母和子女关系的同一性这三个方面阐述了他关于家庭作为自然伦理的总体的基本构想。

第一,黑格尔意识到,家庭成员之间的关系很容易让人误以为也是一种主奴关系,似乎丈夫一般来说作为一家之主和管理者,是与家庭的其他成员相对立的财产所有者,而妻子和孩子则处于一种无财产的依附性地位。但事实上,在家庭中,丈夫作为管理者实际上仅仅拥有自由处置家庭财产的假象。虽然家庭各成员的劳动也是根据每一个成员的禀赋而进行分工,由于这种劳动分工,每一个成员都生产了一份剩余,但这份剩余不像在市民社会中那样是劳动者自己的财产,而剩余产品在家庭成员之间的转让也不是一种交易,因为全部财产自身是直接地属于共同体的。正如家庭中的某一个成员去世时,他的财产将由其他家庭成员继承,而不会被转让给一个陌生人,这只是已故者对于共同体的财产的分享到此结束

第三章　作为伦理自然的理性之法

（GW 5: 307）。也就是说，家庭中的成员不是像在市民社会中那样仅仅作为具有私人人格性的个体存在着，而是作为共同体存在着，每个家庭成员的人格中都包含了整个家庭。正因为这种实际上的你中有我、我中有你的关系，在家庭中，人与人之间的平等才不是形式的和观念性的，而是现实的。家庭成员之间的关系不仅不是一种主奴关系，反而恰恰是对隐藏在虚假的平等关系中的不平等关系的克服。

第二，不同于康德仅仅将婚姻理解为两个不同性别的人为终身互相占有对方的性器官而进行结合的契约（KGS 6: 277-280），黑格尔认为，由于这种关系是建立在诸个体的基础之上，所以看起来像是一个契约，但"这是一个否定性的契约，它恰好扬弃了一般契约的可能性建基于其上的那个预设；也就是说，人格性或成为一个拥有法权的主体，所有这一切在婚姻关系中都被宣告为无效，因为在这里，全部的人格作为整体而出现"（GW 5: 308）。如果真的把婚姻当作一个肯定性的契约，那么，婚姻中的双方就是把对方视为自己合法占有的一个物品，并将其绝对地束缚于自身的某个有限的规定性（即性器官）之上，这在黑格尔看来是与法对人的自由的确证相背离的，是最高程度的非理性和全然不体面的。

第三，孩子对于一个真正意义上的家庭来说是不可或缺的，甚至可以说，孩子的出生以及父母与孩子的关系的建立，才使得家庭作为自然伦理的总体这一本质真正成为现实。由于生命力量的弱小，孩子必须完全依赖于父母，但这种依赖却不是服从和被奴役；看起来拥有力量和理智的父母在与孩子的关系中不是统治者，反而是让孩子成为主导。正是父母与孩子之间这样一种颠倒的关系，使得结为夫妻的两个独立平等的个人必然通过孩子的存在将整个家庭纳入到自己的人格的同一性当中，或者用黑格尔的话来说，就是具有同一性的形式通过设定一个他者并且永远肯定性地存在于他者之中，方能扬弃自己个别的、特殊的规定性。所以，"在孩子中,家庭被褫夺了它的偶然性的和经验性的存在,或者它的成员的个别性,并且由于概念而得以牢固化,而由于概念,诸个别性或诸主体消灭了它们自己。孩子,与它的现象相反,是绝对,是关系的合理性;他是持存着的东西和永久存在的东西,是再一次生产自身的总体性"(GW 5: 309)。

二、 伦理实体的否定或者纯粹的自由

与康德和费希特的以主观理性的同一性为根据的形式主义自然法研究不同,黑格尔的实体一元论形而上学坚持以作为绝对无条件者的伦理实体为根据,遵循伦理实体自身内在的必然性来进行自然法科学的演证和伦理形而上学的建构。所以,黑格尔的"伦理体系"呈现出一个明显的目的论结构:人的需要和享受的情感作为伦理实体的直接在场内在地包含着人作为伦理存在的本质得以实现的可能性,伦理状态由此被证明是人的全部自然禀赋合目的的发展的必然结果,而不是通过人的理性一面彻底压制和否定其感性一面来达到的。在实在性的一次幂中,需要、劳动和享受塑造了一种以尊重自然的节律为特征、以血缘关系为纽带的农业文明的伦理;在观念性的二次幂中,为满足需要而进行的抽象的量的劳动又催生了以人格平等和财产权为基础的、普遍管理法权的市民社会的伦理。但是,一方面,自然伦理并没有达到直观与概念的绝对同一,而是以直观归摄于概念之下的形式表现出来,也就是说,在自然伦理中,主体的观念性的因素占据主导性的位置,客体的实在性的因素处于被归摄的地位,但这种归摄与被归摄的关系不是真正的同一,客体的实在性势必会对这种概念的统治构成挑战,甚至可能带来毁灭性的冲击。另一方面,自然伦理并没有真正摆脱特殊性和外在的偶然性,特殊性只是被普遍性的形式掩盖起来了;自然伦理的形成依赖于特定的自然、社会和历史条件,但却声称具有一种超越这些特殊条件的普遍有效性。在实在性的一次幂

中,春耕秋收、男耕女织、安土重迁的生活被认为是天经地义的,而在观念性的二次幂中,人生而平等自由,对人格和财产的尊重同样被认为是天经地义的。然而,对于自然伦理的这两种形态来说,与它们的伦理秩序相冲突的可能性和对这种伦理秩序的不承认并不是不存在,而是不应当存在,或者只是应当被归摄到这种概念的普遍形式之下。也正因为如此,"这些无差异是形式的,与特殊相对立的普遍性;或者,仅仅在与更低级的特殊性的关联中,特殊性才是未差异化的,而无差异的这些环节再次成为特殊性。这样,就明显没有一个环节是绝对的;任何一个环节都可能被扬弃。每一幂次上的绝对总体性,即无差异,都不是自在的,而是处于作为归摄者的形式之下的"(GW 5: 309-310)。

所以,伦理实体不会停留在这样一种表现为直观归摄于概念之下的关系中的绝对伦理或者自然伦理。出于其自身的本性,伦理实体的发展和自然法科学的演证必然要进入一个否定的幂次:伦理实体进入与它自己形成的自然伦理的观念性的肯定性规定针锋相对的客观之物中,通过各种形式的"犯法"(Verbrechen),也就是无法被归摄的客观之物对那些只具有普遍性外观但实际上仍然是有限物的伦理秩序的冲击,使伦理实体从它自己让自身陷入的各种有限的规定性中解放出来,重新获得纯粹的自由。但是,伦理实体的这种否定并不是与肯定相对立的,"绝对的伦理把自身提升到规定性之上,因为绝对扬弃了规定性,尽管是以绝对在更高的统一性中把它和它的对立面统一在一起的方式;这样一来,绝对没有让对立面继续保存在真理中,而只是赋予它一种否定的意义;但由于和它的对立面的完美的同一,它的形式或观念性被绝对地扬弃了,确切地说,绝对褫夺了它的否定性的特征而使它成为绝对的肯定性和真实的"(GW 5: 310)。对立面的出现只有对于那些被观念性的普遍形式所固化的有限的规定性来说才是否定的,而这种否定作为伦理实体自身的运动恰恰是将自然伦理和它的对立面在更高阶段中统一起来的绝对的肯定。

不过,黑格尔也意识到,自然伦理作为归摄着直观的概念并不会欣然地接受这个对自身的普遍性构成否定的对立面,也不会承认自身规定的有限性。当自然伦理想要坚持自身的伦理秩序的普遍有效性,想要终止和扬弃这种否定时,"它自身是对于扬弃的扬弃,是与对立相对立的对立,但是在这种方式中,观念性或形式同样地持存于其中,尽管是在颠倒的意义上;也就是说,扬弃维持着个别性的观念的被规定存在,而且因此将其规定为否定;这样一来,它就允许它的个别性和它的对立状态持存着,它并不扬弃二元对立,而是将实在的形式转变为观念的形式"(GW 5: 310)。也就是说,自然伦理想要终止和扬弃对它的否定,坚持自身的肯定的规定,它所采取的方式恰恰是将自身规定为对其他的个别规定的否定,从而将自身转变为一种纯粹观念性的、形式化的普遍原则,通过坚持一种无法化解的二元对立来避免让自身陷入实在的领域,从而免遭其他有限规定的否定。但是,伦理实体并不愿在自然伦理中享受这种虚假的和孱弱的安全感,它宁愿在自然伦理的毁灭和破碎中重新获得现实而有力的新生。

从自然法科学的演证进程来说,伦理实体的否定幂次的开端(即一次幂)必然是以一种直接性的形态表现出来的否定,是归摄着概念的直观,也就是一种客体的实在性占据主导的否定,这个意义上的否定乃是"自然的毁灭"(natürliche Vernichtung)、无目的的破坏或者"浩劫"(Verwüstung)。通过尊重自然节律的劳动,人类的智力在自然中创造出了与自然相适应但又迥异于自然的人类文明。人类文明就像自然的其他有机造物一样,它作为有机体和生命将自然的无机要素吸收到自身内在的合目的的生长过程中去,使自然为了人的存在和意图而不断被改造,但同时自然也必然反过来通过无机要素的外在的毁灭性力量把有机体强行拉回到自身的统治之中。就像黑格尔所说的那样:"当文明长期肆意地破坏无机自然,并

第三章 作为伦理自然的理性之法

从各个方面规定它的无形式时,这种被碾碎的无规定性就会爆裂四散,野蛮性的破坏也将侵袭有文化的东西,将之清除,使得一切变成自由的、平均的和平等的。"(GW 5: 314)在这里,毁灭文明的无机因素并不是各种各样的自然灾害,真正具有伦理意义的否定乃是作为自然的无机因素的蛮族对文明世界的入侵。黑格尔专门将成吉思汗和帖木儿比作"上帝的扫帚",他们在狂热的自然冲动支配下,肆无忌惮地毁灭着文明人对于美德、秩序和良好生活的美好想象,在这种漫无目的的破坏中显示了由人的智力和劳动塑造的伦理秩序所无法归摄的实在性。

然而,蛮族对文明世界的劫掠和破坏,就跟他们通过采集和渔猎等方式从自然界中来获得食物一样,只不过是把文明世界当作自然界中另一处可以获得生活资料的来源而已,他们的劫掠和破坏把文明世界当作跟他们一样的特殊的自然物,并以这种方式来满足他们同样受差异和特殊性所支配的需要。因此,这种自然的毁灭或者浩劫并不能从根本上破坏伦理事物的本性。在黑格尔看来,因为伦理的东西具有智力的本性,所以对自然伦理的真正否定出现在否定幂次的二次幂中。作为归摄着直观的概念,这种否定是对财产的"剥夺"(Beraubung),它表现为"偷窃"(Diebstahl)或者"抢劫"(Raub)。

偷盗和抢劫对伦理的破坏性在于,与自然的浩劫不同,它不把物品当作一个仅仅属于特殊性的事物,相反,被盗和被抢的物品本身与一个有智力的人格主体(即所有者)处于无差异的同一关系之中,因而是一种客观的普遍的无差异。所以,偷盗和抢劫表面上只是将某个事物从其他人那里拿过来占为己有的这么一个物理现象,在这个过程中被盗抢的事物本身的规定性没有受到任何影响,但实际上却对观念性的无差异造成了伤害,这是对法权的一种伤害,也是对以客体的形式表现出来的具有规范性效力的人格的消灭和对主体与特殊事物之间基于相互承认而建立起来的实在联系的切断。换言之,盗抢行为使得作为法权之基础的人格本身受到了伤害,"在他身上被扬弃的东西不是他的占有的减少,因为,占有的减少不会影响到作为一个主体的他;相反,通过这个单独的行动而且在它之中,被消灭的是他的作为无差异的存在。——现在,因为规定性的无差异是人格,在这里受到伤害的是人格,因此,他的财产的减少就是一种人格性的伤害"(GW 5: 316)。

就像黑格尔已经指出过的那样,在承认和自由被设立的地方,与之相反的不承认和不自由也会被同时设立起来(GW 5: 305)。伦理实体的这个否定幂次的意义就在于,如果对人格的相互承认和对法权的尊重只是停留在归摄着直观的概念这种抽象的无差异中,那么,人的复数性和实在的多样性不可避免地会形成与这种无差异相对立的否定性的力量,人格与人格的对抗和互不承认就会被现实地设立起来。对于一种停留在抽象普遍性并且隐藏实质性不平等关系的法权体系来说,偷盗和抢劫本身并非天然不正义的。但是,黑格尔也意识到了,单纯依靠这种否定人格和法权的盗抢行为并不能真正扬弃法和伦理的抽象性。相反,如果盗抢者只是将自己设立为为需要的满足而进行盗抢的特殊性的存在,而被盗抢者所在乎的根本不是某个物品的被剥夺,而是把这种对财产的剥夺视为对其整个人格的伤害,那么,看似强势的盗抢者反而会在一种颠倒的关系中成为被特殊支配的、差异性的被征服者(奴隶),看似弱势的被盗抢者却成了具有普遍性的、无差异的征服者(主人)。这样一来,隐藏在抽象人格和法权中的主奴关系仍然无法在对这种抽象规定的否定中被扬弃,实质性的人格的平等和法权的自由仍然未能成为现实。而概念与直观、观念与实在、普遍与特殊之间的绝对同一必须通过伦理实体的一个更高层次的否定来实现。

在以人格性为基础的法权体系中,伦理实体的否定除了表现为最终

第三章 作为伦理自然的理性之法

仍然陷入主奴关系的偷盗与抢劫以外,实际上还存在着另外一种否定的形式。这种否定不再是一个受特殊性支配的存在者对一个坚持自己完整人格的普遍存在者的否定,而是作为被统治和被奴役的一方同样意识到自己在普遍的法权中是作为具有完整人格的平等存在者,意识到在实质性的不平等中作为自己的整个生命和完整人格的"荣誉"(Ehre)受到了伤害。"通过荣誉,个别物成为一个整体和人格性的东西,那表面上对于个别物的否定纯粹是对整体的伤害,因而出现了一场完整的人格对另一个完整的人格的斗争(Kampf)。"(GW 5: 318)这场在平等人格之间出现的为争取荣誉而不惜牺牲生命的斗争,并不是霍布斯所说的"一切人对一切人的战争"。霍布斯所设想的这种战争状态是原子化的个人为满足自我保存的纯然动物性的需要而进行的斗争,但是,这在逻辑上是没有必然性的。因为单纯地为了需要的满足,不可能使人愿意拿自己的生命来冒险,相反,如果仅仅是为了实现自我保存的目标,那么,进入一种主奴关系,在被奴役的状态下苟且偷生,显然比用自己的生命跟一切人进行战争更加合理。而只有当一个人不把自己等同于一个受纯然动物性欲望支配的存在者,而是将自己视为一个具有完整人格的个体时,才会甘愿用自己的生命来冒险,进入与另一个完整的人格为争取荣誉、为证明自己的人格性和完整性而进行的生死斗争。也只有通过这样一场生死斗争才能够扬弃人格和法权的抽象性,真正产生具有现实性的人格平等的和法权自由的伦理秩序。由此,这种为捍卫荣誉而进行的生死斗争就作为否定幂次的三次幂出现了。

因为对财产的剥夺实质上是对作为财产权之基础的无差异的人格的否定,被盗抢的人必然会把对其财产的剥夺视为对其整个人格的侮辱和对基于相互承认的平等关系的破坏。所以,为了恢复受损的荣誉,受到侮辱的一方仅仅把被盗抢的财物拿回来是无济于事的,他要拿回的是属于自身的那种无差异,因此他必将要通过对对方人格的压迫,使对方屈从于特殊性,从而使自身处于一种无差异的、绝对的优势性地位。但是,当被压迫和被奴役的一方同样摆脱了财物的特殊性的约束,意识到自身同样具有平等的人格,并且为了恢复自身完整人格和荣誉而不惜牺牲生命时,为争取荣誉而进行的斗争必然发展成一场生死斗争,而这场生死斗争的一次幂就直接表现为对生命的剥夺,即"谋杀"(Mord,GW 5: 320)。

然而,谋杀并不能实现人格的真正平等,相反,谋杀者只是作为归摄者的一方通过谋杀这种方式将被杀害的人的人格归摄于无差异的概念的统治之下,因此,这种根据平等的法则出现的归摄必将因为平等的法则而再次被颠倒,而对这种归摄的真正的和实在的颠倒存在于这种平等中,这就是生死斗争的二次幂,即"复仇"(Rache)。"复仇是反对谋杀和个体谋杀者的一种绝对关系;它无非对谋杀者所设立的东西的颠倒;这种关系所做之事,是没有其他办法能够扬弃的,也是没有任何办法使之合理化的。从中无法抽象出任何东西,因为,它已经被设立为一种现实性,即它必须有它如此行事的法权,也就是说,被建立起来的那种境况的对立面也应该依照理性而被建立起来。这种关系的规定性保留下来了,但是,在这种规定性之中,关系现在转化成与之对立的东西,归摄者被归摄了。"(GW 5: 320-321)在黑格尔看来,被杀害之人必须自己完成这种颠倒,但是作为被杀害之人,他失去了自己的血肉之躯,变成了纯粹的观念物,也正因为如此,复仇就不是被害人的一种个人行为,而是内在于平等原则的理性自身的必然要求。在此,理性作为精神要为被害人创造一个躯体,一种与被害人的躯体不同的更为一般的普遍物,来展开这场为恢复人格的平等而进行的复仇行动。正如黑格尔已经表明的那样,个人与其他的家庭成员之间是你中有我、我中有你的关系,对个人的谋杀既是对其个人人格的消灭,也同时是对包含在其人格中的整个家庭的伤害,所以,不是任何与被

第三章　作为伦理自然的理性之法

害人不相干的陌生人,而是家庭作为被害者的活生生的肉身必将承担起复仇的任务。

在复仇的行动中,法权站在受到侮辱和伤害的一方,这一方成为无差异者、归摄者。因为绝对的平等必须通过将谋杀所建立起来的归摄者与被归摄者的不平等关系颠倒过来而展示自身,之前作为受侮辱和受伤害者的被归摄的一方现在在复仇中成为归摄者的一方。换言之,通过谋杀所制造的归摄关系来证明自身人格的无差异性,这是与人格的平等本性不相符的。所以,人格和法权的平等性必然要通过复仇来颠倒之前的归摄行为。在这个意义上,被伤害和被侮辱者的复仇不再是一种个别性的行为,复仇行为的特殊性已经被转变成了一种合乎理性的整体的无差异,转化成了整体的事务。所以,就复仇的本性来说,它之作为归摄者只是为了恢复之前被谋杀终止的平等性,而不是要产生一种新的归摄关系,如若不然,谋杀和复仇将变成一个永无休止的、毫无正义性可言的归摄和被归摄的过程。通过复仇对之前的归摄关系的颠倒,一种新的平等关系在复仇的活动中建立起来,这种平等就是"战争"(Krieg)。"在战争中,归摄关系的差异已经消失,平等成为统治者。战争的双方是无差异;在战争中,他们之间的差异是斗争的外在的和形式的东西,而不是它的内在的东西。"(GW 5: 322)也就是说,作为谋杀者和复仇者的战争双方都有一种将自身作为归摄者,而将对方置于一种被归摄地位的权利,也正因为如此,那种作为被归摄者而对归摄者的无差异所具有的愤怒(Zorn/θυμός)的情感就减少了。"由于战争的实在性抵触愤怒的这种幻想,敌对意识将恢复为平等的情感。因此,一种和平(Frieden)就从中产生了。"(GW 5: 323)

跟霍布斯一样,黑格尔也将战争和死亡视为真正从自然状态进入法权状态的关键。但是在霍布斯那里,战争是一群被求自保的动物性情感所支配的个体为追求自身的需要的满足而必然陷入的一种状态,也恰恰是因为在战争中，所有人的生命都是不安全的，所有人随时都有可能受到死亡的威胁，所以，人必然要通过达成一个普遍的社会契约，接受唯一的主权者的绝对意志的统治，来最终避免战争的威胁、获得生命和财产安全的终极保证。而在黑格尔这里，战争的发生和终结并非源自保存生命和畏惧死亡的情感，因为吝惜生命的人恰恰不会愿意冒着生命危险进入战争，相反，他必然在对抗中通过成为被统治和被奴役的一方来保全自己的生命、免于死亡；只有意识到自己具有比动物性的需要更高的人格和尊严，因而不能忍受不平等和奴役的人才会不惜牺牲生命进入一场争取荣誉的生死斗争。对黑格尔来说，战争和死亡不是纯然消极的，不是为了保证生命和财产的安全而应当完全避免的。因为基于需要和享受以及畏惧死亡的情感所建立起来的法权状态并不能真正实现人的自由，在表面的平等之下必定会隐藏着由于现实的生命力量的不平等而使一部分人为了需要的满足而成为奴隶，另一部分成为主人的不平等关系。而唯有将人格的尊严置于生命之上的人，才有可能为摆脱这种不平等关系，进入平等人格之间为争取相互承认而进行的生死斗争，这是真正具有普遍性和现实性的法权自由状态得以形成的重要契机。由此，黑格尔的自然法科学的演证就从需要和享受的情感出发，必然地推导出为了捍卫作为抽象占有的财产权之基础的平等人格，为了追求尊严和更高的公义而对直接的需要和享受的放弃。因此，这种否定性的力量对于绝对伦理的建构来说恰恰是肯定性的。

可以说，《伦理体系》中的"否定"幕次是最能够反映黑格尔实践哲学作为实体一元论形而上学的一个标志性特征。与主观观念论的实践哲学不同，黑格尔并不是将犯法的行为简单地当作一种与伦理秩序完全对立的绝对的恶加以排斥和遏制。相反，不论是蛮族对文明的毁灭、偷盗和抢劫对财产权的侵犯，还是谋杀对生命和荣誉的剥夺，乃至于战争，在伦理

第三章　作为伦理自然的理性之法

453

实体的否定幂次中都被证明对扬弃伦理的抽象普遍性、建构真正现实的和合乎事理之本然的伦理秩序具有肯定性的意义。① 而主观观念论的实践哲学却要与这个多样的、充满偶然的世界对立起来,坚持纯粹主观理性的无矛盾性和同一性。对这种形式主义的伦理形而上学来说,多样性只是多样性、特殊性只是特殊性、恶行只是恶行,它们是不真实的、不合理的,因而是不应当存在的。当面对这些实际的犯法行为时,它们只能发出无力的谴责或者用报复性的惩罚来压制。与所有实在的、否定性的因素相对立,并不能为绝对无条件的善提供真正有效的辩护,反而只会因为这一不可消解的对立暴露出这种形式主义伦理形而上学自身的脆弱性和虚伪性。就像黑格尔在他的《教授资格论文提纲》的第十一个命题中指出的那样,"德行同时排除行动者与受动者的天真"(Virtus innocentiam tum agendi tum patiendi excludit. GW 5: 228)。黑格尔的现实哲学认同马基雅维利和霍布斯对道德主义政治观的批判,②不是因为这种道德主义坚持道德原则的普遍性,而是因为这种单纯的、理想化的道德观念和政治观念会使真正合乎理性的伦理秩序无法建立起来。

在《自然法论文》中,黑格尔将这种试图停留在抽象的形式普遍性的伦理称为"喜剧",在其中:

> 伦理冲动(因为它并不是在这种喜剧中起作用的有意识的绝对伦理自然)必须把现存的东西变成法权的形式的和否定的绝对性(die formale und negative Absolutheit des Rechts)。因此,它必须使它的焦虑的精神产生这样的印象:它的占有是安全的,而且它必须通过协议和契约以及一切可能的条款来保证它所有的财产的安全和可

---
① Cf. Georg Lukács, *The Young Hegel*, pp. 414–415.
② Georg Lukács, *The Young Hegel*, pp. 416–417.

靠。它必须从经验和理性中推演出适当的体系,这种体系是确定性和必然性本身,而且把这些体系建立在最深刻而合情合理的结论的基础上。但是,正如在诗歌中,地狱中的灵魂看到他们种在地狱的旷野中被随之而来的风暴所扫荡的植物那样,在这里,伦理冲动同样必须目睹随之而来的变化,甚至大地精灵的上升消灭了一半或整个经验和理性所证明的科学;一种法权体系推翻了另一种法权体系;在这里,人性取代了残忍,在那里,权力意志取代了契约的保障;而且正如在现实中那样,在科学中,最可靠而确定的关于财产的原则和法律受到了踩躏。(GW 4: 461)

这种作为喜剧的伦理坚持自己虚幻的独立性或绝对性,认为法权的普遍形式必然可以保证占有本身的绝对安全,任何对法权的侵害都是不允许也不应该出现的,甚至整个现实都应当符合和尊重这种观念性的普遍性。然而,就像我们在诸如《威尼斯商人》这样的喜剧中所看到的,伦理实体不仅不会尊重和保护这种停留在抽象性和观念性中的法权,反而通过以法权来对抗法权,或者使法权遭到它所设定的、与之外在对立的否定性力量的毁灭,来嘲弄对契约和法权的绝对可靠性所抱有的天真,揭露在这种普遍性的外观下所隐含的特殊性。

"伦理科学的原则是对命运的尊重。"(Principium scientiae moralis est reverentia fato habenda. GW 5: 227)对黑格尔来说,真正的伦理是悲剧性的,它并不畏惧和拒斥多样性的、差异性的无机自然,并不依靠希望或者强制的体系来证明和维护抽象的法权;相反,它要在与无机自然的否定性力量的斗争中,承认无机自然的权利,从而取得与这种否定性力量的和解。[1] "悲剧

---

[1] Cf. Herbert Schnädelbach, *Hegels praktische Philosophie*, S. 96.

第三章　作为伦理自然的理性之法

在于伦理自然把它的无机自然作为一种命运从自身剥离,与自己对立,以便不和它的无机自然纠缠在一起;而且通过在斗争中承认这种命运,伦理自然已经和作为二者之统一的神圣本质和解了。"(GW 4: 459)。"通过把自己的一部分转让和牺牲给无机的自然和隐秘的力量,伦理对它的无机自然和隐秘的力量表示退让。因为这种牺牲的力量就存在于直观和客观化同无机物的这种纠葛,通过直观,这种纠葛被消除了,无机物被分离开来,并且作为这样的事物得到了承认,因而自身被吸收进无差异之中,而生命也通过将它知其为它自身的一部分的那种事物设置于无机物之中,将其献给死亡,已经同时承认了无机物的权利,并且自己从它那里得到了净化。"(GW 4: 458)

在埃斯库罗斯的《复仇女神》中,因弑母而被复仇女神追捕多年的俄瑞斯忒斯(Orestes)接受了阿波罗的建议来到雅典,他希望能够在那里得到赦免。在雅典娜所安排的审判中,赞成和反对俄瑞斯忒斯的投票数是相等的,而拥有决定票的雅典娜支持赦免俄瑞斯忒斯。在审判过程中,复仇女神一直固执地坚持俄瑞斯忒斯必须受到惩罚,她们并不打算放弃这个猎物。然而,雅典娜向她们承诺她会和她们分享她在雅典的权利,她们也依然永远都是法律和秩序的守护者,并将会因此而受到尊荣和爱戴。由此,复仇女神同意俄瑞斯忒斯被赦免,而她们也从狂怒的厄里倪厄斯(Erinyes)变成了仁慈的欧墨尼德斯(Eumenides)。在黑格尔看来,这出悲剧是对伦理的悲剧性所做的最详尽的描述:雅典娜的审判在两种原则之间取得了和解,她既承认了阿波罗所代表的理性的无差异的原则,同时也接受了复仇女神所代表的居于差异中的法权力量,并最终将这种无机自然的否定性力量转化为城邦正义的守护者。经过伦理实体的否定幂次,自然伦理中所形成的人格和法权的观念性的、抽象的平等将随着一种把否定和对立作为自身的命运接收下来的新的伦理秩序的建立而获得真正的现实性。"这不过就是悲剧在伦理事物中的上演,也是绝对者自身的永恒游戏。绝对者自己永远产生为客观性,在它的这种形态中经受痛苦和死亡,并从它的灰烬中上升为荣耀。神圣的东西在其形态和客观性中直接具有双重本性,它的生命就是这两种本性的绝对合一。"(GW 4: 458-459)

三、 绝对伦理

黑格尔对自然法科学的演证表明,个人的需要和享受虽然是特殊的,但正是这种特殊的情感推动了内在于其中的理性本性的实现。在这个意义上,需要和享受是伦理实体在普遍的伦理存在和伦理秩序中实现自身的潜能,是归摄着概念的直观。自然伦理作为一种具有普遍性的伦理秩序,恰恰是表现为这种实践情感的自然的合目的发展的必然结果,而不是主观理性通过对自然的否定,外在地强加给自然的一种人为的立法。可是,在面对浩劫、盗抢和谋杀时,自然伦理只能停留在对一种形式的无差异所做的同义反复的自我主张:在这个有序有法的社会中,因为占有是占有、权利是权利,所以每个人都应该有活路,每个人的生命和财产都应该得到保障。但是,否定物全然不理睬,也不服从这种建立在观念中的普遍秩序。否定物对自然伦理的挑战和冲击证明,自然伦理还不是自足的、无条件的绝对伦理,而只是处在关系中的伦理,是归摄着直观的概念;直观本身没有成为概念,那些特殊的、有限的规定性只是被概念的无差异的形式所掩盖了。在自然伦理中,普遍与特殊、观念与实在还没有达到绝对的同一,有限的特殊规定仍然存在着,因此,自然伦理本身必然包含着与它的有限规定相对立的否定物,而它的有效性也将始终受到这种否定物的挑战和制约。

所以,在先前出现的自然法科学的演证的各个幂次中,"绝对的自然确实没有以精神的形态出现;并且因此,它也没有作为伦理出现;甚至家庭也不是伦理的,那些更低的幂次就更不是了,更不要说否定物了"(GW 5: 324)。由此可见,黑格尔并不认为康德的实践哲学在自由与必然、理性与情感之间所做的区分是完全没有必要的,他也绝不会为了避免康德式的二元对立而倒退到一种非哲学的、非反思性的历史主义和经验主义立场,承认基于自然和历史的演变而形成的现存的伦理秩序具有天然的合理性。实际上,黑格尔同意康德的一个基本想法,即自然的外在必然性只能形成一系列指导行为的有条件的规则,但无法产生普遍的、无条件的实践法则,相反,理性自身的立法才是规范性的真正来源。不过,黑格尔并不是在康德的主观观念论的二元论意义上来理解理性与自然之间的区别。自然的关系虽然无法形成具有普遍必然性的伦理秩序,但从实体一元论的目的论观点来看,自然伦理是伦理实体在自身有机的合目的发展过程中的一个阶段或者一种形态,它与绝对伦理之间并不存在着质的区别,而仅仅具有量的差异。因此,一方面,黑格尔说,"伦理必须是智力的绝对同一(absolute Identität der Intelligenz),因为它完全消灭了所有的自然关系都能够获得的那种特殊性和相对同一";另一方面,他又将同样的意思表述为,"自然的绝对同一必须被纳入绝对概念的统一性之中,并且以这种统一性的形式现成存在,成为一个清晰的同时又绝对丰富的本质,一个完全的自我客观化和一个个体在另一个陌生的个体中的直观,而且因此是这种自然的规定性和形态的扬弃、自我满足的完全无差异。只有凭借这种方式,无限的概念才严格地与个体之本质合而为一,并且它才能以自己的形式作为真正的智力而在场"(GW 5: 324)。用斯宾诺莎的术语来说,绝对伦理是作为整体的实体,是创造自身的能动的自然,而自然伦理则是能动的自然自我创造的产物,它不仅在自身中创造了被动的自然,而且还将被动的自然及其对立物纳入自身的绝对同一,这就是黑格尔所说的"精神"(Geist)。

　　伦理是人之为人的全部自然禀赋的实现,在伦理中,服从普遍意志就像服从个人自身的意志一样,人既是作为个人存在着,又是作为理性而自由的存在者行动着。"个体以一种永恒的方式存在于伦理之中;他的经验性的存在和行动是某种彻底的普遍物;因为,不是他的个体的方面在行动,而是他身上的普遍的和绝对的精神。"(GW 5: 325)个人的需要和享受作为潜能推动了诸如智力、工具、言说和人格、契约、法权等普遍性要素的形成;通过遵循自然节律的劳动和抽象的量的劳动,个人的需要和享受也在劳动中得到了陶冶、塑造和克制,个人出于其作为人的本性被不断地吸收到由自己的劳动所创造的整体秩序之中,个人的特殊性在相互依赖的需要的体系中、在家庭中不断被扬弃。在自然伦理中,个人越来越作为一个整体来行动,行动本身也体现出越来越大的普遍性。然而,就是黑格尔所说的:"根据自然,丈夫在妻子身上看到他的肉中之肉,但是只有根据伦理,他才能够在伦理存在之中并且通过伦理存在,看到他的精神中的精神。"(GW 5: 324)对自然的把握的不可克服的一面就在于,虽然在家庭和市民社会中都存在着一种普遍的伦理秩序,但是在它们中,个人与整体的同一关系仍然是相对的和包含偶然性的,无论是血缘关系的亲疏远近,还是生命力量的强弱之别,这些在自然关系中不可避免的因素都会影响到法的实际的普遍有效性。在家庭中丈夫与妻子、父母与孩子之间的平等不是绝对的,而市民社会中抽象人格之间的法权平等更是隐含着实质上的主奴关系,这些都会使法本身变成有条件的、相对的和不平等的,坚持自然伦理在形式上的普遍性和绝对性则必然导致法不再是人作为理性和自由的存在者的本质的实现,反而会导致与法的普遍性背道而驰的不平等和不自由。

　　在黑格尔对自然法的演证中我们可以看到,自然伦理中的个人必将为了恢复自己整全而独立的人格、恢复法的普遍性而不惜牺牲生命地进入一场生死斗争。不是对死亡的恐惧和对需要的满足使人走出自然状态,进入了伦理生活,相反,恰恰是对死亡的无惧和对荣誉的捍卫让人与人之间陷入战争,又因为死亡的危险消除了抽象法权背后隐藏的主奴关系,让人与人之间重新达到一种真正平等的关系。在这种重新建立的平等关系中,个人真正作为整体而存在,出于普遍意志的行动同时就是出于个人自身意志的行动。在黑格尔那里,这种绝对伦理既不是表现为家庭,也不是表现为市民社会,而是表现为"人民"(das Volk, GW 5: 325)。

> 由于人民是一种活生生的无差异,而且所有自然的差异都被消灭了,所以,个体在每一个其他的个体中将自身直观为自身;他成为至高无上的主体-客体性;正是由于这个原因,这种一切个体的同一性不是一种抽象的同一性,也不是市民阶层的平等性,而是一种绝对的同一性,在经验意识中直观到的同一性,在特殊性的意识中展示自我的同一性。普遍物、精神,是在每个人之中并且为了每个人而存在的,就他自身是一个个别物而言。与此同时,这种直观和统一性是直接的,直观无非就是思想,它不是象征性的。(GW 5: 325-326)

"人民"是伦理实体合目的的发展的最高阶段,是具有完满的现实性的绝对伦理。自然伦理的各个幂次是"人民"得以形成的必经阶段,因为需要和享受的情感这种支配着人类行为的无机自然的机械性力量正是通过劳动的教化和陶冶、通过商品的生产和交换,在自然伦理的有机生长中发展成为一种与自然的机械法则不同的伦理法则、一个与自然世界不同的伦理世界。但是,不论是在市民社会还是在家庭中,人与人之间存在的自然的差异性仍然保留着,自然伦理中的人仍然是有差异的和不平等的,而在自然伦理中以直观归摄于概念之下的形式表现出来的自然法,只能体现一切个体的抽象的同一性。因此,自然伦理中的实践法则并不具有真正的普遍有效性,在存在着实质性的不平等的情况下,坚持抽象的普遍性不仅无法扬弃自然的差异性,在抽象法权的意义上实现人的平等和自由,反而会进一步巩固和加剧这种实质性的不平等,使伦理法则不可避免地带上自然法则的野蛮痕迹。所以,伦理实体必然要扬弃自然伦理,并且通过创造一个真正无差异的伦理世界来实现人作为理性和自由的存在者的本性,使自然法成为真正的自由的法则。这个具有最高现实性的绝对伦理就是"人民"。在黑格尔看来,"人民"并不仅仅是复数性,不是众多个人的外在联合,在普遍的伦理秩序中,所有人构成一个绝对无差异的统一体,但这种无差异不是抽象的和僵死的,相反,"人民"中的所有个人既是一个具有抽象的平等人格的占有性个体,是市民社会的法律体系中具有所有权和相应法律地位的市民(Bürger/bourgeois),又是家庭或者宗族关系中的一员,更是超越了需要和享受、占有和财产,超越了其中所隐含的差异与特殊性而用某种绝对的东西来规定自己的存在者。"只有通过这种差异的大全(Allheit),无差异才能够真实地展现自己,成为一种普遍的无差异。"(GW 5: 325)

(一)作为绝对伦理的"人民"和国家政制

资本主义的工业化大生产和商品经济的形成使得黑格尔不可能继续在亚里士多德区分家庭和城邦的意义上将私人领域和公共领域完全区分开来。在亚里士多德那里,以家庭为单位的生产劳动是具体的、直接满足需要的劳动,这种关乎私人利益的劳动并不需要所有个人之间的普遍联合,也不涉及共同的善好,所以,围绕着直接满足个人需要的劳动而进行的家庭活动就被归入了私人领域。与此不同,城邦则是那些已经满足了个人需要或者不受个人需要制约的自由人的联合体。城邦的政治活动作为以共同善为目标的公共领域的活动与以个人需要为目标的家庭活动之间自然有着严格的界限。然而,由机械化生产所带来的分工和劳动的均质化不仅改变了劳动的性质,改变了需要得到满足的方式,而且所有为了满足需要而劳动的个人都通过相互依赖的需要的体系被纳入到一个普遍关联的整体中,"通过将占有的关系接纳到形式的统一性之中,每一个个人,因其潜在地能够占有,便直接作为普遍物或者作为公民(在作为市民的意义上)同所有人发生关系"(GW 4: 458)。换言之,原本属于私人领域的劳动在机械化大生产和普遍的商品交换中产生了一个以满足私人利益为目标的公共领域,这就使私人领域和公共领域之间的界限变得模糊了。每一个个人作为财产的所有者既是私人,但同时又是一个依照以财产权为基础建立起来的法律体系进行运转的共同体中的市民,而对私人利益的追求本身成了对公共福祉的促进。对黑格尔来说,这个在现代工业生产和商品经济条件下形成的市民社会,将人从直接的自然关系的特殊性中解放出来,成为具有平等人格的个体,这是通向一种普遍的、无差异的伦理秩序的重要一环。但是,在这个财产和法律的体系中存在着因抽象的平等而被固化的个别性和特殊性,所以,市民社会虽然促进了一个超越自然关系的普遍的公共秩序的形成,可是仍然会陷入有限的私人领域之中,它不是严格意义上以共同善为目标而建立起来的伦理世界。就此而言,亚里士多德关于家庭和城邦的区分在黑格尔这里实际上更多地表现为市民社会和"人民"或者"国家"之间的区分。

不过,作为绝对伦理的"人民"或者"国家"并不是完全由一群不关心需要和享受、不关心财产和生命的无私无我因而在观念和实在上都达到平等的个人组成的。因为自然法科学演证的起点和根据是个人的需要和享受这种实践情感,没有需要和享受,就不会有劳动和教化,不会有智力和工具,不会有财产和法权,不会有家庭和市民社会,也就不会有在普遍的相互依赖的体系中为争取实质性的人格平等而进行的生死斗争。如果切断了与之前各个幂次之间的内在联系,完全由一群无私无我的个人组成的"人民"只能停留在另一种形式化的、抽象的平等之中而不可能真正扬弃个别性。绝对伦理作为总体不是对之前幂次的单纯否定,而必须将之前幂次都吸纳到更高的统一性当中去,这才是真正的绝对同一。"伦理的各个幂次,当它在实在性中把自身表现为出于完满的总体之中时,就是各个等级(Stände),而每一个等级的原则就是伦理的确定形式。"(GW 5: 334)因此,黑格尔不是把"人民"理解为与之前各个幂次完全无关的一个独立的、新的幂次,而是将其把握为之前各个幂次的有机统一。之前的各个幂次被转化为构成"人民"这个有机统一体的各个等级,这些等级保留了之前各幂次的差异性,同时这些幂次的不同原则又在差异化的大全中受到了这个有机整体自身的无差异的调节:尊重自然节律的劳动和占有、与商品生产和交换的规律相适应的保护财产权的法律体系,以及为争取真正的平等和自由而置自己的生命和财产安全于不顾的无惧无畏,伦理实体自我实现过程中不同阶段的不同原则都被吸收到"人民"这个有机体之中,并且作为不同的等级被转化为一个有机整体当中内在关联和相互依赖的各个部分。每一个个别的人通过属于"人民"中的某个等级而摆脱了单一幂次的原则的有限性和相对性,而且因此成为一个普遍物,成为一个真正的个体,一个真正的人格。

就静态的结构而言,"人民"是由三个不同的等级构成的:一个绝对的或自由的伦理的等级、一个诚信守法的等级和一个不自由的或自然伦理的等级。构成"人民"的第一等级是"绝对的等级"(der absolute Stand),正是这个等级的存在使作为绝对伦理的"人民"与之前幂次中出现的自然伦理从根本上区别开来。与相对同一的自然伦理面对无机自然的否定性力量所表现出来的厌恶、恐惧、天真和无助不同,绝对伦理将毁灭、死亡和

第三章　作为伦理自然的理性之法

不确定性作为自己的命运接受下来,这直接表现为绝对伦理中的第一等级的形成,是这个特殊的等级使"人民"本身具有了真正的绝对性。因此,这个等级的劳动是指向死亡的劳动,它甘冒暴死的危险,甘愿让自己的生命、享受以及占有和权利处于绝对的不安之中,也因此而过着一种普遍的、完全属于公共事务的生活,"这种劳动的产品也不是别的东西,而是伦理有机体之整体的存在和维持"(GW 4: 455)。所以,第一等级的伦理是真正具有政治性的,以共同善为目标的绝对伦理,它"不是所有德行的总和,而是它们的无差异。它不是显现为对祖国、人民和法律的爱,而是显现为在祖国中就这一族人民而言的绝对生活"(GW 5: 328)。这种绝对的伦理和绝对的生活就是"勇敢"(Tapferkeit)。① 勇敢是伦理所具有的悲剧性的一种直接体现,这种德行意味着在与无机自然的否定性力量的斗争中承认这种对立是伦理实体在实现自身的过程中不可避免的命运,这种命运的必然性超越了生命和财产的绝对安全,也只有承认和接受这一命运,真正具有普遍性的无差异的伦理秩序才能建立起来。

勇敢的德行尤其与国家间的战争紧密联系在一起。"在战争中存在着自由的可能性,也就是说,不仅各个个别的规定性,而且作为生命的全部规定性,都被战争消灭了,并且是为了绝对本身或是为了人民而被消灭了。正如风的激荡使湖水不至于成为一池腐臭的死水一样,战争也在各族人民反对各种规定性、反对这些规定性的惯习和僵化的无差异中维持着各族人民的伦理健康,使它们免于因长期、永久的和平而导致的腐臭。"(GW 4: 450)黑格尔在《自然法论文》中写下的这段话绝不是一个狂热的

---

① 迪基在他的著作中对黑格尔的"勇敢"概念进行了一个详尽的概念史考察,尤其强调黑格尔对"勇敢"这种德行的理解得益于他对当时德国所翻译过来的一些苏格兰启蒙思想家著作的阅读,苏格兰启蒙思想对古希腊的政治德行有一种继承关系,这一分析很具有启发意义。参见 Laurence Dickey, *Hegel: Religion, Economics, and the Politics of Spirit, 1770-1807*, pp. 220-227。

好战分子在表达对战争的渴望。在黑格尔看来,第一等级的劳动无非只是发动战争,或者为了这项劳动而进行训练。战争是一种整体性的、否定性的"急难"(Not),它的存在使占有和财产的绝对安全面临严重的威胁。这样一来,即便为了维护生命和财产的安全,作为个人的每个所有者也不得不被一种自身有机的和绝对的东西所推动,使自身成为"人民"的一部分。如果第一等级在面对战争的急难时不再勇敢,而是渴望和追求永久和平状态下生命和财产的绝对安全,那么,作为一个有机体的自足的伦理世界必然会瓦解和蜕变成一个受种种个别的、有限的规定性支配的机械的法权体系。就像伊波利特指出的那样:"战争在人民生活中是必要的,没有它,整体或其统一感就会消失,人的生活就会堕入无精神的自然性。"① 黑格尔并不认为国家必须通过不断发动战争来维持自身在伦理和政治上的凝聚力,但是,"第一等级是绝对的和真实的伦理形态,并且对于其他等级而言,是自我运动着和存在着的绝对的形象,也是伦理自然所要求的最高的真实直观"(GW 5: 335),第一等级能否保持和实践勇敢这一政治德行确实是判断一个伦理共同体是否健康的重要标志。

第一等级的劳动是为了维持整个伦理有机体的存在,而不是为了满足自身的需要,它也不应该直接从事与自身的需要相关的劳动。所以,第一等级的需要如果想要得到满足,就必须由其他的等级来承担相应的劳动,并将劳动产品直接供第一等级享用。在伦理有机体中,第一等级和其他两个等级的关系不是统治和被统治的外在关系,而是整体与部分的内在关系,这种关系就使第一等级和其他两个等级一起被纳入到伦理有机体的无差异之中。"由于这种关系就是其他两个等级为第一等级提供的某种有用性,因此,他们为第一等级提供的是就它而言必不可少的东西,

---

① Jean Hyppolite, *Introduction to Hegel's Philosophy of History*, p. 54.

它把其他两个等级的商品和谷物据为己有,因此它必须反过来根据平等的原则造福于其他两个等级。"(GW 5: 335)第一等级的绝对无差异的劳动是勇敢和维持伦理整体的劳动,在它与其他等级的关联中,这种劳动是为其他等级的占有和财产的安全提供保障。

绝对伦理中的第二等级是为了需要而劳动,为了财富、收入和财产而劳动的"诚信守法的等级"(der Stand der Rechtschaffenheit)。尽管它所遵循的抽象法权是"通过实在物的偶然性和存在于物中的任性而设置入利润、契约和诸如此类的事物之中;这些关系中的普遍物和法权的要素变成了一种对抗那种有意否定它的特殊性的真实的、物理的强力"(GW 5: 336)。但是,跟自然伦理中的情况不同的是,当作为普遍的相互依赖的需要体系的市民社会被纳入到"人民"的有机整体中时,在这个第二等级里,基于法权的占有不再会出现人格之间的实质性不平等和主奴关系,以及由于对法权的抽象的、形式化的统一的坚持而招致与一种外在的否定性力量的不可消解的对立。因为在绝对伦理中,这个等级已经将否定性作为与自身的原则不可分离的命运承受下来了。对它而言,法权应当得到尊重,但这一原则只有在整个伦理有机体中,尤其是将否定性的"急难"当作其自身对自身的否定才能具有现实的有效性。"与否定和牺牲相联系,诚信守法的等级把它的获得物奉献给人民这个根据某个概念而形成的普遍者,并且基于正义的平等原则而纳税,以及在特殊情况下为穷人和遭受痛苦的人提供所需。但是,这既不可以牺牲它的全部财富,也不可以牺牲它的生命,因为个别性就存在于人民之中,而人格和生命不仅是某种无限的东西,而且是某种绝对的东西。"(GW 5: 332)这样一来,所有者的人格就在人民中得到了尊重,而由法权所保障的人格和财产权也被设立为一种真实的无差异。同时,这个等级的性质及其在绝对伦理中的位置决定了它不会,也不应当要求它为了"人民"而勇敢地牺牲它的生命和全部财富。因为如果这个等级和它的原则被彻底否定了或者被完全置于第一等级的外在统治下,同样会导致整个伦理有机体的瓦解。

绝对伦理的第三等级是直接与土地、动物等自然因素打交道的"粗野的伦理等级",即农民等级(Bauernstand)。这个等级的劳动同样与物质利益的需要有着密切的关联。但是,这种劳动是具体的、能够直接满足个人需要的劳动,而不是一个理性化的普遍相互依赖体系中的抽象的量的劳动。"这种劳动并不是从知性中产生的,它也不是诚信守法的个别化,而是完整的和坚固的。它不能推进到客体的消灭和死亡,而是让有用物依照本性做出行动和进行生产。"(GW 5: 332)因此,农民等级对抽象的法权是无知的,它依靠的不是诚信守法和契约精神,而是信任和热忱。由于与自然的必然性联系得更加紧密,第三等级对于绝对无条件的东西和自然的有机统一具有更加强烈的意识,因而它的德行就在于对伦理整体中的第一等级的"信任"(Zutrauen)。这种对绝对者和总体性的意识、对第一等级的信任使得农民等级也能够具有勇敢的德行,它能够在这种劳动中和面临死亡的危险时,与第一等级联合起来(GW 5: 339)。

费舍尔总结得不错,他指出,黑格尔按照柏拉图在《理想国》中的划分来描述伦理有机体的各个等级,柏拉图把城邦分为三个等级,即立法者和统治者的知识等级、战士等级和劳动者等级,这些等级体现着智慧、勇敢和节制的德行,它们的适当比例就构成整个城邦的正义。黑格尔把前两个等级综合为一,它是第一等级,黑格尔称之为自由等级;他又把第三等级一分为二:市民和农民,后者也不排斥具有勇敢和保卫祖国的德行。[①]但是,除了注意到黑格尔的伦理体系与柏拉图和古代原则之间的相关性之外,人们还应该意识到,黑格尔是一个具有自觉的现代意识的现代人,

---

[①] 费舍尔:《青年黑格尔的哲学思想》,第139页。

而他与柏拉图在三个等级的具体设想方面的不同之处,尤其是第二等级,即诚信守法的市民等级的出现,恰恰是黑格尔所接受的现代性原则的直接体现。就像哈里斯所说的那样,黑格尔对等级和德行的规定来自当代,虽然其原型是柏拉图的《理想国》,但他所考虑的是他自己的"国家"的伦理世界。① 如果没有现代的机械化大生产和商品经济,以及由此产生的劳动的均质化和抽象人格的形成,一个建立在普遍平等之上的伦理秩序和每一个作为理性存在者的个人的自由在伦理有机体中的实现将是无法想象的。

(二)政府和统治

黑格尔的自然法科学的演证表明,伦理实体的合目的的发展在一个把之前各个幂次的原则全部吸收到自身之内的总体中达到了与自身的理念相符合的最高的现实性,这个自足的无差异的伦理世界就是"人民"。在"绝对伦理"的一次幂中,黑格尔就"人民"这个伦理整体的静态结构将其分为三个不同的等级。不过,就像人有脑袋、身躯和手脚等各个组成部分,但这些部分并不因为彼此不同就在本质上是完全分离的,构成"人民"的各个等级虽然因各自原则的不同而存在差异,但是因为它们是活生生的伦理整体中的一部分,这种差异就不是绝对的;不同等级之间不是处于一种机械的、外在的关系之中,而是通过伦理整体的自我组织的运动,处于一种有机的、内在的同一关系之中。伦理整体的这种绝对运动被黑格尔称为"政府/统治"(Regierung),这种运动是绝对伦理自身的内在生命力和无差异的直接体现。因此,对黑格尔来说,政府或者统治的实质就是通过各等级之间的关系的协调来维持伦理整体的有机统一,通过在自身中生产和扬弃自然伦理各幂次的差异,超越根据自然关系形成的各种伦

---

① H. S. Harris, *Hegel's Development: Night Thoughts (Jena 1801-1806)*, pp. 134-135.

理秩序的有限的规定性,使受外在的机械作用和各种偶然性支配的自然转化为一个内在合目的的、高度有序化的伦理世界。由于整体的存在依赖于政府或者统治,所以,政府或者统治并不仅仅存在于第一等级,无论在哪一个幂次或者哪一个等级,政府都是绝对的普遍物,它作为整体内在于每一个部分,并且构成每个部分的存在与运动的内在目的和内在动力。

在黑格尔所划分的三个不同等级中,第一等级甘冒暴死的危险来维护伦理整体的存在,就此而言,这个等级的存在本身就是绝对伦理的实在性,是一种具有完满的现实性的绝对无条件者的直接在场。存在于人的思想和行动中的绝对无条件者是使自然能够对抗惰性的、无生命的死寂,朝着一个生机勃勃的、有序的有机整体自我组织起来的重要条件。第一等级所具有的这种绝对无条件性使得这个等级成为伦理有机体的本质和内在目的,成为推动有机体的其他各个部分朝向整体的合目的性运动的内在动力。因此,这种绝对的力量让"政府/统治"看起来直接就是第一等级,它是"其他两个等级清楚的、明镜般的同一性,是它们的精神;但是通过以下方式,它与其他两个等级处于固定的对立之中,它是无限的一面,而其他两个等级是有限的一面。相较于有限的一面,无限的一面更加接近于绝对。因此,如果允许的话可以这样来表达,绝对自下而上地上升,不断增长,直接走出只是它的形式的和否定的一面的无限,摇摆前进"(GW 5: 345)。

对黑格尔来说,"绝对政府"(absolute Regierunng)是伦理整体自我组织的活生生的运动的本质体现,在这个意义上,它是一个"不动的推动者",它不是直接作为一个自身运动的特殊的等级来推动其他等级的运动,即通过诸如军队这样一种特殊的力量外在地统治着其他的等级,用一种特殊物对抗另一种特殊物,而是作为整体内在于每一个部分中,作为绝对无条件者推动每个特殊的等级按照它们各自的原则运动起来,最终实现的却是这个不动的整体的合目的性的持存。因此,"绝对政府"虽然来自第一等级,但是又不完全等同于第一等级。

> 整体的绝对关系之保持被明确地赋予了这个至高无上的政府;它在整体的无限的运动中和在与这个运动的关联中保持绝对的静止。这种政府的智慧影响着所有部分的活力,这种活力是整体的活力,并且只有通过这个整体才存在。但是,整体的活力不是生命之力的抽象,而是在差异中的绝对同一,是绝对理念。但是,这种差异中的同一在它的绝对的和最高的外在表达中是在第一幂次中建构起来的各个等级的关系。它是作为普遍物的绝对,没有任何在特殊的幂次中出现的规定性。至高无上的政府这种无差异的理念不对任何特殊性和规定性的形式产生影响,而这种形式在整体的分裂中显示为它的各种从属的体系。(GW 5: 343)

所以,黑格尔认为"绝对政府"应该由那些好像放弃了他们在某个等级中真实存在的、纯粹地生活在观念性的存在之中的人来组成,这些人是"长老和祭司",或者严格地说是二者的合一。因为伦理整体的维持不仅仅需要第一等级的勇敢,而且需要具有一种让每一个等级都充满活力并且能够有机统一起来的"智慧"(Weisheit)。正如施耐德巴赫指出的那样,这种智慧不仅仅是指某种执政者的智慧,而是我们用现代(卢曼)的术语"系统合理性"(Systemrationalität)才能够描绘的东西,它不是着眼于自身特殊利益的某个群体对另一个群体的外在干涉,而是着眼于有机体自身的本性使系统的维持得以可能的一切条件的总和;通过这种系统合理性,作为系统的整个有机体从自然的无机力量中生长出来并且维持着自身的独立性。① 唯有那些因年长而失去了他的特殊物,能够超越作为个体性的形态和特殊性的他的等级,超越一切有差异的事物,直接献身于神圣的"人民"的"长老和祭司",才能够组成真正的"绝对政府"。而这个至高无上的政府不应直接干预或者破坏每个等级自身的原则,否则,它就会成为一种统治它们的形式的强权,一种形式的无差异。政府对于伦理整体的维护体现在它要防止各个等级之间的差异的固化,防止因为原则的固化而导致整个伦理有机体的瓦解。

> 因此,在这个意义上,它在它的行动中是否定性的,因为生命物的维持是否定性的。它是政府,因此它是和特殊物相对立的;生命物的绝对的、肯定的灵魂就在于人民自身的整体性之中。……但是,政府在现象中的否定性事务不能够被理解为,好像它只是像一个监察者那样行动,以及它是否定性地通过行使否决权来下达禁令。相反,它的否定性的活动是它的本质,它是一种政府的能动性,它与特殊物的关系或者它的现象是一种肯定性的活动,这是就它形成于与特殊物的对立中而言的。因此,它是立法性质的,是建立秩序性质的,在这种法律和秩序之中,一种自为地组织自己的关系得到了发展。(GW 5: 343-344)

"政府"的这种否定性的活动不应当被理解成用一种特殊性来对抗另一种特殊性,通过一种外在的、形式上的强力来对第二、第三等级进行统治。这种否定性只是就各个等级如何超越自身的特殊性而成为有机整体的一部分,或者如何防止各个等级的原则中的特殊性被固化而变成一个

---

① Herbert Schnädelbach, *Hegels praktische Philosophie*, S. 103.

第三章　作为伦理自然的理性之法

破坏整体的有机统一的机械性的力量而言是否定性的。对于维持伦理整体的有差异的同一来说，这种否定性活动既构成了政府的本质，也同时是伦理整体的肯定性的在场。

在黑格尔看来，"这样的绝对政府是神性的，它在自身之中获得批准，它不是被制作出来的；相反，它直接就是普遍物"（GW 5: 346）。一个"我中有你，你中有我"，并且能够在他者中直观到自身的伦理共同体绝不是由霍布斯意义上的原子化个人通过机械的、外在的聚合人为制作而成的。"人民"是"一"，而不是单纯的复数性；同时，"人民"是不同等级之间的有机统一，是有差异的同一，而不是无差异的均质化的众多个体被外在地归摄到一个形式化的同一中。同样，代表主权者的绝对权力的政府不是通过原子化个人之间的社会契约建构起来的，因为一方面，这种契约论国家观中对政府的选举和宣告行为是纯然经验的和偶然的行为，任何经验的和偶然的选举与宣告都可以被与之相反的行为所推翻；另一方面，这种契约论国家观中的政府实际上不再是维持各个等级和不同原则之间有机统一的绝对无条件者，而是蜕变成了支配需要和享受的因果链条中的一个有条件者，一台遵循单一的机械必然性的巨大的统治机器。在这种形式化的合理性模式之下建构起来的机械国家，只能使作为实体的理性和自然通过高度有序化的、活生生的伦理世界的形成来对抗惰性的、无生命的物质世界的所有努力以失败告终。

"绝对政府"是伦理整体维持自身的有机统一的运动，这种具有内在生命力的自组织的运动是普遍物从特殊物当中持续的分离，以及把特殊物归摄于普遍物之中。黑格尔把这个运动的原因称为"普遍政府"（allgemeine Regierung）。"普遍政府为作为某种普遍物的需要而操心，并且是以普遍的方式操心。"（GW 5: 347）黑格尔并不是按照惯常的区分方式，将政府的职能分为内政和外交，或者分为立法、司法和执法等各自独立的三个方面。他当然知道,政府在不同的领域承担着不同的职责、发挥着不同的功能,但是,这种区分内政与外交和三权分立的划分方式本身割裂了政府作为维持伦理有机体的运动的整体性,割裂了"人民"的总体性。在他看来,与"人民"作为有差异的同一和各幂次的总体相一致,"普遍政府"本身也是归摄着概念的直观、归摄着直观的概念和作为中项的绝对物这三个不同幂次的有机统一的总体。黑格尔实际上是在伦理整体保持自身的绝对同一中按照伦理整体的不同形态,而不是按照政府所关涉的不同对象和不同职能,将"普遍政府"区分为有机统一的三个体系。"普遍政府"作为整体同时存在于这三个不同的体系中,而在这三个体系中都存在着内政和外交以及立法、司法与执法活动的有机统一。

"普遍政府"的第一体系被黑格尔称为"需要的体系"(System der Bedürfnisse),这是一个普遍地相互依赖的物质需要的体系。在这个体系中,人的抽象的量的劳动与他的需要没有直接的联系,而他所占有的作为抽象的剩余的产品是否能够满足他的需要,则依赖于一种不为他所控制的异己的力量。一个人占有的抽象的剩余所具有的价值是独立于他的,可以改变的。这种价值本身取决于需要的整体和剩余的整体,每一种个别类型的剩余在总体中都会经受无差异化,并且通过被纳入总体之中,拿来和普遍需要的整体相比较,由此它的地位和价值被决定了。换言之,在这个体系中,人的抽象的量的劳动是盲目地追求生产效率的提高和产量的增加,反而越有可能使生产的产品大大超过了普遍需要的整体,造成商品的贬值,进而导致劳动者对作为抽象的量的产品的占有(即剩余)无法兑换那些在需要的整体中因供小于求而更加稀缺的生活必需品。在黑格尔看来,失去了生产资料的劳动者并不必然因为劳动的合理化(量化)和生产效率的提高而获得更多的价值。相反,这个相互依赖的体系恰恰有可能导致一种生产得越多却越贫穷的非理性的后果。黑格尔意识到,需要的整体与它们获得满足的方式是无意识的、盲目的,单单依靠市场这只"看不见的手"不仅不一定会带来经济的繁荣,反而由于这个整体是一种几乎不可认识的、不可见的、不可计算的力量而有产生严重的经济危机的风险。"普遍物必须能够控制这种无意识和盲目的命运,由此它就能够变成一个政府。"(GW 5: 351)在需要的体系中,政府一方面能够从更为宏观的角度对维持一族人民的生存所必需的东西的平均值进行计算和认识,从而将单纯的量的劳动与质的需要更好地联系起来,避免生产的盲目扩大和产量过剩而导致抽象占有的贬值;另一方面则必须出面对抗因自然的经验的偶发事件和地域性的差异带来的价格的剧烈波动和需要的总体性不能得到满足的情况。

与此同时,黑格尔还意识到,由于劳动者和生产要素以一种合乎计算理性的纯然量化方式被大规模地组织起来,劳动者的劳动和劳动对象与他的需要之间不再具有直接的联系,人不再能够像前工业化时代那样通过自己的劳动来满足基本的生活需要。这样一来,需要的体系就更加容易产生极端的贫富分化,"这种纯粹量的要素,直至成为个别化的概念,直至成为劳动的无机的方面,直接是最极端的野蛮状态"(GW 5: 354)。一边是掌握生产资料因而可以获得巨额利润的营利阶级(Erwerbstand),另一边是失去了生产资料因而无法通过劳动来满足基本生活所需的贫困的工人阶级。人虽然从对自然的特殊性的依赖中解放出来,获得了普遍平等的人格和所有权,但是,需要的体系本身却又不可避免地产生了一种新的不自由,形成了一种新形式的依附关系。作为需要体系之基础的计算理性的合理化模式不仅使这种依附关系以一种表面上合理合法的形式被固化,而且使营利阶级敢于凭借这种在维持一个商品世界中普遍有效的合理性模式来蔑视一切高贵的事物,不再承认任何神圣的、使人与人之间内在地彼此关联起来的有机统一的力量。"财富的聚集,纯粹的普遍,智慧的缺乏是营利阶级的本质(das Ansich)。人民的绝对纽带,亦即伦理的原则,已经消失了,人民也解体了。"(GW 5: 354)因此,政府就必须竭尽全力与这种不平等和这种合理化模式对伦理有机体的破坏相对抗,设法保全"人民"整体的活力。政府可以直接通过控制物价、增加工人的收入等方式使高收益变得更加困难,或者通过税收等方式让营利阶级更多地承担"人民"整体的公共开支,满足第一等级和共同体的需要。"外部的不平等依靠外部的手段去减少,就像无限物无法放弃自己而委身于规定性,但是可以作为活生生的能动性而实存,这样一来,无节制地积聚财富的冲动就会被消除殆尽。"(GW 5: 355)

  普遍地相互依赖的需要体系的建立不仅改变了劳动和享受的形式,而且同时也改变了占有和占有者之间的相互关联的形式。劳动的量化使得占有本身也变成了对抽象的劳动产品(即剩余)的一种观念性的占有,而这种观念性的占有基于相互承认而成为具有普遍性的财产权。与此同时,劳动者作为抽象占有的主体也随着劳动的抽象化和量化而被抽掉了其自身的特殊性,成为具有独立人格的个人。财产和财产的所有者都因此而成为普遍物,而作为所有者的不同的个人之间的关系也以一种不同于自然秩序的方式被加以普遍地规范化了。这种与需要的体系保持一致并且以意识的形式存在的法权(即民事和刑事法律)的体系,即"普遍政府"的第二体系,被黑格尔称为"正义的体系"(System der Gerechtigkeit)。不过,法权关心的是抽象的普遍性,它要求将司法程序的正义性变成绝对的东西,却忽视了隐藏在抽象法权中的个别性和特殊性;对抽象法权的无限性的坚持将形成一种对有机整体造成破坏的机械性的力量。"这种虚假的无限性必将为宪法的有机特征所清除,而宪法的这样一种有机特征把普遍物绝对地纳入特殊物之中。"(GW 5: 358)

> 有机的原则是自由,亦即这样一个事实,统治者本身是被统治者;但是,既然政府在这里作为普遍物与个别性的冲突保持对立,那么,这种统治者和被统治者的同一性必须首先被这样设立起来,以至于这个贵族等级构建了出身平等,把适合于狭小范围的贵族家庭的宪法推扩到所有等级的整体当中,使所有人栖居于相同的公民身份之下,并组成了活生生的统一体。其次,在个别法权判断的现实性中,法律的抽象不是绝对物;相反,全部事务必须根据公平原则以获得诸党派的满意,以及他们的信服和赞同,这个原则把诸党派的整体看作相互补偿的诸个体。(GW 5: 358)

就像在需要的体系当中,政府并不是通过对经济规律的干扰或者否定来维持伦理有机体的统一性,而是通过符合经济规律的政府投资和保障以及税收等方式,将需要的体系中的机械性的经济规律转化为维持伦理有机体的内在动力。政府同样不干涉民事领域的司法的正义性,但是,实质性的公正和自由并不能单单依靠一个只关注程序正义的司法体系来实现。在需要的体系和正义的体系中,每一个作为占有性个体的人都是一个私人,唯有当每个私人被转化为"人民"这个伦理整体的有机组成部分,被赋予公民身份时,统治者和被统治者作为整体和部分的关系而具有内在的同一性时,法律不再只是对抽象的平等原则的坚持,而是有机整体各部分之间的相互协调,正义的体系才能使实质性的正义和法权自由得到实现。

黑格尔在《伦理体系》手稿的最后只撰写了"普遍政府"的第三体系的一些要点。尽管内容比较简略,但我们还是能够把握黑格尔的基本构想。不同于在第一体系中,普遍性是野蛮的、纯粹量的、无智慧的普遍物,情感、需要和享受造成了与普遍性相对立的差异性;在第二体系中,普遍性是概念的普遍性或形式的普遍性,个别物或形式的绝对性造成了与普遍性相对立的差异性,在这个被黑格尔分为"教育"(Erziehung)、"教化和风纪"(Bildung und Zucht)以及"生育孩子"(Kinderzeugung)三个部分的体系中,"普遍物是绝对的,它自身是纯粹的规定者"(GW 5: 360)。科学的研究和发现面向实在物的全体和绝对的普遍物,它是"人民与生俱来的自我运动的特征"。真理中的教化则由于消灭了所有的假象,而成为"自我发展的、深思熟虑的和有意识的人民"。这种朝向绝对无条件者的自我塑造的内在的教化与外在的风纪(诸如警察对社会秩序的维护、良风美俗对人的浸润、保卫人民的战备训练等)使作为公民的每个个人都以一种整体性的、普遍物的方式存在着,共同维护了伦理有机体的内在统一。同样重要的是,能够通过孩子的生育来完成"人民"的自我生成是伦理有机体的生命力最直接的体现。这使得"人民"不仅仅局限于现实存在的一代人,而是与过去的世代和未来的世代共属一体的时间性的存在。

小 结

在本章中,我们详尽地考察了黑格尔如何在耶拿早期对主体性反思哲学所做的系统性批判的基础上,发展出他的第一个法哲学体系。一直到其成熟时期的《法哲学原理》,黑格尔的法哲学都表现出将鲜明的形而上学色彩与同样鲜明的经验主义色彩令人惊异地结合在一起的特点。但对于黑格尔来说,绝对无条件的理性之法必然要在自身的现实化和差异化中来实现自己的永恒立法,而不是退缩到主观思维的无矛盾的确定性中去,对着一个在主观理性看来完全非理性的世界宣告自身立法的绝对性,或者以一种外在的方式强制这个世界走向主观理性的立法所规定的

第三章　作为伦理自然的理性之法

自由。与此相应,自然法的真正的科学的研究方式不应该从不可调和的二元对立和主观理性的确定性出发,满足于在主观理性中达到的僵化的、形式化的统一,而是必须从绝对无条件者自身的直接在场和绝对同一出发,让伦理实体或者伦理自然出于其自身的内在理由得到演证,而这个伦理实体在自身的差异化和矛盾中合目的的自我实现的过程总体才构成了真正现实的理性之法。

虽然黑格尔成熟时期的法哲学著作不再是按照"自然哲学"的形态和幂次方法来得到建构的,但是,从实体自身的内在必然性来思考规范性的起源,在差异、对立和矛盾中来把握现实的理性之法,而不是通过维持不可调和的二元对立来证明法的抽象的普遍性,乃是黑格尔法哲学的基本特征。任何非此即彼的知性反思都无法真正理解那在自身内并完全通过自身而被认识的永恒的理性之法。就像黑格尔在《自然法论文》中指出的那样:

> 在科学中,唯有哲学才能阻止个别原则及其体系的这种僵化和孤立,不让这些原则凌驾于其他原则之上。由于部分不知其界限,反而想将自己建构为整体和绝对物,哲学则在整体的理念中居于各部分之上,由此不仅将每一部分都限制在其界限之内,而且通过理念的主权防止这些部分在其进一步的析分中滋生出无穷的细节。同样,在实在性中,对这些幂次的这种限制和观念化也在自身表现为伦理总体的历史。在这个历史中,伦理总体在时间中,牢牢地保持住绝对平衡,它在对立面之间上上下下,时而通过民法稍占优势,提醒国家法注意其规定性;时而通过国家法占据优势,侵入民法,制造罅隙,由此通过加强其在部分中的存在而在一段时间内重新激活每个体系,并在所有部分的完全分裂中使它们回想起它们的时间性和依赖性;

此外,它还通过在个别环节中混淆所有幂次,在自身中表现它们,从这种统一性出发将它们释放出来,让它们再生,在它们想要自为存在时,使它们回想起它们的依赖性,感受到它们的脆弱,由此摧毁它们的滋生蔓延和自成一体。(GW 4: 477-478)

结　语

　　《诗》曰"衣锦尚絅",恶其文之著也。故君子之道,暗然而日章;小人之道,的然而日亡。君子之道,淡而不厌,简而文,温而理。知远之近,知风之自,知微之显。可与入德矣。

《礼记·中庸》第三十三章

结　语

　　本书至此可以暂时告一段落了。就像曾经做过《班堡报》(*Bamberger Zeitung*)编辑的黑格尔常说的那样,哲学其实犹如新闻记者所从事的工作:如果说新闻报道是要将发生过的事情尽可能原原本本地记录下来,那么哲学则是对在去蔽中显现自身的真理的记录。哲学与报纸之间的这种联系毋宁说正是黑格尔自己的哲学观念的一种写照。[①] 我们愿意将本书看作对黑格尔工作的一个效仿,在以黑格尔法哲学为主题的这部著作中,我们遵循问答逻辑的方法、以发生学的研究方式对黑格尔法哲学思想进行了一个探源性的考察,尽可能真实地还原黑格尔法哲学的动机、起源及其复杂的问题意识。尽管我们在书中重点讨论的是黑格尔青年时期的论著,但事实上,本书并不是单纯地为了研究青年黑格尔的思想而研究,而是因为恰恰是青年黑格尔的发展,尤其是他在对理性的主观化和主观性反思哲学的批判中逐渐形成其客观观念论的整体构想的历程,比他成熟时期的体系著作更好地表明了他的法哲学思想的形而上学旨趣。正是在这一探源性的考察中,我们才能对黑格尔法哲学所针对的根本问题有一个总体上的把握,从而更好地理解他后来的哲学体系为我们提供的那些"答案"的意义。

　　不可否认的是,事情往往会有很多面向和各种可能性,对黑格尔法哲学的解读当然也不例外。不过,在这众多的面向和可能性背后其实存在着一个更高的层面或者更为根本性的问题,可以将它们统一成为一个整体,[②]并且只有从这个更为根本性的问题出发,这众多的可能性和面向才能显示出它们真实的意义和根据,这在黑格尔的哲学中表现得尤为明显。也正是由于这个原因,我们才选取了这样一个看似与人们所熟悉的黑格

[①] Cf. Jürgen Habermas, "On Hegel's Political Writings", *Theory and Practice*, p. 170.

[②] Cf. Sally Sedgwick, "Metaphysics and Morality in Kant and Hegel", *The Reception of Kant's Critical Philosophy*, ed. Sally Sedgwick, p. 315.

尔法哲学研究非常不同的路径,而不是着眼于诸如黑格尔对自由主义、对契约论和市民社会的批判来对黑格尔法哲学进行定位。相反,黑格尔的这些批判及其在此基础上提出的理论建构,都只是形而上学问题的一个侧面。黑格尔法哲学思想的这个深层关切在他成熟的法哲学著作中并没有直接表达出来,反而是在他青年时代思想形成的过程中展现得尤为明显。

在黑格尔看来,现代性道德与政治的困境皆有其相似的根源,它们都始于中世纪之后思维与存在、主观理性与客观理性的分裂,成于近代以来理性的主观化所构造的新的世界观,由此而影响到现代人对正当性和规范性之本质的理解。要对这些问题做出回应就不能停留在对表面现象的批判,或者将原有的命题颠倒过来。当我们把黑格尔简单地理解成一个保守主义者、社群主义者或者国家主义者,将黑格尔的学说当作应对现代性危机的救世良方时,我们实际上已经把黑格尔拖入了他所要极力抵制的现代理性主义和人本主义政治的逻辑。或许对于今天这样一个各种意见、知识相互竞逐,而真正的方向却晦暗不明的时代来说,一个本真的、作为思辨形而上学家的黑格尔显得更为重要。这样的一个黑格尔的形象至少可以让我们不再做那么多"有何现实意义"的无根追问和缺乏真正思想努力的再现实化,至少可以通过将自己融入黑格尔的问题视域中来扩展我们自身思考和存在的境域,重新界定我们用来理解和谈论问题的基本概念,改变我们的提问方式。

黑格尔的法哲学从一开始就是一种形而上学,他立足于对存在和绝对者自身的认识来理解我们人类行动和伦理生活的本质。与康德和费希特哲学强烈的实践取向不同,黑格尔始终将认识事情本身的合理性,而不是根据一个先验理想来改造世界作为自己哲学的根本旨趣。就像黑格尔在《德意志政制》一文中所表明的那样,他的工作没有别的目的和效果,只是促进人们去"理解存在的东西"(Werke 1: 463)。在他看来,尽管使我们痛苦和恼怒的并不是存在的东西,而是存在的东西并非如它所应当存在的那样,但如果我们认识到存在的情况是其必须存在的那样,即不是依任性和偶然而存在,那么我们也就会认识到存在的情况就应当这样存在。当我们为了能够建造一个理想的、和谐的共同体而兴奋不已时,当我们希望通过理性的昌明来祛除非理性的黑暗,进一步促进人类的繁荣之时,黑格尔却凭借他的先知先觉,提醒我们放慢一些脚步。

近代以来,哲学家对合乎理性的政治秩序的追寻使我们陷入了这样一种误区,仿佛普遍的秩序只存在于理性主体的自我构造中而不在事物本身中,并且只有通过将世界转化为人类理性先天构造的产物,人的实践活动才能使出自理性自发性的理想成为现实。就像卢卡奇在《历史与阶级意识》(*Geschichte und Klassenbewußtsein*, 1923)中所表明的那样,由于近代资产阶级思想仅仅研究那些形式有效的"可能性之条件"(Bedingungen der Möglichkeit)(在这些形式中,根本性的存在才得以表现出来),它就自己堵塞了弄清楚这些形式的产生和消逝,以及它们的真实本质和基础的道路。[①] 作为人的心灵能力的理性向自己提出的任务只是去说明能够保证那些业已被接受为合乎理性的事物在形式上不矛盾的条件,而没有能力再去追问这些不矛盾的判断本身是不是有根据的。因为"有根据"现在只意味着形式上的无矛盾,而不是合乎本然之理。结果,合乎形式逻辑意义上的合理性就被无限放大了,无矛盾的确定性被当作普遍必然的真理本身。这样一来,就没有什么本然合理的东西对人类来说具有不言自明的权威,理性的立法只关乎人性而无关乎天理。由此,现代政治(politics)就变成了一种出于理性计划的治理活动(governing),变成了人类加诸自

[①] Georg Lukács, *Geschichte und Klassenbewußtsein*, S. 286.

身和自然的伟大工程,而与真理和教化无关,与事情本身的规定无关。在这种情况下,政治的任务就是尽量去消除那些产生矛盾的因素,用完美的、同一的理想将世界的多样性和复杂性作为非理性的东西加以整饬。然而,我们不可能把世界上所有的恶都消灭干净,总是有天灾人祸,饥饿、贫穷、犯罪和战争在所难免。当我们把这些现象当作天然的恶,而不是去反思那些被我们当作天然正当的关于好的生活的观念时,当我们将形式的合理作为理性的唯一标志,要求世界的存在去合乎我们人的主观理性的立法和完美政治的理想时,我们越是想尽一切办法、用尽一切手段想要去消灭这些恶,反而越是加剧了它们的形成和善与恶之间的对立。

黑格尔希望我们首先学会冷静地观察和理解那业已存在于世界和我们日常生活中的理性,而不是急冲冲地按照那些对我们来说合理的东西去改造世界。因为道理其实并不复杂,什么是好的生活、什么是行动应当遵循的规范,这一切都不是我们人可以决定的。理之本然总有超出我们主观的认识和预期的地方,但那些不尽如人意的东西并不因此就不是真理本身。无法彻底消灭恶,不是因为它们只是恶,而是由于矛盾正是真理的本质。真理本来就不仅仅意味着我们人的认识的确定性,善也绝不只是理性主体的善良意志的体现,当我们将自我与非我、主体与客体完全对立起来的时候,恶就自然成了无法消除的东西。在黑格尔看来,世界实际上是一个自身关联和自我规定的意义整体,我们应当去认识世界中的理性,就事物的存在本身即它们在这个普遍关联的意义整体中的位置和指向,来认识那些无法被我们主观理性的各种公式所解释的现象。理性的绝对性恰恰是通过与被知性弄得僵化的确定性相矛盾来超越这种主观性,在悲剧性的命运中来展现它实体性的力量。能够在这个世界和人类历史的种种看似偶然的、充满矛盾和斗争的惨痛经验中认识绝对者自身的这种内在必然性,能够坦然地将那些并不完美的东西接受为自己不可避免的命运,会比固执于有限的人类观点和形式合理性的霸权更能够把握人类共同生活的本质,因为存在就是这样存在的,而不是因为我们,也不是为了我们而存在的。

因此,哪怕是在我们通常所理解的那些人们可以凭借自身的力量完全发挥其主观能动性的实践领域,实然也仍旧统摄着应然。在这个意义上,黑格尔的确将理论置于实践之上。就像他在1808年10月28日给友人尼特哈默尔(Friedrich Immanuel Niethammer)的一封信中写道的那样:"我每天都愈加确信,理论的工作在这个世界上所取得的成就要远大于实践的工作。一旦观念的领域发生了革命,现实不可能置之度外。"(Ist erst das Reich der Vorstellung revolutioniert, so hällt die Wirklichkeit nicht aus.)[1]我们知道,"理论"(θεωρία)最初是指奥林匹亚赛会上观众对运动场上的选手们的竞技活动的一种静观。不过,在近代主客体二分的思维占据统治地位之前,静观并不仅仅是指主体置身事外的一种纯粹主观的思维和认识活动,毋宁说,理论活动就是对存在(οὐσία)和发生(Geschehen)的一种呈现,它强调的不是主观的思维,而恰恰是避免主观性的影响,让事情本身成其所是,用中国古代哲学的语言说就是"成物"。希腊的形而上学把θεωρία[理论]和νόος[理性或心灵]的本质理解为与真实的存在物的纯粹同在(Dabeisein),谁同于某物谁就完全知道某物自身是怎样的,所谓能够从事理论活动的能力就是指我们能在某个事物上忘掉我们自己的目的,而与事物本身同一。但是θεωρία并不首先被认作一种主观的行为,即视为主体的一种自我规定,而是从它所观看的东西出发来理解的。θεωρία是真正的参与或同感(Teilnahme),它并不是一种主动的行动

---

[1] Johannes Hoffmeister hrsg., *Briefe von und an Hegel*, Band 1, S. 253-254.

(Tun)，而是某种遭受（πάθος），即完全被带入和沉浸于所观看和注视的事物中，被事情本身所把握。①

所以对黑格尔来说，哲学绝不仅仅是"要有勇气使用你自己的理智"（KGS 8:35），更是要敢于认识真理和绝对本身，在经历了种种特殊、矛盾、差异，乃至痛苦之后，把握事情本身那必然的、永恒的法则。就此而言，一切实践哲学本质上都是形而上学，政治的正当性和行动的规范性根源于自在自为的事情本身，"存在"作为绝对者是一个未曾言明的前提。反过来，真正的形而上学必然是实践哲学。因为"存在"和真理不是孤立的形式同一性，不是主观思维的对象，不是认识的确定性，它必须在时间和他者中展开自身并回到自身，在有限之物中与自身和解。客观理性通过自身的分裂和矛盾，而不是通过将矛盾排斥在自身之外来实现理性的绝对立法，理性的同一性和时间性在理性的自我认识和自我实现中统一起来。② 换言之，不是我们人的主观意见、情感或认知，也不是主体间的相互承认和妥协，使规范获得其根据和有效性，而是绝对存在自身内在规定的展开和我们自身内的实体性力量，使我们不得不如此去感受、认识、行动和期待。理性自身的这种规定性通过我们人的情感、意志、欲望、信念和生活实现出来，使得最极端的客观性和最极端的主观性融为一体。在形而上学与实践哲学之间其实并不存在何者优先的问题，任何实践的善或应当都必须基于存在自身的本然之理，而存在之真理必然要在人的伦理生活的复杂性和多样性中来实现，没有任何外在的东西与它相对立，它才是无待的"绝对"和真理。③

---

① Cf. Hans-Georg Gadamer, *Wahrheit und Methode*, GW 1, S. 129-130.
② Cf. Rüdiger Bubner, "Closure and the Understanding of History", *The Innovation of Idealism*, p. 170.
③ Cf. Joachim Ritter, "Die Lehre vom Ursprung und Sinn der Theorie bei Aristoteles", *Metaphysik und Politik*, S. 31-32.

结　语

因此,黑格尔的法哲学与其说是一种通常意义上的规范性理论,毋宁说是一种关于事情本身的逻各斯如何成为现实的存在论,或者说是一种探讨行动规范之根据的"元伦理学"(Metaethik)。①"我应当如何行动?"这样一个康德式的、所谓第一人称视角的反思性问题,在黑格尔的实践哲学中并没有位置,相反,黑格尔关心的是事理之本然,也就是说,"去认识那在其现实性中的合乎理性的东西"(Erkenne das Vernünftige in der Wirklichkeit)。② 但这绝不意味着行动规范以及规定人们应当履行的义务对黑格尔来说是不重要的,似乎我们只需要去认识而用不着实践。黑格尔所强调的是,任何以知性反思的方式、从人的主体性出发来建构的规范性主张都不是自足的,单纯的实践理性并不具备使自身的立法获得普遍必然性的内在根据,行动的正当性总需要依赖于对事情本身是怎样存在的这样一种所谓理论的洞见。只有当事情本身如其所是地存在,而万物的本然之理为我们所认识的时候,"应当"之为应当才会是真正有效的。因此,讨论规范性问题的实践哲学是作为理论科学的形而上学的一部分。对黑格尔来说,实践活动在其根本的意义上是对存在之真的完成,是理性的自我实现。③ 事物本身的逻各斯指明了一种方向性和目的性的生长,实体作为自因是一个从潜能到现实的运动过程的总体,这本身已经是一种更源初意义上的实践和自由。在这个意义上,求真与求善绝非两个完全不同的领域,至真同时也就是至善,反之亦然。换言之,我们不能仅仅在主客二元论的框架中、从理性主体通过自我立法来对非理性的客体进行

---

① Cf. Vittorio Hösle, *Hegels System: Der Idealismus der Subjektivität und das Problem der Intersubjektivität*, Band 2: Philosophie der Natur und des Geistes (Hamburg: Felix Meiner Verlag, 1987), S. 420 – 423; see also Herbert Schnädelbach, *Hegels praktische Philosophie*, S. 347.
② Cf. Vittorio Hösle, *Hegels System*, Band 2, S. 425; see also Herbert Schnädelbach, *Hegels praktische Philosophie*, S. 352-353.
③ Cf. Herbert Schnädelbach, *Hegels praktische Philosophie*, S. 350.

改造的意义上来理解实践活动。相反,实践更是在直观与概念完美统一的伦理生活中,在绝对者的自我阐释和自我直观中,对自身之所是和世界之所是的证成(成己成物),在一次次日常的践履中实现自身内在的逻各斯(目的)。因此,这种实践不是对一种反思性的主体性的维护,而恰恰是促成自然或逻各斯本身的实现,达到与事物的内在规范性的一致。

然而,黑格尔的洞见在启蒙理性主义和人本主义的浪潮中显得那么不合时宜,他的学生不理解他,他的敌人更是肆意诋毁他。或许黑格尔自己并不一定把这些质疑看得特别严重,因为历史总是要经过这么一个阶段,人类还没有到能够理解他的时候,但总会有理解他的那么一天。在黑格尔离世后,那些被黑格尔的庞大体系压抑许久的暗流迅速喷涌而出。实践优先于理论,人的感受、欲望和意志优先于超越的神圣秩序,几乎成了黑格尔之后的实践哲学的一个共识,而对黑格尔的保守主义的指责也正是基于黑格尔始终坚持理论沉思的优先性,认为哲学只有等历史发生过之后才能有所作为,而不能在事情未发生前就做出预测、规划出蓝图,用来指导改造世界的实践。青年黑格尔派急切地想要颠覆他们的老师对哲学的理解,希望将黑格尔哲学改造成一种朝向未来的"行动哲学"。[1]波兰贵族契斯科夫斯基(August von Cieszkowski)是第一个试图通过发展黑格尔的哲学来克服它的保守性的思想家。他批评黑格尔只是关心过去,而哲学的真正任务是去塑造未来。在他的《史智学导论》(*Prolegomena zur Historiosophie*, 1838)中,契斯科夫斯基运用同样思辨的方式来突破哲学为自身设下的界限。他认为:"在黑格尔那里,实践的维度仍然被吸纳在理论的维度当中,而没有真正从后者那里区分出来,实践仍

---

[1] Cf. Rüdiger Bubner, "Closure and the Understanding of History", *The Innovation of Idealism*, p. 162.

旧被当作理论的附庸。但实践的真实使命是成为特殊的和具体的,甚至是精神的最高层次。"①人类历史的发展既然已经在现代世界(日耳曼世界)达到了最高的智慧,剩下的任务就不是去认识过去而是立足于现在所获得的真理来塑造未来。契斯科夫斯基用"过去—现在—未来"三分取代了黑格尔对于历史四阶段(东方世界—希腊世界—罗马世界—日耳曼世界)的划分,这种以未来为指向的"史智学"直接推动了欧克肖特(Michael Oakeshott)所说的那种信仰政治(the politics of faith)②的复兴,对青年黑格尔派和19、20世纪的政治实践产生了深远的影响,而青年时代的马克思则用他简明而有力的笔触为契斯科夫斯基的黑格尔批判做了最好的概括:"哲学家们只是用不同的方式解释世界,而问题在于改变世界。"(Die Philosophen haben die Welt nur verschieden *interpretiert*, es kömmt drauf an, sie zu *verändern*.)③

青年黑格尔派试图通过重新颠倒理论与实践、实然与应然的关系,将实践置于优先地位来解构黑格尔哲学。可实际上,把理论与实践对立起来正是近代主体性哲学的产物,青年黑格尔派对黑格尔的批评并没能理解黑格尔哲学的深意,反而落入了黑格尔早年所批判的主观性反思哲学的窠臼,再次用理性的人类学特征掩盖了它的存在论意义。如果黑格尔能看到契斯科夫斯基和青年黑格尔派的成员们对他所做的批判,以及他们对近代理性主义实践哲学的复兴,他一定会说,这样一种把改造世界作为第一要务的思想实际上仍然是在解释世界,只不过是换了一套解释框架而已。就像黑格尔在耶拿早期的《信仰与知识》一文中指出的那样,由

---

① August von Cieszkowski, *Prolegomena zur Historiosophie* (Berlin: Veit, 1838), S. 120.
② Michael Oakeshott, *The Politics of Faith and the Politics of Scepticism* (London: Yale University Press, 1996).
③ Karl Marx und Friedrich Engels, *Marx/Engels Gesamtausgabe*, Erste Abteilung, Band 5 (Berlin: Marx-Engels Verlag, 1932), S. 7.

笛卡尔和洛克的传统所共同规定的理性主义哲学是：

> 从主体的观点来计算和解释世界。在世界和主体之间存在的对立被转移到被解释的世界之中。世界分裂为观念性的一面和实在性的一面，这样一来，观念性的一面在其与实在性的相对的对立中成为从实在性抽象出来的纯粹同一性，即纯粹的概念在一边，而另一边则是与实在相联系的同一性，它是时间、空间、范畴，即实在的观念性（die Idealität des Realen）。在这个世界的断裂中，实在的客观的或普遍的方面现在只存在于属于观念方面的东西那里。因此，这种旨在解释客观世界的观念论，直接从观念性的（即自我和普遍方面的）原则那里抽取客观性，这一原则在其与世界的根本对立中是主体。因为这种批判观念论认为客观性只是观念性的要素，因此取消了客观物的自在自为的存在（das an und für sich Seyn des Objectiven aufgehoben hat）。
>
> ……如果从这样的哲学观念出发，将解释（Erklärung）当作我们的要务，那么客观世界最为有趣的一面，它的实在性的一面就仍然没有被解释（unerklärt）。（GW 4: 388）

青年黑格尔派的行动哲学并没有超越近代以来理性的主观化所造成的主客二分的框架，反而是以这种"旨在解释世界的观念论"作为自己的前提。因为只有当自在存在即事情本身的规范性意义被取消，人从整体的意义关联中抽离出来成为主体，人的理性被赋予了绝对的权能，同时使客体的规定依赖于主观理性的先验形式时，才会出现实然与应然、理论与实践的对立，才会出现通过行动来改造现实，使其合乎理性理想和最高智慧的问题。但是在这个二元论的预设中，理论和实践都失去了它们本真

结 语

的意义。

至少古人可能不会像我们这样来理解政治和实践活动的本质,不会把政治当作可以人为地、反思地加以设计和实施的工程,相反,规范性总是与一个共同体长久以来所形成的基础性共识息息相关,与我们和他人,和世界的共属一体息息相关。也正是由于现实生活的复杂性,我们不可能,也不应当期望可以制定出自然法则一般的铁律来调节我们共同生活的秩序,因为这样一来,理性立法的执行就不再具有实质性的正义,而始终是一种以防止对法律的违反为目的的报复性或惩罚性的形式正义。理性主义政治的"非此即彼"不允许有差别和例外的存在,它否认一切自然的和历史形成的特殊事物具有正当性。可在黑格尔看来,人们在长期的社会历史生活中形成的传统、信念和规范虽然并非天然合理的,但也不是完全非理性的,它们虽然不是完满的真理,但不与真理本身对立。哲学当然要去追问现存之物的根据,要去反思这些现存的制度、规范和价值的合理性,但不应该是从主体思维的自明性出发来寻找根据,即从另一个主观的价值出发来重估一切价值。因此,理性就不能停留在对一切现存的特殊事物的否定和取消,在有限之外来设定一个理想的、没有偶然和例外的无限。相反,本然之理既是永恒不变的天理,也是特殊的和具体的国法与人情,它不在人伦日用之外,而是在其中证成自身的绝对性和永恒性。如果把无限与有限并列起来,无限本身也被弄成了有限之物,变成一种没有根据的独断,一种没有现实性的理想和"应当",它的实行就只能依靠外在的强力来推行。职是之故,黑格尔才会在《法哲学原理》的那篇著名的序言当中这样来规定哲学的任务,他说:"哲学的任务在于把握存在的东西(was ist),因为存在的东西就是理性。就个人来说,每个人都是他那个时代的产儿;而哲学也是在思想中被理解的它的时代。……如果他的理论确实超越时代,自己去建设一个如其所应然(wie sie sein soll)的世界,那

么这个世界尽管是存在的(existiert),但只存在于他的意见(Meinen)之中。"(Werke 7:26)

对黑格尔而言,哲学与其说是一项建构关于世界的终极理论的工作,或者是为世界的改造提供一种理想的模型,不如说是一种治疗性的活动。今天人们习惯于将这样一种哲学观与维特根斯坦联系在一起,[1]殊不知,柏拉图和黑格尔这两位伟大的形而上学家和体系哲学家早已践行了这一哲学理念(*Sph.* 230b-d)。[2] 柏拉图笔下的苏格拉底从来不是一个以有智慧而自居的人,他也从来不曾希望能够找到一种可以保证我们一劳永逸地获得真理的普遍方法或保证我们的认识不再出错的确定的起点。苏格拉底的对话永远是从意见开始,而不是从一个不可怀疑的起点开始。对他来说,意见本身并不等于谬误,而更像是一个顽疾缠身的病人,一种被遮蔽了的真理。哲学对真理的寻求就是要通过对病理的诊断,通过对意见自身的根据、限度和超出限度所导致的自我矛盾的揭示,将这个病人治愈,让那个始终在起着作用的真理本身自行显现出来,而绝不是要消除意见,为人类提供一个人造的无菌世界,以便找到一个绝对无误的正确答案。就像柏拉图在其晚年写就的那封著名的第七封书信中所指明的那样:"美德与邪恶必须放到一起来研究,就如同关于存在的任何一个部分的真理与谬误必须放到一起来研究一样,定要经过长期的、认真的劳作……只有当所有这些东西(名称、定义、视觉和其他感觉)经过了彼此之间的相互摩擦比较之后,经过了师生之间带着善意而非偏见的问答之后,当人们竭尽所能之时,理性和知识才能够阐明一切对象的本性。"(*Ltr.*

---

[1] "哲学家处理问题有如治病一般。"(Der Philosoph behandelt eine Frange; wie eine Krankheit.) 参见 Ludwig Wittgenstein, *Philosophische Untersuchungen* (Oxford: Blackwell Publishers, 1997), S. 91。

[2] Plato: Sophist, *Plato Complete Works*, ed. John M. Cooper, pp. 250-251.

344a-c）①所以，尽管在经过了艰苦的努力之后，苏格拉底并没有给出一个肯定的答案，但是在这个以否定的方式展开的过程中，对话者知道了自己的限度，而在这个限度背后的正是作为根据和本原的无限真理，这恰恰是苏格拉底对话的特点，而这种苏格拉底式的无知（*Ap.* 21c-e），正体现了苏格拉底和柏拉图对真理之本质的深刻洞见。② 黑格尔则喜欢用"否定"（Negation）或者"扬弃"（Aufhebung）来称呼这种治疗性的活动。不同于主观观念论者从取消特殊的感觉和意见出发，到自身同一的主体内部来寻求事物"是其所是"的根据，在黑格尔那里，事物的本质规定必须是在特殊和差异中体现出来的理性自身的绝对性。例外、差异、矛盾、否定，这一切都是理性在实现自身的过程中，必须承受、不可逃避的东西。对每一种意识形式或思想规定的否定，并不是一个外在于事情本身的理性主体的行为。相反，在向源初根据的回溯过程中，每一个环节作为绝对精神的自身关系（Selbstbeziehung）都构成了真理自身的一种表现，而每一个环节的限度和矛盾正是让真理自行显现的根本动力。

　　黑格尔始终将柏拉图视为自己哲学的典范。柏拉图在他的洞穴比喻中不只叙述了洞穴内外两个世界的差异，更为重要的是阐明了两个世界是相通的，洞穴喻的关键在于从洞穴内到洞穴外，以及其后从洞穴外返回洞穴中的过程（*R.* 514a-518b）。③ 习惯了黑暗的人要适应光明，习惯了光明的人要适应黑暗，光明与黑暗不是截然二分和对立的两个世界，第一个出洞者下降到洞中，作为哲学王却依然用洞中的原则来统治，而不是用太阳或至善的原则来统治，不是因为他鄙视民众，认为民众不懂真理，不能将真实的东西告诉民众，否则就会招致杀身之祸，而是因为在柏拉图看

---

① Plato, Letter VII, *Plato Complete Works*, p. 1661.
② Plato, Apology, *Plato Complete Works*, p. 21.
③ Plato, Republic, *Plato Complete Works*, pp. 1132-1135.

来,即便洞穴中最微弱的光依然是光,就连阴影也是光的产物,光不仅穿透了黑暗赐予万物以可见的形象,而且也在这种存在和区分的保持中为黑暗保留了它应有的地位。因此,超越不是取消一切有限之物的狂热,而是也要有否定自身、在否定和矛盾中重塑自身的勇气。也就是说,超越本身包含着上升与下降的双重向度,在柏拉图那里,真理既在最高远处又在最切近处,不能完全抛弃和否定那种赤贫的状态以便按照我们自以为是真理的原则来改造现实。柏拉图将"善"(ἀγαθός)这一最高的本原比作太阳,它不仅是一切事物可以被认识的能力的来源,更是它们的存在本身的来源,"善"不是"存在",但在等级和力量上高于"存在"(R. 509b)。① 由于它太过耀眼而不能被我们人的肉眼所直视(就像黑格尔在他的逻辑学中指出的那样,纯有即是纯无,纯粹的光明同纯粹的黑暗一样让人什么也看不见),但它却在对万物的普照中、在与黑暗的共生中展现了自己无与伦比的光辉。在这个意义上我们可以说,最伟大的理想主义者必是最伟大的现实主义者,最伟大的现实主义者也必是最伟大的理想主义者。

也正是基于这样的洞见,柏拉图才会将真正的知识比喻成一条按照不同比例划分的线段(R. 509d-511e),②理念是其中最高的阶段,但却并非如一些所谓的柏拉图主义者所理解的,柏拉图将理念置于最高的位置,是像巴门尼德那样只承认"存在"存在而否认流变,像康德排斥感性经验那样排斥那些不那么真实的感觉和意见,以便保持理念的纯粹性。相反,柏拉图想要我们注意的是,知识是一条线而不是一个点,如果离开了感觉、意见、定义等前面的这些线段,理念本身也就不成其为理念,而变成了

---

① Plato, Republic, *Plato Complete Works*, pp. 1129-1130.
② Plato, Republic, *Plato Complete Works*, pp. 1130-1132.

一个独断的主张,一个没有内容的空洞形式。① 所以柏拉图在谈到与"可感世界"相对的"可被思维的世界"时特别提醒人们,不要以为数学和抽象理性能够把握真理,虽然看上去数学是完全不依赖经验的、自足的思维,但正是因为它与可感世界的对立而无法真正超越假设的领域。与充满矛盾和差异的现实相比,数学的普遍和一致的确是一种假设,它要求现实世界符合它的无条件的设定,但它们的内容却是由抽象思维所拒斥的那些影像所代表的。在柏拉图看来,真正的知识和实在是理性依靠辩证能力才能够达到的,作为辩证法的理性(λόγος)"并非把那些假设当作本原,而是本质上就把它们当作假设,如同动身和出发的起点,以致理性走到非假设的领域,达到万物的本原。当理性把握到这个本原之后,它就调转自身,抓紧一切随之而来的东西,从高处走下,来到终点,不借助任何可被感觉到的东西,而只利用这些理念本身,从理念前进到理念,最后又以理念告终"②。柏拉图不是把那些知性的抽象规定作为本原,而是将它们当作假设,并且从这些知性的规定出发,通过揭示它们内在的矛盾,使得真正的理念通过一系列的自我否定最终回到自身,而这种在辩证法中所呈现的有差异的同一才是真正从自身出发回到自身的、不依赖任何假设的本原。可惜,当人们习惯于用近代的知性原则来理解柏拉图时,他们只在本体世界与现象世界的二分中看到了理念论高远的一面,而忽视了它切近的一面;他们只知道柏拉图是一个理念论者,但却忘记了他更是一个像黑格尔那样的辩证法家(Dialektiker)。③

这两位伟大的辩证法家都敏感地意识到那种对普遍的、统一的政治

---

① 彭文林:《从柏拉图研究的几个趋势谈〈苔艾苔投斯篇〉(Theaetetos)的论题:什么是知识》,《东海哲学研究集刊》第17辑,第201—216页。
② Plato: Republic, *Plato Complete Works*, pp. 1131-1132.
③ 施莱尔马赫:《论柏拉图对话》,黄瑞成译,华夏出版社2011年版,第68页。

秩序的追求背后所隐含的巨大危险。他们凭借自己坚毅的品格和过人的胆识,将人们所珍视的那些美好的理想、那些被当作理所当然和确定不移的东西全部打碎在世人面前,使人们在唏嘘不已的同时意识到主观理性的有限性和确定性自身内在的巨大张力,使那些被反思的知性弄得坚固的对立与分裂在命运的实体性力量中获得和解,这就是悲剧的意义。理性行动者的判断和立法并不因为它们是无矛盾的就必然是合理的,相反,如果不能将现实世界的矛盾和冲突包含在理性的同一性之内,那么,坚持思想中的无矛盾具有无可置疑的权威性就将成为最大的谬误。在这个意义上,黑格尔和柏拉图绝不是那种独断的、知性意义上的理性主义者,相反,他们要在怀疑、矛盾、变化和毁灭中使永恒的逻各斯理性展现它的威严。他们都矢志不渝地坚持常道,坚持逻各斯自身的绝对性和普遍必然性,但却从未因此而将常与变、一与多完全对立起来,更没有像康德和费希特那样把至善作为一种理性信仰和"应当"(Sollen)置于现实世界的彼岸。在黑格尔看来,对法律和正义的追寻必须同时顾及两个方面:一个是超越性的一面,即将质的规定吸收到概念的无限形式中,在对特殊与流变的超越中把握永恒与同一的理性法则;而另一个则是内在性的一面,即要去理解那些与普遍的质的规定相矛盾的个别性当中所隐含的合理性,矛盾与杂多出于其内在的必然性被把握为同一,因而作为一种内在的超越它体现了理性的更高规定,只有这样,理性才能超越主观的知性的同一而成为真正的绝对者。对此,黑格尔特意在他的《自然法论文》里转述了柏拉图《政治家》(Politikos, *Stm.* 294a-c)中的一段对话来表达自己的想法:

> 他(柏拉图)说:"显然,立法的艺术属于高贵的艺术;不过,最好的东西不在于法律得以通行,而在于人是有智慧的和高贵的。因为法律不可能完全详尽地规定对所有的人来说都始终可能是最优秀的

和最公正的东西。这是因为不同的人和行动,以及人类事业的永恒变动不允许表现适合一切情况的自我等同和永恒的艺术。但是,我们看到,法律直截了当地是一律的,就像一个顽固而粗鲁的人,他不容许有任何反对他的安排的事情发生,也不容许任何人过问,即使发生了稍微不同的、更好的办法来反对他所规定的关系。所以,对于绝非自我等同的东西而言,不可能认为完全自我等同就是好的。"(GW 4: 452)①

哲学应当避免这样一种诱惑,即追求一个完美的理想世界,或者用一种超然的智慧来改造现实,仿佛一切矛盾、纷争和不公都可以通过人为的制度建设、通过法律对权利的保障来消除。因为就像时任纽伦堡文科中学校长的黑格尔在一次学年讲话中(1813年9月2日)告诫我们的那样:"更好的东西扼杀好的东西(Das Bessere tötet das Gute)——这是一条意味深长的谚语;它表明,如果对更好的东西的追求(Streben)成为一种嗜好(Sucht),那么,它就不会让好的东西出现和成熟。如果那些应该构成可变东西的坚固基础和支撑物的法则和建制本身被弄成可变的,那么,自身可变的东西将何以为系呢?"(GW 10: 493)为了在世上建成一个合乎理性理想的国度,我们不断用更好的东西去取代不够好的东西,以至于在实践的优先性的指导下,我们已经有很长一段时间疏于思考我们存在和行动的本性了,仿佛认识活动和理论活动都成了保守的代名词。与其说我们相信理性的力量,毋宁说我们自大地认为一切都可以被我们的理性所征服和左右。"相对于抽象的预设以及不断地提出新的蓝图,黑格尔的哲学可以标示为关于既存的历史性实在的释义学(Hermeneutik der vorhan-

---

① 这段对话的英译可参阅 Plato, Statesman, *Plato Complete Works*, p. 338。

denen geschichtlichen Realität),亦即解释这个世界到底是如何,而非这个世界应当是如何。"①对黑格尔来说,哲学就是密涅瓦的猫头鹰,只有在黄昏到来时才起飞,它不是对未来的预测,不是理性的计划和理想的蓝图,而是对真理的认识,是让理性与存在本身的客观规定得以在现实中展开和成熟起来。

正因为如此,在《法哲学原理》的序言中,黑格尔说出了那些实践家们最不愿意听到的话,他说:"关于世界应当如何存在的教导,也必须稍微谈一谈,但在这方面,哲学总归是来得太迟。作为关于世界的思想,哲学要等到现实完成其塑造过程(Bildungsprozeß)并使自身做好准备之后,才会出现。概念所教导的也必然是历史所显示的。也就是说,直到现实成熟了,理想的东西才会对实在的东西显现出来,并在把握了这同一个实在世界的实体之后,才把它建设成一个理智王国的形态。"(Werke 7: 27-28)跟柏拉图一样,黑格尔所做的,是去追溯那永恒的理性在纷繁复杂的自然和人类的实际生活中实现自身的过程,所以,他并不试图提出任何超越于人们的自然信念之外的严格的先验理想,不把他的理想国度设定在遥远的未来,而只是重新唤起人们业已知晓但尚未真正理解的观念。换言之,真知与熟知并非截然对立的,哲学的任务无非通过揭示那些看似矛盾的、不太稳定的自然信念和日常生活方式中的合理性与有限性,而不是通过对这些不确定因素的消除来达到对绝对者和源初根据的认识;也正是在这样的认识中,而不是在主体的先验建构和对客体的改造中,源初统一的本然之理才能真正在现实中显现出来。就像布洛赫(Ernst Bloch)所说的那样:"黑格尔是一位教师,他教给我们与死的东西正相反对的活生生的运动。他的主题是达到认识的那个自我,即主体乃是通过客体辩证地渗透

---

① Günter Rohrmoser, *Subjektivität und Verdinglichung: Theologie und Gesellschaft im Denken des jungen Hegel*, S. 85.

的主体,客体乃是通过主体辩证地渗透的那个客体,真理乃是作为现实的那个真理。而且,真理不是某种停顿的或者确定的事实(ausgemachtes Faktum),黑格尔本人也很少是这样的。作为现实的东西,真理毋宁是必然变得清晰或获得成功的那种过程的结果。……黑格尔否定了未来,但是任何未来都不会否定黑格尔。"[1]

黑格尔曾经对自己以独特的方式所展开的长期研究有过这样一段自述,他说:

> 科学研究的一个本质性的部分在于,人们必须使自己不被科学的各种原理引入迷途。原理是普遍的,但它并不意味着很多。似乎只有当人掌握了特殊的东西,才能把握住这些原理的意义。原理常常是不好的。它们是对事物的意识,而事物常常比意识更好。人们要继续研究。一开始,意识是灰色的。不要想一步一步地去理解和证明,而是要丢开书本,废寝忘食地去探究,顺从它们自身的意识,顺从那令人痛苦的独特性。[2]

对黑格尔来说,一种被证明具有普遍性的原理如果找不到一种方法来解释特殊的事物,反而完全排斥特殊的东西,那么,这种原理必定是抽象的和缺少现实性的。真正的科学必须顺从那令人痛苦的独特性,在沉浸于特殊事物并将其扬弃的过程中真正把握到那具体而普遍的东西。在这个意义上,黑格尔实践哲学最重要的贡献,一方面在于,他批判地揭示了近代理性主义,尤其是主观观念论哲学抽象的形式合理性概念中隐含

---

[1] Ernst Bloch, *Subjekt-Objekt: Erläuterungen zu Hegel* (Frankfurt a. M.: Suhrkamp, 1962), S. 12.
[2] Karl Rosenkranz, *Georg Wilhelm Friedrich Hegels Leben*, S. 545.

着的内在矛盾及其实质上的非理性;另一方面则在于,他通过对矛盾的积极运用,证明了那些从形式合理性或者说知性的标准看来是非理性的、多样的、流变的和缺少的确定性的诸要素(如外部的自然,人的病理学的欲望、冲动、感觉和情感,以及家庭、社会生活、民族、国家、历史等等)本身所具有的内在合目的性与合法则性,在这个后神学-形而上学的时代复兴了古代作为世界客观秩序的、思有同一的逻各斯理性,通过揭示规范与法的内在必然性和现实性来克服主观理性自我立法的悖论。①

正如当代法国哲学家梅洛-庞蒂(Maurice Merleau-Ponty)在他那段意味深长的文字中所谈到的那样:

> 过去的那个世纪的所有伟大哲学观念——马克思和尼采的哲学、现象学、德国存在主义和心理分析——都在黑格尔那里有它们各自的起点;是他最早尝试去探究非理性,并将非理性整合到一个扩展了的理性概念中去,这仍然是我们这个世纪的任务。他创造了一种比知性更为广泛的理性,这种理性尊重个体意识的多样性和单一性,尊重各种文明、各种思维方式,以及历史的偶然性,但又从未放弃试图驾驭它们,以将它们导向自身的真理。但是,就我们所见到的情况是,那些有意识的继承者们更强调他们对黑格尔遗产的拒斥,而不是对他的感激与亏欠。如果我们并不对一个高于和超越于各种分歧观点的真理感到绝望,如果我们仍然投身于一种新的古典主义,即一种有机的文明,而同时保持一种最极端意义上的主体性,那么,在这种文明秩序中,没有什么比这一任务更为急迫了,那就是重建那些试图

---

① Cf. Daniel O. Dahlstrom, "Hegel's Questionable Legacy", *Philosophical Legacies: Essays on the Thought of Kant, Hegel, and Their Contemporaries*, pp. 237-240.

遗忘它们的黑格尔来源的忘恩负义的学说与这个来源自身之间的关系。①

在这个后形而上学的时代,如果我们仍然认为出于事情本身的内在必然性是值得尊重的,仍然承认我们无法真正彻底地拒斥客观之道,那么,作为一种形而上学的黑格尔法哲学就必定还会展现出它强大的生命力。

---

① Maurice Merleau-Ponty, "Hegel's Existentialism", *G. W. F. Hegel: Critical Assessments* (Vol. 2), edited. Robert Stern (London and New York: Routledge, 1993), p. 426.

附录

黑格尔法哲学中的理性与现实

理性向来就存在,只不过它不是永远以理性的形式出现而已。

马克思致卢格的信,1843年9月于克罗茨纳赫

那不为一切限制所累的纯粹理性就是上帝本身。因此世界的秩序归根结底是根据理性来安排的。诚然理性常常被弄得晦暗了,但却从来没有完全熄灭过,即使在晦暗之中,理性那微弱的闪光也还是保持着。

黑格尔:《耶稣传》(1795年)

第一节　诠释镜像中的黑格尔法哲学

自黑格尔的《法哲学原理》(*Grundlinien der Philosophie des Rechts*, 1820)问世至今,将近两百年的时间过去了。关于这部著作的研究真可谓是汗牛充栋,以致黑格尔法哲学的诠释史本身就可以单独作为一门学问来做了。[①] 尽管如此,人们对于这部著作的主题、方法和立场等一些基本问题却仍然莫衷一是。今天人们对黑格尔的法哲学可能还抱有一些历史的兴趣或者现实的政治的兴趣,但是作为哲学或者形而上学的黑格尔的法哲学却依旧没有引起学者们足够的重视。

很长一段时间里,黑格尔的追随者和他的论敌都倾向于将黑格尔的理论与德意志的社会政治历史进程直接联系在一起。基于这样一种解读的进路,黑格尔的法哲学被表现为一种复辟哲学和普鲁士的官方哲学,这种哲学被认为是服务于 1819 年的普鲁士政权的。沿着这条解读进路,黑格尔的法哲学又被描述为一种强权国家的学说,对俾斯麦的政治主张和那个宣扬"血与铁"的时代产生了直接的影响。直到"二战"以后的很长一段时间,将黑格尔的法哲学看作现实政治的理论基础仍旧是一种很有影响力的诠释进路,对于 20 世纪的研究者来说,黑格尔的法哲学包含了法西斯主义和极权主义的萌芽,他的思想为这个世纪的野蛮主义充当了理论工具。

在马克思主义和黑格尔左派那里,对于黑格尔法哲学的诠释则是由完全不同的兴趣引导着的。黑格尔左派抓住黑格尔思想中激进的和革命的一面,对于他调和理性与现实的主张则采取批判的态度。然而自马克

[①] Henning Ottmann, *Individuum und Gemeinschaft bei Hegel: Hegel Im Spiegel Der Interpretationen* (Berlin, New York: Walter De Gruyter, 1977)。我们对黑格尔法哲学各种诠释进路的考察从奥特曼的研究中获益良多。

思开始,对于黑格尔的理解不再是偏执于某一个方面,马克思对黑格尔法哲学的批判将黑格尔哲学中的两面性放到了突出的位置。在批判黑格尔关于社会和国家的分析时,马克思看到了,相较于德国的现存状况,黑格尔的法哲学实际上更为进步,但却仍然停留在抽象的水平上。[①] 因此,这样一种解读模式逐渐在黑格尔左派中出现,他们将黑格尔的法哲学看作一种既包含了保守的一面同时也包含了进步的一面的政治理论,它既是一种反动哲学又是一种解放哲学。

今天的研究者不再纠缠于黑格尔左派和右派的争论,也不再那么关心黑格尔是不是要为复辟政治、强权国家和法西斯主义负责,一种新的诠释进路取代了过去的解读模式。这种新的诠释进路将黑格尔的法哲学看作一种关于现代国家的理论,也就是说,黑格尔秉承了霍布斯、洛克、孟德斯鸠或卢梭的思想遗产,作为一个奠定现代国家理论基础的政治理论家,黑格尔的哲学与他的那些前辈没有本质的区别。[②] 对于那些试图在今天继承黑格尔的哲学遗产的人们来说,这样一种解读模式似乎是最容易被人所接受的。可是,这种新的进路真的可以引导我们达到对黑格尔法哲学的确切理解吗?

在现代西方国家中,黑格尔的法哲学通常被解读为一种关于现代国家(the modern state, l'état moderne, der moderne Rechtsstaat)的政治理论。这样一种解读方式并不是什么全新的东西。在 19 世纪,那些黑格尔的追随者,如罗森克兰茨和米歇莱(Karl Ludwig Michelet)等人就试图从这个角

---

① "德国的法哲学和国家哲学是惟一与正式的当代现实保持在同等水平上(al pari)的德国历史",马克思:《〈黑格尔法哲学批判〉导言》,《马克思恩格斯全集》(第三卷),人民出版社,2002 年版,第 205 页。
② 佩尔钦斯基(Z. A. Pelczynski)就持这种观点:黑格尔的"现代国家理论……在研究进路、论证方法和理论化的水平上与霍布斯、洛克、孟德斯鸠或卢梭的政治理论没有根本性的区别"。Cf. Z. A. Pelczynski, "Introductory Essay", *Hegel's Political Writings*, ed. Z. A. Pelczynski (Oxford: Clarendon Press, 1964), p.135.

度来理解黑格尔的法哲学。可是由于黑格尔的另一种形象一直统治着主流的意见,所以当这样一种解读模式再度出现的时候,就自然而然地被人们当作研究范式上的一种变化。诺克斯(T. M. Knox)在与黑格尔的那些批评者如卡里特(E. F. Carritt)和胡克(Sydney Hook)等人的论战中捍卫了黑格尔的现代国家理论,[1]为这样一种研究范式的转变铺平了道路。经过这场论战之后,黑格尔作为一个现代国家的政治理论家的形象被人们重新发现了。在法国,以魏尔(Eric Weil)和敦德(Jacques d'Hondt)为代表,[2]而在英语世界则有考夫曼(Walter Kaufmann)和芬德雷(John N. Findlay),以及随后涌现出来的佩尔钦斯基(Z. A. Pelczynski)、阿维内里(Shlomo Avineri)和泰勒(Charles Taylor)等人,捍卫了这样一种关于黑格尔法哲学新的诠释进路。[3] 在德国,里德尔(Manfred Riedel)对黑格尔法哲学所做的观念史研究[4]和利特关于黑格尔的富有启发性的解读[5]使这种新的研究范式成为主流。

基于这种新的研究范式,黑格尔法哲学中的国家显然既不是普鲁士国家的写照,也不是极权国家的一种预兆。实际上,黑格尔试图在一般和普遍的意义上来理解国家,而不是要提供一种关于国家的特殊例子。黑

---

[1] Cf. T. M. Knox, "Hegel and Prussianism", *Hegel's Political Philosophy*, ed. Walter Kaufmann (New York: Atherton Press, 1970), pp. 30–43.

[2] Eric Weil, *Hegel and the State*, translated by Mark A. Cohen (Baltimore: The Johns Hopkins University Press, 1998); Jacques d'Hondt, *Hegel in his Time: Berlin 1818–1831*, translated by John Burbidge, with Nelson Roland and Judith Levasseur (Peterborough, Ont: Broadview, 1988).

[3] Walter Kaufmann, *Hegel: A Reinterpretation* (New York: Doubleday, 1965); John N. Findlay, *Hegel: A Reexamination* (New York: MacMillan, 1958); Z. A. Pelczynski, *Hegel's Political Philosophy-Problems and Perspectives* (Cambridge: Cambridge University Press, 1971), pp. 1–29, 230–241; Shlomo Avineri, *Hegel's Theory of the Modern State* (Cambridge: Cambridge University Press, 1972); Charles Taylor, *Hegel* (Cambridge: Cambridge University Press, 1975).

[4] Manfred Riedel, *Studien zu Hegels Rechtsphilosophie* (Frankfurt a. M.: Suhrkamp, 1969).

[5] Joachim Ritter, *Metaphysik und Politik*.

格尔意义上的国家之所以是现代国家,是因为它是一个法制国家(Rechtsstaat),它试图将法国大革命宣传的那些人权和公民权现实化,而且市民社会的解放构成了现代国家的基础。

在黑格尔的现代国家中,人具有自由和平等的权利,无论他的出身、宗教信仰和民族。黑格尔对财产和人格自由、贸易自由、职业选择的自由、参与公共事务的自由表示认同,同时还承认法治的重要性,尊重个人的良知,希求平等与公平、宗教宽容,要求对君主统治进行立法的限制。黑格尔的国家以它自己的方式来实现大革命所要求的普遍权利,而这些权利是以市民社会的解放作为基础的。这种新的研究范式的支持者一再表明,黑格尔试图寻到一种综合,使得那种古代世界里客观的,由共同体的伦常、制度和风俗加以规定的自由能够与现代的主体性的自由和谐统一。这就使得黑格尔的法哲学表现为相互关联的两个方面:一方面是对古代伦理实体(Sittlichkeit)的重新阐发,另一方面则是对现代性原则,即主体性的权利的承认。伦理-政治统一的古代城邦国家必然解体,而新的共同体又将在现代市民社会的基础上重新建立起来。

根据新的研究范式,黑格尔的法哲学被认为是对现代法制国家理论的一种确证。它达到了古代伦理共同体与现代自由的一种综合。尤其是利特,他将黑格尔塑造成一个法国大革命和市民社会的哲学家,但同时他也提醒我们注意黑格尔思想中存在的一种内在关联,也就是黑格尔对他自己所处时代的把握和他试图保存理性主义传统这样一种形而上学动机之间的关联。[1] 黑格尔之所以能够在复古和革命之间保持一种中立的立场,是因为一方面黑格尔认同现代社会的自由与革命,另一方面他更加关注的是它们得以可能的条件或根据何在,而这些条件和根据是现代自由

---

[1] Cf. Joachim Ritter, "Hegel und die französische Revolution", *Metaphysik und Politik*, S. 183-233.

与革命这些政治主张自身无法给出的。为了阐明现代自由的条件,利特向我们表明了黑格尔的法哲学与古代自然法理论,与理性概念和形而上学概念,尤其是与亚里士多德传统之间的连续性。在利特的影响之下,20世纪60、70年代德国学界对黑格尔法哲学的典型理解是一种神学政治论(theologisch-politischer Traktat)的解读,[1]它使人们注意到黑格尔的历史哲学(Geschichtsphilosophie),以及他的精神概念和自由概念与基督教信仰和古希腊形而上学之间的渊源。黑格尔哲学中的宗教-形而上学因素为调和法哲学中的两种相反的倾向提供了可能,因为如果法哲学可以被理解为一种神正论(Theodizee),那么自由之实现的过程就既不是返回到古代城邦国家的一种复古运动,也不是一种颠覆一切传统、权威、制度等规定性的革命,相反,它是基督教教义中既有的一些合理性要素的现实化,而黑格尔左派的宗教批判恰恰忽视了这一点。

将黑格尔的法哲学理解为一种现代国家理论的确反映了黑格尔试图调和古今之争的努力,但我们亦不可忽视这种诠释进路直接或间接地受到了当代西方民主意识形态的影响,以至于对黑格尔法哲学的解读常常包含了一种辩护,研究者们总是希望先将黑格尔从保守主义、复辟主义、极权主义、法西斯主义的泥潭中拉出来,再为他披上现代民主政治的新衣。比如,魏尔就认为1830年之前的普鲁士实际上是欧洲当时最为进步的国家,[2]希望以此来为针对黑格尔的保守主义指控开脱。然而,这种辩护在哲学上是非常无力的,任何试图将黑格尔解读为现代自由民主思想的先驱者的尝试,都会有意无意地忽视黑格尔所表达的许多相反的论述。

---

[1] 其中最具代表性的是 Michael Theunissen, *Hegels Lehre vom absoluten Geist als theologisch-politischer Traktat* (Berlin: Walter de Gruyter, 1970).

[2] 魏尔说:"与复辟时期的法国,1832年改革法案之前的英国或梅特涅(Metternich)时期的奥地利相比,普鲁士是一个远为进步的国家。"参见 Eric Weil, *Hegel and the State*, pp. 11–12.

比如在他著名的《法哲学原理》的序言①中,黑格尔就多次表达了他对自由主义的反对,以及他对自由主义者弗里斯和对激进组织德意志大学生协会(Burschenschaften)的批评,而且这些批评之所以重要正是因为黑格尔的批判并不是单单出于他的政治立场,而是有其哲学上的理由。可是这些反对的声音大多数时候是被我们当代的黑格尔诠释者们忽视或者回避掉了。② 遵循这种辩护策略,黑格尔对战争的赞美,以及在"国际法"一节中对康德的永久和平和世界法理想的抛弃,都被简单地还原为一种当时流行的描述性评价,而黑格尔这些具体主张背后的哲学意义没有得到进一步讨论。③

对黑格尔法哲学的这样一种辩护策略,恰好揭示了在这种新范式背后隐藏着一种企图将黑格尔归为现代西方自由民主之父的兴趣。正如佩尔钦斯基清楚表明的那样,今天重新解读黑格尔的意义就在于将黑格尔重新纳入到西方政治理论的主流之中去。但是,这种将黑格尔重新纳入西方政治理论主流的做法有可能会导致另一个黑格尔被我们忽视掉,那个黑格尔对从霍布斯到费希特的西方政治理论和哲学理论提出了根本性的批判。毋庸讳言,黑格尔的确是一个现代国家的拥护者,他也试图在他的理论中吸收现代自由和自由主义的成果。然而,黑格尔为自由和权利

---

① 关于黑格尔写作《法哲学原理》时德国的社会历史环境可以参考 Adriaan Peperzak, *Philosophy and Politics: A Commentary on the Preface to Hegel's Philosophy of Right* (Dordrecht: Martinus Nijhoff Publisher, 1987),在该书中佩普查克对《法哲学原理》的序言进行了逐段的解读。关于黑格尔的政治立场及其与当时普鲁士国家政局的关系,亦可以参考薛华:"黑格尔和普鲁士王国的关系",《哲学研究》1979 年第 7 期。
② 根据这些诠释者的看法,黑格尔并不像他的批评者所说的那样是一个反自由主义者,他反对的只是那些自由主义者和大学生协会成员中带有的沙文主义、民族主义和反犹主义倾向。可参见 Shlomo Avineri, *Hegel's Theory of the Modern State*, p. 122; Charles Taylor, *Hegel*, p. 421。
③ Cf. Eric Weil, *Hegel and the State*, pp. 90ff; Shlomo Avineri, *Hegel's Theory of the Modern State*, pp. 198, 204.

所奠定的基础完全不同于自由主义和近代的自然法理论对此所做的努力,这一点绝非偶然。黑格尔的国家并不是洛克、康德或者费希特意义上的法制国家。他的国家并不是通过一种契约理论来证成,也不是以一种自然状态为基础来建构的。他的国家并不以原子式的特殊意志为基础,也不是限制在所谓的"需要的体系"(das System der Bedürfnisse)之内。黑格尔理论中的国家是一个伦理实体,作为一个整体,它多于并且高于它的各个部分的总和。而现实的自由是一种具体的普遍,不只是一种形式的自由;共同体不是个体自由的限制,而是它的实现。黑格尔法哲学有很多内容无法包含在新的解读范式之中,这使我们不得不寻找其他的进路来完善我们对黑格尔的理解。

实际上,即便人们承认黑格尔法哲学中确实存在着一种自由主义的倾向,旧的解读范式在今天仍然能够引起人们的争论。黑格尔将人类历史看成自由意识的进展,并试图在普鲁士国家中来调和理性与现实的分裂,但是他只是借助逻辑学的范畴来虚构了一个绝对的国家,而不是站在未来人类进步的立场上来对国家当今的实存进行历史的批判,[①]许多人正是抓住了这一点而将黑格尔的法哲学定性为一种为国家极权辩护的普鲁士官方哲学。但是这样一种将黑格尔法哲学与德国社会政治进程紧密联系在一起的历史性回顾,在今天已经不足以作为一种意识形态批判的资源了。因为黑格尔关于法哲学(或自然法与国家学)的讲课记录已经在伊尔廷、亨利希和黑格尔档案馆的努力下逐渐得到整理出版,随着这些讲演录的出版,黑格尔与普鲁士国家的关系也再度成为黑格尔研究的热门话题。这些课程是在1820年《法哲学原理》出版之前和之后所开设的,这些

---

① 卢格(Arnold Ruge)对于黑格尔法哲学的批判使得黑格尔作为普鲁士国家哲学家的诠释进路逐渐深入人心,参见洛维特:《从黑格尔到尼采》,李秋零译,三联书店2006年版,第108—119页。

讲课记录对于讲演录的编辑者伊尔廷以及今天的一些黑格尔专家来说,①恰恰证明了公开出版的法哲学是黑格尔与普鲁士政府妥协的产物,而那个"本真的"(authentic)、自由主义的黑格尔则存在于他的公开讲课中。政治气候的突然转变,对审查的畏惧,以及他的学生所受到的迫害等因素,促使黑格尔对于公开出版的《法哲学原理》一书做了一些处理,使其显得比讲课时的内容更为温和和保守,他在书中隐藏了自己的自由主义思想,对于变化的政治形势表示了某种默许。但是,伊尔廷一再强调这个公开的黑格尔并不能代表真实的黑格尔的形象,只有课堂中讲授的法哲学才能体现黑格尔的本真的想法。根据伊尔廷的说法:"黑格尔在他修改'法哲学'时绝未致力于一种新的、适应复辟政治的观点,而只是在现有的原文上进行修饰,试图掩盖他的真实看法。"②

比较讲演录和出版的《法哲学原理》会使我们产生一个直观的印象,黑格尔在他出版的著作中对于自由主义者和浪漫派提出了言辞激烈的批判。尤其是在那篇著名的序言中,我们看到了黑格尔对他海德堡时期的同事弗里斯的攻击,尽管此时的弗里斯已经被政府解除了大学教职,可黑格尔对他的攻击丝毫没有手下留情,如此这般地"攻击一个已经倒下的人"③似乎在情理上实在说不过去。还有一个论题是常常被人们提起的,那就是黑格尔关于理性与现实同一的表述。黑格尔还批评了所有的"应当"和"公设"。根据伊尔廷的看法,为了迎合普鲁士的极权主义(或者至

---

① Karl-Heinz Ilting, "Die 'Rechtsphilosophie' von 1820 und Hegels Vorlesungen über Rechtsphilosophie", *Vorlesungen über Rechtsphilosophie*, 1818-1831, erster Band, hrsg. Karl-Heinz Ilting (Stuttgart-Bad Cannstatt: Fromman-Holzboog, 1973), S. 23-126. 另可参见这套讲演录第 2—4 卷的编者导言。
② Karl-Heinz Ilting, "Die 'Rechtsphilosophie' von 1820 und Hegels Vorlesungen über Rechtsphilosophie", S. 82.
③ Sydney Hook, "Hegel Rehabilitated?", *Hegel's Political Philosophy*, ed. Kaufmann, p. 14.

少是为了免遭迫害),黑格尔在关于王权和君主制的问题上做了很大的改动,特别强调了王权作为具有绝对决定权利的环节。基于以上这样一些比较,我们大致可以总结说,(就像卢格所批评的那样)黑格尔在他出版的《法哲学原理》中特别强调了普鲁士国家作为理性的现实的在场,反对一切批判、改革的实践,以及乌托邦主义的主张。即便黑格尔真实的想法具有自由主义的倾向,但是在他出版的著作中我们看到的却是一个保守主义特征明显的黑格尔。为了顺利通过审查,在出版著作中的许多地方,黑格尔使用的语气较之讲课中的语气明显温和许多,以使自己看起来没有那么激进。举一个最醒目的例子,比如在1819—1820年的讲座中,关于理性与现实的同一的著名观点黑格尔是这样表述的:"凡是合乎理性的都将是现实的,而现实的都将是合乎理性的。(Was vernünftig ist, *wird* wirklich, und das Wirkliche *wird* vernünftig.)"①而在公开出版的《法哲学原理》中这个观点的表述在语气上就平淡了许多:"凡是合乎理性的都是现实的,凡是现实的都是合乎理性的。(Was vernünftig ist, das *ist* wirklich; und was wirklich ist, das *ist* vernünftig. Werke 7: 24)"黑格尔的那些左派学生们正是在黑格尔所用的将来时(wird)中看到了一种行动和朝向某个未来的目标进行变革的可能性,他们用讲座中的黑格尔来批判出版物中的黑格尔。②

将黑格尔出版的《法哲学原理》看作与普鲁士政府妥协的产物,或者进而将黑格尔视作普鲁士极权国家的辩护者,这种解读方式至少面临着三个它无法应对的困难:第一,黑格尔在到达柏林之前以及他在柏林期间

---

① G. W. F. Hegel, *Philosophie des Rechts: Die Vorlesung von 1819/20 in einer Nachschrift*, hrsg. Dieter Henrich (Frankfurt a. M.: Suhrkamp, 1983), S. 51.
② 关于这个问题的讨论还可以参见洛苏尔多:"法哲学:转折点还是延续",《黑格尔与现代人的自由》,丁三东译,吉林出版集团2008年版,第44—64页。

的思想具有连续性;第二,黑格尔的国家与当时的普鲁士存在着诸多的不同;第三,这样一种批判的有效性仅仅是建立在心理学、语文学、道德的或者历史的基础上,并没有深入到黑格尔自己的哲学问题中去。用词或者语气的变化并不必然导致黑格尔整个理论发生质的变化。① 奥特曼将伊尔廷用来考察黑格尔政治哲学主导取向问题的方法称为"历史-语言学的"方式,他强调伊尔廷运用分析黑格尔原文、阐述历史背景的这种方法的局限性,主张对黑格尔的体系进行分析,把黑格尔对现状的妥协与顺应问题看作"体系问题"。他恰当地指出:"顺应的问题不能通过三种行事方式来解决:不能通过寻求一种时间上可以确定的适应,不能通过讨论道德问题,最后也不能通过单纯比较原文。只有作为体系问题,顺应才可以得到适当讨论。"②就法哲学而论,黑格尔在 1820 年的著作中所阐述的大部分想法早在耶拿时期就已形成,③只是没有以系统的方式表达出来,而

---

① Cf. Rolf-Peter Horstmann, "Ist Hegels Rechtsphilosophie das Produkt der politischen Anpassung eines Liberalen?", *Hegel-Studien* 9 (1974), S. 241-252; Henning Ottmann, "Hegels Rechtsphilosophie und das Problem der Akkomodation", *Zeitschrift für philosophische Forschung* 33 (1979), S. 227-243; Hans-Christian Lucas und Udo Rameil, "Furcht vor der Zensur? Zur Entstehungs-und Druckgeschichte von Hegels Grundlinien der Philosophie des Rechts", *Hegel-Studien* 15 (1980), S. 63-93. 另外,洛苏尔多在《黑格尔与现代人的自由》的第一章"探寻'本真的'黑格尔"中,也对伊尔廷关于"虚假的"和"本真的"黑格尔的区分进行了自己的质疑。

② Henning Ottmann, "Hegels Rechtsphilosophie und das Problem der Akkomodation", *Zeitschrift für philosophische Forschung* 33 (1979), S. 238-239.

③ 关于耶拿时期精神哲学的研究可以参考 Jürgen Habermas, "Labour and Interaction: Remarks on Hegel's Jena *Philosophy of Mind*", *Theory and Practice*, translated by John Viertel (Boston: Beacon Press, 1973),以及 Axel Honneth, *The Struggle for Recognition: The Moral Grammar of Social Conflicts*, translated by Joel Anderson (Cambridge, MA: The MIT Press, 1995)。哈贝马斯将黑格尔耶拿时期的精神哲学解读为一种主体间的交往行动理论,而霍耐特在乃师的基础上进一步提出了"为承认而斗争"的学说,意在为现代个体自由和权利提供哲学上的论证。霍耐特对黑格尔的解读可以说是一个非常坏的例子,他完全是以一种先入为主的理论框架来割裂黑格尔的思想,无视黑格尔哲学的体系性,并且在论据的引用上掩盖了许多他的理论无法消化的材料,所以他会提出 1804 年之后的黑格尔逐渐转向一种意识哲学的独白,使他对人类原始的主体间性的理念视而不见(pp. 29-30),这就意味着黑格尔走向政治上的反动和保守的开始。

在1810年黑格尔担任纽伦堡文科中学校长期间他为低年级学生讲授的"法、义务与宗教学说"课程(GW 10: 369-420)就已经具备了后来法哲学的雏形。更为重要的是,从1800年的体系残篇开始(Werke 1: 419-427),黑格尔就一直高扬理性的现实性,以一种体系性的方式来对抗一切抽象的"应当"和"公设"。

黑格尔思想的连续性至少证明了他的《法哲学原理》并不是与普鲁士极权国家妥协的产物。黑格尔的国家与普鲁士王国的诸多不同之处,以及黑格尔的哲学与普鲁士官方意识形态的差异,也揭示这种诠释进路所存在的问题。黑格尔的国家并不是指当时的普鲁士王国,而是指普遍和一般意义上的国家,即国家的理念。正如罗森克兰茨所说:"当时的普鲁士并不是一个宪政国家;那里没有公开的执行审判的机构,没有出版自由,没有法律面前的公民平等,人民也不享有立法和纳税的权利——而黑格尔主张所有这些都具有哲学上的必然性(philosophiesche Nothwendigkeit)。"① 那些对于当时的普鲁士来说最为紧迫的,诸如全民征兵和预算控制等问题,并没有引起黑格尔的注意。② 如果真要说黑格尔的法哲学与普鲁士的政治存在某种共契的话,那么黑格尔更多是站在改革者施坦因(Heinrich Friedrich Karl vom und zum Stein)和哈登堡(Karl August von Hardenberg)的一边,而不是在普鲁士反动政府一边。③

旧的诠释进路已经过时了,其根本原因并不在于它缺乏足够的事实来支持其论断,而在于它对黑格尔的法哲学抱有过多的历史和政治的兴趣,对于法哲学中提出的一些重要的哲学问题以及黑格尔的整个

---

① Karl Rosenkranz, *Hegel als deutscher Nationalphilosoph* (Leipzig: Verlag von Duncker&Humblot, 1870), S. 152.
② Franz Rosenzweig, *Hegel und der Staat*, hrsg. Frank Lachmann (Berlin: Suhrkamp Verlag, 2010), S. 436-437.
③ Shlomo Avineri, *Hegel's Theory of the Modern State*, pp. 115-117.

论证结构和论证思路缺乏充分的理解。比如,黑格尔是在何种意义上批判"应当"和"公设"的?黑格尔的哲学是不是太过关注于理论而牺牲了实践?为什么黑格尔认为国家不是对自由的限制,反而是自由的实现?这些问题对于我们今天的思考仍然是有重大意义的,而对这些问题的回答只能从黑格尔的哲学而不是他的政治立场或当时的政治走向中去寻找根据。

在今天的西方学界,占主流的诠释进路是将黑格尔的法哲学理解为一种现代国家理论,它更多地从正面来发掘黑格尔思想中对于建设自由民主社会具有积极意义的要素,黑格尔的思想资源对于盎格鲁-撒克逊世界的政治哲学传统来说是一种必要的补充,可是这种解读最后却往往简单地将黑格尔纳入到西方主流政治理论的既定轨道中去。[①] 而黑格尔在这种解读模式中被忽视的一面似乎更应该引起我们的兴趣:他不仅在他的著作中吸收了现代自由和人权运动的成果,同时他也是近代自然法理论、市民社会和自由主义最重要的批评者之一。在西方政治理论中,对于现代自由、宪政国家和民主政治的条件与根据的反思是不够深入的,而黑格尔让我们注意到作为伦理实体的国家、人类的所有创制和习俗、宗教所具有的间接的政治意义,以及西方文化中从古希腊世界和基督教世界那里延续下来的文化传承等等,这一切都构成了现代自由的可能性条件。黑格尔对于将前政治状态(自然状态)的原子式个人作为近代自然法理论的起点深表怀疑,同时他还批判了以社会契约为基础

---

① 这方面的代表性论著包括 Charles Taylor, *Hegel and Modern Society* (Cambridge: Cambridge University Press, 1979); Steven B. Smith, *Hegel's Critique of Liberalism* (Chicago: The University of Chicago Press, 1989); Allen Wood, *Hegel's Ethical Thought* (Cambridge: Cambridge University Press, 1990)。相比于这些论著,佩普查克(Adriaan T. Peperzak)的 *Modern Freedom: Hegel's Legal, Moral, and Political Philosophy* (Dordrecht: Kluwer Academic Publishers, 2001)一书对黑格尔法哲学的解读则更加注意到法哲学与逻辑学和整个形而上学问题的密切关联。

的国家理论,还有合法性与道德性的严格区分,以及康德或费希特意义上的自律的自由等等,这些现代政治试图达到的目标在黑格尔眼中都是知性的、抽象的产物,这些政治理论对人类精神的理解如果不是错误的,至少也是片面的。由此看来,黑格尔的法哲学并非如佩尔钦斯基所说的,在研究进路、论证方法和理论化的水平上与霍布斯、洛克、孟德斯鸠或卢梭的政治理论没有根本性的区别,相反,黑格尔与他们的区别是根本性的。

仔细想想我们不难发现,不论是将黑格尔与现代国家理论联系起来的新的诠释进路,还是将黑格尔与保守主义、极权主义、法西斯主义联系在一起的旧的诠释进路,它们的内在理路实际上是一致的:它们都试图把黑格尔的哲学直接政治化。这给人造成的印象是,仿佛黑格尔的法哲学只是一部政治理论著作,不管它是保守的还是进步的,它都仅仅是一部政治理论著作,对黑格尔法哲学的解读就只能在这个层面上来展开。而在这部著作中黑格尔自己的哲学抱负是什么,他的前提和出发点是什么等等,这些与黑格尔的哲学紧密相关的问题却很难进入研究者的视域。当我们的研究者在面对黑格尔的时候,总是试图使他变成我们当中的一员,和我们有同样的思维方式,而不是努力成为像他那样的人,至少能够如他所期望的那样去理解他的思想。好像理性、现实、意志、自由、法律、道德、国家这些概念所具有的含义无非普通人在日常生活中所理解的那样,可是黑格尔的整部法哲学不就是要研究这些他称之为"理念"(Idee)的东西吗?如果将黑格尔哲学直接政治化,认为黑格尔只是在同一个存在论、方法论和知识论的层面上来讨论现实政治问题,那么这样一个黑格尔竟然能享有如此高的哲学声誉就有些说不过去。正如德国学者霍斯特曼(Rolf-Peter Horstmann)所指出的那样,黑格尔法哲学的价值只能从黑格尔理论的哲学特性中看出来,这就依赖于黑格尔为解释社会和政治现象所制定的概念和逻辑工具,以此作为这种解释的合理性基础。① 这就直接将我们带回到黑格尔的哲学遗产中不受欢迎的那一部分,即他的形而上学、方法论和知识论的观点,只有在这些观点中才能找到那些哲学特性的根据,而黑格尔哲学那种特色鲜明而又极其晦涩难解的思维方式与表述方式,又跟他和他的时代所面对的哲学问题和现实困境有着难分难解的关系。

第二节　理性与现实

如果我们把对于黑格尔法哲学所抱有的政治兴趣和历史兴趣先搁置起来,重新审视一下黑格尔最初的批评者关于法哲学的批判,我们会发现,从历史上看,以海姆(Rudolf Haym)为代表的这些批评者对于黑格尔法哲学的价值判断变得非常流行,但流行的只是他们的价值判断,而不是他们分析的具体要素。事实上,除了海姆的政治立场以外,②他自己所持有的哲学主张构成了他批判黑格尔的内在根据,这一主张被青年黑格尔派所共享,并且直到今天仍然影响着我们对黑格尔哲学的理解,而这种哲学批判的焦点就在于理性与现实的同一性问题。

海姆的哲学思想深受青年黑格尔派的影响,尤其是费尔巴哈的宗教批判、人本主义哲学和卢格的历史批判直接构成了海姆批判黑格尔的哲

---

① Rolf-Peter Horstmann, "What is Hegel's legacy and what should we do with it?", *European Journal of Philosophy*, vol. 7: no. 2, 1999, p. 283. 这篇精炼的论文非常好地阐明了黑格尔哲学的几个基本特性,并在此基础上证明了黑格尔哲学的整体性。
② 据洛苏尔多的考证,海姆对黑格尔的攻击主要源于海姆自己作为一个国家自由主义者的政治立场,黑格尔之所以会成为他的靶子,不是因为他怀疑黑格尔的哲学服务于普鲁士的复辟政权,而是因为黑格尔的作品中表达了对法国文化、法国自由主义,以及对伏尔泰和卢梭思想的着迷。海姆谴责黑格尔把国家偶像化、对古代的国家模式非常迷恋,但海姆自己很清楚,对古代的赞扬令人联想到的并不是复辟,而是卢梭和雅各宾派。更为具体的分析参见洛苏尔多:《黑格尔与现代人的自由》,第 30—35 页。

学前提,①"他仅仅以学术的形式修正了费尔巴哈、卢格和马克思已经以极端的方式说出的那些黑格尔批判的主题"②。费尔巴哈的人本哲学高扬感性原则,强调有限存在者的个体自我意识的现实性,认为黑格尔对于思维的重视只是一种理智的抽象活动,无法把握具体的、活生生的感性现实。在此基础上,费尔巴哈将黑格尔的哲学感性化和有限化,把神学还原为一种人类学,思维、意识、精神和国家统统作为一种神秘主义的反动力量被回溯到无概念的人类学,因为某物的实存必须通过感性的方式,而不是通过思维来达到。而卢格则指出,黑格尔通过逻辑学的方法所达到的只是关于国家的固定概念,正是他对"应当"的取消,导致了他对不符合其概念的单纯现存事物的承认。因此,为了恢复哲学的批判功能,必须重新引入费希特的行动力量和康德的公设,通过批判现存的事物来达到那些未来将成为现实的东西。尽管青年黑格尔派对黑格尔哲学的批判很有可能是由他们对黑格尔哲学的不理解所导致的,但是至少这对于我们今天重新解读黑格尔的哲学,尤其是他的法哲学,起到了一个重要的提示作用。

海姆正是在青年黑格尔派的基础上来批判黑格尔法哲学的,所有关于黑格尔心怀奴性和保守主义的指责并不单是一种道德评判或者纯粹作为政治立场的表达,而是都有其哲学上的根据。当他提及黑格尔认为法哲学的目的不是按照一个国家应当是的那样(wie er sein soll)来建构它,而是要就一个国家之所是(wie er ist)来理解(zu begreifen)它时,海姆信心满满地认为这无疑清楚地表明,"在形而上学中将抽象提升为'具体概念'的这样一种对现实性的要求,在二十年前曾经使作为报人的黑格尔起来对抗德意志王国那缺乏稳定性的现实(die haltungslose Wirklichkeit),后

---

① 海姆的第一部著作就是关于费尔巴哈的,参见 Rudolf Haym, *Feuerbach und die Philosophie* (Halle: Druck und Verlag von Ed. Heynemann, 1847)。
② 洛维特:《从黑格尔到尼采》,第 77—78 页。

来又促使他提出一种柏拉图化的国家形而上学(eine Platonisirende Staatsmetaphysik)——这一要求为了得到满足与平静,不再抱有幻想,而只是满足于人们通常所说的那种现实",这种哲学"所关心的不是设定伦理的理念和公设,而是对现存的国家秩序做出忠实的解释"。① 所以在海姆看来,"霍布斯和费尔默、哈勒或施塔尔所说的一切,与黑格尔的序言中关于现实的合理性的著名论述相比较,算是相对自由开放的学说了。而与那个仅仅因为它实存就将现实神圣化的可怕学说相比,君权神授和绝对服从的理论就是无须谴责和无害的了"②。

以上对于黑格尔法哲学的指责要想成立,有一点是海姆必须坚持的,即黑格尔所说的"现实"指的就是一种"现成存在"(das Bestehende),而这种实存的对应物就是当时的普鲁士国家。可是黑格尔自己特别强调了,他在此所说的现实,必须与偶然的东西(Zufälligen)、定在(Daseyn)和实存(Existenz)等其他规定准确地区别开来。海姆并非没有注意到黑格尔所做的区分,但是他不愿意过多地纠缠于这些区分中,相反,海姆认为黑格尔实际上混淆了现实概念的两个层次:黑格尔从一种形而上学的论述和纯粹概念的现实性这样一个理论领域,一下子跳到了道德和政治这样一个实践的领域,他试图在思维中来解决实际存在的、实践领域的问题,试图在思维中来达到理性与现实的和解,而拒斥一切关于未来的设想,拒斥通过革命来改变不合理的现实。因此,黑格尔关于理性与现实同一的主张,"在逻辑的方面是革命的,而在实践的方面则是保守的"③。造成这一结果的根本原因在于黑格尔试图将思维与意志统一起来,通过逻辑学的方法来推导出意志概念

---

① Rudolf Haym, *Hegel und seine Zeit* (Darmstadt: Wissenschaftliche Buchgesellschaft, 1962), S. 365-366.
② Rudolf Haym, *Hegel und seine Zeit*, S. 367-368.
③ Rudolf Haym, *Hegel und seine Zeit*, S. 369.

的各种规定。意志在黑格尔那里只是思维的一种特殊方式,而与具体的个人的意志活动无关,只有在思维中意志才有其目标和真理。黑格尔试图通过这种方式来打破康德对是与应当的二分,他批评康德的意志学说是空洞的、形式的和缺乏内容的,可在海姆看来,黑格尔那里的意志却缺乏意志本身应具有的形式,"严格说来,那是一个不去意志的意志"①。

海姆对黑格尔的攻击基本上是以那个著名命题的后半句为根据的,而恩格斯却从这个命题中看出了黑格尔的"真实意义和革命性质",虽然他在引述黑格尔的这句话时不甚严谨地颠倒了这两句话的顺序。② 恩格斯(Friedrich Engels)认为,在黑格尔看来,凡是现存的绝非无条件地也是现实的,黑格尔所说的现实仅仅属于那同时是必然的东西。恩格斯试图将这个命题的两部分统一起来,他认为,根据黑格尔的辩证法,这命题的两个方面是相互转化的:凡在人类历史领域中是现实的,随着时间的推移,都会成为不合理的,因而按其本性来说已经是不合理的,一开始就包含着不合理性;凡在人们头脑中是合理的,都注定要成为现实的,不管它和现存的、表面的现实多么矛盾。"按照黑格尔的思维方法的一切规则,凡是现实的都是合乎理性的这个命题,就变为另一个命题:凡是现存的,都一定要灭亡。"③

虽然海姆和恩格斯对黑格尔法哲学的理解都有其哲学上的理由,可是他们对黑格尔所抱有的政治上的兴趣远远大于哲学上的兴趣。不管是将黑格尔当作自己的对手,还是看作自己的同道,他们对黑格尔的诠释基本上还是希望将他的哲学直接政治化,至于黑格尔为什么会以这样的方

---

① Rudolf Haym, *Hegel und seine Zeit*, S. 370.
② 恩格斯,《路德维希·费尔巴哈和德国古典哲学的终结》,《马克思恩格斯选集》(第四卷),人民出版社2012年版,第222页。Shlomo Avineri, *Hegel's Theory of the Modern State* (Cambridge: Cambridge University Press, 1974), p. 126-127.
③ 恩格斯,《路德维希·费尔巴哈和德国古典哲学的终结》,《马克思恩格斯选集》(第四卷),第222页。

式来理解理性与现实的关系,以及他对于现实政治所持态度的根据却没有被充分地讨论过,这无疑是一个巨大的缺憾。也正是因此,对黑格尔的批评和辩护大都集中在这个著名命题的后半句,而前半句中谈到的关于理性的现实性的论断却很少引起人们的思考。其实关于这个问题,罗森茨威格在他的《黑格尔与国家》(*Hegel und der Staat*, 1920)一书中曾经给出过一个富有启发性的解读,可惜这部重要的著作一直没有引起研究者们足够的重视。罗森茨威格写道:

> "凡是合乎理性的都是现实的"——如同从枪膛中射出的子弹一样,直接从对柏拉图式的理想国所具有的世界历史意义的争论中产生出这一著名的或臭名昭著的命题(das berühmt-berüchtigte Wort)——这一命题只有通过基督教在尘世建立上帝之国的理念才是有效的,这一理念成为一种伦理要求(sittlichen Forderung),成为一切人类创制的评判标准(Maßstab aller menschlichen Einrichtungen)。但自此开始这一命题就现实地发挥着效用。而且,因为对行动者(Handelnden)来说,使理性在世界上起作用这一任务已经确定下来了,自此开始,认识(Erkennen)就肩负了去探究那业已成为现实的现实性这一任务,仿佛是理性自身在其中发挥作用。只是因为合乎理性的已经成为现实的——行动的原则(Grundsatz der Tat),现实的才是合乎理性的——认识的原则(Grundsatz des Erkennens)。这个命题的后半句常常被以一种有悖于黑格尔自己的用法的方式引证为"黑格尔断言现实的合理性"这一思想的核心,而实际上这后半句只是前半句中所表达的理性的现实性这一思想的结果。[①]

---

① Franz Rosenzweig, *Hegel und der Staat*, S. 355-356.

像海姆和其他一些批评者那样,如果我们在考察黑格尔意义上的"现实性"时根本不注意他所说的"合理性"概念,那么很有可能会把一个并非黑格尔所意指的概念强加到黑格尔身上,以此来对他做出种种价值判断。然而,正如罗森茨威格提醒我们注意的那样,黑格尔的理性主义更加接近于柏拉图的理念论,[1]而不是近代以来的主体主义的理性概念。当黑格尔在激烈地批评弗里斯、浪漫派和德意志大学生协会的时候,他心中想到的正是柏拉图对智者学派的批判。弗里斯的高谈阔论和大学生协会的激进运动背后所隐藏的正是这样一种肤浅的思想,它不把科学建立在思想和概念的发展上,而是建立在直接的知觉和偶然的想象上,就如同智者们把国家和法的原则安置在主观目的和一己之见上,安置在主观感情和私人信念上。从这些只具有片面性和偶然性的主观原则出发,不仅会摧毁内心的伦理和公正的良知,使人与人之间的感情和权利关系统统毁灭,而且还会导致公共秩序和国家法律的毁灭。"真实的自由、伦理是这样的:意志不是使主观的,亦即自利的(eigensüchtige)自由成为它的目的,而是使普遍性的内容成为它的目的;但这样的内容却只是在思维之中,并且是通过思维才是可能的;意欲将思维从伦理、宗教性、法治等等内予以排除,那是非常荒唐的。"(GW 20: 466, Enz § 469)

黑格尔并非要抑制情感在道德和政治生活中的作用,相反,黑格尔是想让我们注意到,并非诉诸公众的道德感、正义感和宗教感本身就一定是正当的和有道理的。只有当情感或感觉摆脱了主观性和特殊性,合乎理性自身内在的固有的规定时,它们对于共同生活才是有益的。

但是,感觉情感也能够同样是片面的、非本质的和坏的。理性的

---

[1] 关于黑格尔与柏拉图政治哲学的比较研究可以参看 M. B. Foster, *The Political Philosophy of Plato and Hegel* (New York: Russell & Russell, 1965)。

东西在合理形态内是作为被思维的东西,它是好的实践感觉所具有的同一内容,只不过却是在普遍性和必然性之内,在其客观性和真理性之内。

因此,以为从感觉情感过渡到权利与义务似乎会丧失内容与优点,这是愚蠢的:只有这一过渡才会使感觉情感达到它的真理性。同样地,认为理智对于感觉情感、心灵与意志是多余的,甚至是有害的想法,也是愚蠢的;心灵与意志的真理,或者同样说:其现实的合理性,唯有在理智的普遍性中才能够产生,而不是在感觉情感本身的个别性之内。如果各种感觉情感是真实的,那么它们之如此,正是由于它们的规定性,亦即由于它们的内容,而这一内容只是真实的,只是当其在自己内是普遍性的,亦即因其是以思维着的精神为其源泉。对于知性,困难在于摆脱它曾经给自己在诸心灵能力,即感觉和思维着的精神之间任意做出的那种分离,而达到在人里面,即在感觉、意愿和思维中,只有一个理性的看法。……另一方面,与思维着的合理性、权利、义务、法律相对立而固执于感觉与心,这是成问题的,因为在感觉与心中比在思维着的合理性中更多的,只不过是特殊的主观性、虚荣和任意。出于同样的理由,在关于感觉的科学研究中,超出它们的形式之外去讨论和考察它们的内容,是不恰当的;因为内容作为被思维的,其实是在其普遍性和必然性中的精神的种种自我规定,即权利和义务,对于实践的感觉和倾向的专门考察来说,剩下来的就只是自利的、坏的和恶的东西,因为它们属于与普遍性相对立而固执于自己的个别性;它们的内容是权利与义务的内容的对立面,但正因此它们就只有在同权利和义务的对立中来保持它们的这种进一步的规定性。(GW 20: 468-469, Enz § 471)

的确，我们每个人对于什么是合理的或者合法的都会形成自己的一套看法，但是我们的看法是否有道理最终还必须取决于法的规定本身，这就是为什么一门哲学的或科学的法学必须首先探究法的定义。某种法的规定愈是前后不一致和自相矛盾，对于这种法来下定义就愈是缺少可能性，因为定义应该包含一般的规定，这样一来就会把那些矛盾的东西，亦即在法学上把不法的东西(das Unrechtliche)赤裸裸地显露出来。黑格尔以罗马法为例，他说，罗马法不可能对人下定义，因为奴隶不可概括在人之内，奴隶等级的存在毋宁已经破坏了人的概念(Werke 7: 31, GPR §2)。与此相仿，对于自由和权利的定义往往会揭示出我们对其所抱有的信念中存在的种种矛盾。

黑格尔对弗里斯等人的批评并非像海姆所说的那样，是对个人情感、意志自由和普遍人权的压制。黑格尔的工作是要去探究法和意志的理念，即什么构成了法和意志的本质规定。这种合乎法和意志之理念的本质规定必然不能是出自主观的情感和偏见的东西，"最为要紧的是，在有时间性的、瞬息万变的现象(Scheine)中，去认识那内在固有的实体和那当下事物中的永恒"(Werke 7: 25)。在这个过程中，我们关于法的表象可以提高到概念的形式(Form des Begriffs)。"由于表象远不是自为、必然而真实的概念本身的尺度和标准，所以它毋宁从概念中吸取其真理性，并依据概念来调整自己和认识自己。"(Werke 7: 32, GPR §2)因此，当黑格尔说"凡是现实的都是合乎理性的"这句话时，他针对的正是弗里斯等人。根据黑格尔的观点，所谓"现实的"指的并非来自感觉和情感的东西，而是合乎理性的东西，现实的意志不是一腔的热情和对未来的美好想象，而必须是合乎意志的理念的，"合乎理性的(Vernünftige)在此与理念(Idee)同义"(Werk 7: 25)。黑格尔关于合理与实在、理想与现实同一的思想是以他的形而上学主张为根据的。在形而上学方面，黑格尔主张现实性(或真实性)与合理性没有什么区别，以致现实性就是指某种东西的表现符合它的本质规定,或者某种东西与它的概念相符。比如,当我们说"一个真实的(或实在的)人""一件真实的(或实在的)艺术品"时,我们用"真实的(或实在的)"一词指的是某种对它的概念来说真实的东西,或者说与它的概念相符合的存在。反之,合理性不是现实性(真实性)之外和与现实性(真实性)无关的东西,合理性的概念正在于它是现实性(真实性)的真理。斯特劳斯(David Friedrich Strauss)在1831年听黑格尔生前最后一次法哲学讲座时所做的笔记,最明确地表达了黑格尔法哲学的主旨与其形而上学之间的关联。根据斯特劳斯的记录,黑格尔说:

> 凡是现实的都是合乎理性的。但并非实存的一切都是现实的。恶劣的东西是种本身就是残缺和虚无的东西。自由之所是,即是去理解,只有这样,理论的精神才会使自己解放。精神不能作概念理解的(begreift),即同它对立的东西,对它便是一种他物。如果精神已理解这种东西,随后它就会掌握事物的实体,并且在事物那里也就是在它自身(in ihm bey sich selbst)。当我得到太阳的概念,我确实并未拥有太阳的外在的实存,然而却拥有它的实体。与这种理论的旨趣相联系的,是实践的旨趣,概念今日正是这一时代的观点。人们根本不再把单纯基于权威的东西看作有效的东西,法律等等应当通过概念使自己合法(durch den Begriff legitimiren)。①

"现实的合理性"这一要求之所以能够成立,其根据就在于黑格尔这个命题的前半句——"凡是合乎理性的都是现实的",②这句话所针对的

---

① G. W. F. Hegel, *Vorlesungen über Rechtsphilosophie*, 1818-1831, vierter Band, hrsg. Karl-Heinz Ilting (Stuttgart-Bad Cannstatt: Fromman-Holzboog, 1974), S. 923.
② Cf. Shlomo Avineri, *Hegel's Theory of the Modern State*, p. 127.

对象正是黑格尔自己一生对其敬仰不已又批评不断的康德(以及将康德的主体性原则推至极端的费希特)。对于黑格尔来说,作为科学的哲学探究的是理性的东西,是去理解真正现实的东西,而不是提供某种彼岸的东西。柏拉图的理想国常常被人们认为是乌托邦的典型代表,是一种空洞的理想(leeren Ideals),然而这种理想本质上也无非对古希腊城邦伦理的本性的理解。柏拉图从不曾说过他的理想国只是一种不具有现实性的"应当",相反,他会和黑格尔一样认为,理想国的意义不在于就国家从其应当怎样的角度来说明,而在于告诉我们对国家这一伦理世界应当怎样来认识(Werk 7:26)。可是我们知道,在康德那里,道德、政治和宗教无关乎真理,真假问题只存在于依靠主体认知结构所构造的可能经验的领域(现象界或实然的领域),我们对于道德上的善恶、对于上帝的信仰和我们自身的意志自由都无法用概念来进行规定,因为我们无法通过我们的感性直观形式来表象这些本体界的自在之物。作为有限的存在者我们只能认识根据我们的先天知性概念规定出来的有限世界,对于无限世界我们不能认识,但却可以思维它的存在。因为这个世界的存在对我们人类来讲是必要的也是必然的。作为人,我们不仅仅满足于认识这个变幻莫测的世界背后的原因,我们也希望从整体上来把握这个世界存在的意义,也就是说这个世界朝向何种目的发展。就我们的知识而言,我们不可能认识这种超出我们可能经验范围之外的世界,我们甚至不知道世界到底有没有一个目的,但是我们可以希望,希望这个世界朝着更好的方向发展,朝着善的理念迈进,仿佛这个世界真的有一个终极目的一样,一切最终都将符合上帝善意的安排。康德将这种必要的信仰称作"纯粹理性的理想"(Das Ideal der reinen Vernunft, KGS 4: 383ff; KrV B595)或"纯粹理性信仰"(reiner Vernunftglaube, KGS 6: 103; Rel. 3. St. 1 Abt. V)。这种理性信仰跟纯粹实践理性的公设一样,作为一种调节性(regulativ)而非建构性

(konstitutiv)的原则,只是悬拟的(problematisch),只具有可思维的实在性(Realität),而不具有可认识的现实性(Wirklichkeit)。无限的理想太过高远和卓越,而有限的人类太过软弱和无力,以至于理念和理想既没有现实性也不可能被人实现。正是康德的这个论断深深地触动了黑格尔的心灵,从这里出发黑格尔展开了他对康德和知性思维的艰苦卓绝的批判。"现实性与理念的分裂特别为知性所喜爱,它把那抽象思维的美梦当作某种真实的东西,以它那种主要也是在政治领域中喜欢规定的应当来自命不凡,好像这个世界正在等候着它的指点,以便认识到这个世界应当是怎样,但它却还不是那样的。"(GW 20:45, Enz § 6)但是,作为科学的哲学所研究的并不是事物的应当,而是它的存在本身,也就是说,"哲学的科学研究的仅仅是理念,而理念并不是如此软弱无力,以致只是应当而不是现实的"(GW 20:46, Enz § 6)。

黑格尔在《精神现象学》(*Phänomenologie des Geistes*, 1807)中对仅仅作为调节性原则的"应当"提出过一个著名的批评,他说:

> 凡普遍被认为是有效的(gültig),也是普遍起作用的(geltend);凡应当存在的,实际上也是存在的,但仅仅应当存在而并不去存在(ohne zu seyn)的东西,就不具有任何真理性。理性的本能在自己方面仍然有权紧紧依附在这一点上,而不让自己被那仅仅应当存在并且作为"应当"而应当具有真理性的,尽管在任何经验里都找不到的思想之物所迷惑,即不让自己被各种假设以及那作为永久的"应当"的一切其他不可见的东西(alle andere Unsichtbarkeiten eines perennierenden Sollens)所迷惑,因为理性正是这种确信自己具有实在性的确定性,凡对意识来说不是作为一个自身本质而存在的东西,即是说,凡是不显现出来(erscheint)的东西,对意识而言就什么也不是。(GW 9:142)

黑格尔在此给出了一个重要的概念，那就是"自身本质"（Selbstwesen），他要借此向我们表明，事物的真实存在并不像康德所说的那样是由主体的认识能力来规定的，只有事物在自身中有其存在的根据，并且从这个根据出发来规定和实现自身的本质，我们的意识才有可能就事物真实的状况来把握它的存在。① 一方面，事物作为自在存在（Ansichsein）在自身内就有其本质；另一方面，事物作为自为存在（Fürsichsein）它感到自身的匮乏，渴望并且要求实现自身的本质，它是以自身之内的本质作为自己欲求的对象的；而当前真实的事物是自在自为存在（an und für sich Sein），它是自身的本质与实存的统一。② 事物的所是就是它的应是，也是它的将是，最终还是它本身。唯有如此，事物才不会停留在是与应当是却不是的分裂之中。正是从这一基本的想法出发，黑格尔在《逻辑学》（*Wissenschaft der Logik*, 1812—1816）的"存在论"（Die Lehre vom Sein）部分关于"定在"（das Dasein）的论述中对主观观念论的"应当"进行了更为详尽和内在的批判。

在康德那里，认识对象是通过先天知性概念对感觉直观的综合统一来获得其存在规定的，而由于我们无法在感觉直观中真实地表象事物本身，所以就其存在不能做出判断，因而对象的规定同时也就构成了其自身的限制（Schranke）。但康德同时指出，理性必然要求自己去认识事物本身，尽管物自身是不能被认识的，但是我们可以将它作为原型来引导我们的知识，使我们能够从总体上来把握对象世界，康德把这样一个作为原型的先验理念看作现象界应当是却永远不可能是的理知世界。这种对限制的超越表现为一种应当，"在应当中，有限的超越，即无限本身开始了。应

---

① 据此，Selbstwesen 亦可译作"自是者"或"自有者"，这个概念与斯宾诺莎的一元论哲学有着明显的关联。
② 这三个概念几乎可以对应于亚里士多德的 dynamis（潜能）、energeia（现实）和 entelecheia（完全的实现）。

当是这样的东西,即在连续的发展中,按照那种所谓的不可能性,会将自身表现为通向无限的进展"(GW 21: 121)。虽然应当是对限制的超越,但是这种应当本身是通过它与有限物的对立而得到规定的,也就是说,应当存在是一种非-有限的存在,所以康德意义上的"无限性"只是一个否定的和消极的概念,它只有永远表现为对有限物的否定才能存在,它本身仅仅是一种有限化的超越(endliches Hinausgehen),并且牢牢地受制于它所否定的有限物。也正是由于对有限物的否定,作为无限的应当才成了有限物的彼岸(das Jenseits des Endlichen),成了一种没有真理性和现实性的无规定的虚空(unbestimmte Leere)。黑格尔将"应当"所追求的这种无限称为"有限化了的无限"(das verendlichte Unendliche)或者"坏的无限"(das Schlecht-Unendliche)。他希望让知性思维意识到,"它以为在真理的和解中得到满足,而实际上却陷入了无法调和的、无法解决的、绝对的矛盾之中"(GW 21: 127)。有限与无限、理性与现实的对立正是由于这种坏的无限而被僵化和固定在那里了。

关于限制和应当的形式,黑格尔指出了其中存在的两种成见。首先是过分看重思维和理性对事物所做的限制,认为这种限制是不能逾越的。这种看法不知道某物在被规定为限制时,就已经超出了限制。因为事物的一种规定性或者界限,只有在与一个他物,即它的不受限制的存在者(也就是康德意义上的物自身)对立时,才被规定为限制。倘若知性思维的判断认为不能超出限制,这就等于说,理性或者思维不愿意去检查自身,看看对象的规定中所包含的内容,而只是满足于符合知性规则的主观构造物;让这种主观构造的对象去接受物自身的检验,将会显示出这样的存在物是最不现实的东西。倘若认为理性是一种高于现实的东西,因而把它自身规定为一种应当,那么这种应当由于缺乏现实性同样会表现为一种不真实的存在。

如果我们的认识对象是真实存在的事物,它就不会只作为一种主观的构造存在,而会是黑格尔所说的那种"自身本质";它所包含的不仅仅是知性思维的规定,同时也会在它自身中感觉到这种抽象规定的匮乏,因而就会有一种超出知性所划定的界限的冲动,那么,超出限制的行动和在限制外获得的存在,都是由事物自身而不是由主体的思维能力来完成的。既然事物在自身中有其本质,那么它就一定要在自身中将其实现出来。可是,知性思维所坚持的同一性认为事物的确定性和真理性却在于这样一种极其空洞的思维规定:它是,而不能不是;在这种直接性中,事物自身的本质和它的丰富性被隐藏在这些抽象规定的背后。因为我们仅仅依靠某物"存在"这样一个范畴来理解事物本身的真实状况,而必须通过否定这种直接性,在某物与他物的关系中,在某物自身的否定中进一步将它自身潜在的本质实现出来。对于那种在其直接性和肯定性中尚未实现出来的事物来说,它的本质作为实体,是超越于它的有限规定之外的无限,是一个尚未达到的彼岸。然而,无限这时不再是某物自身之外的一个永恒的对立面,而是构成了有限物得以存在的条件,事物在自身之内为自己建立的一个他物,一个有限物通过否定自身的有限规定而要去实现出来的现实性。由此,事物就被建立为无限化了的有限(das verunendlichte Endliche, GW 21: 132)。与此同时,作为实体的无限也就不再只是对有限的单纯否定,相反,"有限在被无限扬弃(aufgehoben)时,无限不是作为一种外在于有限的现成的力量;有限对自身的扬弃就是它的无限性"(GW 21: 133)。由此,作为无限的实体就是在自我否定和中介化的过程中实现自身的能动的主体,①这个主体不是人的思维,而是事物本身。正因为实体是一种实现自身的活动,无限也就在有限中扬弃了自己,从而不再只是一种没有任何真理性和现实性的彼岸世界。所以,在一切现实的存在中,都

---

① 黑格尔使主体(Subjekt)这个概念恢复了它本来的意义,即作为基底的、使存在者存在意义上的 subiectum,而不仅仅是一种在"我思"中确立的主观的东西。

有有限和无限的统一。有限和无限一开始都被建立为对对方的否定,但是这种对立却是事物出于自己的本性而在自身中建立的,所以在事物实现自身的过程中,有限与无限都否定了自身最初的规定,即否定了自身作为一种否定物的存在,当前的真实的事物都是这样一种对立规定的具体统一(eine konkrete Einheit entgegengesezter Bestimmungen, Werke 8: 128)。现实的事物已经不再是当初那种抽象的规定了,通过自身否定和否定之否定的中介化过程,事物带着更为丰富的内容回到了自身那里,黑格尔将这一中介(Vermittlung)本身称为"真正的无限"(wahrhaft Unendliches, GW 21: 136)。那种知性的、坏的无限只是彼岸,是通往那永远无法达到的无限的进展,黑格尔将其描绘为一条直线;而返回到自身的真的无限被黑格尔描绘为一个自身封闭的圆圈,它从自身出发又回到自身,在这个圆圈中没有起点和终点,而这个圆圈就是现实性本身。

在黑格尔看来,我们根本无须畏惧事物的变化会动摇知识的确实性,因为这就是当前现实事物的存在方式。如果仅仅用一种有限的思维规定去认识这种自身是无限的事物,我们当然无法把握它,所以只能从自我意识内部来寻求真理,进而将事物本身作为一种没有现实性,但又无法取消的东西隔离在彼岸世界。所以,我们需要的是一种能够将现实性概念化的全新方式,这种全新的方式不是以认识主体中有条件的知识能力为根据的,而是以现实性自身的构造为根据。[1] "知性之所以如此顽固地反对有限与无限的统一,那是因为知性把限制和有限像自在存在那样设定为永久持存的,它因此而忽视了在无限进展中实际上呈现着两者的否定,就像它同样忽视了两者在这个进展中只是作为一个整体的诸环节而发生:

---

[1] Cf. Rolf-Peter Horstmann, "Hegel über Unendlichkeit, Substanz, Subjekt", *Internationales Jahrbuch des Deutschen Idealismus: Konzepte der Rationalität* (1/2003), hrsg. Karl Ameriks und Jürgen Stolzenberg (Berlin: Walter de Gruyter, 2003), S. 188.

其中的每一个只有通过它的对立面的中介才会出现,而从本质上说,同样是通过扬弃它的对立物的这样一种中介才会出现。"(GW 21: 135)真正的无限是"在它的他物中有其自身的存在"(in seinem Anderen bei sich selbst zu sein),或者作为过程来说,真正的无限是"在它的他物中达到它自身"(in seinem Anderen zu sich selbst zu kommen, Werke 8: 199)。经过这个自身中介化的过程,客观实在就不再是没有任何真理性的、空洞的物自身,而是在自身中获得了真实的内容。

> 因此,既不是有限本身,也不是无限本身把握了真理。每一个就其本身而言都是自身的对立面,同时又是与自身之他物的统一。它们彼此对立的规定也就消失了。因而,在此出现的是真正的无限性,有限和坏的无限都扬弃在其中。真正的无限性作为向自身的回返(als der Rückkehr zu sich selbst)而超越它的他在;它是作为一种自己与自身相关联(sich auf sich selbst beziehend)的否定;作为他在,它不是直接的他在,而是对直接他在的扬弃,是与自身重新建立同一性(Gleichheit)。(GW 11: 82-83)

在黑格尔看来,康德的先验哲学只是在作为当前的现实性之彼岸的纯然应当中来寻找合乎理性的东西,而黑格尔本人正是通过批判纯然的应当来规定自己整个哲学的任务和目标,[①]即通过认识事物自身中介化和现实化的过程恢复理性与现实的同一性。主观观念论哲学的局限就在于,它从根本上不依赖于任何实质性的约束性条件以及事物自身的现实化和中介化过程所

---

① Cf. Odo Marquard, "Hegel und das Sollen", *Schwierigkeiten mit der Gechichtsphilosophie* (Frankfurt am Main: Suhrkamp Verlag, 1973), S. 39.

呈现出来的历史境域,简单说来,就是将应当与现实性分裂开来。① 正是先有了《精神现象学》《逻辑学》和其他一些早先的论著中对"应当"进行的彻底批判,才会有《法哲学原理》序言中关于理性与现实同一的著名论断。但黑格尔自己非常清楚,康德的先验哲学对回应启蒙时代的理性诉求,解决传统形而上学中的理性危机具有相当程度的合理性,它既确保了知识的普遍必然性,又树立了一幅理想的道德图景,使得人们能够以此为根据来批判现实的不合理,并朝着这个理想的图景不断迈进。康德之所以要设定一个永远无法达到的应当,并不只是为了满足一种体系上的完满性,而是有其深远的形而上学动机和实践旨趣。但对黑格尔来说,哲学不仅仅是无法实现的"应当"这样一种无力的理念,它关心的是完全的现实性和所有潜能的实现。揭示事物建立自身的运动,是黑格尔为克服理性主观化,恢复理性之客观内容而迈出的关键一步,它的伦理意义也将逐渐显现出来。就像"隐德莱希"(ἐντελέχεια)作为亚里士多德的第一因,它不会停留在可能性上,而是要完全实现出来。所以,现实性或者存在自身的完满性就已经包含着伦理的法则,即康德所谓的"应当",而实现了的应当就不再仅仅是应当而已,它已经沉浸在现实性当中了。② 而且黑格尔也同时意识到,康德所提供的先验哲学将理性与现实彻底分开,其结果很有可能会导致人们最终放弃真正的思想努力。既然合乎理性的东西只是一种没有任

---

① Cf. Odo Marquard, "Hegel und das Sollen", *Schwierigkeiten mit der Gechichtsphilosophie*, S. 46. 马夸特在他的论文中指出,黑格尔的"现实性"概念所表达的基本洞见,正是海德格尔希望通过他的"事实性释义学"(Hermeneutik der Faktizität)揭示出来的东西。因此,马夸特认为,黑格尔关于"应当"的批判与现代的哲学释义学有着相同的旨趣。实际上,伽达默尔也多次在他的论著中指出,黑格尔的客观精神学说与哲学释义学之间有着重要的关联。就这个问题还可以参考 Michael N. Forster, "Hegel and Hermeneutics", *The Cambridge Companion to Hegel and Nineteenth-Century Philosophy*, ed. Frederick C. Beiser (New York: Cambridge University Press, 2008), pp. 174–203。

② Cf. Nathan Rotenstreich, *From Substance to Subject: Studies in Hegel* (The Hague: Martinus Nijhoff, 1974), p. 63.

何真理性和实在性的理想的应当,那么这种应当就只是一种抽象的形式,对于它的内容我们只能依靠信仰而不能有所认识。虽然康德一再宣称这是一种理性信仰,但是这种信仰的独断性并不比基督教信仰更少,而且理性信仰也没有使道德变得更加有力,这让康德不得不选择一个普遍地通过法权来管理的公民社会(eine allgemein das Recht verwaltenden bürgerlichen Gesellschaft, KGS 8: 22)这样一种妥协的方式来实现人的自由。

在1816年为雅各比的著作集所撰写的一篇书评中黑格尔就曾指出,在康德那里,那种规定"应当如何"的实践知识,同样是自我意识的形式统一。理性的理论的一面完成了"应当",而理性实践应用的基础只有在确信了合乎理性的存在是一种应当存在的时候才得以完成。所以黑格尔认为,在康德那里,"自我的内在确定性与外在所与的实在处于彻底的分裂和彼此孤立的状态;结果是,是与应当是的统一、定在与概念的统一就仅仅表现为一种永久的公设,而不是真实的存在。基于同样的理由,康德的实践哲学最终无法把握精神,因此精神也不会成为康德实践哲学的根基和真理"(GW 15: 14-18)。启蒙的理想告诉我们,建立在理性自律基础上的意志才是真正自由的:我们应当排除一切来自传统、习俗、宗教信条、政治权威以及个人偏见对我们的影响,只有普遍的理性法则才足以构成我们意志的规定根据。在康德看来,纯粹实践的法则必须不掺杂任何经验性的要素,不以任何病理学上的(pathologisch)条件为根据,不由感性冲动所规定,否则它就不具备普遍必然性。但是康德自己也清楚,人作为受制于自然律的有限存在者,不可能完全自觉地以道德法则来规定自己意志的发动。人必然会为了满足自己的感性欲望和虚荣心而损害他人的自由,于是人类社会的历史充满奴役、压迫和斗争,但人的理性促使人们逐渐达成各种约定和妥协,制定各种法律,使人们如果不是在行为的动机上,至少可以在外在的行为上符合理性法则的规定;如果达不到道德上的善(moralischen Gut),至少可以达到政治上的善(politischen Gut, KGS 6: 355)。因此,康德眼中的人类历史是一部充满血雨腥风、阴谋诡计却又无限接近永久和平这个宏大理想的以恶致善的历史。然而,在康德的哲学中有太多的必须、不得不和应当,他的整个先验哲学都可以说是述鞫迫言,这个伟大的哥尼斯堡老人的内心还没强大到可以包容那些虚假和丑恶的东西,把它们视作真理和善的一部分。可是在黑格尔法哲学中,意志获得其规定性的过程向我们揭示了传统知性思维所无法理解的东西:独立中包含着依赖,分裂中包含着统一,理性的法则并不如知性思维所要求的那样纯粹,也不可能那样纯粹。它必然要超越真实与虚妄、善良与丑恶的对立,将整个人类历史整合到意志的规定过程中去。

第三节　理性的诉求与理性的异化

诚如亨利希所说,黑格尔从康德的道德哲学中导出了他的主要概念和批判策略。① 可是我们必须注意,作为一个康德主义者的黑格尔与作为

---

① Dieter Henrich, *Between Kant and Hegel: Lectures on German Idealism* (Cambridge, MA: Harvard University Press, 2003), p. 302. 除了康德的道德哲学之外,卢梭和康德的道德神学,以及当时的圣经批判同样构成了黑格尔体系的历史前提,对此可以参考 Dieter Henrich, "Historische Voraussetzungen von Hegels System", *Hegel im Kontext* (Frankfurt a. M.: Suhrkamp, 1971)。特别需要指出的是,黑格尔不仅仅是在他的法哲学中处理道德、国家和法的问题,可以说他的整个哲学,尤其是构成他的体系之基础的逻辑学,本身也是出于对伦理道德问题的关切而萌发的,吕普在他的《论辩证的概念形成在黑格尔对康德伦理学批判中的根源》一文中就指出,青年黑格尔的独特兴趣在于探讨伦理性的共同行动(而非个人道德行动)如何能实际上成为自由的,因此最初的辩证的概念形成是与伦理学的计划相联系的。参见 Bernhard Lypp, "Über die Wurzeln dialektischer Begriffsbildung in Hegels Kritik an Kants Ethik", *Seminar: Dialektik in der Philosophie Hegels*, hrsg. Rolf-Peter Horstmann (Frankfurt a. M.: Suhrkamp, 1978), S. 297.

一个康德的批评者的黑格尔同样重要。① 黑格尔虽然不满意于康德对时代问题的诊断及其提出的解决办法,但是却在很大程度上继承了康德时代一直延续下来的哲学难题,其中最为重要的就是要回应启蒙运动所导致的理性的危机,重建理性的权威和它的实在性。②

我们知道,康德发扬了启蒙时代的基本精神,那就是在对多样性的探讨中发现其中存在着的统一性。世界在形式上的差别和多样性,只是一

---

① 关于黑格尔的康德主义和康德批判的更为详尽的论述可以参看杜辛:《黑格尔与哲学史——古代、近代的本体论与辩证法》,王树人译,社会科学文献出版社1992年版,第117—217页。在此书中作者指出,黑格尔对康德的批判并非一种内在的批判,而是从他自己的前提出发。但是黑格尔的批判却完全涉及那样一些问题,即康德虽然已经注意到甚至部分地发现,但既不能解决又不能从出发点上予以把握的问题(杜辛:《黑格尔与哲学史》,第207页);持类似看法的还有盖耶,参见Paul Guyer, "Thought and Being: Hegel's Critique of Kant's Theoretical Philosophy", *The Cambridge Companion to Hegel*, ed. Fredrick Beiser, pp. 171-210。但我们认为黑格尔与康德的关系并不尽然如此,黑格尔对康德的批判的确有自己的前提,但是这个前提并不是黑格尔随意构想出来的一己之见,相反,黑格尔的哲学前提是他在对康德的阅读及对其问题的把握中逐渐形成的。包括黑格尔的法哲学和历史哲学都首先是从一个康德主义者的立场出发,通过揭示康德哲学的内在困难来提出新的可能性。可参考Rolf-Peter Horstmann, "Der geheime Kantianismus in Hegels Geschichtsphilosophie", *Die Grenzen der Vernunft: Eine Untersuchung zu Zielen und Motiven des Deutschen Idealismus* (Frankfurt an Main: Vittorio Klostermann GmbH, 2004);以及阿尔都塞:《论黑格尔思想中的内容概念》,《黑格尔的幽灵》,第46—51页。
② 康德关于自我意识的先天综合统一或先验统觉的论述确实构成了黑格尔哲学的一个契机,但是如果像皮平所说的那样,作为观念论者的黑格尔,他的概念理论以及概念和实在之间的关系,或是他的整个哲学的基本立场,都应该被理解为康德的一个关键主题即"统觉的先验统一"的一种直接变形,那么黑格尔关于理性的特殊洞见就被掩盖了,而恰恰是这一点构成了他与康德先验哲学的根本区别。参见Robert Pippin, *Hegel's Idealism: The Satisfactions of Self-Consciousness* (Cambridge: Cambridge University Press, 1989), p. 6。皮平继承了芬德雷和所罗门(Robert Solomon)关于黑格尔精神概念的理解。黑格尔的精神概念的确是从对康德先验统觉的不满而发展出来的,但是不同于康德仅仅将自我意识作为知识的一个先天条件,黑格尔的精神概念扩大到了社会历史实践的领域,因而根本上不再仅仅是一个知识论的问题。实际上,黑格尔在精神概念中揭示了自我意识所包含的矛盾,真正的自我意识不是反思的产物或先天的建构,而是意识经过中介化的自我认识,意识通过否定自身的直接性并在他者中保持自身,最终意识到自己就是精神,就是在自身中把握的人类历史。关于这方面的研究可以参考Robert R. Williams, "Hegel's Concept of Geist", *G. W. F. Hegel: Critical Assessments* (Vol. 3), ed. Robert Stern (London and New York: Routledge, 1993), pp. 538-554。

种本质上同质的形成力量的充分展现,18世纪用一个词来表述这种力量,将其称为"理性"。用卡西尔的话来说,"'理性'成了18世纪的统汇点和中心点,它表达了这个世纪所追求并为之奋斗的一切,以及这个世纪所取得的一切成就"①。近代自然科学是实现了这一诉求的最佳典范,通过经验观察和分析方法,自然科学最终完成了把自然现象的多样性还原为单一的普遍规律这一重大使命。可是,关于法、伦理和国家的法则(Gesetz)却无法享有自然法则那样的幸运。虽然我们完全可以按照法律、伦理现成存在的那样去学习和认识它们,但是各种法律、伦理观点之间的分歧会让人们注意到它们不是绝对的,不是单纯的所予。相反,这些法则是一种设定(Gesetztes),是源出于人的。就像康德所说的,人是两个世界的公民。他固然要服从外部权威的必然性,但是这种服从与他服从自然界的必然性是截然不同的。我们不禁会问事情为什么是这样的,进而想去搞清楚事情应当是怎样的,并且在我们自身的理性中而不是到外部世界里去寻找对合理有效的东西的证明或证伪。

对此,英国和法国的启蒙思想家给出了一种解决办法。他们试图为物质世界和精神世界寻找一个可以将它们进行化约的公分母,如果它们是由同样的因素构成的,并且按照同样的规律结合着,那么在人类精神领域确立一种普遍统一的规律就不是不可能的了。被誉为现代政治科学之父的霍布斯提出了第一个重要的分析模型。他预设国家的普遍意志是由个人的意志组成的,是个人意志联合起来的产物。正是在这个基本假设的基础上,国家才能够被看作一个"物体"(body),才能将那些用来发现物质世界的普遍规律时富有成效的方法运用于对国家和人类社会的分析。国家被当作一个物体,国家的构成就像物质的聚散一样受制于因果

---

① Ernst Cassirer, *The Philosophy of the Enlightenment* (Princeton: Princeton University Press, 1979), p. 5.

规律,可以通过数学的方法来进行计算,只有建立在这样的解释模式上才有可能为我们提供关于国家与人类社会的客观有效的知识。法国唯物论者继承了这种分析方法,试图更彻底地取消理性和精神的权威。在他们看来,人类的意志活动和认识活动都不是以理性为根据的,相反它们根源于人的感觉和欲望。"那种认为我们头脑中的每一观念都是以先前的印象为基础,并且只能在这一基础上加以解释的论断,被启蒙哲学奉为不容置疑的真理。"[1]就是在这种信念的基础上,心理学被越来越多地引入到哲学问题的讨论中去,打开了现代哲学中心理主义的先河。尤其是在认识论的问题上,18世纪普遍信奉着这样一句心理学的格言:"凡存在于理智中的,无不先存在于感觉之中。"(Nihil est in intellectu quod non antea fuerit in sensu.)在笛卡尔等理性主义者看来,合乎理性的意志统治着人的感官欲望和激情,正是这种理性的统治表明了人的自由。18世纪的法国思想家则相反,他们不同意对感觉和情感的这种否定评价,而试图证明,理性的和观念的秩序并不是原始事实,而是一种派生的事实,是对生物学秩序的某种反省,人的自我保存和繁衍的欲望构成了理性和观念秩序的真正起源,那种单纯的情感和欲望是一切理智活动的原始的、不可或缺的动力。法国唯物论成功地为人类灌输了他们的主张:"理性不是人的主导力量,而只能将其比作指示钟点的表针。移动表针的机械装置是在内部;认识的动力和终极原因,是我们不断地从另一个完全非理性的王国得到的原始刺激。基本上法国启蒙运动中最冷静的思想家,那些拥护和主张造就一种完全合乎理性的文化的人,也支持这一论点。伏尔泰在《形而上学论》中说,没有欲望,没有名利欲,没有野心和虚荣心,人性的进步、鉴赏力的提高和科学艺术的完善都是不可想象的。"[2]传统哲学关于理性和感

---

[1] Ernst Cassirer, *The Philosophy of the Enlightenment*, p. 98.
[2] Ernst Cassirer, *The Philosophy of the Enlightenment*, p. 107.

觉的高低之分被颠倒了,在这个意义上,启蒙运动的时代并非如我们通常所认为的那样是一个"理性的时代",相反,"鉴于这种对待激情的态度,还有它对待形而上学的态度,启蒙运动并不是一个理性的时代,而是一个革理性主义之命(a revolt against rationalism)的时代"①。

　　法国唯物论试图取消理性和观念的权威,可是即便在起源上是非理性的,理性和观念的秩序本身仍然与感觉有别,因此这种还原并没有从根本上动摇笛卡尔式心灵与物质的二元论。其实,重要的不在于宣称人的本性不是理性而是感觉、欲望和激情,而在于证明理性本身的作用机制、构成理性本质规定的东西,以及观念的秩序本身无非就是感觉的一种表现形式,一种经验性的心理活动。完成这一证明的关键性人物就是休谟,他的怀疑论最深刻地瓦解了心物二元论这一基本格局。所以对康德来说,真正的威胁来自休谟。他对观念的先在性和实在性的质疑,不仅对人类知识的普遍必然性构成了破坏,而且也从根本上对人类的意志自由构成了挑战。其实不光是康德如此重视休谟,休谟的幽灵②一直萦绕在德国

---

① Peter Gay, *The Enlightenment: An Interpretation* (Vol. 2). *The Science of Freedom* (New York: Alfred. A. Knopf, 1969), p. 189.
② 实际上,休谟的哲学是苏格兰启蒙思想的一个异数。常识哲学家里德认为,即便感觉是一切知识的来源,这并不必然会导致一种怀疑主义的结论。感觉是心灵的一种情感,完全不同于物理性质,但是它提示或引起了关于外在实在的概念或信念。里德认为,这种提示不是休谟所说的从外部世界习得的一种习惯性心理联想,只有当这种联想同时内在于我们的心灵结构中,它才能产生出来。而根据哈奇森的情感主义伦理学,德性是行为能够在具有正常感受性的人身上产生"令人愉悦的满足感"这样的性质或特征,而行为之有德性恰恰在于它增进了这种感情,休谟认为自己与哈奇森持有类似的看法。可是,哈奇森却坚持认为,"受到赞扬的善并不是给予我们快乐感觉的倾向",而是不依赖于它、先于它的东西,善存在于那种感情的根源之中,而不是由这种感情所产生,这种根源就是行为主体善意的意向。哈奇森的伦理学虽然是一种情感主义的伦理学,但是他并不像休谟那样会导向一种道德上的无政府主义。哈奇森从莎夫茨伯利(Anthony Ashley Cooper, Third Earl of Shaftesbury)那里继承了古代斯多葛派的传统,倡导过一种自然的、合乎理性的生活,因为道德的特征是永恒不变的,发现这些特征的反思能力就是理性本身。参见M. A. Stewart, "The Scottish Enlightenment", *British Philosophy and the Age of Enlightenment*, ed. Stuart Brown(London and New York: Routledge, 1996), pp. 279-280, 290-291.

观念论的核心论域中,①以至于黑格尔将休谟与卢梭并列为德国哲学的两个出发点。②

正是休谟的怀疑论揭示了启蒙理性最为吊诡的地方:启蒙哲学以发现宇宙中的统一原则为旨归,试图阐明世界本身的合理性,可是人们最后发现,这个统一的原则并非人先天秉赋的理性和客观的理性法则,而在于人们普遍具有的感受能力。理性的东西之所以是合理的,正在于它们符合了我们对于效用(utility)的最为直接的感受,不管我们是把这种感受称作愉快还是幸福。这种关于理性的效用证成(utility-justification),③使得理性自身异化为一种只追求有用性的工具理性(instrumental reason)。那些在亚里士多德意义上自身就是目的的东西,诸如道德、荣誉、友谊、爱情以及对世界的沉思等等,都成了我们追求美好生活的手段,可是仅仅满足于一种美好感觉的生活真的是一种好的生活吗?需要注意的是,启蒙计划的目的并不是要反对理性本身,而是要把那些曾经被认为是合理性之根据的东西(诸如上帝、灵魂不朽和天意等等)以及由此引申出来的种种

---

① 关于休谟和苏格兰启蒙运动对德国哲学的影响可以参看 Manferd Kuhen, *Scottisch Commen Sense in Germany:* 1768—1800 (Montreal: McGill Queen's University Press, 1987)。除此之外,克勒梅(Heiner F. Klemme)还将18世纪译介到德国的苏格兰启蒙思想家的著作德译本汇编为 *Reception of the Scottish Enlightenment in Germany: Six Significant Translations 1755—1782* (Bristol: Thoemmes Press, 2000)。这些被译成德成文的著作中包括休谟的《人类理解研究》、哈奇森(Francis Hutcheson)的《道德哲学体系》、亚当·斯密的《道德情操论》、比蒂(James Beattie)的《论真理的本质及不变性》、弗格森(Adam Ferguson)的《道德哲学原理》以及里德的《按常识原理探究人类心灵》等。值得注意的是这些著作的德文译者包括当时思想界的一些重要人物,如祖尔策(Johann Georg Sulzer)、莱辛和加尔弗(Christian Garve)等人。除了在知识论、道德哲学和形而上学方面,英国的美学思想也对当时的德国思想界产生了重要的影响,那些重要的美学著作同样在当时就出现了德文译本,可参见 *The Reception of British Aesthetics in Germany: Seven Significant Translations 1745—1776*, ed. Heiner F. Klemme and Manferd Kuehn (Bristol: Thoemmes Press, 2001)。
② 黑格尔:《哲学史讲演录》(第四卷),贺麟、王太庆译,商务印书馆1978年版,第237页。
③ 哈孔森:《立法者的科学——大卫·休谟与亚当·斯密的自然法理学》,赵立岩译,浙江大学出版社2010年版,第49页。

规范当作未经理性检验的、非理性的东西加以拒斥。合理性的形式仍然存在,只是我们开始用完全不同的一套方式来对其进行解释、提出理由,比如我们不会再用上帝本身的完满性和上帝创世的目的来解释我们为什么要去恶扬善,或者认为我们天生固有的本性(自然)就规定了我们应当去实现的目的和完善性。当理性日益主观化、形式化的时候,我们就只能将行动规范的根据诉诸实践的有效性以及在此基础上形成的道德感,这种道德感的形成是因为它满足了我们人类自我保存的需要。我们很难再理解那种以自身为根据、以自身为目的的客观理性是怎么一回事。理性曾经具有的客观内容,即那种本身作为目的的东西,就变成了满足主观目的的手段。结果,合理的东西不再是那种能够限制我们的主观性的普遍的东西,而是那种能够使得效用最大化的东西。合不合理的问题变成了有没有用的问题,变成了是否合乎我们的逻辑和计算能力的问题。"理性在主观化(subjectivized)的同时,也就变得形式化(formalized)了。"①一方面,形式理性(知性)通过反思,通过不断追问事情的原因和理由而将一切终极的、绝对的根据消解掉,以至于如霍克海默(Max Horkheimer)所感叹的那样,只要我们无穷地追问下去,我们就根本无法通过理性来证明为什么杀人是不对的,为什么污染环境、破坏生态是不对的,一切自在的根据都不能幸免于形式理性的拷问;可另一方面,我们的反思和追问又需要一个答案,一个足以应付当前问题的理由,一个似乎不能再问下去的自因,于是形式理性的空洞就由工具理性对有效性的诉求来填补了。客观的、终极的和绝对的理性法则在被知性反思瓦解之后,又进一步被化约为效用原则,目的的合理性(实质的合理性)最终被手段的有效性(程序的合理性)所取代。德国观念论者希望通过对主观主义和工具理性的批判来

---

① Max Horkheimer, *Eclipse of Reason* (London and New York: Continuum, 1974), p. 6.

恢复思有同一的客观理性(objective reason),从根本上回应现时代的相对主义和虚无主义。关于这种客观理性,霍克海默曾经有过一段精辟的论述:

> 这种理性观断言,理性作为一种力量不仅仅存在于个体的心智中,也存在于客观的世界中——在人与人之间、社会各个阶层之间的关系中,在社会的种种创制(institutions)中,在自然和它的显现中。伟大的哲学体系,诸如柏拉图和亚里士多德、经院哲学和德国观念论的体系,都建立在一种客观的理性理论(an objective theory of reason)的基础上。这种理性观旨在发展一种关于所有存在者(包括人和人的各种目的)的综合性的体系或层级系统。一个人的生活的合理化程度可以根据它与这个整体(totality)的和谐程度来得到规定。理性的客观结构,而不仅仅是人和人的目的,才能成为衡量个体的思想与行动的标杆。这种理性概念并不排斥主观理性,而是认为后者仅仅是普遍合理性(a universal rationality)——万物存在的标准是从这种普遍合理性中获得的——的一种片面的、有限的表达。客观理性所强调的在于目的,而不是手段。这样一种思维想尽力去调和哲学所理解的客观的"合理"(reasonable)秩序与人的实际存在(包括人的自利和自我保存)。……客观理性的理论所关心的并不是行为与目的的协调,而是那些在今天看来像是神话或者虚构的(mythological)概念,是至善的理念、人类命运的问题,以及实现终极目的的方式。[1]

黑格尔的理性(Vernunft)概念的形成实际上正是得益于对古希腊思

---

[1] Max Horkheimer, *Eclipse of Reason*, p. 4.

想中的逻各斯(λόγος)和努斯(νόος)①概念的重新阐发。逻各斯作为古希腊语的一个普通词,其最基本的含义是言说、叙述(λέγειν),很显然,作为一个哲学概念的逻各斯本身的确与人的思维和言说能力相关。可是,当古希腊人说"人是理性的动物或能言说的动物"(ζῶον λόγον ἔχον)时,他们并没有将理性或者言说仅仅看作人的一种主观的心灵能力。因为当他们批判神话只是人主观的构造、用思维和理性宣布了神话与迷信的虚妄之时,存在于思维和言说中的概念和共相就成了世界真实而客观的内容。柏拉图曾经批评诗人并不依据存在(理型或真实的知识)作为其创作的范本,而只是根据肉眼所见者(或者用想象)来从事绘画或者诗歌创作。诗人的创作作为一种模仿,并没有掌握真理,而只是一种暗影。换言之,诗人对神祇和英雄的描写不应当只是现实人类生活经验的一种投射,而必须依照神的存在或本性,即那以自身为根据的逻各斯的法则来理解他们,它所带来的是一种作为范本的先验正义。

逻各斯是世界本身存在的尺度和原则,人的语言之所以能够把握事物的本质和关系,不是人的主观意图和能力的结果,而是因为人本身被语言、被这种自身规范的意义整体所规定。就像赫拉克利特(Heraclitus)所说:"对那永恒存在着的逻各斯,人们总是不理解,无论是在听到它之前还是最初听到它之时。因为尽管万物根据这逻各斯发生,可是,甚至在人们经验了我根据自然对每一事物做出的区分并且指明这区分是如何做出的所说的那样一些话和事情时,他们仍然像是对此全无经验的人一般。至于其余的人,他们觉察不到醒来后的所作所为,就像他们忘记了睡着时所

---

① 关于古希腊思想中逻各斯和努斯的意义及其与黑格尔辩证法之关系的详细论述,可参看邓晓芒:《思辨的张力——黑格尔辩证法新探》,湖南教育出版社1992年版,第11—60页。另外,施耐德巴赫对康德的主观理性的统一性和黑格尔试图将主观理性与客观理性统一起来的努力做了精彩的阐释,参见 Herbert Schnädelbach, *Grundwissen Philosophie: Vernunft* (Stuttgart: Philipp Reclam jun., 2007)。

做的事情一样。"①我们每个人都好像是在通过自己所具有的语言或思维能力来表达自己私人的想法和意见,但是这些看似私人的主张必须以某种更加源初的、客观的结构为依据才有意义。所以,"必须遵循那共同的东西;但虽然逻各斯就是共同的东西,大部分人却还是好像有私人的理智一般";"不听从我而听从这逻各斯,同意一切是一(ἕν πάντα εἶναι),这才是智慧的"②。头脑中的想法和语言所传达的话语之所以不是无意义的、混乱的幻相和噪音,是因为它们是以一种自我规定的、具有内在必然性的意义结构为根据组织起来的,这种自成一体的逻各斯是人们得以言说和思维的共同的基础。正是语言或者逻各斯自身所包含的关系总体,使各种不同的观点彼此联系在一起,使事物得以显示它们"是"什么,使人的世界作为一个有序的意义世界而不是作为一个无序的纯然杂多的质料世界得以展开。这一切都是按照逻各斯自身的规则、尺度和目的进行的,逻各斯作为理性的最初表达正是指存在关系的这种自在的规则性或规范性。因此在这个意义上,逻各斯是先于主观认识而存在的,它既是主观的也是客观的,它首先是一种在自身中为自身提供根据的关系性实在;它是理智的"一"朝向"多"的自我展开,也是"一"从"多"出发向自身的复归。③

黑格尔理性概念的另一个来源是努斯,这个概念与逻各斯有着密切的关联,它表明了理性自身的能动性。理性作为事情本身存在的方式,它并不像近代自然科学所理解的那样是一种通过人的观察、反思和分析所得到的自然规律,相反,理性作为努斯是一种客观思想。在阿那克萨格拉

---

① G. S. 基尔克等:《前苏格拉底哲学家——原文精选的批判史》,聂敏里译,华东师范大学出版社 2014 年版,第 278—279 页,译文有改动。
② G. S. 基尔克等:《前苏格拉底哲学家——原文精选的批判史》,第 278—279 页,译文有改动。
③ Cf. Thomas Sören Hoffman, *Georg Wilhelm Friedrich Hegel: Eine Propädeutik* (Wiesbaden: Marix Verlag, 2004), S. 19.

(Anaxagoras)那里,努斯是无处不在的东西,但努斯又与任何东西不同,也不会与任何东西混杂在一起,它不受有限事物的限制,相反,一切都在努斯的自我实现之中,它是无限的、自存的,仅仅以自身为根据的存在。努斯使逻各斯的客观法则成为自身能动的客观思想,这种客观思想不同于主观的心灵能力,它是一种宇宙精神(即 νόος),是世界的统治者和推动者,将万物统一为一个规范性整体,而这个统一的过程表现为努斯的自我实现。[1] 努斯作为一种宇宙精神,它的特点在于不以具体的事物为其认识对象,它思考的是它自己本身,因此努斯是"思想的思想"(νόησις νοήσεως),它不依赖于任何个体的思维活动,而是与自身同一,并且通过揭示万物自身潜在的合理性来促使事物达到理性的规范性要求,促成秩序的实现。

古希腊理性概念的最重要意义就在于,它表明了思维与存在的最高的同一,理性作为认识和思维自身的永恒法则,同时就是最高的现实性。规范性的根据内在于事物的本性当中。但是这种思维与存在、自然与规范的同一在基督教的创世观念中被动摇了。一方面,根据基督教的教义,上帝从无中创造世界,自然作为一种受造物在存在等级上是低于上帝的,这就从根本上排除了自然本身的完善性;另一方面,既然自然不是最终的,而是被造的,那么自然中的任何目的或规范就都不是自然本身所固有的,而应归于上帝的最高理性。规范不再被视为从自然本身的合理性中自发地产生的,而是由一个外在的权威施加于自然的,思维与存在的源初统一被分裂为主体和客体,而最高的统一性属于作为绝对主体的上帝。"一旦自然秩序被看作出自一个不可思议的拥有最高权力的造物主,自然就失去了其决定性的规范性的权威。"[2]基督教的创世信仰实际上打破了

---

[1] Cf. W. K. C. Guthrie, *A History of Greek Philosophy*, Vol. 2 (Cambridge: Cambridge University Press, 1965), pp. 272–275.
[2] Louis Dupré, *Passage to Modernity* (New Haven: Yale University Press, 1993), p. 128.

古希腊的那种自然与规范有机统一的自然观,将道德秩序看作与自然秩序完全不同的一套秩序,理性也从自然中被抽离出来,被置于最高的主体中。这样的话,虽然规范性仍在理性中有其根源,但是这种理性已经不完全是古希腊意义上的客观理性了;而当这种理性(ratio)逐渐演变为人的主观的、形式的理性(intellectus)时,理性自身内在的目的和必然性就被消解了。一旦概念、共相、形式等等被当作人的精神的产物,它们既不在事物中,也不在上帝那里,那么世界的物质化和碎片化就在所难免了,而且连理性自身的实在性也会在唯名论的攻击下变得不堪一击。因为在唯名论者看来,概念无非指称事物的名称或者标签,它无非人类心理活动的产物而自身没有客观实在性。近代的经验论和怀疑论就是在中世纪唯名论的基础上批判理性主义的天赋观念学说,从而将理性的必然性和规范性消解为经验层面的有效性。没有什么绝对、永恒和普遍必然的东西,一切规范性的来源和效用都是有限的,追问无限反倒成了一种非理性的表现。

正是由于理性原本拥有的那种绝对性和客观性的失落,才导致理性在近代以来逐渐走向主观化和形式化。为了从根本上回应怀疑论对人类理性的攻击,康德开启了自己以理性批判命名的先验哲学的工作。在康德看来,哲学必须经过从独断论到怀疑论,再到批判哲学这样一条道路,才能够为未来作为科学出现的形而上学提供根据(KGS 3: 50-51;KrV B XXXV-XXXVI)。[①] 康德捍卫理性实在性和绝对性的决定性步骤在于重新提出关于世界的二元论区分,这是康德迫不得已的选择,因为只有这样,将知识限制在现象领域,而将上帝、自由和灵魂不朽作为本体世界与它隔离开来,才能为人类的自由和尊严提供坚实的基础。可是,为什么理性具有实在性却没有现实性?为什么道德只关乎善而无关乎真理?更为

---

① 后来黑格尔在《哲学全书·逻辑学》的导论部分中就思想对客观性的三种态度也做了与康德相似的分析(GW 20, 1. Theil, Vorbegriff)。

重要的是,如果道德法则仅仅是作为一种"纯粹理性的事实"(Faktum der Vernunft, KGS 5: 31)为我们所意识到,却不能再追问何以偏偏是这些道德法则对我们来说是合乎理性并且应当奉行的,那么这与实定宗教(positive Religion)所颁布的那些教条又有什么区别呢?康德想要避免启蒙的理性走向虚无主义,却通过复活宗教的实定性(die Positivität)而使理性再次成为信仰的奴仆(GW 4: 315-316)。

康德向我们证明了理之应然,而黑格尔则试图向我们表明理之本然,这个在黑格尔逻辑学中以概念之进程的方式展现出来的本然之理,不是我们思维的某种工具,毋宁说是我们的思维服从概念——"正是语词本身规定着我们使之付诸使用的唯一方式。我们称之为真正的'使用',即某种不依赖于我们,相反我们依赖于它的东西,因为我们不得违背这种使用"①。如何在意志的规定中证明这种不可违背的必然性,这是黑格尔法哲学的一个基本关切。因为黑格尔认为,道德不仅仅关乎善和应当,"关于法、国家和伦理的真理早在法律、道德和宗教被公开表述和为人熟知时就已存在,但科学不能满足于以这种近便的方式获得真理"(Werke 7: 13-14)。只有这些关于法、国家和伦理的真理被人们所理解,使这些本身已是合理的内容获得合理的形式,这些真理才会对自由的思维来说显得是有根据的。可是我们不能从外部实定的权威出发,也不能仅仅得到内心情感的支持就够了,我们只能从这些事物本身的规定出发,来考察法的合理性(die Vernünftigkeit des Rechts),看它们是否符合它们的概念,即它们的真理性。那些在康德那里作为"应当"而存在的道德法则,只有当它们符合自身的概念,即是其所是的时候,道德法则才真正获得了它的现实

---

① Hans-Georg Gadamer, "The Idea of Hegel's Logic", *Hegel's Dialectic: Five Hermeneutical Studies*, translated and introduced by P. C. Smith (New Haven: Yale University Press, 1976), pp. 93-94.

性。是(was ist)与应当(was sein soll)之间的争执,即那亘古不变、自在自为地存在的法和对什么应作为法起作用而做出规定的那种任意(der Willkürlichkeit)之间的争执,才能最终得到和解(Versöhnung)。为了对这些真理达到真实的洞见,黑格尔需要以一种新的逻辑学来思维,这种新的逻辑学的可能性就奠定在理性的理念自身上。让人最难以理解的是,这种展现概念自我实现之进程的逻辑学并不是我们主观的思维模式,而是反映了客观的自我组织的普遍法则。[1]

第四节 黑格尔的理性一元论

为了克服知性思维所造成的感性与概念、自由与必然、理论与实践的二元对立,黑格尔发展了一种理性与现实同一的一元论主张,[2]这是理解黑格尔法哲学的最为重要的存在论前提。黑格尔的理性概念是一个非常复杂的结构,它是黑格尔式的概念(Begriff)与过程(Prozeß/Fortschritt/Vorgang)结合在一起的产物。从根本上说,它是作为实体的理性(理念)自我实现的活动,这种自我实现活动通过大量的特征得到规定,黑格尔将这些特征称为思维规定(Denkbestimmungen),这些思维规定的总体就构成了黑格尔所说的理性概念。黑格尔要将意志与思维统一起来,就是为了利用逻辑学的方法,在概念自身的运动中来达到意志概念的普遍规定性。

黑格尔的理性概念是观念论哲学的继续。我们通常把观念论(Ideal-

---

[1] Cf. Rolf-Peter Horstmann, "What is Hegel's legacy and what should we do with it?", *European Journal of Philosophy*, vol. 7: no. 2, 1999, p. 280.

[2] Cf. Rolf-Peter Horstmann, "Hegels Konzeption von Rationalität-die Verbannung des Verstandes aus Reich der Wahrheit", *Die Grenzen der Vernunft: Eine Untersuchung zu Zielen und Motiven des Deutschen Idealismus* (Frankfurt an Main: Vittorio Klostermann GmbH, 2004), S. 123–142.

ismus)译作"唯心论",并将其看作唯物论(Materialismus)的对立面,这是一个严重的误解。实际上,与唯物论相对立的主张应该是唯灵论(Spiritualismus),与主张物质第一性的唯物论相反,唯灵论认为从存在论的意义上讲,世界的本质是心灵或精神,物质作为心灵的附属物或产品,只是表象或假象,并不真实存在。可是这并非黑格尔的观念论所具有的基本立场,不论是康德还是黑格尔都不曾否认独立于人的意识之外的物质世界的存在,他们所关心的问题的焦点并不在物质与精神何者具有第一性。[①] 哲学史家克朗纳(Richard Kroner)提醒我们,与观念论相对的实际上是实在论(Realismus),但德国观念论并不是一味强调这二者的对立,相反"德国观念论所要努力的,正是要从概念层面把观念论与实在论之间的对立联系起来"[②]。观念论并不是要否认客观世界的存在,而是要为经验实在论(empirischen Realismus)确定其可能性的条件。客观物质对象的实存不依赖于人的精神,但是这种客观存在要为人所理解,成为人的认识对象,在人的认识中获得其存在(Sein),就不能不考虑到人自身的认识条件了。也就是说,物质的实存可以完全独立于我们的意识活动,但是当我们要说一事物"是"什么的时候,它作为我们的对象呈现出来之时就必然是以某些东西为条件了,不论这些条件是我们的感官感觉、脑神经活动,还是我们的语言和我们的历史。观念论绝不意味着主张想象、观念或者主观的想法比经验性事实更加真实,正如黑格尔所言,"观念论哲学与实在论哲学的对立是……没有意义的","观念论无非不承认有限事物可以被当作真正的存在。所有哲学本质上都是观念论",因为所有哲学都承认一切有

[①] Hans-Friedrich Fulda, *Hegel* (München: C. H. Beck, 2003), S. 68-69; Max Horkheimer, "Materialism and Metaphysics", *Critical Theory: Selected Essays*, translated by Matthew J. O'Connell and others (New York: Continuum, 2002), p. 14.
[②] Richard Kroner, *Von Kant bis Hegel*, Band 1 (Tübingen: J. C. B. Mohr [Paul Siebeck], 1961), S. 7.

限实在的原则都是被设定的、观念性的或理想性的(ideell),也就是说,事物的原则不是建立在有限的经验事实基础上,而是建立在概念、理念、精神、绝对、上帝的基础上的。"一种将真实的、终极的、绝对的存在归为有限存在(并且不能将有限存在理解为其理念的经验性实现)的哲学根本配不上'哲学'这个名字。"(GW 21: 142)

这种观念论的传统可以追溯到柏拉图的相论,最直接地来自苏格拉底对于普遍定义的要求。不仅世间的万物纷繁复杂、变幻莫测,人们对于什么是真实的、合理的这些问题所持的理据也可能各不相同。既然在时间中无物常驻,一切现象都是不断变化、纷然杂陈的,那么我们如何可能得到对世界真实无妄的认识?每当我们说什么"是"的时候,它就已经变得不再是它了。于是乎古希腊的智者们可以理直气壮地说,哪有什么正义,正义无非强者的利益,强者迫使弱者接受他们认为合理的主张和种种安排,正义只是一个骗局罢了。这样的设问和回答可以一直进行下去,比如:哪有什么真理,真理无非强者的话语;哪有什么美,美无非每个人主观感觉上的快适;哪有什么道德,道德无非人类出于自我保存的需要而虚构出来的东西。归结起来我们会说,对于人而言,那些与人相关的东西哪有什么是普遍必然的,一切都是特殊的和偶然的,此亦一是非,彼亦一是非。可是苏格拉底却不这么看,虽然"意见"可以各种各样,"真理"却只能有一个;"意见"可以因人因地因时因事而变化,"真理"却是永恒不变的。尽管人们对于什么是美、什么是正义、什么是勇敢这些概念的定义所抱有的信念可能是不同的,但是当苏格拉底问我们什么是美本身、什么是正义本身、什么是勇敢本身的时候,他要求的是某种普遍的东西。当我们使用这些概念的时候,那使这一概念之所以成为这一概念的根据却不因为我们对它们持有的不同信念而有所改变,否则我们就根本无法通过这些概念来表达我们的"意见"了,换句话说,概念是以自身为根据的无条件者和

"自因"。由于我们确实不能从我们的经验现象中发现这些具有普遍必然性的东西,而它们却又能规定我的意见,因此观念论者把概念称作"先天的"(a priori)。数学就是这种先天的、具有规定性的科学的典范,所以柏拉图才会在他的学园门口写上"不懂数学者请勿入内"。这种数学的经验是很好理解的,我们并不需要总是在面前放一个苹果,再放上另一个苹果,才知道一加一等于二。相反,我们先天地就有一加一等于二的观念所以我们才能够这样来理解面前的事物。当我们追问一加一为什么等于二的时候,我们显然不会满足于在面前放上两个苹果来作为证据,就像苏格拉底不满足于他的对话者只提出具体的、特殊的例子来解释什么是美和正义,却不是进入到具有普遍性的概念本身,这恰恰显示了我们日常的表象式思维的无能。换言之,我们不是用数学来思维,相反,我们是以数学的方式或数学地思维(thinking mathematically),就像海德格尔指出的那样,"数学的投开(der mathematische Entwurf)①作为公理性的,是对物,即物体之本质的先行把握(Vorausgriff)"②。同样,概念的先在性就在于我们不是用概念来思维,而是概念先天地就规定了我们必然以某种方式来思维。在我们人身上,最能体现这种概念的先在性作用的东西就是我们的语言,"因为语言是思想的作品,所以在语言中就不能说出任何没有普遍性的东西。我单纯意谓的东西是我的,是属于我这个特殊的个人的;但如果语言只表达普遍的东西,那么,我就不可能说出我单纯意谓的东西。

---

① Entwurf 在汉语学界通常被译作"筹划",但是海德格尔对这个概念的使用主要是取它的动词形式 verwerfen[抛出,投出]的意思,他想要强调的恰好不是作为主体的人的筹划和计划,而是指存在(Sein)自身打开一个规定性视域(Horizont)的行动,存在自身展开一个可能性的意义空间,这个空间不是人的产物,相反,它构成了人得以理解和行动的根据。因此,我们在这里不用主观意味较强的"筹划"一词来翻译 Entwurf,而是依据它的动词形式将其译为"投开"。
② Martin Heidegger, *Die Frage nach dem Ding*, GA 41(Frankfurt am Main: Vittorio Klostermann 1984), S. 93.

不可言说的东西,如情感和感觉,并不是最卓越、最真实的东西,而是最无意义、最不真实的东西"(GW 20: 64-65, Enz§20)。

如果我们的感觉是不可靠的,我们的肉眼只能看到一个变动不居的现象世界,那么对于一切真实的东西的洞见只能依靠我们内在的"灵魂之眼"来达到,这就是我们自身所秉赋的理性和思维能力。我们在理性思维中把握的是摆脱了一切特殊性的、为所有人所共有的普遍的东西。康德敏锐地看到,如果我们同意经验论者将知识建立在经验归纳的基础上,那么必然会导致一种怀疑论的结果,使知识不再具有普遍必然性。要确保知识的普遍必然性,使知识得以与意见区别开来并作为衡量所有意见之是非对错的标准,那么我们就必须从我们自身所具有的认识能力着手来寻找知识的根据,而这一根据必然是纯粹的和先天的。康德在判断的逻辑机能中发现了具有先天规定能力的纯粹知性概念,即范畴。当我们思维我们的对象之时,感性直观杂多必然会以同一、数量、因果等方式表象出来,从而构造出我们的认识对象,即可能经验(mögliche Erfahrung)。只有符合这些先天的认识条件,我们的经验知识才可能具有普遍必然性。先验逻辑是康德的伟大创造,也正是因此,理性才在康德那里最彻底地成为一种与主体相关(先验主体,免于后天感觉经验的侵扰),却又客观有效的认识能力。可康德付出的代价也是巨大的,由于只有从通过我们先天认知结构所构造的经验中才能获得具有普遍必然性的知识,所以康德认为我们无法认识那个完全独立于思维之外的事物本身,以至于他的整个先验哲学呈现为一种感性与知性、直观与概念、理论与实践、思维与存在、自由与必然分裂对立的二元论。导致这一结果的关键一环就在于康德的知性思维,他总是诉诸抽象的或形式的同一性,坚持一种无法调和的区分。比如,知识如果不是以对象为根据,那就是以主体为根据;范畴如果不是存在于对象中,就是存在于主体的认识结构中,范畴虽然有客观的有效性,但仍然是一种主观的东西。从这样的前提出发,二元论的结果就是不可避免的了。

其实,主观与客观实在是两个再普通不过,却又再麻烦不过的概念了。黑格尔不厌其烦地在他的著作中,尤其是在他著作的导论中反复区分、界定这两个概念的含义。确实,如果客观性指的仅仅是一种非精神或独立于意识的东西,那么思维(Denken)或思想(Gedanke)当然可以被认为是主观的。虽然思维可以表现为人的意识活动,可是一旦我们涉及思维的内容(Inhalt)[①]时,特殊的、主观的意识活动就会使得思维所要求的普遍必然性遭到毁灭性的打击。"当思想试图将事物把握为概念时,这个概念(以及它的直接形式,即判断和推理)不能由那些与事物相异的、外在于事物的规定和关系构成。"(GW 20: 67, Enz§23)康德自己也必须承认,范畴的内容不能是建立在习惯性联想的基础上的,这种联想是一种心理学意义上的、主观的联结,是通过对重复出现的事件的反思而得出的,如果不承认这一点康德就退回到他所批判的休谟的立场上去。可是康德却不再进一步追问诸范畴的起源问题,即为什么人恰好具有这样一些先天的知性概念,这些概念是如何获得其自身的规定的。康德的理由是,这种探究超出了感性直观的范围,无法成为合法的认识对象。因此,康德的先验哲学就满足于在先验统觉中达到的形式的同一性。可问题当然没有这么简单,由于将范畴归于先验主体,康德就不得不进一步说明这种主体自身具有的认知结构如何具体地运用到受物自体刺激而产生的感性直观杂多上,闭门造车如何才能出门合辙。为了解决这个问题,康德引入了先验想象力的时间图型(Schema),也正是时间图型的引入动摇了康德关于直观与概念严格二分的结构,让人们隐约看到,感性直观本身中就包含着知性概念的规定,而知性概念似乎是在时间这个感性形式中才获得它具体的

[①] 阿尔都塞(Louis Althusser)敏锐地把握到黑格尔哲学中的这个关键概念,参见其论文《论黑格尔思想中的内容概念》,收录在他的论文集《黑格尔的幽灵》中。

规定。在这一考察中,我们看到的不仅是概念在形式上对感性直观杂多的先天综合统一,而且更重要的是思想对思想本身的思维,而在这其中起作用的不是我们主观上怎么认为,而是理性的自我认识(Selbsterkenntnis der Vernunft),是思维在内容上的自我规定(Selbstbestimmungen)。在这个意义上,思维或理性就不再仅仅是一种主观的认识能力,相反,它是一种客观思想(objective Gedanken)。在这个过程中,我们作为普遍的精神使自己受事情的支配(die Sache in sich walten zu lassen)。正如马克斯(Werner Marx)所言,"黑格尔的精神概念尽管最初隶属于宗教,但它的根却扎在逻各斯哲学(Logosphilosophie)的传统之中。在黑格尔的精神概念中表现出来的是现实的、完满的逻辑性"[1]。思想的确是我们人的意识活动,但是这种思想的活动是有章法的,而这个普遍必然的法则既不在我们主观的认识能力中,也不在客观的事物(Dinge)中,而是在客观的思想中,在自觉思维形式(Formen des bewußten Denkens, GW 20: 66)中。思想是逻各斯,它表达了事物之本质(die Wesenheiten der Dinge auszudrücken),只有在这个意义上我们才能理解为什么黑格尔将逻辑学和形而上学,即与研究思想所把握的事物的科学视为一体。

在精神认识自身的过程中,我们考察的是那些我们最熟悉却又最不了解的思维规定,诸如存在、同一、因果等范畴的内容。我们很容易像康德那样认为,只有当我们能够无矛盾地运用这些范畴来规定认识对象的时候,我们才能获得确实可靠的知识。确定性的一个显著标志就是遵循矛盾律和同一律,具有无差别的同一性。可是黑格尔提醒我们注意,当我们仅仅用"是"或"存在"来进行规定时候,这种规定实际上仅仅是有限的、片面的和不真实的规定。当我们说某物"是",它不能"不是"的时候,

---

[1] Werner Marx, *Hegels Phänomenologie des Geistes* (Frankfurt am Main: Vittorio Klostermann 1981), S. 73.

虽然这是无矛盾的，可我们没有获得任何具体的内容，因为这种有限规定使得一事物与他者处在绝对的隔绝和对立中。当然，我们并非不理解这种规定实际上对我们是有意义的，只是这种意义并非来自这种只产生有限规定的知性思维（Verstand）。相反，任何思维规定自身都包含矛盾，任何规定自身都包含否定（Negation），这种矛盾和对立面是由思维自身设定（setzen）的，而不是一种逻辑上自相矛盾的判断。我们能够理解某物"存在"这一有限规定的意义，因为"存在"这一范畴什么具体的规定也没有说出，因而在其自身中就包含了"非存在"或"无"（Nichts）；而"无"之为"无"又是对"存在"的否定，这种否定自身中又包含了对某种具体事物的规定，这种新的具体规定又是对无的否定，由此，存在被把握为自身合目的性的生成（Werden），并一步步推出关于质、量、关系等范畴的规定。任何我们个人特殊的信念和倾向都没有掺杂到这个思维规定的过程中去，相反，这是思维通过不断揭示自身规定的有限性从而超越这种有限规定。

在我们通常的认识里，这一思维规定过程的结果与我们最初在有限的"存在"范畴里所意指的东西似乎是一回事。仿佛你只要跟我说"这是一支笔"，我马上就能理解你说的是什么意思，根本不需要这么一个复杂的规定—否定的过程。可是我们不妨设想一下，对于一个从来没有书写经验，不知笔为何物的人来说，笔的"存在"这个规定对他来说又有什么意义呢？在这种情况下，存在就是无。在思维规定的终点，思想认识到的不仅仅是一个空洞的"存在"，而是一个包含了全部规定过程的绝对理念。在这个终点，思想认识到它之为绝对理念就在于它是整个思维过程本身，是自己思维自己的理念（GW 20: 228, Enz § 236），因而是最具体和最真实的东西。只有一个懂得什么是书写和记录、什么是交流和传承的民族才可能理解笔之为笔的意义，笔的"存在"才获得它的现实性和它的真理。始终要记住的是，思维规定不是我们为了更好地说明事物而附加上去的，关键在于,规定之所以是有效的和有意义的,在于思维规定是概念自己规定自己,是事情本身(Sache selbst)的自我规定,这也正是黑格尔辩证法的实质。"这种辩证的进程是一种从一个逻辑规定到另一个逻辑规定的内在演进,它被认为不是从任何假设性断定开始的,而是随着概念的自我运动,在思想自身的逐步展开之中呈现出它的内在结论的。这里没有任何过渡是被外在地规定的。"①黑格尔喜欢用小孩和老人的例子来说明这种直接的规定与在思维中把握的规定的区别:一句格言,从一位饱经风霜的老人口中说出来,和从一个尚未涉世的孩子口中说出来,怎么会没有差别呢?老人讲的那些宗教真理,孩子也会讲,可是对于老人来说,这些真理包含着他的全部生活的意义。黑格尔的"老人"就是绝对理念,而"孩子"则是指有限的、直接的知性规定。绝对理念是思想对其整个发展过程的回顾,它的全部展开过程构成理念的内容和意义。而"哲学的洞见就在于,一切就其自身看是有限制的东西,之所以能够获得其价值,是因为它们都属于整体(Ganze),都是理念的环节"(Werke 8: 389, Enz § 237Z)。正是对这种表现为思维规定之进程的时间性(die Zeitliche)②整体的思考,才使得思维超越了有限事物而达到对无限事物的形式(die Formen des Unendlichen)的把握。

我们可以指鹿为马,可以颠倒黑白,但是并不因此鹿就不是鹿,马就不是马了。世间有常道,并不因为我们不认这个常道它就不存在了。古希腊人说,理性(νόος)统治世界,而黑格尔自己的说法是理性存在于世界中(Vernunft in der Welt sei)。当黑格尔说"理性是世界的灵魂,寓于世界

---

① Hans-Georg Gadamer, *Hegel's Dialectic*, p. 5.
② 海德格尔在他早年的讲座中就多次触及时间性与形式(Form)这个重要的论题,可参见 Martin Heidegger, *Phänomenologie des religiösen Lebens*, GA 60 (Frankfurt am Main: Vittorio Klostermann 1995), S. 55-65。

之中,是世界的内在的东西,是它最固有的、最深邃的本性,是世界的普遍的东西"(Werke 8: 82, Enz § 24Z)时,他并不是意指某种人格化的神秘力量在控制着世界,而是强调理性法则的超绝性和客观性。黑格尔的所有论证都致力于证明客观理性的必然性,它作为一种发展着的先天的结构,不仅使得一切认识得以可能,更使得一切存在和对现实性的先天知识得以可能,客观理性的规定与实在的精神性过程紧密联系在一起。① 我们人作为人,并不仅仅是感觉或欲望的动物,人是思维的存在者,人的情感、意志都不是纯粹自然的东西,其中都包含着理性的普遍规定。即便由于人自身的有限性,人并不总是能够把握这种思维中的普遍性的东西,但是只要人借助某些普遍的东西(比如语言)来表达自身的感觉和信念时,那么这些内容就必然具有某些普遍的形式,指向某种普遍的东西,这是不由我们主观的意谓(meinen)来规定的。诚如伽达默尔所言:"'解释'和'表达'的概念……必须被理解为与某种存在论的进程有关。……'表达'并非主观选择的问题,即并非限于在事实之后并且借助于个人思想中的意义被赋予的可传达性而加之于事实之上的某种东西。不如说它是精神自身的生成,它的'解释'。"②毋宁说是理性通过人的思维来认识自身和实现自身。正是在这个意义上,主观的思维与客观的思维(νόος)是结合在一起的。世间的常道本是亘古长存的不易之道,但是有限的思维者并不是一开始就能把握这个常道,最初的规定总是直接的和抽象的,因此理性存在者作为思想在对思想本身的认识中表现为思维规定的过程,这是一个思想自我中介化的过程。"只有一种内容不是以他物为中介,不是有限

---

① Cf. Vittorio Hösle, *Hegels System: Der Idealismus der Subjektivität und das Problem der Intersubjektivität*, Band 1: *Systementwicklung und Logik* (Hamburg: Felix Meiner Verlag, 1987), S. 9-10.

② Hans-Georg Gadamer, *Hegel's Dialectic*, p. 32.

的,就是说,它是自己以自己为中介,因而与中介性统一起来,是直接的自相联系,它才被认为是真理。"(GW 20: 114, Enz § 74)换句话说,理性的东西必须通过理性的方式来达到。知性思维是将理性自身取得的成果固定下来,以为这些固定的规则就足以作为最终的根据。可是,这样做的结果就是再次使思维规定陷入彼此分隔和绝对的对立中去。用这样一些片面的知性规定是不可能把握黑格尔的哲学,也不可能把握真理本身。就像今天自由主义与社群主义的争论那样,不管是主张个人及其权利优先于社会,还是主张人首先是社会的动物,人的自由和权利是社会的产物,二者都有道理却又都无法完全把道理讲透。因为诸如特殊性(Besonderheit)、普遍性(Allgemeinheit)等概念本身就不是无差别的同一这样一种片面的规定,它们的意义必须在概念间的相互关系和规定的过程中才能得到真正的理解。真理是规定—否定的过程,是全体,是无限,抓住任何一个阶段将它当作黑格尔的主张,这不仅是对黑格尔的歪曲,也是把活生生的真理变成了僵死的东西,而黑格尔最为反对的正是将有限的东西当作绝对或者将无限存在有限化的那些做法。

可以说,黑格尔在他的体系中就像一个不持立场的旁观者和匿名者,他不要求对任何一种现成的、片面的知识和道德主张申明主权,也不认为任何一种现成的主张可以代表事情的全部,因此,不论是权利、道德、市民社会、国家、民族还是历史,它们都不可能独立于真理和事情本身之外而具有绝对的权威。但是,不肯定某一种主张并不代表没有主张,对黑格尔来说,过程就是实在,真理就隐藏在也彰显在对话与辩证法的过程当中。就像柏拉图的对话那样,柏拉图在他的对话里,并没有亲自出来说话,而只是介绍苏格拉底和一些别的人作为谈话者,在这些人中我们常常弄不清楚哪一位真正代表柏拉图自己的意见,柏拉图恰恰是想用这种方式来打破人们惯常的那种非此即彼的思维方式。如果真理不仅仅是一个正确的判断,而是自在自为的事情本身的规定,那么它就必须在这个对话的过程中将各种不同的意见整合到自身之内。所以,柏拉图的对话不是许多人自说自话的独白,这一个人说出这样的意见,那一个人又说出另一种意见,并且各人保持他自己的意见。相反,在柏拉图的对话里,所提出来的不同的意见,都经过不带偏见的批判性研究(问答法)而被转化为真理自身的环节。在柏拉图那里,对话绝不仅仅是一种我们通常理解的文学表现的体裁或者形式,相反,对他来说,形式本身就是内容,就是自持的真理自我展现的方式。正是基于这样的洞见,柏拉图才会在他的晚年自述中宣称,没有一个严肃的人会想要为一般公众写有关严肃问题的作品(*Ltr.* 344b-c)。① 这并非如某些研究者所理解的那样,认为柏拉图对普罗大众充满了蔑视和不信任,所以他的真实想法是不能公开的,只能私下对某些少数的精英进行秘传(esoterische Lehre)。以至于有人据此提出,真实的柏拉图不在他写下的作品中,而在所谓的"未成文的学说"(ungeschriebene Lehre)中。这样的看法实乃大谬不然。② 倒不如说,真实的柏拉图既在他的作品中,又不在他的作品中。对柏拉图而言,不是他不愿意道出真理,而是因为真理本身超出了那不可更改的语词和文字符号所能够固定下来的东西(*Ltr.* 342a-e, 343a-b),③真理是过程,是全体。所谓的"未成文学说"不是说柏拉图有什么未立为文字的口传思想,而在于他以此警示那些有志于成为哲学家的人,不要逃避思想的辛劳,不要坐享其成,不要自以为能够找到直接把握真理的捷径,而忽视了现实的复杂性,以至于将鲜活的真理再次降低为僵死的意见,而那些试图在柏拉图的文字以外来

---

① Plato: Letter VII, *Plato Complete Works*, ed. John M. Cooper (Indianapolis: Hackett Publishing, 1997), p. 1661.
② 关于柏拉图哲学的隐微与显白之说,相关的批评可参见施莱尔马赫:《论柏拉图对话》,黄瑞成译,华夏出版社 2011 年版,第 68—72 页。
③ Plato: Letter VII, *Plato Complete Works*, pp. 1659-1660.

寻找一种唯一的最高原理的企图,不管是将其视为隐微的口传秘学还是某种未成文的本原学说(Prinzipienlehre),其实都已经远离了柏拉图的源初洞见。柏拉图的精神其实就在于,将真理或者关于实在的认识把握为一个在对意见的澄清中洞见真理、回到事情本身的对话过程;如果那对话的结果是否定性的,那么理性通过人来阐明自身的整个过程而非某一个具体的结论,就代表了真正的柏拉图的思想。① 这既是黑格尔对柏拉图的赞赏,也是他自己哲学宗旨的表达。

第五节　黑格尔法哲学的基本问题

为了理解黑格尔法哲学的独特之处,我们首先必须了解黑格尔的时代对他们那一代人提出了怎样棘手的问题。我们知道,黑格尔处在这样一个时代,这个时代经历了宗教改革、启蒙运动,并且正在经受着法国大革命所带来的剧烈阵痛,古今之争(die querelle des anciens et des modernes)早已不只是文学和艺术领域中关于审美判断如何摆脱古代艺术的范本的问题,它成了一个涉及道德、宗教、政治和欧洲人生活之方方面面的一个根本性问题。② 人们的精神生活正在经受着一次巨大的断裂,一次与传统和权威、与之前所有世代的断裂,人们把自己所处的时代称为"现代"(moderne Zeit),一个时间(Zeit)与永恒(Ewigkeit)的交汇点,一个永远处于当前(Gegenwart)的时代,一个永远与之前的时代相区别的"新的时代"(die Neuzeit)。在现代世界,旧的道德规范、宗教信条和政治权威都失去了它们的典范意义,不再具有绝对的约束力和规范作用了。这是一个

---

① 黑格尔:《哲学史讲演录》(第四卷),第162页。
② Cf. Walter Jaeschke, "Early German Idealist Reinterpretation of the Quarrel of the Acients and Moderns", *Clio*, 12: 4 (1983: Summer), pp. 313-331.

恐惧与希望并存的时代,在这个时代,未来变得与过去毫无关系,只有经过了我们的理性检验的东西才能够被接受为真理。"现代不能或不愿再从其他时代的范本那里借用为其指明发展方向的准绳,它必须从自身中创造出自己的规范。现代完全倚仗自身而无从逃避。这就解释了现代自身的自我理解的敏感性,即那种直到我们的时代仍在不停试图'把自我确定下来'(pin itself down)的动力。"①黑格尔在《精神现象学》的序言中用这样一种充满热情的笔调描绘了一个新世界诞生的情景:"我们不难看到,我们这个时代是一个新时期诞生和向新时期过渡的时代。精神已经跟它旧日的定在和表象(Daseyns und Vorstellens)决裂,正要使之葬入过去而着手于自己的改造。……现存世界里蔓延着那种粗率和无聊,以及对某种未知事物的那种模模糊糊的若有所感,在在都预示着有什么别的东西正在到来。可是这种逐渐的并未改变整个面貌的颓毁败坏,突然为日出所中断,升起的太阳就如闪电般一下子建立起来新世界的形相(Gebilde)。"(GW 9: 14-15)人们相信,理性是真理和自由的保证,人们可以凭借自己的理性去检验认识的真实和虚妄、去反抗外在力量的压迫,挣脱自己加于自身的束缚;理性可以启发民智,使人们变得文明有礼、依理性的法则来行事;世界不再因为人的愚昧无知而陷入无尽的纷争,在理性的指引下,世界将不断进步,朝着富裕、和平的美好未来迈进。用洛维特(Karl Löwith)的话来说:"与各种超越的信念相比而言,这种对时代命运与一时行为之激情所具有的信念其实是一种积极的(positive)信仰缺失状态。这种对于超出了时代命运或超出了当下要求的事物(如价值、意义和合法性的客观在场)缺乏信仰的情形所具有的积极的因素在于,它强调理性责任的主体性(the subjectivity of rational responsibility),以这种主体性作为一

---

① Jürgen Habermas, *The Philosophical Discourse of Modernity*, translated by Frederick Lawrence (Cambridge: Polity Press, 1987), p. 7.

种个人面对自己时纯粹自我负责的态度。"① 可是,理性和主体性的原则却包含着一种自身无法克服的分裂。如果现代是脱离过去和权威的规约,依靠自己来创造规范,那么我们有理由追问:"主体性的原则和自我意识的结构是否能够作为确定规范的源泉,即它们是否能够不仅仅为科学、道德和艺术奠定普遍的基础,而且能够巩固那个摆脱了一切历史承担的历史构造。"② 一方面,我们要不依赖任何外在的力量和已有的规范,仅仅依靠我们自身的理性来创造我们行动的法则;另一方面,我们的自由任意(Willkür)却又常常与理性法则的客观内容相抵牾。如果规范性的起源仅仅是依赖于主体的话,我们完全可以从自身的自由任意来确定什么样的规范是合理有效的,如此则根本谈不上什么普遍必然的法则了。

为了确定规范性应当具有的普遍必然性的根据,康德对主体的感性和理性能力做了严格的限制和区分,规范性的起源必须建立在纯粹实践理性法则的基础上,而不能以任何病理学上的(pathologisch)条件为根据,即不能由感性冲动所规定,否则规范就不具备普遍必然性。诚然,这样一种关于意志规定根据的限定使得人的形式自由得到了确证,但是由于人毕竟是一种有限的理性存在者,出于人的自然倾向,他总是会将感性需要的满足作为自己行动的准则,而实践理性的法则是绝对不存在于这种感性规定当中的。因此,理性法则的客观内容(它表现为一种无条件的定言命令)与处在现象界的人的意志活动(它依赖于自身的感性条件)表现为一种完全的对立。这种对立不再像之前的时代那样表现为实定性的外在权威对人的主观自由的限制,而是人自身的主

---

① Karl Löwith, *Max Weber and Karl Marx*, edited and with an introduction by Tom Bottomore and William Outhwaite (London and New York: Routledge, 1993), p. 76.
② Jürgen Habermas, *The Philosophical Discourse of Modernity*, p. 20.

体性中存在的分裂。在之前的时代存在的是无限的上帝与有限的人类的对立,而在现代,人推翻了一切外在权威的统治,人是自己为自己立法,是自律(Autonomie),因此之前人与外在于自己的上帝的对立被转化为人自身内部中存在的对立。这种对立具体表现为各种分裂(Entzweiung):是人的感性的有限性与人的理性的无限性的分裂,是理性法则的客观必然性与主观任意的偶然性的分裂,是本体世界中自由的人与现象世界中受自然规律支配的人的分裂,是主体性与客体性的分裂,是信仰与知识的分裂,是灵魂与肉体的分裂,是理性与感性的分裂,是精神与物质的分裂。由人的理性产生出来的普遍法则反而成了一种人的理性无法认识的东西、一种压迫人的绝对的他物,黑格尔把这种自我疏离、这种他青年时代对于当代历史的危机体验(crisis experience of contemporary history)[①]称为"异化"(Entfremdung)。

黑格尔的法哲学,甚至他的全部哲学的任务就在于,用理性的一体化力量来克服现代人自身中存在的这种分裂。理性的这种一体化力量表现在,我们人作为思维的存在者,我们所有的感觉、欲望、意志,甚至自然倾向中,都有着思维的规定。感觉并非像我们通常所理解的那样是一种与理性截然区别的能力,理性并不在感觉的彼岸,而是就在我们人类所有的精神活动当中,存在于我们的感受、欲求、行动、历史和种种创制当中。黑格尔的思辨哲学提出了一个看上去与经验论者完全相反的主张:"凡存在于感觉之中的,无不先已存在于理智之中。"(Nihil est in sensu, quod non fuerit in intellectu.)因为如果我们仅仅满足于一种自然状态的生活,那么我们就与动物无异了。当然,这并不是说我们只是一群只有思维而没有感觉的动物,理性不是一味地"存天理,灭人欲"。关键在于,我们渴了饿

[①] Jürgen Habermas, *The Philosophical Discourse of Modernity*, p. 24.

了,我们并不是直接从自然界中获得这些欲求的满足,我们要通过劳动来满足这些需要;同时我们也不会旁若无人般地,在未经他人许可的情况下拿他人的食物来满足自己的口腹之欲,因为我们发明了所有权;我们也不会像处在发情期的动物那样仅仅为了满足那自然的性欲而去追逐自己的配偶,爱情和婚姻不仅仅是个道貌岸然的幌子,至少只有人会打出这样的幌子,而动物却不需要;这至少说明我们人的那些看似最没有规定的感觉和经验事实中已经包含着某种合乎理性的规范性的"应当"。就像美国哲学家法兰克福(Harry Frankfurt)指出的那样,人类在具有欲望和动机,或者做出选择方面并不是孤立的。他们与特定群体的其他成员分享着这些东西,而且它们都与先在的观念和反思性的自我评价紧密相连。我们不仅仅去欲望,而且我们有能力评价和节制我们的欲望,因此,人的欲望不是一种纯然动物性的即第一序的欲望,而是由理性和概念塑造而成的第二序的欲望(second order desires)。[1] 人的感觉和欲望本身都是带有理解的,那些通常看来最自然的也最直接的感觉和欲求其实都是理性的产物,理性首先表现为一种社会性。在这个意义上,黑格尔说"自我意识只有在另一个自我意识里才获得它的满足",因此"我就是我们,而我们就是我"(GW 9: 108)。

其实这一点不待黑格尔来向我们阐明,卢梭和康德早就在他们关于人类本性的分析中揭示了这种理性与欲望的辩证法。黑格尔的伟大之处在于,他不满足于只在形式上描述这个过程,而是要让理性获得它自身的内容,在我们的意识中达到它的现实性。虽然对于我们每个人来说,感觉和意志都是个别性的,我们的欲求是那种最私人性、完全不具有普遍的可

---

[1] Cf. Harry Frankfurt, "Freedom of the will and the concept of a person", *Journal of Philosophy*, 67: 1(Jan. 1971), pp. 6-7; see also Charles Taylor, "What is human agency?", *Human Agency and Language* (Cambridge: Cambridge University Press, 1985), pp. 15-44.

感受性的需要。但是当我们要求这种欲望的满足时,这种要求必定带有对于合法性和他人之承认的渴望。这时我们思维到自身的有限性,即我们直接的感觉和欲求不足以作为我们意志的合法性根据。也就是说,我们主观的特殊意志根本不是那种具有客观内容的、普遍必然性的法,相反,"如果仅仅把这个当作思维,而且这个思维只有在背离公认而有效的东西,把自己当作某种特殊的东西之时才意识到自己是自由的,那么这种法反而成了不法(Unrecht)"(Werke 7: 15)。正由于人是思维的动物,思维要求某种普遍的东西,所以真正的自由意志必然是不受特殊条件制约的普遍的意志,不管这种特殊性来自我们自身的自然倾向,还是来自外在的权威。一般当追问什么是合理的之时,我们通常会承认,虽然从形式上看,经过我们的理性思考并且认可的东西,才能算是合理的;但是我们无法想象合理的东西的内容本身是经过我们同意才具有这种合理性。也就是说,我们通常会认为合理的东西之为合理的东西,其内容是以自身为根据,自在地就是合理的,并不是我们把它认作合理的,它才获得这种合理的内容。合理的东西的客观内容和我们把它认作合理的,这是两个不同的层面。因此,在黑格尔的意义上所说的意志规定,是指使意志获得规定的那种合理性的内容本身是如何以自身为根据是合理的,而这种意志规定的内容是普遍必然且不以我们主观的认可为依据的。

最初,意志的这种普遍性表现为在纯粹反思中达到的无规定的普遍性,这种普遍性由于排除一切具体的规定,所以它的实现只能是破坏性的。就像法国大革命中所得到的那种绝对自由一样,它摧毁一切既成的制度,因为每一种制度作为一种规定都与反思的、抽象的自我意识的自由相违背。可是,一种不希求任何对象的意志还算是意志吗?这种排除一切规定的普遍性其实并不是真正的自由,它并不像自己所认为的那样是无规定的,相反,它受制于那些它所反对的东西,它要靠不断反对那些规定来保持自身,因此这种无规定的普遍性是不自由的。意志要成为意志,首先必须一般地限制自己,而意志所希求的对象就构成了对它自身的限制。因此,思维在对自身的认识中设定了自己的对立面,否定了自身的直接性和无规定性。思维认识到,当我们说自己是自由的之时,并不是指那种不希求任何对象的抽象普遍性,只有意志在希求某种对象的时候,才开始获得了自身具体的内容。意志获得规定就在于我们作为有意志的人对对象具有所有权,在对他物的拥有中获得意志的规定。可是,在将自身设定为他物的时候,意志又丧失了自己的普遍性,因为构成意志规定的是每一个特殊的对象。我们说自己是自由的,当然不是指那些具体的对象构成了我们的自由,受制于对象反而是不自由的。那么真正的自由到底是什么呢?如果自由既不存在于无规定性中,也不存在于规定性中,那么它会在哪里呢?在黑格尔看来,自由应该同时是无规定性和规定性这两个,它既是具体的又是普遍的。比如友谊和爱就体现了这种自由,我们愿意在与朋友和爱人这些他者的关系中限制我们自己,在这种关系中我们不会恣意妄为,我们知道作为朋友和爱人什么是自己应当做的,什么是不应当做的。这种法则不是康德意义上的定言命令,因为这些规范之成为我们意志的规定,并不是以一种强制的方式,相反,我们会认为这样做是自然而然的事情。我们并不因为这种限制而变得不是我们自己了,相反,正是由于这样的限制我们才获得了关于自身的真实的感觉,没有这种限制的自我只是一种抽象的普遍。因此,黑格尔把真正的自由叫作"在他者中在其自身地存在"(in Anderen bei sich selbst sei)。我们只有认识到自身就是这个自我否定的过程,是自己对自己的限制,我们才是自由的,"意志只有通过这种自我中介的活动并且返回到自身才成为意志"(Werke 7: 56, GPR §7)。黑格尔法哲学的主要内容就是向我们展示意志规定的必然性,它如何必然规定自身为特殊的意志,同时又从特殊的规定中返回到自身的过程。能够让我们最终获得这种自我感的他物不是在我们的所有权中,也不是在我们的道德良知中,而是在家庭、市民社会和国家,也就是黑格尔所说的伦理实体(Sittlichkeit)中。只有通过这个过程,人自身中存在的有限(das Endliche)与无限(das Unendliche)的分裂才能够统一起来,理性才能够达到它的现实。

黑格尔在波墨(Jacob Boehme)那里发现了质(qualitas)与痛苦(qual)二者在词源和意义上的关联。"痛苦化(Qualierung)或陷于痛苦(Inqualierung)是波墨哲学所用的名词。这是一种深刻的哲学,又是一种深刻得晦暗的哲学。这个名词是指一种质(辛酸、苦涩、火辣等等)在自身中的运动,因为质(Qualität)在它自己的否定性中(在它的痛苦中),从他物建立并巩固了自己,总之,那是它自身的躁动不安,就这种不安而言,质只有在冲突斗争中才会发生并保持自己。"(GW 21: 102) Qual[痛苦]是一种内在的分裂,但它又是单纯的东西,波墨由此推出 Quelle[源泉]的意思;Qual这一分裂自身的否定性进展到了生动性,并与 Qualität[质]联系起来,从而得到了 Quallität[涌流性]。① 这种推断绝不仅仅是一种有趣的文字游戏,相反,黑格尔希望透过语词间的奇妙联系来向我们指明,任何一种质的规定都是在差异和矛盾中的自我保持,是一种活动性;绝对的同一性必须经历否定的痛苦,这种痛苦不是外来的,而是一种能动的本源,是事物自身规定性的展现。规范性作为一种思想规定也同样要经历这一艰苦的过程:意志规定的痛苦不在于要用超越的理性法则来约束我们的感性冲动,相反,这种痛苦来自内在的分裂,因为意志的规定根据是我们作为有限理性存在者的自我否定,痛苦正是对于否定的感觉,我们的意

---

① 黑格尔:《哲学史讲演录》(第四卷),第40页。

志规定必然在自身中设定了他者,在这个他者中返回自身。黑格尔说得很好:

> 与无生命的事物相比,有生命的事物具有感受痛苦(Schmerzen)的优先权利;对它来说,一个单一的规定性也会变为对否定物的感觉,因为它作为有生命的事物拥有超出个别东西的生命力这种普遍性,在它们的否定东西里依然保持它们自身,并且感觉到这种矛盾是存在于它们之内的。这种矛盾之所以存在于它们自身之内,是因为两者都在这同一个主体里,一方面是主体生命感受的普遍性,另一方面是否定这种普遍性的个别性。同样,认识的限制、缺陷只有在与这个当前的(vorhandenen)普遍物的理念(一个整全的、完满的东西)相比较,才被规定为限制、缺陷。因此,只有无意识的东西才看不到,某种东西显示为有限的或有界限的东西正是对某种无限的或无界限的东西之现实在场(wirklichen Gegenwart)的证明,看不到只有无界限的东西在此岸世界包含在意识里,才能有对于界限的知识。(GW 20: 97-98, Enz §60)

对于我们人而言,困难的不是承认世界的变化,而是相信在变化中有常道;而更为困难的不是相信世间有某种普遍的、统一万物的法则,而是证明这个永恒的理性法则本身恰恰是在时间中、在世间万化中成为绝对和永恒的存在。宇宙的法则本身亘古长存,不为尧存不为桀亡,它之所以是永恒的正在于它不落入时间之中。可是,只有通过人,理性的法则才作为精神(Geist)从潜能逐渐转化为现实。人在认识自身秉赋的理性法则时,不是一种主观的认识,因为在人身上包含着双重的普遍性:人的反思达到了从一切特殊性中抽离出来的普遍"自我",而理性法则的客观内容也是普遍的。这二者实际上是同一个东西。因此,自我对于自身所包含的理性法则的反思是精神的自我认识。这种认识表现为精神对自身无规定状态的否定,又经过对片面规定的否定等诸环节回到自己本身,成为一种现实的、有差别的、具体的普遍性。正是这种有规定的否定使得精神的自我认识落入到时间当中,"时间包含着否定性的规定。一件已定的事情对我们来说大致上都是肯定的(positiv),但它的对立面也可能存在,这种涉及不存在(Nichtsein)的关系就是时间"①。真理本身并不是知性思维所要求的那种确定性。黑格尔一再强调这种直接规定的片面性和非真理性。任何知性的规定自身都是包含矛盾的,而且这种矛盾必然呈现为对已有规定的否定。所以不同于康德的理性建筑术的理想,黑格尔的整个哲学都表现出很明显的时间向度,他最喜欢用生命体的成长来比喻认识真理的过程,因为生命体最直观地表现了一种动态的、生长的和目的性的有差异的同一。正是这一点最直接地表达了黑格尔哲学中存在着的时间与永恒的辩证法:"概念在其自由自为地存在着的自相同一性当中,作为我=我,却自在自为地是绝对的否定性和自由,因此,时间不是支配概念的力量,概念也不存在于时间中,不是某种时间性的东西;相反地,概念是支配时间的力量,时间只不过是这种作为外在性的否定性。只有自然的东西,由于是有限的,才服从于时间;而真实的东西,即理念、精神,则是永恒的。然而永恒性这个概念不应当消极地被理解为与时间的分离,好像它是存在于时间之外,也不应当理解为它是在时间之后才到来的,因为这会把永恒性弄成未来,弄成时间的一个环节。"(GW 20: 248, Enz § 258)这清晰地展现了黑格尔哲学中存在着的双向结构,一方面是要从绝对达到时间,另一方面是要从时间达到绝对。

不同于传统理性主义者将永恒置于时间之外、将同一置于差异的对

---

① G. W. F. Hegel, *Die Vernunft in der Geschichte*, hrsg. J. Hoffmeister (Hamburg: Felix Meiner Verlag, 1955), S. 153.

立面,黑格尔试图向我们揭示,永恒或者"绝对"自身已经是时间、同一自身已经是差异;但是又不同于经验主义和历史主义通过时间来消解永恒,只承认有变而不承认有常,黑格尔认为,经验并非时间中没有方向和目的的流变,相反,不管我们承认与否,经验作为我们对世界的把握和世界自身的存在方式,必然表现出某种内在的合理性。理性是以自身为根据、自我创造的实体,它实为变中之常,而且是将自身理解和把握为生成变化的恒常,因此,理性的现实化和现实的合理化是真理展现自身这同一个过程的两种表述。只有在这个时间与永恒的辩证法中,在这个有差异的同一当中,黑格尔才能彻底摆脱空洞的形式主义、主观主义和经验主义的相对主义观点,又同时将它们各自的合理性包含在一个自在自为的理性结构当中。① 在这个意义上,黑格尔的整个哲学都是历史哲学(Geschichtsphilosophie),这种"历史哲学"不是指编年史意义上的一门特殊学科,而是指绝对者将自身把握为发生(Geschehen),这是黑格尔体系的一般特征。② 黑格尔的确将理性的自我构造表现为一个历史的过程,但历史在这里并不是对经验形成的叙述,而是由客观理性自发的自我反思所规定的一个概念把握的发生(begriffene Geschichte)。③ 因为在黑格尔看来,纯然的自在存在(Ansichsein)是缺乏现实性的本质这样一种静止的存在者状态,与此相反,真正的绝对者是合乎理性的现实的定在(wirkliche Dasein),即自为存在(Fürsichsein);通过将差异和特殊性把握为同一性和普遍性的自我构成的环节,绝对精神就是从自身出发、以自身为目的回到自身(Zu-sich-

---

① Cf. Thomas Sören Hoffman, *Georg Wilhelm Friedrich Hegel: Eine Propädeutik*, S. 42–45.
② Cf. Michael Theunissen, *Hegels Lehre vom absoluten Geist als theologisch-politischer Traktat*, S. 60–76.
③ Andrew Buchwalter, *Dialectics, Politics, and the Contemporary Value of Hegel's Pratical Philosophy*, p. 27.

selbst-kommen)的圆周运动,①是自身展现为时间并在时间中与自身相区别又与自身相同一的永恒实体,也就是亚里士多德意义上的"不动的推动者"。②

克朗纳在谈到黑格尔的绝对精神概念时曾经指出,"绝对精神克服了'同时既是历史性,又是超历史性的'这样一个矛盾,因为它作为历史性的,通过其活动使自身成为超历史性的,且直观、表象和概念性地把握处于其超历史性中的自身"③,而这种辩证的关系对于理解黑格尔的法哲学同样是有效的,正是由于对绝对理性之法自身有差异的同一以及时间与永恒的辩证关系的揭示,才使得黑格尔的法哲学与近代的自然法理论和历史法学派等等划清了界限。黑格尔以一种体系的方式阐明了作为精神的理性的绝对性和必然性,而这种绝对性恰恰是在其自身的时间性和历史性中才能获得它的有效性和现实性。在黑格尔的法哲学中,法的理念就展现为思维在对自身有限性的否定—规定中把握真理的过程。

关于黑格尔的法哲学,人们想到更多的是他与亚里士多德政治学(πολιτεία)的关系,比如他们都强调作为有机整体的共同体对个体的优先

---

① 黑格尔关于自在存在、自为存在等概念的使用可能受到席勒的启发,席勒曾经通过对德语中一般用法的分析表达了思维规定中存在着的这种辩证法,他说德语中通常用这样几种表达方式来描述自我的存在状态:"对这种在感觉支配下的无我(Selbstlosigkeit)状态,语言上有个非常准确的说法:außer sich sein,即在自我之外。虽然这个耳熟能详的说法只能用于下面这样的情况:感觉成为激情,而且这种状态由于长时间的延续已经看得出来,但是,任何人只要仅仅是在感觉,他就是'在自我之外'。从这种状态返回冷静审慎,人们同样正确地说成是:in sich gehen,即返回自我,恢复人格。一个不省人事的人,人们不说 er ist *außer sich*(他在自我之外),而说 er ist *von sich*,即他丧失了自我,因为那人只是不在自我之中。所以,当他从不省人事的状态再返回原状,他只是 *bei sich*,而这种状态是可以同'在自身之外'的状态很好地并存的。"参见席勒:《审美教育书简》,冯至、范大灿译,上海人民出版社2003年版,第95页,译文略有改动。
② 黑格尔:《哲学史讲演录》(第二卷),贺麟、王太庆译,商务印书馆1960年版,第297页。
③ Richard Kroner, *Von Kant bis Hegel*, Band 2 (Tübingen: J. C. B. Mohr [Paul Siebeck], 1977), S. 521.

性等等，却忽视了法哲学中这个重要的时间性维度与柏拉图哲学，尤其是与他的"洞穴喻"之间的内在关联。在柏拉图的对话中，囚徒从洞穴中上升的过程是辩证法最生动的写照。黑格尔喜欢用 bilden, herausgebildet 来指精神发展出自己特殊形态的过程，而这个词其实就是柏拉图在洞穴喻中常常用到的παιδεία。今天一般把这个词对应于德语中的 Bildung, 翻译成"教化"。实际上，根据海德格尔的解释，一方面，Bildung 乃是发展性的烙印意义上的一种塑造（Bilden）。但另一方面，这种"塑造"又是根据与某个决定性的样子——它因而被叫作范本（Vor-bild）——的先行符合而进行的"塑造"（烙印）。① 从构词上看，Bildung 里包含形象（Bild），形象既可指摹本（Nachbild），又可指范本（Vorbild），这个词本身就具有某种神秘莫测的双重关系，恰好暗含了柏拉图关于理念世界和现象世界的区分。对真理的认识是精神自身根据那种普遍必然的理性法则来塑造自身，而这种自我教化（sichbildet）就表现为时间。教化者与未教化者相比，虽然还是同一个个体，但获得了深刻的精神性转变。如果忽视这个时间性维度，黑格尔法哲学的确就会像现代自由主义政治理论家所理解的那样是一种为自由民主张本的现代国家理论。好像黑格尔主要强调的是用国家制度和立法来保障公民自由和基本权利，这种知性的思维方式根本不可能理解黑格尔哲学的基本关切。

正因为美德即知识、美德不可教，所以苏格拉底才认为无人有意作恶。我们通常以为因为我们从小学习了许多道德知识，或者更确切地讲是道德训诫，所以我们才会为善去恶。但是这种教和学并不是真正的教和学，那些看似有道德知识却作恶的人其实是无知的。柏拉图一再提醒我们，学习是一种回忆（ἀνάμνησις），而黑格尔则通过对德语的 Erinnerung

---

① Martin Heidegger, *Wegmarken*, GA 9 (Frankfurt am Main: Vittorio Klostermann, 1976), S. 217.

[回忆]一词的拆解,为这个源自柏拉图的概念赋予了新的意义(die Er-Innerung,使……内在化):"回忆把经验保存下来了,并且回忆是内在本质,而且事实上是实体的更高的形式"(GW 9: 433),回忆使得客观之物作为我们自身中先已包含的东西上升到意识,这就是理性之历史性的体现。只有这样美德才能成为我们自身本性的实现,而不再停留于一种外在的、无力的要求。就像黑格尔自己所说的那样,"我们之所以是我们,乃是由于我们有历史,或者说得更确切些,正如在思想史的领域里,过去的东西只是一面,所以构成我们现在的,那个有共同性和永久性的成分,与我们的历史性也是不可分离地结合着的"①。对于黑格尔来说,理性的这个历时性的维度比共时性的主体间性更为根本。

当苏格拉底问什么是正义时,克法洛斯和玻勒马霍斯等人给出了各种定义,诸如实话实说、欠债还钱、扶友损敌是正义,这些定义都被苏格拉底一一反驳了。苏格拉底让我们看到,一方面,这些定义的确合乎我们对正义的日常理解,但是另一方面,如果仅仅执着于这样的知性的规定,就会出现一些反例,使我们不得不修改对什么是正义的理解。在这里,具有普遍规范性效力和作为终极标准的不是我们主观的意见或看法,而是思想的客观内容和存在于事情本身中的逻各斯。一旦人们开始讲道理(λόγον διδόναι),理性或者逻各斯(λόγος)自身所具有内在的必然性和概念自身的规定就成为主宰,特殊的意见和习俗必定服从于理性的统一性。② 我们的语言、习俗、文化等等已经先在地让我们具有了关于什么是正义的一些模糊的表象(Vorstellung),我们不能给出完全的定义,但是一个先在的、自在而绝对的意义结构却能够成为我们判断的标准。在论辩

---

① 黑格尔:《哲学史讲演录》(第一卷),贺麟、王太庆译,商务印书馆1959年版,第7—8页。
② 彭文林:《希腊悲剧中的 ethos 和苏格拉底的 logon didonai 之间的冲突》,《鹅湖学志》第43期,第145—171页。

和反驳中,通过否定那些不完全的定义构成了对概念本身的规定。否定和差异并没有使作为概念的"绝对"变得相对化,相反,对片面定义的否定构成了向"绝对"本身的积极的回返。因此,真正的知识是概念本身对自己内在固有之规定的认识。也正是基于这样一种洞见,苏格拉底才会对色拉叙马霍斯的定义特别重视,当色拉叙马霍斯提出"正义无非强者的利益"时,这个定义在性质上完全不同于之前提到的那些定义,因为这实际上不是一个关于概念本身是如何的定义,而是通过消解概念本身的方式来使概念获得一种普遍的有效性,它将质的规定化约为量的规定,将客观的法化约为主观的准则,这就为相对主义和虚无主义留下了可乘之机。在这个意义上,黑格尔的法哲学抱有与柏拉图的《理想国》(*Politeia*)同样深刻的形而上学动机,这也就决定了他的实践哲学绝对不会,也不能是一种通常意义上的社会政治理论。当黑格尔指出,是存在于我们的语言和事情本身当中的那种理性的或者逻辑的必然性在掌握着我们,并且推动着我们将这种理性的必然性提升为一种自觉的状态时,他实际上正是与这一思有同一的逻各斯理性和形而上学传统遥相呼应(GW 21: 14-16)。不管是抽象的人格权、财产权,还是作为道德主体的理性的自我立法,抑或是在市民社会中通过契约和承认建立的法律,以及以历史、传统习俗为基础的民族国家的主权和立法等等,都必须被理解为事物之本性自我实现的环节,才能获得它们的有效性,这也正是黑格尔法哲学作为他的客观观念论或绝对观念论的一部分的意义所在。坚持理性与概念的绝对性和绝对者在差异中保持自身的同一这个双重向度,是黑格尔哲学最伟大的洞见和最坚定的信念。

  黑格尔的法哲学试图向我们表明,理性既不是一种可计算意义上的知性技艺,也不是一种抽象的先验理性法则。相反,作为本然之理,理性既是我们思考这个世界的原则,也是构成这个世界的原则。正如哈贝马斯指出的那样,一种把自己理解为同一形成过程的结果,并把同一形成过程理解为自然与历史的相互联系的哲学,不能在时间的要素之外设定自身。[1] 法的合理性与现实性必须在自然和人类历史中,在人类的各种创制、风俗习惯和行动中体现它的有差别的同一。黑格尔从根本上将道德、政治和法与历史联系起来,通过揭示理性的历史性来证明理性的现实性。但是,当黑格尔被认为在本质上是一个颇具洞见的历史主义者时,他作为形而上学思想家的形象却被忽视了。[2] 事实上,黑格尔的实践哲学并不是主张一种历史主义,或者历史决定论,即认为历史上每个时代所产生的风俗习惯、社会制度和信念主张都有某种时代的合理性,不能用一种超时间的普遍规则来评价那些历史上产生的人类创制,他对历史法学派的批判恰好证明了这一点。在黑格尔看来,一种法律或制度并不因为它在历史上建立了就具有合理性,因为"出于历史原因的发展本身不得与出于概念的发展相混淆,而且历史的说明和辩护也不得被扩展为具有某种自在自为地有效的那种辩护的意义。……忽视上述的区别,会产生立场的错乱,会把对真正问题的辩护逐渐变成从各种情况出发的辩护,从其本身恐怕也不恰当的前提出发来为结论辩护,等等;总之,这样会使相对的东西取代绝对的东西,外在的现象代替事物的本性"(Werke 7: 35-37, GPR §3)。

　　黑格尔对历史学派和历史主义的批评,实际上是以对它们的理解和肯定为前提的。黑格尔通过孟德斯鸠和赫尔德等人的著作认识到,法根源于理性和自然,并且体现在各民族的风俗传统之中,只有在民族共同的历史、传统、信仰和生活当中,理性之法才真正具有它的现实性。但黑格尔拒绝接受一种历史相对主义的结论,即便表现在历史上各民族独特的

---

[1] Jürgen Habermas, "On Hegel's Political Writings", *Theory and Practice*, p. 170.
[2] Cf. Rüdiger Bubner, "Hegel's Political Anthropology", *The Innovation of Idealism*, translated by Nicholas Walker (New York: Cambridge University Press, 2003), p. 87.

传统和习俗之中,理性却仍然是同一个理性。换言之,黑格尔的历史主义是理性主义的,而历史法学派的历史主义则是非理性的。① 历史法学派表明对于什么是法和正当,各个民族和各个时代都有不同的理解,法的有效性受制于不同民族的自然、历史和风俗等条件,这些特殊的表达摧毁了理性的绝对性,而黑格尔却试图从这些看似偶然的条件中揭示出理性自身的必然性和有差异的同一。黑格尔并没有把历史经验当作判别他的理论有效与否的独立标准,因为这同哲学的自我确证(Selbstbegründung),同逻辑学自身具有的前概念(Vorbegriff,概念的先行把握)不相容。② 但是,理性的普遍必然性又必须与特殊的和有限的存在联系在一起,黑格尔的法哲学就是要把形而上学与历史在理性的自我认识中合而为一,将主观观念论的先验主义与历史的肯定的实在调和起来。③ 世界历史作为理性为自身设置的一个最终法庭,任何善与恶的客观标准都不能超越于真理、超越于历史和现实之外。因此,历史既是有限存在物向自己的本质、向无限的理性回归的历程,又是理性的法则在世界中实现自身的历程,这一切都被黑格尔视为永恒实体的自我运动。

在黑格尔看来,真与假不在于主观认识对经验事实的符合与否,而在于概念与其自身的符合;行为的道德性不在于行为者的善意或者行为本身是否符合纯粹实践理性的法则,而在于意志的规定符合法的概念本身。

---

① Cf. Norberto Bobbio, "Hegel und die Naturrechtslehre", *Materialien zu Hegels Rechtsphilosophie, Bd. 2,* hrsg. Manfred Riedel (Frankfurt a. M.: Suhrkamp, 1975), S. 83.
② Cf. Hans Fulda, *Das Problem einer Einleitung in Hegels Wissenschaft der Logik* (Frankfurt am Main: Vittorio Klostermann, 1965); Jürgen Habermas, "On Hegel's Political Writings", *Theory and Practice*, p. 171.
③ Cf. Rüdiger Bubner, "Hegel's Political Anthropology", *The Innovation of Idealism*, p. 88; see also Jean Hyppolite, *Introduction to Hegel's Philosophy of History*, translated by Bond Harris, Jacqueline Bouchard Spurlock (Gainesville: University Press of Florida, 1996), p. 36.

今天,这种"大写的真理"[①]已经很难为那种我们所倚仗的知性思维所理解了。在里拉(Mark Lilla)看来,黑格尔的法哲学是一次试图重建政治神学的努力。[②] 政治神学所具有的一种强大吸引力就在于它对整全性的追求,"它既提供了一种处理人类事务的思考方式,还把那些思想与更高层次的思想连接在一起,后者有关神的存在、宇宙的构造、灵魂的本性、所有事物的起源,以及时间的终结"[③]。这种神圣联结(divine nexus)为这个世界的合理性和统一性,以及为这个世界的目的提供了一个终极的启示,以满足于人类对于整全性的要求。可是,从霍布斯开始,西方政治思想出现了一次"大分离",它决定性地切断了西方政治哲学跟宇宙论和神学之间的关联。新的政治科学要求从分析人自身的经验出发来理解人的政治活动,任何关于神圣统一的思考都被隔离在政治生活之外,西方现代自由民主体制正是这种分离技艺的产物。在此基础上,人的政治活动不再是为了达到任何超越于人类自身经验条件和有限认识之外的东西,而是像罗蒂(Richard Rorty)所宣称的那样,"进步不是向事先可以确定的某个目标的接近,而是可以解决更多的问题。我们用来衡量进步的……是我们使

[①] 大写的真理是"人们可以全心全意地热爱的目标和标准,即最终关怀的对象"之专有名词,而小写的真理"指的是句子或行为和状况的性质"(罗蒂:《后哲学文化》,黄勇译,上海译文出版社2004年版,第3页)。大写的真理就是传统形而上学和认识论所追求的那种永恒真理,它是一种有待于发现的客观存在,属于另外一个世界而与人的境况和行为无关。对于大写的真理我们既无法知晓,即便知晓了也无法断定它就是真理。所以,罗蒂放弃了这种"非人的"真理,并认为我们应该关注的只是那种与我们的生存处境息息相关的小写的真理。在这个意义上,真理应当服务于我们,而只有当它对我们有用时才被称为"真理"。因此,"我们的信念和愿望形成了我们的真理的标准"(同上书,第1—3页)。
[②] 里拉:《夭折的上帝》,萧易译,新星出版社2010年版,第116—155页。其实康德和黑格尔并非里拉所说的那种政治神学家,反而是他只字未提的浪漫派更符合这个传统。另外可参见Manfred Frank, *Der kommende Gott: Vorlesungen über die Neue Mythologie*;以及海涅:"论浪漫派",张玉书译,《海涅选集》,人民文学出版社1983年版。
[③] 里拉:《夭折的上帝》,第4页。

自身成为比过去更好的人,而不是我们对某个目标的日益接近"①。

　　现代自由民主社会信奉的是实用主义的真理观,任何大写的真或善都有可能导致对权威和启示的复活,进而侵犯到人的基本权利。一个合理有序的世界不是通过自上而下的安排建立起来的,而是建立在平等的认识主体和行动主体相互沟通(Verständigung)的基础上。"沟通是有言语和行动能力的主体之间取得一致的过程"②,在这一对话的过程中,要求来自不同社会阶层,具有不同宗教信仰、习俗、性别和教育背景的人们放弃自己特殊的利益、偏好和信念,遵循对话的程序,也就是理性的普遍规则来进行交往,让所有主张符合理性的要求,最终达成有效的共识。这虽然是一个复杂而艰难的过程,但是这种遵循理性规则的对话模式蕴含着自由、公正的政治理想,蕴含着人类自古以来所追求的好生活的可能性。③ 就像在黑格尔讲的市民社会中发生的那样,在这种"需要的体系"中,各种特殊利益在工具理性的引导下追求最大限度的满足;而在生活世界中,交往理性要求每一种信念主张都必须经受批判和检验,交往行动形成的普遍价值的共识是世界合理化的结果。可是,这种听上去十分美妙和让人向往的交往模式实际上只是一种反事实的理想,它将自己的结论作为论证所需的前提,一个合乎理性的普遍有效的共识要求它的对话者首先是讲道理(reasonable)的。但如果对话者本身没有能力讲道理或者不愿意讲道理,我们是不是应该把他们排除出这场对话呢?凭什么保证这些具有不同生活世界背景的对话者必然能够在这场对话中取得共识呢?普遍合理性的交往实际上是一种先验理想,而绝非事情本身。在交

---

① Richard Rorty, *Achieving Our Country: The Leftist Thought in Twentieth Century America* (Cambridge, MA: Harvard University Press, 1998), p. 28.
② Jürgen Habermas, *Theorie des kommunikativen Handelns*, Bd. 1 (Frankfurt a. M.: Suhrkamp, 1988), S. 386.
③ 张汝伦:《哈贝马斯交往行动理论批判》,《江苏行政学院学报》2008 年第 6 期,第 9 页。

往理性的背后隐藏着一种康德式的历史哲学①:在抛弃了大写的真理和善之后,现代自由民主社会需要一种与人类有限的经验条件相适应的历史目的论。虽然人类未必能够最终达到那个理想的共和状态,但是通过理性对话我们可以不断接近这个目标,这也就是为什么哈贝马斯和霍耐特等人要不断回到康德的先验哲学来寻找他们建构合理性模式之基础的原因。② 以实用主义真理观为基础的交往理性必须依赖先验理想这个设定,只有这样才能使自己不陷入相对主义和虚无主义的泥潭。因为他们的合理化模式基本只是一种形式上的合理化,他们早已把合理性的客观内容,即那种普遍必然性的客观法则作为有限的人类无法把握的东西抛弃了。

黑格尔实践哲学的意义不在于用一个完满的理想形式来引导人类改造现实的行动,而在于提醒我们,一种直线型无限朝向未来的理论设定实际上是一种纯粹否定的坏的或单调的无限性(die schlechte Unendlichkeit)。③ 一种先验设定的理想如果仅仅作为一种未经思想把握的设定,

---

① Cf. Axel Honneth, "The Irreducibility of Progress: Kant's Account of the Relationship Between Morality and History", *Pathologies of Reason: On the Legacy of Critical Theory*, translated by James Ingram (New York: Columbia University Press, 2009), pp. 17-18.
② 这种对康德哲学的吸收也影响到当代对于马克思思想的解读,人们通过将马克思的共产主义学说理解为一种调节性而非建构性原则,把马克思重新纳入到现代政治理论的建构中去。可参考 Kojin Karatani, *Transcritique: On Kant and Marx* (Cambridge, MA: The MIT Press, 2003), pp. vii–xiv; *The Idea of Communism*, ed. Costas Douzinas and Slavoj Žižek (London and New York: Verso, 2010);罗蒂:《失败的预言、光荣的希望》,《后形而上学希望》,张国清译,上海译文出版社 2003 年版;巴迪乌:《共产主义假设》,罗久译,《国外马克思主义评论》第八辑,人民出版社 2010 年版。
③ 马夸特将黑格尔视为康德先验哲学的完成者,因为黑格尔理论的目标在于将现实与理性加以结合。黑格尔并不否定应然性目标的追求,他所批判的其实是康德将哲学上应然性目标的追求视为一种完全不具有实现可能性的任务,因为康德未能克服内在道德性与外在合法性之间的区隔,内在道德性也只能就个人与内在的形式加以理解。因此如何理解并诠释现实,而非全面否定现实世界的意义与合理性,就成为其哲学中的首要问题。参见 Odo Marquard, "Hegel und das Sollen", *Schwierigkeiten mit der Gechichtsphilosophie* (Frankfurt am Main: Suhrkamp Verlag, 1973).

就必然会变成一种实定性的东西,这样的形式化的理想有可能会沦为暴力的工具。只有在我们对自身所包含的普遍性的反思中才能获得它的现实性,在他者中保持自身才是真正的无限。哈贝马斯批评黑格尔是在用主体哲学的手段来克服以主体为中心的理性,①用自我把握的主体的逻辑压抑了体现主体间生活关系的交往理性。哈贝马斯批评的前提在于,他的交往理论是建立在实用主义真理观的基础之上的,即便我们不说没有绝对真理,我们也可以说这个绝对真理不是人可以认识的,真理对人而言只能是那些在我们的交往中达成的共识。可黑格尔当然万万不会同意这种主张,甚至连康德也未必能够认可。在黑格尔那里人禽之别是首要的,人是思维的动物而不是依靠自然倾向生活的动物,因此,不管我们是出于本能还是出于深思,我们的一言一行总是包含着我们对真理的理解和认识,真实的东西自行显现的过程就是在自身中克服自己的特异性的过程。

当我希求合理性的时候,我不是作为孤立的个体,而是依据一般的伦理概念而行动的。在一种伦理性的行动中,我不是使我自身而是使事情变得有效。但当一个人反其道而行之时,最容易表露出他的特异性。理性的东西是人所共行的康庄大道,在这条大道上谁也不显得突出。当大艺术家完成一部作品时,我们会这样说:不得不就是这样。这就是说,艺术家的特异性已经完全消失,在作品中没有表现出什么风格。菲狄亚斯(Phidias)没有风格:他的雕塑形象本身栩栩如生、跃然画外。但是艺术家越不高明,我们更多地就是看到他自己,他的特异性和任意。如果人们在考察时只停留在任意上面,即人

---

① Jürgen Habermas, *The Philosophical Discourse of Modernity*, p. 34.

既能欲求这个也能欲求那个,诚然这样做是他的自由,但是,如果人们坚持内容只是被给予的这个看法,那么人被这个被给予的内容所规定,正是从这一方面看他就不再是自由的了。(Werke 7: 67-68, GPR § 15Z)

真理是美好的,而美好的东西都是困难的。认识真理的过程就是按照普遍的东西来塑造我们自身的过程,是要在自身的有限中来认识无限。精神要经历否定自身之有限性的痛苦,而经历痛苦者必将得到满足。黑格尔把这个过程叫作精神的自我认识,但精神并非外在于我们的、彼岸的超绝者,相反,精神就在世界中、就在我们自身之内,只是我们尚未认识到理性和存在就是精神。对此,伽达默尔给予了公允的评价,他说:"黑格尔的概念的巨大努力在于把存在思考为精神,而不是由意识的主观性来把握或建构其客观性的客体。他所提供的是精神的历史性,是精神之落入时间之中,这种自我反思着的历史意识的诱惑,显得是在自我认识的精神的现时性中超出了一切主观意识的个别性,并使这种个别性包含在精神自身之中。作为最后的希腊人,黑格尔思考存在的问题,在时间的境域里存在就是总括一切的在场。希腊人所追问的存在的逻各斯和黑格尔所追问的历史中的理性,构成了这个精神性整体的两个伟大的半球。"①

因此,哲学的任务不在于用一个先验的理想来批判现实,对于柏拉图和黑格尔而言,哲学只有一个目的,那就是认识真理,而真理本身是无限。人无法超越他的时代,我们的文明业已取得的成果都不足以作为天然正当的东西来指导我们的生活,文明的传承不是将现成的东西传递下去,文

---

① Hans-Georg Gadamer, "Being, Spirit, God", *Heidegger Memorial Lectures*, ed. Werner Marx (Pittsburgh: Duquesne University Press, 1982), pp. 58-59.

明的衰落恰恰是在自身中只看到肯定的东西。任何真正的学习都是对我们自身之历史性的反思，因为每一个当下都是历史。就像当代著名史学家巴尔赞(Jacques Barzun)在他的巨作《从黎明到衰落》一书中所表达的理念那样，历史没有最后一幕，文明是需要我们每一代人为之重新奋斗的东西；只要人类存在，文明和它的所有产物也会以萌芽方式存在。文明与我们的文明并不是同一个东西，重建国家和文化——无论是现在还是在其他任何时候——是我们的本性中不可或缺的东西，比渴望和悲叹更有吸引力。①

黑格尔通过对基督教的三位一体信条所做的阐释向我们表明，绝对者作为源初的根据是对他律和有条件者的超越，但作为自在自为的实体，这个超越者又必须同时与这个有限的世界相同一；特殊性和他者（作为外在自然和他人）在绝对者的自身关系和自我认识中被提升为具体的普遍；绝对者首先是作为超越者，进而作为内在超越(immanenter Transzendenz)成为真正的现实，在这个发生过程中，内在性与超越性的抽象对立被克服了。② 所以，对于黑格尔来说，从饮食男女到家国天下，从细小的微尘到伟岸的星空，整个自然和人类文明无一不是永恒理性真理的自我展现，而我们人的使命就是努力去认识这个存在于世界中的本然之理，在这个过程中逐渐完善我们的自我认识和自我理解，并且学会尊重世界和真理本身对我们的要求。当然，不是每一个人都能洞察并坚持自己作为人的使命，可黑格尔却做到了这一点。"不是好奇，不是虚荣，不是出于权宜的考虑，也不是义务和良心，而是我们自身无法与之妥协的一种无可遏制的、不幸

---

① 巴尔赞：《从黎明到衰落：西方文化生活五百年》，林华译，世界知识出版社2002年版。
② Michael Theunissen, *Hegels Lehre vom absoluten Geist als theologisch-politischer Traktat*, S. 68–69; see also Andrew Buchwalter, *Dialectics, Politics, and the Contemporary Value of Hegel's Pratical Philosophy*, p. 27.

的渴望,引导我们走向真理。"①时任纽伦堡文科中学校长的黑格尔于1809年9月30日在一本给学生的纪念册中写下的这一段话,恰好表达了他在自己思想历程的转折点上所感受到的那种对真理的迫切渴望和服从真理的坚定决心。

---

① Johannes Hoffmeister hrsg., *Briefe von und an Hegel*, Band 4 (Hamburg: Felix Meiner Verlag, 1961), S. 67.

参考文献

一、外文文献

(一) 外文原著

1. Bayle P., *Historical and Critical Dictionary: Selections*. trans. Richard H. Popkin. Indianapolis, Bobbs-Merrill 1965.

2. Hegel G. W. F., *Gesammelte Werke* (= GW), *Kritische Ausgabe. Deutsche Forschungsgemeinschaft in Verbindung mit der Rheinisch-Westfälischen Akademie der Wissenschaften, Band 1: Frühe Schriften I*. Hamburg, Felix Meiner Verlag 1989. (GW 1)

3. Hegel G. W. F., *Gesammelte Werke, Band 4: Jenaer kritische Schriften*. Hamburg, Felix Meiner Verlag 1968. (GW 4)

4. Hegel G. W. F., *Gesammelte Werke, Band 5: Schriften und Entwuerfe (1799 – 1805)*. Hamburg, Felix Meiner Verlag 1998. (GW 5)

5. Hegel G. W. F., *Gesammelte Werke, Band 9: Phänomenologie des Geistes*. Hamburg, Felix Meiner Verlag 1980. (GW 9)

6. Hegel G. W. F., *Gesammelte Werke, Band 10: Nürnberger Gymnasialkurse und Gymnasialreden*. Hamburg, Felix Meiner Verlag 1978. (GW 10)

7. Hegel G. W. F., *Gesammelte Werke, Band 12: Wissenschaft der Logik. Zweiter*

Band. *Die subjektive Logik* (*1816*). Hamburg, Felix Meiner Verlag 1981. (GW 12)

8. Hegel G. W. F., *Gesammelte Werke, Band 15: Schriften und Entwürfe I* (*1817 - 1825*). Hamburg, Felix Meiner Verlag 1990. (GW 15)

9. Hegel G. W. F., *Gesammelte Werke, Band 20: Enzyklopädie der philosophischen Wissenschaften im Grundrisse* (*1830*). Hamburg, Felix Meiner Verlag 1992. (GW 20)

10. Hegel G. W. F., *Gesammelte Werke, Band 21: Wissenschaft der Logik. Erster Band. Die Lehre vom Sein* (*1832*). Hamburg, Felix Meiner Verlag 1985. (GW 21)

11. Hegel G. W. F., *Werke in zwanzig Bänden* (= *Werke*). Redaktion Eva Moldenhauer und Karl Markus Michel. Band 1: *Frühe Schrifen*. Frankfurt am Main, Suhrkamp Verlag 1986. (Werke 1)

12. Hegel G. W. F., *Band 7: Grundlinien der Philosophie des Rechts* (*1821*). Frankfurt am Main, Suhrkamp Verlag 1986. (Werke 7)

13. Hegel G. W. F., *Band 8: Enzyklopädie der philosophischen Wissenschaften im Grundrisse. Erster Teil. Die Logik* (*1830*). Frankfurt am Main, Suhrkamp Verlag 1986. (Werke 8)

14. Hegel G. W. F., *Band 13: Vorlesungen üeber die Aesthetik I.* Frankfurt am Main, Suhrkamp Verlag 1986. (Werke 13)

15. Hegel G. W. F., *Die Vernunft in der Geschichte*, hrsg. J. Hoffmeister. Hamburg, Felix Meiner Verlag 1955.

16. Hegel G. W. F., *Vorlesungen über Rechtsphilosophie*, 1818 - 1831, hrsg. Karl-Heinz Ilting. Stuttgart-Bad Cannstatt, Fromman-Holzboog 1973.

17. Hegel G. W. F., *Philosophie des Rechts: Die Vorlesung von 1819/20 in einer Nachschrift*, hrsg. Dieter Henrich. Frankfurt am Main, Suhrkamp Verlag 1983.

18. Hegel G. W. F., *System der Sittlichkeit (Critik des Fichteschen Naturrechts)*, hrsg. Kurt Reiner Meist und Horst D. Brandt. Hamburg, Felix Meiner Verlag 2002.
19. Herder J. G., *God. Some Conversations*, trans. Frederick H. Burkhardt. Indianapolis, Bobbs-Merrill 1940.
20. Hoffmeister J. hrsg., *Briefe von und an Hegel*, Band 1-4. Hamburg, Felix Meiner Verlag 1952-1961.
21. Hölderlin F., Friedrich Hölderlin, *Werke im einem Band*. München, Carl Hanser Verlag 1990.
22. Hume D., "Of the Standard of Taste", *Essays: Moral, Political, and Literary*, ed. Eugene Miller. Indianapolis, Liberty Fund 1987.
23. Jacobi F. H., *The Main Philosophical Writings and the Novel Allwill*, translated and edited by George di Giovanni. Montreal & Kingsdon, McGill-Queen's University Press 1994.
24. Kant I., *Akademieausgabe von Immanuel Kants gesammelte Schriften* (= KGS), hrsg. von der Königlich Preussische Akademie der Wissenschaften Abteilung 1: Werke, *Band II: Vorkritische Schriften II: 1757-1777*. Berlin, Drusck und Verlag von Georg Reimer 1910. (KGS 2)
25. Kant I., *Band III: Kritik der reinen Vernunft* (2. Aufl. 1787). Berlin, Druck und Verlag von Georg Reimer 1911. (KGS 3)
26. Kant I., *Band IV: Kritik der reinen Vernunft, Prolegomena, Grundlegung zur Metaphysik der Sitten, Metaphysische Anfangsgründe der Naturwissenschaft* (1. Aufl. 1781). Berlin, Druck und Verlag von Georg Reimer 1911. (KGS 4)
27. Kant I., *Band V: Kritik der praktischen Vernunft, Kritik der Urteilskraft*. Berlin, Druck und Verlag von Georg Reimer 1913. (KGS 5)
28. Kant I., *Band VI: Die Religion innerhalb der Grenzen der blossen Vernunft, Die Metaphysik der Sitten*. Berlin, Druck und Verlag von Georg Reimer 1914. (KGS 6)

29. Kant I., *Band VII: Der Streit der Fakultäten, Antropologie in pragmatischer Hinsicht*. Berlin, Druck und Verlag von Georg Reimer 1917. (KGS 7)
30. Kant I., *Band VIII: Abhandlungen nach 1781*. Berlin und Leipzig, Walter de Gruyter & Co. 1928. (KGS 8)
31. Leibniz G. W., *Gottfried Wilhelm Leibniz: Philosophical Papers and Letters*, translated and edited by Leroy E. Loemker. Dordrecht, Kluwer Academic Publishers 1989.
32. Plato, *Plato Complete Works*, ed. John M. Cooper. Indianapolis, Hackett Publishing Company 1997.
33. Reinhold K., *Über das Fundament des Philosophischen Wissens*. Hamburg, Felix Meiner 1978.
34. Schelling F., *Schellings Werke nach der Originalausgabe in neuer Ordnung* (=SW), hrsg. Manfred Schröter. Munich, C. H. Beck und R. Oldenbourg, 1927ff.
35. Schiller F., *Friedrich Schiller Sämtliche Werke, Band 5: Erzählungen, Theoretische Schriften*. München, Hanser 1962.
36. Spinoza B., *Spinoza: Complete Works*, trans. Samuel Shirley, ed. Michael Morgan. Indianapolis, Hackett Publishing 2002.

（二）外文研究性著作

1. Ameriks K., "Kant's Transcendental Deduction as a Regressive Argument", *Kant's Critique of Pure Reason: Critical Essays*, ed. Patricia Kitcher. Rowman & Littlefield Publishers 1998.
2. Ameriks K. ed., *The Cambridge Companion to German Idealism*. Cambridge, Cambridge University Press 2000.
3. Ameriks K. and Dieter Sturma ed., *The Modern Subject: Conceptions of the Self in*

Classical German Philosophy. Albany, State University of New York Press 1995.
4. Asmuth C. , *Interpretation-Transformation: das Platonbild bei Fichte, Schelling, Hegel, Schleiermacher und Schopenhauer und das Legitimationsproblem der Philosophiegeschichte*. Göttingen, Vandenhoeck & Ruprecht 2006.
5. Avineri S. , *Hegel's Theory of the Modern State*. Cambridge, Cambridge University Press 1972.
6. Baum M. , *Die Entstehung der Hegelschen Dialektik*. Bonn, Bouvier Verlag Herbert Grundmann 1986.
7. Baur M. and Daniel O. Dahlstrom ed. , *The Emergence of German Idealism*. Washington D. C. , The Catholic University of American Press 1999.
8. Beck L. W. , *Early German Philosophy*. Cambridge, Mass. , Harvard University Press 1969.
9. Beiser F. C. , *The Fate of Reason. German Philosophy from Kant to Fichte*. Cambridge, Harvard University Press 1987.
10. Beiser F. C. ed. , *The Cambridge Companion to Hegel*. Cambridge, Cambridge University Press 1993.
11. Beiser F. C. , *German Idealism: The Struggle against Subjectivism*, 1781–1801. Cambridge, Mass. , Harvard University Press 2002.
12. Bloch E. , *Subjekt-Objekt: Erläuterungen zu Hegel*. Frankfurt am Main, Suhrkamp Verlag 1962.
13. Bobbio N. , "Hegel und die Naturrechtslehre", *Materialien zu Hegels Rechtsphilosophie*, Bd. 2, hrsg. Manfred Riedel.
14. Bondeli M. und Helmut Linneweber-Lammerskitten hrsg. , *Hegels Denkentwicklung in der Berner und Frankfurter Zeit*. München, Wilhelm Fink Verlag 1999.
15. Bonsiepen W. , *Die Begründung einer Naturphilosophie bei Kant, Schelling, Fries und Hegel: Mathematische versus spekulative Naturphilosophie*. Frankfurt am Main,

Vittorio Klostermann 1997.

16. Bristow W. F., *Hegel and the Transformation of Philosophical Critique*. Oxford, Oxford University Press 2007.

17. Brown S. ed., *British Philosophy and the Age of Enlightenment*. London and New York, Routledge 1996.

18. Bubner R. hrsg., *Das älteste Systemprogramm: Studien zur Frühgeschichte des deutschen Idealismus*. Bonn, Bouvier Verlag Herbert Grundmann 1973.

19. Bubner R., *Hegel und Goethe*. Heidelberg, Carl Winter Universitätsverlag 1978.

20. Bubner R., *Geschichtsprozesse und Handlungsnormen*. Frankfurt am Main, Suhrkamp Verlag 1984.

21. Bubner R., *Antike Themen und ihre moderne Verwandlung*. Frankfurt am Main, Surkamp 1992.

22. Bubner R., *The Innovation of Idealism*, translated by Nicholas Walker. New York, Cambridge University Press 2003.

23. Buchwalter A., *Dialectics, Politics, and the Contemporary Value of Hegel's Practical Philosophy*. New York and London, Routledge 2012.

24. Cassirer E., *The Philosophy of the Enlightenment*, translated by Fritz C. A. Koelln and James P. Pettegrove. Princeton, Princeton University Press 1951.

25. Christensen D. et al. ed., *Hegel and the Philosophy of Religion*. The Hague, Martinus Nijhoff 1970.

26. Cieszkowski A., *Prolegomena zur Historiosophie*. Berlin, Veit 1838.

27. Dahlstrom D., *Philosophical Legacies: Essays on the Thought of Kant, Hegel, and Their Contemporaries*. Washington D. C., The Catholic University of America Press 2008.

28. De Boer K., *On Hegel, The Sway of the Negative*. Hampshire, Palgrave Macmillan 2010.

29. De Laurentiis A. ed., *Hegel and Metaphysics: On Logic and Ontology in the System*. Berlin, De Gruyter 2016.
30. Deligiorgi K. ed., *Hegel: New Directions*. Chesham, Acumen 2006.
31. D' Hondt J., *Hegel in his Time: Berlin 1818−1831*, translated by John Burbidge, with Nelson Roland and Judith Levasseur. Peterborough, Ontario Broadview Press 1988.
32. Dickey L., *Hegel: Religion, Economics, and the Politics of Spirit*, 1770−1807. Cambridge, Cambridge University Press 1987.
33. Dilthey W., *Die Jugendgeschichte Hegels*. Stuttgart, B. G. Teubner Verlagsgesellschaft 1990.
34. Dinkel B., *Der junge Hegel und die Aufhebung des subjektiven Idealismus*. Bonn, Bouvier Verlag Herbert Grundmann 1974.
35. Dupré L., *Passage to Modernity*. New Haven, Yale University Press 1993.
36. Düsing K., "Spekulation und Reflexion. Zur Zusammenarbeit Schellings und Hegels in Jena", *Hegel-Studien*, 5 (1969).
37. Düsing K., "Ontologie und Dialektik bei Plato und Hegel", *Hegel-Studien*, 15 (1980).
38. Düsing K., *Das Problem der Subjektivität in Hegels Logik: systematische und entwicklungsgeschichtliche Untersuchungen zum Prinzip des Idealismus und zur Dialektik*. Bonn, Bouvier Verlag 1995.
39. Düsing K., "The Reception of Kant's Doctrine of Postulates in Schelling's and Hegel's Early Philosophical Projects", *The Emergence of German Idealism*, ed. Michael Baur and Daniel O. Dahlstrom. Washington D. C., The Catholic University of American Press 1999.
40. Düsing K., "Ontology and Dialectic in Hegel's Thought", *The Dimensions of Hegel's Dialectics*, ed. Nectarios G. Limnatis. London, Continuum 2010.

41. Emundts D. und Rolf-Peter Horstmann, *Georg Wilhelm Friedrich Hegel: Eine Einführung*. Stuttgart, Reclam 2002.
42. Engelhardt D., "Die organische Natur und die Lebenswissenschaften in Schellings Naturphilosophie", *Natur und Subjektivität. Zur Auseinandersetzung mit der Naturphilosophie des jungen Schelling*, hrsg. Reinhard Heckmann, Hermann Krings und Rudolf W. Meyer. Stuttgart, Frommann-Holzboog 1985.
43. Förster E. and Yitzhak Melamed ed., *Spinoza and German Idealism*. New York, Cambridge University Press 2012.
44. Fulda H.-F., *Georg Wilhelm Friedrich Hegel*. München, C. H. Beck 2003.
45. Fulda H.-F. und Rolf-Peter Horstmann hrsg., *Hegel und die „Kritik der Urteilskraft"*. Stuttgart, Klett-Cotta 1990.
46. Frank M., *Der kommende Gott: Vorlesungen über die Neue Mythologie*. Frankfurt am Main, Suhrkamp Verlag 1982.
47. Frank M., *Eine Einführung in Schellings Philosophie*. Frankfurt am Main, Suhrkamp Verlag 1985.
48. Gadamer H.-G., *Wahrheit und Methode: Grundzüge einer philosophischen Hermeneutik*. Tübingen, Mohr Siebeck 1960.
49. Gadamer H.-G., *Hegel's Dialectic: Five Hermeneutical Studies*, translated and introduced by P. C. Smith. New Haven, Yale University Press 1976.
50. Gadamer H.-G., "Being, Spirit, God", *Heidegger Memorial Lectures*, ed. Werner Marx. Pittsburgh, Duquesne University Press 1982.
51. Gay, P. *The Enlightenment: An Interpretation (Vol. 2): The Science of Freedom*. New York, Alfred. A. Knopf 1969.
52. Gilson E., *The Spirit of Mediaeval Philosophy*, translated by A. H. C. Downes. Notre Dame, University of Notre Dame Press 1991.
53. Görland I., *Die Kantkritik des jungen Hegel*. Frankfurt am Main, Vittorio Kloster-

mann 1966.
54. Göhler G. hrsg., *G. W. F. Hegel: Frühe politische Systeme*. Frankfurt am Main, Verlag Ullstein 1974.
55. Guthrie W. K. C., *A History of Greek Philosophy*, Vol. 2. Cambridge, Cambridge University Press 1965.
56. Gutmann A., "Communitarian Critics of Liberalism", *Debates in Contemporary Political Philosophy: An Anthology*, ed. Derek Matravers and Jonathan Pike. London and New York, Routledge 2003.
57. Guyer P. ed., *The Cambridge Companion to Kant*. Cambridge, Cambridge University Press 1992.
58. Guyer P. ed., *The Cambridge Companion to Kant's Critique of Pure Reason*. New York, Cambridge University Press 2010.
59. Guzzoni U. et al. hrsg., *Der Idealismus und seine Gegenwart*. Hamburg, Felix Meiner 1976.
60. Habermas J., *Nachmetaphysisches Denken*. Frankfurt am Main, Suhrkamp Verlag 1988.
61. Habermas J., *Theory and Practice*, translated by John Viertel. Boston, Beacon Press 1973.
62. Habermas J., *The Philosophical Discourse of Modernity*, translated by Frederick Lawrence. Cambridge, Polity Press 1987.
63. Hardimon M., *Hegel's Social Philosophy: The Project of Reconciliation*. New York, Cambridge University Press 1994.
64. Harris H. S., *Hegel's Development: Toward the Sunlight (1770–1801)*. Oxford, The Clarendon Press 1972.
65. Harris H. S., *Hegel's Development: Night Thoughts (Jena 1801–1806)*. Oxford, The Clarendon Press 1983.

66. Haym R., *Hegel und seine Zeit*. Darmstadt, Wissenschaftliche Buchgesellschaft 1962.

67. Heidegger M., *Sein und Zeit*. Frankfurt am Main, Vittorio Klostermann 1977.

68. Heidegger M., *Wegmarken*. Frankfurt am Main, Vittorio Klostermann 1976.

69. Heidegger M., *Die Frage nach dem Ding*. Frankfurt am Main, Vittorio Klostermann 1984.

70. Heidegger M., *Seminare: Hegel-Schelling*. Frankfurt am Main, Vittorio Klostermann 2011.

71. Henrich D., *Hegel im Kontext*. Frankfurt am Main, Suhrkamp Verlag 1967.

72. Henrich D. und Klaus Düsing hrsg., *Hegel in Jena: Die Entwicklung des Systems und die Zusammenarbeit mit Schelling*. Bonn, Bouvier Verlag Herbert Grundmann 1980.

73. Henrich D. und Rolf-Peter Horstmann hrsg., *Hegels Philosophie des Rechts: Die Theorie der Rechtsformen und ihre Logik*. Stuttgart, Klett-Cotta 1982.

74. Henrich D., *Selbstverhältnisse: Gedanken und Auslegungen zu den Grundlagen der klassischen deutschen Philosophie*. Stuttgart, Reclam Philipp jun. 1982.

75. Henrich D., "Fichte's Original Insight", *Contemporary German Philosophy* (vol. 1), ed. D. E. Christensen, M. Riedel, R. Spaemann, R. Wiehl, and W. Wieland. University Park, Pennsylvania State University Press 1982.

76. Henrich D., *Konstellationen: Probleme und Debatten am Ursprung der idealistischen Philosophie (1789-1795)*. Stuttgart, Klett-Cotta 1991.

77. Henrich D., *Aesthetic Judgment and the Moral Image of the World: Studies in Kant*. Stanford, Stanford University Press 1992.

78. Henrich D., *The Unity of Reason: Essays on Kant's Philosophy*, edited by Richard L. Velkley, translated by Jeffrey Edwards. Cambridge, Mass., Harvard University Press 1994.

79. Henrich D., *The Course of Remembrance and Other Essays on Hölderlin*, edited by

Eckart Förster. Standford, Standford University 1997.

80. Henrich D. , *Between Kant and Hegel: Lectures on German Idealism*, edited by David S. Pacini. Cambridge, Harvard University Press 2003.

81. Hösle V. , *Hegels System: Der Idealismus der Subjektivität und das Problem der Intersubjektivität*. Hamburg, Meiner 1988.

82. Hösle V. , *Objective Idealism, Ethics and Politics*. Notre Dame, University of Notre Dame Press 1998.

83. Hösle V. , *Morals and Politics*, translated by Steven Rendall. Notre Dame, University of Notre Dame Press 2004.

84. Hoffmann T. S. , *Georg Friedrich Wilhelm Hegel: Eine Propädeutik*. Wiesbaden, Marix Verlag 2004.

85. Hoffmeister J. , *Goethe und der deutsche Idealismus: Eine Einführung zu Hegels Realphilosophie*. Leipzig, Felix Meiner 1932.

86. Honneth A. , *The Struggle for Recognition: The Moral Grammar of Social Conflicts*, translated by Joel Anderson. Cambridge, MA, The MIT Press 1995.

87. Honneth A. , *Leiden an Unbestimmtheit: Eine Reaktualisierung der Hegelschen Rechtsphilosophie*. Stuttgart, Philipp Reclam jun. 2001.

88. Honneth A. , *Pathologies of Reason: On the Legacy of Critical Theory*, translated by James Ingram. New York, Columbia University Press 2009.

89. Honneth A. , *Das Recht der Freiheit: Grundriss einer demokratischen Sittlichkeit*. Berlin, Suhrkamp Verlag 2011.

90. Horkheimer M. , *Eclipse of Reason*. London and New York, Continuum 1974.

91. Horkheimer M. , *Critical Theory: Selected Essays*, translated by Matthew J. O'Connell and others. New York, Continuum 2002.

92. Horkheimer M. and Theodor W. Adorno, *Dialectic of Enlightenment: Philosophical Fragments*, edited by Gunzelin Schmid Noerr, translated by Edmund Jephcott.

Stanford, Stanford University Press 2002.

93. Horstmann R. -P. , *Hegels vorphänomenologische Entwürfe zu einer Philosophie der Subjektivität in Beziehung auf die Kritik an den Prinzipien der Reflexionsphilosophie*. Diss. , Heidelberg 1968.

94. Horstmann R. -P. hrsg. , *Seminar: Dialektik in der Philosophie Hegels*. Frankfurt am Main, Suhrkamp Verlag 1978.

95. Horstmann R. -P. und Michael John Petry hrsg. , *Hegels Philosophie der Natur: Beziehungen zwischen empirischer und spekulativer Naturerkenntnis*. Stuttgart, Klett-Cotta 1986.

96. Horstmann R. -P. , "Zur Aktualität des Deutschen Idealismus", *Neue Hefte für Philosophie*, 35 (1995).

97. Horstmann R. -P. , "Kant und der Standpunkt der Sittlichkeit. Zur Destruktion der Kantischen Philosophie durch Hegel", *Sonderheft der Revue Internationale de Philosophie*, 4 (1999).

98. Horstmann R. -P. , "What is Hegel's legacy and what should we do with it?", *European Journal of Philosophy*, vol. 7: no. 2, 1999.

99. Horstmann R. -P. , "Den Verstand zur Vernunft bringen? Hegels Auseinandersetzung mit Kant in der Differenz-Schrift", *Das Interesse des Denkens: Hegel aus heutiger Sicht*, hrsg. W. Welsch und K. Vieweg. München, Wilhelm Fink Verlag 2003.

100. Horstmann R. -P. , *Die Grenzen der Vernunft: Eine Untersuchung zu Zielen und Motiven des Deutschen Idealismus*. Frankfurt an Main, Vittorio Klostermann GmbH 2004.

101. Horstmann R. -P. , "The Unity of Reason and the Diversity of Life: The Idea of a System in Kant and in 19th Century Philosophy", *The Cambridge History of Philosophy in the 19th Century (1790 – 1870)*, ed. Allen W. Wood, Songsuk

S. Hahn. Cambridge, Cambridge University Press 2012.
102. Horstmann R. -P., "The Problem of Purposiveness and the Objective Validity of Judgments in Kant's Theoretical Philosophy", *Washington University Jurisprudence Review*, 2013, Vol. 6: Issue 1.
103. Houlgate S., *Freedom, Truth, and History: An Introduction to Hegel's Philosophy*. Oxford, Basil Blackwell 2005.
104. Hyppolite J., *Introduction to Hegel's Philosophy of History*, translated by Bond Harris, Jacqueline Bouchard Spurlock. Gainesville, University Press of Florida 1996.
105. Hyppolite J., *Logic and Existence*, translated by Leonard Lawlor and Amit Sen. Albany, State University of New York Press 1997.
106. Ilting K-H., "Hegels Auseinandersetzung mit der aristotelischen Politik", *G. W. F. Hegel: Frühe politische Systeme*, hrsg. Gerhard Göhler.
107. Jacobs W., "Schelling im Deutschen Idealismus. Interaktionen und Kontroversen", *F. W. J. Schelling*, hrsg. Hans Jörg Sandkühler. Weimar, Metzler 1998.
108. Jamme C. und Otto Pöggeler hrsg., *Homburg vor der Höhe in der deutschen Geistesgeschichte: Studien zum Freundeskreis um Hegel und Hölderlin*. Stuttgart, Klett-Cotta 1981.
109. Jamme C. und Helmut Schneider hrsg., *Der Weg zum System: Materialien zum jungen Hegel*. Frankfurt an Main, Suhrkamp Verlag 1990.
110. Jaeschke W., "Early German Idealist Reinterpretation of the Quarrel of the Ancients and Moderns", *Clio*, 12: 4 (1983: Summer).
111. Jaeschke W., *Hegel-Handbuch: Leben-Werk-Schule*, 3. Auflage. Stuttgart, Verlag J. B. Metzler 2016.
112. Kaufmann W., *Hegel: A Reinterpretation*. New York, Doubleday 1965.
113. Kaufmann W. ed., *Hegel's Political Philosophy*. New York, Atherton Press 1970.

114. Kelly G. A. , *Idealism, Politics, and History: Sources of Hegelian Thought*. London, Cambridge University Press 1969.

115. Kimmerle H. , *Das Problem der Abgeschlossenheit des Denkens: Hegels „System der Philosophie" in den Jahren 1800 – 1804*. Bonn, Bouvier Verlag Herbert Grundmann 1982.

116. Kimmerle H. hrsg. , *Die Eigenbedeutung der Jenaer Systemkonzeptionen Hegels*. Berlin, Akademie Verlag 2004.

117. Klemm D. E. and Günter Zöller ed. , *Figuring the Self: Subject, Absolute and Others in Classical German Philosophy*. Albany, State University of New York Press 1997.

118. Kondylis P. , *Die Entstehung der Dialektik: Eine Analyse der geistigen Entwicklung von Hölderlin, Schelling und Hegel bis 1802*. Stuttgart, Klett-Cotta 1979.

119. Korsgaard C. M. , *The Sources of Normativity*. Cambridge, Cambridge University Press 1996.

120. Kroner R. , *Von Kant bis Hegel*. Tübingen, J. C. B. Mohr 1921–1924.

121. Kroner R. , *Kant's Weltanschauung*. Chicago, University of Chicago Press 1956.

122. Larmore C. , *Patterns of Moral Complexity*. New York, Cambridge University Press 1987.

123. Larmore C. , *The Morals of Modernity*. New York, Cambridge University Press 1996.

124. Löwith K. , *Der Mensch inmitten der Geschichte*. Stuttgart, Metzlersche Verlag und Carl Ernst Poeschel Verlag 1990.

125. Löwith K. , *Max Weber and Karl Marx*, edited and with an introduction by Tom Bottomore and William Outhwaite. London and New York, Routledge 1993.

126. Longuenesse B. , *Hegel's Critique of Metaphysics*. New York, Cambridge University Press 2007.

127. Lukács G., *The Young Hegel: Studies in the Relations between Dialectics and Economics*, translated by Rodney Livingstone. London, Merlin Press 1975.
128. Lukács G., *Geschichte und Klassenbewußtsein: Studien über marxistische Dialektik*. Darmstadt und Neuwied, Hermann Luchterhand Verlag 1977.
129. Lypp B., "Über die Wurzeln dialektischer Begriffsbildung in Hegels Kritik an Kants Ethik", *Seminar: Dialektik in der Philosophie Hegels*, hrsg. Rolf-Peter Horstmann.
130. MacIntyre A. ed., *Hegel: A Collection of Critical Essays*. New York, Doubleday 1972.
131. MacPherson C. B., *The Political Theory of Possessive Individualism*. Oxford, Oxford University Press 1962.
132. Marcuse H., *Reason and Revolution: Hegel and the Rise of Social Theory*. London, Routledge & Kegan Paul 1955.
133. Marcuse H., *Hegel's Ontology and the Theory of Historicity*, translated by Seyla Benhabib. Cambridge, Mass., The MIT Press 1987.
134. Marquard O., *Schwierigkeiten mit der Gechichtsphilosophie*. Frankfurt am Main, Suhrkamp Verlag 1973.
135. Marx W., *Hegels Phänomenologie des Geistes*. Frankfurt am Main, Vittorio Klostermann 1981.
136. Marx W., *The Philosophy of F. W. J. Schelling: History, System, and Freedom*, translated by Thomas Nenon. Bloomington, Indiana University Press 1984.
137. McDowell J., *Mind and World*. Cambridge, Mass., Harvard University Press 1996.
138. Oakeshott M., *Experience and Its Modes*. Cambridge, Cambridge University Press. 1933.
139. Oakeshott M., *Rationalism in Politics*. Indianapolis, Liberty Fund 1990.

140. Oakeshott M. , *The Politics of Faith and the Politics of Scepticism*. London, Yale University Press 1996.
141. Ottmann H. , *Individuum und Gemeinschaft bei Hegel: Hegel im Spiegel der Interpretationen*. Berlin and New York, Walter De Gruyter 1977.
142. Ottmann H. , "Hegels Rechtsphilosophie und das Problem der Akkomodation", *Zeitschrift für philosophische Forschung*, 33 (1979).
143. Pelczynski Z. A. ed. , *Hegel's Political Writings*. Oxford, Clarendon Press 1964.
144. Peperzak A. , *Philosophy and Politics: A Commentary on the Preface to Hegel's Philosophy of Right*. Dordrecht, Martinus Nijhoff Publisher 1987.
145. Peperzak A. , *Modern Freedom: Hegel's Legal, Moral, and Political Philosophy*. Dordrecht, Kluwer Academic Publishers 2001.
146. Pinkard T. , *German Philosophy 1760—1860：The Legacy of Idealism*. New York, Cambridge University Press 2002.
147. Pinkard T. , *Hegel's Naturalism: Mind, Nature, and Final Ends of Life*. New York, Oxford University Press 2012.
148. Pippin R. , *Hegel's Idealism. The Satisfactions of Self-Consciousness*. Cambridge, MA, Cambridge University Press 1989.
149. Pippin R. , *Hegel's Practical Philosophy: Rational Agency as Ethical Life*. New York, Cambridge University Press 2008.
150. Plant R. , *Hegel: An Introduction*. Oxford, Basil Blackwell 1983.
151. Pöggeler O. , *Hegels Idee einer Phänomenologie des Geistes*. Freiburg/München, Verlag Karl Alber 1973.
152. Pöggeler O. hrsg. , *Hegel: Einführung in seine Philosophie*. Freiburg und Munich, Verlag Karl Alber 1977.
153. Pöggeler O. , *Hegels Kritik der Romantik*. München, Wilhelm Fink Verlag 1999.
154. Riedel M. hrsg. , *Materialien zu Hegels Rechtsphilosophie*, Bd. 1—2. Frankfurt am

Main, Suhrkamp Verlag 1975.
155. Riedel M., *Zwischen Tradition und Revolution: Studien zu Hegels Rechtsphilosophie*. Stuttgart, Klett-Cotta 1982.
156. Ritter J., *Metaphysik und Politik: Studien zu Aristoteles und Hegel*. Frankfurt am Main, Suhrkamp Verlag 2003.
157. Ritter J. hrsg., *Historisches Wörterbuch der Philosophie*. Basel, Schwabe & Co. Verlag 1971-2007.
158. Rohrmoser G., *Subjektivität und Verdinglichung: Theologie und Gesellschaft im Denken des jungen Hegel*. Lengerich, Gütersloher Verlagshaus Gerd Mohn 1961.
159. Rorty R., *Truth and Progress*. New York, Cambridge University Press 1998.
160. Rorty R., *Achieving Our Country: The Leftist Thought in Twentieth Century America*. Cambridge, MA, Harvard University Press 1998.
161. Rosen M., *Hegel's Dialectic and its Criticism*. Cambridge, Cambridge University Press 1982.
162. Rosenkranz K., *Georg Wilhelm Friedrich Hegels Leben*. Berlin, Verlag von Duncker & Humbolt 1844.
163. Rosenkranz K., *Hegel als deutscher Nationalphilosoph*. Leipzig, Verlag von Duncker & Humblot 1870.
164. Rosenzweig F., *Hegel und der Staat*, hrsg. Frank Lachmann. Berlin, Suhrkamp Verlag 2010.
165. Sandkaulen-Bock B., *Ausgang vom Unbedingten: Über den Anfang in der Philosophie Schellings*. Göttingen, Vandenhoeck & Ruprecht 1990.
166. Sandkühler H. J. hrsg., *Handbuch Deutscher Idealismus*. Stuttgart/Weimar, Verlag J. B. Metzler 2005.
167. Sedgwick S. ed., *The Reception of Kant's Critical Philosophy*. New York, Cambridge University Press 2000.

168. Schmidt J. ed., *What Is Enlightenment?: Eighteenth-Century Answers and Twentieth-Century Questions*. Oakland, University of California Press 1996.

169. Schmidt S., *Hegels System der Sittlichkeit*. Berlin, Akademie Verlag 2007.

170. Schnädelbach H., *Hegels praktische Philosophie: Ein Kommentar der Texte in der Reihenfolge ihrer Entstehung*. Frankfurt am Main, Suhrkamp Verlag 2000.

171. Schnädelbach H., *Grundwissen Philosophie: Vernunft*. Stuttgart, Philipp Reclam jun. 2007.

172. Schweikard D. P., "The Critique of Non-Metaphysical Readings of Hegel's Philosophy of Right", *Hegel's Thought in Europe: Currents, Crosscurrents, and Undercurrents*, ed. Lisa Herzog. Hampshire, Palgrave Macmillan 2013.

173. Siep L., *Hegels Fichtekritik und die Wissenschaftslehre von 1804*. Freiburg/München, Alber 1970.

174. Siep L., *Anerkennung als Prinzip der praktischen Philosophie: Untersuchungen zu Hegels Jenaer Philosophie des Geistes*. Freiburg/München, Alber 1979.

175. Siep L., *Praktische Philosophie im Deutschen Idealismus*. Frankfurt am Main, Suhrkamp Verlag 1992.

176. Siep L., *Der Weg der Phänomenologie des Geistes*. Frankfurt am Main, Suhrkamp Verlag 2000.

177. Siep L., *Aktualität und Grenzen der praktischen Philosophie Hegels*. München, Wilhelm Fink 2010.

178. Strauss L., *Natural Right and History*. Chicago, The University of Chicago Press 1953.

179. Stern R. ed., *G. W. F. Hegel: Critical Assessments 4 vols*. London and New York, Routledge 1993.

180. Smith S., *Hegel's Critique of Liberalism: Rights in Context*. Chicago, University of Chicago Press 1989.

181. Solomon R. and Kathleen M. Higgins ed. , *The Age of German Idealism*. London and New York, Routlegde 1993.
182. Stuart B. ed. , *British Philosophy and the Age of Enlightenment*. London and New York, Routledge 1996.
183. Taylor C. , *Hegel*. New York, Cambridge University Press 1999.
184. Taylor C. , *Hegel and Modern Society*. New York, Cambridge University Press 1979.
185. Taylor C. , *Human Agency and Language*. Cambridge, Cambridge University Press 1985.
186. Theunissen M. , *Hegels Lehre vom absoluten Geist als theologisch-politischer Traktat*. Berlin, Walter de Gruyter 1970.
187. Theunissen M. , *Selbstverwirklichung und Allgemeinheit*. Berlin, Walter de Gruyter 1982.
188. Tillich P. , *History of Christian Thought: From Its Judaic and Hellenistic Origins to Existentialism*. New York, Simon & Schuster 1967.
189. Verene D. ed, *Hegel's Social and Political Thought: The Philosophy of Objective Spirit*. New Jersey, Humanities Press 1980.
190. Vieweg K. hrsg. , *Hegels Jenaer Naturphilosophie*. München, Wilhelm Fink Verlag 1998.
191. Weil E. , *Hegel and the State*, translated by Mark A. Cohen. Baltimore, Johns Hopkins University Press 1998.
192. Wildt A. , *Autonomie und Anerkennung: Hegels Moralitätskritik im Lichte seiner Fichte-Rezeption*. Stuttgart, Klett-Cotta 1982.
193. Williams R. , *Recognition: Fichte and Hegel on the Other*. Albany, SUNY Press 1992.
194. Williams R. , *Hegel's Ethics of Recognition*. Berkeley, University of California

Press 1997.

195. Wittgenstein L., *Philosophische Untersuchungen*. Oxford, Blackwell Publishers 1997.

196. Wollf M., "Hegel's Organicist Theory of the State: On the Concept and Method of Hegel's 'Science of the State'", *Hegel on Ethics and Politics*, ed. Robert Pippin and Otfried Höffe. Cambridge, Cambridge University Press 2004.

197. Wood A., *Hegel's Ethical Thought*. Cambridge, Cambridge University Press 1990.

198. Wylleman A. ed., *Hegel on the Ethical Life, Religion and Philosophy（1793 - 1807）*. Leuven, Leuven University Press 1989.

199. Zimmerli W., *Die Frage nach der Philosophie: Interpretation zur Hegels „Differenzschrift"*. Bonn, Bouvier Verlag 1986.

二、中文文献

1. 阿尔都塞:《黑格尔的幽灵》,唐正东、吴静译,南京大学出版社2005年版。
2. 巴尔赞:《从黎明到衰落:西方文化生活五百年》,林华译,世界知识出版社2002年版。
3. 巴特菲尔德:《现代科学的起源》,张卜天译,上海交通大学出版社2017年版。
4. 伯特:《近代物理学科的形而上学基础》,张卜天译,商务印书馆2018年版。
5. 布宁、余纪元编著:《西方哲学英汉对照词典》,人民出版社2001年版。
6. 柏拉图:《柏拉图全集》(第1—4卷),王晓朝译,人民出版社2003年版。
7. 布尔乔亚:《德国古典哲学》,邓刚译,人民出版社2013年版。
8. 陈康:《陈康哲学论文集》,江日新、关子尹编,联经出版公司1985年版。
9. 邓安庆:《从"自然伦理"的解体到伦理共同体的重建——对黑格尔〈伦理体系〉的解读》,《复旦学报》(社会科学版)2011年第3期。
10. 邓安庆:《论黑格尔法哲学与自然法的关系》,《复旦学报》(社会科学版)2016

年第 6 期。
11. 邓晓芒:《思辨的张力——黑格尔辩证法新探》,湖南教育出版社 1992 年版。
12. 丁凡:《黑格尔的政治神学——〈精神现象学〉与〈法哲学原理〉释义》,社会科学文献出版社 2016 年版。
13. 董特:《黑格尔传》,李成季、邓刚译,上海人民出版社 2015 年版。
14. 杜辛:《黑格尔与哲学史——古代、近代的本体论与辩证法》,王树人译,社会科学文献出版社 1992 年版。
15. 敦德:《黑格尔和黑格尔主义》,栾栋译,商务印书馆 1995 年版。
16. 恩格斯:《路德维希·费尔巴哈和德国古典哲学的终结》,《马克思恩格斯选集》(第四卷),人民出版社 2012 年版。
17. 菲舍尔:《青年黑格尔的哲学思想》,张世英译,吉林人民出版社 1983 年版。
18. 费希特:《全部知识学的基础》,王玖兴译,商务印书馆 1986 年版。
19. 费希特:《评〈埃奈西德穆〉》,梁志学译,《费希特著作选集》(卷一),梁志学主编,商务印书馆 1990 年版。
20. 费希特:《论知识学或所谓哲学的概念》,沈真译,《费希特著作选集》(卷一),梁志学主编,商务印书馆 1990 年版。
21. 费希特:《论学者的使命 人的使命》,梁志学、沈真译,商务印书馆 1997 年版。
22. 费希特:《自然法权基础》,谢地坤、程志民译,商务印书馆 2004 年版。
23. 费希特:《伦理学体系》,梁志学、李理译,商务印书馆 2007 年版。
24. 高全喜:《论相互承认的法权》,北京大学出版社 2004 年版。
25. 高兆明:《黑格尔〈法哲学原理〉导读》,商务印书馆 2010 年版。
26. 歌德:《浮士德》,钱春绮译,上海译文出版社 2007 年版。
27. 哈孔森:《立法者的科学——大卫·休谟与亚当·斯密的自然法理学》,赵立岩译,浙江大学出版社 2010 年版。
28. 海涅:《海涅选集》,张玉书等译,人民文学出版社 1983 年版。
29. 荷尔德林:《荷尔德林文集》,戴晖译,商务印书馆 1999 年版。

30. 赫费:《康德:生平、著作与影响》,郑伊倩译,人民出版社 2007 年版。
31. 黑格尔:《美学》(第 1—3 卷),朱光潜译,商务印书馆 1979 年版。
32. 黑格尔:《黑格尔通信百封》,苗力田编译,上海人民出版社 1981 年版。
33. 黑格尔:《自然哲学》,梁志学等译,商务印书馆 1986 年版。
34. 黑格尔:《黑格尔早期神学著作》,贺麟译,商务印书馆 1988 年版。
35. 黑格尔:《费希特与谢林哲学体系的差别》,宋祖良、程志民译,商务印书馆 1994 年版。
36. 黑格尔:《精神现象学》(上、下卷),贺麟、王玖兴译,商务印书馆 1997 年版。
37. 黑格尔:《哲学史讲演录》(第 1—4 卷),贺麟、王太庆译,商务印书馆 1997 年版。
38. 黑格尔:《逻辑学》(上、下卷),杨一之译,商务印书馆 1997 年版。
39. 黑格尔:《论自然法的科学探讨方式》,程志民译,《哲学译丛》1997 年第 3—4 期、1999 年第 1—2 期
40. 黑格尔:《逻辑学——哲学全书·第一部分》,梁志学译,人民出版社 2002 年版。
41. 黑格尔:《精神哲学——哲学全书·第三部分》,杨祖陶译,人民出版社 2006 年版。
42. 黑格尔:《历史哲学》,王造时译,上海书店出版社 2006 年版。
43. 黑格尔:《黑格尔政治著作选》,薛华译,中国法制出版社 2008 年版。
44. 黑格尔:《法哲学原理》,范扬、张企泰译,商务印书馆 2009 年版。
45. 黑格尔:《纽伦堡高级中学教程和讲话(1808—1816)》(黑格尔全集第 10 卷),张东辉、户晓辉译,商务印书馆 2012 年版。
46. 黑格尔:《世界史哲学讲演录(1822—1823)》(黑格尔全集第 27 卷第 1 分册),刘立群等译,商务印书馆 2014 年版。
47. 黑格尔:《精神现象学》(黑格尔全集第 3 卷),先刚译,人民出版社 2015 年版。
48. 黑格尔:《法哲学原理》(黑格尔全集第 7 卷),邓安庆译,人民出版社 2017

年版。

49. 黑格尔:《伦理体系》,王志宏译,人民出版社 2020 年版。
50. 黑格尔:《论自然法》,朱学平译,商务印书馆 2021 年版。
51. 霍布斯:《利维坦》,黎思复、黎廷弼译,商务印书馆 1985 年版。
52. 霍布斯:《论公民》,应星、冯克利译,贵州人民出版社 2002 年版。
53. 基尔克等:《前苏格拉底哲学家——原文精选的批判史》,聂敏里译,华东师范大学出版社 2014 年版。
54. 康德:《康德著作全集》(1—9 卷),李秋零主编,中国人民大学出版社 2003—2010 年版。
55. 康德:《康德书信百封》,李秋零译,上海人民出版社 2006 年版。
56. 柯瓦雷:《从封闭世界到无限宇宙》,张卜天译,商务印书馆 2019 年版。
57. 莱布尼茨:《人类理智新论》,陈修斋译,商务印书馆 1982 年版。
58. 赖贤宗:《康德、费希特和青年黑格尔论伦理神学》,桂冠图书股份有限公司 1998 年版。
59. 里拉:《夭折的上帝——宗教、政治与现代西方》,萧易译,新星出版社 2010 年版。
60. 刘创馥:《黑格尔新释》,台大出版中心 2014 年版。
61. 刘哲:《黑格尔辩证—思辨的真无限概念》,北京大学出版社 2009 年版。
62. 罗蒂:《后哲学文化》,黄勇译,上海译文出版社 2004 年版。
63. 卢梭:《爱弥儿》,李平沤译,商务印书馆 1978 年版。
64. 卢梭:《社会契约论》,李平沤译,商务印书馆 2011 年版。
65. 卢梭:《论人与人之间不平等的起因和基础》,李平沤译,商务印书馆 2009 年版。
66. 卢梭:《论科学与艺术的复兴是否有助于使风俗日趋纯朴》,李平沤译,商务印书馆 2012 年版。
67. 卢梭:《卢梭自选书信集》,刘阳译,译林出版社 1998 年版。

68. 罗朝慧:《自由与权利的必然性和现实性:从黑格尔的政治哲学出发》,中国社会科学出版社 2011 年版。
69. 罗念生译著:《埃斯库罗斯悲剧三种、索福克勒斯悲剧四种》(《罗念生全集》第二卷),上海人民出版社 2007 年版。
70. 罗念生译著:《埃斯库罗斯悲剧三种、索福克勒斯悲剧一种、古希腊碑铭体诗歌选》(《罗念生全集》补卷),上海人民出版社 2007 年版。
71. 洛克:《政府论》,叶启芳、瞿菊农译,商务印书馆 1996 年版。
72. 洛苏尔多:《黑格尔与现代人的自由》,丁三东译,吉林出版集团 2008 年版。
73. 洛维特:《从黑格尔到尼采》,李秋零译,生活·读书·新知三联书店 2006 年版。
74. 马克思:《马克思恩格斯全集》(第三卷),人民出版社 2002 年版。
75. 孟德斯鸠:《论法的精神》,许明龙译,商务印书馆 2012 年版。
76. 牟宗三:《心体与性体》(上、下册),上海古籍出版社 1989 年版。
77. 牟宗三:《四因说演讲录》,上海古籍出版社 1998 年版。
78. 欧克肖特:《政治中的理性主义》,张汝伦译,上海译文出版社 2003 年版。
79. 彭文林:《伦理相与分离问题——一个由苏格拉底经柏拉图至亚里士多德的哲学发展之研究》,明月文化事业有限公司 2002 年版。
80. 彭文林:《希腊悲剧中的 ethos 和苏格拉底的 logon didonai 之间的冲突》,《鹅湖学志》第 43 期。
81. 彭文林:《从柏拉图研究的几个趋势谈〈苔艾苔投斯篇〉(Theaetetos) 的论题:什么是知识》,《东海哲学研究集刊》第 17 辑。
82. 任丑:《黑格尔的伦理有机体思想》,重庆出版社 2007 年版。
83. 斯宾诺莎:《伦理学》,贺麟译,商务印书馆 1983 年版。
84. 斯宾诺莎:《笛卡尔哲学原理》,王荫庭、洪汉鼎译,商务印书馆 2013 年版。
85. 施莱尔马赫:《论宗教:对蔑视宗教的有教养者的讲话》,邓安庆译,人民出版社 2011 年版。

86. 施莱尔马赫:《论柏拉图对话》,黄瑞成译,华夏出版社 2011 年版。

87. 施特劳斯:《霍布斯的政治哲学》,申彤译,译林出版社 2001 年版。

88. 莎士比亚:《莎士比亚全集》,朱生豪等译,译林出版社 1998 年版。

89. 宋祖良:《青年黑格尔的哲学思想》,湖南教育出版社 1989 年版。

90. 孙向晨:《论卢梭公民宗教的概念及其与自然宗教的张力》,《道风:基督教文化评论》第 30 期,道风书社 2009 年版。

91. 滕尼斯:《共同体与社会》,林荣远译,北京大学出版社 2010 年版。

92. 王军伟:《霍布斯政治思想研究》,人民出版社 2010 年版。

93. 王志辉:《黑格尔之悲剧理论——希腊悲剧作为一"主体性的经验"》,《政治大学哲学学报》第 16 期。

94. 汪子嵩、陈村富、包利民、章雪富:《希腊哲学史》(第四卷下),人民出版社 2014 年版。

95. 魏楚阳:《内在自由与外在权利的辩证——黑格尔论康德的权利国家观》,《政治科学论丛》第 51 期。

96. 维塞尔:《启蒙运动的内在问题》,贺志刚译,华夏出版社 2007 年版。

97. 文德尔班:《哲学史教程》(下卷),罗达仁译,商务印书馆 1993 年版。

98. 席勒:《审美教育书简》,冯至、范大灿译,上海人民出版社 2003 年版。

99. 席勒:《席勒经典美学文论》,范大灿等译,生活·读书·新知三联书店 2015 年版。

100. 先刚:《永恒与时间——谢林哲学研究》,商务印书馆 2008 年版。

101. 谢林:《先验唯心论体系》,梁志学、石泉译,商务印书馆 1997 年版。

102. 谢林:《自然权利新演绎》,曾晓平译,《世界哲学》2004 年第 5 期。

103. 休谟:《人性论》(上、下册),关文运译,商务印书馆 1980 年版。

104. 薛华:《黑格尔、哈贝马斯与自由意识》,中国法制出版社 2008 年版。

105. 亚里士多德:《形而上学》,李真译,上海人民出版社 2005 年版。

106. 亚里士多德:《物理学》,张竹明译,商务印书馆 1982 年版。

107. 亚里士多德:《范畴篇 解释篇》,方书春译,商务印书馆 1959 年版。
108. 亚里士多德:《政治学》,吴寿彭译,商务印书馆 1996 年版。
109. 亚里士多德:《尼各马可伦理学》,廖申白译,商务印书馆 2003 年版。
110. 颜厥安:《命运与伦理——由青年黑格尔的悲剧概念反思几个实践哲学问题》,《人文及社会科学集刊》第 15 卷第 2 期。
111. 杨河、邓安庆:《康德黑格尔哲学在中国》,首都师范大学出版社 2002 年版。
112. 杨俊杰:《艺术的危机与神话:谢林艺术哲学探微》,北京大学出版社 2011 年版。
113. 杨祖陶:《德国古典哲学逻辑进程》,武汉大学出版社 2006 年版。
114. 郁建兴:《自由主义的批判与自由理论的重建——黑格尔政治哲学及其影响》,学林出版社 2000 年版。
115. 俞吾金等:《德国古典哲学》,人民出版社 2009 年版。
116. 张东辉:《德国古典哲学中的道德与法权》,中国人民大学出版社 2017 年版。
117. 张世英等编著:《黑格尔辞典》,吉林人民出版社 1991 年版。
118. 张汝伦:《历史与实践》,上海人民出版社 1995 年版。
119. 张汝伦:《政治世界的思想者》,复旦大学出版社 2009 年版。
120. 张汝伦:《〈存在与时间〉释义》,上海人民出版社 2012 年版。
121. 张汝伦:《哈贝马斯交往行动理论批判》,《江苏行政学院学报》2008 年第 6 期。
122. 张汝伦:《什么是自然》,《哲学研究》2011 年第 4 期。
123. 张汝伦等编著:《黑格尔与我们同在——黑格尔哲学新论》,上海人民出版社 2017 年版。
124. 张慎:《黑格尔传》,河北人民出版社 1997 年版。
125. 张颐:《张颐论黑格尔》,侯成亚、张桂权、张文达编译,四川大学出版社 2000 年版。
126. 章忠民:《黑格尔的当代意义》,上海财经大学出版社 2003 年版。

127. 章忠民:《黑格尔理性观研究》,上海财经大学出版社2004年版。
128. 朱学平:《古典与现代的冲突与融合——青年黑格尔思想的形成与演进》,湖南教育出版社2010年版。
129. 朱学平:《黑格尔法哲学思想探源》,《现代法学》2005年第2期。
130. 朱学平:《青年黑格尔论"犹太教问题"》,《华东师范大学学报》(哲学社会科学版)2016年第2期。

图书在版编目（CIP）数据

理性、自然与伦理形而上学：黑格尔法哲学思想探源/罗久著. — 北京：商务印书馆，2022.11（2023.6重印）
ISBN 978-7-100-21461-2

Ⅰ.①理… Ⅱ.①罗… Ⅲ.①黑格尔(Hegel, Georg Wilhelm Friedrich 1770–1831) — 法哲学 — 研究 Ⅳ.① B516.35 ② D903

中国版本图书馆 CIP 数据核字（2022）第 126548 号

权利保留，侵权必究。

理性、自然与伦理形而上学
黑格尔法哲学思想探源
罗久 著

商 务 印 书 馆 出 版
（北京王府井大街36号 邮政编码100710）
商 务 印 书 馆 发 行
南京迅驰彩色印刷有限公司印刷
ISBN 978-7-100-21461-2

2022年11月第1版	开本 889×1240 1/32
2023年6月第2次印刷	印张 19 3/8

定价：128.00 元